Institut für Arbeitsmarkt- und Berufsforschung

Die Forschungseinrichtung der Bundesagentur für Arbeit

IAB-Bibliothek 370

Die Buchreihe des Instituts für Arbeitsmarkt- und Berufsforschung

Holger Bähr, Martin Dietz, Peter Kupka, Philipp Ramos Lobato, Holk Stobbe

Grundsicherung und Arbeitsmarkt in Deutschland

Lebenslagen – Instrumente – Wirkungen

Bibliografische Information der Deutschen Nationalbibliothek
Die Deutsche Nationalbibliothek verzeichnet diese Publikation in der Deutschen Nationalbibliografie; detaillierte bibliografische Daten sind im Internet über http://dnb.ddb.de abrufbar.

Herausgeber der Reihe IAB-Bibliothek: Institut für Arbeitsmarkt- und Berufsforschung der Bundesagentur für Arbeit (IAB), Regensburger Straße 100, 90478 Nürnberg, Telefon (09 11) 179-0 ■ **Redaktion**: Martina Dorsch, Institut für Arbeitsmarkt- und Berufsforschung der Bundesagentur für Arbeit, 90327 Nürnberg, Telefon (09 11) 179-32 06, E-Mail: martina.dorsch@iab.de ■ **Titelfoto**: © gettyimages/Alexander Spatari ■ **Gesamtherstellung**: wbv Media GmbH & Co. KG, Bielefeld (www.wbv.de) ■ **Rechte**: Kein Teil dieses Werkes darf ohne vorherige Genehmigung des IAB in irgendeiner Form (unter Verwendung elektronischer Systeme oder als Ausdruck, Fotokopie oder Nutzung eines anderen Vervielfältigungsverfahrens) über den persönlichen Gebrauch hinaus verarbeitet oder verbreitet werden.

© 2018 Institut für Arbeitsmarkt- und Berufsforschung, Nürnberg/
wbv Publikation, ein Geschäftsbereich der wbv Media GmbH & Co. KG, Bielefeld

In der „IAB-Bibliothek" werden umfangreiche Einzelarbeiten aus dem IAB oder im Auftrag des IAB oder der BA durchgeführte Untersuchungen veröffentlicht. Beiträge, die mit dem Namen des Verfassers gekennzeichnet sind, geben nicht unbedingt die Meinung des IAB bzw. der Bundesagentur für Arbeit wieder.

ISBN 978-3-7639-4126-1 (Print)
ISBN 978-3-7639-4127-8 (E-Book)
ISSN 1865-4096
DOI   10.3278/300985w
Best.-Nr. 300985   www.iabshop.de   www.iab.de

Inhalt

Abbildungsverzeichnis 8

Tabellenverzeichnis 10

Vorwort der Institutsleitung des IAB 13

Danksagung 14

1	Einleitung	15
2	Struktur und Dynamik in der Grundsicherung	21
2.1	Bestand der Leistungsberechtigten	21
2.2	Struktur der Leistungsberechtigten	25
2.2.1	Strukturdaten zu Bedarfsgemeinschaften und Leistungsberechtigten	26
2.2.2	Grundsicherungsbezug und Arbeitsmarktstatus der Leistungsbeziehenden	29
2.2.3	Zusammenhänge von Leistungsbezug und Langzeitarbeitslosigkeit ...	31
2.2.4	Leistungsbezugsdauer und Arbeitsmarktbeteiligung in der Grundsicherung	32
2.2.5	Typische Verlaufsmuster beim Grundsicherungsbezug	35
2.2.6	Leistungsbezugs- und Erwerbssequenzen junger Leistungsberechtigter	38
2.2.7	Arbeitsmarktintegration und Arbeitslosigkeit von Zugewanderten	42
2.3	Wege in die Grundsicherung	46
2.4	Grundsicherung und Beschäftigung	47
2.4.1	Aufstockerinnen und Aufstocker in der Grundsicherung	47
2.4.2	Arbeitsmarktsituation von Aufstockerinnen und Aufstockern	53
2.4.3	Berufliche Mobilität von erwerbsfähigen Leistungsberechtigten	55
2.5	Mütter in der Grundsicherung	57
2.5.1	Arbeitsmarktintegration von Müttern im Leistungsbezug	57
2.5.2	Erwerbseintritte bei Müttern junger Kinder im SGB II	61
2.6	Berufliche Rehabilitation	65
2.6.1	Junge Rehabilitanden nach beruflicher Ersteingliederung	65
2.6.2	Übergang von Ausbildungsabsolventen in den Arbeitsmarkt	66
2.6.3	Erwachsene nach einer beruflichen Wiedereingliederung	70
2.7	Zwischenfazit zu Kapitel 2	75

Inhalt

3	Aktivierung, Betreuung und Vermittlung	79
3.1	Beratung und Vermittlung	79
3.1.1	Effekte des Vermittlerhandelns	80
3.1.2	Beratungskonzeption im SGB II	83
3.1.3	Der Arbeitgeber-Service	90
3.2	Vermittlungsdienstleistungen durch beauftragte Dritte	94
3.3	Aktivierende Wirkung von Maßnahmen	96
3.3.1	Effektivität von Bewerbungstrainings	97
3.3.2	Soziale Aktivierung	99
3.4	Sanktionen	102
3.4.1	Effekte von Sanktionen auf die Überwindung des Leistungsbezugs	103
3.4.2	Effekte von Sanktionen auf die Qualität der aufgenommenen Beschäftigung	105
3.4.3	Sanktionen und Teilhabeempfinden	108
3.4.4	Sanktionen und Bildung der Sanktionierten	109
3.4.5	Sanktionierung junger Arbeitsloser	111
3.5	Kompetenzerfassung von Arbeitsuchenden	114
3.6	Aktivierung nach Personengruppen	116
3.6.1	Langzeitarbeitslose	117
3.6.2	Impuls 50plus: Ältere ALG-II-Beziehende mit mehreren Vermittlungshemmnissen	119
3.7	Zwischenfazit zu Kapitel 3	123
4	Instrumente und ihre Wirkungen	127
4.1	Förderung beruflicher Weiterbildung	127
4.1.1	Berufliche Weiterbildung von Leistungsberechtigten der Grundsicherung	128
4.1.2	Wirkung von Weiterbildung in einem anerkannten Ausbildungsberuf	131
4.1.3	Weiterbildungsbereitschaft arbeitsloser Leistungsberechtigter	134
4.2	Förderung selbstständiger Beschäftigung	137
4.2.1	Wirkung des Einstiegsgelds	138
4.2.2	Implementation des Einstiegsgelds	142
4.2.3	Perspektive der Gründerinnen und Gründer	150
4.3	Förderung von Arbeitsgelegenheiten	155
4.3.1	Ankündigungseffekte von Arbeitsgelegenheiten	156
4.3.2	Wirkung auf subjektive Indikatoren	158
4.3.3	Betriebliche Perspektiven auf Arbeitsgelegenheiten	165

4.4	Maßnahmesequenzen im SGB II	172
4.4.1	Zusatzjobs	173
4.4.2	Nicht betriebliche Trainingsmaßnahmen	177
4.5	Zwischenfazit zu Kapitel 4	178
5	**Lebenslagen und soziale Teilhabe**	**183**
5.1	Materielle Situation von Leistungsbeziehenden	183
5.1.1	Sozialstruktur und Lebensumstände	184
5.1.2	Dauer des Leistungsbezugs und materielle Lebensbedingungen	187
5.1.3	Untersuchung der materiellen Lebensbedingungen von SGB-II-Leistungsempfängerinnen und -empfängern mit nicht einkommensbasierten Maßen	190
5.1.4	Nachhaltiges Wirtschaften im Grundsicherungsbezug	194
5.1.5	Kinder- und Familienarmut	196
5.1.6	Bildungs- und Teilhabepaket	199
5.1.7	SGB II und private Altersvorsorge	203
5.2	Haushaltssituation und Erwerbstätigkeit	206
5.2.1	Arbeitszeit und Arbeitszeitwünsche von Männern und Frauen	207
5.2.2	Individuelles Arbeitsmarktverhalten und Überwindung der Bedürftigkeit von Müttern im SGB II	211
5.2.3	Arbeitsuche von Männern und Frauen im Leistungsbezug	215
5.2.4	Frauen mit Partner in arbeitsmarktpolitischen Maßnahmen – die Rollenerwartungen der Fachkräfte	219
5.3	Gesundheit und Pflege	224
5.3.1	Leistungsbezug und Gesundheit	224
5.3.2	Selbsteinschätzung des gesundheitlichen Zustands von Grundsicherungsempfängerinnen/-empfängern und Erwerbstätigen	227
5.3.3	Psychisch Kranke im SGB II	229
5.3.4	Pflegende in Arbeitslosengeld-II-Haushalten	239
5.4	Soziale Beziehungen und gesellschaftliche Einstellungen	244
5.4.1	Soziale Lage, Bezugsdauer und Erwerbsmotivation junger Leistungsempfängerinnen und -empfänger	245
5.4.2	Das Deutungsmuster des „faulen Arbeitslosen" in der Selbstwahrnehmung von Betroffenen	248
5.5	Zwischenfazit zu Kapitel 5	251

6	**Gesamtwirtschaftliche Analysen**	**257**
6.1	Arbeitsmarktdynamik und Ungleichheit	258
6.1.1	Zum Zusammenhang zwischen Beschäftigungsaufbau und Abbau der Arbeitslosigkeit	258
6.1.2	Beschäftigungsstabilität und Entlohnung nach Arbeitslosigkeit	261
6.1.3	Beschäftigungsstabilität und Lohnhöhe in Abhängigkeit der Arbeitslosigkeitsdauer	264
6.2	Integration von (Langzeit-)Arbeitslosen aus betrieblicher Sicht	265
6.3	Inanspruchnahme von Sozialleistungen	268
6.3.1	Inanspruchnahme von Grundsicherungsleistungen	268
6.3.2	Untererfassung von Leistungsberechtigten in Befragungen	270
6.3.3	Unterschiede zwischen Migrantinnen/Migranten und Einheimischen bei der Realisierung von Leistungsansprüchen	271
6.3.4	Auswirkungen der Wohngeldreform auf Grundsicherungsbezieherinnen und -bezieher	273
6.4	Die regionale Dimension in der Grundsicherung	276
6.5	Beschäftigungseffekte von Arbeitsgelegenheiten in den Einsatzbetrieben	279
6.6	Internationaler Vergleich	282
6.6.1	Verfestigte Nicht-Erwerbstätigkeit im internationalen Vergleich	282
6.6.2	Integration arbeitsmarktferner Personen im internationalen Vergleich	284
6.7	Zwischenfazit zu Kapitel 6	287
7	**Zusammenfassung und Fazit**	**289**
Literatur		297

Anhang	317
Anhang A Zentrale Gesetzesänderungen der Grundsicherung	317
Anhang A1: Chronik der Arbeitsmarktpolitik 2013 bis 2016	317
(Judith Bendel-Claus)	
Gesetz zur Änderung des Zweiten Buches Sozialgesetzbuch und anderer Gesetze – Leistungen für Bildung und Teilhabe	319
BMAS-Konzept zum Abbau der Langzeitarbeitslosigkeit: „Chancen eröffnen – soziale Teilhabe sichern"	323
Achtes Gesetz zur Änderung des Zweiten Buches Sozialgesetzbuch – Ergänzung personalrechtlicher Bestimmungen	332
Mindestlohngesetz – Ausnahmen für Langzeitarbeitslose	334
Fünftes Gesetz zur Änderung des Vierten Buches Sozialgesetzbuch und anderer Gesetze – Assistierte Ausbildung	338
Gesetz zur Stärkung der beruflichen Weiterbildung und des Versicherungsschutzes in der Arbeitslosenversicherung	342
Integrationsgesetz	345
Neuntes Gesetz zur Änderung des Zweiten Buches Sozialgesetzbuch – Rechtsvereinfachung	350
Gesetz zur Ermittlung von Regelbedarfen sowie zur Änderung des Zweiten und des Zwölften Buches Sozialgesetzbuch	357
Anhang B Zentrale Datengrundlagen der SGB-II-Forschung des IAB	361
Anhang B1: SGB-II-Prozessdatenbasis 2013-2016	361
(Martina Oertel, Ulrich Thomsen)	
Anhang B2: Das Administrative Panel SGB II (AdminP)/ Die Stichprobe Integrierte Grundsicherungsbiografien (SIG)	372
(Kerstin Bruckmeier, Tobias Graf, Thorsten Lietzmann)	
Anhang B3: Das Panel „Arbeitsmarkt und soziale Sicherung" (PASS)	374
(Mark Trappmann)	
Anhang B4: Die IAB-Stellenerhebung	382
(Alexander Kubis, Andreas Moczall, Martina Rebien)	
Anhang B5: Qualitatives Panel „Armutsdynamik und Arbeitsmarkt – Entstehung, Verfestigung und Überwindung von Hilfebedürftigkeit bei Erwerbsfähigen" mit den Ergänzungsmodulen Modul 1 „Lebenszusammenhänge in Mehrpersonenbedarfsgemeinschaften" und Modul 2 „Integrationsprobleme von Leistungsbeziehenden mit Migrationshintergrund"	387
(Andreas Hirseland)	
Kurzfassung	394

Abbildungsverzeichnis

Abbildung 2.1: Bestand und Fluktuation in der Grundsicherung
2011 bis 2015 23

Abbildung 2.2: Durchschnittliche Dauer (in Monaten) im SGB-II-Leistungsbezug sowie in ungeförderter Beschäftigung in den
neun Clustern 37

Abbildung 2.3: Arbeitsumfang von Aufstockenden nach Typ der Bedarfsgemeinschaft (Anteile in Prozent) 48

Abbildung 2.4: Kumulierte Inzidenz von Arbeitsaufnahmen:
Nicht erwerbstätige alleinerziehende Mütter im ALG II 59

Abbildung 2.5: Kumulierte Inzidenz von Arbeitsaufnahmen:
Nicht erwerbstätige Mütter in Paarhaushalten im ALG II 59

Abbildung 2.6: Kumulierte Beschäftigungsaufnahmewahrscheinlichkeit
von Müttern, die zeitgleich zur Geburt ihres Kindes in
ALG-II-Bezug ohne Beschäftigung eintraten 61

Abbildung 2.7: Relative Eintrittsraten in Beschäftigung bei nicht
erwerbstätigen Müttern mit ALG-II-Bezug 62

Abbildung 2.8: Aktueller Erwerbsstatus im Vergleich zum Erwerbsstatus
6 und 12 Monate vor der Befragung als unabhängige Variable
in der Vorhersage körperlicher, psychischer und
allgemeiner Gesundheit 69

Abbildung 2.9: Schätzung der Übergangsraten nach beruflicher
Rehabilitation in allgemeine, ungeförderte und
geförderte Beschäftigung 71

Abbildung 3.1: Beispiele sozial aktivierender Maßnahmen 100

Abbildung 4.1: Durchschnittliche Förderwirkung von beruflicher Weiterbildung auf die Teilnehmenden 130

Abbildung 4.2: Beschäftigungseffekte von Umschulungen im SGB II
und SGB III – nach Geschlecht 133

Abbildung 4.3: Schwierigkeiten, die Arbeitslose im Zusammenhang
mit einer Weiterbildungsmaßnahme sehen (2013, Anteile
in Prozent) 135

Abbildung 4.4: Wirkung des Einstiegsgelds auf die Überwindung von
Hilfebedürftigkeit 139

Abbildung 4.5: Vorwiegendes Ziel der Ein-Euro-Jobs 169

Abbildung 4.6: Zufriedenheit mit der Arbeitsleistung der
Ein-Euro-Jobber 170

Abbildung 4.7: Ungeförderte versicherungspflichtige Beschäftigung
für „ZJ, ZJ" vs. „ALG II, ALG II".. 174

Abbildung 4.8: Ungeförderte versicherungspflichtige Beschäftigung
für „ZJ, ALG II" vs. „ALG II, ZJ"... 176

Abbildung 5.1: Deprivation im Lebensstandard von Personen mit und
ohne ALG-II-Bezug 186

Abbildung 5.2: Einkommensarmutsgefährdung und aktueller SGB-II-Bezug
von Kindern unter 15 Jahren 197

Abbildung 5.3: Suchintensität im Leitungsbezug: Effekte von Geschlecht,
Partnerschaft und Elternschaft 218

Abbildung 5.4: Index für körperliche und mentale Gesundheit nach
Grundsicherungsbezug und Alter 228

Abbildung 5.5: Gründe, warum Leistungsbezieherinnen und -bezieher
nicht zur Arbeitsuche verpflichtet sind 243

Abbildung 6.1: Verbleib der Arbeitslosenkohorte aus dem Februar 2005 260

Abbildung 6.2: Beschäftigungsdauern in Westdeutschland 1998–2009
nach Geschlecht 262

Abbildung 6.3: Perzentile der Lohnverteilung von Vollzeitbeschäftigten
in Westdeutschland 1998–2010 nach Geschlecht 263

Abbildung 6.4: Berücksichtigung von Bewerberinnen und Bewerbern
im Einstellungsprozess nach Dauer der Arbeitslosigkeit
– Anteile an allen Betrieben in Prozent 266

Abbildung 6.5: Positive Einschätzungen der arbeitsrelevanten Eigenschaften
von Langzeitarbeitslosen durch Betriebe mit beziehungsweise
ohne vorherige Erfahrung mit Langzeitarbeitslosen
– Anteile an den jeweiligen Betrieben in Prozent 267

Abbildung 6.6: Jobcenter-Typisierung im SGB II 277

Abbildung 6.7: Entwicklung des Anteils der Betriebe mit Ein-Euro-Jobs
nach Sektoren, 2005 bis 2015 280

Abbildung 6.8: Dauerverteilung der Langzeiterwerbslosigkeit im
Ländervergleich, 2014, in Prozent aller Erwerbslosen 285

Anhangabbildung B1.1: IAB-ITM-Prozessdatenbasis: Datenflüsse SGB II 362

Anhangabbildung B3.1: Befragungsprogramm des Panels
„Arbeitsmarkt und soziale Sicherung" (PASS)
(Stand: Welle 10, 2016) 375

Anhangabbildung B3.2: Entwicklung der Fallzahlen des PASS bis Welle 9 ... 378

Tabellenverzeichnis

Tabelle 2.1:	Eckdaten des SGB II für Deutschland – 2011 bis 2015 (in Tausend)	22
Tabelle 2.2:	Personen nach ununterbrochener Dauer des Leistungsbezugs	24
Tabelle 2.3:	Personen nach kumulierter Dauer des Leistungsbezugs (Bestand zum Dezember des jeweiligen Jahres, in Tausend)	25
Tabelle 2.4:	Zahl der Bedarfsgemeinschaften nach Typ im Juni 2016 (in Tausend)	26
Tabelle 2.5:	Erwerbsfähige Leistungsberechtigte, Entwicklung nach Personengruppen 2012 bis 2016 (in Tausend)	27
Tabelle 2.6:	Erwerbsfähige Leistungsberechtigte und Arbeitsmarktstatus	28
Tabelle 2.7:	Personen im Leistungsbezug SGB II nach Arbeitsmarktstatus – Jahresdurchschnitte 2014	29
Tabelle 2.8:	Ausgewählte Strukturmerkmale der Kurzzeit- und Langzeitarbeitslosen im Zeitvergleich (Juni 2010 und 2014, Anteile in Prozent)	32
Tabelle 2.9:	Soziodemografische Zusammensetzung der Leistungsbezieherinnen und -bezieher nach Bezugsdauer – Anteile in Prozent	34
Tabelle 2.10:	Durchschnittliche Dauern des Arbeitslosengeld-II-Bezugs und der Erwerbszustände in den Verlaufstypen im Zeitraum 2005 bis 2010 (in Monaten)	39
Tabelle 2.11:	Bruttostundenlöhne von Aufstockenden nach Typ der Bedarfsgemeinschaft	49
Tabelle 2.12:	Haushalte mit Erwerbspersonen und Bedürftigkeit	52
Tabelle 2.13:	Bruttolöhne von Aufstockenden nach Typ der Bedarfsgemeinschaft	54
Tabelle 4.1:	Geschätzte Effekte der Teilnahme an Ein-Euro-Jobs auf die Selbstwirksamkeitserwartung	162
Tabelle 5.1:	Multivariate Analysen zum Zusammenhang zwischen Dauer des ALG-II-Leistungsbezugs und Lebensstandard beziehungsweise Haushaltseinkommen	189
Tabelle 5.2:	Tatsächliche und gewünschte Arbeitszeit von Männern und Frauen nach Haushaltskontext	208
Tabelle 5.3:	Einstellung von Frauen, ab welchem Alter des Kindes eine Mutter wieder (ganztags) erwerbstätig sein sollte	210

Tabelle 5.4:	Wahrscheinlichkeit, innerhalb von 42 Monaten nach Beginn einer ALG-II-Leistungsbezugsepisode, eine Erwerbstätigkeit begonnen zu haben	212
Tabelle 5.5:	Anteile bedarfsdeckender Arbeitsaufnahmen von Müttern mit ALG II nach Arbeitszeit	213
Tabelle 5.6:	Pflegetätigkeiten von Arbeitslosengeld-II-Empfängerinnen und -Empfänger	240
Tabelle 5.7:	Erwerbssituation von pflegenden und nicht pflegenden Arbeitslosengeld-II-Bezieherinnen und -Beziehern	242
Tabelle 5.8:	Soziale Lage 18- bis 24-jähriger Empfängerinnen und Empfänger von Arbeitslosengeld II	246
Tabelle 6.1:	Status der Arbeitslosenkohorte aus dem Februar 2005 im Februar 2009	261
Tabelle 6.2:	Gewichtete Quoten der Nicht-Inanspruchnahme von Grundsicherungsleistungen, 2015–2011 (in Prozent)	269
Tabelle 6.3:	Nicht-Ausschöpfungsquoten von Sozialleistungen, 2005–2011	272
Tabelle 6.4:	Reformeffekte auf die Zahl der Transferbezieherhaushalte	274
Tabelle 6.5:	Reformeffekte auf die öffentlichen Haushalte	275
Tabelle 6.6:	Anteil der Betriebe mit Ein-Euro-Jobs nach Branche, 2015	281
Tabelle 6.7:	Anteile einzelner Gruppen von Langzeit-Nicht-Erwerbstätigen an der Gesamtbevölkerung im Alter von 25–64 Jahren, 2008 und 2012	283
Tabelle 6.8:	Einflussfaktoren auf die Wahrscheinlichkeit, langzeiterwerbslos zu sein, bei 25- bis 64-jährigen Personen, 2013, Abweichung von der durchschnittlichen Wahrscheinlichkeit, langzeiterwerbslos zu sein, in Prozent (Simulationen basierend auf Probit-Schätzungen)	286
Anhangtabelle B1.1:	Quellenübergreifend verfügbare Merkmale für die SGB-II-Forschung	363
Anhangtabelle B5.1:	Samplezusammensetzung Ergänzungsmodul 1	389
Anhangtabelle B5.2:	Datensatz Ergänzungsmodul 1	390
Anhangtabelle B5.3:	Samplebeschreibung Ergänzungsmodul 2	392
Anhangtabelle B5.4:	Datensatz Ergänzungsmodul 2	393

Vorwort der Institutsleitung des IAB

Mit der Wirkungsforschung zum SGB II beschäftigt sich das IAB nun mehr als eine Dekade lang: Seit 2005 bildet sie den zweiten maßgeblichen gesetzlichen Forschungsauftrag des Instituts. Die thematische Ausrichtung der SGB-II-Forschung wird zwischen dem IAB und dem Bundesministerium für Arbeit und Soziales (BMAS) in jeweils auf vier Jahre angelegten Forschungsprogrammen konkretisiert. Der vorliegende Band – im Wesentlichen von den Mitarbeitern der Forschungskoordination verfasst – bündelt die Ergebnisse der Ende 2016 abgeschlossenen dritten Periode der SGB-II-Forschung des IAB.

Zu den zentralen Forschungssträngen der SGB-II-Forschung gehören Analysen der strukturellen Zusammensetzung der Gruppe der Leistungsberechtigten, des Beratungs- und Vermittlungsprozesses, der Wirkung arbeitsmarktpolitischer Instrumente sowie der Lebenssituation und der sozialen Teilhabe von Grundsicherungsempfängerinnen und -empfängern. In den Jahren 2013 bis 2016 galt drei Themen besondere Aufmerksamkeit: der Situation von Langzeitarbeitslosen in der Grundsicherung, dem Zusammenspiel von Arbeitsmarktintegration und Gesundheit sowie der Lebenssituation und Förderung von Mehrpersonen-Bedarfsgemeinschaften.

Die Wirkungsforschung nach § 55 Abs. 1 SGB II bildet einen zentralen Baustein der Arbeit des IAB und eine fundierte Basis für wissenschaftliche Politikberatung. Sie ist aus der Forschung des IAB nicht mehr wegzudenken. Die Zusammenfassung der Forschungsergebnisse der letzten vier Jahre in diesem Band wäre ohne die tatkräftige Mitwirkung vieler nicht zustandegekommen. Dafür danken wir zuvorderst den Mitarbeiterinnen und Mitarbeitern des IAB, die dieses wichtige Forschungsfeld seit Jahren kompetent und engagiert bearbeiten. Außerdem gilt unser Dank dem Bundesministerium für Arbeit und Soziales für die Bereitstellung der finanziellen Mittel sowie der BA, ohne deren organisatorisches Dach die Forschung zu den Rechtskreisen SGB II und SGB III nicht hätte verknüpft werden können.

Namentlich danken möchten wir den Kollegen Holger Bähr, Martin Dietz, Peter Kupka, Philipp Ramos Lobato und Holk Stobbe aus der Stabsstelle Forschungskoordination, die die vielfältigen Ergebnisse aus der SGB-II-Forschung der letzten vier Jahre in einer überzeugenden und ansprechenden Form zusammengefasst haben. Besonderer Dank gilt ihnen darüber hinaus für die Koordination, Unterstützung und Weiterentwicklung der Wirkungsforschung zum SGB II im IAB.

Joachim Möller und Ulrich Walwei

Danksagung

Dieser Band dokumentiert die Ergebnisse der Wirkungsforschung nach § 55 Abs. 1 SGB II, die vornehmlich in den Jahren 2013 bis 2016 entstanden sind. Dazu fasst er die Befunde vieler aktueller und ehemaliger Mitarbeiterinnen und Mitarbeiter des IAB zusammen. Ohne die Forschungsarbeiten unserer Kolleginnen und Kollegen und ohne ihre Bereitschaft, offene Fragen mit uns zu diskutieren und die unterstützende Qualitätssicherung, die die Kolleginnen und Kollegen aus der Forschung übernehmen, hätte dieser Band nicht entstehen können. Ihnen gilt daher unser ausdrücklicher Dank!

Weiterhin danken wir dem Bundesministerium für Arbeit und Soziales und dabei speziell dem Referat Grundsatzfragen der Arbeitsmarktpolitik von Vanessa Ahuja und später Klaus Brandenburg für die ausgesprochen gute und stets konstruktive Zusammenarbeit!

Schließlich danken wir Isabell Klingert und Julia Lenhart, die in den vergangenen Jahren ebenfalls an der Erstellung von Berichten an das BMAS beteiligt waren, Anke Hänel und Helen Stöhr, die uns bei der Erstellung der Publikationsfassung auf vielfältige Weise unterstützt haben, sowie Martina Dorsch für die sorgfältige redaktionelle Durchsicht des Textes.

Alle verbleibenden Fehler und Unzulänglichkeiten gehen selbstverständlich zulasten der Autoren dieses Bandes.

1 Einleitung

In der Nachfolge der 2009 und 2013 veröffentlichten Bände der IAB-Bibliothek – *Aktivierung, Erwerbstätigkeit und Teilhabe* (Koch et al. 2009) sowie *Acht Jahre Grundsicherung für Arbeitsuchende* (Dietz et al. 2013) – legt das IAB nun einen dritten Band mit Forschungsbefunden aus vier weiteren Jahren Wirkungsforschung zur Grundsicherung für Arbeitsuchende vor. In Fortführung der beiden vorangehenden Publikationen bündelt das vorliegende Buch die Befunde aus den Forschungsarbeiten des IAB der Jahre 2013 bis 2016. Erneut bilden die Basis dafür die zahlreichen Einzelveröffentlichungen der Wissenschaftlerinnen und Wissenschaftler des IAB, die seit Einführung der Grundsicherung für Arbeitsuchende vor nunmehr dreizehn Jahren die Wirkungen der Leistungen zur Eingliederung und zur Sicherung des Lebensunterhalts des SGB II im gesetzlichen Auftrag untersuchen.

Anspruch und Idee dieses Buches ist es, die vornehmlich in den vergangenen vier Jahren am IAB entstandenen, aber in den verschiedensten Formaten publizierten Befunde zur Grundsicherung für Arbeitsuchende und ihren Wirkungen zu bündeln und somit eine fundierte Gesamtschau der gewonnenen Wissensbestände und Einsichten zu ermöglichen. In anderer Hinsicht bleibt dieser Band jedoch notwendigerweise unvollständig. So ist es nicht möglich, in der Zusammenstellung die zahlreichen Forschungsbefunde zum SGB II systematisch zu berücksichtigen, die fortlaufend in der sozial- und wirtschaftswissenschaftlichen Forschungslandschaft entstehen. Ohne Zweifel hätte dies die Anlage, aber auch den Umfang dieses Buches deutlich überstiegen.

Bevor in den folgenden Kapiteln die verschiedenen Themenbereiche der SGB-II-Forschung des IAB dargestellt werden, folgt zu deren besserer Einordnung zunächst ein kurzer Blick auf den Forschungsgegenstand von dem hier bislang so selbstverständlich die Rede ist, den gesetzlichen Forschungsauftrag des IAB sowie den Aufbau des vorliegenden Buches.

Das SGB II: Ein Forschungsgegenstand in Bewegung

Die Grundsicherung für Arbeitsuchende wurde im Jahr 2005 als Nachfolgerin der ehemaligen Arbeitslosen- und Sozialhilfe eingeführt. Mit der Einführung dieses landläufig als „Hartz IV" bekannten Sicherungssystems war seinerzeit nicht nur ein weitreichender Eingriff in die etablierte Architektur der sozialen Sicherung bei Arbeitslosigkeit und Hilfebedürftigkeit verbunden, sondern auch der (endgültige) Durchbruch aktivierender Arbeitsmarktpolitik. Mit dem Begriff der Aktivierung wird dabei eine arbeitsmarktpolitische Ausrichtung bezeichnet, die auf eine umgehende und zudem weitgehend bedingungslose Arbeitsmarktintegration der Hilfeempfängerinnen und -empfänger setzt. Dabei betont der Aktivierungsansatz die Bedeutung der Arbeitsangebotsseite für die Entstehung und vor allem für die Verstetigung von Arbeitslosigkeit. Daher zielen auch die Maßnahmen und Interventionen aktivierender Arbeitsmarktpolitik vor allem darauf ab, die Beschäftigungsfähigkeit der Leistungsberechtigten zu verbessern und ihre Arbeits- und Konzessionsbereitschaft zu erhöhen.

Über der ausgeprägten Arbeitsmarktorientierung wurde gerade in den ersten Jahren nach Einführung der Grundsicherung für Arbeitsuchende mitunter vergessen, dass die Sicherung des soziokulturellen Existenzminimums mindestens gleichrangig zur Aufgabe der Überwindung der Hilfebedürftigkeit ist. Mittlerweile scheint diese Doppelfunktion der Grundsicherung für Arbeitsuchende weithin bekannt und wohl auch zunehmend akzeptiert zu sein. Ein wichtiger Schritt auf diesem Weg war zweifellos das aus dem Jahr 2010 stammende Urteil des Bundesverfassungsgerichts und die daraufhin erfolgten Rechtsänderungen. Seither definiert der erste Paragraph des SGB II gleich im ersten Absatz und in auffälliger Ähnlichkeit zur Formulierung des Bundessozialhilfegesetztes als zentrale Aufgabe der Grundsicherung und ihrer Leistungen, den Hilfempfängerinnen und -empfängern ein menschenwürdiges Leben zu ermöglichen. Gleichzeitig hebt auch Paragraph 20, der die Leistungen zum Lebensunterhalt regelt, noch deutlicher darauf ab, dass die finanziellen Unterstützungsleistungen des SGB II über das physische Existenzminimum hinaus die „Teilhabe am sozialen und kulturellen Leben in der Gemeinschaft" ermöglichen sollen.

Trotz ihrer Reichweite steht diese Änderung des SGB II keineswegs alleine dar. Vielmehr wurde seit der Einführung der Grundsicherung für Arbeitsuchende vor mittlerweile gut dreizehn Jahren eine Reihe von Gesetzesreformen umgesetzt, die nicht minder zentrale Elemente betrafen. Beispielhaft sei auf die rechtliche Neuordnung der Trägerschaft, die Modifikation der Regelsatzberechnung sowie die wiederholte Reform der arbeitsmarktpolitischen Instrumente verwiesen. Auch in den letzten Jahren wurden weitere Rechtsänderungen vorgenommen, zuletzt im Zuge des neunten SGB-II-Änderungsgesetzes, das zum August 2016 beziehungsweise in Teilen zum Januar 2017 in Kraft getreten ist.

Hervorzuheben sind vor allem zwei Regelungen dieses Gesetzes, da sie den Zuständigkeitsbereich der Grundsicherung für Arbeitsuchende respektive die Aktivitäten der Jobcenter gleich in doppelter Hinsicht ausweiten: auf Personen, die potenziell einen Anspruch auf Arbeitslosengeld II haben könnten, sowie auf Personen, die die Hilfebedürftigkeit überwunden haben. Die Rede ist von der „Förderung schwer zu erreichender junger Menschen" (§ 16h SGB II) sowie der „Förderung bei Wegfall der Hilfebedürftigkeit" (§ 16g SGB II). Im ersten Fall soll der Gruppe „abgekoppelter" Jugendlicher, in Zusammenarbeit mit den Trägern der Jugendhilfe, der Zugang zu Leistungen der Grundsicherung erleichtert werden. Demgegenüber erlaubt die zweite Regelung es den Jobcentern, Personen für bis zu weitere sechs Monate auch dann zu beraten und zu fördern, wenn die Hilfebedürftigkeit – und damit eine der zentralen Anspruchsvoraussetzungen im SGB II – im Zuge einer Arbeitsaufnahme nicht mehr gegeben ist. Ziel dieser Regelungen ist es, die Erwerbsbeteiligung ehemaliger Leistungsberechtigter zu stabilisieren und so eine (frühzeitige) Rückkehr in den Leistungsbezug zu verhindern.

Einen fundierten Überblick über diese und weitere Rechtsänderungen der Jahre 2013 bis 2016 bietet die *Chronik der Arbeitsmarktpolitik* (vgl. Anhang A1 von Judith Bendel-Claus in diesem Band). Die Chronik erläutert die zentralen Inhalte der rechtlichen Änderungen rund um die Grundsicherung für Arbeitsuchende in diesem Zeitraum, zitiert die Stellungnahmen und Einschätzungen der IAB-Forscherinnen und -Forscher und verweist auf die maßgeblichen Palamentaria.

Die Zusammenschau der vorgenommenen Rechtsänderungen unterstreicht, dass das SGB II ein höchst dynamisches Gesetzbuch ist und wohl auch zukünftig bleiben dürfte. Neben den rechtsimmanenten Änderungen tragen zu dieser Dynamik zudem Veränderungen in anderen Rechtsgebieten sowie allgemeine gesellschaftliche Entwicklungen bei. Während des hier betrachteten Zeitraums der Jahre 2013 bis 2016 gilt dies zweifelsohne für die Einfühung des gesetzlichen Mindestlohns Anfang 2015, aber auch für die Fluchtmigration aus den Kriegs- und Krisengebieten des Nahen und Mittleren Ostens, die in den Jahren 2015 und 2016 stark zugenommen hat. Flüchtlinge mit anerkanntem Aufenthaltsstatus, die ihren Lebensunterhalt nicht aus eigenen Erwerbseinkünften sichern können, haben nicht nur Anspruch auf die Geldleistungen des SGB II, sondern für sie wurden – über die vorhandenen Regelinstrumente hinaus – vielfach spezifische Förder- und Integrationsprogramme aufgesetzt.

Insgesamt machen die skizzierten Veränderungen der Strukturen, Regelungen wie Kontextbedingungen des SGB II deutlich, dass es sich bei der Grundsicherung für Arbeitsuchende um einem höchst dynamischen Forschungsgegenstand handelt. Aufgrund dessen muss sich die Evaluationsforschung kontinuierlich mit ihrem Gegenstand und seinen programmatischen wie institutionellen Veränderungen auseinandersetzen und ihre analytischen Konzepte und empirischen Instrumente weiterentwickeln.

Der Forschungsauftrag des IAB und seine Umsetzung

Um die Grundsicherung in ihrer Umsetzung und in ihren Wirkungen umfassend zu evaluieren, hat der Gesetzgeber zwei Forschungsaufträge formuliert, die in § 55 SGB II geregelt sind.
- Die Forschung zu den Wirkungen der Leistungen zur Eingliederung und der Leistungen zur Sicherung des Lebensunterhalts wurde gemäß § 55 Abs. 1

SGB II in die Arbeitsmarkt- und Berufsforschung nach § 282 SGB III einbezogen und damit dem IAB übertragen.
- In § 55 Abs. 2 ist die Wirkungsforschung zur örtlichen Aufgabenwahrnehmung von gemeinsamen Einrichtungen und kommunalen Trägern geregelt. Für die vergleichende Untersuchung der Wirkung der örtlichen Aufgabenwahrnehmung ist ausschließlich das Bundesministerium für Arbeit und Soziales (BMAS) zuständig. Bis 2008 fand sich eine entsprechende Regelung in § 6c SGB II.

Um seinem gesetzlichen Auftrag gerecht zu werden, trägt das Forschungsprogramm des IAB sowohl dem Ziel der Grundsicherung Rechnung, die Arbeitsmarktintegration der Leistungsberechtigten zu unterstützen, als auch dem Ziel, deren soziale und kulturelle Teilhabe zu ermöglichen. Neben der Untersuchung der Integrationswirkung des SGB II und seiner Instrumente bildet die Teilhabeforschung daher einen weiteren maßgeblichen Untersuchungsschwerpunkt. Entsprechend weit gefasst ist das thematische Spektrum der SGB-II-Forschung des IAB, das von Analysen zur Struktur des SGB II über die ökonometrische Maßnahmenevaluation bis hin zu mikrosoziologischen Untersuchungen der Lebensumstände von Grundsicherungsbeziehern reicht. Diese Formen der empirischen Forschung benötigen eine breite Datenbasis, die unter anderem prozessproduzierte Daten sowie standardisierte und qualitative Befragungsdaten umfasst. Einen Überblick zur Datenbasis der SGB-II-Forschung des IAB bieten die im Anhang B des Bandes enthaltenen Beschreibungen der wichtigsten Datensätze.

Die thematische Ausrichtung der SGB-II-Forschung wird zwischen IAB und BMAS in einem auf vier Jahre angelegten Forschungsprogramm konkretisiert. Im Jahr 2017 hat bereits die vierte Forschungsperiode begonnen. Für die Wirkungsforschung zum SGB II gilt ebenso wie für die IAB-Forschung insgesamt, dass sie unabhängig und nach dem aktuellem wissenschaftlichem Standard erfolgt. Dazu gehört auch, dass die Ergebnisse der IAB-Forschung der Öffentlichkeit zugänglich gemacht werden (für weitere Informationen zu den Leitlinien guter wissenschaftlicher Politikberatung für das IAB vgl. IAB 2010).

Der SGB-II-Forschung am IAB widmen sich insbesondere die Forschungsbereiche Grundsicherung und Aktivierung (Leitung: Joachim Wolff), Erwerbslosigkeit und Teilhabe (Leitung: Markus Promberger), Panel „Arbeitsmarkt und soziale Sicherung" (Leitung: Mark Trappmann) sowie die Forschungsgruppe Grundsicherungsbezug und Arbeitsmarkt (Leitung: Kerstin Bruckmeier). Aber auch in weiteren Forschungsbereichen sind Projekte der Wirkungsforschung angesiedelt. Die Stabsstelle Forschungskoordination (Leitung: Martin Dietz) koordiniert die SGB-II-Forschung im IAB und fungiert als Ansprechpartnerin für das BMAS.

Inhaltliche Gliederung

Der vorliegende Band beginnt mit einer Darstellung zur „Struktur und Dynamik im Bereich der Grundsicherung" (Kapitel 2). Neben Strukturdaten zu Bedarfsgemeinschaften und Leistungsberechtigten wird die Entwicklung von Zu- und Abgängen in den Blick genommen. Dabei spielt die Arbeitsmarktsituation von erwerbstätigen Leistungsberechtigten („Aufstockern") sowie von Müttern im Grundsicherungsbezug eine wichtige Rolle. Ein weiteres Themenfeld bilden die Beschäftigungschancen von Rehabilitanden.

Anschließend sind in Kapitel 3 Befunde zum Themenkomplex „Aktivierung, Betreuung und Vermittlung" zusammengestellt. Zentrale Themen dieses Kapitels sind die arbeitnehmer- und arbeitgeberseitige Beratung und Vermittlung, die Auslagerung von Vermittlungsdienstleistungen an Dritte sowie die aktivierende Wirkung arbeitsmarktpolitischer Maßnahmen. Einen Schwerpunkt bildet in diesem Zusammenhang die Analyse von Sanktionen in der Grundsicherung für Arbeitsuchende.

Mit arbeitsmarktpolitischen Instrumenten und ihren Wirkungen befasst sich Kapitel 4. Dabei geht es um Maßnahmen zur beruflichen Weiterbildung, zur Förderung selbstständiger Beschäftigung sowie zur Förderung mittels Arbeitsgelegenheiten. Den Abschluss des Kapitels bilden Befunde zu Maßnahmesequenzen im SGB II, also zur Kombination mehrerer Maßnahmen.

Kapitel 5 bündelt Forschungsergebnisse zum Themenkomplex „Lebenslagen und soziale Teilhabe" der Leistungsberechtigten im SGB II. Ein Schwerpunkt des Kapitels bilden Forschungsarbeiten zur materiellen Lage von Grundsicherungsbeziehenden. Weiterhin gilt die Aufmerksamkeit der Erwerbstätigkeit von Leistungsberechtigten in unterschiedlichen Haushaltskontexten, insbesondere in Paarbeziehungen und Bedarfsgemeinschaften mit Kindern. Darüber hinaus werden die Themenkomplexe „Gesundheit und Pflege" sowie „Soziale Beziehungen und gesellschaftliche Einstellungen" behandelt.

Kapitel 6 befasst sich mit gesamtwirtschaftlichen Perspektiven, zu denen Veränderungen der Arbeitsmarktdynamik ebenso gehören wie die betriebliche Integration von Langzeitarbeitslosen. Mehrere Arbeiten nehmen die (Nicht-)Inanspruchnahme von Sozialleistungen unter die Lupe. Neben regionalen Aspekten werden auch Beschäftigungseffekte von Arbeitsgelegenheiten in Einsatzbetrieben untersucht. Zudem werden Ansätze zur Integration von Langzeitarbeitslosen sowie zur verfestigten Nicht-Erwerbstätigkeit aus einer international vergleichenden Perspektive vorgestellt.

Jedes Kapitel schließt mit einem Zwischenfazit, bevor Kapitel 7 die wichtigsten Entwicklungen noch einmal zusammenfasst und einordnet. Im Anhang A1 des Bandes präsentiert Judith Bendel-Claus eine Übersicht wichtiger Gesetzesänderungen der Grundsicherung. Anschließend werden die zentralen Datenbestände, auf denen die SGB-II-Forschung des Instituts basiert, vorgestellt.

2 Struktur und Dynamik in der Grundsicherung

Das SGB II sieht seit seiner Einführung im Jahr 2005 eine Grundsicherung für Arbeitsuchende vor, die das „soziokulturelle Existenzminimum" der Leistungsberechtigten sichern soll. Dies erfolgt durch die materiellen Unterstützungsleistungen der Grundsicherung: Das Arbeitslosengeld II, das Sozialgeld sowie die 2011 eingeführten Leistungen für Bildung und Teilhabe. Damit ist die Grundsicherung für Arbeitsuchende die quantitativ bedeutsamste soziale Absicherungsleistung im deutschen Wohlfahrtsstaat.

Die Leistungsbezieherinnen und -bezieher sind eine sehr heterogene Gruppe mit unterschiedlichen Lebenslagen und Bedürfnissen. Sowohl bei der Dauer des Leistungsbezugs als auch bei der Dauer der Arbeitslosigkeit gibt es große Unterschiede. Sie stehen damit vor sehr verschiedenartigen Herausforderungen bei der Integration in den Arbeitsmarkt. Entsprechend wichtig ist die Untersuchung der strukturellen Merkmale des Grundsicherungsbezugs, sowohl mit Blick auf die Gesamtheit der Leistungsbezieherinnen und -bezieher als auch auf wichtige Teilgruppen.

Dieses Kapitel stellt zunächst die Entwicklung der Bestandszahlen in den Jahren 2011 bis 2015 dar (Abschnitt 2.1). Abschnitt 2.2 beschäftigt sich mit den Strukturdaten der Leistungsberechtigten im SGB II und der Dynamik innerhalb dieses Bereichs der sozialen Sicherungssysteme. Hier steht die Leistungshistorie verschiedener Gruppen von leistungsberechtigten Personen im Mittelpunkt. In Abschnitt 2.3 wird nachgezeichnet, welche Ursachen für den Grundsicherungsbezug vorliegen beziehungsweise welche Wege in den Leistungsbezug führen. Abschnitt 2.4 beschäftigt sich mit der großen Personengruppe der erwerbstätigen Leistungsberechtigten (Aufstockerinnen und Aufstocker) und mit dem Verhältnis von Grundsicherungsbezug und Beschäftigung. Um die Arbeitsmarktsituation von Müttern im Grundsicherungsbezug geht es in Abschnitt 2.5. Das Kapitel schließt in Abschnitt 2.6 mit dem Thema Rehabilitation und Wiedereingliederungsmaßnahmen der Bundesagentur für Arbeit und einem Zwischenfazit zu Kapitel 2 (Abschnitt 2.7).

2.1 Bestand der Leistungsberechtigten[1]

In den Jahren 2011 bis 2015 wurden durchschnittlich 6,36 Millionen Personen in Bedarfsgemeinschaften durch Leistungen der Grundsicherung unterstützt (vgl. Tabelle 2.1), im Jahr 2015 waren es 6,30 Millionen Personen. Insgesamt gab es seit dem Jahr 2007 bis Ende 2015 16,3 Millionen Menschen in Bedarfsgemeinschaften mit Bezug von Grundsicherungsleistungen, worin sich zum einen das hohe Ausmaß

---

1 Dieser Abschnitt wurde von der Forschungsgruppe „Dynamik in der Grundsicherung" verfasst.

an Bedürftigkeit in der Bevölkerung aufzeigt, zum anderen allerdings auch die Bedeutung der Grundsicherung für die Unterstützung von Menschen in unterschiedlichen Lebenslagen.

Während die Zahl der Grundsicherungsbeziehenden in Deutschland im Zuge der wirtschaftlichen Erholung nach der Rezession 2008 und 2009 deutlich zurückging, zeigen sich seit dem Jahr 2011 nur noch geringe Bestandsveränderungen. Im Vergleich zu 2011 gibt es im Jahr 2015 im Jahresdurchschnitt nur etwa vier Prozent weniger Personen in Bedarfsgemeinschaften. Bei den erwerbsfähigen Leistungsberechtigten beträgt der Rückgang sechs Prozent.

Tabelle 2.1
Eckdaten des SGB II für Deutschland – 2011 bis 2015 (in Tausend)

	2011	2012	2013	2014	2015
Personen					
Betroffene	8.121	7.821	7.772	7.775	7.768
(Jahres-)Durchschnitt	6.556	6.333	6.326	6.316	6.298
Durchgehend	4.885	4.768	4.782	4.787	4.745
Betroffene/Durchschnitt	124 %	123 %	123 %	123 %	123 %
Durchgehend/Durchschnitt	75 %	75 %	76 %	76 %	75 %
Erwerbsfähige Leistungsberechtigte (eLb)					
Betroffene	5.830	5.584	5.541	5.514	5.491
(Jahres-)Durchschnitt	4.628	4.453	4.431	4.395	4.357
Durchgehend	3.359	3.271	3.259	3.237	3.173
Betroffene/Durchschnitt	126 %	125 %	125 %	125 %	126 %
Durchgehend/Durchschnitt	73 %	73 %	74 %	74 %	73 %

Hinweis: Die Angaben beziehen sich auf Personen in Bedarfsgemeinschaften.
Quelle: Leistungshistorik Grundsicherung (LHG), Berechnungen des IAB (FG Dyn und DIM).

Trotz der positiven Lage auf dem Arbeitsmarkt zeigt sich beim Leistungsbezug insgesamt nur wenig Bewegung in der Grundsicherung. Die langen Bezugszeiten, die das Bild der Grundsicherung von Anfang an prägten, sind auch im hier dargestellten Zeitraum zu beobachten. Keine klaren zeitlichen Entwicklungen zeigen sich bei den in Tabelle 2.1 dargestellten Kennziffern zur Bewegung im Bestand. Das Verhältnis von Betroffenen zum Durchschnitt gibt an, wie viele Personen im Vergleich zum Durchschnittsbestand insgesamt vom Leistungsbezug betroffen waren. Die Werte um 123 Prozent deuten also auf eine gewisse Dynamik im Bestand hin. Der Anteil der Leistungsbezieherinnen und -bezieher am Jahresdurchschnitt, die ununterbrochen Leistungen bezogen, betrug auch im Jahr 2015 75 Prozent. Der Anteil

Bestand der Leistungsberechtigten

war im Beobachtungszeitraum relativ konstant und fällt bei den erwerbsfähigen Leistungsbeziehenden erwartungsgemäß leicht günstiger aus. Auch beim Anteil der durchgehenden Bezieherinnen und Bezieher am Jahresdurchschnitt zeigen sich bei insgesamt hohen Werten kaum Veränderungen in der zeitlichen Entwicklung.

Die Dominanz langer Bezugszeiten zeigt ein Blick auf die Leistungsberechtigten, die in den fünf betrachteten Jahren durchgehend im Leistungsbezug waren. Dazu ist in Abbildung 2.1 die Entwicklung des Bestands aller Personen in Bedarfsgemeinschaften seit dem Jahr 2011 abgetragen. Ende 2015 waren 2,27 Millionen Menschen in den letzten fünf Jahren durchgehend in der Grundsicherung, was etwa 36 Prozent des Bestands vom Dezember 2015 entspricht. Auch bei den verbleibenden Personen des Bestands vom Dezember 2015 dominieren lange ununterbrochene Bezugszeiten (blaue Fläche). Zum Ende des Betrachtungszeitraums 2015 waren von 6,22 Millionen Personen etwa 4,75 Millionen Personen seit mehr als einem Jahr durchgehend in der Grundsicherung, was einem Anteil von 76 Prozent entspricht (vgl. Tabelle 2.2). Langzeitbeziehende mit einer durchgehenden Bezugszeit von zwei und mehr Jahren gab es immer noch 61 Prozent. Diese Anteile haben sich zwischen 2011 und 2015 kaum verändert, bei den Langzeitbeziehenden mit einer Bezugszeit von zwei und mehr Jahren zeigt sich lediglich ein geringer Rückgang von 64 Prozent im Jahr 2011 auf 61 Prozent im Jahr 2015.

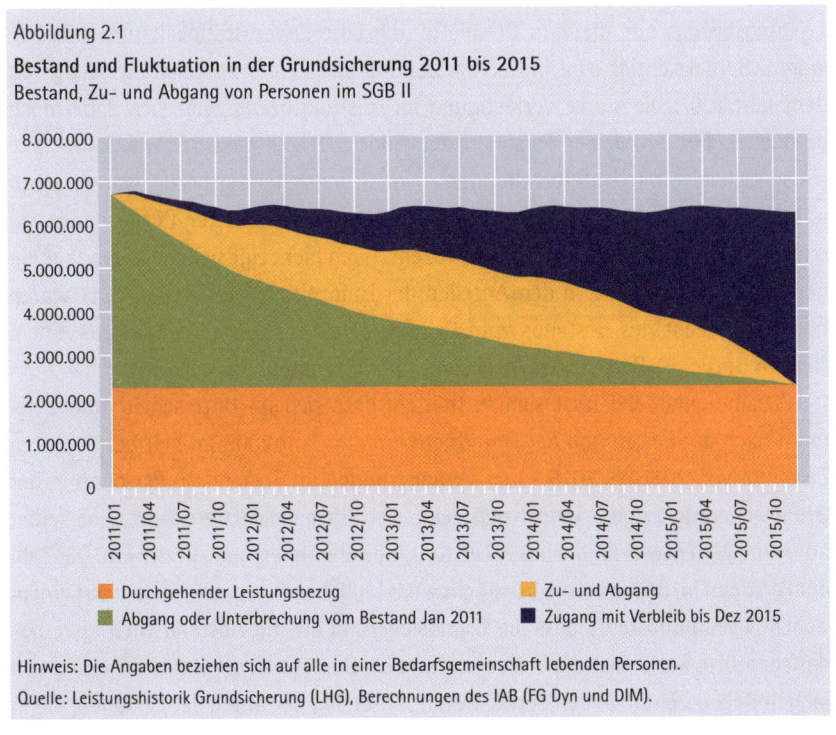

Abbildung 2.1
Bestand und Fluktuation in der Grundsicherung 2011 bis 2015
Bestand, Zu- und Abgang von Personen im SGB II

Hinweis: Die Angaben beziehen sich auf alle in einer Bedarfsgemeinschaft lebenden Personen.
Quelle: Leistungshistorik Grundsicherung (LHG), Berechnungen des IAB (FG Dyn und DIM).

Struktur und Dynamik in der Grundsicherung

Tabelle 2.2
Personen nach ununterbrochener Dauer des Leistungsbezugs

	2011	2012	2013	2014	2015
Gesamt	6.310	6.230	6.250	6.244	6.224
bisherige ununterbrochene Dauer des SGB-II-Bezugs					
1–3 Monate	523	538	536	538	537
4–11 Monate	902	924	932	919	943
12 und mehr Monate	4.885	4.768	4.782	4.787	4.745
darunter					
12–23 Monate	876	902	934	929	922
24 und mehr Monate	4.009	3.866	3.848	3.858	3.823
Anteil Langzeit	77 %	77 %	77 %	77 %	76 %
Anteil 2 Jahre	64 %	62 %	62 %	62 %	61 %

Hinweise: Bestand zum Dezember des jeweiligen Jahres, in Tausend; Die Angaben beziehen sich auf alle in einer Bedarfsgemeinschaft lebenden Personen.
Quelle: Leistungshistorik Grundsicherung (LHG), Berechnungen des IAB (FG Dyn und DIM).

Neben der ununterbrochenen Dauer des Leistungsbezugs kann die kumulierte Dauer des Leistungsbezugs betrachtet werden (vgl. Tabelle 2.3). Dabei fasst die kumulierte Dauer den Verfestigungsbegriff weiter und schließt auch Zeiten des Leistungsbezugs ein, die zum Beispiel durch eine Erwerbstätigkeit unterbrochen waren. Berücksichtigt sind in der Darstellung alle Zeiten im Leistungsbezug seit dem Jahr 2007. Die starke Verfestigung im Leistungsbezug zeigt sich dabei noch deutlicher. Der Anteil der Personen, die Ende 2015 insgesamt zwei Jahre lang – also teilweise mit Unterbrechungen – im Grundsicherungsbezug waren, steigt auf 80 Prozent an, der Anteil der Personen mit einer kumulierten Bezugsdauer von mindestens einem Jahr steigt auf 89 Prozent. Auch hier zeigt sich im Zeitverlauf ein geringfügiger Rückgang in den Anteilen der Langzeitbezüge: Im Jahr 2011 waren noch 91 Prozent des Bestands vom Dezember seit insgesamt mindestens einem Jahr im Bezug, 81 Prozent seit insgesamt mindestens zwei Jahren.

Zusammenfassend lässt sich festhalten, dass sich im Unterschied zum Zeitraum nach der Einführung der Grundsicherung im Jahr 2005 im hier betrachteten Zeitraum von 2011 bis 2015 kaum Veränderungen im Bestand an Personen in der Grundsicherung zeigen. Tendenziell zeigt sich über die letzten Jahre eine leicht abnehmende Entwicklung bei den Leistungsbezieherinnen und -beziehern. Die Zahl der Personen im Bezug verbleibt mit circa 6,3 Millionen Personen pro Jahr auf einem hohen Niveau und zeigt, dass die Grundsicherung die mit Abstand wichtigste bedarfsgeprüfte Sozialleistung in Deutschland ist. Geprägt ist die Grundsicherung von langen Bezugszeiten. In den betrachteten Jahren lag der Anteil der Personen, die in diesem Jahr durchgehend in der Grundsicherung waren, stets bei etwa 75 Prozent. Eine Zunahme der Dynamik kann ebenso wenig wie eine Zunahme der Verfestigung des Leistungsbezugs festgestellt werden. Auch wenn lange Bezugszeiten vorherrschen und sich die Abgänge aus dem Leistungsbezug auf einem niedrigen Niveau bewegen – die monatliche Abgangs- und Zugangsrate aus dem beziehungsweise in den Leistungsbezug betrug im Jahr 2015 nur 3,6 Prozent (Statistik der Bundesagentur für Arbeit 2017) – kann die fehlende Dynamik im Leistungsbezug nicht mit Inaktivität der Leistungsbeziehenden gleichgesetzt werden. Nur ein geringer Teil der Personen im Dauerbezug weist innerhalb des Bezugs keinerlei Arbeitsmarktaktivitäten auf, zum Beispiel die Teilnahme an geförderter Beschäftigung oder eine aufstockende Tätigkeit.

Tabelle 2.3
Personen nach kumulierter Dauer des Leistungsbezugs (Bestand zum Dezember des jeweiligen Jahres, in Tausend)

	2011	2012	2013	2014	2015
Gesamt	6.310	6.230	6.250	6.244	6.224
bisherige kumulierte Dauer des SGB-II-Bezugs					
1–3 Monate	163	172	178	186	207
4–11 Monate	410	417	421	433	467
12 und mehr Monate	5.737	5.641	5.651	5.625	5.550
darunter					
12–23 Monate	612	549	560	553	564
24 und mehr Monate	5.124	5.092	5.091	5.072	4.987
Anteil Langzeit kumuliert	91 %	91 %	90 %	90 %	89 %
Anteil 2 Jahre kumuliert	81 %	82 %	81 %	81 %	80 %

Hinweis: Die Angaben beziehen sich auf alle in einer Bedarfsgemeinschaft lebenden Personen. Bisherige kumulierte Dauer im Bezug seit 2007.
Quelle: Leistungshistorik Grundsicherung (LHG), Berechnungen des IAB (FG Dyn und DIM).

2.2 Struktur der Leistungsberechtigten

Der folgende Abschnitt gibt zunächst einen allgemeinen Überblick über die soziodemografische Struktur der Leistungsberechtigten und der Bedarfsgemeinschaften sowie über die wichtigsten quantitativen Veränderungen in den Jahren 2012 bis 2016 (Abschnitt 2.2.1). Anschließend wird auf die quantitativen Dimensionen der wichtigen Unterscheidung zwischen Langzeitarbeitslosen und Langzeitleistungsbeziehenden eingegangen (Abschnitt 2.2.2). Eine differenzierte Darstellung der

Zusammenhänge von Leistungsbezug und Langzeitarbeitslosigkeit erfolgt in Abschnitt 2.2.3. Die Arbeitsmarktbeteiligung und die Arbeitsmarktnähe von Leistungsberechtigten wird in Abschnitt 2.2.4 analysiert. Anschließend wird die Gesamtheit der Leistungsbezieherinnen und -bezieher mittels Sequenzmusteranalysen in Cluster aufteilt, die Personen mit sehr ähnlichen Arbeitsmarkt- und Erwerbslosigkeitsbiografien bündeln (Abschnitt 2.2.5 und speziell für junge Leistungsbrechtigte Abschnitt 2.2.6). Schließlich geht es in Abschnitt 2.2.7 um die Erwerbstätigkeit und den Leistungsbezug von Migrantinnen und Migranten.

2.2.1 Strukturdaten zu Bedarfsgemeinschaften und Leistungsberechtigten

Im Juni 2016 gab es deutschlandweit rund 3,3 Millionen Bedarfsgemeinschaften im Rechtskreis des SGB II, davon gut zwei Drittel in Westdeutschland. Single-Bedarfsgemeinschaften bilden mit 55 Prozent die deutliche Mehrheit der Bedarfsgemeinschaften (vgl. Tabelle 2.4). In Ostdeutschland lag ihr Anteil mit knapp 59 Prozent noch etwas höher. Alleinerziehende stellen mit 19 Prozent die zweithäufigste Form der Bedarfsgemeinschaften, in weiteren knapp 15 Prozent der Bedarfsgemeinschaften leben Kinder mit zwei Erwachsenen zusammen. Weitere zehn Prozent sind Partnerschaften ohne Kinder.

Tabelle 2.4
Zahl der Bedarfsgemeinschaften nach Typ im Juni 2016 (in Tausend)

	Gesamt	Single	Alleinerziehende	Partner ohne Kinder	Partner mit Kind(ern)	Sonstige
Bundesgebiet	3.281	1.817	608	313	478	65
Westdeutschland	2.309	1.247	437	215	360	50
Ostdeutschland	972	570	170	97	118	16

Hinweise: Bedarfsgemeinschaften im Sinne des SGB II bestehen aus Personen, die im selben Haushalt leben und mit ihrem Einkommen und Vermögen zur Deckung des Gesamtbedarfs der Bedarfsgemeinschaft füreinander einstehen. Sie entsprechen nicht notwendigerweise der Haushaltsgemeinschaft. Sonstige Bedarfsgemeinschaften können aufgrund ihrer Zusammensetzung keinem BG-Typ zugeordnet werden.
Quelle: Statistik der Bundesagentur für Arbeit, Grundsicherung für Arbeitsuchende nach dem SGB II, Bedarfsgemeinschaften und deren Mitglieder – Daten nach einer Wartezeit von drei Monaten, Nürnberg, September 2016.

In den 3,3 Millionen Bedarfsgemeinschaften vom Juni 2016 lebten 5,9 Millionen Leistungsberechtigte, davon 4,3 Millionen erwerbsfähige und 1,6 Millionen nicht erwerbsfähige Personen (vgl. Tabelle 2.5). Letztere sind vorwiegend Kinder unter 15 Jahren. Setzt man die Zahl der erwerbsfähigen Leistungsberechtigten in Bezug zur relevanten Bevölkerungszahl, ergibt sich die sogenannte Hilfequote. Sie beträgt für erwerbsfähige Leistungsbeziehende im Juni 2016 7,9 Prozent. Bei den nicht erwerbsfähigen Leistungsbeziehenden liegt sie mit 14,2 Prozent deutlich höher. Kinder befinden sich deutlich häufiger im Leistungsbezug, da insbesondere Alleinerziehende und kinderreiche Paarfamilien überproportional häufig auf Leistungen der Grundsicherung angewiesen sind. Während die Hilfequote im Betrachtungszeitraum bei den erwerbsfähigen Leistungsberechtigten einen leichten Abwärtstrend aufweist, steigt sie bei den Nicht-Erwerbsfähigen ebenso wie bei Bedarfsgemeinschaften mit Kindern unter 15 Jahren leicht an. Etwa die Hälfte der erwerbsfähigen Leistungsberechtigten waren Frauen, ihr Anteil ist in den letzten Jahren leicht rückläufig. Hinsichtlich der Altersstruktur der erwerbsfähigen Leistungsbeziehenden zeigt sich, dass die Zahl der Leistungsberechtigten unter 25 Jahren in den letzen Jahren zugenommen hat, ihr Anteil an allen erwerbsfähigen Leistungsbeziehenden beträgt im Juni 2016 17 Prozent. Die leicht sinkenden Empfängerzahlen basieren überwiegend auf dem Rückgang der Berechtigten zwischen 25 bis unter 55 Jahren. Leicht abgenommen hat auch die Zahl der älteren Berechtigten über 55 Jahre; ihr Anteil beträgt im Juni 2016 ebenfalls circa 17 Prozent.

Tabelle 2.5
Erwerbsfähige Leistungsberechtigte, Entwicklung nach Personengruppen 2012 bis 2016 (in Tausend)

	Juni 2012	Juni 2013	Juni 2014	Juni 2015	Juni 2016	Veränderung von Juni 2012 bis Juni 2016 (in %)
Erwerbsfähige Leistungsberechtigte	4.425	4.422	4.382	4.368	4.318	–2,42
Hilfequote (in Prozent)	8,4	8,3	8,2	8,1	7,9	–4,89
Geschlecht						
Männer	2.144	2.145	2.121	2.124	2.140	–0,18
Frauen	2.281	2.277	2.261	2.244	2.178	–4,53
Alter						
Unter 25 Jahre	737	734	722	730	751	1,87
25 bis unter 55 Jahre	2.948	2.939	2.914	2.896	2.839	–3,70
55 Jahre und älter	740	749	745	741	728	–1,63
Nicht erwerbsfähige Leistungsberechtigte	1.513	1.551	1.581	1.609	1.608	6,22
Hilfequote (in Prozent)	13,32	13,81	14,17	14,50	14,24	6,92
darunter: Kinder unter 15 Jahren	1.434	1.476	1.508	1.550	1.549	7,99

Hinweise: Die Angaben beziehen sich auf Regelleistungsberechtigte. Hilfequoten: Leistungsberechtigte als Anteil an der Bevölkerung ab 15 Jahren bis zur Regelaltersgrenze (bzw. bis unter 15 Jahren bei nicht erwerbsfähigen Leistungsberechtigten).
Quelle: Statistik der Bundesagentur für Arbeit. Tabellen, Zeitreihe der Struktur der Grundsicherung für Arbeitsuchende, Nürnberg, Januar 2017.

Tabelle 2.6
Erwerbsfähige Leistungsberechtigte und Arbeitsmarktstatus

	2013	2014	2015	Jun 16
Erwerbsfähige Leistungsberechtigte				
Anzahl	4.390	4.354	4.327	4.318
in %	100 %	100 %	100 %	100 %
davon:				
arbeitslos	43,20 %	43,10 %	42,60 %	40,90 %
nicht arbeitslos	56,80 %	56,90 %	57,40 %	59,10 %
davon:				
in arbeitsmarktpolitischen Maßnahmen	18,40 %	17,90 %	17,60 %	19,70 %
in ungeförderter Erwerbstätigkeit	28,20 %	29,00 %	29,00 %	27,20 %
in Schule, Studium, ungeförderter Ausbildung	13,40 %	13,60 %	13,90 %	14,20 %
in Erziehung, Haushalt, Pflege	11,80 %	11,60 %	11,60 %	11,60 %
in Arbeitsunfähigkeit	11,80 %	12,00 %	12,00 %	11,70 %
in Sonderregelungen für Ältere	8,10 %	7,40 %	6,60 %	6,40 %
unbekannt/Sonstiges	8,30 %	8,40 %	9,30 %	9,20 %
davon:				
nicht erwerbstätig	70,20 %	70,30 %	71,40 %	72,50 %
erwerbstätig	29,80 %	29,70 %	28,60 %	27,50 %
darunter:				
ausschließlich geringfügig beschäftigt	37,20 %	37,10 %	34,70 %	34,40 %

Quelle: Statistik der Bundesagentur für Arbeit. Tabellen, Zeitreihe der Struktur der Grundsicherung für Arbeitsuchende, Nürnberg, Januar 2017.

Deutliche Unterschiede zwischen den erwerbsfähigen Leistungsberechtigten gibt es hinsichtlich des Arbeitsmarktstatus (vgl. Tabelle 2.6). Im Juni 2016 waren knapp 1,8 Millionen der erwerbsfähigen Leistungsberechtigten auch arbeitslos gemeldet, was einem Anteil von 41 Prozent entspricht. Die Mehrheit der erwerbsfähigen Leistungsberechtigten wird demnach nicht als arbeitslos geführt. Der häufigste Grund dafür ist, dass sie als sogenannte Aufstockende einer ungeförderten Erwerbstätigkeit nachgehen, die ein Volumen von mehr als 15 Stunden pro Woche umfasst, deren Einkommen aber den Unterhalt der Bedarfsgemeinschaft nicht vollständig deckt. Dies traf auf 27,2 Prozent aller nicht arbeitslosen erwerbsfähigen Leistungsberechtigten oder 16 Prozent aller erwerbsfähigen Leistungsbeziehenden im Juni 2016 zu. Insgesamt geht gut jeder dritte erwerbsfähige Leistungsbezieher einer Erwerbstätigkeit nach. Dabei dominieren geringe Erwerbsumfänge, etwa jeder Dritte ist ausschließlich geringfügig beschäftigt. Tendenziell ist die Zahl der Erwerbstätigen im SGB II über die letzten Jahre leicht rückläufig. Neben der Erwerbstätigkeit zählen die Teilnahme an arbeitsmarktpolitischen Maßnahmen (19,7 %) und das Absolvieren einer Ausbildung (14,2 %) zu den Hauptursachen für den fehlenden Arbeitslosen-Status.

Rund zwölf Prozent der nicht arbeitslosen erwerbsfähigen Leistungsbeziehenden nahmen Erziehungs- oder Pflegezeiten in Anspruch oder waren arbeitsunfähig. Mit 6,4 Prozent ist der Anteil an Personen etwas zurückgegangen, die aufgrund von vorruhestandsähnlichen Sonderregelungen nicht arbeitslos gemeldet sind.

2.2.2 Grundsicherungsbezug und Arbeitsmarktstatus der Leistungsbeziehenden

Angesichts des stockenden Rückgangs der Langzeitarbeitslosigkeit und dem langen Verbleib vieler Menschen in der Grundsicherung untersucht Lietzmann (2016b) den Zusammenhang zwischen dem Bezug von Grundsicherungsleistungen und dem Arbeitsmarktstatus der Leistungsbeziehenden. Er analysiert dazu die Dauer des Grundsicherungsbezugs sowohl mit als auch ohne Erwerbstätigkeit anhand von Daten des Administrativen Panels SGB II, der Integrierten Erwerbsbiografien (IEB) und der Arbeitsuchendenhistorik zum Stichtag Dezember 2012.

Dabei stellt er fest, dass bei Weitem nicht alle Leistungsberechtigten arbeitsmarktfern sind, viele können im Gegenteil als arbeitsmarktnah angesehen werden. Ein beträchtlicher Teil der Leistungsberechtigten war zum Betrachtungszeitpunkt erwerbstätig oder war dies zumindest innerhalb der letzten zwölf Monate. Teilweise waren dies sozialversicherungspflichtige Beschäftigungsverhältnisse. Andererseits gibt es eine relativ große Gruppe, deren letzte Beschäftigung oder letzte Maßnahmenteilnahme bereits mehrere Jahre zurücklag. Tabelle 2.7 stellt die Zahl der Bedarfsgemeinschaften und die Teilgruppen der Leistungsberechtigten dar und gibt damit einen ersten Eindruck des Zusammenhangs von Leistungsbezug und (Langzeit-)Arbeitslosigkeit.

Tabelle 2.7
Personen im Leistungsbezug SGB II nach Arbeitsmarktstatus – Jahresdurchschnitte 2014

	2014 (in Tausend)	
Bedarfsgemeinschaften	3.303	
Personen/Leistungsberechtigte	6.097	
davon: Erwerbsfähige Leistungsberechtigte	4.387	
davon:	in Tausend	in %
arbeitslos	1.970	42,8
langzeitarbeitslos	951	21,7
Langzeitleistungsbezug	3.083	70,7
Langzeitleistungsbezug und langzeitarbeitslos	777	17,7
erwerbstätig	1.290	29,4

Hinweis: Angaben in absoluten Zahlen und in Prozent.
Quelle: Lietzmann (2016b: 336).

Langzeitarbeitslose, die schon seit mindestens drei Jahren Leistungen der Grundsicherung beziehen, weisen laut Daten des Panels „Arbeitsmarkt und soziale Sicherung" (PASS) häufig bei zwei soziodemografischen Merkmalen spezifische Ausprägungen auf. Sie haben zum einen ein höheres Alter (knapp ein Drittel ist über 50 Jahre alt) und zum anderen haben sie damit zusammenhängende starke gesundheitliche Einschränkungen (55 %). Diese beiden Merkmale sind auch charakteristisch für andere Langzeitarbeitslose – insbesondere diejenigen, die bereits seit mindestens zwei Jahren arbeitslos waren. 43 Prozent dieser Gruppe hatten darüber hinaus keinen Berufsabschluss. Damit unterscheiden sie sich zwar nicht von anderen Gruppen von Arbeitslosen, aufgrund des höheren Alters besteht allerdings die Gefahr, dass sie ihre beruflichen Erfahrungen nicht mehr uneingeschränkt auf dem Arbeitsmarkt einsetzen können.

Um geeignete Maßnahmen anzubieten, die die Situation dieser Langzeitarbeitslosen verbessern, muss die Zielgruppe genau analysiert werden, vor allem mit Blick auf ihre Familien- beziehungsweise Haushaltssituation. Dabei sollte beachtet werden, dass andere Maßnahmen der aktiven Arbeitsmarktpolitik, zum Beispiel Qualifizierungen und Trainingsmaßnahmen, auch bei Langzeitarbeitslosen wirken (vgl. Lietzmann/Hohmeyer 2016; Hohmeyer/Moczall 2016). Ein Teil der Langzeitarbeitslosen wird aber auf absehbare Zeit nur geringe Chancen haben, auf dem Arbeitsmarkt wieder Fuß zu fassen. Ein Ansatzpunkt wäre eine längerfristig (aber nicht unbefristet) geförderte Beschäftigung (vgl. Christoph et al. 2015).

Für Langzeitleistungsbeziehende, die nicht arbeitslos sind, bedarf es hingegen anderer Maßnahmen. Es handelt sich um Personen, die entweder sehr arbeitsmarktnah sind, weil sie parallel zum Leistungsbezug einer Beschäftigung nachgehen, oder die dem Arbeitsmarkt momentan nicht zur Verfügung stehen. Sie sind zumeist alleinerziehend oder leben in Paarfamilien mit Kindern. Ansätze, die die Situation dieser Familien verbessern könnten, gehen allerdings über Maßnahmen einer Arbeitsmarktpolitik im engeren Sinne hinaus. Eine mögliche Maßnahme wäre, die Voraussetzungen für eine besser bezahlte Beschäftigung und einen höheren Arbeitszeitumfang zu schaffen, zum Beispiel durch entsprechende Qualifizierungen. In größeren Familien mit entsprechend hoher Einkommensschwelle kann es sein, dass ein einzelnes Erwerbseinkommen selbst bei Vollzeitbeschäftigung nicht ausreicht, den Leistungsbezug zu beenden. Alleinerziehende können zudem aufgrund ihrer Betreuungsaufgaben häufig nur mit geringem Stundenumfang beziehungsweise geringfügig beschäftigt arbeiten. Weiter gehende Maßnahmen müssten daher unter anderem bei der Vereinbarkeit von Familie und Beruf ansetzen.

2.2.3 Zusammenhänge von Leistungsbezug und Langzeitarbeitslosigkeit

Die Verfestigung von Langzeitarbeitslosigkeit und der häufig sehr lange Leistungsbezug stellen die größten Herausforderungen in der Grundsicherung dar. Bruckmeier et al. (2015c) legen differenzierte Zahlen zum Zusammenhang und zu den Unterschieden beider Phänomene vor. Analysen der Strukturen (vgl. auch Abschnitt 2.1) zeigen, dass die Zahl der Langzeitarbeitslosen trotz der insgesamt günstigen Entwicklung am Arbeitsmarkt seit 2010 stabil bei etwa einer Million liegt und dass Verfestigungstendenzen zunehmen. Hierzu gehören die Dauer der Arbeitslosigkeit bei den Langzeitarbeitslosen oder der Anteil der Langzeitarbeitslosen an allen Arbeitslosen im SGB II. Langzeitarbeitslose können jedoch nicht mit Langzeitleistungsbeziehern gleichgesetzt werden: Nur etwa jeder vierte Langzeitleistungsbeziehende in der Grundsicherung ist auch gleichzeitig langzeitarbeitslos. Die übrigen sind erwerbstätig, kürzer als ein Jahr arbeitslos oder gar nicht arbeitslos gemeldet, weil sie dem Arbeitsmarkt aus verschiedenen Gründen nicht zur Verfügung stehen. Mit mehr als drei Millionen Betroffenen ist der langfristige Leistungsbezug in der Grundsicherung gegenüber Langzeitarbeitslosigkeit das deutlich größere Phänomen.

Wie bereits dargestellt, unterscheiden sich Langzeitarbeitslose hinsichtlich mehrerer für die Arbeitsmarktintegration wesentlicher Merkmale von Kurzzeitarbeitslosen (vgl. Tabelle 2.8). Zu den ungünstigen Bedingungen – deren Anteile zwischen 2010 und 2014 noch zugenommen haben – gehören ein fehlender Schul- oder Berufsabschluss, gesundheitliche Probleme, eine bereits bestehende längere Arbeitslosigkeit oder ein höheres Lebensalter. Dies führt dazu, dass die monatliche Übergangsrate in ungeförderte Beschäftigung bei Langzeitarbeitslosen nur bei etwa 1,5 Prozent liegt, während sie bei Kurzzeitarbeitslosen sechsmal so hoch ist.

Bei Langzeitleistungsbeziehenden ist jedoch nicht davon auszugehen, dass es sich durchgehend um eine arbeitsmarktferne Gruppe handelt. Zwei Drittel von ihnen waren in den letzten sechs Jahren erwerbstätig, ein Drittel länger als ein Jahr. Selbst unter denjenigen, die durchgehend im Leistungsbezug waren, war immerhin die Hälfte im Verlauf der letzten sechs Jahre erwerbstätig. Darüber hinaus haben zwei Drittel derjenigen, die durchgehend Leistungen bezogen, mindestens einmal an einer arbeitsmarktpolitischen Maßnahme teilgenommen. Für diesen Personenkreis, so die Autorinnen und Autoren, sollten grundsätzlich Chancen auf eine künftige Erwerbstätigkeit bestehen.

Da neu aufgenommene Beschäftigungsverhältnisse jedoch nur zur Hälfte bedarfsdeckend sind und der Anteil von Aufstockenden hoch ist, bedeutet dies nicht unbedingt eine Beendigung des Leistungsbezugs. Daher sollten sich Ansätze zur Überwindung des Leistungsbezugs nicht allein auf die Reduzierung von Langzeitarbeitslosigkeit beschränken, sondern versuchen, die Arbeitsmarktpotenziale von Leistungsbeziehenden bestmöglich zu nutzen, beispielsweise durch die Förderung der Aufstiegsmobilität und stabiler Beschäftigungsverhältnisse. Ebenso gilt es, die Rahmenbedingungen für diejenigen zu verbessern, die dem Arbeitsmarkt nur zeitweise oder eingeschränkt zur Verfügung stehen. Hier geht es darum, die Belastungen durch Kinderbetreuung oder die Pflege von Angehörigen zu verringern und gesundheitliche Probleme anzugehen. Dies betrifft allerdings auch Politikbereiche außerhalb der Arbeitsmarktpolitik.

Tabelle 2.8
Ausgewählte Strukturmerkmale der Kurzzeit- und Langzeitarbeitslosen im Zeitvergleich (Juni 2010 und 2014, Anteile in Prozent)

	Kurzzeitarbeitslose (unter 1 Jahr)		Langzeitarbeitslose (1 Jahr und länger)	
	Juni 2010	Juni 2014	Juni 2010	Juni 2014
Berufsausbildung				
Ohne abgeschlossene Berufsausbildung	39,9	42,5	46,9	50,6
Betriebliche/schulische Ausbildung	49,5	46,9	42,2	42,2
Akademische Ausbildung	6,6	8,6	3,8	4,6
Anforderungsniveau der gesuchten Tätigkeit				
Helfer	33,4	40,1	42,3	51,8
Fachkraft	45,4	41,5	40,4	37,1
Spezialist	5,6	5,7	3,7	3,5
Experte	6,1	7,2	3,2	3,3
Alter				
15–24 Jahre	13,5	12,0	2,4	2,5
25–34 Jahre	26,0	27,5	19,7	18,4
35–44 Jahre	22,9	21,0	26,0	22,6
45–54 Jahre	23,5	22,7	30,6	29,8
55–64 Jahre	14,0	16,7	21,3	26,4
Dauer der Arbeitslosigkeit				
1 bis unter 2 Jahre			50,3	45,7
2 Jahre und länger			49,7	54,3

Hinweise: Fehlende Werte zu 100 Prozent entfallen auf nicht zuzuordnende Werte.
Dargestellt sind Kurz- und Langzeitarbeitslose aus beiden Rechtskreisen (SGB II und SGB III). Beim Anforderungsniveau der gesuchten Tätigkeit setzt „Fachkraft" eine mehrjährige Berufsausbildung voraus, „Spezialisten" verfügen neben einer Ausbildung über eine weiterführende Qualifizierung außer einem Studium, zum Beispiel Meister, Techniker. „Experte" umfasst Studienberufe.
Quelle: Bruckmeier et al. (2015c: 5).

2.2.4 Leistungsbezugsdauer und Arbeitsmarktbeteiligung in der Grundsicherung

Von den gut sechs Millionen Personen, die 2014 in insgesamt 3,3 Millionen Bedarfsgemeinschaften Leistungen aus der Grundsicherung für Arbeitsuchende bezogen, sind insbesondere die Langzeitleistungsbeziehenden von Interesse. Damit sind erwerbsfähige Leistungsbeziehende gemeint, die in mindestens 21 der vergangenen 24 Monate Leistungen bezogen haben. Das IAB hat in diesem Zusammenhang die Arbeitsmarktbeteiligung und damit die Arbeitsmarktnähe von Leistungsbeziehern und -bezieherinnen analysiert (Bruckmeier et al. 2016). Untersucht wurden die Leistungs- und Erwerbsbiografien von Leistungsbeziehenden und deren soziodemografischen Charakteristika. Hierzu wurden Daten aus dem Administrativen Panel SGB II des IAB und den Integrierten Erwerbsbiografien (IEB) ausgewertet. Analysiert wurden Personen, die am 31. Dezember 2010 Leistungen aus der Grundsicherung für Arbeitsuchende erhalten haben, sowie deren Leistungs- und Erwerbsbiografien seit der Einführung des Arbeitslosengelds II (ALG II) bis zum Stichtag.

Zur Dauer des Leistungsbezugs zeigen die Befunde, dass in der Stichprobe vom Dezember 2010 zwölf Prozent der Leistungsbezieherinnen und -bezieher kumuliert weniger als ein Jahr SBG-II-Leistungen erhielten, circa 60 Prozent hingegen vier Jahre und länger. Allerdings werden bei der Betrachtung einer Bestandsstichprobe lange Leistungsbezugsdauern überproportional häufig erfasst. Die mittleren Leistungsbezugsdauern sind somit höher als bei der Betrachtung von abgeschlossenen Dauern oder der Verweildauer von Zugangskohorten in den Leistungsbezug (siehe z. B. Bergdolt et al. 2013). Zudem lässt sich aus dem längeren Leistungsbezug nicht automatisch eine Arbeitsmarktferne ableiten. Von allen untersuchten Leistungsbeziehenden sind 69 Prozent in den vergangenen sechs Jahren mindestens einen Monat lang einer Erwerbstätigkeit nachgegangen. Zudem haben 61 Prozent in diesem Zeitraum mindestens einmal an einer arbeitsmarktpolitischen Maßnahme, zum Beispiel einer Bildungsmaßnahme, teilgenommen. Circa 90 Prozent waren während des Leistungsbezugs zumindest vorübergehend arbeitslos oder -suchend gemeldet, das heißt sie standen dem Arbeitsmarkt zur Verfügung. Im Zeitraum zwischen 2005 und 2010 haben 57 Prozent mindestens einen Monat lang ein Erwerbseinkommen erzielt und gleichzeitig Transferleistungen erhalten, waren also „Aufstocker". Dies gilt vor allem für geringfügig Beschäftigte: 35 Prozent der Stichprobe haben schon einmal ein Einkommen aus geringfügiger Beschäftigung mit Grundsicherungsleistungen aufgestockt. Aber auch Personen, die trotz einer Vollzeitbeschäftigung Grundsicherung erhalten, sind mit 27 Prozent im analysierten Zeitraum recht häufig: Ihr Einkommen reichte zumindest zeitweise nicht aus, das soziokulturelle Existenzminimum der eigenen Bedarfsgemeinschaft (in der Regel einer Familie mit Kindern) zu decken.

Ein wichtiger Befund der Studie von Bruckmeier et al. (2016) ist, dass auch 62 Prozent der Langzeitleistungsbezieher und -bezieherinnen in der Stichprobe zumindest kurzfristig eine Erwerbstätigkeit ausgeübt haben, 30 Prozent sogar eine Vollzeitbeschäftigung. Langzeitleistungsbezieher und -bezieherinnen sind in der Untersuchung definiert als Personen, die vier bis einschließlich sechs Jahre

Leistungen bezogen haben. Diese Erwerbstätigkeiten fanden häufig parallel zum Leistungsbezug statt, das heißt 59 Prozent der Langzeitleistungsbezieher und -bezieherinnen waren zumindest kurzfristig Aufstocker. Die Studie kommt zu dem Schluss, dass sich Langzeitleistungsbezieher und -bezieherinnen bei ihren Erfahrungen als Aufstocker nicht vom Durchschnitt der Stichprobe unterscheiden.

Tabelle 2.9
Soziodemografische Zusammensetzung der Leistungsbezieherinnen und -bezieher nach Bezugsdauer – Anteile in Prozent

	Alle	1 Monat bis unter 1 Jahr	1 Jahr bis unter 2 Jahre	2 Jahre bis unter 4 Jahre	4 Jahre bis unter 6 Jahre	6 Jahre
Alter						
Alter in Jahren (Mittelwert)	42,19	35,52	37,35	40,04	42,95	46,99
15 bis unter 25 Jahre	7 %	20 %	15 %	9 %	3 %	1 %
25 bis unter 35 Jahre	24 %	34 %	33 %	30 %	24 %	14 %
35 bis unter 45 Jahre	25 %	20 %	22 %	24 %	27 %	25 %
45 bis unter 55 Jahre	26 %	17 %	19 %	22 %	27 %	32 %
55 bis unter 65 Jahre	19 %	9 %	11 %	15 %	18 %	28 %
Frauen	51 %	48 %	48 %	50 %	50 %	54 %
Bildung						
Niedrige Ausbildung	34 %	17 %	22 %	27 %	37 %	45 %
Mittlere Ausbildung	50 %	48 %	48 %	51 %	53 %	49 %
Hohe Ausbildung	6 %	9 %	7 %	6 %	5 %	5 %
Keine Angabe	10 %	25 %	23 %	17 %	5 %	1 %
Haushaltstyp						
Single	45 %	52 %	47 %	45 %	43 %	42 %
Paare ohne Kinder	14 %	15 %	13 %	12 %	13 %	15 %
Paare mit erwachsenen Kindern	2 %	1 %	1 %	2 %	3 %	3 %
Paare mit einem Kind	9 %	12 %	13 %	11 %	8 %	7 %
Paare mit zwei Kindern	8 %	6 %	8 %	9 %	10 %	7 %
Paare mit drei und mehr Kindern	5 %	3 %	3 %	5 %	6 %	6 %
Alleinerziehende mit einem Kind	8 %	7 %	9 %	9 %	8 %	8 %
Alleinerziehende mit zwei Kindern	4 %	2 %	3 %	4 %	4 %	4 %
Alleinerziehende mit drei und mehr Kindern	1 %	1 %	1 %	1 %	1 %	2 %
Sonstige	3 %	2 %	2 %	2 %	3 %	5 %
Staatsangehörigkeit: deutsch	79 %	78 %	77 %	77 %	79 %	80 %
Fallzahl	226.259	26.263	23.873	41.051	66.523	68.549

Hinweise: Administratives Panel SGB II des IAB und Integrierte Erwerbsbiografien Erwerbsfähige Leistungsbeziehende (SGB II) im Dezember 2010, ohne erwerbsfähige Kinder unter 25 Jahren im Haushalt der Eltern.
Quelle: Bruckmeier et al. (2016).

Allerdings finden sich auch unter den Langzeitleistungsbeziehern und -bezieherinnen Personen, die im Beobachtungszeitraum keinerlei Arbeitsmarktaktivität aufweisen: Sechs Prozent der Leistungsbezieherinnen und -bezieher der Untersuchungspopulation haben die kompletten sechs Jahre ununterbrochen Leistungen bezogen und dabei im gesamten Untersuchungszeitraum weder eine Erwerbstätigkeit ausgeübt noch an einer arbeitsmarktpolitischen Maßnahme teilgenommen.

Die Studie differenziert nach den Dauern von Leistungsbezug, Arbeitsuche, Erwerbstätigkeit sowie Maßnahmenteilnahme und beschreibt ausgewählte Gruppen im Leistungsbezug nach den folgenden soziodemografischen Charakteristika: Alter, Geschlecht, Bildungsniveau, Staatsangehörigkeit und Haushaltstyp beziehungsweise -größe. Bruckmeier et al. (2016) stellen fest, dass ältere Personen häufiger zu den Langzeitleistungsbeziehenden gehören. Zudem nimmt der Anteil der Frauen mit steigender kumulierter Leistungsbezugsdauer zu (vgl. Tabelle 2.9).

Der Anteil von Personen mit niedriger Bildung nimmt ebenso mit der Dauer des Leistungsbezugs zu. Unterschiede bei Personen mit und ohne deutsche Staatsbürgerschaft gibt es kaum. Single-Haushalte sind die mit Abstand größte Gruppe bei den Haushaltstypen (45 %), wobei ihr Anteil an den Langzeitleistungsbeziehern und -bezieherinnen etwas geringer ist. In Bedarfsgemeinschaften, in denen Kinder leben, ist die Zahl der Kinder entscheidend für die Dauer des Leistungsbezugs. In Alleinerziehenden-Haushalten mit nur einem Kind sowie in Paarhaushalten mit einem Kind oder zwei Kindern sind mittlere Zeiten mit Leistungsbezug (kumuliert länger als ein Jahr, aber weniger als vier Jahre) besonders häufig. Anders ist es bei Haushalten mit mehreren Kindern, hier ist die Dauer des Leistungsbezugs höher. Dies könnte ein Hinweis auf Probleme bei der Vereinbarkeit von Betreuungsaufgaben und Beruf sein.

2.2.5 Typische Verlaufsmuster beim Grundsicherungsbezug

Die Bezieherinnen und Bezieher der Grundsicherung für Arbeitsuchende sind, wie bereits ausgeführt, keine homogene Gruppe. Dies gilt nicht nur mit Blick auf ihre soziodemografischen Merkmale oder die Zusammensetzung der Bedarfsgemeinschaften, sondern auch für ihre Lebensläufe. Von den 6,1 Millionen Menschen, die 2014 Leistungen nach dem SGB II bezogen, hat zum Beispiel ein Teil diese Leistungen nur für kurze Zeit bezogen. Etwa eine Million Menschen haben aber auch durchgehend seit Einführung der Grundsicherung Leistungen erhalten.

Diese beiden Beobachtungen machen deutlich, dass die Untersuchung von Biografien verschiedene Verlaufsmuster des Leistungsbezugs und der Erwerbstätigkeit zutage fördern kann. Seibert et al. (2017) haben daher eine Sequenzmusteranalyse für die Jahre 2007 bis 2014 vorgenommen und dabei typische Verlaufsmuster identifiziert.

Mit Sequenzmusteranalysen können Biografien mit Blick auf ihre Ähnlichkeit beziehungsweise ihre Unterschiede untersucht werden. Lebensläufe, die Phasen des Leistungsbezugs und der Erwerbstätigkeit in sehr ähnlicher Weise durchlaufen, werden dabei in „Clustern" beziehungsweise typischen Verlaufsmustern zusammengefasst. Für die vorliegende Sequenzmusteranalyse wurde aus den Daten der Integrierten Erwerbsbiografien (IEB) eine Zehn-Prozent-Stichprobe aller Personen gezogen, die in zwischen 2005 und 2014 zumindest einmal Leistungen nach dem SGB II erhalten hatten. Aus dieser Stichprobe wurden dann die Personen berücksichtigt, die im Jahr 2007 erstmals die Grundsicherung für Arbeitsuchende erhielten (insgesamt 23.610 Fälle).

Für die Identifizierung der typischen Verlaufsmuster stand die Frage im Mittelpunkt, ob und wie schnell eine ungeförderte Beschäftigung dazu geführt hat, den SGB-II-Leistungsbezug zu beenden. Dazu wurden die individuellen Lebensläufe monatsweise einem von zehn möglichen Zuständen zugeordnet: vollzeit- oder teilzeitbeschäftigt – jeweils differenziert nach ungefördert, gefördert oder mit aufstockenden Leistungen, Teilnahme an einer arbeitsmarktpolitischen Maßnahme, ausschließlicher SGB-II-Leistungsbezug, Arbeitslosengeldbezug mit ergänzenden SGB-II-Leistungen oder „ohne Meldung" (d. h. nicht in den IEB-Daten registriert, z. B. Selbstständige/Beamte, Studierende oder Ruheständler).

Das Ergebnis der Sequenzmusteranalyse sind neun typische Verlaufsmuster beziehungsweise Cluster mit jeweils sehr unterschiedlichen Beschäftigungs- und Leistungsbezugszeiten (vgl. Abbildung 2.2).

Cluster 1 fasst all diejenigen Personen zusammen, denen es bereits nach einigen Monaten gelingt, eine ungeförderte Beschäftigung aufzunehmen und auch nachhaltig erwerbstätig zu sein. In Cluster 2 sind Personen gebündelt, die ebenfalls einer ungeförderten Beschäftigung nachgehen, allerdings gelingt der Übergang im Vergleich zum Cluster 1 erst relativ spät und in geringerem Umfang. Cluster 3 bündelt Personen, die zwar einer Vollzeitbeschäftigung nachgehen, zugleich aber auch aufstockende Leistungen erhalten.

Überwiegend einer ungeförderten Teilzeitbeschäftigung gehen die Personen in Cluster 4 nach, während die Personen in Cluster 5 neben der Teilzeitbeschäftigung mehrheitlich aufstockende Leistungen erhalten. In Cluster 6 sind Personen vertreten, die einer (geförderten oder ungeförderten) betrieblichen Ausbildung nachgehen, häufig im Anschluss an eine arbeitsmarktpolitische Maßnahme. Die Ausbildung mündet vielfach in eine ungeförderte Beschäftigung. Cluster 7 fasst Personen zusammen, die nach einem anfänglichen SGB-II-Leistungsbezug aus verschiedensten Gründen nicht mehr in den IEB-Daten registriert sind.

In Cluster 8 finden sich Personen, die überwiegend neben dem SGB-II-Leistungsbezug arbeitsmarktpolitische Maßnahmen durchlaufen, während in Cluster 9 Personen zusammengefasst sind, die im Beobachtungszeitraum nahezu ausschließlich SGB-II-Leistungen erhalten haben ohne parallel beschäftigt zu sein oder Maßnahmen zu absolvieren.

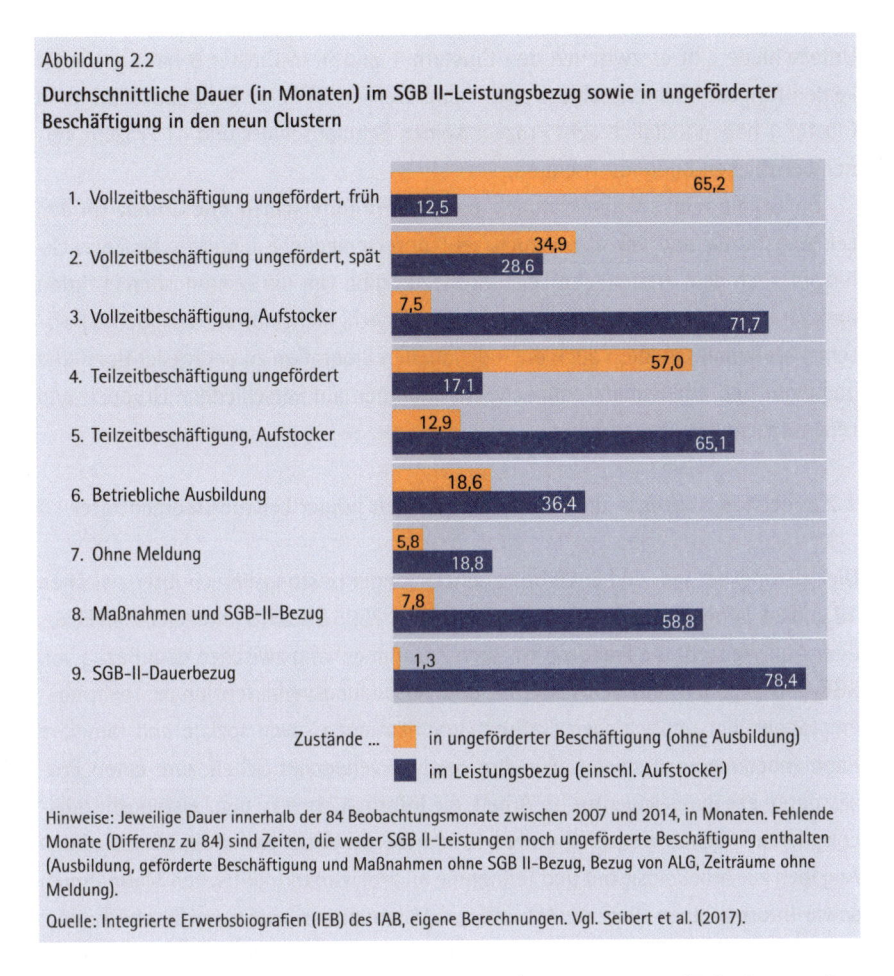

Struktur der Leistungsberechtigten

Abbildung 2.2
Durchschnittliche Dauer (in Monaten) im SGB II-Leistungsbezug sowie in ungeförderter Beschäftigung in den neun Clustern

Cluster	in ungeförderter Beschäftigung (ohne Ausbildung)	im Leistungsbezug (einschl. Aufstocker)
1. Vollzeitbeschäftigung ungefördert, früh	65,2	12,5
2. Vollzeitbeschäftigung ungefördert, spät	34,9	28,6
3. Vollzeitbeschäftigung, Aufstocker	7,5	71,7
4. Teilzeitbeschäftigung ungefördert	57,0	17,1
5. Teilzeitbeschäftigung, Aufstocker	12,9	65,1
6. Betriebliche Ausbildung	18,6	36,4
7. Ohne Meldung	5,8	18,8
8. Maßnahmen und SGB-II-Bezug	7,8	58,8
9. SGB-II-Dauerbezug	1,3	78,4

Hinweise: Jeweilige Dauer innerhalb der 84 Beobachtungsmonate zwischen 2007 und 2014, in Monaten. Fehlende Monate (Differenz zu 84) sind Zeiten, die weder SGB II-Leistungen noch ungeförderte Beschäftigung enthalten (Ausbildung, geförderte Beschäftigung und Maßnahmen ohne SGB II-Bezug, Bezug von ALG, Zeiträume ohne Meldung).
Quelle: Integrierte Erwerbsbiografien (IEB) des IAB, eigene Berechnungen. Vgl. Seibert et al. (2017).

Die Personen in Cluster 1 (Vollzeit, ungefördert) und Cluster 4 (Teilzeit, ungefördert) verbleiben nur relativ kurz im Grundsicherungsbezug, durchschnittlich 12,5 respektive 17,1 Monate. In Cluster 3 und 5 sind Personen gebündelt, die zwar überwiegend einer Beschäftigung (Teil- oder Vollzeit) nachgehen, bei denen das Erwerbseinkommen offensichtlich aber nicht ausreicht, den Bedarf im Haushalt zu decken. Naheliegenderweise leben diese Menschen häufig in größeren Mehrpersonen-Bedarfsgemeinschaften.

In Cluster 8 und 9 finden sich Personen, die im Beobachtungszeitraum kaum jemals ungefördert beschäftigt waren. Diese beiden Gruppen machen etwa 31 Prozent aller untersuchten Personen aus.

Ein Blick auf die soziodemografischen Merkmale der Personen in den neun typischen Verlaufsmustern zeigt, dass sich in den Clustern 1 und 4, zum Teil aber auch 3 und 5 mehr höher Qualifizierte, Jüngere, deutsche Staatsangehörige und Personen mit Erwerbserfahrungen finden als in den anderen Clustern. Die größten

Unterschiede gibt es zwischen den Clustern 1 und 9: In Cluster 9 hat ein Viertel keinen formalen Schulabschluss und knapp drei Viertel keine Berufsausbildung. In Cluster 1 haben lediglich acht Prozent keinen Schulabschluss und 41 Prozent keinen beruflichen Bildungsabschluss.

Die Studie zeigt sehr anschaulich, dass es sehr unterschiedliche Gründe für den Leistungsbezug und vor allem auch sehr unterschiedliche biografische Entwicklungen nach dem erstmaligen Leistungsbezug gibt. Um die Leistungsberechtigten optimal unterstützen zu können, ist es erforderlich, nicht nur die soziodemografischen Merkmale, sondern auch die individuellen Biografien zu berücksichtigen und bildungs- und arbeitsmarktpolitische Maßnahmen auf verschiedene Gruppen und Lebensabschnitte abzustimmen.

2.2.6 Leistungsbezugs- und Erwerbssequenzen junger Leistungsberechtigter

Die Leistungsbezugs- und Erwerbssequenzen junger Leistungsberechtigter zwischen 18 und 24 Jahren hat Schels (2013) im Zeitraum 2005 bis 2010 untersucht. Im Fokus ihrer Analyse steht die Frage, ob es einen Zusammenhang zwischen dem Bezug von SGB-II-Leistungen und den Erwerbs- und Ausbildungsverläufen junger Leistungsempfänger gibt und welchen Einfluss Qualifikationen sowie soziale und familiäre Rahmenbedingungen spielen. Für ihre Analyse verwendet Schels zum einen Prozessdaten der Bundesagentur für Arbeit, die Informationen zu den Leistungsbezugsepisoden und dem Erwerbsstatus der Leistungsberechtigten enthalten. Hierzu zählen Angaben zur Arbeitslosigkeit und Teilnahme an arbeitsmarktpolitischen Maßnahmen sowie Informationen über die Art und das Volumen der jeweiligen Beschäftigung. Zum anderen verwendet die Autorin Daten der standardisierten Befragung „Lebenssituation und Soziale Sicherheit 2005" (LSS05), die Angaben über die soziodemografischen Merkmale der Gruppe junger Leistungsberechtigter ermöglichen. Anhand einer Sequenzmusteranalyse hat Schels die Erwerbs- und Leistungsbezugsepisoden der jungen Leistungsberechtigten im Zeitraum von Januar 2005 bis Dezember 2010 miteinander verglichen und mithilfe einer Clusteranalyse zu verschiedenen Verlaufstypen zusammengefasst. Durch dieses Analyseverfahren konnten insgesamt sieben Verlaufstypen identifiziert werden, die sich hinsichtlich der durchschnittlichen Dauer von Erwerbsphasen und Leistungsbezugsepisoden unterscheiden (vgl. Tabelle 2.10). Darüber hinaus gibt ihr Beitrag Aufschluss über die soziodemografischen Merkmale der Leistungsberechtigten, die den einzelnen Typen zugeordnet wurden.

Für den ersten Verlaufstyp („Fehlende Arbeitsmarktintegration") ist kennzeichnend, dass die Sequenzen der jungen Leistungsbezieherinnen und -bezieher vor allem von Arbeitslosigkeit geprägt sind. Im Schnitt waren die Leistungsberechtigten dieses Verlaufstyps 40 von 72 Monaten als arbeitslos erfasst. Zwar gehen die Leistungsberechtigten mitunter durchaus geringfügigen Beschäftigungsverhältnissen nach, dagegen sind Phasen der Vollzeitbeschäftigung oder einer betrieblichen Ausbildung im Schnitt eher kurz. Mit 133 von 674 insgesamt betrachteten Personen handelt es sich bei diesem ersten Typus um die zweitgrößte Gruppe innerhalb der betrachteten Stichprobe. Der Blick auf die sozialen Merkmale der Leistungsberechtigten innerhalb dieses Verlaufstyps zeigt, dass sie über die lange Arbeitslosigkeitsdauer hinaus weitere Problemlagen aufweisen. Dazu gehören unter anderem überdurchschnittlich lange Zeiten der Arbeitslosigkeit vor Beginn des Beobachtungszeitraums im Januar 2005 sowie eine fehlende beziehungsweise geringe formale Schul- und Berufsbildung. Ein weiteres Charakteristikum ist, dass die Eltern dieser Leistungsberechtigten häufiger ein niedriges Bildungsniveau aufweisen, als dies in den anderen Verlaufstypen der Fall ist. Es ist daher anzunehmen, dass ihnen nicht zuletzt deswegen „wichtige familiäre Unterstützungsressourcen" (Schels 2013, S. 567) fehlen. Gleichwohl gehören diesem ersten Verlaufstyp nicht allein Personen aus „bildungsfernen" Haushalten an, schließlich verfügt ein nicht unerheblicher Teil der Eltern entweder über mittlere Reife oder ein Abitur. Ein weiteres Charakteristikum dieses Verlaufstyps ist der überproportional hohe Anteil von jungen Leistungsberechtigten, die mit einem Kind oder mehreren Kindern in einem gemeinsamen Haushalt leben.

Tabelle 2.10
Durchschnittliche Dauern des Arbeitslosengeld-II-Bezugs und der Erwerbszustände in den Verlaufstypen im Zeitraum 2005 bis 2010 (in Monaten)

Verlaufstyp	1	2	3	4	5	6	7
Kurzbezeichnung	Fehlende Arbeitsmarktintegration	Rasche Erwerbsintegration	Verzögerte Erwerbsintegration	Erwerbsintegration im Leistungsbezug	Betriebliche Ausbildung	Rascher Abgang in geringfügige Beschäftigung	Nicht-Erwerbstätigkeit
Fallzahlen	133	179	74	54	63	106	65
Arbeitslosengeld-II-Bezug	63,7	16,9	43,2	56,2	45,6	24,2	48,6
Erwerbsstatus							
Arbeitslos	39,8	6,4	20,1	10,3	9,8	11,0	18,6
Vollzeiterwerbstätig	5,8	37,9	40,1	39,7	4,3	7,4	0,0
Teilzeiterwerbstätig	3,2	12,0	4,9	14,5	1,2	4,1	0,0
Geringfügig Erwerbstätig	19,5	3,3	2,6	0,6	5,1	46,3	0,0
In betrieblicher Ausbildung	2,7	12,5	4,3	6,9	51,6	3,2	0,4
Sonstiges	1,0	0,0	0,0	0,0	0,0	0,0	53,1

Daten: Administrative Daten der Bundesagentur für Arbeit (BA) und der Studie „Lebenssituation und Soziale Sicherheit 2005", Eintrittskohorte von 18- bis 24-Jährigen in den Arbeitslosengeld-II-Bezug im Januar 2005.
Quelle: Schels (2013: 568).

Anders als im ersten Fall ist für die Verlaufstypen zwei, drei und vier kennzeichnend, dass die jungen Leistungsempfänger von Januar 2005 im Beobachtungszeitraum überwiegend einer Vollzeitbeschäftigung nachgegangen sind. Die durchschnittliche Dauer der Beschäftigungsepisoden betrug in ihrem Fall zwischen 38 und 40 von insgesamt 72 betrachteten Monaten. Die Unterschiede dieser drei Typen bestehen dabei vornehmlich in der Dauer des Leistungsbezugs. So ist für den zweiten Verlaufstyp, den Schels als „rasche Erwerbsintegration" bezeichnet, kennzeichnend, dass die betreffenden Leistungsberechtigten nach anfänglicher Arbeitslosigkeit oder Ausbildung vergleichsweise schnell den Leistungsbezug verlassen haben und innerhalb des Beobachtungszeitraums insgesamt im Schnitt nur 17 Monate Arbeitslosengeld II bezogen haben. Den Leistungsbezug dieser Teilgruppe von jungen Hilfeempfängern versteht Schels daher im Sinne einer „temporäre[n] Überbrückung während kurzer Such- und Orientierungsarbeitslosigkeit" (Schels 2013, S. 567). Dazu mag begünstigend beigetragen haben, dass in diesem Typ überdurchschnittlich viele Personen bereits zu Beginn des Beobachtungszeitraums über Schul- und Ausbildungsabschlüsse verfügten. Zahlenmäßig handelt es sich mit 179 der insgesamt 674 betrachteten Personen bei diesem Typus um die größte Gruppe innerhalb der Untersuchungsstichprobe. Für den dritten Verlaufstyp, der 74 Leistungsberechtigte umfasst, ist demgegenüber eine „verzögerte Erwerbsintegration" charakteristisch. Die Bezugszeiten sind hier von längerer Dauer als dies im Verlaufstyp 2 der Fall ist. Zwar hatten auch die Leistungsberechtigten des dritten Typus im Januar 2005 bereits zu großen Teilen einen Ausbildungsabschluss erworben, allerdings verfügen sie über weniger weitere, für die Überwindung des Leistungsbezugs wesentliche, Ressourcen. So kommen die Leistungsberechtigten des dritten Verlaufstypus „überdurchschnittlich oft aus einem Elternhaus mit geringem Bildungshintergrund und haben selbst zu größeren Anteilen keinen oder nur einen geringen Schulabschluss" (Schels 2013, S. 568). Für den vierten Verlaufstyp ist schließlich kennzeichnend, dass der Leistungsbezug trotz Erwerbstätigkeit fortbesteht. Im Fall der 54 Personen dieser Gruppe spricht Schels von einer „Erwerbsintegration im Leistungsbezug". Während sich diese jungen Erwachsenen hinsichtlich des Bildungsniveaus ihrer Eltern und der Haushaltskonstellation, in der sie leben, nicht von den übrigen Leistungsberechtigten der Stichprobe unterscheiden, verfügen sie zu einem geringfügig größeren Anteil über eine berufliche Ausbildung. Zudem handelt es sich um junge Erwachsene, die mehrheitlich einen Haupt- oder Realschulabschluss erworben haben, nicht aber über Abitur verfügen.

Weiter befinden sich die 63 jungen Erwachsenen des fünften Verlaufstypus („Integration in betriebliche Ausbildung") noch in der Ausbildungsphase und erhalten oftmals in Ergänzung ihrer Ausbildungsvergütung im Schnitt knapp 46 Monate lang Arbeitslosengeld II. Einen wichtigen Grund hierfür sieht die Autorin in den

„eingeschränkten finanziellen Ressourcen der Eltern" (Schels 2013, S. 569). So zeigt eine Betrachtung des mittleren Äquivalenzeinkommens, dass es in den Haushalten dieses Verlaufstyps durchschnittlich geringer ausfällt als in den übrigen Haushalten der Stichprobe.

Der sechste Verlaufstyp umfasst 106 Personen der Stichprobe und ist durch einen raschen Abgang in geringfügige Beschäftigung gekennzeichnet. Dem Verlaufstyp 5 „Integration in betriebliche Ausbildung" vergleichbar sind auch die Leistungsberechtigten dieses Typus vergleichsweise jung und lebten zu Beginn des Beobachtungszeitraums noch vorwiegend bei ihren Eltern. Zu einem überdurchschnittlichen Anteil besuchten sie noch eine weiterführende Schule mit dem Abitur als Bildungsziel. Anders als die Leistungsberechtigten im fünften Verlaufstyp weisen ihre Eltern jedoch höhere Schul- und Berufsabschlüsse auf. Auffällig ist weiterhin, dass überproportional viele Frauen in diesem Typ vertreten sind. Die Autorin vermutet, dass es sich bei den Leistungsberechtigten dieses Typs um solche Personen handelt, die mithilfe von Arbeitslosengeld II „kurze Notlagen in der Familie oder Warte- und Orientierungsphasen etwa zum Ende der Schulzeit überbrücken" (Schels 2013, S. 569). Ein Erklärung dafür, dass die Aufnahme geringfügiger Beschäftigung mit der Überwindung des Leistungsbezugs einhergeht, könnte der IAB-Forscherin zufolge darauf zurückzuführen sein, „dass die im Vergleich relativ gut qualifizierten Schulabgänger einer Nebentätigkeit während einer nichtbetrieblichen Ausbildung nachgehen, die in den Daten nicht erfasst ist" (Schels 2013, S. 569). Eine weitere Möglichkeit könnte sein, dass die betreffenden Personen nach eigener Haushalts- und/oder Familiengründung über das Haushaltseinkommen abgesichert sind und mit dem Entgelt des Minijobs lediglich einen Beitrag zum Gesamteinkommen leisten.

Der siebte und letzte von Schels identifizierte Verlaufstypus ist durch „Nicht-Erwerbstätigkeit" gekennzeichnet. So sind die Erwerbs- und Leistungsbezugssequenzen dieser Gruppe vorwiegend von längeren Bezugsdauern geprägt, während „weder Beschäftigungs-, Ausbildungs- noch Arbeitslosigkeitsmeldungen" vorliegen (Schels 2013, S. 568). Der Autorin zufolge weisen die Informationen zum siebten Verlaufstyp darauf hin, dass sich in dieser Gruppe vornehmlich junge Mütter befinden, da nicht nur der Anteil an Frauen, sondern auch der Anteil solcher Personen hoch ausfällt, die bereits zu Beginn des Beobachtungszeitraums im Januar 2005 mit einem Partner und/oder Kind(ern) zusammenlebten. Eine mögliche Erklärung sieht Schels darin, „dass die Nicht-Erwerbstätigkeit Kindererziehungszeiten umfasst und der dadurch bedingte Verdienstausfall mit einer unzureichenden Einkommenslage des Haushalts einhergeht" (Schels 2013, S. 569).

Zusammenfassend zeigt die Studie, dass die Abhängigkeit von Grundsicherungsleistungen bei jungen Erwachsenen kein Breitenphänomen ist, sondern in vielen Fällen lediglich eine vorübergehende Episode darstellt. Ihre Studie macht weiterhin deutlich, „dass Dauer und zeitliche Lage der Leistungsbezugsepisoden mit den komplexen Erwerbs- und Ausbildungsverläufen im jungen Erwachsenenalter korrespondieren" (Schels 2013, S. 569). Angesicht der Heterogenität, die diese Verläufe kennzeichnet, kommt Schels zum Schluss, dass „die vorherrschende Befürchtung „einmal im Bezug – immer im Bezug" verworfen werden [kann]" (Schels 2013, S. 569). Gleichwohl verweisen ihre Befunde darauf, dass es einer nicht unerheblichen Zahl an jungen Leistungsberechtigten nicht oder erst mittelfristig gelingt, den Leistungsbezug zu überwinden. Angesichts der in Teilen zu beobachtenden Schwierigkeit einer dauerhaften Einbindung in den Arbeitsmarkt, sieht die IAB-Forscherin weiterhin Förderbedarf für die Gruppe der jungen Leistungsberechtigten. Zugleich gibt Schels jedoch zu bedenken, dass der mit aktivierender Arbeitsmarktpolitik verbundene Fokus auf eine möglichst rasche Erwerbsintegration an gewisse Grenzen stößt. So setzt die Unterstützung der Jobcenter erst dann ein, wenn die jungen Erwachsenen die allgemeinbildenden Schulen bereits ohne Abschluss verlassen haben und folglich nur schwer Zugang zu beruflicher Ausbildung erhalten (können). Aus Sicht der Autorin ist es unverzichtbar, Jugendlichen eine umfassende Berufsbildung zu ermöglichen, um der Gefahr einer Verstetigung des Leistungsbezugs zu begegnen. Für die IAB-Forscherin sind daher „umfassende Unterstützungskonzepte gefragt, in denen die Trägerschaften in der Grundsicherung neben den jungen Erwachsenen auch die Ausbildungsbetriebe einbeziehen und ihnen beispielsweise eine sozialpädagogische Begleitung zur Seite stellen" (Schels 2013, S. 570).

2.2.7 Arbeitsmarktintegration und Arbeitslosigkeit von Zugewanderten

Für viele Migrantinnen und Migranten ist der Arbeitsmarktzugang mit erheblichen Hürden verbunden, etwa aufgrund geringer Deutschkenntnisse oder unzureichender beziehungsweise nicht in Deutschland anerkannter Qualifikationen. Das Projekt „Arbeitsmarktintegration und Arbeitslosigkeit von Zuwanderern" beschäftigt sich auf Grundlage der IAB-SOEP-Migrationsstichprobe empirisch mit der Stellung von Zugewanderten auf dem deutschen Arbeitsmarkt. Durch die Befragung von Zugewanderten und die Verknüpfung mit den amtlichen Daten der Integrierten Erwerbsbiografien (IEB) sind detaillierte Analysen zur Arbeitsmarktintegration von Zugewanderten möglich.

So lässt sich auf Grundlage des Datensatzes die Dynamik der Zu- und Abgänge in und aus der Hilfebedürftigkeit sehr viel präziser als in der Vergangenheit untersuchen. Die Daten belegen, dass von den Migrantinnen und Migranten, die beim Zuzug nach Deutschland 30 Jahre und jünger waren, in den ersten zwei Jahren nach dem Zuzug nach eigenen Angaben circa 17 Prozent auf Leistungen nach dem SGB II angewiesen sind. In den ersten drei bis fünf Jahren bleibt dieser Anteil in etwa konstant, steigt dann aber zwischen dem sechsten und zehnten Jahr auf 19 Prozent sowie nach zehn Jahren auf mehr als 21 Prozent. Ein ähnliches Bild ergibt sich für diejenigen Zugewanderten, die aufgrund nicht existenzsichernder Beschäftigung aufstockende Leistungen des SGB II erhalten. Hier steigt der Anteil an allen Beschäftigten mit gleicher Aufenthaltsdauer von zwei Prozent in den ersten zwei Jahren auf knapp fünf Prozent für das dritte bis fünfte Jahr und schließlich auf mehr als acht Prozent.

Entgegen der Annahme, dass die Abhängigkeit von SGB-II-Leistungen bei Zugewanderten über die Jahre steigt, könnte es sich hierbei um einen Kohorten-Effekt handeln. So könnte eine positive Selektion der Personen vorliegen, die später zugezogen sind, im Vergleich zu denen, die schon länger in Deutschland leben. Tatsächlich ist der Anteil der Unqualifizierten in der Gruppe der SGB-II-Beziehenden, die schon länger in Deutschland leben, geringfügig höher als in der Gruppe der Beziehenden, die erst vor wenigen Jahren zugewandert sind. Da jedoch auch der Anteil der Hochqualifizierten steigt, existiert hier weiterer Forschungsbedarf. Dieser besteht vor allem deshalb weiterhin, da die beschriebene Entwicklung im Gegensatz steht zu dem schrittweisen Prozess, mit dem sich die Löhne der Migrantinnen und Migranten an die Löhne von Personen ohne Migrationshintergrund anpassen. Ergebnisse der Studie „Das soziale Umfeld gibt die Richtung vor" (Romiti et al. 2015) zeigen, dass das Lohnniveau in den ersten zwei Jahren nach der Zuwanderung im Schnitt bei 60 Prozent des durchschnittlichen Lohnniveaus aller deutschen Beschäftigten liegt. Mit der Zeit passen sich die Löhne jedoch an die der Einheimischen an.

Die Studie analysiert die potenziellen Auswirkungen des ethnischen Umfelds der Zugewanderten auf ihre Bildungsinvestitionen und auf den Anpassungsprozess ihrer Löhne. Insbesondere die Qualität von ethnischen Netzwerken kann starke Effekte auf das Investitionsverhalten und die Anpassung der Löhne haben. So zeigen deskriptive Befunde, dass sich in den ersten zehn Jahren nach der Zuwanderung das Lohnniveau der Personen, die zum Zeitpunkt des Zuzugs in einem sozialen Umfeld mit hohem Bildungsniveau lebten (gemessen am Anteil der Personen im Kreis mit gleicher Herkunft die über einen Hochschulabschluss verfügen), um gut 23 Prozentpunkte an das durchschnittliche Lohnniveau der Gesamtbevölkerung annähert. Im gleichen Zeitraum nahm die Lohnlücke der Personen, die zum Zeitpunkt der Zuwanderung in einem sozialen Umfeld mit geringem Bildungsniveau lebten, nur um 10 Prozentpunkte ab.

Während sich die Lohnlücke mit steigender Qualität des Netzwerkes verringert, kann die Größe des Netzwerks eine gegenteilige Wirkung haben. Schätzungen zeigen, dass in Kreisen, in denen die Netzwerke doppelt so groß sind wie im Mittel aller Kreise, die Lohnlücke zwischen Zugewanderten und Deutschen um 6,2 Prozentpunkte größer ist. Wenn das soziale Umfeld vor allem aus Zugewanderten aus der gleichen Region besteht, sinken die Anreize, in Bildung zu investieren (wie etwa in den Erwerb der deutschen Sprache).

Mithilfe der IAB-SOEP-Migrationsstichprobe wurde des Weiteren der Frage nachgegangen, welche institutionellen und sprachlichen Faktoren die Arbeitsmarktintegration von Zugewanderten und Personen mit Migrationshintergrund begünstigen und damit das Risiko minimieren, aufgrund von Arbeitslosigkeit oder nicht existenzsichernder Erwerbstätigkeit auf Leistungen des SGB II angewiesen zu sein. Erste Ergebnisse dazu liefern Brücker et al. (2014). Sie belegen, dass eine Erwerbsbeteiligung vor der Zuwanderung in einem engen Zusammenhang mit der Wahrscheinlichkeit steht, in Deutschland erwerbstätig zu sein: Von allen Personen, die vor ihrem Zuzug bereits erwerbstätig waren, haben 90 Prozent in Deutschland wieder eine Erwerbstätigkeit aufgenommen, 70 Prozent waren zum Befragungszeitpunkt erwerbstätig. Dagegen sind in der Gruppe derer, die vor dem Zuzug über keine Berufserfahrung verfügte, später in Deutschland 70 Prozent einer Erwerbstätigkeit nachgegangen. Immerhin die Hälfte war zum Befragungszeitpunkt erwerbstätig.

In diesem Zusammenhang zeigt sich auch, dass eingewanderte Grundsicherungsbezieherinnen und -bezieher im Vergleich zu den restlichen Migrantinnen und Migranten in der Stichprobe seltener vor ihrem Zuzug beschäftigt waren. Dabei liegt der Anteil der Leistungsberechtigten, der vor dem Zuzug erwerbstätig war, bei 75 Prozent, während er bei den anderen Zugewanderten in der Stichprobe bei knapp 82 Prozent liegt. Leistungsberechtigte Zugewanderte haben im Schnitt niedrigere Ausbildungsabschlüsse als die Vergleichsgruppe, verfügen seltener über gute Deutschkenntnisse und waren beim letzten Zuzug etwa drei Jahre älter als die anderen Zugewanderten. Während nur sieben Prozent der Leistungsberechtigten in Deutschland in Ausbildung investiert haben, sind es unter den restlichen Zugewanderten in der Stichprobe knapp zwölf Prozent.

Des Weiteren zeigen Analysen von Brücker et al. (2014), dass deutsche Sprachkenntnisse eine wesentliche Voraussetzung für die erfolgreiche Arbeitsmarktintegration darstellen. Der monatliche Nettolohn und die Wahrscheinlichkeiten, erwerbstätig zu sein sowie eine qualifikationsadäquate Beschäftigung zu haben, steigen mit den Sprachkenntnissen. Die Ergebnisse sind hochsignifikant und die Effekte vergleichsweise groß: Der monatliche Nettolohn von Personen, die sehr gute Sprachkenntnisse vorweisen, liegt fast 22 Prozent über dem Lohnniveau von Personen, die über keine oder nur schlechte Deutschkenntnisse verfügen. Bei Personen, die gute Sprachkenntnisse besitzen, beträgt die Lohnprämie noch zwölf Prozent. Ein ähnliches Bild zeigt sich beim Erwerbsstatus: Personen mit sehr guten Deutschkenntnissen haben im Vergleich zu Personen mit schlechten Sprachkenntnissen eine um knapp 15 Prozentpunkte höhere Wahrscheinlichkeit, erwerbstätig zu sein.

Ergänzende SGB-II-relevante Auswertungen belegen entsprechend, dass durch gute Deutschkenntnisse die Wahrscheinlichkeit, Leistungen nach dem SGB II zu beziehen, erheblich reduziert werden kann. Während unter allen Personen mit schlechten Sprachkenntnissen in der Stichprobe 24,4 Prozent nach eigenen Angaben Leistungen nach dem SGB II beziehen, sind es unter den Zugewanderten mit guten Sprachkenntnissen nur 10,9 Prozent. Gute Sprachkenntnisse verringern zudem die Wahrscheinlichkeit, aufgrund einer nicht existenzsichernden Beschäftigung auf aufstockende Leistungen angewiesen zu sein. Hier liegt der Anteil der SGB-II-Beziehenden an den beschäftigten Personen mit geringen Deutschkenntnissen bei 9,2 Prozent (im Vergleich zu nur 4,4 Prozent an Aufstockern unter den beschäftigten Personen mit guten Sprachkenntnissen).

Ferner wird auf Grundlage der IAB-SOEP-Migrationsstichprobe untersucht, wie sich die Anerkennung von ausländischen Abschlüssen auf die Arbeitsmarktintegration von Zugewanderten auswirkt. Dabei steht insbesondere das Berufsqualifikationsfeststellungsgesetz im Mittelpunkt der Analyse, das am 1. April 2012 in Kraft trat. Es legt einen Rechtsanspruch natürlicher Personen auf Prüfung ihrer im Ausland erworbenen Qualifikation fest. Ergebnisse von Brücker et al. (2014) belegen, dass sich durch die Anerkennung beruflicher Abschlüsse das Lohnniveau sowie die Wahrscheinlichkeit, entsprechend der Qualifikation beschäftigt zu sein, signifikant erhöht. In den dargestellten Schätzungen, in denen die Autorinnen und Autoren für nicht beobachtbare individuelle Eigenschaften (fixe Effekte) kontrollieren, steigen die Löhne bei einer vollständigen Anerkennung um 28 Prozent im Vergleich zu der Gruppe, die keine Anerkennung beantragt hat. Schwächer ausgeprägt sind hingegen die Auswirkungen der offiziellen Bestätigung beruflicher Abschlüsse auf die Erwerbstätigkeit. Zudem hat die teilweise Anerkennung deutlich geringere Auswirkungen als die vollständige Anerkennung von Abschlüssen.

Die Einbettung der Stichprobe in die SOEP-Hauptbefragung ermöglicht auch vergleichende Analysen zwischen Migrantinnen und deutschen Frauen. Während 76 Prozent aller deutschen Frauen beschäftigt sind, sind es unter den Migrantinnen 67 Prozent. Insgesamt neun Prozent der Migrantinnen sind arbeitslos gemeldet und zehn Prozent beziehen Leistungen nach dem SGB II. Unter den Frauen, die in Deutschland geboren wurden, sind es sieben beziehungsweise sechs Prozent. Während fast die Hälfte der Migrantinnen mit Kindern unter 16 Jahren im Haushalt leben, traf dies nur auf gut ein Drittel der deutschen Frauen zu. Dennoch nutzen sie im Vergleich zu Frauen, die in Deutschland geboren wurden, deutlich seltener Betreuungseinrichtungen wie Kitas und Kindergärten.

Empirische Studien zeigen, dass das Armutsrisiko und damit die Hilfebedürftigkeit von Haushalten eines Landes eng mit den Beschäftigungsquoten von Müttern verbunden sind. Diese sind insbesondere unter Migrantinnen niedrig: Für das

Jahr 2013 liegt ihr Beschäftigungsanteil (in der ins SOEP eingebetteten Stichprobe) bei 60 Prozent, zehn Prozent niedriger als bei den in Deutschland geborenen Müttern. Die Inanspruchnahme von Kinderbetreuungsangeboten stellt eine wichtige Voraussetzung für die Integration von zugewanderten Müttern in den Arbeitsmarkt dar und ist damit eine wichtige Unterstützung bei der Überwindung des Bezugs von Leistungen nach dem SGB II.

2.3 Wege in die Grundsicherung

In der arbeitsmarktpolitischen Diskussion stehen häufig der Bestand der Leistungsbezieherinnen und -bezieher sowie die Abgänge aus der Bedürftigkeit im Zentrum. Dagegen bleibt vielfach die wichtige Frage unberücksichtigt, welche Ursachen dem Übergang in den Leistungsbezug zugrunde liegen. Fuchs (2017) untersucht diese Fragestellung anhand von Daten des Panels „Arbeitsmarkt und soziale Sicherung" (PASS) über den Zeitraum 2007 bis 2008.

Bisherige Untersuchungen zeigen die vielfältigen Determinanten des Übergangs in den Leistungsbezug (Fuchs 2012). Neben arbeitsmarktbezogenen Ursachen, insbesondere dem Verlust des Arbeitsplatzes sowie gesundheitlichen Problemen, spielt auch das Aufbrauchen von Ersparnissen oder Vermögenswerten eine wichtige Rolle. Schließlich werden von rund zehn Prozent der Befragten Veränderungen innerhalb des Haushalts als Ursache der Bedürftigkeit genannt, also Ereignisse, die mit einer Veränderung der Zahl der Haushaltsmitglieder einhergehen.

In seiner Analyse der Übergangsrisiken unterscheidet Fuchs (2017) zwischen Indikatoren der gesellschaftlichen Schichtung auf der einen und Lebensverlaufsrisiken auf der anderen Seite. Erstere werden über die Kategorien Bildungsniveau, soziale Schicht, Migrationshintergrund und das Geschlecht abgebildet. Bei den Lebensverlaufsrisiken erfolgt eine Konzentration auf den Beschäftigungsstatus, den Gesundheitszustand sowie auf die Geburt eines Kindes als wichtiges Lebensereignis. Da das Kindergeld unterhalb des Existenzminimums für Kinder liegt, kann angenommen werden, dass die Wahrscheinlichkeit der Bedürftigkeit mit der Geburt eines Kindes steigt – zumal in der Regel von einer gewissen Reduktion der Erwerbstätigkeit zumindest eines Elternteils auszugehen ist. Diese Erwartung bleibt auch dann bestehen, wenn man Elterngeld und den bis dahin wenig genutzten Kinderzuschlag im SGB II berücksichtigt.

Im Rahmen einer multivariaten Analyse untersucht der Autor zunächst isoliert die Effekte der gesellschaftlichen Schichtung sowie der Lebensverlaufsrisiken. Dabei zeigt sich im ersten Fall, dass das individuelle Qualifikationsniveau vor einem Übergang in den Leistungsbezug schützt. Dagegen erhöht der Migrationshintergrund ebenso die Übergangswahrscheinlichkeit wie die Zugehörigkeit zur Unterschicht. Im zweiten Modell finden sich ebenfalls signifikante Einflüsse des Erwerbsstatus sowie für Kinder im Haushalt auf die Übergangswahrscheinlichkeit. Letztere zeigen sich allerdings nur bei Alleinerziehenden und gelten nicht für Paarhaushalte. Eine simultane Schätzung aller Variablen macht deutlich, dass die Effekte von vielen Indikatoren der sozialen Schichtung im isolierten Modell überschätzt wurden. Ihre Wirkungen schwächen sich ab oder werden in Einzelfällen insignifikant. Dagegen zeigen sich die Ergebnisse der Lebensverlaufsrisiken auch unter Kontrolle der Variablen aus dem isolierten Modell in Stärke und Signifikanz robust.

Alles in allem weisen Variablen beider Erklärungsansätze einen Einfluss auf die Übergangswahrscheinlichkeit in den Hilfebezug auf, wobei der Effekt der Lebensverlaufsrisiken stärker wiegt, da diese auch unter Kontrolle der gesellschaftlichen Schichtung nicht an Bedeutung verlieren. Die negativen Einflüsse der Lebensverlaufsrisiken wie etwa Arbeitslosigkeit beschränken sich zudem nicht auf benachteiligte Personengruppen wie Migranten oder Geringqualifizierte. Die Hypothese, dass die Geburt eines Kindes das Risiko für den Leistungsbezug erhöht, bestätigt sich grundsätzlich. Differenziert man allerdings nach Haushaltstypen zeigt sich, dass er lediglich für die Teilgruppe der Alleinerziehenden besteht und nicht für Paarhaushalte gilt. Abschließend weist Fuchs darauf hin, dass aufgrund von Datenproblemen eine besondere Methodik verwandt wurde, die keine Aussagen über kausale Effekte erlaubt. Sie liefert aber seiner Ansicht nach wichtige Hinweise auf zentrale Übergangsrisiken, die weiter erforscht werden sollten.

2.4 Grundsicherung und Beschäftigung

Wie oben bereits darstellt, sind viele Leistungsberechtigte als sogenannte Aufstockerinnen oder Aufstocker erwerbstätig. Der folgende Abschnitt gibt zunächst einen Überblick über die Struktur dieser Gruppe vor und nach Einführung des Mindestlohns (Abschnitt 2.4.1). Die Arbeitsmarktsituation dieser Personengruppe beleuchtet dann Abschnitt 2.4.2. Schließlich analysiert Abschnitt 2.4.3, welche Auswirkung ein Berufswechsel in Zeiten von Arbeitslosigkeit auf die Lohnhöhe hat.

2.4.1 Aufstockerinnen und Aufstocker in der Grundsicherung

Von 2007 bis 2011 ist die Zahl der erwerbsfähigen Leistungsbeziehenden im Jahresdurchschnitt deutlich von etwa 5,3 Millionen auf 4,6 Millionen gesunken. Im gleichen Zeitraum ist die Zahl der erwerbstätigen Leistungsbezieherinnen und -bezieher, der sogenannten Aufstockerinnen und Aufstocker, allerdings laut der Statistik der Bundesagentur für Arbeit bei etwa 1,3 Millionen konstant geblieben. Ohne weitere Hintergrundinformationen über die dahinter liegende Dynamik bleibt offen, wie dieses Phänomen zu interpretieren ist: Bleibt die Zahl konstant, weil es trotz der verbesserten Arbeitsmarktlage in diesen Jahren nur wenigen Aufstockern gelungen ist, eine bedarfsdeckende Beschäftigung zu finden? Oder rücken für erfolgreiche Aufsteiger eventuell sogar Personen nach, die zuvor vollständig auf Grundsicherungsleistungen angewiesen waren?

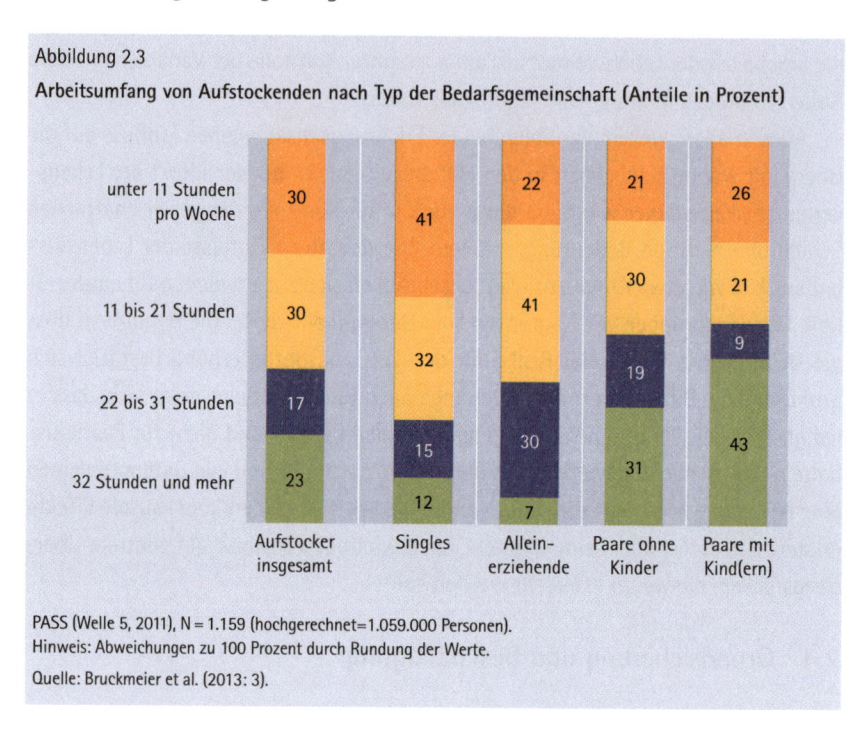

Abbildung 2.3
Arbeitsumfang von Aufstockenden nach Typ der Bedarfsgemeinschaft (Anteile in Prozent)

	Aufstocker insgesamt	Singles	Alleinerziehende	Paare ohne Kinder	Paare mit Kind(ern)
unter 11 Stunden pro Woche	30	41	22	21	26
11 bis 21 Stunden	30	32	41	30	21
22 bis 31 Stunden	17	15	30	19	9
32 Stunden und mehr	23	12	7	31	43

PASS (Welle 5, 2011), N = 1.159 (hochgerechnet=1.059.000 Personen).
Hinweis: Abweichungen zu 100 Prozent durch Rundung der Werte.
Quelle: Bruckmeier et al. (2013: 3).

Die folgenden Ausführungen beschäftigten sich auf Basis von PASS-Daten mit der Struktur der Aufstockerinnen und Aufstocker im Jahr 2011 und der Dynamik in den Jahren 2009 bis 2011 (Bruckmeier et al. 2013).[2] Die Arbeitsmarktsituation der Aufstocker ist sowohl von geringen Stundenumfängen als auch von geringen Stundenlöhnen geprägt. Daher verfehlt ein großer Teil bei Weitem das Einkommen, das notwendig wäre, um den Grundsicherungsbezug vollständig zu verlassen. Die Analysen zeigen, dass 60 Prozent der Grundsicherungsempfängerinnen und -empfänger maximal 21 Stunden pro Woche erwerbstätig sind. Dieser Anteil ist bei alleinstehenden Aufstockern mit 73 Prozent besonders hoch, erreicht aber selbst bei Aufstockern in Paarhaushalten mit Kind(ern) noch 47 Prozent. Nur 23 Prozent aller Aufstocker arbeiten mit 32 oder mehr Stunden zumindest vollzeitnah (vgl. Abbildung 2.3). Die Ausweitung der individuellen Arbeitszeit bei den

---

2 Die vorliegende Darstellung wurde von Mark Trappmann verfasst.

Aufstockern stellt somit eine mögliche Aktivierungsoption für die Träger der Grundsicherung dar. Unterstützt werden könnte dies zum Beispiel durch die Beseitigung von Erwerbshemmnissen wie fehlenden Kinderbetreuungsmöglichkeiten oder auch durch berufsbegleitende Weiterbildungsmaßnahmen. Zu berücksichtigen ist dabei allerdings, dass die gewünschte Erhöhung der Arbeitszeit auch an fehlenden Beschäftigungsmöglichkeiten scheitern kann.

Allerdings weist ein erheblicher Anteil der Aufstocker Stundenlöhne auf, die selbst für Alleinstehende und bei Vollzeitbeschäftigung nicht ausreichen dürften, um den Lebensunterhalt zu sichern. Im Mittel lag der Stundenlohn im Jahr 2011 brutto bei 6,80 Euro in Westdeutschland und 5,20 Euro in Ostdeutschland. 66 Prozent der Aufstocker in den alten Bundesländern und 84 Prozent der Aufstocker in den neuen Bundesländern verdienten dabei weniger als 7,50 Euro pro Stunde. Stundenlöhne oberhalb von 10 Euro kommen überwiegend in Paarhaushalten in Westdeutschland vor, in denen mehr als jeder Fünfte mehr als 10 Euro brutto pro Stunde erhielt (vgl. Tabelle 2.11).

Tabelle 2.11
Bruttostundenlöhne von Aufstockenden nach Typ der Bedarfsgemeinschaft

	Singles		Alleinerziehende		Paare ohne Kinder		Paare mit Kind(ern)		Aufstocker insgesamt	
	West	Ost	West	Ost	West	Ost	West	Ost	West	Ost
Anteile in %										
Unter 5 €/Std.	37	63	34	27	35	32	28	42	33	47
5 bis unter 7,5 €/Std.	36	30	33	38	28	56	32	32	33	37
7,5 bis unter 10 €/Std.	19	5	25	20	14	8	19	19	20	11
10 €/Std. und mehr	7	2	8	15	23	4	21	6	15	5

Die Angaben basieren auf PASS (Welle 5, 2011), N = 1.105 (hochgerechnet = 1.015.000 Personen).
Hinweis: Abweichungen zu 100 Prozent durch Rundungen der Werte.
Quelle: Bruckmeier et al. (2013: 4).

Die dynamische Betrachtung zeigt eine relativ hohe Stabilität hinsichtlich der Arbeitsmarktbeteiligung und des Leistungsanspruchs. Von den Aufstockern zum Befragungszeitpunkt im Jahr 2010 waren 62 Prozent bereits im Vorjahr Aufstocker und fast ebenso viele, nämlich 61 Prozent, sind es ein Jahr später immer noch. Eine Auswertung der administrativen Daten der Bundesagentur für Arbeit macht aber deutlich, dass nur ein geringer Teil der Aufstocker längerfristig im selben Beschäftigungsverhältnis steht (Koller/Rudolph 2011). Dies legt nahe, dass Aufstocker, auch wenn sie durchgängig beschäftigt sind, das Arbeitsverhältnis häufig wechseln. Fast ein Drittel aller Aufstocker des Jahres 2010 war im Vorjahr nicht erwerbstätig und bezog nur Arbeitslosengeld II, lediglich sechs Prozent erhielten im Vorjahr gar kein Arbeitslosengeld II. Im Folgejahr bezogen 22 Prozent Arbeitslosengeld II ohne erwerbstätig zu sein, während 17 Prozent nicht mehr im Arbeitslosengeld-II-Bezug waren. Vergleicht man den Status aus dem Vorjahr mit dem des Folgejahres, zeigt sich, dass es mehr „Aufstiege" als „Abstiege" gegeben hat. Die Übergänge von „nur Grundsicherungsbezug" zu „Aufstocker" oder von „Aufstocker" zu „kein Grundsicherungsbezug" waren also häufiger als umgekehrte Übergänge.

Als Ursache für eine nahezu konstante Zahl von Aufstockern bei einem insgesamt günstigen Arbeitsmarkttrend kommt einerseits die hohe Persistenz in der Aufstockersituation in Betracht. Andererseits spielen auch die relativ häufigen Übergänge von Personen eine bedeutende Rolle, die zuvor nur Grundsicherungsleistungen erhalten haben und dann im Aufschwung eine – wenn auch nicht existenzsichernde – Arbeit aufnehmen konnten.

Hier schließt sich die Frage an, von welchen Einflussfaktoren Übergänge in existenzsichernde Beschäftigung („Aufstiege") einerseits und in ausschließlichen Leistungsbezug („Abstiege") andererseits abhängen. Eine multivariate Analyse der PASS-Wellen 2009–2011 zeigt, dass insbesondere Merkmale, die auf eine höhere Produktivität des Aufstockers hindeuten, zum Beispiel ein höherer Berufsabschluss und ein bereits erzielter höherer Stundenlohn, Aufstiege erleichtern. Zudem ist der Familienkontext für die Beendigung des Leistungsbezugs von Bedeutung. Weniger Kinder im Haushalt und ein Zuwachs an erwerbsfähigen Personen in der Bedarfsgemeinschaft erhöhen die Chance, als Beschäftigter nicht mehr von der Grundsicherung abhängig zu sein. Abstiege kommen dagegen eher vor, wenn eine geringe Qualifikation, ein niedriger Stundenlohn, schwere gesundheitliche Einschränkungen oder ein höheres Lebensalter vorliegen. Zudem sind Aufstocker, die einen Minijob ausüben oder befristet oder in Leiharbeit beschäftigt sind, einem höheren Abstiegsrisiko ausgesetzt. Ein zusätzliches Kind im Haushalt, der Status Alleinerziehend und eine hohe regionale Arbeitslosigkeit sind weitere signifikante Risiken, die die Wahrscheinlichkeit der Beendigung der Erwerbstätigkeit bei fortdauerndem Leistungsbezug erhöhen.

Da die Mehrzahl der Aufstocker keiner vollzeitnahen Beschäftigung nachgeht, ist die Ausweitung ihres Arbeitsumfangs ein wichtiger Ansatzpunkt für die Arbeitsmarktpolitik. Solange die erwerbstätigen Leistungsberechtigten uneingeschränkt verfügbar sind, steht die intensive Suche nach einer Beschäftigung mit längerer Arbeitszeit im Vordergrund. Dabei ist jedoch zu beachten, dass nicht alle Aufstocker für eine vollzeitnahe Beschäftigung in Betracht kommen – sei es, weil sie Kinder oder ältere Personen selbst betreuen müssen oder weil sie aus gesundheitlichen Gründen dazu gar nicht in der Lage sind.

Schließlich ist bei Aufstockerinnen und Aufstockern die Familienkonstellation zu beachten. Vor allem bei Paarhaushalten mit und ohne Kind(ern) ist die Aktivierung einer zweiten erwerbsfähigen Person eine zusätzliche Option. Diese schließt nicht nur bisher nicht erwerbstätige, aber erwerbsfähige Leistungsberechtigte im Haushalt ein, sondern auch die Option einer Ausweitung der Arbeitszeit aller erwerbstätigen Personen einer Bedarfsgemeinschaft. Bei Paarhaushalten mit Kindern – und noch mehr bei Alleinerziehenden – stellt das unzureichende Kinderbetreuungsangebot allerdings ein wesentliches Hindernis dar.

Aufstockerinnen und Aufstocker vor und nach den Hartz-Reformen
Rudolph (2014) ist der Frage nachgegangen, ob das Phänomen „Aufstocker" eine Folge der Hartz-Reformen ist. Er zeigt, dass sich die Zahl der Personen, die erwerbstätig sind und gleichzeitig in Haushalten leben, die Transferleistungen erhalten, nach den Reformen lediglich geringfügig verändert hat. Sie sind durch die Reformen jedoch statistisch sichtbarer geworden. Vor der Zusammenlegung von Sozial- und Arbeitslosenhilfe fand der Haushaltskontext in der Statistik kaum Berücksichtigung: Wenn Erwerbstätige in einem Haushalt lebten, in dem andere Haushaltsmitglieder Leistungen wie Wohngeld oder Arbeitslosenhilfe in Anspruch genommen haben, wurde dies nicht statistisch abgebildet. Dies lag unter anderem daran, dass eine auf den Haushalt bezogene Bedürftigkeitsprüfung, zum Beispiel bei der Arbeitslosenhilfe, nur sehr eingeschränkt stattfand, da es sich bei der Arbeitslosenhilfe um individuelle Leistungsansprüche handelte. Zudem konnten verschiedene Transferleistungen wie zum Beispiel Wohngeld mit Arbeitslosengeld oder Arbeitslosenhilfe kombiniert werden, ohne dass dies in der Statistik ausgewiesen wurde. Erst mit den Hartz-Reformen wurden die getrennte Berücksichtigung von Individual- und Haushaltsansprüchen sowie die Unterscheidung von Leistungen für den Lebensunterhalt und für den Wohnbedarf aufgehoben. Erst hierdurch wurde der Umfang der Erwerbstätigkeit in Haushalten, die Transferzahlungen erhalten, Gegenstand regelmäßiger statistischer Berichterstattung und arbeitsmarktpolitischer Diskussionen.

Da es vor 2005 keine zu den Aufstockerhaushalten in der Grundsicherung vergleichbare Messung gab, rekonstruierte Rudolph (2014) mit Daten aus den *Scientific Use Files* der Mikrozensen aus den Jahren 2000 und 2003 bis 2010 die Erwerbstätigkeit in Haushalten mit einkommensabhängigen Sozialtransfers (Wohngeld, Arbeitslosenhilfe, Sozialhilfe oder ALG II) als Vergleichshaushalte.

Tabelle 2.12 zeigt, dass sich die Zahl der Leistungen beziehenden Haushalte mit Erwerbstätigen 2009 mit 5,9 Prozent der Erwerbshaushalte auf dem gleichen Niveau bewegt wie 2004, das heißt vor der Umsetzung der Hartz-IV-Reform. Überdies hat sich der Anteil der bedürftigen Haushalte von 2004 (11,6 % der Erwerbshaushalte) bis 2009 (11,5 %) kaum verändert.

Tabelle 2.12
Haushalte mit Erwerbspersonen und Bedürftigkeit

Erwerbshaushalte	2000	2003	2004	2005	2006	2007	2008	2009	2010
Haushalte mit Erwerbspersonen (15–65 Jahre)									
Haushalte[1]	29.780	29.913	29.725	30.013	30.276	30.090	30.532	30.528	30.494
Bedürftige Haushalte[2]	2.548	3.269	3.451	3.659	3.887	3.389	3.188	3.525	3.581
Anteil	8,6 %	10,9 %	11,6 %	12,2 %	12,8 %	11,3 %	10,4 %	11,5 %	11,7 %
darunter: Haushalte mit Erwerbstätigen									
Haushalte[1]	23.782	23.648	23.396	23.882	24.410	24.654	25.059	25.077	25.190
Bedürftige Haushalte[2]	1.041	1.327	1.388	1.382	1.566	1.418	1.352	1.478	1.518
Anteil	4,4 %	5,6 %	5,9 %	5,8 %	6,4 %	5,8 %	5,4 %	5,9 %	6,0 %
Anteil der Haushalte mit Erwerbstätigen									
Haushalte[1]	79,9 %	79,1 %	78,7 %	79,6 %	80,6 %	81,9 %	82,1 %	82,1 %	82,6 %
Bedürftige Haushalte[2]	40,9 %	40,6 %	40,2 %	37,8 %	40,3 %	41,8 %	42,4 %	41,9 %	42,4 %

Hinweise: Angaben in absoluten Zahlen (in Tausend) und in Prozent.
[1] Haushalte: Haushalte mit mindestens einem Mitglied im Erwerbsalter von 15 bis unter 65 Jahre.
[2] Bedürftige Haushalte: Mindestens ein Haushaltsmitglied bezieht eine der einkommensabhängigen Sozialtransfers Wohngeld, Arbeitslosenhilfe, Sozialhilfe beziehungsweise SGB-II-Leistung.
Quelle: Rudolph (2014).

Somit gab es bereits in den Jahren vor der Umsetzung der Hartz-Reformen in vergleichbarem Umfang Erwerbstätige in Haushalten, die Transferleistungen erhielten. Ein Anstieg der Zahl der Haushalte, die auf Transferleistungen angewiesen waren, obwohl mindestens ein Haushaltsmitglied erwerbstätig war, ist vor allem für die Jahre 2000 bis 2004 zu verzeichnen.

Es gibt jedoch einige Auffälligkeiten in den Daten, die erklärungsbedürftig sind: Die Statistiken zeigen seit 2005 einen Rückgang der Vollzeitbeschäftigung in leistungsberechtigten Haushalten, während Teilzeitbeschäftigung und Minijobs zunehmen. Dies lässt aber nicht notwendigerweise den Schluss zu, dass Vollzeit- durch Teilzeitstellen ersetzt wurden. Da einige Haushalte mit Vollzeitbeschäftigten durch die Hartz-Reformen ihren Anspruch auf Transferleistungen verloren haben (z. B. Haushalte mit einem Arbeitslosenhilfeempfänger und einer Vollzeitbeschäftigten), sind diese nicht mehr in der Statistik als „bedürftige Haushalte" ausgewiesen.

Zudem weist die Grundsicherungsstatistik zwar zwischen 2005 und 2008 eine steigende Zahl von Aufstockern aus. Allerdings hat dies vermutlich zu wesentlichen Teilen mit der Untererfassung von Aufstockern in den ersten Jahren nach den Hartz-Reformen zu tun. Seit 2006 hat sich die Zahl der Erwerbstätigen in bedürftigen Haushalten bei 1,3 Millionen eingependelt. Dabei hat der Anteil der Erwerbstätigen, die einem Mini- oder Midijob nachgehen, tendenziell zugenommen. Auch höhere Einkommen reichen angesichts größerer Bedarfsgemeinschaften nicht immer aus, um die Bedürftigkeit zu verlassen.

Rudolph (2014) stellt fest, dass sich allein aus dem Bestand und der Dynamik bei den Aufstockerhaushalten keine Handlungsempfehlungen für die Politik ableiten lassen. Dies zeigt er am Beispiel von Mindestlöhnen: Niedrige Stundenlöhne werden als eine wichtige Ursache für das Phänomen „Aufstocker" gesehen. Jedoch auch wenn der Anfang 2015 eingeführte Mindestlohn ein wichtiges Zeichen der Wertschätzung für Arbeit an sich ist, werden die Haushaltseinkommen von Aufstockern dadurch nur geringfügig verbessert; dies gilt insbesondere für Teilzeitbeschäftigte. Der Mindestlohn von 8,50 Euro dämmt zwar möglicherweise ein weiteres Wachsen des Niedriglohnsektors ein, die Hilfebedürftigkeit wird dadurch jedoch nur eine Minderheit der Bedarfsgemeinschaften überwinden (Bruckmeier/Wiemers 2014). Bei der Mehrzahl der Aufstockerhaushalte wird der höhere Lohn bis auf die Freibeträge auf die Grundsicherungsleistung angerechnet. In größeren Haushalten mit Kindern kann beispielsweise auch bei einer Lohnerhöhung und bei Vollzeitbeschäftigung häufig nicht der Bedarf gedeckt werden. Solange das Kindergeld nicht den Regelbedarf von Kindern deckt und Wohngeld nicht mit der Grundsicherung abgestimmt wird, wird es dauerhaft eine größere Zahl von Aufstockern in der Grundsicherung geben.

2.4.2 Arbeitsmarktsituation von Aufstockerinnen und Aufstockern

In einer weiterführenden Studie befassen sich Bruckmeier et al. (2015a) mit den Strategien von Aufstockerinnen und Aufstockern bei der Arbeitsuche sowie ihrer Motivation und Konzessionsbereitschaft.

Von der hohen Zahl der Aufstockenden gehen unterschiedliche Botschaften aus. Die betroffenen Personen sind in den Arbeitsmarkt integriert, woraus sich Chancen ergeben können, den Leistungsbezug zu verlassen. Andererseits gelingt es ihnen nicht, den eigenen und gegebenenfalls den Bedarf ihres Haushalts mit ihrem Einkommen abzudecken. Bislang zeigen die Ergebnisse des IAB, dass Aufstocken eher selten zur Überwindung des Leistungsbezugs führt. Dies liegt zum einen an den häufig kurzen Arbeitszeiten, bei größeren Bedarfsgemeinschaften aber oftmals daran, dass auch eine Vollzeitbeschäftigung nicht ausreicht, um das soziokulturelle Existenzminimum abzusichern.

Die Analysen erfolgten auf der Basis des Panels „Arbeitsmarkt und soziale Sicherung" (PASS) und zeigen, dass der Erwerbsumfang der Aufstockenden überwiegend gering ist. Mehr als zwei Drittel arbeiten weniger als 22 Stunden pro Woche, fast 40 Prozent sogar weniger als elf Stunden. Den geringsten Arbeitsumfang haben dabei Alleinstehende, bei denen mehr als die Hälfte weniger als elf Stunden pro Woche arbeiten. Auf der anderen Seite haben Aufstocker aus Paarhaushalten mit Kindern die größten Arbeitsumfänge; immerhin ein Drittel von ihnen arbeiten in Vollzeit (32 oder mehr Stunden).

Die Löhne der Aufstocker sind zwischen 2011 und 2013 im Durchschnitt um 1,20 Euro pro Stunde gestiegen, wobei nach wie vor ein großes Gefälle zwischen West- und Ostdeutschland zu verzeichnen ist. Auch der Haushaltstyp spielte für die Lohnhöhe eine große Rolle. Paare mit Kindern hatten einen höheren Verdienst bei einer höheren Stundenzahl.

Tabelle 2.13
Bruttolöhne von Aufstockenden nach Typ der Bedarfsgemeinschaft

Bruttostundenlohn (in Euro)	Aufstocker insgesamt		Alleinstehende	Alleinerziehende	Paare ohne Kinder	Paare mit Kindern
	West	Ost	Deutschland insgesamt			
Unter 5	15	43	28	17	33	18
5 bis unter 7,50	38	24	36	35	31	31
7,50 bis unter 10	29	21	25	26	23	31
10 und mehr	19	11	11	22	13	20
Unter 8,50	64	77	76	61	71	61
Über 8,50	36	23	24	39	29	39

Hinweise: 2013, Anteile der erwerbstätigen Leistungsbezieherinnen und -bezieher in Prozent.
Quelle: Bruckmeier et al. (2015c: 3).

Mehr als zwei Drittel der Aufstocker verdienten 2013 weniger als 8,50 Euro pro Stunde, der Betrag, der 2015 als gesetzlicher Mindestlohn festgelegt wurde. Wiederum etwa zwei Drittel dieser Gruppe übten einen Minijob aus. Hier wurden im Schnitt geringere Löhne bezahlt als bei einer sozialversicherungspflichtigen Beschäftigung. Ansonsten waren besonders junge Personen aus den neuen Bundesländern, die keinen Berufsabschluss vorweisen konnten, unter denjenigen, die weniger als 8,50 Euro verdienten.

Aufstocker sind erwartungsgemäß deutlich häufiger auf Arbeitsuche als Niedriglohnbeziehende, die nicht im Leistungsbezug sind. Dies trifft besonders für Minijobber zu. Dennoch hatte die Mehrheit der Aufstocker in den letzten vier Wochen vor der Befragung nicht nach Arbeit gesucht. Hierfür schienen besonders bei Minijobbern gesundheitliche Gründe maßgebend zu sein. Andere verwiesen auf entmutigende Erfahrungen bei der Arbeitsuche. Sozialversicherungspflichtig beschäftigte Aufstocker hatten oft nicht das Gefühl, ihre finanzielle Situation deutlich verbessern zu können.

Jobcenter verlangten häufiger von Minijobbern (71 %) als von sozialversicherungspflichtig beschäftigten Aufstockern (37 %), nach Arbeit zu suchen. Wenn dies bei Minijobbern nicht der Fall war, lag es häufig an gesundheitlichen Gründen oder an den mangelnden Kinderbetreuungsmöglichkeiten. Grundsätzlich sind Aufstocker konzessionsbereit, wenn es darum geht, eine bedarfsdeckende Beschäftigung zu finden. Die übergroße Mehrheit derer, die nach Arbeit suchen, würde Arbeit unterhalb des eigenen Qualifikationsniveaus in Kauf nehmen (über 90 %), fast ebenso viele (über 80 %) würden Lärm, Schmutz oder körperliche Anstrengung tolerieren. Mehr als die Hälfte (54 %) würde sogar den Wohnort wechseln.

Für eine anzustrebende Beendigung des Leistungsbezugs wäre es für Aufstocker eine sinnvolle Strategie, ihr Lohnpotenzial und ihre Lohnmobilität zu erhöhen. Für die Jobcenter könnte es sinnvoll sein, stärker auf Qualifizierung zu setzen oder die Suche nach einer besser entlohnten Tätigkeit zu unterstützen. Hierzu gehört auch die Umwandlung von Minijobs in reguläre Beschäftigung. Zur Reduzierung des langfristigen Leistungsbezugs gehört es aber auch, Integrationshemmnisse wie Gesundheitsprobleme, fehlende Deutschkenntnisse oder Betreuungsverpflichtungen in den Blick zu nehmen, um die Arbeitsuche erfolgreich gestalten zu können.

Aufstocker und Mindestlohn
Weiterführende Analysen (Bruckmeier und Wiemers 2015b) zeigen, dass die Zahl der erwerbstätigen Leistungsbezieherinnen und -bezieher Anfang 2015 zwar stärker gesunken ist als in den Vorjahren, aber trotzdem nur in geringem Umfang. Dies dämpft zunächst die Erwartungen, dass der im Januar 2015 eingeführte Mindestlohn eine große Zahl von Aufstockern aus der Bedürftigkeit führen würde. Die Zahl der Aufstocker ist Anfang 2015 um knapp 43.000 zurückgegangen, doppelt so stark wie in den vorangegangenen Jahren. Davon entfielen 28.000 auf Minijobber. Unklar ist, ob diese Jobs weggefallen sind oder – beziehungsweise in welchem Umfang – sie in reguläre Beschäftigung umgewandelt wurden. Bei Aufstockern mit höheren Verdiensten (über 1.200 Euro/Monat) gab es dagegen eine minimale Zunahme. Die Entwicklung der Lohnstruktur bei den Aufstockern zeigt bereits seit einigen Jahren eine Tendenz zu höheren Verdiensten, die sich mit der Mindestlohneinführung verstärkt haben dürfte. Insgesamt sehen Bruckmeier und Wiemers die Erwartungen der Experten dahingehend bestätigt, dass große Effekte des Mindestlohns auf die Zahl der Aufstockenden ausgeblieben sind.

2.4.3 Berufliche Mobilität von erwerbsfähigen Leistungsberechtigten

Ein Berufswechsel ist häufig mit positiven Einkommenseffekten verbunden. Die nachteiligen Effekte eines Arbeitsplatzverlusts für das Einkommen und den sozioökonomischen Status sind ebenfalls bekannt. Nur wenige Befunde liegen allerdings zu der Frage vor, ob ein Berufswechsel auch dann positive Einkommenseffekte hat, wenn er dazu dient, Arbeitslosigkeit zu beenden. Bethmann (2013) geht der Frage nach, ob ein Berufswechsel potenziell dazu führt, dass sich die Einkommenssituation nach der Arbeitslosigkeit verbessert, oder ob das Gegenteil zutrifft und ein Berufswechsel in dieser Situation negative ökonomische Folgen hat.

Diese Frage muss im Kontext des engen Zusammenspiels von beruflichen Arbeitsmarktstrukturen und dem Bildungssystem gesehen werden. Zwischen verschiedenen beruflichen Arbeitsmarktsegmenten bestehen Barrieren, die zum Beispiel in Deutschland durch einen hohen Grad an Standardisierung der beruflichen Bildung erzeugt werden. Angesichts dieser Barrieren sind Berufswechsel vor allem dann problematisch, wenn die Betroffenen ein hohes Maß an formaler Bildung erworben haben. Dementsprechend sind die Raten von Jobwechseln in weniger standardisierten Bildungssystemen höher. Die in Deutschland verbreitete Bildungsstandardisierung, die Berufe als Bündel von spezifischen Fähigkeiten definiert, ist aber auch sinnvoll, um die Passung am Arbeitsmarkt zu erhöhen, da sich so die Transaktionskosten sowohl für die Unternehmen als auch für die Arbeitsuchenden reduzieren lassen. Mit der Standardisierung ist aber das Risiko verbunden, dass durch einen Berufswechsel die ursprüngliche berufliche Bildung an Wert verliert, da spezifische Fähigkeiten und Zertifikate möglicherweise nicht in den neuen Beruf übertragen werden können. Dies kann wiederum zu schlechteren Erwerbsaussichten führen.

Für Arbeitslose, die Arbeitslosengeld II beziehen, kann dies besonders einschneidend sein. Unter bestimmten Voraussetzungen können sie von den Jobcentern gezwungen werden, eine Arbeit aufzunehmen, obwohl die Stelle nicht zu ihren Qualifikationen passt (§ 10 SGB II).

Um die ökonomischen Auswirkungen eines Berufswechsels bei Arbeitslosigkeit empirisch untersuchen zu können, analysiert Bethmann (2013) Daten von erwerbstätigen und arbeitslosen Personen aus der Panelstudie „Arbeitsmarkt und soziale Sicherung" (PASS). Grundlage der Untersuchung sind die ersten fünf PASS-Wellen aus den Jahren 2006 bis 2011. Berufswechsel werden mithilfe eines Konzepts gemessen, das Berufe in Segmente klassifiziert, innerhalb derer eine hohe Übertragbarkeit von Fähigkeiten gegeben ist. Die Folgen für den sozioökonomischen Status werden über den *International Socio Economic Index* (ISEI) gemessen. Dabei handelt es sich um ein latentes Maß der Übersetzung von Bildung in Einkommen, das jeden spezifischen Beruf charakterisiert.

Bethmann (2013) verfolgt die These, dass bei gegebener Arbeitslosigkeit ein Wechsel des Berufsfelds vermutlich zu Verlusten im sozioökonomischen Status führt. Der Druck, wieder in den Arbeitsmarkt zurückzukehren, könnte die Betroffen dazu zwingen, eine Erwerbstätigkeit aufzunehmen, obwohl das vorherige, berufsspezifische Humankapital nicht in den neuen Beruf übertragen werden kann. Dadurch können sich schlechtere Berufsaussichten ergeben. Er nimmt außerdem an, dass die nachteiligen Folgen von Berufswechseln gravierender sind, je höher der Grad an beruflicher Bildung der jeweiligen Person ist.

Die multivariaten Analysen zeigen, dass sich Berufswechsel in der Tat negativ auf den sozioökonomischen Status in der neuen Arbeitsstelle auswirken, wenn sie bei Personen eintreten, die in der letzten Panelbefragungswelle arbeitslos waren. Dieser Effekt ist signifikant stärker, als der für Berufswechsel von Personen, die in der letzten Welle erwerbstätig waren. Auch wenn die Befundlage weniger eindeutig ist, zeigt sich auch, dass der Verlust von berufsspezifischem Humankapital für Personen mit einem höheren Grad an beruflicher Bildung problematischer ist.

Diese Befunde sollten beachtet werden, wenn Arbeitslose mit strengen Wiedereingliederungsmaßnahmen konfrontiert werden. Auch wenn diese helfen mögen, die Kosten für wohlfahrtsstaatliche Leistungen zu reduzieren und die Betroffenen möglichst schnell wieder in Arbeit zu bringen, könnten sie gleichzeitig den sozioökonomischen Status nach dem Beginn der Wiederbeschäftigung beeinträchtigen. Auch wenn die Studie nur Aussagen zur Situation direkt nach dem Wiedereinstieg treffen kann, deuten die Ergebnisse auf diese negativen Effekte hin. Sie unterstützen somit die Einschätzung, dass es vorteilhaft sein kann, Arbeitslosen mehr Zeit für die Suche nach einer passenden Arbeitsstelle zu geben, selbst wenn das bedeutet, dass sie länger von staatlichen Transferleistungen abhängig sind. Ein Verlust von berufsspezifischem Humankapital sollte vermieden werden, um die Betroffenen vor einem sozioökonomischen Abstieg zu schützen. Dies erscheint auch vor dem Hintergrund des prognostizierten Fachkräftemangels in einigen Bereichen der deutschen Wirtschaft sinnvoll.

2.5 Mütter in der Grundsicherung

Alleinerziehende und Paarfamilien mit Kindern sind, wie oben gezeigt, zwei der drei größten Gruppen im Grundsicherungsbezug und die Geburt eines Kindes ist ein häufiger Grund, warum Bedarfsgemeinschaften erstmalig Leistungen beziehen. Da Erziehungsarbeit auch weiterhin eine Aufgabe ist, die in Familien hauptsächlich von Frauen übernommen wird, geht Abschnitt 2.5.1 der Frage nach, unter welchen Umständen es Müttern gelingt, durch eine Erwerbstätigkeit den Leistungsbezug zu beenden. In Abschnitt 2.5.2 wird dann die Frage empirisch untersucht, welchen Einfluss der erste, zweite und dritte Geburtstag eines Kindes auf das Erwerbsverhalten von Müttern in der Grundsicherung hat.

2.5.1 Arbeitsmarktintegration von Müttern im Leistungsbezug

In den vergangenen Jahren lassen sich eine gesellschaftspolitische Abkehr vom Modell des männlichen Alleinernährers und eine Hinwendung zur stärkeren Arbeitsmarktbeteiligung von Frauen im Rahmen eines sogenannten „Adult-worker-Modells" beobachten. Die Aktivierungslogik der Hartz-Reformen kann als ein Baustein dieser Entwicklung in Deutschland gesehen werden, da sie im Prinzip auch von Müttern erwartet, dass der Leistungsanspruch über die Aufnahme einer bedarfsdeckenden Beschäftigung beendet wird. Kinderbetreuungsaufgaben im Haushalt müssen allerdings berücksichtigt werden. Dabei wird darauf verwiesen, dass eine möglichst frühe Rückkehr in Erwerbstätigkeit die finanzielle Situation von Familien stabilisiert. In den vergangenen Jahren wurden verschiedenste flankierende Anstrengungen unternommen, um die Fokussierung auf einen männlichen Alleinernährer zu beenden. Hier ist insbesondere an das erweiterte Angebot bei der Betreuung von Kindern zu denken, beispielsweise durch den Ausbau von Betreuungseinrichtungen.

Lietzmann (2014) widmet sich der empirischen Frage, welchen Müttern der Übergang aus dem Leistungsbezug tatsächlich gelingt. Hierzu kombiniert er Daten des Administrativen Panels mit den Integrierten Erwerbsbiografien (IEB). Betrachtet werden Mütter mit wenigstens einem Kind unter 15 Jahren im selben Haushalt, die zwischen Februar 2005 und September 2008 das erste Mal in den Leistungsbezug eingetreten sind. Dabei wird zwischen Müttern in Paarhaushalten und Alleinerziehenden unterschieden (vgl. Achatz et al. 2013). Letztere sehen sich offensichtlich größeren Einschränkungen gegenüber, da sie die einzige Person im Haushalt sind, die die Kinderbetreuung übernehmen können. Zudem stehen in Paarhaushalten zwei Personen bereit, um das Verlassen des Leistungsbezugs über eine Arbeitsaufnahme oder eine Ausweitung der Arbeitszeit zu erreichen. Allerdings spricht einiges dafür, dass die Verteilung zwischen Erwerbsarbeit und Familientätigkeiten in Paarhaushalten häufig den klassischen Rollenmustern folgt. Dagegen kann die Fokussierung der Verantwortung für den Nachwuchs bei Alleinerziehenden eine Erklärung dafür sein, dass diese eine höhere Arbeitsmotivation und Arbeitsmarktbeteiligung zeigen (Beste/Lietzmann 2012; Hancioglu/Hartmann 2012).

Deskriptive Analysen zeigen zunächst, dass ein durchaus beträchtlicher Anteil der Mütter innerhalb von 42 Monaten nach Eintritt in den Leistungsbezug eine Beschäftigung aufnimmt (vgl. Abbildung 2.4). Bei den Alleinerziehenden liegt der Anteil mit 69 Prozent um zwölf Prozentpunkte über dem von Müttern in Paarhaushalten. Auch wenn immerhin 20 Prozent der Alleinerziehenden eine Vollzeitbeschäftigung erreichen (gegenüber 16 % der Mütter in Paarhaushalten), zeigt sich, dass vor allem Arbeitsverhältnisse in geringfügiger Beschäftigung realisiert werden (vgl. Abbildung 2.5).

Multivariate Analysen geben Aufschluss über die Ursachen der besseren Beschäftigungsergebnisse der Alleinerziehenden: Sie sind etwas besser qualifiziert und verfügen über mehr Arbeitsmarkterfahrungen. Mütter in Paarbeziehungen haben außerdem tendenziell mehr und jüngere Kinder, die einen entsprechend höheren Betreuungsaufwand bedingen. Allerdings übt ein junges Kind bei Alleinerziehenden im Vergleich zu Müttern in Paarhaushalten einen stärker negativen Effekt auf die Aufnahme einer Erwerbstätigkeit aus.

Abbildung 2.4
Kumulierte Inzidenz von Arbeitsaufnahmen: Nicht erwerbstätige alleinerziehende Mütter im ALG II

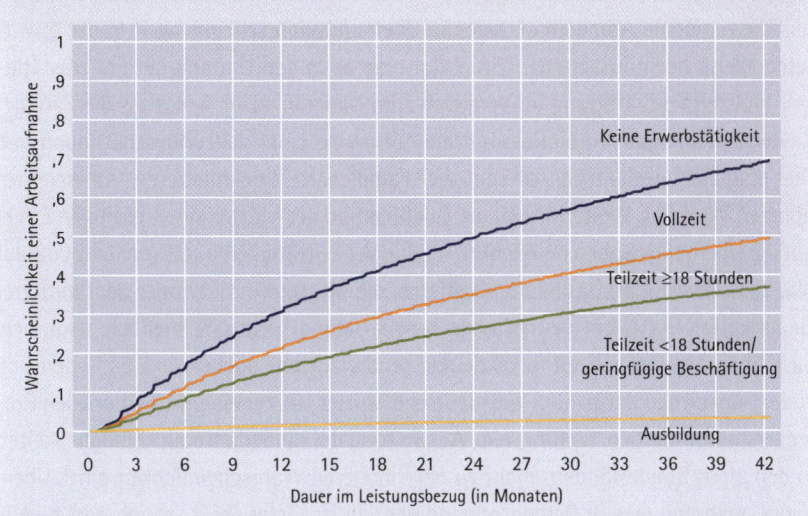

Hinweis: Mütter, die zwischen Februar 2005 und September 2008 in den Leistungsbezug eingetreten sind.
Quelle: Lietzmann (2014: 595); Berechnungen auf Basis des Administrativen Panels SGB II und der Integrierten Erwerbsbiografien (IEB).

Abbildung 2.5
Kumulierte Inzidenz von Arbeitsaufnahmen: Nicht erwerbstätige Mütter in Paarhaushalten im ALG II

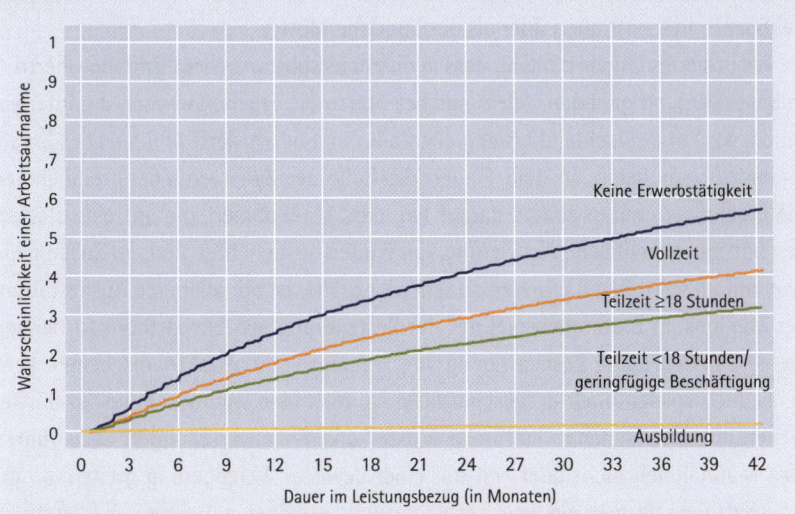

Hinweis: Mütter, die zwischen Februar 2005 und September 2008 in den Leistungsbezug eingetreten sind.
Quelle: Lietzmann (2014: 595); Berechnungen auf Basis des Administrativen Panels SGB II und der Integrierten Erwerbsbiografien (IEB).

Insgesamt zeigen die multivariaten Analysen im integrierten Modell mit simultaner Schätzung, dass das Alter des jüngsten Kindes, das Qualifikationsniveau der Mütter und die regionale Arbeitsmarktlage die Übergangswahrscheinlichkeit in der erwarteten Weise beeinflussen. Berücksichtigt man auch den Umfang der Erwerbstätigkeit (Vollzeitbeschäftigung im Vergleich zum Minijob), zeigt sich, dass die Zahl der Kinder einen negativen Einfluss auf die Aufnahme einer Vollzeitbeschäftigung hat. Dies mag auch deshalb der Fall sein, weil Familienarbeit bei mehreren Kindern einen höheren Wert hat. Weiterhin übt die Qualifikation der Mütter einen positiven Effekt auf die Übergangswahrscheinlichkeit in eine Vollzeittätigkeit aus. Dies deutet darauf hin, dass Arbeitsmarktsegmente existieren, die Müttern mit geringer oder mittlerer Qualifikation vor allem geringfügige Beschäftigung bieten. Schließlich zeigt sich, dass Übergänge in Vollzeit in Ostdeutschland wahrscheinlicher sind. Es finden sich zudem Anzeichen dafür, dass westdeutsche Mütter stärker einem traditionellen Rollenverständnis folgen. So führt eine Ausweitung der Kinderbetreuungsmöglichkeiten in den alten Bundesländern nicht zu einer höheren Wahrscheinlichkeit eines Übergangs, während dies in Ostdeutschland der Fall ist – obwohl man sich dort bereits auf einem höheren Ausstattungsgrad befindet. Hier dürfte die traditionell stärkere Erwerbsneigung von Frauen in der DDR und deren gesellschaftliche Verankerung eine wichtige Rolle spielen. Der Einfluss eines konservativen Rollenverständnisses zeigt sich auch an anderer Stelle, nämlich wenn man die Nationalität der Mütter berücksichtigt. Während diese bei Alleinerziehenden keinen Effekt auf die Übergangswahrscheinlichkeit hat, gehen deutsche Mütter in Paarhaushalten wesentlich häufiger in Beschäftigung über als ausländische Mütter.

Als positives Ergebnis bleibt, dass in durchaus substanziellem Umfang Übertritte in Beschäftigung gelingen. Allerdings bestätigen die Ergebnisse auch die Interpretation, dass in Deutschland bislang allenfalls ein modernisiertes männliches Ernährermodell vorherrscht, in dem Frauen die Rolle der Zweitverdienerin einnehmen. Die Ergebnisse deuten zudem darauf hin, dass Maßnahmen, die auf eine stärkere beschäftigungspolitische Aktivierung von Frauen ausgerichtet sind, im Zusammenspiel mit anderen Regulierungen zu sehen sind. Hier ist vor allem die Ausgestaltung der Minijobs im Zusammenspiel mit der Besteuerung von Ehepartnern zu nennen, die eine geringfügige Beschäftigung von Frauen relativ attraktiv erscheinen lässt. Schließlich spielen auch gesellschaftliche Normen eine wichtige Rolle. So dürften weiterhin vorherrschende kulturelle Muster und Rollenverteilungen dazu führen, dass Maßnahmen nicht oder erst mit einer gewissen Verzögerung greifen, da gesellschaftliche Normen ein gewisses Beharrungsvermögen aufweisen und beschränkend wirken. Aus dieser Perspektive wären kurzfristig politisch induzierten Erfolgen Grenzen gesetzt.

2.5.2 Erwerbseintritte bei Müttern junger Kinder im SGB II

Eltern ist es laut § 10 SGB II zumutbar, eine Erwerbtätigkeit aufzunehmen, wenn sie Grundsicherungsleistungen beziehen und Kinder im Alter von drei Jahren oder älter erziehen. Dies gilt allerdings nur, wenn eine Kinderbetreuung gesichert ist. Zabel (2016) hat empirisch untersucht, welche Rolle der dritte Geburtstag des jüngsten Kindes für Mütter im Grundsicherungsbezug spielt und deren Entscheidung, eine Beschäftigung aufzunehmen. Sie ist dabei auch der Frage nachgegangen, welche anderen zeitlichen und institutionellen Faktoren berücksichtigt werden müssen. Dazu hat sie administrative Daten der Integrierten Erwerbsbiografien (IEB) und der Leistungshistorik Grundsicherung (LHG) für die Jahre 2005 bis 2008 monatsgenau ausgewertet. Dabei hat sie analysiert, wie sich die Eintrittsraten von Müttern mit Arbeitslosengeld-II-Bezug in den ersten vier Lebensjahren des jüngsten Kindes entwickeln.

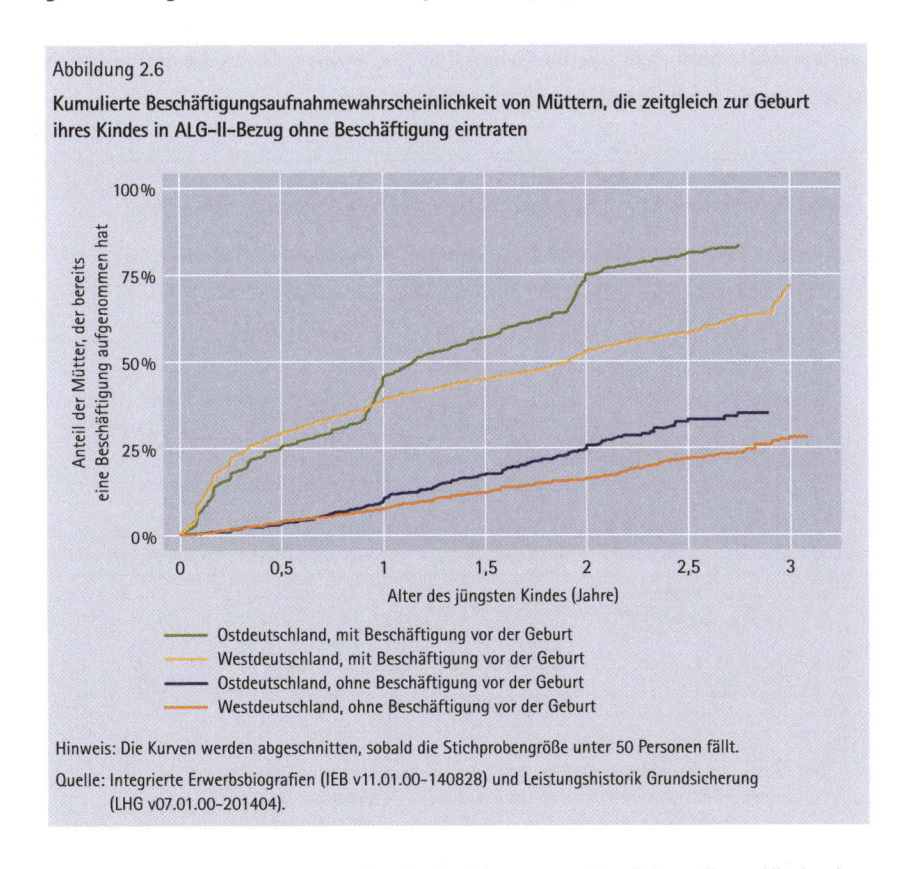

Abbildung 2.6
Kumulierte Beschäftigungsaufnahmewahrscheinlichkeit von Müttern, die zeitgleich zur Geburt ihres Kindes in ALG-II-Bezug ohne Beschäftigung eintraten

Hinweis: Die Kurven werden abgeschnitten, sobald die Stichprobengröße unter 50 Personen fällt.
Quelle: Integrierte Erwerbsbiografien (IEB v11.01.00-140828) und Leistungshistorik Grundsicherung (LHG v07.01.00-201404).

Eine wichtige Unterscheidung ist, ob die Mütter vor der Geburt ihres Kindes beschäftigt waren oder nicht. In der Stichprobe hatte ein Drittel (32 %) der Mütter vor der Geburt eine Beschäftigung. Die Mehrheit der Mütter in dieser Studie war also zuvor nicht beschäftigt. Die Unterscheidung basiert auf der Hypothese, dass die größere Arbeitsmarktnähe der Mütter mit Beschäftigung vor der Geburt die Berufsrückkehr erleichtert. Auch dürfte der Anspruch auf Elternzeit, der maximal drei Jahre gilt, den zeitlichen Verlauf ihrer Erwerbseintritte entscheidend beeinflussen.

Diese Annahmen bestätigt die Studie, kommt jedoch auch zu weiteren interessanten Ergebnissen. Bei Müttern mit Beschäftigung vor der Geburt sind zu allen Zeitpunkten die Erwerbseintrittsraten höher als bei Müttern ohne Beschäftigung vor der Geburt. Bei Müttern ohne Beschäftigung vor der Geburt sind neben den allgemein niedrigeren Eintrittsraten auch keine größeren Schwankungen zu den Geburtstagen des jüngsten Kindes festzustellen.

In Westdeutschland lassen sich bei Müttern mit Beschäftigung vor der Geburt stark erhöhte Eintrittsraten in Beschäftigung genau zum dritten Geburtstag des jüngsten Kindes feststellen. Zwar zeigen sich auch jeweils zum Ende des Mutterschutzes sowie zum ersten Geburtstag des Kindes kleinere Spitzen in den Erwerbseintrittsraten, zum zweiten Geburtstag eine etwas größere, die größte Spitze ist aber zum dritten Geburtstag festzustellen.

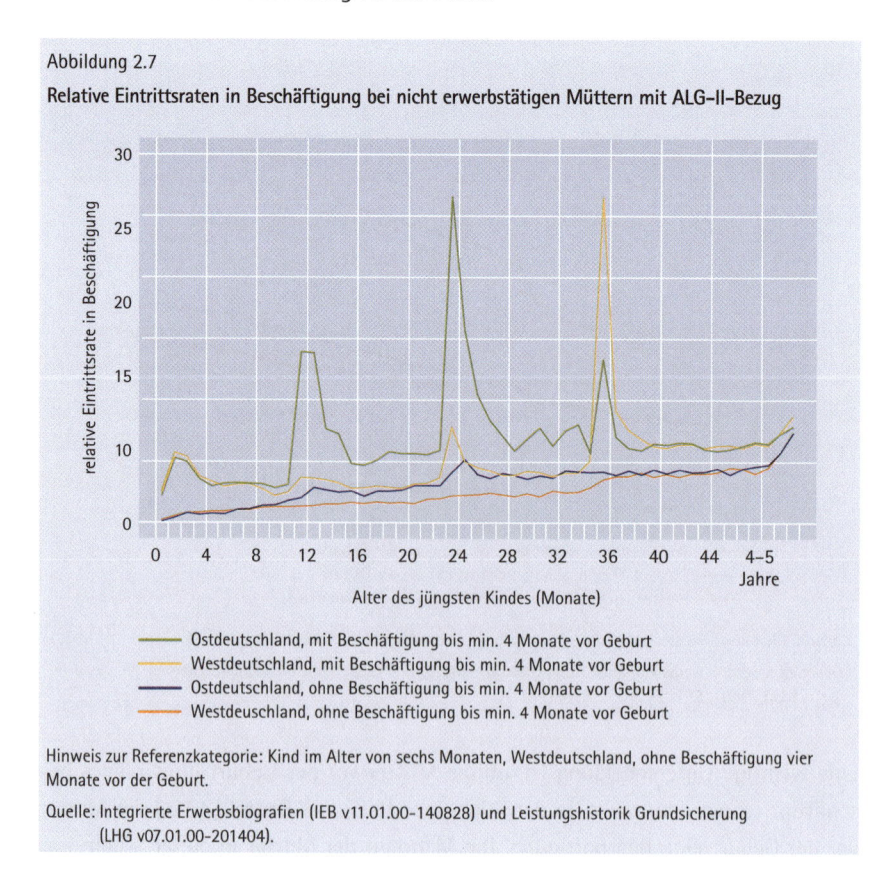

Abbildung 2.7

Relative Eintrittsraten in Beschäftigung bei nicht erwerbstätigen Müttern mit ALG-II-Bezug

— Ostdeutschland, mit Beschäftigung bis min. 4 Monate vor Geburt
— Westdeutschland, mit Beschäftigung bis min. 4 Monate vor Geburt
— Ostdeutschland, ohne Beschäftigung bis min. 4 Monate vor Geburt
— Westdeuschland, ohne Beschäftigung bis min. 4 Monate vor Geburt

Hinweis zur Referenzkategorie: Kind im Alter von sechs Monaten, Westdeutschland, ohne Beschäftigung vier Monate vor der Geburt.

Quelle: Integrierte Erwerbsbiografien (IEB v11.01.00-140828) und Leistungshistorik Grundsicherung (LHG v07.01.00-201404).

In Ostdeutschland zeigt sich, dass für Mütter mit Beschäftigung vor der Geburt bereits der erste und zweite Geburtstag wichtige Zeitpunkte für die Berufsrückkehr sind. Hier zeigt sich zwar auch zum dritten Geburtstag des Kindes eine deutliche Spitze in den Erwerbseintrittsraten, aber noch größere zum ersten und zweiten Geburtstag des Kindes. Die relativen Eintrittsraten in Abbildung 2.7 verdeutlichen dies sehr anschaulich.

Die zuvor nicht erwerbstätigen Mütter zeigen keine größeren Spitzen in den Erwerbseintrittsraten. Jedoch steigen die Erwerbseintrittsraten in Westdeutschland um die Zeit des zweiten Geburtstags etwas und insbesondere um die Zeit des dritten Geburtstags des Kindes stärker an und verbleiben danach auf höherem Niveau. In Ostdeutschland lassen sich ähnlich starke Anstiege der Erwerbseintrittsraten um den ersten und zweiten Geburtstag des Kindes beobachten, mit anschließendem Verbleib auf höherem Niveau.

Die Regelung des § 10 SGB II entspricht also offensichtlich eher den Erwerbseintrittsmustern von westdeutschen als ostdeutschen Müttern mit ALG-II-Bezug. Wie kommt es, dass in Westdeutschland viele Mütter mit Arbeitslosengeld-II-Bezug zum dritten Geburtstag des jüngsten Kindes erwerbstätig werden, in Ostdeutschland dagegen der erste und der zweite Geburtstag des Kindes bedeutende Altersgrenzen darstellen?

Die Studie geht davon aus, dass das Erwerbsverhalten nicht nur mit der Dauer der Elternzeit, sondern auch mit der verfügbaren Kinderbetreuungsinfrastruktur und der gesellschaftlichen Akzeptanz der Erwerbstätigkeit von Müttern mit Kleinkindern zusammenhängt. Bis zum Ende des Beobachtungszeitraums (2008) war das Versorgungsniveau mit Kinderbetreuungsplätzen in Ostdeutschland höher als in Westdeutschland. Seither ist zwar viel für den Ausbau der Kinderbetreuungsmöglichkeiten getan worden, weiterhin zu beobachten ist aber, ob bei einem insgesamt besseren Versorgungsniveau mit Kinderbetreuungsplätzen Unterschiede etwa zwischen ländlichen und urbanen Gebieten verbleiben. Zudem hat auch das 2007 eingeführte Elterngeld einen Einfluss auf das Erwerbsverhalten sowohl der Mütter mit als auch ohne Beschäftigung vor der Geburt. Nach Einführung des Elterngelds ab 2007 verstärken sich die für die jeweilige Gruppe der Mütter typischen Verlaufsformen im zweiten Lebensjahr des Kindes. Für zuvor nicht beschäftigte Mütter ist der Anstieg der Erwerbseintrittsraten um den ersten Geburtstag des Kindes herum ab 2007 steiler, um anschließend auf höherem Niveau zu verbleiben. Für zuvor beschäftigte Mütter verstärkt sich ab 2007 die Spitze in den Erwerbseintrittsraten zum ersten Geburtstag des Kindes deutlich. Da das Elterngeld ab 2007 für die Dauer von nur einem Jahr gezahlt wurde, und das Erziehungsgeld vor 2007 für die Dauer von zwei Jahren, besteht nach 2007 ein größerer ökonomischer Druck, schon im zweiten Lebensjahr des Kindes eine Beschäftigung aufzunehmen. Die erhöhten Erwerbseintrittsraten der Mütter in der Studie im zweiten Lebensjahr des Kindes in 2007 und 2008 im Vergleich zu 2005 und 2006 entsprechen dieser Vermutung.

Die erhöhten Erwerbseintrittsraten nach genau einem, zwei, oder drei Jahren bei Müttern mit Beschäftigung vor der Geburt deuten darauf hin, dass viele von ihnen zum vorherigen Arbeitgeber nach der Elternzeit zurückkehren. Auch die Erwerbseintrittsraten zwischen den Geburtstagen der Kinder sind bei Müttern mit Beschäftigung vor der Geburt deutlich höher als bei zuvor nicht erwerbstätigen Müttern. Arbeitgeberwechsel könnten hierfür eine Erklärung sein. Frühere Studien zeigen, dass ein hoher Anteil der Mütter in Deutschland auch trotz des Anspruchs auf Elternzeit den Arbeitgeber wechselt, möglicherweise um familienfreundlichere Arbeitsbedingungen zu erreichen.

Die im Vergleich zu den Müttern ohne vorherige Beschäftigung insgesamt erhöhten Wiedereintrittsraten legen nahe, dass sich der ALG-II-Bezug für Mütter mit vorheriger Beschäftigung nicht als Falle erweist. Vielmehr treten sie zu hohen Anteilen nach einer kurzen Erwerbsunterbrechung wieder in Beschäftigung ein. Auch wenn sie nicht zum gleichen Arbeitgeber zurückkehren, kommt ihnen vermutlich ihre größere Arbeitsmarktnähe bei der Beschäftigungssuche zugute. Dagegen ist die Wahrscheinlichkeit einer Beschäftigungsaufnahme für Mütter, die vor der Geburt ihres Kindes nicht beschäftigt waren, deutlich geringer. Denkbar ist, dass die längere Erwerbsunterbrechung, die bei ihnen schon in die Zeit vor der Geburt zurückreicht, ein entscheidendes Erwerbshemmnis darstellt, zu der noch die Herausforderung der Organisation der Kinderbetreuung hinzukommt.

Die Regelung in § 10 SGB II legt eine stärkere Aktivierung ab dem dritten Lebensjahr des Kindes nahe. Tatsächlich sind die Teilnahmeraten an Programmen der aktiven Arbeitsmarktpolitik von Müttern mit Kindern, die älter als drei Jahre sind, höher als bei Müttern mit jüngeren Kindern (Zabel 2012). Die Studie zeigt jedoch, dass die stärkere Aktivierung ab dem dritten Lebensjahr des Kindes die Unterschiede in den Beschäftigungschancen zwischen Müttern mit und ohne Erwerbstätigkeit vor der Geburt ihres Kindes bislang nicht ausgleichen konnte.

Die Erwerbseintritte von Müttern mit jungen Kindern, die Arbeitslosengeld II beziehen, hängen also nicht allein von der Regelung des § 10 SGB II ab. Wichtige Faktoren sind andere gesetzliche Regelungen wie Elternzeit und Elterngeld, die Verfügbarkeit von Kinderbetreuungsmöglichkeiten, die Akzeptanz der Erwerbstätigkeit von Müttern, die Familienfreundlichkeit des Arbeitsplatzes und vor allem die Frage, ob vor der Geburt eine Beschäftigung vorlag oder nicht.

2.6 Berufliche Rehabilitation

Menschen mit Behinderung sehen sich multiplen Hemmnissen im Bildungs- und Erwerbssystem konfrontiert. Die UN-Konvention über die Rechte von Menschen mit Behinderungen von 2009 fordert ihre stärkere gesellschaftliche Einbindung in allen Lebens- und Gesellschaftsbereichen. Dazu gehört vor allem die Teilhabe durch Erwerbsarbeit. Neben dem Erwerb des Lebensunterhalts hat Arbeit noch weitere Funktionen, die gesellschaftliche Teilhabe fördern: Zugang zu sozialen Sicherungssystemen, Aufbau und Pflege sozialer Netzwerke, aber auch gesellschaftlicher Status und Anerkennung. Entsprechend ist die (Wieder-)Herstellung der Erwerbsfähigkeit ein zentrales Ziel, um gesellschaftliche Partizipation herzustellen. Die berufliche Rehabilitation von Menschen mit Behinderung wird je nach Zuständigkeitsbereich von unterschiedlichen Trägern finanziert. Die größten sind die Bundesagentur für Arbeit, die Deutsche Rentenversicherung Bund und die Deutsche Gesetzliche Unfallversicherung.

Der folgende Abschnitt widmet sich den Integrationschancen von Rehabilitanden und Rehabilitandinnen in den Arbeitsmarkt und deren Ausbildungs- und Erwerbssituation und den Maßnahmen, die in Trägerschaft der Bundesagentur für Arbeit durchgeführt werden.

Datenbasis ist eine IAB-Befragung von Rehabilitanden, die im Jahr 2006 eine Maßnahme bei der Bundesagentur für Arbeit abgeschlossen haben (Wuppinger/ Rauch 2010). Die Befragung erfolgte in drei Wellen in den Jahren 2007, 2008 und 2010. Die Daten geben Auskunft über die Art der Behinderung, sie enthalten aber auch Informationen über die subjektive Einschätzung der eigenen Gesundheit. Darüber hinaus umfassen die verwendeten Befragungsdaten Angaben dazu, inwiefern sich die Rehabilitanden durch ihre Behinderung in der Ausübung einer vorliegenden oder möglichen Tätigkeit eingeschränkt sehen. Bei den meisten Analysen wurden Daten der IEB (Integrierte Erwerbsbiografien) hinzugespielt.

Bei der Förderung beruflicher Rehabilitation wird zwischen Erst- und Wiedereingliederung unterschieden. Die Ersteingliederung hat das Ziel, junge Menschen erstmals in den allgemeinen Arbeitsmarkt zu integrieren. Die berufliche Wiedereingliederung erwachsener Menschen hat eine berufliche Um- oder Neuorientierung zum Ziel. Die Bundesagentur für Arbeit ist sowohl Leistungsträger im Bereich des SGB II als auch des SGB III (SGB IX, Paragraphen § 6 und § 6a). Die Forschung zur beruflichen Rehabilitation ist daher immer regelkreisübergreifend.

2.6.1 Junge Rehabilitanden nach beruflicher Ersteingliederung

Die Bundesagentur für Arbeit fördert junge Menschen mit Behinderungen, um ihre Benachteiligungen auf dem Arbeitsmarkt auszugleichen und ihre Beschäftigung langfristig zu sichern. Beyersdorf (2016a) hat sich mit der Frage auseinandergesetzt, welchen Einfluss erfolgreich abgeschlossene arbeitsmarktpolitische Maßnahmen auf die Arbeitsintegration durch Aufnahme einer länger andauernden und sozialversicherungspflichtigen Beschäftigung („nachhaltige" Beschäftigung) haben. Dabei untersucht sie im Bereich der Ersteingliederung drei verscheidene Maßnahmenarten: (1) betriebliche Maßnahmen, die Vermittlungshemmnisse durch das Sammeln von Berufserfahrung und betriebsspezifischen Kenntnissen beseitigen sollen, (2) berufsvorbereitende Maßnahmen, mit denen individuelle Kompetenzen zur Aufnahme einer Ausbildung oder Beschäftigung verbessert werden sollen und (3) Berufsausbildungen, die zum Abschluss in einem anerkannten Ausbildungsberuf führen. Datengrundlage der Analyse sind drei Wellen der IAB-Panelbefragung von Rehablitanden, die 2007, 2008 und 2010 durchgeführt wurden. Im Bereich der Ersteingliederung wurden knapp 2.000 Rehabilitanden zu ihren Ausbildungs- und Erwerbsbiografien befragt. Durch die Wiederholung der Befragung zu verschiedenen Zeitpunkten konnten die individuellen Arbeitsmarktverläufe über einen längeren Zeitraum untersucht werden.

Die Studie zeigt, dass etwa zwei Drittel der Rehabilitandinnen und Rehabilitanden in Ersteingliederung an einer Berufsausbildung teilgenommen haben. Damit sind Berufsausbildungen in dieser Gruppe die am häufigsten genannte Maßnahmenart. Erfolgreich abgeschlossen hat diese Ausbildung ein Drittel der Befragten. Etwas mehr als die Hälfte der Befragten hat an einer berufsvorbereitenden Maßnahme teilgenommen, knapp die Hälfte (46 %) hat die Maßnahme erfolgreich beendet. 40 Prozent haben an einer betrieblichen Maßnahme teilgenommen, ein Fünftel der Rehabilitanden hat sie erfolgreich beendet.

Im Vergleich der drei Maßnahmenarten fördern abgeschlossene Berufsausbildungen am stärksten die Aufnahme einer nachhaltigen Beschäftigung durch junge Rehabilitandinnen und Rehabilitanden. So sind drei Jahre nach Abschluss einer Berufsausbildung circa 40 Prozent der Teilnehmenden beschäftigt. Bei denjenigen, die eine betriebliche oder eine berufsvorbereitende Maßnahme erfolgreich beendet haben, gelingt eine nachhaltige Berufseingliederung hingegen nur in elf beziehungsweise neun Prozent. Auch die Ergebnisse von vertiefenden multivariaten Analysen bestätigen, dass Berufsabschlüsse am stärksten die Chancen auf eine erfolgreiche Arbeitsmarktintegration von jungen Menschen mit Behinderung erhöhen.

2.6.2 Übergang von Ausbildungsabsolventen in den Arbeitsmarkt

Oberstes Ziel der beruflichen Ersteingliederung ist der Erwerb einer abgeschlossenen Berufsausbildung, sodass viele Rehabilitanden und Rehabilitandinnen durch eine berufliche Ausbildung gefördert werden (Reims et al. 2016). Reims und Gruber (2014 und 2016) untersuchen Ersteingliederungsfälle, die im Rahmen der beruflichen Rehabilitation an einer Ausbildung teilnahmen und betrachten dabei den Arbeitsmarktübergang und den Verbleib im Arbeitsmarkt. Neben der Dauer der ersten Erwerbsphase wurde beobachtet, ob es sich bei den aufgenommenen Arbeitsverhältnissen um ungeförderte oder geförderte Beschäftigungsverhältnisse handelt. Um den zeitlichen Verlauf der Erwerbsbiografie und die relevanten Einflussfaktoren auf den Übergang und Verbleib in Beschäftigung abzubilden, wurden (multivariate) Ereignisanalysen durchgeführt.

67 Prozent der Absolventinnen und Absolventen sind nach Ausbildungsende erwerbstätig. Davon nehmen 60 Prozent der jugendlichen Rehabilitanden eine ungeförderte und sechs Prozent eine geförderte Beschäftigung auf. 33 Prozent der Absolventen befinden sich jedoch auch nach Ende der Ausbildung in weiteren Maßnahmen, sind arbeitslos, krank oder haben einen anderen Erwerbsstatus. Etwa ein Viertel der Ausbildungsabsolventen wechselt bereits im ersten Monat nach Ausbildungsende in eine sozialversicherungspflichtige beziehungsweise selbstständige Beschäftigung. Männer nehmen etwas schneller eine Erwerbstätigkeit auf als Frauen: Während 50 Prozent der Männer bereits nach zehn Monaten erwerbstätig sind, ist dies bei Frauen erst nach 16 Monaten der Fall.

Die Faktoren, die den Eintritt in (ungeförderte) Beschäftigung von Jugendlichen mit Behinderungen beeinflussen, ähneln denen, die auch bei nicht behinderten Ausbildungsabsolventen zu finden sind. So verbessern ein hoher Bildungsabschluss, eine erfolgreich abgeschlossene Berufsausbildung (am besten in einem Betrieb), hohe Mobilität und gute strukturelle Rahmenbedingungen am regionalen Arbeitsmarkt die Eingliederungschancen. Der subjektiv empfundene Gesundheitszustand scheint hingegen keinen Einfluss auf den Erwerbseintritt zu haben. Dies ist wahrscheinlich darauf zurückzuführen, dass die jungen Rehabilitanden zu sehr großen Teilen einen guten bis sehr guten Gesundheitszustand berichten. Auch die Art der Behinderung muss nicht unbedingt den Erwerbsübergang jugendlicher Rehabilitanden beeinflussen. Eine Ausnahme bildet der Übergang in geförderte Beschäftigung. Hier erhöht die Behinderungsart – und zwar das Vorliegen einer körperlichen Behinderung (auch Seh- und Hörbehinderung), einer geistigen beziehungsweise psychischen Behinderung, einer organischen Behinderung und eines Anfallsleidens – die Übergangschancen im Vergleich zu Personen ohne selbst wahrgenommene Behinderung.

Zur Nachhaltigkeit beziehungsweise Stabilität der Erwerbsintegration – für ausschließlich nach der Ausbildung Beschäftigte – zeigt die Analyse, dass die erste Beschäftigungsperiode im Schnitt etwa ein Jahr dauert. Anders als beim Eintritt in Erwerbstätigkeit nach der Berufsausbildung finden sich für die Nachhaltigkeit der aufgenommenen Beschäftigung keine Unterschiede zwischen Männern und Frauen. Ist die erste Beschäftigungsphase unterbrochen, sind annähernd drei Fünftel der Abgänger aus Erwerbstätigkeit arbeitslos beziehungsweise -suchend und ein

Fünftel befindet sich erneut in einer arbeitsmarktpolitischen Maßnahme. Unter Berücksichtigung der Beschäftigungsdauer wurde dann näher untersucht, welche Faktoren die Nachhaltigkeit der ersten Erwerbsphase beeinflussen. Einen deutlichen Unterschied gibt es bei Menschen mit Unterschieden in der Behinderungsart: Körperbehinderte Personen verbleiben länger im ersten Job als Personen mit anderer Behinderung. Es ist anzunehmen, dass körperbehinderte jüngere Menschen oft weniger schwankende Krankheitsbilder aufweisen und sich eine weniger einschränkende Arbeitsumgebung für sie leichter realisieren lässt als zum Beispiel für Menschen mit einer psychischen Behinderung.

Risiko von Langzeitarbeitslosigkeit bei jungen Menschen
Für Rehabilitanden birgt eine langfristig unsichere Erwerbslage ein besonders hohes Risiko, dass sich gesundheitliche Benachteiligungen verfestigen. Beyersdorf (2016b) geht daher der Frage nach, wie hoch das Risiko ist, in einem Zeitraum von fünf Jahren nach der Anerkennung als beruflicher Rehabilitand arbeitslos zu werden. Ihre Analyse von insgesamt 1.652 Personen zeigt, dass insgesamt gut 70 Prozent der jungen Frauen und Männer mindestens einmal als arbeitslos registriert waren. Dabei sind die Art der Hauptbehinderung und der Zeitpunkt des Auftretens im Lebenslauf relevant für das Risiko einer Langzeitarbeitslosigkeit. In der ersten Arbeitslosigkeitsphase werden dabei Menschen mit einer körperlichen Behinderung seltener langzeitarbeitslos als Rehabilitanden mit einer Lernbehinderung.

Ähnliches gilt für Menschen, die die Behinderung erst nach dem 25. Lebensjahr erlitten haben. Sie werden gleich in ihrer ersten Arbeitslosigkeitsphase häufiger langzeitarbeitslos als Rehabilitanden, die bereits seit der Geburt von einer Behinderung betroffen waren. Dieses Risiko erhöht sich auch bei Rehabilitanden, die ihren Gesundheitszustand als schlechter einschätzen. Weiterhin werden Frauen in der ersten Arbeitslosigkeitsphase häufiger langzeitarbeitslos als Männer.

Beyersdorf (2016b) untersucht zudem das Phänomen der mehrfachen und der kumulativen Arbeitslosigkeit innerhalb von zwei Jahren nach Beginn der ersten Arbeitslosigkeitsphase. Dabei zeigt sich eine andere Verteilung der Risiken. 36 Prozent der Frauen und 31 Prozent der Männer waren innerhalb von zwei Jahren nach Beginn der ersten Arbeitslosigkeitsphase nur einmal arbeitslos. Jeweils fast die Hälfte war dagegen zwei- bis dreimal und die Verbleibenden sogar noch häufiger arbeitslos. Summiert man die Dauer dieser Arbeitslosigkeitsphasen auf, so war innerhalb dieses Zweijahreszeitraums gut ein Fünftel der jungen Rehabilitanden zwölf Monate oder länger arbeitslos. Damit besteht bei ihnen ein erhebliches Risiko, dass sich die Arbeitslosigkeit verfestigt. Personen ohne schulischen Abschluss tragen dabei ein erhöhtes Risiko von kumulativer Langzeitarbeitslosigkeit. Anders als bei der ersten Arbeitslosigkeitsphase spielt bei der kumulativen Langzeitarbeitslosigkeit die regionale Arbeitsmarktlage eine bedeutende Rolle. Rehabilitanden, die in Regionen mit günstiger Arbeitsmarktlage und hoher Dynamik wohnen, werden vergleichsweise selten langzeitarbeitslos.

Erwerbsstatus und subjektive Gesundheit
Das subjektive Gesundheitsempfinden von jungen Menschen mit Behinderungen hat Reims (2016) untersucht. Sie hat überprüft, ob bei behinderten Jugendlichen ein Zusammenhang zwischen Erwerbsstatus und Gesundheit zu finden ist. Analysiert wurde, ob die Aufnahme einer Erwerbstätigkeit nach Maßnahmen beruflicher Rehabilitation mit einer Veränderung der individuellen Gesundheit einhergeht.

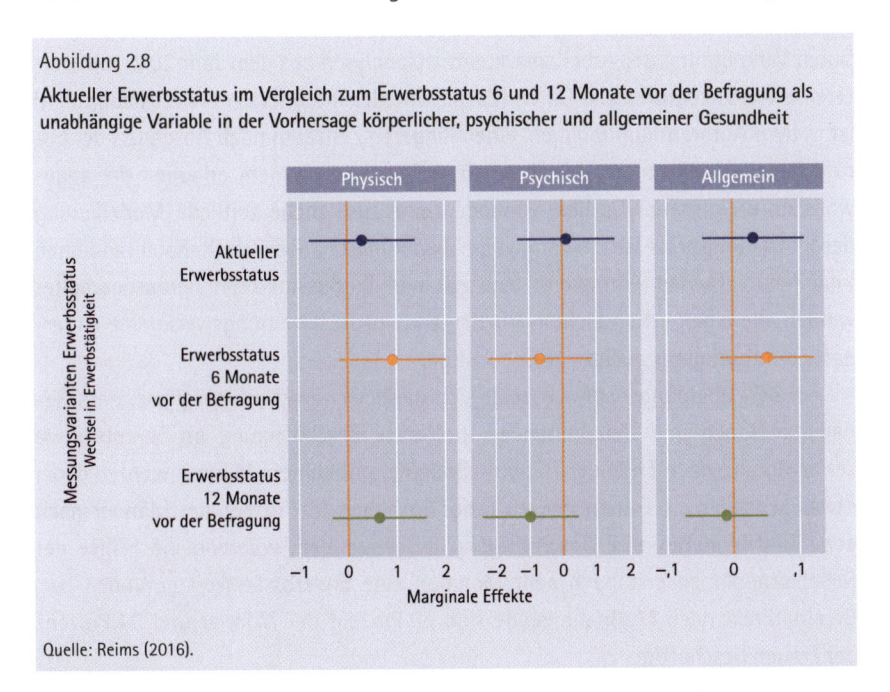

Abbildung 2.8
Aktueller Erwerbsstatus im Vergleich zum Erwerbsstatus 6 und 12 Monate vor der Befragung als unabhängige Variable in der Vorhersage körperlicher, psychischer und allgemeiner Gesundheit

Quelle: Reims (2016).

Für die jungen Rehabilitandinnen und Rehabilitanden am ersten Übergang in den Arbeitsmarkt zeigt sich, dass die Aufnahme einer Beschäftigung allein keine (positive oder negative) Veränderung in verschiedenen Gesundheitsaspekten nach sich zieht. Vielmehr ist das Ausmaß der beruflichen Einschränkung durch die Behinderung ein wichtiger Einflussfaktor für die Bewertung der Gesundheit. Die jungen Rehabilitanden und Rehabilitandinnen wurden gefragt, inwiefern sie durch ihre gesundheitliche Situation bei ihrer beruflichen Tätigkeit eingeschränkt sind. Bei erwerbstätigen Personen, die angeben, durch ihre Behinderung in der Ausübung ihrer beruflichen Tätigkeit stark eingeschränkt zu sein, wird angenommen, dass sie nicht behinderungsadäquat beschäftigt sind. Sie machen aber lediglich ein Zehntel der Population aus. Die Ergebnisse zeigen, dass die Aufnahme einer solchen nicht behinderungsadäquaten Beschäftigung negative Auswirkungen auf die subjektive Bewertung verschiedener Gesundheitsaspekte nach sich zieht.

2.6.3 Erwachsene nach einer beruflichen Wiedereingliederung

Personen, die aufgrund einer Behinderung ihren Beruf nicht mehr oder nur eingeschränkt ausüben können, können im Rahmen einer beruflichen Rehabilitation Leistungen zur Teilhabe am Arbeitsleben erhalten. Gruber, Rauch und Reims (2016) haben die Re-Integrationschancen von Rehabilitanden untersucht, die an einer beruflichen Wiedereingliederung der Bundesagentur für Arbeit teilgenommen haben. Durch Verknüpfung der Arbeitsmarkteintrittsanalysen aus dem Jahr 2010 mit weiteren erwerbsbiografischen Daten (Zuspielung der Integrierten Erwerbsbiografien) ist es dem Autorenteam möglich, einen längeren Zeitraum nach Abschluss der beruflichen Rehabilitationsmaßnahme zu verfolgen. Außerdem erlauben die angewandten ereignisanalytischen Methoden eine zusätzliche zeitliche Modellierung der Jobfindungsprozesse. So können Eingliederungschancen von Rehabilitandinnen und Rehabilitanden umfassend beurteilt und Einflussfaktoren herausgearbeitet werden, die einen erfolgreichen Arbeitsmarkteintritt beziehungsweise eine dauerhafte Beschäftigungsaufnahme begünstigen.

Bei den Übergangsanalysen zeigt sich in der Erwerbsfindungsphase, dass Rehabilitandinnen und Rehabilitanden ihre erste Beschäftigung im Schnitt etwa sechs Monate nach Ende der Hauptmaßnahme aufnehmen. Männer werden dabei etwas schneller als Frauen erwerbstätig: So haben 50 Prozent der Männer nach etwa fünf Monaten eine Beschäftigung aufgenommen, während die Hälfte der Rehabilitandinnen erst nach acht Monaten eine Erwerbstätigkeit gefunden hat. Bereits direkt nach Maßnahmeende sind 38 Prozent der Männer und 34 Prozent der Frauen beschäftigt.

Des Weiteren wurden unter anderem soziodemografische Eigenschaften der Rehabilitanden (z. B. Geschlecht, Bildungsstatus, Gesundheitszufriedenheit), die Art der besuchten Hauptmaßnahme und regionale Arbeitsmarktbedingungen untersucht. Die Analyse zeigt, dass vor allem Rehabilitanden, die ihren Gesundheitszustand als sehr gut oder gut einschätzen, höhere Chancen beim Übergang in die Erwerbstätigkeit aufweisen. Regionale Aspekte spielen auch eine wichtige Rolle für die Reintegration in Beschäftigung: So haben diejenigen gute Aussichten, die in großstädtisch geprägten Bezirken mit mäßig hoher Arbeitslosigkeit oder aber in ländlichen Bezirken mit günstiger Arbeitsmarktlage und hoher saisonbedingter Dynamik wohnen. Weitere Unterschiede zeigen sich bei der Art der Hauptmaßnahme, die im Rahmen der beruflichen Rehabilitation durchgeführt wurde. Personen, die an einer Integrationsmaßnahme (z. B. Leistungen an den Arbeitgeber) teilgenommen haben, haben höhere Eingliederungschancen im Vergleich zu Personen, die an anderen Maßnahmen teilgenommen haben. „Dies ist sicher nicht zuletzt der Tatsache geschuldet, dass schon vor der eigentlichen Integration (...) die Anbindung an einen Arbeitgeber stattgefunden hat" (Gruber, Rauch und Reims 2016: 152).

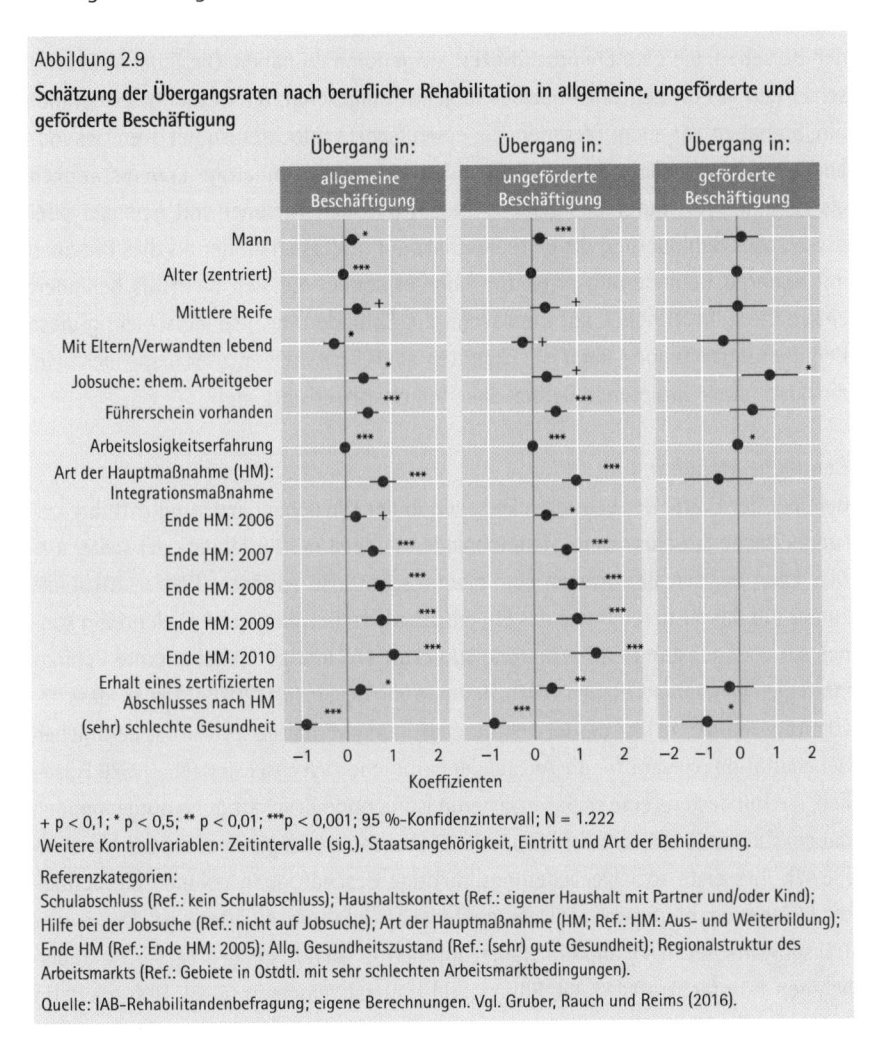

Abbildung 2.9
Schätzung der Übergangsraten nach beruflicher Rehabilitation in allgemeine, ungeförderte und geförderte Beschäftigung

+ $p < 0,1$; * $p < 0,5$; ** $p < 0,01$; *** $p < 0,001$; 95 %-Konfidenzintervall; N = 1.222
Weitere Kontrollvariablen: Zeitintervalle (sig.), Staatsangehörigkeit, Eintritt und Art der Behinderung.

Referenzkategorien:
Schulabschluss (Ref.: kein Schulabschluss); Haushaltskontext (Ref.: eigener Haushalt mit Partner und/oder Kind); Hilfe bei der Jobsuche (Ref.: nicht auf Jobsuche); Art der Hauptmaßnahme (HM; Ref.: HM: Aus- und Weiterbildung); Ende HM (Ref.: Ende HM: 2005); Allg. Gesundheitszustand (Ref.: (sehr) gute Gesundheit); Regionalstruktur des Arbeitsmarkts (Ref.: Gebiete in Ostdtl. mit sehr schlechten Arbeitsmarktbedingungen).
Quelle: IAB-Rehabilitandenbefragung; eigene Berechnungen. Vgl. Gruber, Rauch und Reims (2016).

Knapp 60 Prozent der Rehabilitanden finden innerhalb des Beobachtungszeitraums eine ungeförderte Beschäftigung, alle andern verbleiben in weiteren Maßnahmen, Arbeitslosigkeit, Krankheit oder verlassen den Arbeitsmarkt.

Personen, die im Anschluss an die Rehabilitation eine Arbeit aufnehmen, können im Durchschnitt stabile Erwerbskarrieren aufweisen. So verbleiben 50 Prozent der erfolgreich reintegrierten Rehabilitanden nach dem Ende der Maßnahme insgesamt etwa drei Jahre im gleichen Job. Geschlechtsspezifische Unterschiede in der Nachhaltigkeit der Beschäftigung zeigen sich nicht.

Mithilfe multivariater Ereignisanalysen wurde analysiert, wie hoch die Stabilität der aufgenommenen Beschäftigungsverhältnisse ist. Auf diese Weise wurde der Einfluss zentraler Faktoren auf die Erwerbsnachhaltigkeit identifiziert – selbstverständlich kann sich dieser Analyseschritt nur auf jene Teilgruppe der Rehabilitanden beziehen, die eine Erwerbstätigkeit aufgenommen haben. Die Ergebnisse weisen erneut auf die zentrale Rolle des subjektiv eingeschätzten Gesundheitszustands hin. So haben vor allem Personen, die einen (sehr) schlechten subjektiven Gesundheitszustand angeben, geringere Chancen auf eine nachhaltige Erwerbstätigkeit als Personen mit guter Gesundheit. Zudem beenden Personen mit geistiger oder psychischer Behinderung die erste Beschäftigungsphase häufiger als dies Personen mit anderen Behinderungsarten tun oder Personen, die sich nicht als behindert einschätzen. Im Hinblick auf die psychische Behinderung – so vielschichtig diese Behinderungskategorie auch ist – könnten auch Krankheitsmuster ursächlich sein, die durch stark variierende Befindlichkeiten charakterisiert sind.

Berufliche Mobilität
Bei über der Hälfte der befragten Personen in der Wiedereingliederung tritt ihre gesundheitliche Einschränkung (Hauptbehinderung) erst mit 25 Jahren oder später auf. Dies kann bei den Betroffenen eine biografische Krise auslösen (Pfeffer 2010), die zumeist in der mittleren Phase des Erwerbslebens zu bewältigen ist. Gleichzeitig können sie aber auf ihre Berufserfahrung zurückgreifen und auf dabei erlernte Copingstrategien (Wuppinger/Rauch 2010). Befunde von Beyersdorf (2016a) zeigen, dass bestimmte Charakteristika des letzten Beschäftigungsverhältnisses vor der beruflichen Rehabilitation relevant für die Anzahl der beruflichen Wechsel sind (N = 1.576 Personen, die mindestens eine sozialversicherungspflichtige Beschäftigung aufgenommen haben). Dieser Anteil ist bei Frauen mit 83 Prozent etwas geringer als bei Männern (86 %). Ihre erste sozialversicherungspflichtige Beschäftigung nehmen die befragten Männer am häufigsten als Hilfsarbeiter (12 %), Bürofachkräfte (8 %), Lager- und Transportarbeiter (6 %) und Kraftfahrzeugführer (5 %) auf. Bei den befragten Frauen gehören Bürofachkraft (17 %), Raum- und Hausratsreinigerin (6 %), Hilfsarbeiterin (5 %) und Sozialarbeiterin beziehungsweise Sozialpädagogin (5 %) zu den am häufigsten ergriffenen Berufen. Ob die Job-Wechsel innerhalb oder außerhalb des jeweiligen Berufsfelds erfolgen, ist Gegenstand aktuell durchgeführter Analysen.

Innerhalb von vier Jahren nach dem ersten Beschäftigungsbeginn hat ein Drittel kein weiteres Beschäftigungsverhältnis begonnen. Fast die Hälfte wechselte ein- bis zweimal, weitere 16 Prozent drei- bis viermal. Nur gut vier Prozent haben fünf und mehr Wechsel zu verzeichnen. Damit ist das Ausmaß an Mobilität innerhalb von vier Jahren nach Beginn der ersten sozialversicherungspflichtigen Beschäftigung in der Gruppe der erwachsenen Rehabilitanden geringer als bei den jungen Rehabilitanden.

Dabei zeigt sich zunächst ein zur Ersteingliederung analoger Effekt für Frauen: Diese sind in der Gruppe unterrepräsentiert, die die höchste Anzahl an Wechseln aufweist (Vergleichsgruppe: „kein Wechsel"). Die schulische Bildung ist hierbei für das Ausmaß an individueller Job-Mobilität ebenso wenig relevant wie eine vor der Rehabilitation abgeschlossene Berufsausbildung. Bei Rehabilitanden, die vor der beruflichen Rehabilitation einer qualifizierten Tätigkeit nachgingen, steigt die Wahrscheinlichkeit der Jobwechsel (Vergleichsgruppe: „kein Wechsel").

Eine positive Einschätzung des eigenen Gesundheitszustands geht auch im Bereich der beruflichen Wiedereingliederung mit einer Erhöhung der Arbeitsstellenwechsel auf fünf und mehr einher. Eine geringere Mobilitätsneigung zeigt sich hingegen bei Befragten, die unter inneren Erkrankungen und Organschäden leiden.

Wiedereingliederung in den Arbeitsmarkt und Gesundheitszufriedenheit
Weitere Befunde zur Wirkung beruflicher Rehabilitation beschäftigen sich mit dem Gesundheitszustand und der Gesundheitszufriedenheit von Rehabilitanden im Bereich der beruflichen Wiedereingliederung (Reims/Bauer 2015). Arbeit und Beschäftigung, so die Ausgangsüberlegung der Untersuchung, können sich positiv auf Gesundheit und Psyche auswirken (Jahoda 1982). Sie können aber ebenso zur Verschlechterung der Gesundheit beitragen – etwa aufgrund von Stress, mangelnder Anerkennung oder gesundheitlich belastender Arbeitsbedingungen (Karasek/Theorell 1990; Siegrist/Dragano 2006). Genauso kann Arbeitslosigkeit die Folge von Krankheit sein (Selektionshypothese) oder aber die Ursache für eine Verschlechterung der Gesundheit (Kausationshypothese) (vgl. etwa Elkeles/Seifert 1993; Paul/Moser 2001). Eine Wiederaufnahme von Beschäftigung nach längerer Arbeitslosigkeit ist wiederum mit einer Verbesserung der Gesundheit assoziiert (Schuring et al. 2011). Die hier vorgestellte Analyse untersucht den Zusammenhang zwischen Erwerbsstatus und Gesundheit am Beispiel der beruflichen Rehabilitanden in Wiedereingliederung im Förderbereich der Bundesagentur für Arbeit. Aufgrund von gesundheitlichen Einschränkungen können diese Personen ihre berufliche Tätigkeit nicht mehr ausführen und erhalten daher unterschiedlichste Förderungen, um im Rahmen einer anderen oder aber einer an ihre Einschränkungen angepassten Tätigkeit erneut am Arbeitsleben teilnehmen zu können. Dabei interessiert sich die Untersuchung insbesondere für das gesundheitliche Wohlbefinden von Rehabilitanden der Wiedereingliederung. Sie fragt, inwieweit sich etwaige Veränderungen des berichteten Gesundheitsstatus durch Veränderungen in der Arbeitsmarktsituation der Rehabilitanden erklären lassen.

Von den 2.096 befragten Personen in der Wiedereingliederung wurden für das Analysesample lediglich Personen untersucht, die an allen drei Wellen teilgenommen haben und die in den zentralen Untersuchungsvariablen (bei der Messung physischer und psychischer Gesundheit) vollständige Informationen aufweisen. Insgesamt sind dies 857 Personen.

Es wurden drei verschiedene Modelle geschätzt, die den Erwerbsstatus sowie weitere unabhängige Variablen zur physischen Gesundheit (Modell 1), psychischen Gesundheit (Modell 2) und zur Allgemeinbefindlichkeit (Modell 3) in Beziehung setzen. Beim Erwerbsstatus wird zwischen erwerbstätig und nicht erwerbstätig unterschieden. Ein Rehabilitand gilt als hauptsächlich erwerbstätig, wenn eine Beschäftigungsdauer von mindestens sechs Monaten (vor dem Befragungszeitraum Welle 2) beziehungsweise mindestens zwölf Monaten (vor dem Befragungszeitraum Welle 3) vorliegt. Die Analyseergebnisse zeigen, dass vor allem das selbstempfundene Ausmaß der beruflichen Einschränkung durch die Behinderung die Bewertung der subjektiven Gesundheit beeinflusst, und weniger der Wechsel in Erwerbsarbeit an sich. Dieses Merkmal zeigt über alle Modelle hinweg teils hoch signifikante, stark positive Koeffizienten für die einzelnen Gesundheitsmessungen. Das heißt, die Aufnahme einer Tätigkeit, die nur geringe Einschränkungen durch die vorliegende Behinderung aufweist, trägt am meisten zur Verbesserung der subjektiven körperlichen, geistigen und allgemeinen Gesundheit bei – ein Effekt, der in allen Modellen ermittelt wurde und insbesondere für die physische Gesundheitsbewertung gilt.

Personen, die von einer Nicht-Erwerbstätigkeit in eine Erwerbstätigkeit wechseln und gleichzeitig von einer starken beruflichen Einschränkung berichten, werden als behinderungsinadäquat beschäftigt angesehen. Dies betrifft etwa ein Fünftel der betrachteten Personen. Findet ein Erwerbsstatuswechsel in eine so charakterisierte Erwerbstätigkeit statt, führt dies zu einer statistisch signifikanten Verschlechterung der subjektiven Gesundheit (Referenzgruppe: erwerbstätig und geringfügige berufliche Einschränkung).

Die erzielten Befunde legen daher die Einschätzung nahe, dass nicht (allein) die Arbeitsmarktintegration als solche die (Allgemein-)Gesundheit von Personen in Wiedereingliederung verbessert. Vielmehr ist eine Verbesserung der subjektiven Gesundheitsbewertung dann festzustellen, wenn die jeweilige Tätigkeit möglichst uneingeschränkt ausgeübt werden kann. Die Wahrnehmung der eigenen „Passung" in die Tätigkeit scheint damit ein wichtiger Indikator für das eigene „Gesundheits- oder Krankheiterleben" zu sein. Angesichts dessen sollte der Passgenauigkeit von Arbeitstätigkeit beziehungsweise Arbeitsplatzgestaltung und Behinderung bei der Vermittlung beruflicher Rehabilitanden in Beschäftigung besondere Aufmerksamkeit geschenkt werden.

2.7 Zwischenfazit zu Kapitel 2

Trotz der anhaltend guten Situation auf dem Arbeitsmarkt und der steigenden Zahl sozialversicherungspflichtiger Arbeitsverhältnisse in den vergangenen Jahren zeigen sich bei den Leistungsberechtigten in der Grundsicherung nur noch geringe Bestandsveränderungen. Leichte Rückgänge gibt es zwar sowohl bei der Zahl der Personen in Bedarfsgemeinschaften als auch bei der Zahl der erwerbsfähigen Leistungsberechtigten, der Rückgang fällt angesichts der vorteilhaften Arbeitsmarktlage aber relativ schwach aus. Die Grundsicherung ist vor allem durch lange Bezugszeiten gekennzeichnet. Unverändert sind rund 75 Prozent der Leistungsberechtigten Langzeitleistungsbeziehende. Das lässt allerdings nicht den Schluss zu, dass die Leistungsberechtigten inaktiv sind. Ein beträchtlicher Anteil der Leistungsbezieherinnen und -bezieher ist während des Leistungsbezugs erwerbstätig oder hat an einer Maßnahme wie einer geförderten Beschäftigung teilgenommen (Lietzmann 2016b). Dies gilt auch für die Gruppe der Langzeitleistungsbeziehenden. Ein gewisser Teil ist immer wieder zumindest vorübergehend erwerbstätig.

Sequenzmusteranalysen der individuellen Erwerbs- und Leistungsbezugshistorien machen zudem deutlich, dass es vielen Leistungsberechtigten gelingt, den Leistungsbezug nach nur kurzer Zeit zu verlassen, zum Beispiel indem sie eine ungeförderte Voll- oder Teilzeitbeschäftigung aufnehmen (Seibert et al. 2017). Gleichermaßen haben Untersuchungen zu jungen Leistungsberechtigten gezeigt, dass es einem Teil der jungen Erwachsenen nicht oder nur mittelfristig gelingt, den Leistungsbezug zu beenden (Schels 2013). Bei den meisten jungen Menschen ist der Bezug von Grundsicherungsleistungen aber kein Dauerzustand, sondern (z. B. bedingt durch eine Ausbildung) nur ein vorübergehendes Phänomen.

Migrantinnen und Migranten sind eine sehr heterogene Gruppe am Arbeitsmarkt. Im Schnitt liegt ihr Lohnniveau in den ersten zwei Jahren nach der Zuwanderung bei 60 Prozent des durchschnittlichen Lohnniveaus der deutschen Beschäftigten. Mit der Zeit passen sich die Löhne jedoch an die der Einheimischen an. Dabei können Netzwerke von Personen aus der gleichen Herkunftsregion hilfreich sein, um die Lohnlücke zu schließen, sehr große beziehungsweise homogene Netzwerke können aber auch einen gegenteiligen Effekt haben (Romiti et al. 2015). Zugewanderte, die in jüngerer Zeit nach Deutschland gekommen sind, sind im Durchschnitt seltener auf SGB-II-Leistungen angewiesen als frühere Kohorten. Eine mögliche Erklärung hierfür ist der etwas geringere Anteil an Niedrigqualifizierten und der etwas größere Anteil an Hochqualifizierten bei den in jüngerer Zeit Zugewanderten. In diesem Zusammenhang wurde gezeigt, dass eine Erwerbstätigkeit in Deutschland wahrscheinlicher ist, wenn die Person vor der Zuwanderung bereits erwerbstätig war. Dass deutsche Sprachkenntnisse für die erfolgreiche Arbeitsmarktintegration eine wichtige Rolle spielen, überrascht dabei ebenso wenig wie der Befund, dass Sprachkenntnisse Auswirkungen auf die Höhe der Entlohnung und die Wahrscheinlichkeit haben, eine qualifikationsadäquate Beschäftigung zu finden. Bei der Erwerbsbeteiligung von Frauen zeigt sich, dass drei Viertel aller deutschen Frauen beschäftigt sind, während unter den Frauen ohne deutsche Staatsbürgerschaft nur zwei Drittel einer Erwerbstätigkeit nachgehen. Das Armutsrisiko und damit die potenzielle Hilfebedürftigkeit durch Erwerbslosigkeit ist bei zugewanderten Müttern noch etwas höher, da in dieser Gruppe nur etwa 60 Prozent erwerbstätig sind (Brücker et al. 2014).

Familien sind weiterhin eine bedeutende Gruppe in der Grundsicherung. Alleinerziehende stellen im Jahr 2016 mit 19 Prozent die zweithäufigste Form der Bedarfsgemeinschaften, in weiteren knapp 15 Prozent der Bedarfsgemeinschaften leben Kinder mit zwei Erwachsenen zusammen (vgl. Abschnitt 2.2.1). Wenn Mütter nach der Geburt eines Kindes eine Erwerbstätigkeit aufnehmen, beendet das häufig den Leistungsbezug wieder, ein Teil der Familien ist aber auch darüber hinaus auf aufstockende Leistungen angewiesen. Dies ist besonders bei Teilzeitbeschäftigten der Fall (Lietzmann 2014). In Westdeutschland werden viele Mütter in leistungsberechtigen Bedarfsgemeinschaften zum dritten Geburtstag des jüngsten Kindes erwerbstätig, in Ostdeutschland stellen dagegen der erste und der zweite Geburtstag des Kindes wichtige Zeitpunkte dar, an denen Mütter erwerbstätig werden (Zabel 2016). Das Erwerbsverhalten hängt also nicht nur mit der gesetzlich vorgesehenen Dauer der Elternzeit, sondern auch mit der verfügbaren Kinderbetreuungsinfrastruktur und der gesellschaftlichen Akzeptanz der Erwerbstätigkeit von Müttern mit Kleinkindern zusammen. Aber nicht nur das Alter des jüngsten Kindes, auch das Qualifikationsniveau der Mütter und die regionale Arbeitsmarktlage sind dafür ausschlaggebend, wann beziehungsweise wie schnell Mütter erwerbstätig werden. Sind mehrere Kinder in der Familie, steigt die Wahrscheinlichkeit, dass Mütter eine Teilzeit- statt eine Vollzeitbeschäftigung aufnehmen. Grundsätzlich gelingt es dabei vielen Müttern, eine Erwerbstätigkeit aufzunehmen, in Paareltern-Familien häufig in der Rolle einer Zweitverdienerin. Die Analysen zeigen, dass Mütter drei wesentliche Hürden für eine Arbeitsaufnahme und die Beendigung des Leistungsbezugs nehmen müssen: Ihnen fehlen nach Zeiten der Arbeitslosigkeit Arbeitsmarktressourcen, die Kinderbetreuung ist nicht gesichert und der Arbeitsmarkt ist geschlechtsspezifisch segmentiert. Gerade Müttern mit geringerem Humankapital stehen nur sogenannte frauentypische Berufe und Branchen mit geringfügigen Beschäftigungsmöglichkeiten offen. Maßnahmen, die Frauen stärker beschäftigungspolitisch aktivieren, sollten daher zusammen mit anderen, nicht arbeitsmarktpolitischen Maßnahmen verzahnt werden etwa der Förderung von familienfreundlichen Beschäftigungsverhältnissen und dem Ausbau von Betreuungsmöglichkeiten (Zabel 2016).

Zwischenfazit zu Kapitel 2

Personen, die aufgrund einer Behinderung ihren Beruf nicht mehr oder nur eingeschränkt ausüben können, stehen vor besonders großen Hürden auf dem Arbeitsmarkt. Dabei gibt es signifikante Unterschiede zwischen jungen Rehabilitandinnen und Rehabilitanden, die in der Regel mit der Behinderung aufgewachsen sind, und Menschen über 25 Jahren mit Behinderung. Wenn es jüngeren Menschen mit Behinderung gelingt, unmittelbar nach ihrer Ausbildung eine Stelle zu finden, ist die Wahrscheinlichkeit hoch, dass sie auch langfristig in den Arbeitsmarkt integriert werden können (Beyersdorf 2016a). Dies liegt nicht zuletzt daran, dass sie bereits vor der Ausbildung gelernt haben, mit ihren Einschränkungen umzugehen. Ihre Erfolgsaussichten steigen mit der Qualität ihrer schulischen Vorqualifikation und des Berufsabschlusses (Reims und Gruber 2016). Durch die Aufnahme einer Beschäftigung zeigen sich bei jungen Menschen allerdings weder positive noch negative Auswirkungen auf die Gesundheit und das subjektive Gesundheitsempfinden. Lediglich die Aufnahme einer nicht behinderungsadäquaten Beschäftigung hat negative Auswirkungen auf die subjektive Bewertung der Gesundheit (Reims 2016).

Menschen mit Behinderung über 25 Jahren sind häufiger erst durch einen Unfall oder durch Krankheit gesundheitlich eingeschränkt worden und müssen zunächst lernen, mit diesen Einschränkungen umzugehen (Gruber et al. 2016). Die subjektive Gesundheitsbewertung kann sich aber verbessern, wenn eine Tätigkeit aufgenommen wird, die ohne größere Einschränkungen ausgeübt werden kann (Reims/Bauer 2015).

Die Zahl der Erwerbstätigen im SGB II („Aufstocker") ging in den letzten Jahren zwar leicht zurück, weiterhin reichen aber insbesondere die Erwerbseinkommen von Alleinerziehenden, größeren Familien mit Kindern oder von Personen mit gesundheitlichen Problemen häufig nicht, um die Bedürftigkeit zu verlassen (Bruckmeier et al. 2016). Das „Aufstocken" ist dabei keine neue Entwicklung, vielmehr gab es bereits in den Jahren vor der Umsetzung der Hartz-Reformen in vergleichbarem Umfang Erwerbstätige in Haushalten, die Transferleistungen erhielten (Bruckmeier et al. 2013). Eine Analyse der Beschäftigungsverhältnisse von Aufstockern zeigt, dass viele nur in geringem Umfang beschäftigt sind. Dies trifft insbesondere auf Alleinstehende zu. Auch wenn die Stundenlöhne von Aufstockern zwischen 2011 und 2013 gestiegen sind, arbeitete der überwiegende Teil der Aufstockerinnen und Aufstocker im Niedriglohnsektor. Niedrige Löhne wurden insbesondere in Minijobs bezahlt (Bruckmeier et al. 2015a). Die Einführung des Mindestlohns im Januar 2015 hatte nur geringe Auswirkungen auf die Zahl der erwerbstätigen Leistungsbezieherinnen und -bezieher (Bruckmeier/Wiemers 2015b).

Viele Aufstockerinnen und Aufstocker haben den Wunsch, eine andere, besser bezahlte Arbeit zu finden. Dies scheitert allerdings häufig an gesundheitlichen Problemen oder entmutigenden Erfahrungen bei der Jobsuche. Die Bereitschaft, ungünstige Arbeitsbedingungen in Kauf zu nehmen, war dagegen hoch (Achatz/ Gundert 2017). In diesem Zusammenhang ist zu beachten, dass – anders als bei sozialversicherungspflichtig beschäftigten Personen – bei Leistungsberechtigten ein Berufswechsel in der Regel nicht mit positiven Einkommenseffekten verbunden ist. Personen, die aus der Arbeitslosigkeit heraus ihren Beruf wechseln, haben im Schnitt sogar Einkommenseinbußen hinzunehmen. Dieser Effekt ist bei Personen mit höheren beruflichen Qualifikationen besonders ausgeprägt, da ein Berufswechsel mit einem größeren Verlust an Humankapital verbunden ist. Die Wahrscheinlichkeit, dass Aufstockerinnen und Aufstocker eine sozialversicherungspflichtige Beschäftigung aufnehmen, ist nicht größer als bei arbeitslosen Leistungsberechtigten. Leistungsberechtigte in geringfügiger Beschäftigung nehmen auch nicht häufiger eine besser bezahlte sozialversicherungspflichtige Beschäftigung oder eine Vollzeitstelle auf als Leistungsberechtigte ohne Minijob.

3 Aktivierung, Betreuung und Vermittlung

„Fördern" und „Fordern" sind die beiden zentralen Grundsätze der Aktivierung in der Arbeitsmarktpolitik. Sie bilden den Rahmen für die Betreuung und Vermittlung von erwerbsfähigen Leistungsberechtigten in den Jobcentern. Im Mittelpunkt des Förderns und Forderns steht die Beendigung der Hilfebedürftigkeit durch die Eingliederung in Arbeit. Die erwerbsfähigen Leistungsberechtigten sind verpflichtet, eigenverantwortlich ihre Hilfebedürftigkeit zu beenden oder zumindest zu verringern und aktiv an Fördermaßnahmen zur Arbeitsmarktintegration teilzunehmen. Die Vermittlungsfachkräfte in den Jobcentern unterstützen die Arbeitsmarktintegration durch geeignete Maßnahmen und Leistungen. Leistungen und Sanktionen für erwerbsfähige Leistungsberechtigte können als die konkrete Umsetzung des Förderns und Forderns betrachtet werden.

Im Folgenden wird in Abschnitt 3.1 die Beratung und Vermittlung der öffentlichen Arbeitsverwaltung dargestellt. Mit den Vermittlungsstrategien, der Beratungskonzeption und dem Arbeitgeber-Service stehen einzelne Dimensionen der Beratung und Vermittlung im Blickpunkt. Neben der eigenen Aufgabenwahrnehmung kann die öffentliche Arbeitsverwaltung die Arbeitsvermittlung auch an private Dienstleister vergeben. Inwiefern die Arbeitsvermittlung durch private Dienstleister die Arbeitsmarktintegration von erwerbsfähigen Leistungsberechtigten beeinflusst, ist Gegenstand von Abschnitt 3.2. Abschnitt 3.3 widmet sich der aktivierenden Wirkung von Maßnahmen. Es geht um die Frage, inwiefern Bewerbungstrainings sowie Maßnahmen der Sozialen Aktivierung zur Arbeitsmarktintegration beitragen. Die Wirkungen von Sanktionen unter bestimmten Rahmenbedingungen und für bestimmte Personengruppen werden in Abschnitt 3.4 untersucht. Ein Schwerpunkt liegt dabei auf den Sanktionen für junge Erwachsene. Abschnitt 3.5 gibt einen Überblick über die Dienstleistungen zur Kompetenzfeststellung. Schließlich befasst sich Abschnitt 3.6 mit der Aktivierung nach Personengruppen. Langzeitarbeitslose und ältere Menschen sehen sich besonderen Schwierigkeiten am Arbeitsmarkt gegenüber. Wie kann die öffentliche Arbeitsvermittlung mit ihrem Angebot dazu beitragen, Personen aus diesen Gruppen einen Wiedereinstieg in den Arbeitsmarkt zu ermöglichen? Abschnitt 3.7 schließt mit einem Zwischenfazit zu Kapitel 3.

3.1 Beratung und Vermittlung

Die Beratung und Vermittlung von arbeitslosen und arbeitsuchenden Personen gehört zu den wesentlichen Aufgaben der öffentlichen Arbeitsverwaltung. Sie trägt dazu bei, Angebot und Nachfrage auf dem Arbeitsmarkt zusammenzuführen und die Passgenauigkeit zwischen den Fähigkeiten und Kenntnissen der arbeitslosen und arbeitsuchenden Personen auf der einen Seite und den Anforderungen an die Tätigkeiten offener Stellen auf der anderen Seite zu erhöhen. Drei Studien, die im Folgenden vorgestellt werden, widmeten sich einzelnen Dimensionen des Beratungs- und Vermittlungsprozesses, die zuvor nicht oder nur in geringem Umfang untersucht wurden. Die Pilotstudie über Effekte des Vermittlerhandelns untersuchte Einstellungen und Strategien von Arbeitsvermittlern/Arbeitsvermittlerinnen und deren Auswirkung auf die Arbeitsmarktintegration der betreuten Kunden/Kundinnen (Abschnitt 3.1.1). Ebenfalls als Pilotstudie war die Begleitforschung zur Einführung der Beratungskonzeption (BeKo) im Bereich der Grundsicherung für Arbeitsuchende angelegt (Abschnitt 3.1.2). Schließlich nahm die explorative Studie über den Arbeitgeber-Service (AG-S) die arbeitgeberorientierte Vermittlung als komplementäre Seite der arbeitnehmerorientierten Vermittlung in den Blick (Abschnitt 3.1.3).

3.1.1 Effekte des Vermittlerhandelns

Die Pilotstudie „Effekte von Vermittlerhandeln und Vermittlerstrategien im SGB II und SGB III" (Boockmann et al. 2013; Boockmann/Osiander/Stops 2014) hatte zwei zentrale Zielsetzungen: Auf der inhaltlichen Ebene sollte sie erste Erkenntnisse darüber liefern, inwieweit unterschiedliche Vermittlerstrategien und -einstellungen Auswirkungen auf die Wiederbeschäftigungschancen der betreuten Arbeitslosen haben. Auf der methodischen Ebene sollte untersucht werden, inwieweit es gelingen kann, die benötigten Vermittlercharakteristika mithilfe einer standardisierten Befragung zu erheben, mit den Prozessdaten der Arbeitslosen zusammenzuspielen und so zusätzliche Informationen über die Determinanten der Wiedereingliederungschancen Arbeitsloser zu gewinnen. Nachfolgend werden jene Ergebnisse der Pilotstudie vorgestellt, die einen Bezug zur Grundsicherung aufweisen.

Mit dieser Vorgehensweise versucht die Studie, eine Verbindung zwischen den Ergebnissen qualitativer Studien über Prozesse der Vermittlung und Betreuung und quantitativen Studien der Wirkungsforschung über die Wirksamkeit von Maßnahmen der Arbeitsmarktpolitik herzustellen. Dabei geht es darum, welche quantitativen Effekte unterschiedliche Vermittlerstrategien auf die Wiedereingliederungschancen der betreuten Arbeitslosen haben.

Um diese Analysen durchzuführen, wurden Hypothesen zu unterschiedlichen Handlungsweisen, Strategien und Einstellungen von Vermittlern/Vermittlerinnen abgeleitet. Dabei wurden die folgenden Strategien im Vermittlerhandeln identifiziert: Kooperation mit den Kunden/Kundinnen, Kooperation innerhalb der Agenturen oder Grundsicherungsstellen, Grad der Standardisierung des Vorgehens, Normakzeptanz, Betreuung und Vermittlungsorientierung. Anknüpfend an diese

Strategien wurden im Fragebogen Fragen nach einzelnen Vorgehensweisen sowie Einschätzungsfragen zur eigenen Arbeit gestellt.

Befragt wurden 1.563 Personen, deren Kernaufgabe die Vermittlung und Beratung von Arbeitslosen ist – also Vermittlungsfachkräfte, Fallmanager/Fallmanagerinnen und Teamleiter/Teamleiterinnen – in 25 lokalen Einheiten, davon 15 Grundsicherungsträger. Zum Zweck der Datenerhebung kam eine Kombination aus einer Online-Befragung und dem Versand schriftlicher Fragebögen zum Einsatz. Die Feldphase dauerte von Ende März bis Mitte Juni 2009. 536 Personen beantworteten den Fragebogen bis zur letzten Frage, was einer Beendigungsquote von etwa 34 Prozent entspricht. Im SGB II lag diese mit 32,4 Prozent (entspricht 316 Personen) etwas unter dem Gesamtdurchschnitt.

Empirisch zeigen sich im Antwortverhalten der Befragten viele Gemeinsamkeiten in der Bewertung zwischen den Rechtskreisen des SGB II und SGB III. Dies betrifft etwa die „Vergabelogik" von Maßnahmen, die Kundendifferenzierung und das Profiling sowie die Wahrnehmung von Handlungsspielräumen. Auch bei Vorgehensweisen wie beispielsweise der Gestaltung von Eingliederungsvereinbarungen (EGV) sind die Unterschiede zwischen dem SGB-II- und SGB-III-Bereich verhältnismäßig gering.

Allerdings treten auch deutliche Differenzen zwischen den Rechtskreisen zutage. Dies betrifft organisatorische wie inhaltliche Aspekte. Während im SGB III drei Viertel aller Vermittlungsfachkräfte angaben, die Zuweisung von Arbeitslosen zu Betreuern/Betreuerinnen geschehe nach Berufsgruppen der Arbeitslosen, kommt diese Antwort im SGB II mit etwa drei Prozent sehr selten vor. In den Jobcentern ist das häufigste Kriterium der Zuweisung in knapp zwei Drittel der Fälle der Anfangsbuchstabe des Familiennamens. Substanzielle Unterschiede gibt es auch bei den Zielen der Betreuung. Zwar steht in beiden Rechtskreisen die nachhaltige Vermittlung bei den meisten Befragten im Vordergrund (SGB II: 64 %, SGB III: 58 %), jedoch bevorzugen die SGB-II-Vermittler/Vermittlerinnen und -Fallmanager/Fallmanagerinnen als zweites Ziel die Verbesserung der persönlichen Situation, während die SGB-III-Vermittler/Vermittlerinnen die schnelle Vermittlung als wichtiger ansehen und für sie die Stabilisierung der persönlichen Situation der Betreuten eine eher untergeordnete Rolle spielt, sicher auch wegen der unterschiedlichen Klientel. Auch bei der Beschreibung der eigenen Rolle gibt es deutliche Unterschiede: So nehmen sich SGB-II-Vermittler/Vermittlerinnen fast genauso häufig als „Sozialarbeiter" wie als „Dienstleister" wahr, während im SGB III der „Dienstleister" dominiert. Auch dies hängt vermutlich mit den unterschiedlichen Charakteristika der betreuten Kunden/Kundinnen in den beiden Rechtskreisen zusammen.

Auffällig ist zudem, dass die Art der Kooperation mit den Arbeitslosen auch von deren Charakteristika und Einstellungen abhängt. Bei einer breiten Mehrheit der

Fallmanager/Fallmanagerinnen und Vermittler/Vermittlerinnen im SGB II (wie auch im SGB III) scheinen motivationale Probleme ein Grund zu sein, Instrumente auch gegen den Willen des/der Arbeitslosen einzusetzen. Hier sind die Befragten überzeugt, auch einmal „jemanden zu seinem Glück zwingen" zu können. In allen anderen Fällen genießen die Vorstellungen und Wünsche der Kunden/Kundinnen hohe Priorität. Möglicherweise liegen die Gründe für unterschiedliche Vorgehensweisen weniger bei den Vermittlern/Vermittlerinnen als bei den Kunden/Kundinnen. Es gibt also nicht „den/die" kooperativen Vermittler/kooperative Vermittlerin, sondern die Strategie richtet sich nach den zu betreuenden Kunden/Kundinnen.

Um verschiedene Strategien von Vermittlungsfachkräften identifizieren zu können, wurde eine Faktorenanalyse durchgeführt. Mithilfe dieses Verfahrens konnten fünf wichtige Strategiedimensionen identifiziert werden:

- Betreuungsintensität
- Berücksichtigung individueller Voraussetzungen
- Vermittlungsorientierung
- Normakzeptanz
- Nähe zum Kunden/zur Kundin

Im SGB II geben Vermittlungsfachkräfte, die sich durch eine hohe Betreuungsintensität auszeichnen, an, eine höhere Kontaktdichte mit Kunden/Kundinnen zu pflegen und intensiv mit dem Arbeitgeber-Service und dem Reha-Bereich zusammenzuarbeiten. Fachkräfte, die individuelle Voraussetzungen stark berücksichtigen sehen sich als Sozialarbeiter/Sozialarbeiterin und messen individuellen Problemlagen der Kunden/Kundinnen einen hohen Stellenwert bei. Fachkräfte mit ausgeprägter Vermittlungsorientierung sehen sich als Dienstleister/Dienstleisterin und thematisieren häufig Arbeitsmarktperspektiven und Jobangebote im Erstgespräch. Fachkräfte mit hoher Normakzeptanz halten Maßnahmenempfehlungen und Weisungen für wichtig und empfinden ein hohes Ausmaß von Regeln und Anweisungen als hilfreich. Vermittler und Vermittlerinnen, die eine ausgeprägte Nähe zum Kunden oder zur Kundin pflegen, empfinden „Smalltalk" und Gespräche auf gleicher Augenhöhe zum Kunden/zur Kundin als wichtig.

Mithilfe dieser Faktoren wurde für das SGB III erstmals für Deutschland eine Wirkungsanalyse durchgeführt, bei der die Befragungsdaten von Arbeitsvermittlern und -vermittlerinnen mit Prozessdaten der Bundesagentur für Arbeit über die von ihnen betreuten Arbeitslosen zusammengespielt wurden. Dies erlaubte die Untersuchung der Frage, ob die Arbeitsmarktchancen der Betreuten von Strategien und Einstellungen der Vermittler/Vermittlerinnen abhängen. Für das SGB II ist eine solche Wirkungsanalyse mit den vorliegenden Daten nicht durchführbar: Erstens ist die Struktur der Arbeitslosen im SGB II deutlich heterogener als im SGB III. Die Existenz verschiedener Gruppen macht es nötig, sie für die Wirkungsanalysen zu trennen oder auf diese Gruppen zu kontrollieren. Zweitens sind die Möglichkeiten des Zusammenspielens von Vermittler- und Kundendaten durch die Existenz der zugelassenen kommunalen Träger beschränkt, sodass in einer Analyse für den SGB-II-Bereich auf einen substanziellen Teil der Datenbasis verzichtet werden müsste. Drittens ist in den Daten die Selektivität von Brutto- und Nettostichprobe wesentlich stärker als im SGB-III-Bereich, das heißt dass bestimmte Merkmale der Vermittlungsfachkräfte und Fallmanager/Fallmanagerinnen im SGB II die Beteiligung an der Umfrage und die Zustimmung zur Verknüpfung mit Prozessdaten noch stärker systematisch mitbestimmen als im SGB III.

Dennoch lassen sich aus der Studie insgesamt wichtige inhaltliche und methodische Schlussfolgerungen ziehen, die auch für den Rechtskreis SGB II relevant sind. Auf der inhaltlichen Ebene konnte für das SGB III gezeigt werden, dass der individuelle Einfluss der Vermittler/Vermittlerinnen für den Erfolg der Arbeitsförderung mitbestimmend ist. Dies ist ein Ergebnis, von dem angenommen werden kann, dass es auch auf das SGB II zutrifft, auch wenn Wirkungsanalysen hier mit den aktuell verfügbaren Daten nicht möglich sind. Zudem zeigt sich, dass in beiden Rechtskreisen ähnliche Strategiedimensionen bei den Vermittlungsfachkräften relevant sind. Methodisch ist zu konstatieren, dass Studien auf der Basis von kombinierten Befragungsdaten der Vermittler/Vermittlerinnen und Kundendaten der Bundesagentur für Arbeit hohen Aufwand erfordern, aber einen Erfolg versprechenden Ansatz darstellen.

3.1.2 Beratungskonzeption im SGB II

Während die Beratungskonzeption (BeKo) der Bundesagentur für Arbeit im SGB III bereits 2009 flächendeckend eingeführt war, fand im SGB II ein stufenweiser Implementationsprozess statt. Inhaltlich und methodisch baut die BeKo im Bereich der Grundsicherung auf der Beratungskonzeption SGB III auf, passt diese jedoch an die Anforderungen in diesem Rechtskreis an. Die Einführung des Konzepts wurde von Ende 2011 bis April 2013 in zwei Jobcentern projektförmig erprobt. Im Auftrag des IAB evaluierte das Soziologische Forschungsinstitut Göttingen (SOFI) e.V. gemeinsam mit dem Forschungsteam Internationaler Arbeitsmarkt (FIA) und dem Institut Arbeit und Qualifikation (IAQ) die Einführung der Beratungskonzeption in den beiden Projekt-Jobcentern. Die Evaluation begann im Dezember 2011 und wurde mit der Vorlage des Endberichts im November 2013 abgeschlossen (Soziologisches Forschungsinstitut Göttingen/Forschungsteam Internationaler Arbeitsmarkt/ Institut Arbeit und Qualifikation 2013). Mit der Begleitung des Projekts in Gestalt einer formativen Evaluation sollte die konzeptionelle Entwicklung von BeKo SGB II zu einem frühen Zeitpunkt verfolgt und erste Einsichten in den Umsetzungsprozess gewonnen werden. Insbesondere ging es um die Fragen, wie der besondere Beratungsbedarf der Leistungsberechtigten im SGB II gedeckt werden kann, wie das Zusammenspiel von BeKo mit der Integrationsarbeit nach dem Vier-Phasen-Modell (4PM) funktioniert und welche organisatorischen sowie qualifikatorischen Voraussetzungen gegeben sein müssen, damit dieses Konzept dazu beitragen kann, die Beratung und Betreuung erwerbsfähiger Leistungsberechtigter zu verbessern. Damit wurde gleichzeitig ein konzeptionelles und methodisches Fundament für die ausstehende Evaluation von BeKo im Zuge ihrer Flächeneinführung gelegt. Auf der Basis des Abschlusskapitels des Endberichts (Soziologisches Forschungsinstitut Göttingen/Forschungsteam Internationaler Arbeitsmarkt/Institut Arbeit und Qualifikation 2013, S. 176 ff.) werden nachfolgend Ergebnisse und Schlussfolgerungen der Untersuchung zusammengefasst.

Aufgaben und Beratungsformate in der Integrationsarbeit
BeKo wertet nach Auffassung der Evaluatorinnen und Evaluatoren die Beratung in der Betreuung der Leistungsberechtigten auf. Hierauf bezieht sich der Qualitätsanspruch des Fachkonzepts. Mit mehr Beratung gewinnt tendenziell die Unterstützungsfunktion der Integrationsfachkräfte an Bedeutung, bei anderen Aufgaben steht weiterhin die Kontroll- und Gewährungsfunktion im Vordergrund. Mehr und bessere Beratung bedeutet auch mehr Rede- und Entscheidungsrechte für die Leistungsberechtigten. Ressourcen- und lösungsorientierte Beratung im Sinne von BeKo SGB II impliziert stärker eigenverantwortliches Handeln der Leistungsberechtigten. Diese Arbeitsweise steht zunächst in Widerspruch zu vielen gesetzlichen und untergesetzlichen Regelungen des SGB II, die stärker darauf ausgelegt sind, mangelnde Motivation, fehlende Konzessionsbereitschaft oder unrealistische berufliche Orientierungen der Leistungsberechtigten zu bearbeiten.

Die Anforderungen an Beratung stehen neben anderen Anforderungen, die sich etwa aus dem gesetzlichen Rahmen oder aus anderen geschäftspolitischen Zielen ergeben. Das Fachkonzept sollte daher nicht die gesamte Interaktionsarbeit unter einem weiten Beratungsbegriff zu fassen versuchen. Vielmehr sollte Beratung als eine besondere Aktivität in der Integrationsarbeit ausgewiesen werden, die spezifische Anforderungen an Kompetenzen und Rahmenbedingungen stellt. Wie der Nutzen guter Beratung etwa für die Vermittlungsaufgaben aufzuzeigen ist, so sind Widersprüche zwischen den verschiedenen Handlungsformen, die in der Integrationsarbeit kombiniert werden, transparent zu machen. Nur wenn die Fachkräfte die Wechsel zwischen ihren verschiedenen Funktionen für die Leistungsberechtigten transparent und nachvollziehbar gestalten, können diese wirksam an der Interaktion teilnehmen.

Die Beobachtung und Analyse von Gesprächen in den Jobcentern zeigt, dass auch in der Integrationsarbeit, also der Vermittlung im engeren Sinn, Orientierungs- und Entscheidungssituationen häufig vorkommen. Die im Konzept vorgenommene Trennung in die unterschiedlichen Formate Orientierungs- und Entscheidungsberatung (OEB) und Integrationsbegleitende Beratung (IBB) ist daher nicht so sehr fachlich begründet als vielmehr durch die unterschiedlichen rechtlichen Grundlagen für Berufsberatung und Vermittlung, durch die funktionalen Differenzierung der Arbeitsbereiche in den Agenturen und durch die rechtskreisübergreifende Gestaltung der Integrationsarbeit nach dem Vier-Phasen-Modell (4PM). BeKo SGB II orientiert sich am Format der IBB und sieht in bestimmten Fällen die Nutzung einiger Elemente der OEB vor, nicht aber den Wechsel zwischen beiden Beratungsformaten im Einzelfall. Situationen mit Orientierungsbedarf können auf beiden Seiten entstehen, in der Studie zeigen sich auch Orientierungsbedarfe, die im Konzept nicht angesprochen waren (z. B. in der Beratung erwerbstätiger Leistungsberechtigter oder junger Erwachsener). Für die Fachkräfte blieb unklar, wie sie unter BeKo mit Orientierungsfragen umgehen sollen. Die Studie kommt zu dem Schluss, dass sich OEB und IBB nur analytisch unterscheiden lassen, in der Beratungspraxis der Jobcenter jedoch nicht als getrennte Formate verstanden werden können.

Geschäftspolitische Prozesse
Das Vier-Phasen-Modell und BeKo wurden parallel zueinander entwickelt, 4PM jedoch zuerst eingeführt und als rechtskreisübergreifender und von Anfang an mit einer IT-Lösung versehener Standard für den Geschäftsprozess definiert, an den BeKo nachträglich angepasst werden musste. Die Unterscheidung der BA, der zufolge 4PM über den Inhalt, BeKo hingegen über die Form der Integrationsarbeit entscheidet, scheint nur auf den ersten Blick trennscharf: Denn wenn sich etwa aus der nach dem Phasenmodell vergebenen Profillage Konsequenzen für die Häufigkeit von Beratungsterminen ergeben, hat dies auch Auswirkungen darauf, wie und in welcher Intensität beraten werden kann beziehungsweise muss.

Inwieweit die Fachkräfte BeKo und 4PM als gut miteinander vereinbar oder als teilweise widersprüchlich wahrnahmen und wie sie die beiden Konzepte arbeitspraktisch miteinander verbinden, hing den Auswertungsergebnissen zufolge entscheidend mit der individuellen Aneignung des Konzepts zusammen. So geht aus den geführten Interviews hervor, dass die Gruppe von Fachkräften, die ihr Gespräch entlang der Vorgaben von VerBIS/4PM strukturieren, auch die in BeKo vorgesehenen Standardsequenzen als verbindliche Vorgabe für die Gesprächsführung betrachten. Die Fachkräfte, für die 4PM eher eine Art Dokumentationsstandard darstellt, der nicht die komplette Gesprächsführung bestimmt, bewerten dagegen, ob BeKo ihnen beraterische Freiräume lässt oder ihre Gesprächsführung reglementiert.

Zwischen 4PM/VerBIS und der Phasenlogik von BeKo besteht keine nahtlose Passung: Während nach 4PM Fähigkeiten, Kenntnisse, Ressourcen und Potenziale ausgehend von einem vorher festgelegten Zielberuf erhoben werden, der die Menge der wählbaren Items im Hinblick auf das spätere Matching begrenzt, ist eine solche Einschränkung im Profiling nach BeKo nicht erforderlich. Ressourcen, die VerBIS nicht abfragt, die sich aber in der Beratung ergaben, stellten daher ein Dokumentationsproblem dar. Während es aus Sicht der Beratung ohne Weiteres möglich ist, verschiedene Ziele parallel zu verfolgen, erzielt das IT-gestützte Matching die besten Ergebnisse nur bei eindeutiger Festlegung. Während BeKo Wert auf die individuelle Zielfindung legt, besteht die Zielbestimmung im 4PM aus einem relativ formalisierten Akt, bei dem aus vier Zieloptionen in zehn Ausprägungen eine auszuwählen ist.

Insofern kommt die Evaluation zu dem Schluss, dass BeKo die Fachkräfte darin bestärken sollte, sich weniger strikt an der VerBIS-Architektur zu orientieren, als sie dies vielfach tun. Weiterhin wäre eine gewisse Flexibilisierung der IT-Verfahren sinnvoll, um der individuellen Seite der Vermittlungsberatung innerhalb der geltenden Geschäftsprozesse vermehrt Geltung verschaffen zu können.

Standardsequenzen und Handlungsprinzipien
Der Begriff „Standardsequenzen" beschreibt immer wieder vorkommende Situationen, die im Konzept bestimmten Phasen des Prozesses zugeordnet werden. So unterteilt sich die Phase „Zielfindung" in die Standardsequenzen „II-01 Diskussion Integrationsziele" und „II-02 Festlegung des Integrationsziels". Die Analyse hat gezeigt, dass der Begriff in der Beratungskonzeption sowohl beschreibend als auch normativ im Sinne von zu durchlaufenden Phasen verwendet wird. Dies führte teilweise zu Irritationen und zu missverständlichen Lesarten. Knapp die Hälfte der Fachkräfte lehnten das Prozessmodell und die Standardsequenzen ab, weil sie den Eindruck gewannen, die Beratungskonzeption schränke Beratungsspielräume ein, indem sie standardisierte Gesprächsabläufe vorgebe – obwohl dies in den Schulungen anders vermittelt wurde. Die besonderen Beratungsanforderungen des beschäftigungsorientierten Fallmanagements sind bislang nach Einschätzung des Evaluationsteams noch zu wenig in das Konzept der Standardsequenzen integriert.

Neben den Standardsequenzen nennt BeKo acht sogenannte Handlungsprinzipien, die zentral für das Verständnis und die Umsetzung des Konzepts sein sollen. Von den für BeKo SGB II formulierten Handlungsprinzipien sprechen „Wertschätzung" und „professionelle Distanz" am ehesten eine beraterische Haltung an. Dagegen definieren die Handlungsprinzipien „Eigenverantwortung", „Verbindlichkeit" sowie „Ziel- und Ergebnisorientierung" in der vorliegenden Fassung von BeKo eher den institutionellen Kontext für Beratung im SGB II. Sie bilden ab, was innerhalb des

SGB II beraterisch für möglich gehalten wird. Das Handlungsprinzip „Transparenz", wird überwiegend im Sinne von „Verfahrenstransparenz" und nur indirekt im Sinne von „Rollentransparenz" angesprochen. Ergebnis- und Zielorientierung können unter den Bedingungen des SGB II in Konflikt zur Lösungsorientierung stehen. Ressourcen- und Lösungsorientierung sowie Transparenz übernehmen Elemente eines systemischen Beratungsansatzes, die mit dem Rahmen des SGB II vereinbar sind. Insgesamt bleibt jedoch unklar, welche Rolle die Handlungsprinzipien im Beratungs- und Vermittlungsprozess genau spielen. Konzeptionell werden die Handlungsprinzipien als schulbare Operationalisierung von nicht (so einfach) schulbaren Grundhaltungen unterschieden. In den beobachteten Schulungen und bei den in die Evaluation einbezogenen Integrationsfachkräften gelang es jedoch nicht, die angestrebte praktische Orientierungsfunktion der Handlungsprinzipien zu vermitteln.

Systemische und gendersensible Beratung
BeKo SGB II kann sich mit Gewinn aus dem Repertoire systemischer Beratung bedienen. Darüber sollte jedoch nicht vergessen werden, dass die Fachkräfte nicht unparteiisch, sondern mit einem institutionellen Auftrag versehen sind. Da sie sowohl eine Beratungs- als auch eine Kontroll- und Gewährleistungsfunktion wahrnehmen, können Konflikte entstehen. Deshalb etwa werden alternative Deutungsangebote der Fachkräfte von den Kundinnen/Kunden zu Recht nicht als Intervention im Sinne eines „Reframing" wahrgenommen, sondern als Argumente oder Versuche, notfalls auch solche Entscheidungen herbeizuführen, welche die Kundinnen/Kunden von sich aus nicht treffen würden. Systemisch lässt sich im Rahmen des SGB II somit am ehesten dann arbeiten, wenn die konkret verfolgten Ziele bereits geklärt sind. Geeignet ist ein solcher Ansatz weiterhin bei Themen, in denen die Integrationsfachkräfte nicht durch ihren institutionellen Auftrag bedingt, im Sinne ihrer Kontroll- und Gewährleistungsfunktion tätig werden müssen.

Ein entscheidender Vorteil systemischer Arbeit liegt darin, dass sie über die Problemlagen im Einzelfall hinaus die „Systeme" von Klienteninnen und Klienten in Problemwahrnehmung und Problemlösung berücksichtigt. Für den Kontext des SGB II könnte ein systemisch orientierter Arbeitsansatz bedeuten, bei der Beratung erwerbsfähiger Leistungsberechtigter mindestens die Mitglieder der Bedarfsgemeinschaft (BG) aktiv einzubeziehen, und zwar nicht nur gedanklich – also etwa als „beplanbare" Ressource im Hintergrund –, sondern konkret im gemeinsamen Gespräch. Dies fand in den beobachteten Fällen praktisch (noch) nicht statt, obwohl einige der lokalen Akteure ihr Interesse an BeKo ausdrücklich damit begründeten, die Arbeit mit Bedarfsgemeinschaften qualifizieren zu wollen. Dabei könnte eine stärker an der BG ausgerichtete Arbeitsweise den Fachkräften ermöglichen, die unterschiedlichen Vorstellungen der beteiligten Kunden/Kundinnen zur Verteilung von Haus-, Sorge- und Erwerbsarbeit besser in die Beratung zu integrieren. Aktuell fühlen sich die Fachkräfte bei Förderentscheidungen jedoch an die institutionell vorgegebene Vorgabe gebunden, den Partner/die Partnerin mit der höchsten Integrationswahrscheinlichkeit zu unterstützen und konnten daher auf die Erwerbsmodelle der Familien und individuelle Wünsche der Partner nicht so viel Rücksicht nehmen, wie es ihnen erforderlich schien.

Ursprünglich gehörte ein solcher Fokus auf Genderfragen nicht zum Evaluationsauftrag. Da sich dieser Aspekt im Verlauf des Forschungsprozesses jedoch als wichtig erwies, wurde der thematisch-analytische Fokus der Studie erweitert. Die befragten Fachkräfte reagierten in den Interviews häufig etwas irritiert, wenn im Zusammenhang mit BeKo Genderfragen thematisiert wurden. Dies lag wohl daran, dass das Konzept selbst seinen Gegenstand weitgehend genderneutral bearbeitet: So spielt die Kategorie Gender in der Beratungskonzeption keine Rolle.

Insbesondere vor dem Hintergrund des gesetzlichen Auftrags, die Grundsicherungsleistungen so auszugestalten, dass „geschlechtsspezifischen Nachteilen von erwerbsfähigen Leistungsberechtigten entgegengewirkt wird" (§ 1 Abs. 2 Nr. 3 SGB II) und „die familienspezifischen Lebensverhältnisse von erwerbsfähigen Leistungsberechtigten, die Kinder erziehen oder pflegebedürftige Angehörige betreuen, berücksichtigt werden" (§ 1 Abs. 2 Nr. 4 SGB II), sollte Beratungskompetenz aber auch Gendersensibilität umfassen. Die beobachtete Beratungspraxis böte eine Reihe von Anknüpfungspunkten, um die Genderperspektive auch in der Beratungskonzeption zu verankern, wie dies anhand der systemischen Perspektive dargestellt wurde. Dafür spricht auch, dass die befragten Beraterinnen, die die Zielgruppe der Alleinerziehenden betreuen, in der Beratung der meist weiblichen Kundinnen immer wieder auf geschlechtsspezifische Probleme am Arbeitsmarkt stoßen.

Qualifizierung und Verstetigung
Im Rahmen der begleitenden Evaluation wurde auch die Qualifizierung zu BeKo ausführlich untersucht. Dabei zeigte sich die Notwendigkeit, das Schulungsprogramm und die Schulungsunterlagen noch stärker auf die Besonderheiten der Beratung im Rechtskreis des SGB II zuzuschneiden. Dazu würde nach Einschätzung des Evaluationsteams auch gehören, SGB-II-typische Fallgestaltungen aufzugreifen: Dazu zählt etwa die Beratung von Personen, bei denen Integration nicht im Vordergrund der Bemühungen stehen kann (z. B. wegen gesundheitlicher Beeinträchtigungen), die motivierende Beratung verschuldeter Haushalte oder suchtkranker Menschen zu den Leistungen nach § 16a SGB II oder die Beratung junger Erwachsener, deren Entscheidungsfreiheit durch den gesetzlichen Rahmen besonders stark eingeschränkt ist. Durchgängig und systematischer sollten Praxisbeispiele und Übungen auch Anforderungen an eine gender- und kultursensible Beratung

oder die Beratung im Kontext der Bedarfsgemeinschaft beziehungsweise des Haushalts berücksichtigen. Gleiches gilt für Rollenkonflikte, die sich aus der Anforderung an die Fachkräfte ergeben, den Kunden/Kundinnen gegenüber ein „doppeltes Mandat" auszuüben: nämlich sowohl unterstützend als auch kontrollierend tätig zu werden, sprich neben der Rolle des Beraters/der Beraterin auch wiederholt die des „Sanktionierers"/der „Sanktioniererin" einnehmen zu müssen. Auch eine empathische und zugewandte beraterische Grundhaltung und ein gängiges Handlungsprinzip wie die Ressourcenorientierung scheinen nicht immer selbstverständlich zu sein. Auch diesbezüglich sollte eine thematische Erweiterung der Schulung zu BeKo angedacht werden.

Eine dauerhaft erfolgreiche Arbeit mit BeKo erfordert nach Auffassung des Evaluationsteams Verstetigungskonzepte auf lokaler Ebene. Diese sollten so früh wie möglich entwickelt, eine freiwillige Lernbegleitung von vornherein auf einen längeren Zeitraum beziehungsweise auf Dauer angelegt werden. Solche Konzepte sollten die Fähigkeit zur Selbstreflexion bei den Fachkräften stärken und auf beobachtbare Aspekte der Fallbearbeitung abstellen. Daraus wird die Empfehlung abgeleitet, in Hospitationen durch Teamleitungen und BeKo-Trainer/Trainerinnen wie in kollegialen Fallberatungen auf wenige zentrale „BeKo-Botschaften" abzustellen. Konkret sollten dazu die folgenden Aspekte gehören: Wurden die Phasen der Situationsanalyse, der Zielfindung und der gemeinsamen Erarbeitung von Lösungsstrategien angekündigt und folgte das Gespräch dieser Struktur? Wie wurden die Übergänge zwischen diesen Phasen im Gespräch gestaltet? Welche Anliegen der Kunden/Kundinnen wurden wahrgenommen und wie wurden sie aufgegriffen? Welche Ziele wurden gemeinsam vereinbart? In welchen Phasen des Gesprächs wurde der PC genutzt und wie?

Neben den Verstetigungsbemühungen kommt den institutionellen Rahmenbedingungen eine bedeutende Rolle zu: So ist BeKo an organisatorische Voraussetzungen gebunden, die beratungsförderlich ausgestaltet werden müssen, damit eine Umsetzung der Beratungskonzeption und ihrer Prinzipien gelingen kann. Dazu gehört die Berücksichtigung der Beratungsqualität im Zielsystem, aber auch eine flexible(re) Terminplanung, die es den Fachkräften ermöglichen würde, Gesprächstermine dem jeweiligen Stand im Beratungsprozess entsprechend zu vereinbaren. Aus Kundensicht gehört hierzu die Erreichbarkeit des persönlichen Ansprechpartners, die Möglichkeit, in der Beratung über leistungsrechtliche Fragen zu sprechen, und das Eingehen auf eigene Terminwünsche.

Aus Sicht der Evaluationsstudie hat BeKo durchaus das Potenzial, die strukturell angelegte Asymmetrie in der Interaktion zwischen Fachkräften und Leistungsberechtigten zu reduzieren. Dass sich dieses Potenzial entfalten kann, setzt jedoch Transparenz über den institutionellen Rahmen voraus, der durch das SGB II, die untergesetzlichen Weisungen sowie die geschäftspolitischen Vorgaben abgesteckt wird. Die Fachkräfte müssen sich darüber hinaus die Situation der Verletzlichkeit bewusst machen, in der sich die Leistungsberechtigten durch ihre prekäre materielle Lage, durch die Abhängigkeit von Transferzahlungen und durch den Umgang mit behördlichen Verfahren befinden und die ihre Fähigkeit zur „Ko-Produktion" begrenzen. Dies, so das Fazit der Autorinnen und Autoren, müsse zwingend berücksichtigt werden, um mehr Beratung in der Fallarbeit im SGB II möglich zu machen.

In ihrer Gesamteinschätzung kommen die Autoren und Autorinnen der Studie zu dem Ergebnis, dass die Beratungskonzeption im Rechtskreis des SGB II durchaus geeignet ist, auf der Basis eines übergreifenden Beratungsverständnisses Qualitätsmerkmale und Kompetenzanforderungen zu formulieren und so Standards für die Qualitätsentwicklung zu setzen. Sie geben jedoch zu bedenken, dass das Fachkonzept diese Funktion nur erfüllen kann, wenn es nicht als fertiges Regelwerk, sondern als fortlaufender Prozess der gemeinsamen Kompetenz- wie Organisationsentwicklung in den Jobcentern verstanden wird. Dies verlange von allen Beteiligten, sich auf einen längeren Lernprozess einzulassen.

3.1.3 Der Arbeitgeber-Service

Der Arbeitgeber-Service (AG-S) ist ein speziell auf die Bedürfnisse der Arbeitgeber ausgerichtetes Dienstleistungsangebot. Über diese spezifische Form der Stellenvermittlung am Arbeitsmarkt bestand bislang nur wenig empirisches Wissen. Die „Qualitative Studie Arbeitgeber-Service der Bundesagentur für Arbeit" (Bartelheimer/Henke/Marquardsen 2014) sollte diese Wissenslücke schließen. Die Studie wurde von der Stabsstelle Forschungskoordination des IAB an das Soziologische Forschungsinstitut Göttingen (SOFI) e.V. vergeben. Ziel der Studie ist es, rechtskreisübergreifende Erkenntnisse über die Arbeitgeberbetreuung in ausgewählten regionalen Einheiten zu gewinnen. Die Studie beschreibt, wie die AG-S vor Ort ausgestaltet sind und welche Dienstleistungen sie in welchem Umfang erbringen. Sie geht folgenden Forschungsfragen nach: Wie ist der AG-S in den Prozess der Stellenbesetzung und Stellenvermittlung eingebunden? Wie gestaltet sich die Beziehung zwischen arbeitgeber- und arbeitnehmerorientierten Fachkräften? Wie erfolgt eine rechtskreisübergreifende Zusammenarbeit zwischen Agenturen für Arbeit, gemeinsamen Einrichtungen und zugelassenen kommunalen Trägern?

Für die Studie wurden sechs Regionen ausgewählt, die sich hinsichtlich des institutionellen Aufbaus des AG-S (gemeinsamer AG-S aus Arbeitsagentur und gemeinsamer Einrichtung, getrennter AG-S zwischen Arbeitsagentur und gemeinsamer Einrichtung, getrennter AG-S zwischen Arbeitsagentur und zugelassenem kommunalen Träger) sowie der wirtschaftlichen und strukturellen Situation der

Region (nach der IAB-Typisierung der Agenturbezirke) voneinander unterscheiden. An diesen Standorten führte das SOFI im Jahr 2013 zwischen Mai und Juli 71 leitfadengestützte Interviews mit Experten und Expertinnen, die vor Ort verschiedene Funktionen im Vermittlungsprozess wahrnehmen. Darüber hinaus führte das SOFI Experten-Interviews mit Verantwortlichen in der BA-Zentrale, der Großkundenbetreuung und einzelnen Regionaldirektionen. Die Interviews wurden transkribiert, inhaltsanalytisch ausgewertet und durch eine Analyse interner Dokumente ergänzt. Um den Prozess der Stellenvermittlung, die Zusammenarbeit der Vermittlungsfachkräfte vor Ort und die Beziehung zwischen dem AG-S und den Arbeitgebern in der empirischen Analyse umfassend in den Blick zu nehmen, beobachtete das SOFI schließlich in Hospitationen zwölf Fachkräfte des AG-S jeweils für vier bis sechs Stunden bei ihrer Arbeit, analysierte 125 Vermittlungsfälle, die aus der Fachdatenbank VerBIS gezogen wurden, und führte 29 Telefoninterviews mit Arbeitgebern.

AG-S im Prozess der Stellenbesetzung und Stellenvermittlung
Im Prozess der Stellenbesetzung und Stellenvermittlung erfüllt der AG-S mehrere Funktionen und bietet Arbeitgebern verschiedene Dienstleistungen an. Auf der Basis der erhobenen Daten beschreibt die Studie das Leistungsprofil des AG-S anhand von fünf Kategorien: Selbstinformation, Vorschlag, Intervention, Stellenakquise und Beratung. Der AG-S bietet zunächst die Möglichkeit zur Selbstinformation. Arbeitgeber können ihre Stellenangebote eigenständig in die JOBBÖRSE der Bundesagentur für Arbeit einstellen und Arbeitsuchende können daraufhin direkt mit den Arbeitgebern Kontakt aufnehmen. Die AG-S in kommunaler Trägerschaft besitzen kein vergleichbares Angebot der Selbstinformation. Im Anschluss an die Aufnahme eines Stellenangebots unterbreitet der AG-S dem Arbeitgeber einen Vorschlag für die Besetzung der Stelle. Hierfür führt der AG-S ein stellenorientiertes Matching durch und nimmt gegebenenfalls Kontakt mit der arbeitnehmerorientierten Vermittlungsfachkraft und dem Bewerber oder der Bewerberin auf. Von dem Vorschlag eines Arbeitsuchenden unterscheidet sich die Intervention in den Stellenbesetzungsprozess durch eine höhere Intensität der Beziehung des AG-S zu dem Arbeitgeber. Ziel der Intervention ist es, die Chancen von Bewerbern und Bewerberinnen zu erhöhen, die beim Stellensuchlauf nicht auf den ersten Plätzen erscheinen, aber aus der Sicht der Fachkraft eine grundsätzliche Eignung und hohe Motivation aufweisen. Mit der Stellenakquise zielt der AG-S darauf ab, in bestimmten Arbeitsmarktsegmenten eine höhere Einschaltung der öffentlichen Arbeitsvermittlung durch die Arbeitgeber zu erreichen. In den Blick geraten dabei insbesondere diejenigen Branchen, in denen die Arbeitsagentur oder das Jobcenter über potenzielle Bewerber/Bewerberinnen verfügt. Schließlich bietet der AG-S Arbeitgebern Beratung zu unterschiedlichen Themen des Arbeitsmarkts an, wie Ar-

beitsbedingungen, Fachkräfteentwicklung und Qualifizierung der Mitarbeiterinnen und Mitarbeiter. Die Arbeitsmarktberatung schließt darüber hinaus Informationen über Förderangebote für Arbeitgeber ein.

Die ersten drei der genannten Dienstleistungsarten (Selbstinformation, Vorschlag und Intervention) beschreiben die Tiefe der Interaktion zwischen AG-S und Arbeitgebern. Während die Selbstinformation (weitgehend) ohne direkten Kontakt zwischen AG-S und Arbeitgebern erfolgt, erfordert die Intervention, dass AG-S und Arbeitgeber sich gegenseitig austauschen und aufeinander eingehen. Eine mittlere Intensität der Interaktion weisen die Dienstleistungen auf, die unter „Vorschlag" zusammengefasst sind. Die Studie verbindet die beschriebene Tiefe der Interaktion mit ihrer Breite. Danach können Arbeitgeber bei der Stellenbesetzung exklusiv auf den AG-S vertrauen und andere Wege der Stellenbesetzung nicht oder nur sehr eingeschränkt nutzen. Sie können aber auch selektiv auf den AG-S zugehen und seine Dienstleistungen nur für bestimmte Positionen oder bestimmte Personengruppen in Anspruch nehmen. Schließlich können sie den AG-S als eine von mehreren Alternativen der Stellenbesetzung betrachten. Durch die Verbindung von Tiefe und Breite der Interaktion zwischen AG-S und Arbeitgebern mit jeweils drei Ausprägungen entstehen neun Muster, die beschreiben, auf welche Art und Weise Arbeitgeber den AG-S in die Stellenbesetzung einschalten. Bei der empirischen Analyse fällt auf, dass zum einen Vorschläge zu den häufigsten Einschaltungsmustern gehören, ungeachtet der Breite der Interaktion, und dass zum anderen eine selektive Einschaltung relativ selten ist und bei den Dienstleistungsarten „Selbstinformation" und „Intervention" nicht auftritt.

Zusammenarbeit zwischen arbeitgeber- und arbeitnehmerorientierten Fachkräften
Die Einschaltung des AG-S, die in der Besetzung einer Stelle mündet, bedeutet aus der Sicht der ökonomischen Theorie die Zusammenführung des Angebots der Arbeitskraft mit ihrer Nachfrage. Durch die funktionale Trennung von arbeitnehmerorientierten und arbeitgeberorientierten Fachkräften in der öffentlichen Arbeitsverwaltung werden beide Seiten des Arbeitsmarkts für sich genommen betrachtet, obgleich sie eng zusammenhängen. Eine Führungskraft, die im Rahmen des Projekts interviewt wurde und in dem Endbericht des Forschungsprojekts (Bartelheimer/Henke/Marquardsen 2014, S. 160) wörtlich zitiert wird, drückt es so aus: „Vermittlung bleibt Vermittlung. Man hat zufälligerweise eine Funktion, die ist näher am Bewerber oder näher am Arbeitgeber". Die Schnittstelle zwischen den beiden spezialisierten Bereichen ist durchlässig für Informationen und Personen. Es bestehen vielfältige Formen der formellen und informellen Interaktion zwischen arbeitgeber- und arbeitnehmerorientierten Vermittlungsfachkräften. Beispielsweise nehmen arbeitgeberorientierte und arbeitnehmerorientierte Fachkräfte wechselseitig an ihren

Dienstbesprechungen teil oder es findet ein regelmäßiger Austausch zwischen den Fachkräften statt, der durch räumliche Nähe begünstigt wird. Auf diese Weise erhalten die arbeitgeberorientierten Fachkräfte Informationen über Bewerber/Bewerberinnen, die sie für passgenaue Vorschläge an die Arbeitgeber benötigen.

Die genannten Beispiele überbrücken die Schnittstelle zwischen arbeitgeber- und arbeitnehmerorientierter Vermittlung. Darüber hinaus werden arbeitgeberorientierte Vermittlungsvorschläge zunehmend durch eine verstärkte Orientierung an Bewerbern und Bewerberinnen sowie durch eine langfristige Pflege des Kontakts zu Arbeitgebern ergänzt. Auch in Regionen mit hoher Unterbeschäftigung beobachtet die Studie Engpässe bei bestimmten Berufen und Fachkräften. Maschinelle Suchläufe anhand von IT-Verfahren geraten in dieser Situation an ihre Grenzen. Um eine Stelle zu besetzen, muss der AG-S öfter Bewerber/Bewerberinnen vorschlagen, die nicht alle Merkmale des Stellenprofils erfüllen. Ein solches Vorgehen setzt jedoch voraus, dass der AG-S gut über die Bewerber/Bewerberinnen informiert und der Arbeitgeber kompromissbereit ist. Aus Ersterem folgt eine stärkere Bewerberorientierung und aus Letzterem die Notwendigkeit eines engeren Kontakts zwischen AG-S und Arbeitgeber. Die funktionale Trennung zwischen arbeitgeber- und arbeitnehmerorientierter Vermittlung wird durch diese Entwicklung jedoch nicht infrage gestellt. Die Mehrheit der befragten Fach- und Führungskräften befürwortet die funktionale Trennung.

Rechtskreisübergreifende Zusammenarbeit der Einrichtungen vor Ort
Neben der Schnittstelle zwischen arbeitgeber- und arbeitnehmerorientierter Vermittlung entstehen Schnittstellen durch die Zuordnung von Arbeitsuchenden zu den Rechtskreisen SGB II und SGB III und die Organisationsform des AG-S als gemeinsamer AG-S aus Arbeitsagentur und gemeinsamer Einrichtung, als getrennter AG-S zwischen Arbeitsagentur und gemeinsamer Einrichtung oder als getrennter AG-S zwischen Arbeitsagentur und zugelassenem kommunalen Träger. Allerdings findet die Studie weder für den Rechtsstatus der Arbeitsuchenden noch für die Organisationsform des AG-S eindeutige Effekte auf die Effektivität der Stellenbesetzung und die Kooperation des AG-S.

Die Frage, inwiefern die Zuordnung von Arbeitslosen zu den Rechtskreisen SGB II und SGB III den Erfolg der Vermittlung beeinflusst, wird von den Befragten unterschiedlich beantwortet. In welchem Ausmaß eine rechtskreisübergreifende Kooperation stattfindet, hängt wesentlich von den Überzeugungen der beteiligten Personen ab. Zwei Positionen stehen sich hierbei gegenüber. Auf der einen Seite halten Personen einen gemeinsamen Marktauftritt durch einen gemeinsamen AG-S für unabdingbar, um allen Arbeitgebern und allen Arbeitsuchenden die gleichen umfassenden Dienstleistungen anbieten zu können. Auf der anderen Seite weisen

Personen auf Besonderheiten von Teilarbeitsmärkten und Arbeitslosen aus beiden Rechtskreisen hin und argumentieren, dass ein Nebeneinander der Vermittlung in einem getrennten AG-S diesen Besonderheiten gerecht werde. Hinsichtlich der Ausbildungsvermittlung besteht diese Differenz jedoch nicht. Die Mehrheit der Gesprächspartnerinnen und -partner befürwortet die Übertragung dieser Aufgabe an die Arbeitsagentur mit dem Argument, dass es nur einen Ausbildungsstellenmarkt geben soll, um für Jugendliche Chancengleichheit beim Zugang zur Ausbildung zu schaffen.

Ebenso ist der Effekt nicht eindeutig, den die Organisationsform des AG-S auf die Kooperation zwischen getrennten AG-S oder innerhalb eines gemeinsamen AG-S ausübt. Sowohl zwischen getrennten AG-S als auch innerhalb gemeinsamer AG-S kommt es zu Konstellationen, die die Kooperation begünstigen oder behindern können. Zwischen getrennten AG-S gibt es wenige Anlässe der Kooperation, allerdings verhindern formale Regeln in einigen Fällen das Aufbrechen von Konflikten. In gemeinsamen AG-S ist die Kooperation enger, allerdings müssen auftretende Konflikte, wie der anteilige Ressourceneinsatz von Arbeitsagentur und gemeinsamer Einrichtung, einzeln ausgehandelt und gelöst werden. Ob eine Kooperation gelingt, ist nicht zuletzt abhängig von der lokalen Arbeitsmarktsituation und den beteiligten Personen vor Ort.

3.2 Vermittlungsdienstleistungen durch beauftragte Dritte[3]

Bis Mitte der 1990er Jahre war allein die öffentliche Arbeitsverwaltung für die Arbeitsvermittlung verantwortlich. Dann wurden auch Marktmechanismen im Bereich der Arbeitsvermittlung eingeführt. Kunden der beiden Rechtskreise SGB II und SGB III können seitdem über die Arbeitsvermittlung zu privaten Vermittlungsdienstleistern (sogenannte Dritte oder Träger) überwiesen werden. Arbeitsagenturen und Jobcenter haben dadurch die Möglichkeit, ihre Kapazitäten durch die Vergabe von Arbeitsvermittlungsdienstleistungen zu ergänzen. Die Vergabe erfolgt in einem wettbewerblichen Verfahren, an dessen Ende die vertragliche Bindung zwischen der Arbeitsverwaltung und dem privaten Vermittlungsdienstleister steht. Die Nachfrage nach privaten Arbeitsvermittlern wird für die Agenturen für Arbeit in fünf Regionalen Einkaufszentren gebündelt, während Jobcenter darüber hinaus eigene Ausschreibungen durchführen können. In der Regel werden Vermittlungsdienstleistungen getrennt nach Rechtskreisen ausgeschrieben. Die Träger – non-profit oder gewinnorientierte Gesellschaften – bieten als Dienstleistung entweder nur Arbeitsvermittlung an oder daneben auch andere Dienstleistungen wie unter anderem

---

3 Diese Zusammenfassung wurde von Julia Lenhart verfasst.

Leiharbeit, Weiterbildung oder soziale Beratung. Als Maßnahmen zur Aktivierung und beruflichen Eingliederung ist die Beauftragung zur Arbeitsvermittlung nach mehreren Reformen in § 45 SGB III geregelt und gilt nach wie vor als Ermessensmaßnahme für Empfänger des ALG II im Rechtskreis SGB II. Welche Arbeitslosen den privaten Dienstleistern zugewiesen werden, entscheiden die Jobcenter. Hierbei stehen die Jobcenter vor der Herausforderung, den Quasi-Markt für Arbeitsvermittlung im Sinne ihrer eigenen Ziele und im Sinne der Arbeitsuchenden zu gestalten.

Sarah Bernhard (2016b) untersuchte in einem Forschungsprojekt den im obigen Absatz beschriebenen Quasi-Markt für Arbeitsvermittlung. Die Grundlage der quantitativen Untersuchung zu Träger- und Vertragsstrukturen besteht aus umfangreichen administrativen Prozessdaten der BA. Die empirische Basis enthält Daten zu allen Arbeitsuchenden, die im Zeitraum von 2004 bis 2007 zu privaten Trägern überwiesen wurden. Anhand von Cox-Regressionen (Gesamtmodell für beide Rechtskreise, getrennte Modelle nach Rechtskreisen) wird untersucht, wie Träger- und Vertragsmerkmale die individuelle Wahrscheinlichkeit eines Übergangs in eine vermittelte Beschäftigung beeinflussen.

Die Analyse zeigt, dass ein Jahr nach ihrer Überweisung an eine private Arbeitsvermittlung fast zehn Prozent der Arbeitsuchenden eine vermittelte Beschäftigung begonnen haben. Es gibt jedoch erhebliche Unterschiede zwischen den Rechtskreisen und den Maßnahmenvarianten (nach § 37 und § 421i SGB III). Die Vermittlungswahrscheinlichkeit für Arbeitsuchende aus der Grundsicherung und für Verträge nach § 37 SGB III ist niedriger als für andere Arbeitsuchende beziehungsweise für Verträge nach § 421i SGB III. Im Rechtskreis SGB II wurden innerhalb des ersten halben Jahres nach Überweisung zu einer privaten Arbeitsvermittlung rund sechs Prozent in eine Beschäftigung vermittelt. Danach fanden kaum noch Vermittlungen statt, auch weil die Überweisung für einen begrenzten Zeitraum erfolgt.

Im Hinblick auf die Trägermerkmale ergeben sich für den Rechtskreis SGB II folgende Ergebnisse: Für Arbeitsuchende ist die Wahrscheinlichkeit einer Vermittlung in Beschäftigung am höchsten, wenn sie von einer privaten Vermittlung beraten werden, die schon im Jahr zuvor überdurchschnittlich hohe Vermittlungsquoten erzielt hat. Im Hinblick auf die Übergangswahrscheinlichkeit spielt es keine Rolle, ob der Träger neben Arbeitsvermittlung auch als Leiharbeitsunternehmen tätig ist oder soziale Beratung anbietet. Für die Vermittlungsaussichten der Arbeitsuchenden ist es außerdem nicht von Bedeutung, ob es sich um einen auf den Rechtskreis des Arbeitsuchenden spezialisierten Träger handelt. Sarah Bernhard (2016b, S. 292–293) zufolge ließe sich die Effektivität der Vergabe-Vermittlung erhöhen, wenn private Dienstleister mit überdurchschnittlich hohen Vermittlungsquoten im Vorjahr ausgewählt werden. Die Träger sollten jedoch nicht nur im Hinblick auf ihre Vermittlungsquote eingehend begutachtet werden. Für eine erfolgreiche Strategie zur effektiven Einbettung von privat erbrachten Vermittlungsdienstleistern sollte auch auf die Vertragsmerkmale geachtet werden.

Mit Blick auf die Vertragsmerkmale zeigt sich, dass Verträge mit ausschließlich erfolgsorientierter Vergütung die Übergangswahrscheinlichkeit in Beschäftigung, im Vergleich zu Verträgen mit einer Kombination von Aufwands- und Erfolgsvergütung, erhöhen. Verträge mit erfolgsorientierter Vergütung stellen einen höheren Anreiz dar, die Beratung vermittlungsorientiert auszurichten. Auch die Höhe der Vergütung spielt eine Rolle bei den Übergangswahrscheinlichkeiten. Die individuelle Übergangswahrscheinlichkeit in eine vermittelte Beschäftigung nimmt zu, je höher die Erfolgsvergütung ist. Maßnahmen nach § 421i SGB III „Beauftragung Dritter mit der Arbeitsvermittlung" stellen dagegen eine Ausnahme dar: Bei diesen Verträgen steigt die individuelle Übergangswahrscheinlichkeit in eine vermittelte Beschäftigung mit der Höhe der Aufwandspauschale an. Für Bewerbungen auf Ausschreibungen mit Verträgen nach § 421i SGB III wurden stets Strategiepapiere von den privaten Anbietern gefordert, mit denen sie ihr Konzept darstellen mussten. Dies war jedoch nicht bei allen Ausschreibungen nach § 37 SGB III „Potenzialanalyse und Eingliederungsvereinbarung" der Fall: Gab es hier überhaupt ein Strategiepapier, dann war dies kürzer und wurde mit weniger umfangreichen Bewertungskriterien bewertet. „Auch ein mehrseitiges Strategiepapier als verpflichtender Teil eines Angebots, kombiniert mit umfangreichen Bewertungskriterien bei der Bieterselektion, könnte der Grund für höhere Übergangschancen innerhalb von Verträgen mit Kombivergütung (§ 421i) im Vergleich zu den anderen Varianten sein" (Bernhard, Sarah 2016b, S. 292).

Zusätzlich zur Art und Höhe der Vergütung beeinflussen weitere Bestandteile des Vertrags die Wahrscheinlichkeit von Arbeitsuchenden auf eine vermittelte Beschäftigung. So wirkt die Vertragsgröße (d. h. die Anzahl der Arbeitsuchenden) gemessen an der Zahl der realisierten Zugänge negativ auf die Übergangswahrscheinlichkeit (Bernhard, Sarah 2016b). Dieser negative Effekt kann auf mangelnde Individualisierungsmöglichkeiten innerhalb großer Verträge deuten, denn Ergebnisse anderer Forschungsarbeiten (siehe dazu Bernhard/Kopf 2014) zeigen, dass Arbeitsmarktdienstleistungen, die individueller auf die Bedürfnisse der Arbeitsuchenden eingehen, erfolgreicher sind.

3.3 Aktivierende Wirkung von Maßnahmen

Maßnahmen der aktivierenden Arbeitsmarktpolitik sollen Anreize für die Aufnahme einer Erwerbsarbeit setzen und dadurch Arbeitslose in den Arbeitsmarkt integrieren. Die Herstellung und Sicherung von Beschäftigungsfähigkeit ist das zentrale Mittel aktivierender Maßnahmen, die bei den arbeitsuchenden Personen ansetzen.

Bernhard und Kopf (2014) untersuchen mit Bewerbungstrainings eine spezifische aktivierende Maßnahme und zeigen, dass Bewerbungstrainings, die als individuelle Beratung durchgeführt werden, häufiger zu einer Arbeitsmarktintegration führen als Bewerbungstrainings, die als Kurs angeboten werden (Abschnitt 3.3.1). Aktivierenden Arbeitsmarktmaßnahmen zeitlich und systematisch vorgelagert sind Maßnahmen der Sozialen Aktivierung. Freier (2016) beschreibt Maßnahmen der Sozialen Aktivierung, die sehr arbeitsmarktferne Personen bei sozialer Teilhabe und einem strukturierten Alltag unterstützen (Abschnitt 3.3.2).

3.3.1 Effektivität von Bewerbungstrainings[4]

Bernhard und Kopf (2014) untersuchen die Wirkung von Bewerbungstrainings auf die Beschäftigungschancen der teilnehmenden ALG-II-Empfänger. Sie vergleichen dabei die Wirkung in Abhängigkeit von der Ausgestaltung des Bewerbungstrainings als Kurs (Trainingsmaßnahme nach § 48 SGB III) und als individuelle Beratung (Eigenbemühungen/Aktivierung als Beauftragung Dritter mit Teilaufgaben der Vermittlung nach § 37 SGB III). Dabei verwenden sie Daten von ALG-II-Empfängern aus dem Jahr 2005.

In vielen Ländern spielt die Aktivierung von Arbeitslosen eine große Rolle. Bewerbungstraining und Unterstützung bei der Stellensuche sind weit verbreitete Maßnahmen, die in vielen Ländern als individuelle Beratung durchgeführt werden. In Deutschland fand ein Bewerbungstraining bis 2009 als Eignungsfeststellungs- und Trainingsmaßnahme (Kurs) oder als Beauftragung Dritter mit Teilaufgaben der Vermittlung (individuelle Beratung) statt. Sie werden durch Ausschreibungen an Vermittlungsdienstleister vergeben.

Der Beitrag von Bernhard und Kopf vergleicht erstmalig zwei inhaltlich ähnliche Maßnahmen, die unterschiedlich ausgestaltet sind (Kurs versus individuelle Beratung). Dabei gehen sie der Frage nach, wie beide Arten von Bewerbungstrainings die individuellen Beschäftigungschancen beeinflussen. Sie vergleichen zum einen Maßnahmeteilnehmer/Maßnahmeteilnehmerinnen mit Nicht-Teilnehmer/Teilnehmerinnen sowie zum anderen Teilnehmer/Teilnehmerinnen beider Maßnahmenarten direkt miteinander. Für die Berechnung der individuellen Beschäftigungseffekte verwenden sie ein quasi-experimentelles Design. Sie bilden geeignete Vergleichsgruppen anhand von Propensity-Score-Matching. Die Untersuchung erfolgt anhand von Daten der Integrierten Erwerbsbiografien (IEB) und der Leistungshistorik Grundsicherung sowie von Informationen zum Erwerbsstatus aus Daten der Statistik der BA.

Im Vergleich von Teilnehmer/Teilnehmerinnen und Nicht-Teilnehmer/Teilnehmerinnen legen die Ergebnisse nahe, dass die individuelle Unterstützung und Be-

---

4 Diese Zusammenfassung wurde von Julia Lenhart verfasst.

treuung bei der Arbeitsuche keinen Einfluss auf die Beschäftigungschancen der Teilnehmer/Teilnehmerinnen hat. Die Unterstützung über Kurse verringert diese sogar minimal. Hierfür führen die Autorinnen verschiedene Erklärungen an:

- Die Maßnahmen könnten für die Bedürfnisse der teilnehmenden ALG-II-Beziehenden nicht ausreichend sein. Kurze Kurse bieten nicht genügend Zeit, um komplexe Problemlagen von Hilfebedürftigen im SGB-II-Bereich ausführlich zu analysieren und ihnen zu helfen.
- Es gab keine finanziellen Anreize für Träger von Vermittlungsdienstleistungen, ihre Kunden in Erwerbstätigkeit zu integrieren. Sobald Anbieter die Zusage erhalten, wird die Bezahlung festgelegt, die somit nicht abhängig von einer Eingliederungsquote ist.
- Kurse können auch genutzt werden, um die Arbeitsbereitschaft beziehungsweise die Kooperationsbereitschaft und Zusammenarbeit mit dem Vermittler oder der Vermittlerin zu überprüfen. Verweigert ein Arbeitsloser oder eine Arbeitslose die Beteiligung, wird er oder sie sanktioniert. Bei guter Zusammenarbeit werden dem oder der Arbeitslosen eventuell weitere Maßnahmen angeboten. Solche Maßnahmensequenzen sind besonders hoch bei den hier untersuchten Maßnahmen. In diesem Fall werden Teilnehmer/Teilnehmerinnen nicht in den ersten Arbeitsmarkt vermittelt, sondern für die Teilnahme an weiteren Maßnahmen aktiviert.
- Es könnte sein, dass solche kurzen Maßnahmen zur Unterstützung bei der Stellensuche insbesondere während eines wirtschaftlichen Aufschwungs erfolgreich sind, da eher offene Stellen zur Verfügung stehen. Allerdings wurden die Maßnahmen zu einem Zeitpunkt hoher Arbeitslosigkeit untersucht. Auch dies könnte ein Grund für den fehlenden Erfolg der Maßnahmen sein.

Beim direkten Vergleich beider Ausgestaltungsvarianten zeigt sich, dass die individuelle Beratung etwas erfolgreicher ist als ein Kurs. Die Beschäftigungsanteile von Teilnehmenden mit individueller Beratung sind bis zu drei Prozentpunkte höher als die der Kursteilnehmer. Für sie war die Teilnahme an der individuellen Beratung, statt an einem Kurs, tatsächlich von Vorteil.

Insgesamt kann festgehalten werden, dass individuelle Beratung aussichtsreicher ist als Kurse. Bernhard und Kopf weisen darauf hin, dass auch die Dauer der Einzelberatung in den Blick genommen werden soll. Die Beratung mit einer Dauer von vier Wochen zielt ausschließlich auf die Verbesserung der Bewerbungsstrategien ab. Für künftige Analysen stellen sie die Hypothese auf, dass längere Laufzeiten und intensivere Beratung die Beschäftigungschancen verbessern.

3.3.2 Soziale Aktivierung[5]

Maßnahmen Sozialer Aktivierung sind eine neuartige, sehr niederschwellige Maßnahmenform, der persönlichkeitsstabilisierende und sozial integrierende Effekte (vornehmlich für Langzeitarbeitslose) zugeschrieben werden (Freier 2016): Über Theaterworkshops, Tanz- oder Sportelemente, sozialarbeiterische Unterstützung bei der Bearbeitung gesundheitlicher, finanzieller, sozialer oder familiärer Problemlagen richtet sich der Blick zunächst auf die Förderung von Alltagskompetenzen, sozialen Fähigkeiten und sozialer Teilhabe – also dem (Wieder-)Erlernen grundlegender Fähigkeiten. Indem Themen angesprochen werden, die den Arbeitsuchenden wichtig und vertraut sind, wird Vertrauen und eine Kommunikationsbasis zwischen der Vermittlungsfachkraft und der arbeitsuchenden Person geschaffen. Diese neuartigen Arbeitsmarktinstrumente werden als erster und notwendiger Schritt für eine sehr arbeitsmarktferne Klientel in der Praxis beschrieben, ehe arbeitsmarktnähere Maßnahmen zur Wiedereingliederung ins Berufsleben anvisiert werden können. Das Nahziel ist also die Verbesserung der Teilhabe, während das weitere Ziel die Verbesserung der Arbeitsmarktchancen ist. In Abbildung 3.1 werden Beispiele aufgeführt, um einen Einblick in das Spektrum sozial aktivierender Maßnahmen zu geben.

Mit dieser Sozialen Aktivierung setzt sich Freier (2016) in ihrer Studie auseinander. Eine Grundlage der Studie ist das in den Jahren 2009 bis 2011 durchgeführte qualitative IAB-Projekt „Soziale Aktivierung – Social Activation" (Leitung Dr. Markus Promberger), in dem sich Freier mit der Exploration dieser nicht arbeitsförmigen Maßnahmen Sozialer Aktivierung im Rahmen des Rechtskreises SGB II befasste.

Freier unterzieht 45 bundesweit geführte Experteninterviews mit Mitarbeiterinnen und Mitarbeitern in Grundsicherungs- und Maßnahmenträgern einer Sekundäranalyse und kontrastiert diese mit einem politisch-rechtlichen Aktivierungsdiskurs, den sie anhand einer Textanalyse rekonstruiert. Berücksichtigte Texte sind dabei zum Beispiel das SGB II, Job-AQTIV-Gesetz, Gesetze für Moderne Dienstleistungen am Arbeitsmarkt, Informationsmaterialien für SGB-II-Leistungsbeziehende, SGB-II-Berichte sowie Handlungsempfehlungen und Geschäftsanweisungen. Um die Genese, Gestalt und Funktionen von Maßnahmen Sozialer Aktivierung zu untersuchen, analysiert die Autorin einerseits die Deutungen und die Praktiken der Fachkräfte der Grundsicherungs- und Maßnahmenträger, auf die sie die Entstehung von Maßnahmen Sozialer Aktivierung zurückführt. Andererseits untersucht sie den politisch-rechtlichen Aktivierungsdiskurs, der die Wissenskonstruktion und den Handlungsspielraum der Mitarbeiterinnen und Mitarbeiter der Grundsiche-

---

5   Diese Zusammenfassung wurde von Julia Lenhart verfasst.

rungs- und Maßnahmenträger rahmt. Freier identifiziert und analysiert derartige Maßnahmen und damit eine Form staatlichen Handelns, die der Grundausrichtung der aktivierenden Arbeitsmarktpolitik widerspricht. Sie untersucht, wie und warum Maßnahmen Sozialer Aktivierung entstehen, obwohl sie der Intention der aktivierenden Arbeitsmarktpolitik nicht zuträglich erscheinen. Dabei werden Instrumente, die auf die unmittelbare Integration arbeitsmarktferner Langzeitarbeitsloser ausgerichtet sind, diesem Personenkreis jedoch kaum gerecht.

Abbildung 3.1
Beispiele sozial aktivierender Maßnahmen

Fallbeispiel einer sozial aktivierenden Maßnahme mit Sportelementen für Jugendliche

„Erstmals nutzte ein überregional agierender Bildungsträger Elemente der Sozialen Aktivierung, als er Sportelemente in die Gestaltung von zweijährigen ESF-finanzierten Maßnahmen integrierte. Seitdem besuchen 25 Personen unter 25 Jahren mit Migrationshintergrund dreimal wöchentlich neunzigminütige Kung-Fu-Einheiten als Pflichtveranstaltung neben berufsqualifizierenden Bildungsangeboten (wie EDV- und kaufmännischen Kursen). Die Kung-Fu-Kurse sind auf ein Austesten der persönlichen Leistungsgrenzen angelegt. Sie sollen individuell sportlich zu bewältigen und zugleich herausfordernd sein. […] In den Trainingseinheiten erlernte soziale und personale Kompetenzen werden als wesentliche Voraussetzung für einen Eintritt in das Erwerbsleben betrachtet." (Freier 2016, S. 102 f.)

Fallbeispiel einer Maßnahme zum Heranführen an geordnete Familienstrukturen und prozesse

„Im Rahmen von ESF-geförderten Kleinprojekten mit einer Fördersumme von bis zu 10.000 Euro bietet ein an eine Frauenvereinigung angegliederter Maßnahmenträger Veranstaltungen hauptsächlich für erwerbslose Frauen an. Die zwei bis drei wöchentlichen Treffen respektive Vortragsveranstaltungen sind stark auf den Gruppenaustausch und eine individuelle Gestaltung der Maßnahme ausgerichtet. Übergeordnete Themenbereiche werden im Voraus festgelegt, doch die konkrete Ausgestaltung übernimmt die Teilnehmerinnen-Gruppe meist in Eigenregie. Themen sind dabei Kindererziehung, Haushaltsführung, Gesundheitsorientierung und Fragen der alltäglichen Lebensführung. Im Bereich des Heranführens an eine höhere Erziehungskompetenz werden Vortragsveranstaltungen zur spielerischen Beschäftigung mit Vorschulkindern organisiert, Basteltätigkeiten und kreative Betätigungen für Mutter und Kind mit den Müttern eingeübt (Quillingtechnik, Laternen basteln etc.). Auch Optionen für die Freizeitgestaltung der Kinder mit einfachen respektive kostengünstigen Mitteln zu Hause und spielerisches Lernen werden aufgezeigt. Ein Büchereibesuch ist inbegriffen und soll neben der Vermittlung, wo Sachbücher und arbeitsmarktbezogene Literatur zu finden sind, ebenso an Kinderbücher heranführen. Neben Erziehungsthemen werden auch Eheverhältnisse diskutiert sowie die Frage, inwiefern sich Frauen von ihren Partnern emanzipieren können. [...] Effekte, die mit diesem Projekt vom Maßnahmenträger bezweckt werden, sind eine gesteigerte Kommunikationskompetenz, die Stärkung des Selbstbewusstseins und Persönlichkeitsförderung durch das Herausfinden eigener vielfach ungeahnter lebenspraktischer Kompetenzen sowie das Feedback in der Gruppeninteraktion. Insbesondere die sozialen Kompetenzen in den Interaktionen beim Frauenfrühstück oder in der geselligen Kaffeerunde werden als Mittel verstanden, um gerade eher sozial isolierte Personen einzubinden und diese auch längerfristig nach dem Projekt an die Institution zu binden. Darüber hinaus möchte der Maßnahmenträger Qualifikationen, wie gute Kindererziehung, gesunde Ernährung und ordentliche Haushaltsführung vermitteln." (Freier 2016, S. 104 f.)

Insgesamt zeigt sich, dass die genutzten niederschwelligen Maßnahmen Sozialer Aktivierung vielseitig, innovativ und bislang kaum standardisiert sind. Die inhaltliche Ausrichtung Sozialer Aktivierungsmaßnahmen orientiert sich vor allem an lebenspraktischen Tätigkeiten: Im Fokus steht, selbstständig Lösungsstrategien für Problemlagen zu finden sowie individuelle Stärken und Fähigkeiten zu entwickeln. Diese Maßnahmen entstehen häufig nicht durch die Wege der Standardinstrumente, sondern über verschiedene innovative und kreative Realisierungswege. Solche Maßnahmen ergeben sich zunächst häufig in Arbeitsgelegenheiten, die als flexibles Instrument gelten und dadurch innovative Elemente ermöglichen: Dabei können Maßnahmen für arbeitsmarktferne Personengruppen entwickelt und getestet werden. Ein zentrales Ergebnis der Untersuchung ist, dass nach einer Phase der Integration von sozial aktivierenden Maßnahmen über offenere Maßnahmenformen aufgrund einer verstärkten Nachfrage von SGB-II-Trägern ein Standardinstrument zur Sozialen Aktivierung eingeführt wurde – das Aktivcenter. Eine weitreichend erfüllte Integrationsquote und ausreichende Mittelkapazitäten der SGB-II-Träger wirken sich positiv auf den Einsatz von Maßnahmen Sozialer Aktivierung aus.

Eine zeitnahe Erwerbsintegration können Maßnahmen Sozialer Aktivierung meist nicht ermöglichen. Vielmehr erfüllen sie institutionenspezifische, soziale und sozialstaatliche Funktionen und gehen damit weit über die im SGB II und SGB III genannten Ziele der Arbeitsmarktintegration hinaus. Soziale Aktivierung nimmt sich der Problemlagen sehr arbeitsmarktferner Personen an und erweitert damit den Aktivierungsbegriff. Anhand theoretischer Vorüberlegungen bildet Freier fünf Typen der sozialen Funktionen von Maßnahmen Sozialer Aktivierung:

- Integration in die Ordnung der Tätigkeit
- Integration in die Ordnung einer erwerbstätigen Familie
- Integration in die Ordnung der Arbeitsverwaltung
- Integration in die Ordnung des gesellschaftlichen Miteinanders
- Integration in die Ordnung des aktiven Subjekts.

Die „Integration in die Ordnung der Tätigkeit" ist durch den Fokus auf die Tätigkeit den klassischen Instrumenten der Arbeitsmarktdienstleistungen am nächsten: Tugenden wie beispielsweise Pünktlichkeit, Verlässlichkeit, Sauberkeit oder Sorgfalt sollen dadurch gefördert werden. Maßnahmen des Typs „Ordnung der erwerbstätigen Familie" dienen dazu, dass alle relevanten Institutionen wie zum Beispiel Jugendamt oder Jobcenter gemeinsam mit den Familien Bedingungen schaffen, um künftig die Erwerbstätigkeit einer oder mehrerer Familienmitglieder zu ermöglichen. Ziel des Typs „Ordnung der Arbeitsverwaltung" ist es, die Teilnehmenden in die normativen Strukturen der Arbeitsverwaltung zu integrieren. Das (Wieder-)Erlernen der Regeln sozialer Interaktion ist Ziel des Typs „Ordnung des gesellschaftlichen Miteinanders". Um Persönlichkeits- und Selbstwirksamkeitsförderung und das Entdecken individueller Stärken geht es bei der Integration in die „Ordnung des aktiven Subjekts". Dabei stehen die „Ordnung der erwerbstätigen Familie" und die „Ordnung der Tätigkeit" dem Aktivierungsdiskurs am nächsten. Allerdings kommen sie der Erwerbsintegration nur eingeschränkt nach. Die anderen Ordnungen betonen, so Freier, eher die unterstützenden und sozialarbeiterischen Elemente. Wie auch im SGB II dargelegt, identifiziert sie derartige Maßnahmen als eine ganzheitlich auf die Person gerichtete Förderung der Beschäftigungsfähigkeit.

Die Entstehung von Maßnahmen Sozialer Aktivierung zeugt von der in der Praxis gesehenen Relevanz von niederschwelligen Maßnahmen für eine sehr arbeitsmarktferne Personengruppe und verweist gleichzeitig auf ein bedeutendes Gestaltungs- und Innovationspotenzial der Grundsicherungs-Fachkräfte. Indem der Arbeitsmarktintegration – wo nötig – persönlichkeitsfördernde und alltagsstabilisierende Elemente anheim gesetzt werden, tritt eine Soziale Aktivierung auf und erweitert damit einerseits das Maßnahmenset und andererseits die Tragweite von Aktivierung.

3.4 Sanktionen

Sanktionen in der Sozialpolitik sind so alt wie die Sozialpolitik selbst und finden sich im Sozialrecht vieler Länder. In Deutschland wurde mit dem Inkrafttreten des SGB II im Jahre 2005 ein System von Sanktionen geschaffen, das für die jungen Erwachsenen unter den Leistungsbeziehenden der Grundsicherung stärkere Sanktionsmöglichkeiten vorsieht als für Personen, die 25 Jahre oder älter sind. Ziel der höheren Sanktionen ist es, den Bezug von Grundsicherung bei jungen Erwachsenen möglichst rasch zu beenden. Drohende Sanktionen sollen jungen Erwachsenen einen Anreiz geben, mit den Jobcentern zu kooperieren und ihre Suche nach einer Stelle oder einem Ausbildungsplatz zu verstärken. Van den Berg, Uhlendorff und Wolff (2014, 2015) untersuchten, wie Sanktionen für junge Erwachsene auf die Überwindung des Leistungsbezugs (Abschnitt 3.4.1) und auf die Qualität der aufgenommenen Beschäftigung (Abschnitt 3.4.2) wirken. Die Wirkung von Sanktionen auf die wahrgenommene Zugehörigkeit zur Gesellschaft von erwerbsfähigen Leistungsberechtigten legten Grüttner, Moczall und Wolff (2016) dar (Abschnitt 3.4.3). Dass gering qualifizierte Arbeitsuchende häufiger sanktioniert werden als höher qualifizierte, zeigen Zahradnik et al. (2016) mit besonderem Blick auf junge Erwachsene unter 25 Jahren (Abschnitt 3.4.4). Arbeitslose unter 25 Jahren sind auch Gegenstand der Studie von Zahradnik (2014), die Sanktionierungen aus der Perspektive dieser Personengruppe beschreibt (Abschnitt 3.4.5).

3.4.1 Effekte von Sanktionen auf die Überwindung des Leistungsbezugs

Die Möglichkeit der Sanktionierung bildet einen wesentlichen Aspekt der fordernden Aktivierung. Damit soll sichergestellt werden, dass die Leistungsberechtigten mit den Fachkräften kooperieren und den ihnen auferlegten Verpflichtungen, der Arbeitsuche ebenso wie der Aufnahme geeigneter arbeitsmarktpolitischer Maßnahmen nachkommen. Gleichzeitig stehen die Sanktionen im Verdacht, das Verhältnis zwischen Fachkraft und Leistungsbezieherin/Leistungsbezieher zu belasten und somit die Entstehung eines produktiven „Arbeitsbündnisses" zu erschweren (vgl. Baethge-Kinsky et al. 2007). Darüber hinaus legen qualitative Forschungsergebnisse erhebliche materielle Nachteile der Sanktionierung nahe, die über den sanktionierten Leistungsbezieher/die sanktionierte Leistungsbezieherin hinaus auch die anderen Mitglieder der Bedarfsgemeinschaft betreffen (vgl. Schreyer/Zahradnik/Götz 2012). Bislang weitgehend unbekannt war jedoch, inwieweit der Einsatz von Sanktionen die Aufnahme von Beschäftigung und damit eine Überwindung des Leistungsbezugs begünstigt.

Van den Berg, Uhlendorff und Wolff (2014) gehen der Frage nach der Wirkung von Sanktionen nach. Sie untersuchen den Effekt der ersten milden Sanktionen für Meldeversäumnisse und der ersten harten Sanktionen für Pflichtverletzungen auf die Übergangsrate in Beschäftigung. Für ihre Analyse verwenden die Autoren zwei Datenquellen: die Integrierten Erwerbsbiografien (IEB) und die Leistungshistorik Grundsicherung (LHG). Über Angaben zu den erhaltenen Sanktionen sind in diesen Datensätzen Informationen zu Erwerbstätigkeit und Einkommen, der Art des Leistungsbezugs sowie Arbeitslosigkeitsdauern und Maßnahmenteilnahmen enthalten. Darüber hinaus geben die Datenquellen Auskunft über persönliche Merkmale der Leistungsbezieher (Geburtsdatum, Geschlecht, Nationalität, Schul- und Berufsabschluss, Wohnort usf.) sowie den Haushaltskontext, in dem sie leben. Die Analyse von van den Berg, Uhlendorff und Wolff konzentriert sich auf die Bezugsepisoden männlicher Leistungsberechtigter der Grundsicherung im Alter zwischen 18 und 24 Jahren in Westdeutschland. Verglichen werden sanktionierte Leistungsberechtigte mit Hilfebeziehern der Zielgruppe, die nicht oder (noch) nicht sanktioniert wurden. Die verwendete Stichprobe umfasst Zugänge in den Leistungsbezug im Zeitraum von Januar 2007 bis März 2008. Betrachtet werden dabei nur die Bezugsepisoden von Zielpersonen, die bei Eintritt in den Leistungsbezug als arbeitsuchend erfasst waren und keiner Beschäftigung nachgingen. Zudem konzentriert sich die Analyse auf die Jobcenter in gemeinsamer Einrichtung, da von den 50 kommunalen Jobcentern in Westdeutschland keine statistischen Informationen zu Sanktionen verfügbar waren. Insgesamt umfasst die Stichprobe über 71.000 Bezugsepisoden.

Die deskriptiven Analysen zeigen, dass in 13 Prozent der betrachteten Fälle mindestens einmal eine Pflichtverletzung sanktioniert wird. In zwölf Prozent der Fälle werden mindestens einmal Meldeversäumnisse sanktioniert. Häufig sind mehrere Sanktionen bei einem Leistungsberechtigten zu beobachten: So erhielt gut ein Drittel derjenigen Personen, die mindestens eine harte Sanktion (für eine Pflichtverletzung) erhalten haben, auch wenigstens eine milde Sanktion wegen eines Meldeversäumnisses. Ein ähnliches Bild zeigt sich bei den milden Sanktionen: So erhielten 39 Prozent der Leistungsberechtigten, die wegen eines Meldeversäumnisses sanktioniert wurden, während der Zeit im Hilfebezug wenigstens eine harte Sanktion. In einem Drittel der betrachteten Bezugsepisoden konnten Wechsel in ungeförderte Beschäftigung beobachtet werden. Die Analysen zeigen weiterhin, dass die Übergangsraten in die erste harte Sanktion zu Beginn des Leistungsbezugs größer sind und mit steigender Bezugsdauer abnehmen. Dies trifft auch auf milde Sanktionen zu. Mit Blick auf die individuellen Merkmale der Sanktionierten wird deutlich, dass diese tendenziell jünger sind als nicht sanktionierte Hilfeempfänger. Auch ist der Anteil von Sanktionierten unter 20 Jahren höher bei Leistungsberechtigten, die eine harte Sanktion erhalten haben, als dies bei Hilfeempfängern der Fall ist, die für ein Meldeversäumnis sanktioniert wurden. Sanktionierte Leistungsberechtigte sind zudem häufiger alleinstehend, haben eine deutsche Nationalität und durchschnittlich ein niedrigeres Bildungsniveau.

Zur Ermittlung des kausalen Effekts der Sanktionierung verwenden van den Berg, Uhlendorff und Wolff verschiedene Berechnungsmodelle, um unterschiedliche – beobachtbare wie nicht beobachtbare – Einflussfaktoren kontrollieren zu können. Dabei zeigt die Verweildaueranalyse der „homogenous treatment effects", dass sowohl milde wie harte Sanktionen eine signifikante Steigerung des Übergangs aus dem Leistungsbezug in Beschäftigung bewirken. Ein differenziertes Bild ergibt sich, wenn in den Berechnungsmodellen der Einfluss nicht beobachtbarer Merkmale berücksichtigt wird. Dann fällt die ermittelte Stärke des Effekts von Sanktionen noch deutlich höher aus. Bei harten Sanktionen steigt die Übergangsrate diesen Analyseergebnissen zufolge um etwa 120 Prozent, bei milden Sanktionen immerhin noch um circa 37 Prozent. Es zeigt sich also, dass die Sanktionierung von Leistungsberechtigten die Wahrscheinlichkeit eines Übergangs in den Arbeitsmarkt erhöht und dass die Wirkungen der harten Sanktionen deutlich höher ausfallen als die der Sanktionen aufgrund von Meldeversäumnissen. Einen Teil des beobachteten Effekts führen van der Berg, Uhlendorff und Wolff dabei auf die Sorge der Sanktionierten zurück, infolge der Sanktion verstärkt von den Fachkräften kontrolliert zu werden. Dies legt aus Sicht der Autoren nahe, dass es bei der ersten Sanktion nicht nötig wäre, die maximale Sanktionshöhe auszuschöpfen – wie es die gesetzlichen Regelungen bei unter 25-jährigen Leistungsberechtigten vorsehen. Vielmehr würden bereits Sanktionen mit geringerer Höhe die Wahrscheinlichkeit einer Beschäftigungsaufnahme erhöhen. Zudem ist zu vermuten, dass im Fall von geringeren Sanktionshöhen zu erwarten ist, dass das Arbeitsbündnis zwischen Fachkraft und Arbeitsuchendem weniger belastet wird. Darüber hinaus geben die Autoren zu bedenken, dass sich die Qualität aufgenommener Beschäftigungsverhältnisse unterscheiden könnte, je nachdem ob die betreffende Person sanktioniert wurde oder nicht.

3.4.2 Effekte von Sanktionen auf die Qualität der aufgenommenen Beschäftigung

Die Qualität der Beschäftigung, die junge Erwachsene aufnehmen, die zuvor sanktioniert wurden, untersuchen van den Berg, Uhlendorff und Wolff (2015) in einer weiteren Studie. In ihrer Forschungsfrage nach den Effekten von Sanktionen auf die Arbeitsmarktintegration junger Erwachsener unterscheiden sie weiter danach, ob junge Erwachsene eine ungeförderte versicherungspflichtige Erwerbsarbeit aufnehmen, ob sie im Falle einer Arbeitsaufnahme nach einer Sanktionierung ein geringeres Erwerbseinkommen erzielen als nach einer Arbeitsaufnahme ohne Sanktionierung und ob sie den regulären Arbeitsmarkt und das System der Grundsicherung ganz verlassen. Letzteres wird dadurch gemessen, dass die sanktionierten Arbeitsuchenden keiner Erwerbsarbeit oder Berufsausbildung nachgehen, nicht als arbeitsuchend gemeldet sind, keine Zahlungen aus der Grundsicherung erhalten und an keiner Maßnahme der aktiven Arbeitsmarktpolitik teilnehmen.

Es sind grundsätzlich zwei unterschiedliche Richtungen von Sanktionswirkungen denkbar. Aus Sicht der Arbeitsuchtheorie können Sanktionen dazu führen, dass die arbeitsuchenden Personen ihre Suchanstrengungen nach offenen Stellen verstärken und dass sie darüber hinaus bereit sind, ihren Anspruchslohn zurückzunehmen, sodass für sie mehr Stellenangebote akzeptabel werden. In diesem Fall unterstützen Sanktionen durch einen Anreizeffekt eine beschleunigte Arbeitsmarktintegration. Sie können jedoch zur Integration in schlechter entlohnte Jobs führen. Sehr hohe Sanktionen können aber auch dazu führen, dass arbeitsuchende Personen in eine Situation wie zum Beispiel (drohende) Obdachlosigkeit geraten, die ihnen die Aufnahme einer regulären Erwerbsarbeit erschwert und in der eine Abwanderung in die Schattenwirtschaft wahrscheinlicher wird. So kann infolge der Kürzung oder Streichung der Unterstützungszahlungen der Verbleib in der Grundsicherung unattraktiv werden. Sollten sich deshalb erwerbsfähige Leistungsberechtigte nicht mehr bei ihren Jobcentern melden, entfallen neben den Geldzahlungen auch die Inanspruchnahme von Fördermaßnahmen und Unterstützungsleistungen der Jobcenter bei der Stellensuche. Das könnte ihre Chancen einer Integration in den Arbeitsmarkt beeinträchtigen.

Die Finanzleistungen aus der Grundsicherung für Arbeitslose setzen sich aus mehreren Teilen zusammen. Der Regelsatz soll die regelmäßigen Ausgaben zur Bestreitung des Lebensunterhalts abdecken. Darüber hinaus bestehen zahlreiche Finanzleistungen für einzelne Bedürfnisse und Lebenslagen der erwerbsfähigen Leistungsberechtigten. Von besonderer Bedeutung sind dabei die Zahlungen für Unterkunft und Heizung. Sanktionen können sowohl den Regelsatz als auch die weiteren Transferzahlungen betreffen. Das Ausmaß der Sanktionen richtet sich nach der Schwere und der Häufigkeit der Regelverletzung. Bei einer einmaligen und geringfügigen Nichtbeachtung von Auflagen, wie das Nichterscheinen zu einem Vermittlungsgespräch, kann der/dem Arbeitsuchenden der Betrag des Regelsatzes für drei Monate um zehn Prozent gekürzt werden. Bei häufiger und schwerwiegender Regelmissachtung reichen die Sanktionen bis zu einer vollständigen Aussetzung aller Transferzahlungen für drei Monate, wenn die arbeitsuchende Person beispielsweise zum wiederholten Mal ein Stellenangebot ablehnt oder sich weigert, an aktiven Arbeitsmarktprogrammen teilzunehmen.

Um die Effekte von Sanktionen auf die Qualität der aufgenommenen Beschäftigung zu untersuchen, verwenden van den Berg, Uhlendorff und Wolff administrative Daten der BA. Für ihre Analyse verbinden sie zwei Datenquellen, die Integrierten Erwerbsbiografien (IEB) und die Leistungshistorik Grundsicherung (LHG), und ziehen daraus eine Stichprobe von 70.400 Beobachtungseinheiten. Bei der Stichprobe handelt es sich um westdeutsche Männer zwischen 18 und 24 Jahren, die zwischen Januar 2007 und März 2008 arbeitslos waren und Leistungen aus der

Grundsicherung bezogen. Nicht in der Stichprobe berücksichtigt wurden Arbeitsuchende, die in einem der 50 Jobcenter Westdeutschlands registriert waren, das von einem zugelassenen kommunalen Träger geführt wird.

Die Ergebnisse der Analyse weisen darauf hin, dass Sanktionen die Integration in Arbeit begünstigen, aber auch die Abwanderung aus dem regulären Arbeitsmarkt fördern. Der Rückzug aus dem regulären Arbeitsmarkt spielt allerdings insgesamt quantitativ eine weit geringere Rolle als die Erwerbsintegration. 33 Prozent der Personen gehen im Beobachtungszeitraum in eine ungeförderte versicherungspflichtige Beschäftigung über, während der Rückzug aus dem regulären Arbeitsmarkt und dem Arbeitslosengeld-II-Bezug nur bei rund sechs Prozent der Personen auftritt.

Die aufgrund der Sanktionierung beschleunigte Arbeitsmarktintegration geht mit einem verringerten Tagesentgelt derjenigen einher, die (wieder) eine Erwerbsarbeit finden. Van den Berg, Uhlendorff und Wolff unterscheiden in ihrer Analyse zwischen der Stärke und der Zahl von Sanktionen sowie zwischen Arbeitslosen, die alleine leben, und Arbeitslosen, die in einer Bedarfsgemeinschaft wohnen. In der differenzierten Analyse zeigt sich, dass die Wahrscheinlichkeit einer Arbeitsmarktintegration sowohl durch die erste als auch durch die zweite starke Sanktion erhöht wird, während die Arbeitsuchenden ihre Lohn- und Gehaltserwartung nur aufgrund der ersten Sanktion verringern und aufgrund der zweiten Sanktion keine weiteren Zugeständnisse hinsichtlich ihres Erwerbseinkommens machen. Die Bereitschaft, infolge einer Sanktionierung Lohn- und Gehaltseinbußen hinzunehmen, ist bei alleinstehenden Arbeitsuchenden höher als bei Arbeitsuchenden in Bedarfsgemeinschaften. Auch die Bereitschaft, den Arbeitsmarkt und das System der Grundsicherung zu verlassen, steigt für Alleinstehende wegen einer Sanktionierung deutlicher an als für Personen, die in Mehrpersonen-Bedarfsgemeinschaften leben.

Die insgesamt moderateren Wirkungen der Sanktionierung für Personen, die in Mehrpersonen-Bedarfsgemeinschaften leben, könnten auf verschiedene Ursachen zurückgeführt werden. Sie könnten im Falle einer Sanktionierung durch andere Bedarfsgemeinschaftsmitglieder (auch finanziell) unterstützt werden, was die Wirkung der Sanktion mildert. Aus diesem Grund besteht für sie, anders als für Alleinlebende, ein geringer Anreiz den Leistungsbezug zu verlassen. Ein Verlassen des Leistungsbezugs wäre für Mitglieder einer Mehrpersonen-Bedarfsgemeinschaft nur möglich, wenn entweder die gesamte Bedarfsgemeinschaft bereit ist, aus dem Leistungsbezug auszuscheiden oder wenn die sanktionierte Person die Bedarfsgemeinschaft verlässt. Dass eine Sanktionierung das bewirkt, ist nicht sehr wahrscheinlich.

3.4.3 Sanktionen und Teilhabeempfinden[6]

Grüttner, Moczall und Wolff (2016) untersuchen, wie sich Sanktionen auf das Teilhabeempfinden derjenigen auswirken, die von den Sanktionen betroffen sind. Im Rahmen der aktivierenden Sozialpolitik des „Förderns und Forderns" stehen Sanktionen für das Fordern. Sanktionen sollen die Eigenbemühungen der erwerbsfähigen Leistungsberechtigten bestärken und ihre Zusammenarbeit mit dem Jobcenter sicherstellen, um die Arbeitsmarktintegration und die soziale Integration zu unterstützen. Allerdings können Sanktionen die soziale Integration auch gefährden und die soziale Exklusion begünstigen, wenn Personen durch die Sanktionen unter das Existenzminimum geraten, weil sie die finanziellen Einbußen nicht kompensieren können. Soziale Exklusion operationalisieren Grüttner, Moczall und Wolff in ihrer Studie als das Teilhabeempfinden der Betroffenen, das sich in deren wahrgenommener Zugehörigkeit zum gesellschaftlichen Ganzen zeigt.

Die Analyse basiert auf zusammengespielten administrativen Daten der Bundesagentur für Arbeit und Befragungsdaten aus der IAB-Panelbefragung „Arbeitsmarkt und soziale Sicherung" (PASS). Dabei analysieren die Autoren Daten der zweiten bis fünften Welle von PASS, welche die Jahre 2007 bis 2011 umfasst. Zusätzlich werden Beobachtungen der ersten Welle für zeitlich verzögerte Kontrollvariablen einbezogen. Die Autoren nutzen damit die Vorteile beider Erhebungsmethoden: Die Befragungsdaten mit ihrem reichhaltigen Variablenspektrum zur subjektiven Einschätzung der persönlichen Lebenssituation einerseits und die administrativen Daten mit ihren tagesgenauen validen Informationen zu tatsächlich verhängten Sanktionen und den Erwerbsbiografien andererseits.

Als abhängige Variable wird das soziale Teilhabeempfinden betrachtet, welches durch die folgende PASS-Frage mit einer Zehner-Skala erhoben wird: „Man kann das Gefühl haben, am gesellschaftlichen Leben teilzuhaben und dazuzugehören oder sich eher ausgeschlossen fühlen. Wie ist das bei Ihnen? Inwieweit fühlen Sie sich eher dazugehörig oder eher ausgeschlossen?".

Aus der theoretischen Diskussion leiten Grüttner, Moczall und Wolff zwei Hypothesen ab, die sie in ihrer Studie untersuchen:

(H1) „Eine Sanktionierung – insbesondere nach § 31 SGB II Pflichtverletzungen – verringert das Teilhabeempfinden der betroffenen Personen." (Grüttner/Moczall/Wolff 2016, S. 74)

(H2) „Externe Ressourcen [z. B. Haushaltseinkommen, Partner und Freunde oder Partizipation in Vereinen] und interne Ressourcen [z. B. emotionale Stabilität

---

6   Julia Lenhart verfasste den Text für Abschnitt 3.4.3.

oder Gesundheitszustand] puffern den negativen Teilhabeeffekt einer Sanktionierung ab." (Grüttner/Moczall/Wolff 2016, S. 75)

Zunächst kann deskriptiv ein negativer Zusammenhang zwischen Sanktionen und Teilhabe aufgezeigt werden. Sanktionen aufgrund von Meldeversäumnissen sind zwar kaum mit einer Änderung des Teilhabeempfindens verbunden. Dagegen gehen Sanktionen wegen Pflichtverletzungen mit einem deutlich reduzierten Teilhabeempfinden einher. Eine mögliche Ursache für diesen deskriptiven Befund könnte sein, dass das Teilhabeempfinden jener, die sich vorher eher als der Gesellschaft zugehörig fühlten, sich aufgrund einer schwerwiegenden Sanktion reduziert. In einem nächsten Schritt gehen Grüttner, Moczall und Wolff anhand multivariater Analysen dieser Frage nach. Anders als in den deskriptiven Analysen zeigt sich hier ein schwächer werdender Zusammenhang zwischen Sanktionen und dem Teilhabeempfinden, der in der Längsschnittbetrachtung schließlich nicht mehr erkennbar ist.

Zusammenfassend lässt sich festhalten, dass die aus der Theorie abgeleiteten Hypothesen durch die Studie nicht nachgewiesen werden konnten. In der Untersuchung zeigt sich kein negativer – aber auch kein positiver – kausaler Effekt einer Sanktionierung auf die subjektiv empfundene soziale Teilhabe. Zudem konnten keine Puffer-Effekte durch externe und interne Ressourcen nachgewiesen werden. Die Ergebnisse deuten darauf hin, „dass Sanktionen keinen eigenständigen Mechanismus im Prozess der sozialen Exklusion von ALG-II-Beziehenden darstellen" (Grüttner/Moczall/Wolff 2016, S. 83). Einen Grund sehen die Autoren darin, dass Sanktionen möglicherweise gerade diejenigen Personen treffen, deren Teilhabeempfinden schon vor der Sanktion beeinträchtigt war. Die Ergebnisse legen nahe, dass der entscheidende Teilhabeverlust bereits mit dem Eintreten in das ALG-II-Bezugssystem sowie mit einem dauerhaften Verbleib in diesem einhergeht.

3.4.4 Sanktionen und Bildung der Sanktionierten

In ihrer Studie untersuchen Zahradnik et al. (2016) den Zusammenhang zwischen Bildung und Sanktionen für die Grundsicherung für Arbeitsuchende in Deutschland. Sie gehen der Forschungsfrage nach, ob und warum Geringqualifizierte häufiger sanktioniert werden als höher Qualifizierte.

Die formale Qualifikation dient als Operationalisierung für Bildung. Danach gelten Personen ohne Schulabschluss als gering gebildet. Ebenso steht ein Hauptschulabschluss für eine geringe Bildung. Die mittlere Reife und der Abschluss einer Polytechnischen Oberschule kennzeichnen eine mittlere Bildung. Abitur, Fachabitur und die an einer Erweiterten Oberschule erlangte Hochschulreife zeigen schließlich eine hohe Bildung an. Sanktioniert werden Pflichtverletzungen und Meldeversäumnisse von erwerbsfähigen Leistungsberechtigten. Durchschnittlich 3,2 Prozent der erwerbsfähigen Leistungsberechtigten waren im Jahr 2014 mit mindestens einer Sanktion belegt. Drei Viertel der Sanktionen resultieren aus Meldeversäumnissen, also wenn erwerbsfähige Leistungsberechtigte ohne „wichtigen Grund" (§ 32 Abs. 1, S. 2 SGB II) einen Termin im Jobcenter nicht wahrnehmen.

Die Studie besteht aus zwei Teilen. Zunächst wird in einem quantitativen Teil der Zusammenhang zwischen Bildung und Sanktionen untersucht, während für die potenziellen Einflussfaktoren Arbeitsmotivation und Konzessionsbereitschaft der Arbeitsuchenden kontrolliert wird. Anschließend werden in einem qualitativen Teil mögliche Gründe aufgezeigt, warum Vermittlungsfachkräfte gering Gebildete häufiger sanktionieren als höher Gebildete.

Der quantitative Teil der Studie basiert auf administrativen Daten der BA, die in den Datensätzen „Leistungshistorik Grundsicherung" (LHG) und den „Integrierten Erwerbsbiografien" (IEB) aufbereitet sind und die mit Befragungsdaten aus dem Panel „Arbeitsmarkt und soziale Sicherung" (PASS) verknüpft wurden. Die quantitative Analyse bestätigt den in einer Hypothese formulierten Zusammenhang, dass eine geringe Bildung mit häufigeren Sanktionen einhergeht. Dieser Zusammenhang bleibt auch unter Kontrolle von Konzessionsbereitschaft und Arbeitsmotivation bestehen.

Hinsichtlich der soziodemografischen Merkmale der Arbeitsuchenden steigt die Wahrscheinlichkeit von Sanktionen für Männer, Personen, die allein leben oder unter 25 Jahre alt sind, und Bewohnerinnen und Bewohner von Flächenbundesländern. Der Effekt von Bildung auf Sanktionen ist bei Sanktionen, die auf Pflichtverletzungen folgen, höher als bei Sanktionen, die durch Meldeversäumnisse entstehen.

Für den qualitativen Teil der Studie wurden 26 leitfadengestützte Interviews mit Vermittlungsfachkräften in elf Jobcentern und 15 biografisch-narrative Interviews mit Personen ausgewertet, die wegen einer Pflichtverletzung mindestens einmal sanktioniert wurden. Darüber hinaus wurden die elektronischen Fallakten aus dem IT-Fachverfahren VerBIS für diese sanktionierten Personen analysiert. Die qualitative Analyse bezieht sich auf Personen unter 25 Jahren. Die befragten Arbeitsuchenden waren zum Zeitpunkt der Interviews zwischen 20 und 25 Jahre alt; zwölf besaßen einen Hauptschulabschluss, zwei waren ohne Schulabschluss und einer hatte Abitur. Die Auswertung der qualitativen Daten identifiziert drei mögliche Gründe dafür, dass gering Gebildete häufiger sanktioniert werden als höher Gebildete: ein Mangel an verwaltungsbezogenem kulturellen Kapital der Geringqualifizierten, eine habituelle Distanz zwischen Geringqualifizierten und Vermittlungsfachkräften sowie negative Zuschreibungen in den elektronischen Fallakten.

Einen Mangel an verwaltungsbezogenem kulturellem Kapital sehen Zahradnik et al. etwa darin, wenn Arbeitsuchende rechtliche Regeln nicht wirklich verstehen und deshalb nur eingeschränkt wissen, welche Anforderungen an sie gestellt werden und unter welchen Bedingungen sie Sanktionen erwarten. Kennzeichnend für einen Mangel an verwaltungsbezogenem kulturellem Kapital sind darüber hinaus eine oft gering ausgeprägte Fähigkeit zur Argumentation, die dazu führt, dass die Arbeitsuchenden in Vermittlungsgesprächen ihre Wünsche, ihre Fähigkeiten und ihre persönliche Situation gegenüber der Vermittlungsfachkraft nicht immer ausreichend erläutern können. Insbesondere kann die geringere Argumentationsfähigkeit die Arbeitsuchenden darin behindern, schriftlich und/oder mündlich einen „wichtigen Grund" überzeugend vorzutragen, der die Sanktion im Fall des Fehlverhaltens abwenden würde. Zudem wussten, so Zahradnik et al., einige der Interviewten nicht um die Möglichkeit des Einlegens von Widerspruch oder Klage.

Habituelle Distanz entsteht, so Zahradnik et al., unter anderem durch die unterschiedlich hohen Bildungsabschlüsse von Vermittlungsfachkräften, die in der Regel einen Hochschul- oder Fachholschulabschluss besitzen, und Geringqualifizierten. Dadurch können Kommunikationsprobleme entstehen, die Konflikte zwischen Arbeitsuchenden und Fachkräften begünstigen und Sanktionen befördern. Schließlich zeigt die Auswertung der elektronischen Fallakten, dass darin Einträge über Merkmale der arbeitsuchenden Personen teils negativ formuliert oder Einträge, die positive Eigenschaften zum Ausdruck bringen, mit relativierenden Formulierungen ergänzt sind. Solche Einträge können den Aufbau einer vertrauensvollen Beziehung zwischen Fachkraft und arbeitsuchender Person erschweren und Sanktionen begünstigen, weil bei der Vermittlungsfachkraft negative Eindrücke immer wieder in Erinnerung gerufen werden und nach einem Wechsel der Vermittlungsfachkraft bei der neuen Fachkraft gegebenenfalls Vorbehalte gegenüber der arbeitsuchenden Person geweckt werden.

3.4.5 Sanktionierung junger Arbeitsloser[7]

Für Arbeitslose im Alter von 15 bis 24 Jahren, die Leistungen aus dem SGB II erhalten, gelten härtere Sanktionsregeln als für über 25-Jährige. Dabei wird zwischen Pflichtverletzungen und Meldeversäumnissen unterschieden. Meldeversäumnisse werden unabhängig vom Alter der betroffenen Person sanktioniert, das heißt auch bei unter 25-Jährigen wird die Regelleistung um zehn Prozent gekürzt. Wird eine zumutbare Arbeitsstelle, eine Arbeitsgelegenheit, ein Bewerbungstraining oder eine andere in der Eingliederungsvereinbarung festgelegte Maßnahme ohne Grund nicht angetreten oder abgebrochen, liegt eine Pflichtverletzung vor. Je nach Alter wird bei einer Pflichtverletzung unterschiedlich sanktioniert. Bei unter 25-jährigen Arbeitslosen wird bereits bei der ersten Pflichtverletzung die gesamte Regelleistung gestrichen. Bei wiederholter Pflichtverletzung kommt es zu einer sogenannten To-

---

7 Diese Zusammenfassung wurde von Julia Lenhart verfasst.

talsanktion, das heißt es werden zusätzlich die Kosten für Unterkunft und Heizung nicht mehr erstattet. Mit dieser Ungleichbehandlung wollte der Gesetzgeber gerade bei jungen Menschen einer Langzeitarbeitslosigkeit entgegenwirken.

Das Projekt „Sanktionen im SGB II – Perspektiven von Fachkräften und jungen KlientInnen" des IAB beschäftigt sich mit der Sanktionspraxis von Fachkräften in den Grundsicherungsstellen und den Folgen der Sanktionen für junge Hilfebedürftige. Im Rahmen dieses qualitativen Projekts wurden 26 Experteninterviews mit Fachkräften aus Vermittlung und Fallmanagement in elf Jobcentern mit unterschiedlichen Sanktionsquoten sowie 15 biografisch-narrativen Interviews mit jungen Sanktionierten geführt.

Anhand dieser Datengrundlage skizziert Zahradnik (2014) in seinem Beitrag Fallbeispiele mit unterschiedlichen Konfliktkonstellationen, die sich im Laufe der Hilfebedürftigkeit für junge Menschen ergeben können und Sanktionierungen mitbedingen. Diese werden in ihrer Entstehung und Verfestigungsdynamik veranschaulicht. Dem Beitrag liegen Interviews mit jungen sanktionierten Arbeitslosen zugrunde, wodurch tiefere Einblicke in ihre Lebensgeschichte sowie ihre Erfahrungen mit Sanktionierungen und deren Folgen gewonnen werden. Im Vordergrund stehen dabei die Vorstellungen über die Ausgestaltung des Integrationswegs, die inhaltliche Ausrichtung von Maßnahmen sowie Zuschreibungen im Betreuungsprozess. Durch die Interviewerzählungen werden Einblicke in die Institution Jobcenter aus der subjektiven Sicht von jungen hilfebedürftigen Menschen ermöglicht. Dabei wird sichtbar, mit welchen Wünschen, Hoffnungen, Enttäuschungen und Ängsten sie sich während des Übergangs in eine Erwerbstätigkeit auseinandersetzen müssen. Junge Hilfebedürftige sind dabei zugleich mit einem stärkeren institutionellen Anpassungsdruck sowie mit unattraktiven Arbeitsmarktanforderungen konfrontiert.

Die Bildungs- und Erwerbsverläufe der interviewten jungen Hilfebedürftigen waren hochgradig diskontinuierlich. Sie haben häufig vielfache Wechsel oder Abbrüche in den Bildungsinstitutionen oder in Ausbildung und Arbeit erfahren und können daher als „sozial benachteiligt" gelten. Eine niedrige Arbeitsmotivation lässt sich daraus aber nicht ableiten. Vielmehr akzeptieren junge Hilfebedürftige oft auch dann eine Beschäftigung, wenn diese nicht unmittelbar einen Ausstieg aus dem Leistungsbezug ermöglicht (vgl. dazu Schels/Zahradnik 2014). Begonnene Ausbildungs- oder Beschäftigungsverhältnisse konnten oder wollten von den interviewten Hilfebedürftigen aus verschiedenen Gründen nicht fortgeführt werden. Gründe dafür können betriebsbedingte Kündigungen, gesundheitliche Probleme oder auch Konflikte mit Kollegen und Kolleginnen sowie Vorgesetzten sein. Auch kann die Einsicht, dass die Ausbildung nicht zu den eigenen Neigungen und Fähigkeiten passt, zu einem Abbruch der Ausbildung führen.

Erfahrungen mit prekären Beschäftigungsverhältnissen können als Motiv dienen, um anhand von Bildungsanstrengungen, zum Beispiel durch Aufnahme einer Berufsausbildung, zu einem höheren sozioökonomischen Status zu gelangen. Über das Integrationsziel „Berufsausbildung" sind sich Leistungsempfängerinnen/Leistungsempfänger und Jobcenter einig. Die Ansichten über den Weg hin zur Berufsausbildung können jedoch zwischen Hilfebedürftigen und Jobcentermitarbeiterinnen/Jobcentermitarbeitern auseinandergehen. Während Hilfebedürftige gerne umgehend eine Berufsausbildung aufnehmen möchten, sehen Mitarbeiterinnen und Mitarbeiter der Jobcenter häufig Bedarf an Qualifizierungsmaßnahmen. Die anfängliche Motivation von Hilfebedürftigen kann dadurch abnehmen. So entsteht eine Art „Teufelskreis": Die konflikthafte Auseinandersetzung über den „richtigen" Integrationsweg verfestigt sich und führt über die Jahre hinweg immer wieder zu Sanktionen.

Darüber hinaus lässt sich eine Unzufriedenheit mit den vom Jobcenter auferlegten Maßnahmen festhalten. Die Notwendigkeit der Maßnahmen wird von den jungen Hilfebedürftigen häufig infrage gestellt und es wird bemängelt, dass über diese Maßnahmen einseitig von den Fachkräften entschieden wird und persönliche Wünsche außer Acht gelassen werden. Auch die fehlende Nachhaltigkeit der Maßnahmen wird kritisiert: Die Strukturierung des Alltags, die durch Maßnahmen entsteht, verschwindet ohne passende Anschlussmöglichkeiten wieder. Zudem fühlen sich viele der jungen Arbeitslosen von den Beratern/Beraterinnen im Jobcenter bei der Planung des Integrationswegs unzureichend einbezogen. Hinzu kommt der Eindruck junger Arbeitsloser, dass sich die Beraterinnen und Berater beispielsweise aufgrund von Aktenvermerken zurückliegender Sanktionen ein bestimmtes Bild von ihnen machen.

Zusammenfassend lässt sich festhalten, dass für viele Hilfebedürftige eine an gängigen Normalitätsstandards orientierte Beschäftigung als Maßstab für den eigenen Selbstentwurf gilt. Aber gerade junge Arbeitslose stoßen auf viele Hürden. Hilfebedürftige mit ihren diskontinuierlichen Bildungs- und Erwerbsverläufen, denen der Übergang in Ausbildung noch nicht gelungen ist und die auf Leistungen der Grundsicherung angewiesen sind, werden im institutionellen Kontext mit widersprüchlichen und konflikthaften Situationen konfrontiert. Zahradnik sieht vor allem bei der individuellen Passung der fördernden und fordernden Elemente Handlungsbedarf. Ebenso müssen Förderangebote individueller ausgerichtet werden und die persönliche Beziehungsebene von Berater/Beraterin und Hilfebedürftigem oder -bedürftiger als wichtige Grundlage des Integrationsprozesses gesehen werden. Die qualitative Studie zu Sanktionen bei Jugendlichen und jungen Erwachsenen verweist auf wichtige Aspekte, die über die Beschäftigungswirkung von Sanktionen hinausreichen. Gerade der Wegfall des kompletten Regelsatzes bei Jugendlichen unter 25 Jahren oder die Totalsanktion unter Einbeziehung der Kosten der Unterkunft stellen massive Eingriffe in das Leben der Betroffenen dar, die aus Sicht des Autors verfassungsrechtlich geschützte Werte wie die soziale und kulturelle Teilhabe tangieren können. Der Einsatz dieser Mittel bedarf seiner Auffassung nach daher einer guten Begründung und sorgfältigen Abwägung mit anderen Rechtsgütern.

3.5 Kompetenzerfassung von Arbeitsuchenden

Zu den Kernaufgaben der Beratung und Vermittlung in den Arbeitsagenturen und Jobcenter gehört es, Kompetenzen der arbeitsuchenden Personen und Anforderungen offener Stellen zusammenzuführen. Mit den Kompetenz-Dienstleistugen (K-DL) stellt der Berufspsychologische Service (BPS) der Bundesagentur für Arbeit ein Instrumentarium bereit, um überfachliche Kompetenzen der Arbeitsuchenden feststellen zu können. Anfang 2012 begann die flächendeckende Einführung der K-DL in den Arbeitsagenturen. Darüber hinaus können sich Jobcenter, die als gemeinsame Einrichtungen geführt werden, der K-DL bedienen. In einer Evaluationsstudie untersuchten Oschmiansky et al. (2014), wie die K-DL den Prozess der Arbeitsvermittlung und der Arbeitsmarktintegration beeinflussen. An sechs Standorten führten Oschmiansky et al. qualitative Interviews sowohl mit Vermittlungsfachkräften als auch mit Kunden/Kundinnen. An jedem Standort wurden die Arbeitsagentur und das Jobcenter in die Analyse einbezogen.

Der BPS stellt vier verschiedene K-DL zur Verfügung. Die Vermittlungsfachkräfte können den BPS nach eigenem Ermessen für eine K-DL beauftragen. Die K-DL unterscheiden sich nach den Kompetenzen, die erfasst werden, und nach der Art und Weise, wie die einzelnen Kompetenzen erfasst werden. Die Kompetenz-Dienstleistung „K1" fragt die Selbsteinschätzung der Kunden/Kundinnen anhand eines Fragebogens ab. Während der circa 15- bis 20-minütigen Beantwortung des Fragebogens schätzen die Befragten ihr Verhalten im Berufsleben ein. Die Antworten werden in Relation zum durchschnittlichen Antwortverhalten einer Vergleichsgruppe der/des Befragten gesetzt und dienen als Grundlage für die Erarbeitung einer Integrationsstrategie. Die Kompetenz-Dienstleistung „K2" besteht aus einem circa 60-minütigen, computergestützten Test, der die Aufassungsgabe sowie die Analyse- und Problemlösungsfähigkeit der teilnehmenden Personen erfasst. Anhand der Testergebnisse soll festgestellt werden, für welche Qualifizierungsmaßnahmen die Kunden/Kundinnen die gewünschten Voraussetzungen mitbringen. Die Kompetenz-Dienstleistung „K3" erfolgt als diagnostisches Gespräch zwischen der arbeitsuchenden Person und einer Psychologin/einem Psychologen, in dem Kompetenzen und Eigenschaften wie Eigeninitiative, Lernbereitschaft und Motivation ergründet werden. Im Anschluss an das circa 80-minütige Gespräch erhält die Kundin/der Kunde eine Rückmeldung der Psychologin/des Psychologen. Die Vermittlungsfachkraft erhält die Diagnose in der Form eines Gutachtens. Schließlich handelt es sich bei der Kompetenz-Dienstleistung „K4" um ein circa 150-minütiges Assessment-Center zur Feststellung sozial-kommunikativer Kompetenzen. Ebenso wie bei „K3" erfolgt die Rückmeldung an die Kundin/den Kunden im direkten Gespräch mit der Psychologin/dem Psychologen und die Rückmeldung an die Vermittlungsfachkraft anhand eines Gutachtens.

In der täglichen und regelmäßigen Arbeit der Beratung und Vermittlung spielen K-DL eine „eher geringe Rolle" (Oschmiansky et al. 2014, S. 110). Für das Gros der Kunden/Kundinnen, so die Rückmeldungen aus den geführten Interviews, erachten die Vermittlungsfachkräfte K-DL als nicht zielführend. Der Einsatz von K-DL erfolgt vielmehr in spezifischen Situationen für konkrete Kunden/Kundinnen. Insbesondere für das Profiling setzen Vermittlungsfachkräfte K-DL ein. „K1" bietet in diesem Zusammenhang eine zeitnahe und verlässliche Methode, Stärken von Kunden/Kundinnen zu erfassen. Beratungs- und Vermittlungsgespräche erhalten dadurch eine fundierte Unterstützung und können gezielter genutzt werden, als es ohne die Kompetenzfeststellung möglich wäre. Inwieweit K-DL den Prozess der Arbeitsvermittlung unterstützen, ist, so eine Schlussfolgerung der Evaluationsstudie, neben der Ressourcenausstattung der Arbeitsvermittlung und des BPS abhängig von der Einstellung der Vermittlungsfachkräfte. Vermittlungsfachkräfte, die ihr Augenmerk auf die Stärken der Kunden/Kundinnen legen, gewinnen durch die K-DL Hinweise darauf, welche offene Stellen für ihre Kunden/Kundinnen geeignet wären und welche Qualifizierungsmaßnahmen sie einer Arbeitsmarktintegration näherbringen. Vermittlungsfachkräfte, die zunächst die Schwächen von Kunden/Kundinnen sehen, neigen hingegen dazu, die Ergebnisse der K-DL in Zweifel zu ziehen und keine weiteren Schritte der Arbeitsvermittlung auf ihnen aufzubauen.

Wesentlich für die Wirkung der K-DL ist, so Oschmiansky et al. (2014), die Kommunikation zwischen den Vermittlungsfachkräften und Psychologen/Psychologinnen auf der einen Seite und den Kunden/Kundinnen auf der anderen Seite. Die Besprechung der Ergebnisse ist nicht nur ein Element des gegenseitigen Informationsaustauschs als notwendige Voraussetzung des Beratungs- und Vermittlungsprozesses. Häufig stößt bereits das gemeinsame Gespräch einen Reflexionsprozess bei den Kunden/Kundinnen an. Insbesondere in den Gesprächen mit den Psychologen/Psycholoiginnen, die im Rahmen der K-DL „K3" und „K4" stattfinden, setzen sich die Kunden/Kundinnen damit auseinander, wie sie nach Stellen suchen, Bewerbungen schreiben und auf Arbeitgeber zugehen. Darüber hinaus machen sie sich Gedanken, welche Qualifikationen sie mitbringen und welche Qualifizierungen ihnen den Wiedereinstieg in den Arbeitsmarkt erleichtern können. Schließlich wirkt sich die Kommunikation auf die Motivation der Arbeitsuchenden aus. Eine Rückmeldung zu dem jeweiligen Fragebogen oder Testergebnis, die Mut macht und Stärken herausstellt, kann die Motivation erhöhen und die Suche nach einem Arbeitsplatz befördern, wohingegen eine Rückmeldung, die sehr kurz gehalten ist und/oder überwiegend Probleme und Schwächen benennt, auf die Kunden/Kundinnen häufig entmutigend wirkt.

Hinsichtlich der Personengruppen, für die Vermittlungsfachkräfte auf K-DL zurückgreifen, erkennen Oschmiansky et al. mit einer Ausnahme kein Muster. Die Evaluationsstudie zeigt, dass die befragten Fachkräfte „K1" eher für Personen mit geringem Bildungsniveau als geeignet erachten, wohingegen ihnen „K4" eher für Akademiker/Akademikerinnen als angemessen erscheint. Auch mit Blick auf die Rechtkreise sind die Unterschiede gering. In den untersuchten Arbeitsagenturen und Jobcentern werden K-DL in ähnlichem Umfang und in ähnlicher Weise genutzt. Lediglich „K4" wird in den Jobcentern häufiger genutzt, um eine berufliche Umorientierung der Kunden/Kundinnen zu begleiten, während sie in den Arbeitsagenturen häufiger Verwendung findet, um Bewerbungen und Bewerbungsgespräche vorzubereiten. Ferner bestehen unterschiedliche Einschätzungen zur Freiwilligkeit der K-DL, die in den Arbeitsagenturen auf Zustimmung, in den Jobcentern aber auf Kritik stieß. Keine Kritik kam hingegen zur Durchführung der K-DL auf, die sowohl in den untersuchten Arbeitsagenturen als auch in den untersuchten Jobcentern „in der Regel reibungslos" (Oschmiansky et al. 2014, S. 114) verlief.

3.6 Aktivierung nach Personengruppen

Eine Arbeitslosigkeit, die länger als ein Jahr andauert, ein höheres Lebensalter und gesundheitliche Einschränkungen gehören zu den persönlichen Merkmalen von Arbeitsuchenden, die Hemmnisse am Arbeitsmarkt bedeuten (Beste/Trappmann 2016). Zwei Studien widmeten sich Personengruppen, die mindestens ein Merkmal aufweisen, das ihnen die Aufnahme einer Erwerbsarbeit erschwert. Klingert und Lehnhart (2017) analysierten die Vermittlung und Förderung von Langzeitarbeitslosen in Jobcentern (Abschnitt 3.6.1). Für ältere Menschen, die langzeitarbeitslos sind und besonders schwere Vermittlungshemmnisse aufweisen, wurde das Programm Impuls 50plus geschaffen, mit dem Ziel, die Beschäftigungsfähigkeit und die soziale Teilhabe dieser Personen zu erhöhen. Brussig, Stegmann und Zink (2014) untersuchten, inwieweit es dem Programm gelang, ältere Langzeitarbeitslose an eine Beschäftigung heranzuführen (Abschnitt 3.6.2).

3.6.1 Langzeitarbeitslose[8]

Im Durchschnitt waren 2015 bei der Bundesagentur für Arbeit 2,79 Millionen Menschen als arbeitslos registriert. Damit wurde seit der Wiedervereinigung der geringste Stand an Personen ohne Beschäftigung erreicht. Allerdings sind circa ein Drittel dieser Personen langzeitarbeitslos gemäß § 18 SGB III, das heißt seit mehr als einem Jahr arbeitslos. Dieser Anteil bleibt seit 2007 nahezu unverändert, obwohl sich die Gesamtzahl der Arbeitslosen reduziert hat. Bisher ist das Wissen über Strategien der Jobcenter und wie sie mit der Herausforderung einer (möglichst) nachhaltigen Integration von Langzeitarbeitslosen umgehen gering.

In ihrer Studie gehen Klingert und Lenhart (2017) daher den Forschungsfragen nach, wie (1) Jobcenter die Arbeitsmarktchancen von Langzeitarbeitslosen einschätzen, wie (2) die Vermittlung und Förderung von Langzeitarbeitslosen erfolgt und (3) welche jobcenterspezifischen Wege zur Integration von Langzeitarbeitslosen in den Jobcentern gegangen werden. Bei der Beantwortung dieser Fragen wird auf qualitative Daten zurückgegriffen. Dazu werden bereits erhobene Datenbestände aus dem Projekt „Mindestlohnbegleitforschung – Überprüfung der Ausnahmeregelung für Langzeitarbeitslose" mit Blick auf die Arbeitsmarktintegration Langzeitarbeitsloser analysiert. Die in sechs ausgewählten Jobcentern durchgeführten Einzelinterviews und Gruppendiskussionen wurden inhaltsanalytisch ausgewertet.

Wie bereits aus der Literatur bekannt, zeigen die Ergebnisse zunächst, dass die Eingliederung von Langzeitarbeitslosen in den Arbeitsmarkt besonders schwierig ist und die Gründe hierfür vielfältig sind. Oftmals liegen, so die Vermittlungsfachkräfte, mehrere Vermittlungshemmnisse vor, die sich zum Teil bedingen, sich mit der Dauer der Arbeitslosigkeit verschärfen und einer Beschäftigungsaufnahme auf dem ersten Arbeitsmarkt im Weg stehen.

Da die Langzeitarbeitslosen keine heterogene Gruppe darstellen, wurden in der vorliegenden Studie drei Subkategorien der Langzeitarbeitslosen gebildet, die sich nach ihrer Nähe zum Arbeitsmarkt unterscheiden. Zunächst sind dies die integrationsnahen Kunden/Kundinnen, bei denen es lediglich einer auf den Arbeitsmarkt zielenden Förderung bedarf und eine zeitnahe Integration in den ersten Arbeitsmarkt erwartet werden kann. Die integrationsfernen sind Kunden/Kundinnen, die vor dieser Förderung einer Qualifizierungs- oder Trainingsmaßnahme bedürfen. Hier wird von einer längeren Zeit bis zur Arbeitsaufnahme ausgegangen. Schließlich gibt es die arbeitsmarktfernen Kunden/Kundinnen, bei denen mit stabilisierenden Maßnahmen begonnen werden muss, bevor eine Qualifizierungs- oder Trainingsmaßnahme erfolgen kann.

---

8   Die Zusammenfassung wurde von Isabell Klingert und Julia Lenhart verfasst.

Die Ergebnisse der Studie zeigen, dass bei der Beratung und Betreuung von Langzeitarbeitslosen vor allem eines unabdingbar ist, nämlich Zeit. Das Profiling für integrations- und arbeitsmarktferne Kunden/Kundinnen ist wegen der vielschichtigen Problemlagen aufwendig. Obwohl die befragten Vermittlungsfachkräfte es sinnvoller fänden, das Profiling selbst durchzuführen, wird es aufgrund der zeitlichen Restriktionen ebenfalls im Rahmen einer Maßnahme beim Träger umgesetzt. Hierdurch erhält die Vermittlungsfachkraft zwar eine gute Rückmeldung, kann im Rahmen des Profilings jedoch nicht von Anfang an in die Beziehung mit den Kunden/Kundinnen investieren.

Bei arbeitsmarktfernen Langzeitarbeitslosen verfolgen die befragten Vermittlungsfachkräfte häufig zunächst das Ziel, geregelte Tagesabläufe wieder herzustellen sowie die Motivation zu erhöhen und Vermittlungshemmnisse abzubauen. Um diese Gruppe an den Arbeitsmarkt heranzuführen, bedarf es sehr niederschwelliger Angebote. Die Jobcentermitarbeitenden hinterfragen jedoch, ob alle Langzeitarbeitslosen für eine Heranführung an den ersten Arbeitsmarkt tatsächlich geeignet sind und ob die Reduktion der Zahl sowie die zeitliche Begrenzung der Arbeitsgelegenheiten daher sinnvoll war. Um soziale Teilhabe zu ermöglichen und das Gefühl „gebraucht zu werden" zu vermitteln, bedienen sich die Jobcentermitarbeitenden der geförderten Beschäftigung. Allerdings monieren sie, dass der Intention des Gesetzgebers für die Förderung von Arbeitsverhältnissen, nämlich dass Arbeitgeber Stellen mit geringen Anforderungen schaffen, nur selten Rechnung getragen wird. Grund dafür sei, dass die Arbeitgeber Stellen mit geringen Anforderungen kaum zur Verfügung stellen würden und sich die Regelung damit nicht als praxistauglich erweise.

Bei integrationsfernen Langzeitarbeitslosen ist laut der Vermittlungsfachkräfte eine höhere Kontaktdichte notwendig, um mit ihnen intensiv und individuell arbeiten zu können. Damit ist es bei integrationsfernen Langzeitarbeitslosen eher möglich, sie mit einer gezielten Förderung an den ersten Arbeitsmarkt heranzuführen. Innerhalb der Standardinstrumente ist die Maßnahme bei Arbeitgebern bei den Vermittlungsfachkräften eine gern genutzte Maßnahme. Zudem werden mithilfe der Förderung betrieblicher Weiterbildung (Haupt-)Schulabschlüsse, Berufsabschlüsse oder Anpassungsqualifizierung und Qualifizierungserweiterung gefördert. Dabei werden vor allem Teilqualifizierungen positiv gesehen, da so Teilabbrüche und Unterbrechungen nicht zum kompletten Verlust der Qualifizierung führen.

Gehen integrationsnahe Langzeitarbeitslose bereits einer geringfügigen Beschäftigung oder einem Minijob nach, so geben die Vermittlungsfachkräfte an, häufig auch ohne gezielte Förderung in Absprache mit dem Arbeitgeber zu versuchen, diese in eine sozialversicherungspflichtige Beschäftigung umzuwandeln. Ist dennoch eine Förderung für diese Gruppe der Langzeitarbeitslosen notwendig, nutzten die Befragten die „freie Förderung", mit der sie selbstständig eigene Leistungen zur Eingliederung in Arbeit entwickeln können. Daneben wird zur direkten Arbeitsmarktintegration ein Eingliederungszuschuss (EGZ) gewährt, dessen Einsatz jedoch vom Arbeitgeber-Service bei Anlerntätigkeiten oder Tätigkeiten auf Helferniveau nicht immer unterstützt wird. Die befragten Mitarbeitenden in Regionen mit guter wirtschaftlicher Lage beschreiben ihr Verhalten bei der Vergabe von EGZ als restriktiv und bewilligen ihn mit einer geringen Förderdauer und -höhe, während die Befragten in Regionen mit einem hohen Bestand an Langzeitarbeitslosen den EGZ als wichtiges Instrument sehen und längere und höhere Förderungen vergeben.

Wenn mit zu geringer Unterstützung eine Integration in den ersten Arbeitsmarkt forciert wird oder diese – anders als es die Ressourcen der Kunden/Kundinnen zulassen – in Vollzeit realisiert werden soll, so widerspricht dies dem Gedanken der Befragten, ihre Kunden/Kundinnen zu unterstützen und zu befähigen und damit eine lange Zeit für die phasenweise Integration vorzusehen. Wird dieser Weg verkürzt, so kommt es, laut der Vermittlungsfachkräfte, gerade bei Langzeitarbeitslosen häufig zu einem Abbruch der Tätigkeit. Zudem weisen Sonderprogramme oder -prozesse, die speziell für die Bedürfnisse einer (Teil-)Gruppe von Langzeitarbeitslosen gestartet werden, eine zu kurze Laufzeit auf. Ebenso beklagten die Befragten, dass zum Zeitpunkt der Befragung keine Nachbetreuung nach Aufnahme einer Erwerbstätigkeit vorgesehen und rechtlich nicht möglich war. Ein dauerhafter Verbleib im Arbeitsmarkt – ohne Unterstützung – ist jedoch gerade für Langzeitarbeitslose eine sehr große Herausforderung. Insgesamt sprechen die Jobcentermitarbeitenden von einer Veränderung, die sich weg vom elektronischen Matching hin zu einer sehr individuellen Beratungs- und Vermittlungstätigkeit abzeichnet.

3.6.2 Impuls 50plus: Ältere ALG-II-Beziehende mit mehreren Vermittlungshemmnissen[9]

Das Teilprogramm Impuls 50plus wurde ab 2010 aus der Notwendigkeit einer speziellen Förderung für ältere Langzeitarbeitslose im SGB II mit besonders schweren Vermittlungshemmnissen heraus geschaffen, die bis dahin im Rahmen des Bundesprogramms „Perspektive 50plus" nicht ausreichend gefördert werden konnten. Das Ziel einer Integration in ungeförderte Beschäftigung wurde in Impuls 50plus in seiner Bedeutung zurückgenommen gegenüber dem Ziel der sozialen Teilhabe und der Steigerung und Wiederherstellung der Beschäftigungsfähigkeit. Im Teilprogramm wurde die Vergütung der Maßnahmeträger für realisierte Integrationen in Beschäftigung gedeckelt, um Anreize zum Creaming zu unterbinden. Die an Aktivierungen geknüpfte Vergütungskomponente wurde gestärkt, um von vornherein längere För-

---

[9] Diese Zusammenfassung wurde von Julia Lenhart verfasst.

derdauern zu ermöglichen. Das IAB hat die Evaluation des Teilprogramms an das IAQ vergeben. Im Folgenden werden die Befunde von Brussig, Stegmann und Zink (2014) zusammengefasst.

Gegenstand der Untersuchung ist die Fragestellung, ob es gelingt, im Rahmen von Impuls 50plus die Zielgruppe der älteren Langzeitarbeitslosen mit besonders schwerwiegenden Vermittlungshemmnissen wirksam zu aktivieren und den Weg in Beschäftigung zu ebnen. Angesichts der hohen dezentralen Gestaltungsspielräume bei der Umsetzung von Impuls 50plus stellt sich weiterhin die Frage, welche Elemente der lokalen Umsetzung sich als besonders erfolgsträchtig erweisen.

Um diese Fragen zu beantworten, wurden verschiedene Datenquellen genutzt: Mit Fallstudien wurden wesentliche Dimensionen lokaler Umsetzungsstrategien erfasst. Mithilfe einer Trägerbefragung wurden die lokalen Umsetzungsstrategien erhoben. Durch eine Befragung von Teilnehmenden wurden individuelle Ressourcen und Kompetenzen erhoben. Sofern die Befragten ihr Einverständnis gaben, wurden administrative Daten zu den Antworten der Telefonbefragung hinzugefügt, um Erwerbsinformationen zu erfassen. Trägerbefragung und Teilnehmerbefragung wurden mehrfach durchgeführt, um Veränderungen abzubilden.

Die Befragung der Teilnehmenden hat gezeigt, dass vor allem die Gesundheit und damit verbunden auch die Arbeitsfähigkeit im Vergleich zu anderen ALG-II-Beziehenden relativ schlecht sind. Bei selbst berichteten Kompetenzen und Arbeitserfahrungen stellen sich die Teilnehmenden an Impuls 50plus dagegen nicht als schlechter dar. Bei den Befragungsergebnissen zu diesen individuellen Ressourcen zeigten sich im Projektverlauf nur geringfügige Änderungen. Hinsichtlich der Kontrollüberzeugungen – das Gefühl, die Kontrolle über das eigene Leben zu haben – sind unter den Teilnehmenden an Impuls 50plus fremdbestimmte Einschätzungen häufiger und selbstbestimmte Einschätzungen seltener als unter der älteren Gesamtbevölkerung (50 bis 64 Jahre). Diese Kontrollüberzeugungen können sowohl Ergebnis wie auch Ursache der Langzeitarbeitslosigkeit sein, aber in jedem Fall erschweren sie – zumal in Kombination mit den häufigen gesundheitlichen Einschränkungen – die Ausgangslage, an der die arbeitsmarktpolitische Betreuung in Impuls 50plus ansetzt.

Die lokalen Umsetzungsstrategien wurden zunächst entlang theoretisch abgeleiteter Dimensionen strukturiert, deren konkrete Ausprägungen in den Fallstudien bestimmt beziehungsweise verfeinert wurden. Hierzu gehörten die in den Programmen angesprochenen Adressaten, die geschäftspolitischen Ziele, die gegenüber den Teilnehmenden und Arbeitgebern eingesetzten arbeitsmarktpolitischen Instrumente und Dienstleistungen, Merkmale des Organisationsaufbaus innerhalb der Netzwerke sowie die Beteiligung externer Akteure. Eine Minderheit von Grundsicherungsstellen (7 %, 2012) setzte eine obere Altersgrenze für die Teilnahme an dem Programm, etwas mehr Grundsicherungsstellen konzentrierten sich auf relativ „arbeitsmarktnähere" Personen innerhalb der Zielgruppe. Beide Gruppen von Grundsicherungsstellen – die zusammen etwa 15 Prozent der beteiligten Grundsicherungsstellen ausmachten – unterliefen damit tendenziell die Absicht des Programms, sich gerade auf die Arbeitsmarktfernen und Schwervermittelbaren zu konzentrieren. Ein vergleichsweise hoher Anteil der Grundsicherungsstellen betonte dagegen – programmgemäß – die Steigerung und Stabilisierung der Beschäftigungsfähigkeit als geschäftspolitisches Ziel, dem die Erwerbsintegration nachgeordnet war. Obwohl der Anteil der Grundsicherungsstellen mit dieser „sozial-integrativen" Ausrichtung im Zeitverlauf rückläufig war, machte er am Ende der Erhebungen (2012) immer noch knapp die Hälfte aus (44 %). Zwei Drittel der Grundsicherungsstellen betonten das intensive und individuelle Fördern. Nur eine Minderheit setzte auch Sanktionen ein. Welche Zusammenhänge zwischen den Varianten der Programmumsetzung einerseits und den Ergebnissen der Aktivierung andererseits sind nun erkennbar?

Die Beschäftigungsfähigkeit der Teilnehmenden insgesamt ist im Zeitverlauf leicht zurückgegangen, was auch an der mit dem Zeitverlauf altersbedingt nachlassenden Gesundheit liegen kann. Eine signifikante Verbesserung der Beschäftigungsfähigkeit verzeichnen Grundsicherungsstellen, die sich auf die Jüngeren und Arbeitsmarktnäheren unter den älteren Langzeitarbeitslosen konzentrieren. Eine signifikante Verschlechterung der Beschäftigungsfähigkeit wurde dagegen dort festgestellt, wo die Grundsicherungsstellen „restriktiv" fördern, das heißt zur Teilnahme verpflichten und sanktionieren. Möglicherweise führt dies bei einigen Teilnehmenden zu Stress, der das gesundheitliche Befinden beeinträchtigt.

Auch bei der Integration in voll sozialversicherungspflichtige Beschäftigung schneiden diejenigen Grundsicherungsstellen überdurchschnittlich gut ab, die bei der Zielgruppendefinition eine Fokussierung auf jüngere Teilnehmende vornehmen. Daneben wirkt die Zahlung von Lohnkostenzuschüssen deutlich positiv. Dieser Umstand ist vor dem Hintergrund der ursprünglichen Intention des Teilprogramms als problematisch zu bewerten, da die Möglichkeit der langen Förderzeiten auch damit begründet war, dass bei intensiver Förderung und Begleitung eine zuschussfreie Integration möglich sei. Auf der strukturellen Ebene lässt sich festhalten, dass Grundsicherungsstellen, die die Vermittlung in den ersten Arbeitsmarkt an externe Dienstleister vergeben haben, eine erhöhte Integrationswahrscheinlichkeit aufweisen. Diese Ergebnisse stehen aber unter dem Vorbehalt, dass über die Stabilität der erreichten Erwerbsintegrationen nichts bekannt ist.

Im Programm Impuls 50plus wurden Integrationen (und das Heranführen an Beschäftigung) auch in einer mit vielfachen Vermittlungshemmnissen behafteten Zielgruppe erreicht. Möglich war dies durch eine besonders gute Ressourcenausstattung der Grundsicherungsstellen in Verbindung mit dem Bemühen um ein vertrauensvolles Arbeitsbündnis zwischen Fachkräften und Teilnehmenden, das sich in einem Verzicht auf Sanktionen niederschlug. Die Ergebnisse zeigen auch, dass die Konzentration auf die – relativ gesehen – „leichter Vermittelbaren" belohnt wird, denn Strategien, die auf Creaming deuten, gingen wiederholt mit signifikanten Unterschieden in den Ergebnisindikatoren einher. Auch diese „leichter Vermittelbaren" sind aber gegenüber vielen anderen Arbeitsuchenden immer noch mit größeren Vermittlungshemmnissen behaftet. In gewisser Weise ist die Tatsache, dass mittels Creaming in einer gegebenen Zielgruppe bei begrenzten Ressourcen Erfolge gegenüber anderen Personen derselben Zielgruppe erreicht werden, auch zu erwarten. Damit Personen mit erheblichen Vermittlungshemmnissen von der Förderung nicht ausgeschlossen werden, sind zusätzliche ressourcenintensive Vorkehrungen zu treffen (klare Definition der Zielgruppe auf schwer vermittelbare Personen; Priorisierung der Ziele mit einer höheren Bedeutung der sozialen Teilhabe; Deckelung der Refinanzierung für Integrationen beziehungsweise im Allgemeinen die Kongruenz von Zielvorgaben und finanzwirksamen Bewertungskriterien).

Für weitere Forschung in diesem Bereich schlagen Brussig, Stegmann und Zink (2014) vor, Kontextfaktoren sorgfältiger zu modellieren. Sie unterbreiten mit der Typisierung der Strategien von Grundsicherungsstellen hierfür einen Vorschlag. Auch die Interaktion der Umsetzungsvarianten mit lokalen Bedingungen sollte aus ihrer Sicht genauer untersucht werden, um verallgemeinernde Aussagen zu ermöglichen. Schließlich sei die Übertragung von guter Praxis durch Erfahrungsaustausch zu thematisieren. Eine Bewertung von Instrumenten oder – wie hier – Programmen erfordere stets, die Entstehung und Umsetzung auf lokaler Ebene in den Blick zu nehmen.

Insgesamt legen die vorgelegten Ergebnisse nahe, dass die Stabilisierung und Erhöhung der Beschäftigungsfähigkeit sowie die Integration in Beschäftigung keine gegensätzlichen Ziele sind. Die Beschäftigungsfähigkeit zu verbessern, kann angestrebt werden, ohne dass darüber das Ziel der Erwerbsintegration aus den Augen verloren gehen muss. Gerade in jenen Grundsicherungsstellen, in denen die Förderung der Beschäftigungsfähigkeit, der sozialen Stabilisierung und gesellschaftlichen Teilhabe betont wurden, ist die Integrationswahrscheinlichkeit höher als in den Grundsicherungsstellen, deren Strategien auf gesellschaftliche Teilhabe weniger Wert legen und statt dessen die Erwerbsintegration akzentuieren. Für die Gruppe der langzeitarbeitslosen Älteren scheint sich somit gerade die sozialintegrative Ausrichtung auszuzahlen, so wie dies durch das Programm beabsichtigt wurde.

3.7 Zwischenfazit zu Kapitel 3

Die Beratung und Vermittlung in der öffentlichen Arbeitsverwaltung erfolgt in einem Prozess, der durch eine Wechselbeziehung zwischen der Vermittlungsfachkraft und der arbeitsuchenden Person gekennzeichnet ist. In ihrer Studie zeigen Boockmann et al. (2013) verschiedene Strategien der Beratung und Vermittlung auf. Sie identifizieren fünf Dimensionen von Vermittlungsstrategien. Erstens ermöglicht eine hohe Kontaktdichte Vermittlungsfachkräften eine intensive Betreuung von arbeitsuchenden Personen und eine enge Zusammenarbeit mit dem Arbeitgeber-Service und dem Reha-Bereich. Zweitens pflegen Vermittlungsfachkräfte durch Gespräche auf Augenhöhe den engen Kontakt zu den Arbeitsuchenden, sie weisen – drittens – aber auch auf die Notwendigkeit von Regeln und Anweisungen für den Beratungs- und Vermittlungsprozess hin. Vermittlungsfachkräfte können sich – viertens – als Sozialarbeiter/Sozialarbeiterinnen wahrnehmen, die auf die individuellen Problemlagen eingehen, oder sich – fünftens – als Dienstleister/Dienstleisterinnen sehen mit dem Ziel, erwerbslose Personen rasch in Arbeit zu vermitteln. Nach der Studie von Boockmann et al. (2013) ist die Wahrnehmung von Vermittlungsfachkräften als Sozialarbeiter/Sozialarbeiterinnen und als Dienstleister/Dienstleisterinnen ungefähr in derselben Häufigkeit in Jobcentern anzutreffen. Allerdings, so ein weiterer Befund der Studie, ist die Wahl der Vermittlungsstrategie nicht nur von der Vermittlungsfachkraft, sondern auch von der arbeitsuchenden Person abhängig. In welchem Ausmaß Vermittlungsfachkräfte beispielsweise Kooperationsbereitschaft zeigen oder auf Anweisungen und Regeln setzen, ist auch abhängig vom Verhalten der erwerbsfähigen Leistungsberechtigten.

Im Prozess der Arbeitsvermittlung üben die Fachkräfte der Jobcenter sowohl eine Beratungs- als auch eine Kontrollfunktion aus. Dieses Spannungsverhältnis bildet den konzeptionellen Hintergrund der Begleitforschung zur Einführung der Beratungskonzeption im SGB II (Soziologisches Forschungsinstitut Göttingen/Forschungsteam Internationaler Arbeitsmarkt/Institut Arbeit und Qualifikation 2013). Die Beratungskonzeption kann, so die Schlussfolgerung der evaluierenden Institute SOFI, FIA und IAQ, die Beratung in der Betreuung von erwerbsfähigen Leistungsberechtigten stärken, die Spannung zwischen Empathie und Unterstützung auf der einen Seite und Überprüfung und Sanktionierung auf der anderen Seite jedoch nicht aufheben. Ob die Beratungskonzeption die Beratungsfunktion stärkt, ist insbesondere abhängig von strukturellen Rahmenbedingungen, wie der Ausgestaltung des Zielsystems und der organisatorischen Handhabung der Gesprächsterminplanung. Komplementär zur Beratung und Vermittlung der Arbeitsuchenden verhält sich die Beratung und Vermittlung der Arbeitgeber. Letztere findet ihren organisatorischen Ausdruck im Arbeitgeber-Service (AG-S). Trotz der organisatorischen

Trennung zwischen arbeitnehmer- und arbeitgeberorientierter Arbeitsvermittlung, beobachtet eine Studie des SOFI (Bartelheimer/Henke/Marquardsen 2014) vielfältige Formen der Verschränkung zwischen den beiden Arten der Arbeitsvermittlung. Insbesondere stellen Bartelheimer, Henke und Marquardsen fest, dass sich auch der AG-S zunehmend an den arbeitsuchenden Personen orientiert, wenn er Arbeitgebern Vermittlungsvorschläge unterbreitet. Ferner pflegt der AG-S langfristige Kontakte zu Arbeitgebern und geht damit über die konkrete und kurzfristige Stellenvermittlung hinaus.

Neben der Arbeitsvermittlung der öffentlichen Arbeitsverwaltung besteht die Arbeitsvermittlung von privaten Dienstleistern, die von der öffentlichen Arbeitsverwaltung mit der Arbeitsvermittlung beauftragt werden. Sarah Bernhard (2016b) argumentiert, dass sowohl Merkmale des privaten Dienstleisters als auch Merkmale des Vertrags, der zwischen diesem und der öffentlichen Arbeitsverwaltung geschlossen wird, einen Einfluss auf den Erfolg der Arbeitsvermittlung haben. So haben Arbeitsuchende eine gute Aussicht auf eine Anstellung, wenn der private Arbeitsvermittler, der sie berät, im vorangegangenen Jahr eine überdurchschnittlich hohe Vermittlungsquote erzielte. Hinsichtlich der Vertragsmerkmale zeigt sich, dass der Erfolg der Arbeitsvermittlung mit dem Anteil der erfolgsorientierten Vergütung an der gesamten Vergütung des privaten Dienstleisters steigt. Dieser Zusammenhang gilt jedoch nicht für diejenigen Vergabefälle, in denen der private Dienstleister zu einem Strategiepapier verpflichtet ist, in dem er sein Vermittlungskonzept darlegt. In diesen Fällen steigt die Vermittlungswahrscheinlichkeit mit der Höhe der Aufwandspauschale.

Maßnahmen der Aktivierung setzen an der Beschäftigungsfähigkeit der Arbeitsuchenden an. So sollen Bewerbungstrainings die Beschäftigungschancen erwerbsfähiger Leistungsberechtigter erhöhen. Bernhard und Kopf (2014) vergleichen Bewerbungstrainings, die als Kurs angeboten werden, und Bewerbungstrainings, die als individuelle Beratung durchgeführt werden. Letztere führen häufiger zu der Aufnahme einer Beschäftigung. Freier (2016) untersucht Maßnahmen der Sozialen Aktivierung, die zeitlich und systematisch vor der Arbeitsmarktintegration ansetzen und auf die Förderung von Alltagskompetenzen zielen, um die soziale Teilhabe der betreffenden Personen zu erhöhen. Die Maßnahmen, die stark von der Sozialen Arbeit geprägt sind, bieten ein niedrigschwelliges Angebot für sehr arbeitsmarktferne Personen. Diese Maßnahmen können eine zeitnahe Integration in den Arbeitsmarkt nicht leisten, jedoch die Voraussetzung für eine zukünftige Arbeitsaufnahme schaffen.

Die Aktivierung von Arbeitsuchenden besteht aus Fördern und Fordern. Während Bewerbungstrainings und Maßnahmen der Sozialen Aktivierung sich auf das Fördern beziehen, sind Sanktionen Teil des Forderns. Zahradnik et al. (2016) zeigen, dass Personen, die eine geringe formale Bildung aufweisen, häufiger mit Sanktionen belegt werden als Personen mit einem höheren Bildungsabschluss. Van den Berg, Uhlendorff und Wolff (2014; 2015) untersuchen die Wirkung von Sanktionen auf die Überwindung des Leistungsbezugs und die Qualität der aufgenommenen Beschäftigung von jungen Erwachsenen. Sie zeigen, dass Sanktionen bei dieser Personengruppe die Beendigung des Leistungsbezugs durch die Aufnahme einer Beschäftigung steigern. Bereits Sanktionen in geringer Höhe erhöhen dabei die Wahrscheinlichkeit einer Beschäftigungsaufnahme. Allerdings begünstigen Sanktionen nicht nur die Aufnahme einer ungeförderten, sozialversicherungspflichtigen Beschäftigung, sondern fördern auch den Rückzug aus dem regulären Arbeitsmarkt. In Zahlen ausgedrückt überwiegt die Aufnahme einer Arbeit die Abwanderung aus dem Arbeitsmarkt aber deutlich. Die Bereitschaft, infolge von Sanktionen Lohn- und Gehaltseinbußen in Kauf zu nehmen, ist bei Alleinstehenden höher ausgeprägt als bei Personen, die in Bedarfsgemeinschaften leben. Keinen Effekt finden Grüttner, Moczall und Wolff (2016) zwischen Sanktionen auf der einen Seite und dem Teilhabeempfinden der Sanktionierten auf der anderen Seite. Die Autoren schließen aus den Ergebnissen ihrer Studie, dass das Empfinden, zur Gesellschaft zu gehören, mit dem Eintreten in die Grundsicherung und somit bereits vor dem Verhängen von Sanktionen beeinträchtigt wird.

Klingert und Lenhart (2017) zeigen in ihrer Untersuchung des Beratungs- und Vermittlungsprozesses, dass ein rein technisches Zusammenfügen von Arbeitskraftnachfrage und Arbeitskraftangebot den Anforderungen an die Arbeitsvermittlung von Langzeitarbeitslosen wenig gerecht wird. Um Langzeitarbeitslose in den Arbeitsmarkt zu integrieren, bedarf es vielmehr einer individuellen Beratung sowie eines gezielten Einsatzes von Maßnahmen. Zeit für die Betreuung und eine hohe Kontaktdichte ermöglichen in diesem Zusammenhang den Vermittlungsfachkräften eine intensive Beratung und Vermittlung. Für ältere Langzeitarbeitslose wurde das Programm „Impuls 50plus" aufgelegt. Inwieweit es dem Programm gelang, ältere Langzeitarbeitslose zu aktivieren und in eine Beschäftigung zu bringen, untersuchen Brussig, Stegmann und Zink (2014). Die Ergebnisse ihrer Studie legen nahe, dass die Förderung der sozialen Teilhabe und die Integration in den Arbeitsmarkt komplementäre Ziele sind. Eine Erhöhung und Stabilisierung der sozialen Teilhabe, so ihre Argumentation, wirkt sich positiv auf die Beschäftigungsfähigkeit aus und erhöht schließlich die Wahrscheinlichkeit, eine Erwerbsarbeit aufzunehmen. Umgekehrt ist die Wahrscheinlichkeit einer Erwerbsintegration geringer, wenn Jobcenter ihre Beratungs- und Vermittlungsstrategie zulasten der sozialen Integration einseitig auf die Arbeitsmarktintegration ausrichten.

4 Instrumente und ihre Wirkungen

Der Einsatz von Instrumenten der aktiven Arbeitsmarktpolitik bildet einen integralen Bestandteil der arbeitsmarktpolitischen Förderung im Bereich der Grundsicherung für Arbeitsuchende. Die verschiedenen Maßnahmen des Zweiten wie Dritten Buchs des Sozialgesetzbuches sollen nicht zuletzt die Arbeitsmarktchancen der Leistungsberechtigten verbessern. Durch die Förderung der Arbeitsmarktintegration soll ihr Einsatz zugleich der Überwindung der Hilfebedürftigkeit und damit einer der zentralen Zielsetzungen des SGB II dienen. Darüber hinaus werden vor allem Maßnahmen der Beschäftigungsförderung ebenfalls eingesetzt, um langzeitarbeitslosen Leistungsberechtigten ohne realistische Chancen auf baldige Arbeitsmarktbeteiligung den Zugang zur Erwerbsarbeit und zu den darüber vermittelten Möglichkeiten sozialer Teilhabe zu eröffnen.

Diese Bandbreite an arbeitsmarkt- und sozialpolitischen Zielsetzungen des Instrumenteneinsatzes spiegelt sich auch in der Wirkungsforschung des IAB wider. In Abschnitt 4.1 werden die Evaluationsergebnisse von Maßnahmen zur beruflichen Weiterbildung vorgestellt. Anschließend fokussiert Abschnitt 4.2 die Förderung selbstständiger Beschäftigung im Bereich der Grundsicherung und präsentiert dazu Forschungsergebnisse zur Wirkung sowie zur Implementation des Einstiegsgelds. Abschnitt 4.3 stellt Ergebnisse zu den besser als Zusatz- oder Ein-Euro-Jobs bekannten Arbeitsgelegenheiten in der Mehraufwandsvariante vor. Neben der Beschäftigungswirkung wurde auch ihr Effekt auf subjektive Indikatoren wie die Selbstwirksamkeit und die wahrgenommene gesellschaftliche Integration untersucht. Anschließend widmet sich Abschnitt 4.4 der Wirkung von Maßnahmesequenzen. Das Zwischenfazit fasst die zentralen Ergebnisse des Kapitels 4 zusammen (Abschnitt 4.5).

4.1 Förderung beruflicher Weiterbildung

Die berufliche Weiterbildung ist ein zentraler Ansatzpunkt aktiver Arbeitsmarktpolitik. Sie soll Beschäftigungschancen von Arbeitslosen erhöhen und damit zur Überwindung der Abhängigkeit von sozialstaatlichen Transferzahlungen beitragen. Inwieweit dieser Ansatz auch im Bereich der Grundsicherung für Arbeitsuchende greift, wurde erstmals von Kruppe (2009) und Bernhard/Kruppe (2012) untersucht (für eine Zusammenfassung der Ergebnisse vgl. Dietz et al. 2013, S. 137 ff.). Ihre Analysen legen nahe, dass die Förderung beruflicher Weiterbildung durchaus positive Beschäftigungswirkungen entfaltet (vgl. ebd., S. 139). Allerdings waren diese Untersuchungen auf einen eher kurzen Beobachtungszeitraum von gut zwei Jahren ab Beginn der beruflichen Weiterbildung beschränkt. Denn aufgrund der

Verfügbarkeit von Daten können entweder aktuelle Zugänge mit kurzem Beobachtungszeitraum für die Wirkungsmessung oder aber frühere Zugänge mit längerem Beobachtungszeitraum analysiert werden. Dies stellt für die Evaluation der Beschäftigungseffekte eine Einschränkung dar, weil aus anderen Untersuchungen bekannt ist, dass sich die positive Wirkung gerade von länger andauernden beruflichen Weiterbildungen häufig erst nach mehreren Jahren zeigt (vgl. etwa Lechner et al. 2007, 2011; Fitzenberger et al. 2006; Fitzenberger/Völter 2007).

Aufgrund des größeren zeitlichen Abstands zur Einführung des SGB II konnten im Rahmen der jüngst abgeschlossenen Periode der SGB-II-Forschung des IAB solche längerfristigen Effekte nun auch für die Grundsicherung für Arbeitsuchende untersucht werden (Abschnitt 4.1.1). Analysiert wurde zudem die Wirkung beruflicher Weiterbildung in einem anerkannten Ausbildungsberuf (Abschnitt 4.1.2). Darüber hinaus umfasste die Forschung zur beruflichen Weiterbildung in den Jahren 2013 bis 2016 auch die Analyse der Weiterbildungsbereitschaft von arbeitslosen Leistungsberechtigten als einer wichtigen individuellen Erfolgsbedingung dieses Förderansatzes (Abschnitt 4.1.3).

4.1.1 Berufliche Weiterbildung von Leistungsberechtigten der Grundsicherung

Alleinstellungsmerkmal der Untersuchung von Sarah Bernhard (2016a) zu den Beschäftigungseffekten beruflicher Weiterbildung ist, dass sie diese Effekte über einen Zeitraum von mehr als acht Jahren hinweg betrachtet. Zwar gab es auch zuvor Analysen der längerfristigen Wirkung beruflicher Weiterbildung, gemessen wurde diese aber bei Teilnehmenden, die ihre Weiterbildung sowohl vor der Einführung des Bildungsgutscheins im Jahr 2003 als auch der Grundsicherung im Jahr 2005 aufgenommen haben. Mit Blick auf die Umsetzung beruflicher Weiterbildung sind dies jedoch maßgebliche Änderungen der institutionellen Rahmenbedingungen (vgl. ebd., S. 153 f.).

Um die Beschäftigungswirkung beruflicher Weiterbildung zu ermitteln, vergleicht Sarah Bernhard (2016a) den Beschäftigtenanteil sowie den Durchschnittslohn von teilnehmenden Leistungsberechtigten mit einer ähnlichen Vergleichsgruppe aus nicht teilnehmenden Empfängerinnen und Empfängern von Arbeitslosengeld II (zum methodischen Vorgehen vgl. ebd., S. 155 ff.). Als Datengrundlage nutzt Bernhard administrative Daten der Bundesagentur für Arbeit, konkret die Integrierten Erwerbsbiografien sowie die Leistungshistorik Grundsicherung (vgl. ebd., S. 155). Die Gruppe der Teilnehmenden setzt sich zusammen aus allen im Januar 2005 arbeitslos gemeldeten Leistungsberechtigten der Grundsicherung, die zwischen Februar und April des gleichen Jahres eine vom Jobcenter geförderte berufliche Weiterbildung aufgenommen haben. Die potenzielle Vergleichsgruppe ist eine Stichprobe aus arbeitslosen Grundsicherungsempfängerinnen und -empfängern vom Januar 2005, die in dem genannten Zeitraum keine Maßnahme der beruflichen Weiterbildung begonnen haben. Dieser Zuschnitt der Vergleichsgruppe schließt jedoch nicht aus, dass einzelne Personen nach April 2005 ebenfalls mit einer vergleichbaren Weiterbildungsmaßnahme gefördert wurden. Mithilfe von Propensity-Score-Matching wird eine Vergleichsgruppe von den Teilnehmenden möglichst ähnlichen Personen gebildet. Anschließend werden die Arbeitsmarktergebnisse beider Gruppen miteinander verglichen.

Für die ersten Monate nach Beginn der Maßnahme bestätigen die Ergebnisse der IAB-Forscherin, was in den Analysen anderer arbeitsmarktpolitischer Förderinstrumente vielfach als sogenannter Lock-In-Effekt beschrieben wird: So weist die Teilnehmergruppe „signifikant geringere Beschäftigungschancen" (ebd., S. 159) als die Vergleichsgruppe auf. Hinzukommt, dass ihr Durchschnittslohn niedriger und der Anteil Hilfebedürftiger höher ist als bei den Vergleichspersonen. Mit Bezug auf die Humankapitaltheorie spricht Bernhard dabei von einem „Investitionseffekt" (ebd.), da sie die anfängliche Verschlechterung der Beschäftigungschancen als Folge der individuellen „Investition in Humankapital" (ebd.) interpretiert, die entsteht, weil die Teilnehmenden zunächst ihre Weiterbildung absolvieren und deshalb im Durchschnitt weniger intensiv nach Arbeit suchen.

Dieser Investitionseffekt hält jedoch nur vorübergehend an, während einige Monate nach Beginn der beruflichen Weiterbildung, deren positive Wirkung auf alle von Sarah Bernhard (2016a) betrachteten „Erfolgsindikatoren" (ebd., S. 159) sichtbar werden. So zeigt ihre Analyse, dass die Beschäftigungschancen ebenso wie der Durchschnittslohn der Teilnehmenden nach der Investitionsphase höher ausfallen als in der Vergleichsgruppe. Abhängig davon, welche der Teilgruppen der Teilnehmenden – Frauen oder Männer in West- oder Ostdeutschland – betrachtet werden, liegt der Anteil an Beschäftigten in einer ungeförderten versicherungspflichtigen Beschäftigung maximal 10 bis 14 Prozentpunkte über dem der Vergleichsgruppe. Das monatliche Arbeitsentgelt der Geförderten ist maximal je nach Gruppe um 239 bis 334 Euro höher als in der Vergleichsgruppe (vgl. ebd.).

Auch der Anteil an Empfängerinnen und Empfängern von Arbeitslosengeld II ist unter den Geförderten niedriger, wenngleich die Wirkung der beruflichen Weiterbildung auf diesen Indikator etwas später eintritt und zudem schwächer ausgeprägt ist als die Wirkung auf die Beschäftigungschancen. Sarah Bernhard (2016a) führt die Differenz von Zeitpunkt und Stärke dieser Wirkdimension auf die haushaltsbezogene Bedürftigkeitsprüfung von Leistungen der Grundsicherung zurück. So ermögliche die (durch die Weiterbildung) verbesserte Beschäftigungssituation des Geförderten je nach Zahl der zu versorgenden Personen nicht zwingend die eigenständige Unterhaltssicherung der gesamten Bedarfsgemeinschaft. Trotz einer Überwindung der Arbeitslosigkeit könne die Hilfebedürftigkeit somit fortbestehen.

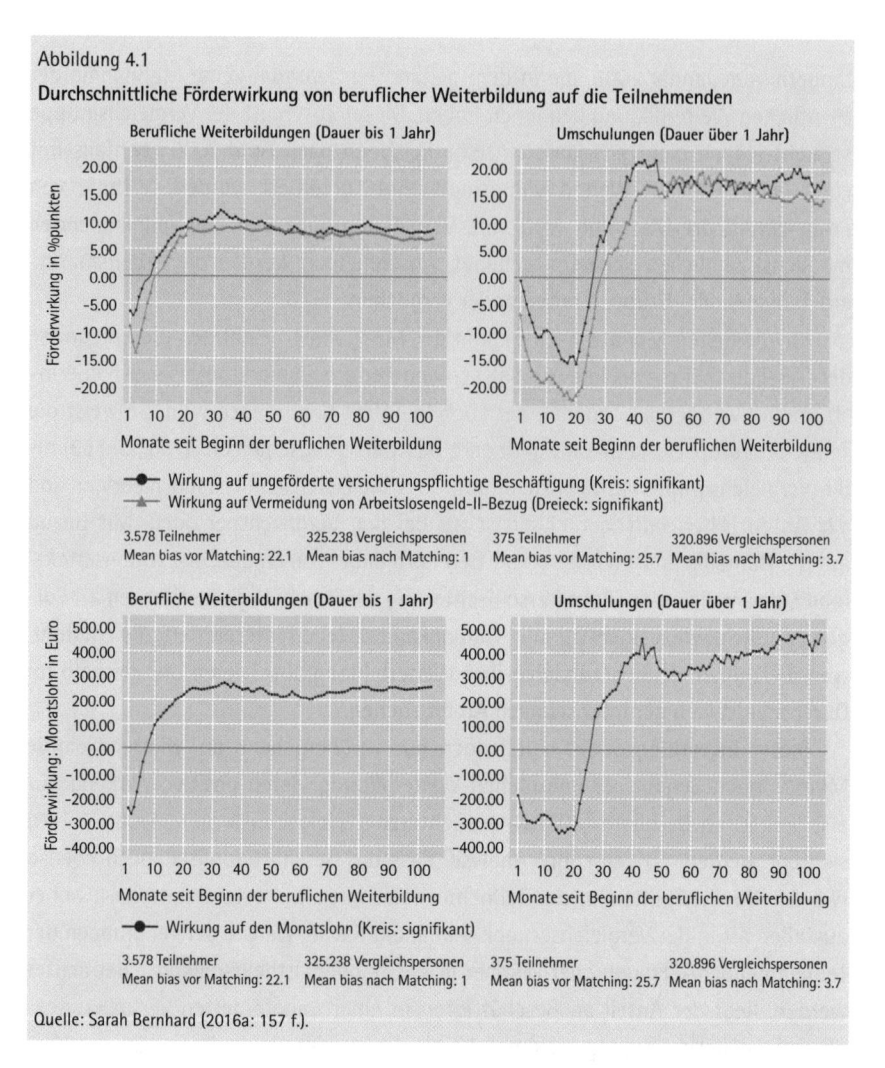

Instrumente und ihre Wirkungen

Abbildung 4.1
Durchschnittliche Förderwirkung von beruflicher Weiterbildung auf die Teilnehmenden

Berufliche Weiterbildungen (Dauer bis 1 Jahr) — Förderwirkung in %punkten
3.578 Teilnehmer / 325.238 Vergleichspersonen
Mean bias vor Matching: 22.1 / Mean bias nach Matching: 1

Umschulungen (Dauer über 1 Jahr) — Förderwirkung in %punkten
375 Teilnehmer / 320.896 Vergleichspersonen
Mean bias vor Matching: 25.7 / Mean bias nach Matching: 3.7

● Wirkung auf ungeförderte versicherungspflichtige Beschäftigung (Kreis: signifikant)
▲ Wirkung auf Vermeidung von Arbeitslosengeld-II-Bezug (Dreieck: signifikant)

Berufliche Weiterbildungen (Dauer bis 1 Jahr) — Förderwirkung: Monatslohn in Euro
● Wirkung auf den Monatslohn (Kreis: signifikant)
3.578 Teilnehmer / 325.238 Vergleichspersonen
Mean bias vor Matching: 22.1 / Mean bias nach Matching: 1

Umschulungen (Dauer über 1 Jahr)
375 Teilnehmer / 320.896 Vergleichspersonen
Mean bias vor Matching: 25.7 / Mean bias nach Matching: 3.7

Quelle: Sarah Bernhard (2016a: 157 f.).

Ungeachtet dessen ist bemerkenswert, dass die von Sarah Bernhard (2016a) gemessenen Effekte beruflicher Weiterbildung über den gesamten Beobachtungszeitraum von immerhin achteinhalb Jahren bestehen bleiben und auf alle betrachteten Subgruppen zutreffen (vgl. ebd., S. 159). Von beruflicher Weiterbildung profitieren Frauen und Männer in ähnlicher Weise und dies unabhängig davon, ob sie jünger oder älter sind, über einen Berufsabschluss verfügen oder nicht und ob sie in West- oder Ostdeutschland leben (für eine differenzierte Übersicht der Wirkungen auf alle Subgruppen vgl. ebd., S. 157 f.).

Trotz vergleichbarer Wirkung beruflicher Weiterbildung auf diese Teilgruppen unter den Geförderten hebt Sarah Bernhard (2016a) drei der von ihr beobachteten Differenzen jedoch explizit hervor. *Erstens* belegen ihre Befunde, dass die Dauer der Weiterbildung einen signifikanten Effekt auf die betrachteten Erfolgsindikatoren hat.

Einerseits betrifft dies den durchschnittlichen Monatslohn, der bei Teilnehmenden an langen Weiterbildungen bis zu 480 Euro höher ist als in der Vergleichsgruppe. Andererseits zeigt sich diese Wirkung auch mit Blick auf die Beschäftigungschancen: „Die Beschäftigtenanteile sind unter den Teilnehmenden an den langen Weiterbildungen um bis zu 22 Prozentpunkte höher und unter den Teilnehmenden an kürzeren Weiterbildungen um bis zu 13 Prozentpunkte höher als in der Vergleichsgruppe der Nicht-Teilnehmenden" (ebd.). Bernhard erklärt die positive Wirkung der Dauer der beruflichen Weiterbildung zum einen mit der größeren „Investition in Humankapital" (ebd., S. 160). Zum anderen betont sie, dass der Erwerb eines staatlich anerkannten Berufsabschlusses, wie er im Rahmen langer Umschulungsmaßnahmen möglich ist, eine „Signalwirkung für (hohe) Produktivität an künftige Arbeitgeber" (ebd.) haben könnte und die Geförderten daher ihre Beschäftigungschancen in stärkerem Ausmaß erhöhen konnten, als Teilnehmerinnen und Teilnehmer an kürzeren Weiterbildungen. *Zweitens* profitieren Leistungsberechtigte mit Migrationshintergrund „stärker" (ebd., S. 159) von beruflicher Weiterbildung als Geförderte ohne Migrationshintergrund. In ähnlicher Weise gilt dies *drittens* für „besonders arbeitsmarktferne Weiterbildungsteilnehmer" (ebd.). Für sie erhöht die Weiterbildung die Beschäftigungschancen stärker, als bei Teilnehmern, deren letzter Job weniger weit zurückliegt (vgl. ebd.).

Vor dem Hintergrund dieses Befunds und mit Verweis auf die Tatsache, dass ein großer Teil der Arbeitslosen in Deutschland über keine abgeschlossene Berufsausbildung verfügt, problematisiert die IAB-Forscherin im Fazit ihres Beitrags, dass die Fördermittel für berufliche Weiterbildung in den letzten Jahren um rund 30 Prozent von 2,3 Milliarden im Jahr 2009 auf 1,6 Milliarden im Jahr 2014 gesunken sind (vgl. ebd., S. 160). Anstelle einer solchen Kürzung bewertet sie weitere „Investitionen in abschlussorientierte Weiterbildungsangebote als aussichtsreiche Perspektive einer zukunftsorientierten Arbeitsmarktpolitik" (ebd.).

4.1.2 Wirkung von Weiterbildung in einem anerkannten Ausbildungsberuf

Wie Sarah Bernhard (2016a) beschäftigten sich auch Kruppe/Lang (2015a; vgl. auch Kruppe/Lang 2014) mit der Frage nach der Beschäftigungswirkung beruflicher Weiterbildung. Anders als die zuvor dargestellte Untersuchung konzentrieren sich Kruppe/Lang (2015a) jedoch allein auf die Wirkung solcher Weiterbildungsmaßnahmen, deren Ziel im Erwerb eines anerkannten Ausbildungsabschlusses (kurz: Umschulungen) besteht. Mit dieser inhaltlichen Ausrichtung tragen sie zum einen dem Sachverhalt Rechnung, dass Qualifizierung im Allgemeinen die Beschäftigungsaufnahme von Arbeitslosen befördern kann. Zum anderen reflektieren sie damit den Sachverhalt, dass fehlende Berufsabschlüsse ein verbreitetes Vermittlungshemmnis von Leistungsberechtigten der Grundsicherung darstellen.

Vor diesem Hintergrund analysieren Kruppe/Lang (2015a) die Beschäftigungseffekte von Umschulungen auf Arbeitslose beider Rechtskreise, die in den Jahren 2005 bis 2007 eine solche Maßnahme aufgenommen haben, und verfolgen deren Erwerbsverläufe bis zum Ende des Jahres 2011. Auf diese Weise ist sichergestellt, dass die Maßnahmenwirkung selbst bei einer dreijährigen Umschulungsdauer wenigstens noch für den Zeitraum eines Jahres nach Abschluss der Förderung beobachtet werden kann (für Zutritte im Jahr 2007). Methodisch wird die Wirkung der Maßnahme durch den Vergleich der Beschäftigungsaufnahmen der Teilnehmenden mit denen einer „möglichst ähnlichen Gruppe von Nichtteilnehmenden" (ebd., S. 3) ermittelt. Als Datengrundlage verwenden Kruppe/Lang administrative Daten der Bundesagentur für Arbeit, die sogenannten Integrierten Erwerbsbiografien (IEB).

Die Beschäftigungseffekte fallen für die Teilnehmenden beider Rechtskreise in den ersten zwei Jahren nach Beginn der Förderung negativ aus. Verglichen mit der Vergleichsgruppe nehmen die Teilnehmerinnen und Teilnehmer also seltener eine reguläre Beschäftigung auf. Dies ist insofern erwartbar, als es sich bei der Phase der Weiterbildung um eine „Investitionsphase in die Bildung und Qualifikation" (Kruppe/Lang 2015a, S. 4) handelt, während der die Teilnehmenden nicht (oder zumindest weniger intensiv) nach einer Beschäftigung suchen. Entsprechend setzt der positive Effekt der Umschulung erst etwa 20 Monate nach Beginn der Förderung ein. Bei Teilnehmenden aus dem Bereich der Grundsicherung ist der Beschäftigungseffekt 28 Monate nach Aufnahme der Maßnahme signifikant positiv (zu den Ergebnissen für Geförderte des SGB III vgl. ebd., S. 4 ff.). Bis zu diesem Zeitpunkt, erläutern Kruppe/Lang, „haben Nichtteilnehmende eine höhere Beschäftigungswahrscheinlichkeit als Teilnehmende, danach ist es umgekehrt" (ebd., S. 4). Der Beschäftigungseffekt steigt bis zum Ende des Beobachtungszeitraums weiter an. Vier Jahre nachdem die Teilnehmenden mit der Umschulung begonnen haben, liegt die Beschäftigungsquote von Teilnehmerinnen aus dem Rechtskreis SGB II um 19 Prozentpunkte über der von nicht geförderten Frauen. Bei Männern ist die Differenz geringer, beträgt aber immerhin noch zwölf Prozentpunkte (vgl. Abbildung 4.2).

Jenseits dieser geschlechtsspezifischen Unterschiede des Beschäftigungseffekts von Umschulungen, sind auch berufsfeldspezifische Wirkungen zu beobachten. Die stärksten positiven Effekte zeigen sich bei Umschulungen in Gesundheitsberufen. So haben Teilnehmende aus dem SGB II vier Jahre nach Eintritt in die Maßnahme eine um 24 Prozentpunkte höhere Beschäftigungswahrscheinlichkeit als Männer der Vergleichsgruppe. Bei Frauen des gleichen Rechtskreises fällt der Effekt noch höher aus. Im Unterschied zu der Vergleichsgruppe liegt ihre Beschäftigungsquote infolge der Umschulungen um 30 Prozentpunkte höher. In einer separaten Analyse der Altenpflegeberufe, die die größte Gruppe innerhalb der Gesundheitsberufe darstellt, weisen Kruppe/Lang (2015b) sogar einen noch stärker ausgeprägten Effekt nach.

So beträgt dieser 29 Prozentpunkte für geförderte Männer aus dem Rechtskreis des SGB II und rund 32 Prozent für teilnehmende Frauen aus der Grundsicherung (vgl. ebd., S. 4). In den anderen von Kruppe/Lang (2015a) betrachteten Zielberufen fällt der Beschäftigungseffekt der Förderung zwar nicht derart deutlich aus, ist aber in den meisten Fällen dennoch positiv (vgl. ebd., S. 5). Alles in allem betrachten Kruppe/Lang (2015a) Umschulungen daher als „wichtigen Baustein der aktiven Arbeitsmarktpolitik" (ebd., S. 1), von deren Einsatz insbesondere gering qualifizierte Arbeitslose profitieren können (vgl. ebd.).

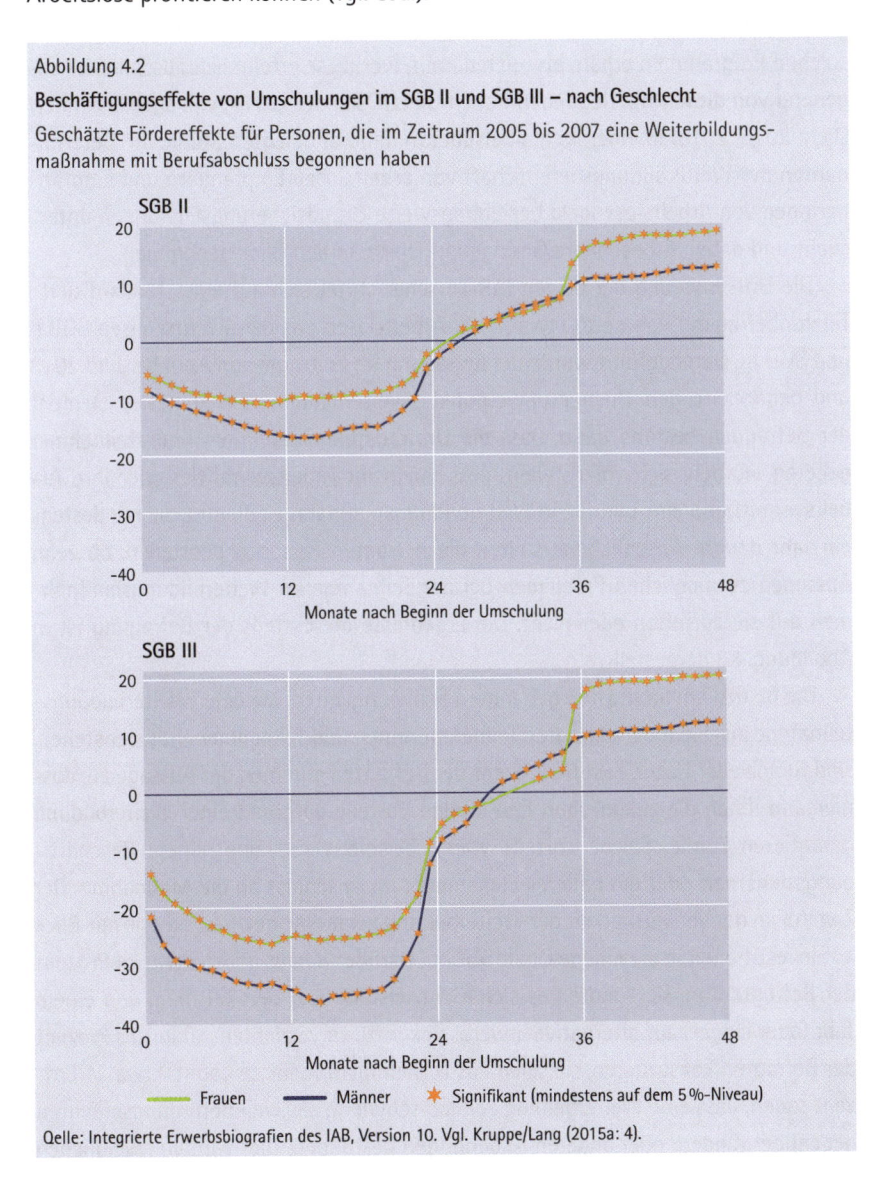

Abbildung 4.2
Beschäftigungseffekte von Umschulungen im SGB II und SGB III – nach Geschlecht
Geschätzte Fördereffekte für Personen, die im Zeitraum 2005 bis 2007 eine Weiterbildungsmaßnahme mit Berufsabschluss begonnen haben

Qelle: Integrierte Erwerbsbiografien des IAB, Version 10. Vgl. Kruppe/Lang (2015a: 4).

4.1.3 Weiterbildungsbereitschaft arbeitsloser Leistungsberechtigter

Inwieweit Arbeitslose von beruflicher Weiterbildung profitieren, hängt jedoch nicht allein vom gewählten Zielberuf und der Nachfrage nach Arbeitskräften in diesem Arbeitsmarktsegment ab. Auch die Fähigkeiten (Kognition, Vor- und Fachwissen) und die Motivation der potenziellen Teilnehmerinnen und Teilnehmern bilden wichtige Faktoren für den Erfolg von geförderten beruflichen Weiterbildungsmaßnahmen. So dürfte die Teilnahmebereitschaft von Arbeitslosen sowohl Einfluss darauf haben, wer im Aushandlungsprozess mit den Vermittlungsfachkräften Zugang zu solchen Programmen erhält, als auch darauf, wer diese erfolgreich abschließt. Ausgehend von diesen Überlegungen haben Dietz/Osiander (2014; vgl. auch Osiander/Dietz 2015, 2016) in einer rechtskreisübergreifend angelegten Studie die Determinanten der Weiterbildungsbereitschaft von arbeitslosen Empfängern und Empfängerinnen von Arbeitslosengeld beziehungsweise Grundsicherungsleistungen untersucht und dabei insbesondere Geringqualifizierte in den Blick genommen.

Die Untersuchung der beiden IAB-Forscher stützt sich auf eine standardisierte Telefonbefragung von netto etwa 4.000 Arbeitslosen aus den Rechtskreisen SGB II und SGB III. Durchgeführt wurde die Befragung im Zeitraum von April bis Juni 2013 und behandelte den Themenschwerpunkt „Weiterbildung". Ein zentrales Element der Befragung bestand darin, dass die Umfrageteilnehmerinnen und -teilnehmer gebeten wurden, sich vorzustellen, dass ihnen ihr Arbeitsvermittler oder ihre Arbeitsvermittlerin eine berufliche Weiterbildungsmaßnahme anbietet, die mindestens ein Jahr dauert. Anschließend sollten die befragten Personen beurteilen, ob zehn Aussagen zu möglichen Problemen bei der Teilnahme an Weiterbildungsmaßnahmen auf sie zutreffen oder nicht. Die Ergebnisse dieses Teils der Befragung ist in Abbildung 4.3 dargestellt.

Die beiden am häufigsten genannten Schwierigkeiten, die einer Weiterbildungsteilnahme aus Sicht der befragten Teilnehmerinnen und Teilnehmer entgegenstehen, sind finanzieller Natur. Fast 64 Prozent der Befragten stimmen der Aussage zu, dass niemand ihnen die zukünftigen finanziellen Vorteile aufgrund einer Weiterbildung garantieren könne. Solche Vorteile wären beispielsweise eine höhere Beschäftigungssicherheit oder ein höheres Einkommen im Anschluss an die Maßnahme. Der Zweifel an der Verwertbarkeit der Weiterbildung zeigt eine gewisse Skepsis mit Blick auf Investitionen in die eigene Qualifikation. Darüber hinaus geben etwa 44 Prozent der Befragten an, sie könnten es sich nicht leisten, über den Zeitraum von einem Jahr (oder länger) auf alternative Erwerbseinkünfte zu verzichten. Knapp 29 Prozent der Befragten konstatieren, sie seien das Lernen nicht mehr gewohnt. Etwa 21 Prozent sagen, dass eine Weiterbildung zeitlich schwierig sei, weil Betreuungspflichten gegenüber Kindern oder anderen Angehörigen bestünden. Dies wird von weiblichen

Befragten häufiger betont. Alle anderen Schwierigkeiten im Weiterbildungskontext werden seltener genannt. Bemerkenswert ist, dass sich die Angaben zu den Hindernissen faktisch kaum zwischen Arbeitslosen im SGB II und Arbeitslosen im SGB III unterscheiden. Vielmehr zeigen sich rechtskreisübergreifend bildungsspezifische Unterschiede. So führen formal eher Geringqualifizierte bestimmte Schwierigkeiten häufiger an, wie etwa, das Lernen nicht mehr gewohnt zu sein oder keine guten Erfahrungen mit Ausbildern oder Lehrern gemacht zu haben.

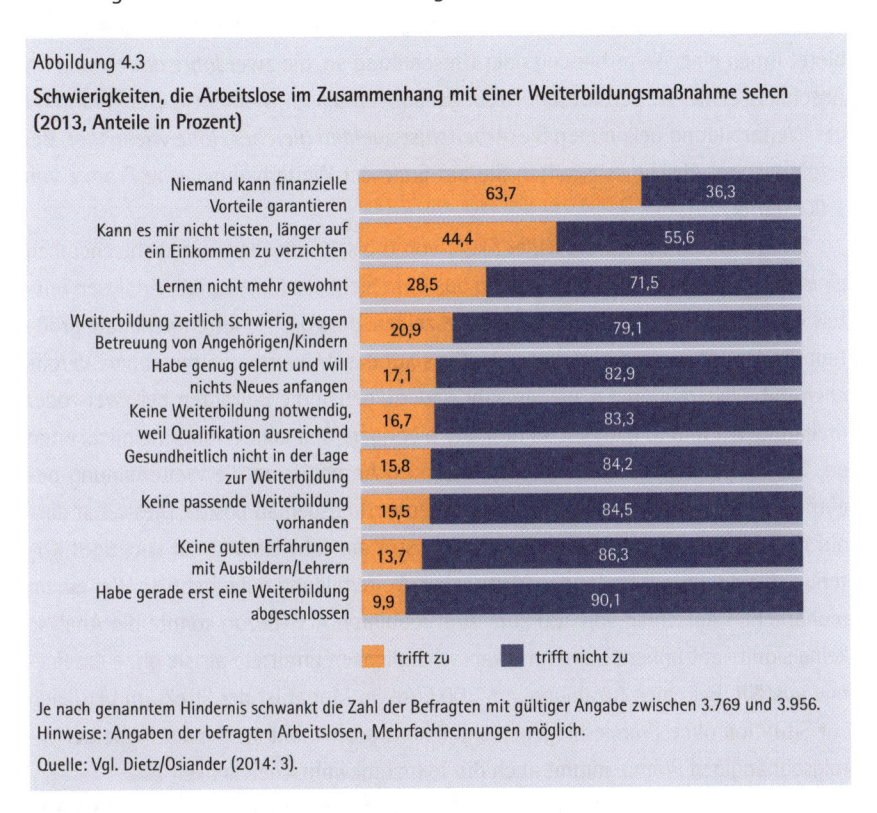

Abbildung 4.3
Schwierigkeiten, die Arbeitslose im Zusammenhang mit einer Weiterbildungsmaßnahme sehen (2013, Anteile in Prozent)

Schwierigkeit	trifft zu	trifft nicht zu
Niemand kann finanzielle Vorteile garantieren	63,7	36,3
Kann es mir nicht leisten, länger auf ein Einkommen zu verzichten	44,4	55,6
Lernen nicht mehr gewohnt	28,5	71,5
Weiterbildung zeitlich schwierig, wegen Betreuung von Angehörigen/Kindern	20,9	79,1
Habe genug gelernt und will nichts Neues anfangen	17,1	82,9
Keine Weiterbildung notwendig, weil Qualifikation ausreichend	16,7	83,3
Gesundheitlich nicht in der Lage zur Weiterbildung	15,8	84,2
Keine passende Weiterbildung vorhanden	15,5	84,5
Keine guten Erfahrungen mit Ausbildern/Lehrern	13,7	86,3
Habe gerade erst eine Weiterbildung abgeschlossen	9,9	90,1

Je nach genanntem Hindernis schwankt die Zahl der Befragten mit gültiger Angabe zwischen 3.769 und 3.956.
Hinweise: Angaben der befragten Arbeitslosen, Mehrfachnennungen möglich.
Quelle: Vgl. Dietz/Osiander (2014: 3).

Mittels eines faktoriellen Surveys wurde zudem analysiert, wie finanzielle Anreize und Opportunitätskosten (entgangene Vorteile nicht gewählter Alternativen) die Teilnahmebereitschaft an einer Weiterbildung verändern. Es wird also eine Analyse durchgeführt, bei der die Einstellung der Teilnehmerinnen und Teilnehmer mithilfe von Situationsentscheidungen festgestellt wird. Dazu wurden den Befragten mehrere hypothetische Entscheidungssituationen (sogenannte „Vignetten") vorgelegt, die sie beurteilen sollten. In dem konkreten Fall wurden den Befragten mögliche Weiterbildungsangebote beschrieben. Die Charakteristika dieser hypothetischen Angebote werden wie in einem Experiment zufällig variiert, sodass analysiert werden kann, welche Dimensionen in welcher Art und Weise das Antwortverhalten beeinflussen.

Die variierenden Dimensionen sind: die Dauer der Weiterbildung: ein Jahr/zwei Jahre/drei Jahre; die Beschäftigungschancen nach der Weiterbildung: etwas besser als bisher/sehr viel besser als bisher; Existenz einer monatlichen Zuzahlung zum Arbeitslosengeld: keine Zuzahlung/100 Euro extra/300 Euro extra; Existenz einer Prämie für den erfolgreichen Abschluss: keine Prämie/2.000 Euro Prämie/4.000 Euro Prämie. Damit ergeben sich 54 mögliche Kombinationen von Weiterbildungen mit verschiedenen Merkmalen. Eine Beispielvignette sieht dann wie folgt aus (die unterstrichenen Teile können variiert werden): „Stellen Sie sich vor, die Arbeitsagentur bietet Ihnen eine Weiterbildung oder Umschulung an, die *zwei Jahre dauert* und im Anschluss *etwas bessere Beschäftigungschancen* als im Moment bietet. Während der Weiterbildung bekommen Sie *Arbeitslosengeld in gleicher Höhe wie bisher*. Bei erfolgreichem Abschluss erhalten Sie am Ende der Weiterbildung *eine Prämie von 2.000 Euro.*"

Die Befragten sollten auf einer Skala von 0 bis 10 angeben, wie wahrscheinlich eine Teilnahme an einer Weiterbildung aus ihrer Sicht sei. Multivariate Analysen mittels verschiedener statistischer Methoden zeigen, dass die Vignettenmerkmale größtenteils den theoretisch erwarteten Einfluss auf das Antwortverhalten haben. Verglichen mit Weiterbildungen, die ein Jahr dauern, geben die Befragten bei zwei- oder dreijährigen Weiterbildungen signifikant niedrigere Teilnahmewahrscheinlichkeiten an. Die vermuteten Beschäftigungschancen im Anschluss an die Weiterbildung beeinflussen das Antwortverhalten hingegen erwartungsgemäß positiv. Dies weist darauf hin, dass die Verwertbarkeit des Abschlusses am Arbeitsmarkt ein wichtiges Kriterium für die Bereitschaft sein dürfte, eine Weiterbildung aufzunehmen. Bei einem monatlichen Aufschlag von 100 Euro zum regulären ALG-Bezug konnte die Analyse keine signifikant höhere Teilnahmewahrscheinlichkeit ermitteln als sie ohne die Prämie ausfällt. Bei einer Zuzahlung von 300 Euro im Monat ist der Effekt im Vergleich zur Situation ohne Prämie hingegen signifikant positiv. Mit steigender Höhe der erfolgsabhängigen Prämie nimmt auch die Teilnahmewahrscheinlichkeit zu.

Hinsichtlich der finanziellen Anreizstruktur zeigt die Analyse einige interessante rechtskreisspezifische Besonderheiten. Bei Personen, die Arbeitslosengeld (SGB III) beziehen, hat die Dauer der Weiterbildung keinen signifikanten Effekt auf das Antwortverhalten. Auch die Zahlung von 100 Euro monatlich zusätzlich zum regulären Arbeitslosengeld während der Weiterbildung verändert das Antwortverhalten nicht systematisch. Erst bei einer Zuzahlung in Höhe von 300 Euro monatlich geben die Befragten an, unter diesen Voraussetzungen eher an einer Weiterbildung teilzunehmen. Gleiches gilt für in Aussicht gestellte Prämienzahlungen nach erfolgreichem Abschluss der Maßnahme. Auch eine solche einmalige Prämienzahlung erhöht die Teilnahmewahrscheinlichkeit von Arbeitslosen. Verglichen mit der Referenzkategorie „Keine Prämie bei erfolgreichem Abschluss der Maßnahme" fallen die Antworten sowohl bei einer Abschlussprämie in Höhe von 2.000 Euro als auch in Höhe von 4.000 Euro positiver aus.

Im SGB II fallen die Teilnahmewahrscheinlichkeiten bei Leistungsberechtigten der Grundsicherung für zwei- ebenso wie für dreijährige Weiterbildung systematisch niedriger aus als bei Weiterbildungen, die lediglich ein Jahr dauern. Die in Aussicht gestellten Beschäftigungschancen nach Abschluss der Weiterbildung verändern die Bereitschaft zur Teilnahme nicht. Gleiches gilt für eine monatliche Zuzahlung zum regulären Leistungsbezug in Höhe von 100 Euro. Eine Zuzahlung von 300 Euro führt, ähnlich wie im SGB III, zu einer systematisch höheren Teilnahmewahrscheinlichkeit. Ebenso beeinflussen beide Erfolgsprämien – 2.000 und 4.000 Euro für einen erfolgreichen Abschluss der Maßnahme – das Antwortverhalten signifikant positiv.

Alles in allem verweisen Dietz/Osiander (2014) auf einen in der Debatte um die Wirksamkeit beruflicher Weiterbildung bislang vernachlässigten Aspekt. Neben der inhaltlichen Ausgestaltung solcher Maßnahmen und der von ihnen adressierten Zielberufe beziehungsweise Arbeitsfelder rücken sie mit der individuellen Weiterbildungsbereitschaft eine wichtige Voraussetzung für den Erfolg beruflicher Weiterbildung in den Fokus. Dabei unterstreichen ihre Analysen nicht nur die Bedeutung, die dem erwarteten finanziellen Ertrag einer solchen Förderung zukommt, sondern zeigen zudem konkrete Ausgestaltungsoptionen auf, die Arbeitslose bei einer Teilnahme unterstützen könnten. Unabhängig von der Frage nach finanziellen Anreizen sind eine qualitativ hochwertige Beratung von Arbeitslosen zu Weiterbildungsthemen sowie eine sorgfältige Auswahl der Teilnehmenden für derartige Maßnahmen wichtige Voraussetzungen für deren Gelingen.

4.2 Förderung selbstständiger Beschäftigung

Um die Überwindung von Arbeitslosigkeit wie Hilfebedürftigkeit zu unterstützen, setzt die aktive Arbeitsmarktpolitik auch auf die finanzielle Förderung von Unternehmensgründungen aus der Arbeitslosigkeit heraus. Im Bereich der Grundsicherung für Arbeitsuchende ist dafür das in Paragraph 16b geregelte Einstiegsgeld in der Gründungsvariante gedacht. Mit diesem Instrument können erwerbsfähige Leistungsberechtigte bis zu zwei Jahre lang gefördert werden. Ziel der Förderung ist die Überwindung der Hilfebedürftigkeit. Nachdem bereits Ergebnisse zu den kurz- und mittelfristigen Wirkungen des Einstiegsgelds vorliegen (vgl. Wolff/Nivorozhkin 2008, 2012), haben Wolff et al. (2016) nun auch die Langzeitwirkung des Einstiegsgelds analysiert (Abschnitt 4.2.1). Unter Rückgriff auf qualitative Interviews mit Geförderten diskutieren sie zudem mögliche Gründe für die ermittelten Wirkungen der Gründungsförderung. Diese Interviews sind im Rahmen einer umfangreichen

Implementationsstudie zum Einstiegsgeld entstanden, die im Auftrag des IAB vom Institut für Sozialwissenschaftliche Forschung e.V. München (ISF München) durchgeführt wurde (vgl. Pongratz et al. 2013 sowie Bernhard et al. 2013). Im Fokus der Studie stehen die administrative Umsetzung der Gründungsförderung in den Jobcentern sowie die mit diesem Instrument erfolgten Gründungen. Die zentralen Ergebnisse der Implementationsuntersuchung werden in den Abschnitten 4.2.2 und 4.2.3 dargestellt.

4.2.1 Wirkung des Einstiegsgelds

Wie die Förderung von abhängiger Beschäftigung soll auch die Gründungsförderung des SGB II zur Überwindung von Arbeitslosigkeit und Leistungsbezug beitragen. Wolff et al. (2016) sehen hinsichtlich der langfristigen Effekte der Gründungsförderung noch ausgeprägten Forschungsbedarf (vgl. ebd., S. 136 f.). Mithilfe von administrativen Daten der Statistik der Bundesagentur für Arbeit (BA) untersuchen die IAB-Forscher daher, inwieweit das Einstiegsgeld zur Überwindung des Leistungsbezugs beiträgt. Um den kausalen Effekt der Gründungsförderung in der langen Frist ermitteln zu können, vergleichen sie die Leistungsbezugsepisoden von Personen, die zwischen Februar und April 2005 erstmals Einstiegsgeld erhalten haben, mit statistisch ähnlichen Leistungsberechtigten, die im gleichen Zeitraum keine Förderung erhalten haben (für Einzelheiten zum methodischen Vorgehen vgl. ebd., S. 140 ff.). Ergänzend ziehen sie Erkenntnisse einer qualitativen Befragung von Gründern heran, um die ermittelten statistischen Wirkungen besser einordnen und erklären zu können (vgl. Pongratz et al. 2013).

Betrachtet man zunächst die durchgeführten Wirkungsanalysen zeigt sich, dass die Gründungsförderung des SGB II einen positiven Effekt auf die Leistungsbezugszeiten hat: So trägt die Förderung mit dem Einstiegsgeld auch über einen längeren Zeitraum hinweg dazu bei, die Abhängigkeit von Leistungen der Grundsicherung zu reduzieren (vgl. Wolff et al. 2016, S. 143). Während der Effekt zu Beginn der Förderung erwartungsgemäß moderat ausfällt, nimmt er in den nächsten Monaten hingegen deutlich zu. Seinen Höhepunkt erreicht er zwischen dem zweiten und vierten Jahr nach Start des Förderprogramms. Konkret weisen Geförderte während dieses Zeitraums eine um bis zu 18 Prozentpunkte höhere Wahrscheinlichkeit auf, ihren Lebensunterhalt ohne Leistungen der Grundsicherung bestreiten zu können, als die Vergleichsgruppe aus nicht geförderten Leistungsberechtigten (vgl. ebd.). Im weiteren Zeitverlauf nimmt der Effekt zwar wieder etwas ab, bleibt mit 10 bis 15 Prozentpunkten jedoch über den gesamten Beobachtungszeitraum von sechs Jahren für alle betrachteten Teilgruppen deutlich positiv (vgl. ebd.). Abbildung 4.4 veranschaulicht den zeitlichen Verlauf der ermittelten Effekte und verweist zugleich auf Differenzen zwischen Geförderten in West- und Ostdeutschland beziehungsweise zwischen Programmteilnehmerinnen und -teilnehmern.

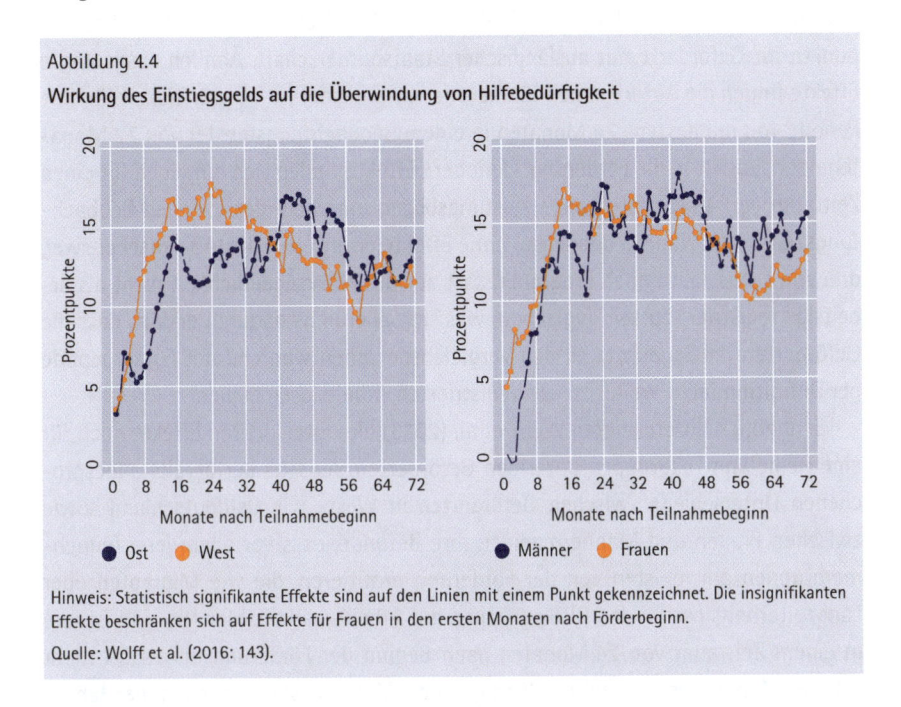

Abbildung 4.4
Wirkung des Einstiegsgelds auf die Überwindung von Hilfebedürftigkeit

Hinweis: Statistisch signifikante Effekte sind auf den Linien mit einem Punkt gekennzeichnet. Die insignifikanten Effekte beschränken sich auf Effekte für Frauen in den ersten Monaten nach Förderbeginn.
Quelle: Wolff et al. (2016: 143).

Während die Effekte des Einstiegsgelds in den ersten rund 24 Monaten nach Programmstart für Geförderte in Westdeutschland meist stärker ausfallen, kehrt sich dieses Verhältnis etwa zur Mitte des Beobachtungszeitraums um. Von da an steigt die Chance, den Leistungsbezug zu verlassen für Geförderte in den ostdeutschen Bundesländern an, während sie für Geförderte in Westdeutschland abnimmt. Gegen Ende des Untersuchungszeitraums scheint sich die Stärke des beobachteten Effekts in beiden Landesteilen jedoch wieder anzunähern. Geringer ausgeprägte Unterschiede in der Wirkung des Einstiegsgelds lassen sich für weibliche und männliche Geförderte ausmachen. Auffällig sind die Differenzen während des zweiten Jahres sowie des fünften und der ersten Hälfte des sechsten Jahres nach Beginn der Förderung. Während im ersten Zeitraum der Effekt für die männlichen Teilnehmer deutlich stärker ausfällt, reduziert er sich im letzten Drittel des Beobachtungszeitraums deutlich.

In einer früheren und unveröffentlichten Fassung ihrer Studie aus dem Jahr 2016 betrachteten Wolff et al. (2013) stärker die Stabilität der beobachteten Effekte. Sie untersuchen also, für welche Dauer die Geförderten den Leistungsbezug innerhalb eines bestimmten Zeitraums nach Beginn der Förderung verlassen. Insgesamt zeigt sich, dass das Einstiegsgeld den Ausstieg aus dem Leistungsbezug für eine nicht unerhebliche Dauer begünstigt. So erhöht sich die Wahrscheinlichkeit, die Hilfebedürftigkeit für eine ununterbrochene Periode von mindestens zwölf Monaten innerhalb der ersten beiden Jahre nach Beginn der Förderung zu verlassen, um wenigstens elf Prozentpunkte für Geförderte in Ostdeutschland und um 18 Prozentpunkte für Geförderte mit ausländischer Staatsbürgerschaft. Ähnlich ausgeprägte Effekte finden die Autoren auch für die Überwindung der Hilfebedürftigkeit für eine Periode von mindestens 24 Monaten in einem Beobachtungsfenster von 72 Monaten nach Eintritt in die Förderung. Geringere Effekte finden sich hingegen für einen Zeitraum von 48 Monaten ohne Leistungsbezug innerhalb des gleichen Beobachtungszeitraums. Nahezu doppelt so hohe Effekte ermittelten die IAB-Forscher zwei, drei wie sechs Jahre nach Programmstart auf die Wahrscheinlichkeit nicht als arbeitslos registriert zu sein (vgl. ebd.), was sich allerdings dadurch erklärt, dass die Geförderten im Gegensatz zu den Vergleichspersonen während der Förderperiode per Definition nicht weiter zu den registrierten Arbeitslosen zählen.

Schließlich differenzieren Wolff et al. (2013) die untersuchten Effekte noch für eine Reihe von Teilgruppen unter den Geförderten. Jenseits der bereits angesprochenen Unterschiede zwischen Geförderten in West- wie Ostdeutschland sowie zwischen Frauen und Männern zeigen ihre Befunde, dass vor allem jene Teilnehmergruppen am meisten von der Förderung profitieren, die wie Migranten oder Langzeitarbeitslose zu den Risikogruppen am Arbeitsmarkt zählen. So sind Erstere in einem Zeitraum von 24 Monaten nach Beginn der Förderung insgesamt mehr als drei Monate weniger hilfebedürftig als die Vergleichsgruppe, nach vier Jahren steigt diese Zahl auf rund sieben und nach sechs Jahren auf zehn Monate. Bei Langzeiterwerbslosen zeigt sich ein durchweg ähnliches Bild (vgl. ebd.).

Auf welche Gründe die Effekte im Einzelnen zurückzuführen sind, lässt sich auf Basis der quantitativen Analysen allenfalls vermuten. So könnte es mehrere Ursachen geben, warum unter den Geförderten beispielsweise Ausländer stärker als Deutsche von der Förderung profitieren. Sprachbarrieren, Diskriminierung, in Deutschland nicht anerkannte ausländische Bildungsabschlüsse oder Berufserfahrung im Ausland, die zum Teil für Arbeitgeber im Inland von geringerem Wert ist als Berufserfahrung in Deutschland oder deren Bewertung den inländischen Arbeitgebern schwer fällt, sind einige potenzielle Gründe dafür, dass die Gründung für Ausländer netto zu besseren Ergebnissen führen als für Deutsche. Um über einige potenzielle Gründe für die quantitativen Ergebnisse etwas mehr zu erfahren, ziehen die Autoren Erkenntnisse einer qualitativen Untersuchung zum Einstiegsgeld heran, die Ende 2010 begonnen wurde (vgl. ebd., S. 145 ff.; Abschnitt 4.2.2). Auf Basis dieser Datengrundlage können zwar keine Erklärungen in einem streng kausalen Sinne gegeben werden, gleichwohl ermöglichen die qualitativen Befunde einige begründete Vermutungen über mögliche Wirkzusammenhänge. Dazu konzentrieren sich die Autoren zunächst auf die Frage, wie und worin das Einstiegsgeld die

Geförderten auf dem Weg in die Selbstständigkeit unterstützt. Mit Blick auf diesen Aspekt betonen Wolff et al. (2016) *zum einen* die finanzielle Seite der Gründungsförderung. So unterstützt das Einstiegsgeld die Geförderten dabei, notwendige Investitionen und Anschaffungen tätigen zu können. Für die Gruppe der Leistungsberechtigten ist dies nicht zuletzt deswegen von besonderer Bedeutung, da sie – etwa im Gegensatz zu Arbeitslosen im SGB III – aufgrund der Regelungen der Grundsicherung allenfalls über begrenzte Spareinlagen verfügen. Das Einstiegsgeld trägt damit erwartungsgemäß zur Verbesserung einer finanziellen Situation bei, in der eine Gründung, finanziert aus eigenen Mitteln oder durch Fremdfinanzierung unterstützt, häufig gar nicht möglich wäre. Auf diese Weise hilft das Einstiegsgeld dabei, die für die Gründung erforderlichen Handlungs- und Gestaltungsspielräume zu schaffen. Zugleich ermöglicht die Förderung es den Geförderten, Verschuldung zu verhindern, zumindest jedoch zu begrenzen.

Jenseits dieser (und anderer) finanziell bedeutsamer Aspekte betonen die Autoren *zum anderen* die inhaltlich-konzeptionelle Unterstützung, welche die Jobcenter etwa bei der Erstellung der obligatorischen Business-Pläne den Programmteilnehmerinnen und -teilnehmern anbieten. Auch wenn dies von den Geförderten selbst mitunter als zu bürokratisch wahrgenommen wird, sehen die Autoren darin gleichwohl einen Vorzug der Gründungsförderung, insofern die Statuspassage in die Selbstständigkeit durch die Vorgaben und Regularien der Jobcenter in konkret zu bearbeitende Schritte überführt wird (vgl. ebd., S. 146). Dies vermittelt den Geförderten wie den Integrationsfachkräften zu jedem Zeitpunkt des Gründungsprozesses ein Bild davon, welche konkreten Aufgaben als nächstes anzugehen sind. Allerdings geben die Autoren zu bedenken, dass unklar ist, inwieweit derartige Bedingungen bereits im Jahr 2005 gegeben waren, als die im quantitativen Teil ihrer Untersuchung betrachtete Gruppe von Personen die Förderung aufgenommen hat.

Weiterhin bietet der qualitative Teil der Untersuchung von Wolff et al. (2016) Aufschluss darüber, weshalb es gerade die am Arbeitsmarkt benachteiligten Gruppen sind, die von der Gründungsförderung des SGB II in besonderer Weise profitieren. So zeigen sie am Beispiel von Migrantinnen und Migranten, dass gerade für diese Gruppe die Selbstständigkeit eine gute Möglichkeit bietet, jene Hürden zu umgehen, mit denen sie bei der Suche nach abhängiger Beschäftigung vielfach konfrontiert sind (vgl. ebd., S. 146 f.). Dazu gehören die mitunter problematische Anerkennung von im Ausland erworbenen Berufsabschlüssen ebenso wie sprachliche Schwierigkeiten. Während sich diese in der Bewerbung um abhängige Arbeitsverhältnisse als nachteilig erweisen können, spielen sie für die Aufnahme selbstständiger Tätigkeiten keine, zumindest jedoch keine vergleichbare Rolle.

Insgesamt zeigen die Befunde von Wolff et al. (2016), dass die Gründungsförderung mit dem Einstiegsgeld kurz- wie langfristig die Chancen der Geförderten verbessert, Hilfebedürftigkeit zumindest vorübergehend zu überwinden. Dieser positive Effekt gilt für alle betrachteten Teilgruppen unter den Geförderten. Dabei sticht ins Auge, dass vor allem Leistungsberechtigte von der Förderung profitieren, die geringe Arbeitsmarktchancen haben. Insofern stelle die Selbstständigkeit, so die Einschätzung der Autoren, für einige Personen aus dieser Gruppe arbeitsloser Leistungsberechtigter eine vielversprechende Alternative zu einer mitunter langen Phase der Jobsuche dar, an deren Ende womöglich nur die Aufnahme niedrigentlohnter und/oder instabiler Arbeitsverhältnisse steht. Auch für die Jobcenter könne die Gründungsförderung daher eine bedenkenswerte Förderstrategie darstellen. Als Erfolgskriterien betonen die Autoren die Bedeutung einer sorgfältigen wie aufmerksamen Begleitung und Beratung der Geförderten.

4.2.2 Implementation des Einstiegsgelds

Neben den Wirkungsanalysen zum Einstiegsgeld wurde auch seine Implementation im Rahmen der SGB-II-Forschung untersucht. Wie die vorangegangene Untersuchung bezieht sich die in Kooperation mit dem „Institut für sozialwissenschaftliche Forschung München e. V." (ISF München) durchgeführte Studie „Selbständig statt hilfebedürftig? Die Gründungsförderung durch Einstiegsgeld" auf die Gründungsvariante dieses Instruments (vgl. Bernhard et al. 2013, ausführlich Pongratz et al. 2013). Das Erkenntnisinteresse der Studie gilt der administrativen Umsetzung der Gründungsförderung sowie den mit dem Einstiegsgeld gegründeten Unternehmen. In einem ersten Untersuchungsschritt haben die Autoren dazu einen vertieften „Blick auf die Prozesse in den Grundsicherungsstellen" (Pongratz et al. 2013, S. 10) geworfen und dabei analysiert, wie die mit dem Einstiegsgeld Geförderten im Prozess der Unternehmensgründung von den Jobcentern unterstützt werden. Konkret interessieren sich die Forscher dafür, „welche Routinen die Jobcenter für die Auswahl der Geförderten ausgebildet haben, inwieweit und mit welcher Begründung sie auf die Spezialisierung von Fachkräften setzen und welche Probleme sich ergeben" (Bernhard et al. 2013, S. 2).

Um diese Fragestellungen zu beantworten, setzt die Implementationsstudie auf ein qualitativ-exploratives Untersuchungsdesign, das Befragungen von Führungs- und Fachkräften der Jobcenter sowie von Mitarbeiterinnen und Mitarbeiter der fachkundigen Stellen mit Beobachtungen von Beratungsgesprächen kombiniert. Die empirischen Erhebungen fanden überwiegend im Jahr 2011 statt und verteilten sich auf insgesamt sechs, in einem mehrstufigen Verfahren ausgewählte Jobcenter. Nach einer telefonischen Vorerhebung (22 Interviews) konnten insgesamt 31 Experteninterviews und acht Interaktionsbeobachtungen realisiert werden. Alle Erhebungen wurden elektroakustisch aufgezeichnet, vollständig transkribiert und mithilfe eines zweistufigen Verfahrens ausgewertet (für weitere Informationen zur methodischen Umsetzung der Studie vgl. Pongratz et al. 2013, S. 34 ff.).

Im Kern beschäftigt sich die Implementationsstudie mit drei thematischen Schwerpunkten, die die Autoren in ihrem Forschungsbericht ausführlich behandeln: der Entscheidungssteuerung innerhalb der Jobcenter (vgl. Pongratz et al. 2013, S. 43 ff.), der Praxis der Fallbearbeitung (vgl. ebd., S. 73 ff.) sowie der Frage nach dem Für und Wider einer organisationalen Spezialisierung auf die Gründungsförderung (vgl. ebd., S. 103 ff.). Die Kernbefunde dieser drei Themenfelder wurden bereits als IAB-Kurzbericht veröffentlicht und werden hier summarisch resümiert. Dabei gilt es zunächst festzuhalten, dass sich die Auseinandersetzung mit der Implementation des Einstiegsgelds in seiner Gründungsvariante nicht von der gesetzlich vorgegebenen Zielsetzung dieses Instruments trennen lässt: Sein Einsatz soll allein der Überwindung von Hilfebedürftigkeit dienen und keineswegs nur ihrer Reduzierung (vgl. ebd., S. 119). Damit unterscheidet sich die Zielsetzung des Einstiegsgelds grundlegend von der Förderung abhängiger Beschäftigung, bei der die Verringerung des Bedürftigkeitsgrads zumindest eine Art Teil- oder Zwischenziel darstellt. Für den Einsatz und die fachliche Bewertung des Einstiegsgelds ist weiterhin von Bedeutung, dass die Leistungsberechtigten der Grundsicherung nicht unbedingt den Anforderungen an selbstständig agierende Unternehmerinnen und Unternehmer entsprechen, wenn man bedenkt, dass „die Gründungsförderung [...] nun einem Personenkreis angedeihen [soll], der – im Falle vormalig abhängig Beschäftigter – im Konkurrenzsystem Arbeitsmarkt länger erfolglos war, im Falle vormalig Selbstständiger, mit einer Unternehmensidee gescheitert ist, oder als Familienangehörige/-r von entsprechenden Phänomenen mit betroffen ist" (ebd., S. 9 f.). Angesichts der Anspruchsvoraussetzungen des SGB II kommt erschwerend hinzu, dass die Gründerinnen und Gründer aus dem Bereich der Grundsicherung kaum über finanzielle Rücklagen größeren Umfangs verfügen können.

Auswahl der Gründerinnen und Gründer
Vor diesem Hintergrund kommt der „Auswahl der Geförderten" (Bernhard et al. 2013, S. 3) eine entscheidende Bedeutung für die Effektivität und damit den Erfolg des Einstiegsgelds zu, schließlich sollen die Geförderten mithilfe der geförderten Gründung hinreichend Einkünfte erwirtschaften, um den Bezug von SGB-II-Leistungen zu überwinden. Als eine zusätzliche Herausforderung bezeichnen die Autoren, dass die Zahl der an einer Gründung interessierten Leistungsberechtigten die Anzahl derjenigen deutlich übersteigt, die tatsächlich eine Förderung des Jobcenters erhalten. Zwar existiert in Gestalt von gesetzlichen Regelungen sowie den von der Bundesagentur für Arbeit bereitgestellten organisatorischen Hilfestellungen eine Reihe von Hinweisen, an denen sich die Integrationsfachkräfte bei ihrer Aus-

wahl orientieren können. Schlussendlich muss jede einzelne Entscheidung jedoch mit Bezug auf den Einzelfall getroffen werden und verlangt den Fachkräften daher eine hohe Entscheidungskompetenz ab (vgl. ebd.). Bernhard et al. (2013) sprechen daher auch von „massiven Beschränkungen des Zugangs zur Förderung" (ebd., S. 4).

Im Vergleich der Darstellungen der Fach- und Führungskräfte, die die Autoren in sechs über Deutschland verteilten Jobcentern befragt haben, konnten sie insgesamt „drei zentrale Mechanismen" (ebd.) identifizieren, die sich für den Auswahlprozess als wesentlich erweisen. Zu diesen Mechanismen gehört *erstens*, dass es sich bei der Auswahl als geeignet eingestufter Leistungsberechtigter um ein mehrstufiges Verfahren handelt. Das Verfahren beinhaltet Unterstützung seitens der Jobcenter, primär aber müssen die Gründungswilligen über verschiedene Stufen hinweg ihre Gründungsabsicht sowie die zu deren Realisierung notwendigen Schritte dokumentieren. Zugleich prüfen die Integrationsfachkräfte im Verlauf dieses Verfahrens, ob und inwieweit die gründungsinteressierten Leistungsberechtigten dem „Leitbild einer klassischen unternehmerischen Persönlichkeit" (ebd.) entsprechen und damit den Anforderungen einer selbstständigen Existenz gewachsen sind. Im Verlaufe des Auswahlprozesses kommt es zu „Selbstselektionen" (ebd.) von Förderungsinteressierten und ihre Zahl nimmt deutlich ab.

Dieser Auswahlprozess auf dem Weg zur Bewilligung der Gründungsförderung wird zunächst damit beendet, dass seitens des Jobcenters das Gutachten eines/einer externen Sachverständigen – etwa von den Industrie- und Handwerkskammern oder Gründungsinitiativen – eingeholt wird, um den Businessplan des Leistungsberechtigten auf Plausibilität und Machbarkeit zu prüfen. Dabei handelt es sich um den *zweiten* wesentlichen Mechanismus, der bei der Auswahl der Förderfälle von Bedeutung ist. Den Autoren zufolge wird diese Einschätzung der Sachverständigen dabei als „verbindliches Urteil" (ebd.) behandelt und entsprechend umgesetzt, wenngleich die Entscheidungshoheit formal betrachtet beim Jobcenter und seinen Mitarbeiterinnen und Mitarbeitern verbleibt. Aus Sicht der Fachkräfte, die mit der Entscheidung über die Bewilligung der Gründungsförderung betraut sind, hat der Rückgriff auf solche fachkundigen Stellen und ihre Expertise eine wichtige Entlastungsfunktion: So können sie ihre Entscheidung auf die Einschätzung von Fachleuten stützen, die in der Beurteilung von Gründungsvorhaben nicht nur über einen größeren Erfahrungsschatz, sondern zudem über mehr Kompetenz verfügen.

Ein *dritter* Mechanismus im Rahmen des hier beschriebenen Auswahlprozesses ist die Spezialisierung in den Jobcentern. Dabei geht es um die Frage, ob die Jobcenter über Fachkräfte verfügen, die ausschließlich mit der Umsetzung der Gründungsförderung befasst sind – sei es aufseiten der Integrationsfachkräfte oder der Leistungsabteilung. Bernhard et al. (2013) räumen der Frage nach einer Spezialisierung auf die Gründungsförderung dabei den Rang einer „organisationale[n] Grundsatzentscheidung" (ebd., S. 5) ein, da sie nicht nur Folgen für den Auswahlprozess, sondern auch für die Handlungsprobleme hat, die die Gründungsförderung im Bereich der Grundsicherung mit sich bringt. In den sechs Jobcentern, die im Rahmen des Forschungsprojekts untersucht wurden, beobachten die Autoren jedenfalls eine Tendenz zur Polarisierung: Entweder sind keine auf die Umsetzung der Gründungsförderung ausgerichteten Strukturen geschaffen worden oder die Spezialisierung setzt sowohl auf der Vermittlungs- wie der Leistungsseite an (bzw. soll zukünftig dort ansetzen). Den empirischen Beobachtungen zufolge sind diese Entscheidungen höchst folgenreich: So wirkt sich beispielsweise der Verzicht auf eine Spezialisierung der Integrationsseite „negativ auf die Einheitlichkeit und Vergleichbarkeit der Auswahlprozesse" (ebd.) aus. Im Gegenzug führt eine ebensolche Spezialisierung zu einer „routinisierte[n] und urteilssichere[n] Bearbeitung" (ebd.). Zugleich begünstigt die Spezialisierung Prozesse einer standardisierten Fallbearbeitung, was für die Leistungsberechtigten vor allem ein Zugewinn an Transparenz und Berechenbarkeit bedeutet, sprich dass „die Abhängigkeit von persönlichen Interessen, Einstellungen und Kompetenzen der persönlichen AnsprechpartnerInnen" (ebd., S. 5 f.) reduziert wird. Als einen weiteren Vorzug der organisatorischen Spezialisierung der Gründungsförderung sehen die Autoren, dass eine „Spezialisierung der Gründungsbetreuung den Eindruck verstärken [kann], dass die eigene Gründungsabsicht ernst genommen wird" (ebd., S. 6). Trotz des beobachtbaren, durchaus positiven Einflusses auf den Auswahl- und Bearbeitungsprozess lässt sich eine Spezialisierung im Bereich der Gründungsberatungen jedoch keineswegs pauschal bewerten. Vielmehr betonen die Autoren, dass ein solcher Schritt in der Organisationsentwicklung „eine Reihe von Folgeentscheidungen mit sich [bringt], deren Kosten-Nutzen-Verhältnis vor Ort abgewogen werden muss" (ebd.). Gerade für Jobcenter mit geringen Fallzahlen kann eine Spezialisierung zu aufwendig sein.

Handlungsprobleme der Integrationsfachkräfte
Die Gründungsförderung im SGB II konfrontiert die Jobcenter und ihre Mitarbeiterinnen und Mitarbeiter mit einer Reihe von „Handlungsprobleme[n]" (ebd.). In ihrem 2013 veröffentlichten IAB-Kurzbericht heben die Autoren in diesem Zusammenhang drei Aspekte hervor. Ein erstes von Bernhard et al. (2013) identifiziertes Handlungsproblem besteht in der „Vielschichtigkeit der Entscheidungslage" (ebd., S. 6). So stellt die Gründungsförderung deutlich höhere Anforderungen an die Fachkräfte als dies bei der Vermittlung in abhängige Beschäftigung der Fall ist. Während es in diesem Fall allein darum geht, die Qualifikation der Bewerberinnen und Bewerber mit der Situation auf dem regionalen Arbeitsmarkt abzugleichen und als geeignet identifizierte Vermittlungsstrategien zu erarbeiten beziehungsweise die erforderlichen Fördermaßnahmen zuzuweisen, stellt sich die Situation mit Blick auf die Grün-

dungsförderung komplexer dar. Im Falle einer Gründung ist es für die Fachkräfte zu beurteilen, inwieweit die Gründungsinteressierten den mit der Selbstständigkeit verbundenen Anforderungen tatsächlich gewachsen sind und ob eine ausreichende Nachfrage nach dem angebotenen Produkt beziehungsweise der angebotenen Dienstleistung existiert. Neben der Beurteilung des Anforderungsprofils und einer aufwendigeren Marktanalyse wird die Entscheidungslage im Falle der Gründungsförderung zusätzlich dadurch erschwert, „dass das Thema Selbstständigkeit immer vor dem Hintergrund einer möglichen alternativen Vermittlung" (ebd.) in abhängige Beschäftigung zu prüfen ist. Hinzu kommt, dass die Einstiegsgeldförderung der Überwindung von Hilfebedürftigkeit verpflichtet ist und bloß eine Reduktion der Anspruchsberechtigung nur für eine Übergangszeit toleriert wird. Gerade diese Zielsetzung begünstigt Unsicherheiten aufseiten der Integrationsfachkräfte (vgl. Pongratz et al. 2013, S. 119 f.). Nicht nur deshalb wird in den Jobcenter diskutiert, ob diese Zielsetzung überhaupt aufrechterhalten werden sollte. So sei die Bedarfsdeckung mithilfe selbstständiger Arbeit für größere Bedarfsgemeinschaften nahezu ausgeschlossen und würde diese Gruppe daher benachteiligen. Zumindest für eine Teilgruppe unter den geförderten Selbstständigen wird die „Minderung der Hilfebedürftigkeit" (ebd., S. 121) daher als durchaus sinnvolle Zielsetzung begriffen. Im Kern würde dies bedeuten, den bisherigen Sonderstatus der Gründungsförderung aufzugeben und diese mit der abhängigen Beschäftigung hinsichtlich der gesetzlich vorgegebenen Zielstellung gleichzusetzen – und sich damit womöglich der ohnehin existenten Förderrealität anzunähern (vgl. ebd.). In diesem Zusammenhang haben die Autoren noch eine weitere Problematik benannt: „Wenn schon die finanziellen Schicksale mehrerer Personen in einer Bedarfsgemeinschaft aneinander gebunden werden, wäre es durchaus konsequent, auch die Aktivierungsbemühungen integriert zu gestalten. Das passiert aber nur in sehr rudimentärer Form, zumeist indem bei den Gründungsinteressierten abgefragt wird, inwieweit „ihre Familie" das Selbstständigkeitsvorhaben unterstützt" (ebd., S. 120).

Ein zweites Handlungsproblem bildet für Bernhard et al. (2013) das bislang etablierte Kommunikationsformat zwischen den Integrationsfachkräften und den gründungswilligen Leistungsberechtigten. Während der von den Autoren beobachtete Kommunikationsmodus sich zwar für die „Übermittlung von Informationen und die Klärung von formularbezogenen Fragen" (ebd., S. 7) als ausreichend erweist, lässt er hingegen für eine wirkliche „Gründungsvorbereitung" (ebd.) kaum Zeit und Raum. Jenseits eines geeigneten Rahmens für eine derartige Vorbereitung wird diese auch dadurch erschwert, dass gerade den nicht auf die Gründungsförderung spezialisierten Integrationsfachkräften die erforderlichen „fachlichen Grundlagen" (ebd.) und damit jene Hintergrundkenntnisse fehlen, die nötig sind, um alle „gründungsrelevanten Probleme in den Blick" (ebd.) zu nehmen.

Schließlich kommt als drittes Handlungsproblem hinzu, dass gerade die Gründungsförderung auf eine gute Kooperation von Jobcentern und fachkundigen Stellen angewiesen ist. Zwar bedeutet ihre unterschiedliche Herangehensweise an die geplante Gründung, insbesondere die größeren Freiheitsgrade, über die die externen Stellen bei der Beratung der Gründerinnen und Gründer verfügen, einen entscheidenden Zugewinn für den Gründungsprozess. Allerdings beobachten Bernhard et al. (2013), dass diese „Komplementarität" (ebd., S. 7) im Herangehen bislang noch nicht im wünschenswerten Maße realisiert wird. Vielmehr bleiben beide Seiten zu sehr ihrer je eigenen Perspektive verhaftet, ohne die besonderen Bedingungen der jeweils anderen Seite hinreichend zu berücksichtigen. Auf diese Weise wird jedoch „die Chance auf einen gemeinsamen, fallbezogenen Lernprozess vergeben" (ebd.).

In ihrem Fazit betonen Bernhard et al. (2013), dass sie durchaus noch Verbesserungsmöglichkeiten bei der Umsetzung der Gründungsförderung im SGB II sehen (vgl. ebd., S. 8). So geben sie zu bedenken, dass die Förderung von selbstständiger Beschäftigung eine vielversprechende Alternative zur Vermittlung in abhängige Erwerbsformen darstellen kann und dementsprechend eine zentrale Stellung in der arbeitsmarktpolitischen Förderstrategie einnehmen sollte. In Überstimmung mit den oben referierten Befunden von Wolff et al. (2013, 2016) begründen sie dies nicht zuletzt mit Verweis darauf, dass das Einstiegsgeld gerade jenen Leistungsberechtigten den Ausstieg aus dem Hilfebezug eröffnen kann, die in betrieblichen Bewerbungsverfahren benachteiligt sein können und daher vermehrt von dem Risiko von Langzeitarbeitslosigkeit betroffen sein können. Mit Blick auf die konkrete Umsetzung der Gründungsförderung heben sie hingegen die Beratungs- und Auswahlprozesse in den Jobcentern ausdrücklich positiv hervor. Diese unterstützen die Gründerinnen und Gründer in der für den Gründungserfolg mitentscheidenden Phase der Entwicklung und Professionalisierung ihrer Unternehmensidee und bieten bei deren Umsetzung daher eine wichtige Hilfestellung (vgl. ebd.). Aus Sicht der Autoren sollten die Jobcenter ihre Bemühungen darauf konzentrieren, möglichst viele der gründungsinteressierten Leistungsberechtigten in die etablierten Beratungs- und Betreuungsprozesse einzubinden. Trotz ihrer positiven Bewertung der Gründungsförderung kommen Bernhard et al. (2013) gleichwohl zu dem Schluss, dass die ausgeprägte „strategische Relevanz" (ebd.), die der Gründungsförderung zukommt beziehungsweise zukommen könnte, derzeit noch im Widerspruch zu ihrer „geschäftspolitischen Bedeutung" (ebd.) steht.

Routinen der Gründungsförderung
Auf Basis der genannten Implementationsstudie haben sich Bernhard/Pongratz (2014) an anderer Stelle mit einem Aspekt der Gründungsförderung im SGB II beschäftigt, der in den vorherigen Ausführungen bereits wiederholt angeklungen ist:

Wie entscheiden die Integrationsfachkräfte der Jobcenter über die Bewilligung der Gründungsförderung mit dem Einstiegsgeld. Ihre Forschungsfrage trägt dabei dem Sachverhalt Rechnung, dass eine solche Entscheidung für die Fachkräfte weitaus voraussetzungsvoller ist, als es auf die Förderung von abhängiger Beschäftigung zutrifft. Die Autoren begründen diese Einschätzung vor allem mit Verweis auf den Umstand, dass die Fachkräfte ihre Entscheidung über die Bewilligung der Gründungsförderung an drei potenziell konflikthaften Erwartungen auszurichten haben (vgl. ebd., S. 219).

Zu diesen Erwartungshorizonten zählen Bernhard/Pongratz (2014) erstens die Orientierung der zu treffenden Entscheidung an der spezifischen Lagerung des Einzelfalls. Dieser Erwartung an eine „Einzelfallorientierung" (ebd., S. 219) entsprechend, sollen die Integrationsfachkräfte ihre Entscheidung also auf die persönliche und fachliche Eignung der Gründerin beziehungsweise des Gründers und ihres/seines Gründungsprojekts stützen. Ein zweiter Erwartungshorizont besteht den Autoren zufolge in dem tendenziell widersprüchlichen (Selbst-)Anspruch der Jobcenter, interessierten Leistungsberechtigten einerseits eine Gründungs*beratung* anzubieten, dabei andererseits jedoch zugleich Eignung und Motivation zu überprüfen. Schließlich werden die Integrationsfachkräfte drittens mit der Erwartung konfrontiert, ihre Entscheidung an einer „bürokratischen *Standardisierung*" (ebd., S. 220) zu orientieren, um einer möglichen Ungleichbehandlung der Gründerinnen und und Gründer vorzubeugen. Vor dem Hintergrund dieser Ausgangsüberlegungen halten Bernhard/Pongratz als grundlegende Einschätzung fest, dass die Übersetzung dieser „institutionalisierten Erwartungen" (ebd., S. 220) in eine konkrete Entscheidungspraxis nicht nur komplex ausfällt, sondern von den Fachkräften zudem den Umgang mit Widersprüchen und Ambivalenzen erfordert. Insofern formulieren sie als erkenntnisleitende These, was sich im Zuge der empirischen Analyse zugleich als einer ihrer zentralen Befunde darstellt: Die Integrationsfachkräfte begegnen den drei Erwartungshorizonten mit der Ausbildung von „Bearbeitungsroutinen [...], um wenigstens einen Teil der institutionalisierten Erwartungen zu bedienen und so eine prekäre Balance zwischen ihnen zu halten" (ebd., S. 219).

Auf Basis ihrer – oben bereits ausführlicher vorgestellten – Implementationsuntersuchung (vgl. auch Pongratz et al. 2013, S. 34 ff.) konnten sie vier Routinen rekonstruieren. Kennzeichnend für die erste Routine ist die „Prozeduralisierung der Auswahlverfahren" (Bernhard/Pongratz 2014, S. 222). Angelegt ist dieses Verfahren im Sinne einer „Stufenfolge" (ebd.), die die Gründerinnen und und Gründer stets mit neuen Anforderungen konfrontiert, und an deren Ende die Bewilligung der Förderung steht. Der Übergang von einer Stufe zur nächsten funktioniert dabei „in Form von Selbstselektionen" (ebd.). Charakteristisch für diese „Prozeduralisierungsroutine" (ebd.) ist, dass mit ihr der Bezug auf alle drei Erwartungshorizonte gelingt:

„Sie setzt bei der Initiative der Klienten als Einzelfall an, bestimmt jedoch mit vergleichsweise grober Kategorisierungsarbeit standardisiert darüber, wer zur nächsten Stufe des Vergabeprozesses vorstößt; abhängig vom Grad des Fachwissens der Integrationsfachkräfte kann die Gründungsberatung mit unternehmerischem Wissen angereichert werden" (ebd.).

Eng mit der ersten Routine hängt Bernhard/Pongratz (2014) zufolge die sogenannte „Entscheidungsroutine" (ebd., S. 222) zusammen. Diese zweite, aus den erhobenen Interviewdaten rekonstruierte Routine kennzeichnet, dass die Entscheidung über die Tragfähigkeit der jeweiligen Gründungsidee an eine fachkundige Stelle ausgelagert wird. Diese Auslagerung trägt damit zwar dem Erwartungshorizont der Gründungsberatung Rechnung, läuft jedoch tendenziell der Erwartung an eine einzelfallorientierte Entscheidung über die Bewilligung der Förderung zuwider. Indem die Jobcenter ihre Entscheidung in fachlicher Hinsicht wesentlich auf externe Expertise stützen, reduziert sich dieser Teil der Entscheidung auf das Vorhandensein beziehungsweise das Fehlen der Tragfähigkeitsbescheinigungen, die die fachkundigen Stellen der Idee der Gründerinnen und Gründer ausstellen oder eben vorenthalten. Dadurch wird aus Sicht von Bernhard/Pongratz „die Bewertung der Gründungsprojekte durch Externe auf ein dichotomes Signal reduziert [...], das der Idee der Einzelfallorientierung zuwiderläuft".

Als dritte Routine im Entscheidungsprozess der Gründungsförderung konnten Bernhard/Pongratz (2014) die Etablierung von „Verfahrensroutinen" (ebd., S. 223) rekonstruieren. Für die Routinisierung dieses Prozesses ist der Analysen der beiden Autoren zufolge entscheidend, „ob und inwieweit die Handhabung des Einstiegsgelds spezialisierten Mitarbeitern übertragen wird" (ebd.). Eine ausgeprägte Spezialisierung trägt vor allem dem „Beratungsanspruch" (ebd.) Rechnung. So können spezialisierte Fachkräfte die Gründerinnen und Gründer zum einen fundierter beraten, zum anderen ist ihr Kontakt zu den fachkundigen Stellen enger und damit der Informationsfluss zwischen beiden Organisationen besser. Allerdings bleibt aus Sicht der Autoren „die getrennte Bewertung unternehmerischer und persönlicher Aspekte der Klienten [durch fachkundige Stellen und Jobcenter] problematisch" (ebd.).

Schließlich besteht eine vierte Routine der Jobcenter in der „Komplexitätsreduktion durch Verhaltens- und Plausibilitätschecks" (Bernhard/Pongratz 2014, S. 223). So stützt sich die Entscheidung der Integrationsfachkräfte über die persönliche Eignung der Gründerinnen und Gründer, sprich über deren „unternehmerische Veranlagung" (ebd., S. 224), vor allem auf subjektive Einschätzungen. Diese Einschätzungen sind jedoch weniger in formalisierten, in ihrer Angemessenheit reflektierten Kriterien fundiert, sondern ihnen liegt vielmehr ein „kulturelles Deutungsschema" (ebd., S. 223) zugrunde. Aus Sicht der Autoren ist dies vor allem deshalb problematisch, da sich dieses Schema an Eigenschaften orientiert, wie sie mit hergebrachten Vorstellungen des Unternehmertums assoziiert werden, ohne dabei zu hinterfragen, ob diese Eigenschaften den „unterschiedlichsten Formen von Selbstständigkeit angemessen sind" (ebd.). Im Falle dieser Routine kommen die Autoren zu der Einschätzung, dass sie „zwischen dem Erwartungshorizont der Gründungsberatung [...] und dem der Standardisierung [...] [oszilliert], ohne die Einzelfallorientierung [...] gänzlich zu vernachlässigen" (ebd., S. 224).

Zusammenfassend halten Bernhard/Pongratz (2014) fest, dass die Integrationsfachkräfte den vielfältigen Erwartungen, mit denen sie im Zuge der Bewilligung der Gründungsförderung konfrontiert sind, mit der Ausbildung von Handlungsroutinen begegnen. Dabei konnten sie zeigen, dass es insbesondere die Routinen der Prozeduralisierung sowie der Komplexitätsreduktion sind, die „es den Fachkräften [erleichtern], eine Balance zu finden zwischen den verschiedenen Erwartungshorizonten" (ebd., S. 224). Gleichzeitig merken die beiden Autoren kritisch an, dass trotz der Ausbildung solcher Routinen in der Fallbearbeitung „erhebliche Divergenzen in der Förderpraxis" (ebd., S. 225) zu beobachten sind. Trotz „ähnliche[r] Gründungsanliegen" (ebd.) haben die jeweiligen Gründerinnen und Gründer nicht die gleichen Chancen, dass ihre Gründungsidee mit dem Einstiegsgeld gefördert wird. Ungeachtet dieser Kritik, fällt ihre Einschätzung schlussendlich dennoch positiv aus, schließlich betrachten sie „die Entwicklung der Verfahrensroutinen als einen Fortschritt, der zur Handlungssicherheit der Fachkräfte und zur Transparenz der Verfahren beiträgt" (ebd.).

4.2.3 Perspektive der Gründerinnen und Gründer

Neben der Vergabelogik der Gründungsförderung mit dem Einstiegsgeld wurden im Rahmen der Implementationsuntersuchung des Einstiegsgelds auch die Gründenden und ihre Gründungsideen in den Blick genommen (vgl. Stefan Bernhard 2014, 2016a, 2016b). In den folgenden Ausführungen werden zwei Aspekte dieses Teils der Untersuchung näher beleuchtet: die Bewältigung von zukunftsbezogener Unsicherheit sowie die Strategien der Gründerinnen und Gründer zum Aufbau einer Marktidentität.

Bewältigung zukunftsbezogener Unsicherheit
Die an einer Gründung interessierten Leistungsberechtigten sind mit vielfältigen, auf die Zukunft bezogenen Unsicherheiten konfrontiert. Eine dieser Unsicherheiten besteht darin, ob sie den oben beschriebenen mehrstufigen Bewilligungsprozess der Gründungsförderung erfolgreich durchlaufen, sprich ein tragfähiges Konzept für ihre Gründungsidee entwickeln und die Integrationsfachkraft ebenso wie die fachkundigen Stellen davon überzeugen können. Vor diesem Hintergrund beschäf-

tigen sich Pongratz et al. (2014) mit der „zukunftsbezogenen Ungewissheit [...] von unternehmerischen Gründungsprojekten" (ebd., S. 399). Deren Bewältigung, so die erkenntnisleitende These des Autorenteams, erfolgt „über legitimatorische Praktiken der Fiktionalisierung und Substanzialisierung" (ebd., S. 400). Um diese These empirisch zu stützen, werten Pongratz et al. (2014) in ihrem Beitrag insgesamt acht Interaktionsfallstudien aus. Sie analysieren die – audioakustisch aufgezeichneten und verschrifteten – Aushandlungsprozesse zwischen den Fachkräften und den gründungsinteressierten Leistungsberechtigten im Rahmen von Beratungsgesprächen im Jobcenter (vgl. ebd., S. 404 ff.). Ergänzend ziehen sie Einzelinterviews mit beiden Gruppen von Akteuren hinzu.

Mit dem Begriff der Fiktionalisierung beziehen sich Pongratz et al. (2014) auf den scheinbar selbstverständlichen, in der Gründungsforschung aus ihrer Sicht aber bislang vernachlässigten Aspekt, dass einer Gründungsidee stets ein „fiktionaler Aspekt" (ebd., S. 401) eigen ist. Schließlich handelt es sich dabei um ein noch zu realisierendes und daher mit dem Risiko des Scheiterns verbundenes Unterfangen. Mit dem Begriff der Fiktionalisierung wird ein auf diese Unsicherheit antwortender Bewältigungsmodus bezeichnet, der wesentlich diskursive Formen annimmt. Beobachtbar ist dieser Modus vor allem in Gestalt einer „Gründungserzählung" (ebd., S. 402), mit der sich die Gründenden als „am Markt aktive [...] Unternehmer" (ebd.) inszenieren und über diese Selbstinszenierung vermittelt zugleich mögliche Kapitalgeber, in diesem Fall das Jobcenter, von der Idee überzeugen können. Als „komplementäre Handlungsstrategie" (ebd.) zur Fiktionalisierung des Gründungsprojekts fungiert die Substanzialisierung. Damit bezeichnen Pongratz et al. gleichsam die praktische Entwicklungsarbeit an der eigenen Gründungsidee. Während diese anfänglich noch primär als „kognitive Konstruktion" (ebd.) in Erscheinung tritt, gilt es, die Idee schrittweise zu konkretisieren und diesen Prozess mit Belegen und Nachweisen zu dokumentieren und damit gegenüber Dritten zu plausibilisieren.

Die Befunde der materialreich dargelegten Interaktionsfallstudien (vgl. Pongratz et al. 2014, S. 408 ff.) unterstreichen zunächst, was bereits die theoretisch angeleitete Analyse der Rahmenbedingungen von Gründungen aus der Arbeitslosigkeit respektive Hilfebedürftigkeit heraus nahelegt: nämlich „wie hoch der Grad an Ungewissheit in der Planungsphase einer Gründung sein kann" (ebd., S. 417). Gleichzeitig illustriert das Autorenteam anschaulich, dass die Vorstellung von Integrationsfachkräften und Leistungsberechtigten über die Gründungsidee im Allgemeinen sowie die erforderlichen Schritte zu ihrer Konkretisierung im Besonderen mitunter ausgeprägte Differenzen aufweisen können (vgl. ebd.). Weiterhin können Pongratz et al. anhand des Datenmaterials aufschlüsseln, dass diese Konkretisierung der Gründungsidee entsprechend ihrer Annahme mithilfe von „Praktiken der Fiktionalisierung wie der Substanzialisierung" (ebd.) bewältigt wird. Die erste der beiden Praktiken erkennen sie beispielsweise in der Thematisierung von ausdifferenzierten „Produktideen" (ebd.) oder der „Erstellung von Umsatzschätzungen" (ebd.). Als Elemente der Substanzialisierung deuten sie hingegen den Nachweis von „Marktanalysen" (ebd.) sowie die Erstellung von „Kostenkalkulationen" (ebd.).

Den Analysen von Pongratz et al. (2014) zufolge sind es vor allem die zuletzt genannten Praktiken, die den Schwerpunkt im Aushandlungsprozess zwischen den Fachkräften und den Leistungsberechtigten bilden. Bedenkt man die institutionellen Rahmenbedingungen, ist dies nicht weiter verwunderlich. Schließlich benötigen die Fachkräfte solche Nachweise, um gemäß der im vorherigen Abschnitt dargestellten Erwartungshorizonten eine belastbare und nachvollziehbare, zugleich aber dem Einzelfall gerecht werdende Entscheidung über die Gründungsförderung zu treffen. Vice versa dienen derartige Belege und Nachweise den Gründungsinteressierten dazu, die Ernsthaftigkeit ihres Vorgehens zu dokumentieren und somit die Chance einer Bewilligung des Einstiegsgelds zu erhöhen. Solche Praktiken ermöglichen es beiden Akteursgruppen folglich, „die Ungewissheitsproblematik im alltäglichen Handeln individuell bearbeitbar und zum Gegenstand interaktiver Aushandlung" (ebd., S. 418) zu machen. In praktischer Hinsicht geschieht dies, indem sie „die generelle Ungewissheit künftiger Marktprozesse in unmittelbar erledigbare Planungsschritte und Entscheidungsalternativen" (ebd.) überführen. Allerdings handelt es sich bei der Fiktionalisierung und der Substanzialisierung der Gründungsidee nicht um zwei aufeinanderfolgende Stufen eines linearen Prozesses, sondern sie stehen in einer „komplexen Wechselwirkung" (ebd.) zueinander. Während die „fiktionalen Elemente" (ebd.) im Planungsprozess einer Substanzialisierung bedürfen, erfordern vorgenommene Konkretisierungen im Umkehrschluss eine Prüfung „auf ihre Passung mit der unternehmerischen Fiktion" (ebd.). Insofern beendet der Modus der Substanzialisierung keineswegs die mit der Fiktionalisierung des Gründungsvorhabens verbundenen Unsicherheiten, ermöglicht aber deren „beständige Bearbeitbarkeit" (ebd., S. 419) und stärkt auf diese Weise zugleich das „subjektive Sicherheitsgefühl" (ebd., S. 418).

Aufbau von Marktidentitäten[10]

Neben der Bewältigung der zukunftsbezogenen Unsicherheit, die mit der Planung und Ausarbeitung einer Gründungsidee verbunden ist, stellen sich im Zuge eines erfolgreichen Übergangs in die Selbstständigkeit weitere Herausforderungen für Gründerinnen und Gründer. Denn um am Markt erfolgreich zu sein, müssen Gründende einen Zielmarkt für ihre Produkte oder Dienstleistungen wählen und sich dort einen dauerhaften Platz unter zahlreichen Mitbewerberinnen und Mit-

---

10 Diesen Abschnitt hat Stefan Bernhard verfasst.

bewerbern sichern (vgl. Stefan Bernhard 2016a). Für den Markteintritt können sie verschiedene Strategien wählen oder kombinieren. Sie können beispielsweise Werbung machen, besonders preisgünstige Angebote platzieren oder ihre Produkte als hochwertig oder innovativ positionieren. Die Marktsoziologie beschreibt derartige Prozesse als Etablierung von „Marktidentitäten" oder Marktpositionen. Für die Neugründenden, die mit dem Einstiegsgeld (ESG) gefördert werden, ist es damit aber nicht getan. Als sogenannte Solo-Selbstständige stehen sie zudem vor der Aufgabe, die Selbstständigkeit in ihre Biografie einzuordnen. Das ist keine leichte Aufgabe, zumal ESG-Geförderte sich oftmals in einer biografisch herausfordernden Situation (z. B. nach einer längeren Arbeitslosigkeit) für die Selbstständigkeit entscheiden. Demnach besteht die Herausforderung für die Gründenden darin, dass sie in zwei Richtungen gleichzeitig arbeiten müssen: in Richtung des Markts, auf dem sie sich zu positionieren gedenken, und in Richtung ihrer (Erwerbs)Biografie, vor deren Hintergrund sie sich zur Gründung entschlossen haben. Wie die geförderten Neugründenden mit dieser Situation umgehen und auf welche Probleme sie dabei stoßen, hat Stefan Bernhard (2016a) auf Basis der Daten der oben erwähnten Implementationsstudie des Einstiegsgelds (vgl. Pongratz et al. 2013) untersucht.

Als Datengrundlage wurden narrativ-biografische Interviews mit den Neugründenden herangezogen. Die interviewten Selbstständigen stammen aus dem Zuständigkeitsbereich von sechs Jobcentern. Bestandteile der Interviews waren neben narrativen Passagen zur Erwerbsbiografie auch qualitative, egozentrierte Netzwerkerhebungen zu wichtigen Kontakten während der Gründungsphase und soziodemografische Fragebögen. Alle Interviews wurden systematisch inhaltlich ausgewertet. In einem mehrstufigen Auswahlverfahren wurden schließlich neun Fälle für ausführliche Fallstudien identifiziert, die die Erwerbsbiografie, den Gründungsprozess und die Markteintrittsphase sowie die Bedeutung von Netzwerken für die Gründung behandeln. Für die Auswertung des Datenmaterials wurden verschiedene narrative Interpretationsansätze mit der Inhaltsanalyse und der qualitativen Netzwerkanalyse in drei Schritten kombiniert.

Die Auswertungen zeigen, wie die Gründenden die Herausforderungen gegenüber den beiden wichtigsten Bezugskontexten – dem Markt einerseits und der eigenen (Erwerbs-)Biografie andererseits – meistern. Dies lässt sich an Fallbeispielen illustrieren. So fühlt sich Frau Heinz (Aliasname), eine der Befragten des Samples, seit ihrer Jugend zum künstlerischen Schaffen berufen. Im Alter von fast 60 Jahren und nach einer längeren Phase der Erwerbslosigkeit entscheidet sie sich, ihrer Neigung nachzugeben und sich als künstlerische Fotografin selbstständig zu machen. Sie investiert viel Zeit und Energie in die Vormarktphase, sprich in die Zeit bevor sie ihre Dienstleistungen auf dem Markt anbietet, und sie handelt dabei sehr umsichtig. Während sie sich sicher ist, Interessentinnen und In Interessenten für ihre Fotografien finden zu können, betrachtet sie als besondere Herausforderung des Gründungsprozesses, neben den künstlerischen auch kaufmännisch-praktische Fähigkeiten entwickeln zu müssen. Bemerkenswert ist hierbei nicht allein, dass sie sich selbst gegenüber Defizite im kaufmännisch-praktischen Bereich eingesteht, sondern aktiv versucht, diese zu beseitigen. So erlernt sie Webseitenprogrammierung oder übt gezielt Verkaufsgespräche. Gleichzeitig gelingt es ihr, Kenntnisse und Fähigkeiten aus ihrer langjährigen Tätigkeit im künstlerischen Bereich für die aktuelle Selbstständigkeit zu nutzen. Diese Kontinuität in der Erwerbsbiografie und in ihrem Selbstverständnis als kreativ Schaffende hilft ihr bei der Platzierung ihres Angebots in einem hochpreisigen Marktsegment. Insgesamt kann man Frau Heinz' vorbereitende Arbeiten zur Marktpositionierung als zielführend bezeichnen. Gleichwohl erfüllt sie damit lediglich notwendige Voraussetzungen für ihr wirtschaftliches Überleben am Markt. Schließlich wird ihr Markterfolg auch von Faktoren abhängen, die nicht in ihrer Hand liegen, wie etwa der Entwicklung der Konkurrenzsituation und der Nachfrage nach künstlerischen Fotografien auf ihrem lokal begrenzten Zielmarkt.

Nicht alle Geförderten gehen so zielstrebig und umsichtig beim Aufbau ihrer Selbstständigkeit vor wie Frau Heinz. Herr Carsten, zum Beispiel, steht zwar vor ähnlichen Herausforderungen. Er sieht seine Schwächen bei der Akquise von Kundinnen und Kunden und bei Verkaufsgesprächen. Im Gegensatz zu Frau Heinz bearbeitet er diese Schwächen allerdings weniger zielstrebig und es gelingt ihm nicht, sie hinter sich zu lassen. Das ist einer der Faktoren, der dazu beiträgt, dass seine Selbstständigkeit als Vertreter in der Nahrungsergänzungsmittelindustrie bereits zum Befragungszeitpunkt im Scheitern begriffen ist. Insgesamt stehen bei ihm biografische und marktbezogene Motive in einem Ungleichgewicht: Die Hoffnung, sich persönlich weiterzuentwickeln bringt ihn in die Selbstständigkeit und steht der Orientierung am beziehungsweise auf dem Markt im Weg.

Die Beobachtungen aus diesen und weiteren Fallstudien lassen sich zu der Aussage verdichten, dass Neugründende auf folgenden Ebenen tätig werden müssen:

- *Anpassung an den Markt*: Die Neugründenden müssen einen Zielmarkt anvisieren, die Bedingungen auf diesem Markt beobachten und sich an diese so anpassen, dass Kundinnen und Kunden das Angebot der Selbstständigen als zu diesem Markt zugehörig erkennen können.
- *Kompetitive Positionierung auf dem Markt*: Die Neugründenden müssen zugleich deutlich machen, wie sich ihr Angebot von dem der Konkurrenz unterscheidet und warum man es kaufen sollte.
- *Anschluss an die (Erwerbs-)Biografie*: Für die Positionierung am Markt sind im Verlaufe des Lebens akquirierte private wie professionelle Ressourcen hilfreich oder sogar erforderlich. Zu diesen Ressourcen zählen unter anderem Hilfeleis-

tungen von Freunden, Bekannten und Familienmitgliedern oder professionellen Netzwerken, Berufserfahrungen oder besondere Fertigkeiten.
- *Abgrenzung von der (Erwerbs-)Biografie*: Gleichzeitig stehen die Neugründenden vor der Aufgabe, Grenzen gegenüber ihren bisherigen Erfahrungen zu ziehen. Das passiert beispielsweise, wenn neue Kontakte in das persönliche Netzwerk aufgenommen werden, oder wenn, wie im Fall von Frau Heinz, charakteristische persönliche Schwächen überwunden werden.

Die Fallstudien zeigen, dass insbesondere die Gründenden sich gute Ausgangsbedingungen für einen Erfolg am Markt schaffen, die auf allen vier Ebenen investieren, die also ihre Selbstständigkeit gleichzeitig auf dem Markt und in ihrem Leben gezielt verankern.

4.3 Förderung von Arbeitsgelegenheiten

Die Arbeitsgelegenheiten in der Mehraufwandsvariante – besser als Zusatz- oder Ein-Euro-Jobs bekannt – gehören zur Gruppe der Beschäftigung schaffenden Maßnahmen im SGB II.[11] Arbeitsmarktpolitisch betrachtet sind diese Maßnahmen gegenüber der Vermittlung in ungeförderte Beschäftigung, der Berufsausbildung oder anderen Maßnahmen aktiver Arbeitsmarktpolitik nachrangig zu behandeln. Aus diesem Grund werden sie nur befristet eingesetzt und sollen Arbeitslosen mit besonders geringen Beschäftigungsaussichten vorbehalten sein. Gerade in den ersten Jahren nach Einführung der Grundsicherung für Arbeitsuchende kamen die Arbeitsgelegenheiten in beträchtlichem Maße zum Einsatz. In den letzten Jahren ist die Zahl der Zuweisungen jedoch rückläufig.

Die mit dem Einsatz der Arbeitsgelegenheiten verfolgten Zielsetzungen fallen denkbar heterogen aus. Mit Blick auf die Geförderten selbst reichen sie von der Verbesserung der Beschäftigungschancen über die Erprobung von Arbeits- und Leistungsbereitschaft bis zur Stärkung sozialer Teilhabe. Mit der 2012 in Kraft getretenen Instrumentenreform im SGB II wurden auch die Zielsetzungen der Zusatzjobs neu gefasst. In den fachlichen Hinweisen der Bundesagentur für Arbeit (2012) werden nur noch zwei Ziele explizit genannt: die „(Wieder-)Herstellung und Aufrechterhaltung der Beschäftigungsfähigkeit" (ebd., S. 7) sowie „eine Teilhabe am Erwerbsleben mit dem Ziel der Integration in den allgemeinen Arbeitsmarkt" (ebd.). Dies schließt jedoch nicht aus, dass auf Ebene einzelner Jobcenter weitere Ziele verfolgt werden und die Zusatzjobs zugleich Wirkungen in anderen Dimen-

---

11 Die in diesem Abschnitt präsentierten Befunde beziehen sich allesamt auf die Arbeitsgelegenheiten in der Variante Mehraufwand. Wenn daher abkürzend nur von Arbeitsgelegenheiten oder alternativ von Zusatz- oder Ein-Euro-Jobs gesprochen wird, ist stets diese Variante des Instruments gemeint.

sionen, wie etwa der Verbesserung sozialer Teilhabe, entfalten können. Gleiches gilt für Arbeitgeber, auch sie verfolgen mit dem Einsatz von Arbeitsgelegenheiten womöglich unterschiedliche Ziele.

Die Wirkungsforschung zum SGB II trägt dieser Bandbreite an Zielsetzungen des Einsatzes von Arbeitsgelegenheiten Rechnung. In Abschnitt 4.3.1 werden zunächst Befunde zur Wirkung der Ankündigung von Zusatzjobs vorgestellt. Anschließend stehen die Wirkung der Maßnahmenteilnahme auf subjektive Indikatoren, darunter die Selbstwirksamkeit und die wahrgenommene gesellschaftliche Integration der Geförderten, im Fokus (Abschnitt 4.3.2). In Abschnitt 4.3.3 folgt abschließend ein Blick auf Befunde zum betrieblichen Einsatz von Ein-Euro-Jobs.

4.3.1 Ankündigungseffekte von Arbeitsgelegenheiten

In den verschiedenen, mit dem Einsatz der Arbeitsgelegenheiten verfolgten Zielsetzungen spiegelt sich die Orientierung des SGB II am aktivierungspolitischen Grundprinzip des „Förderns und Forderns" wider. Einerseits sollen die Zusatzjobs die Geförderten auf dem Weg (zurück) in Beschäftigung unterstützen, andererseits dienen sie der Überprüfung der Arbeitsbereitschaft und sollen damit unter anderem die als unzureichend angenommene Arbeits- und Konzessionsbereitschaft der betreffenden Leistungsberechtigten beeinflussen. Mit Blick auf diesen zweiten Aspekt untersuchen Hohmeyer/Wolff (2016), inwieweit bereits die Ankündigung einer Teilnahme diese Bereitschaft erhöht und betrachten dazu das Arbeitsuchverhalten und den Reservationslohn der Hilfeempfängerinnen und -empfänger.

Den Ausgangspunkt der Untersuchung von Hohmeyer/Wolff (2016) bildet die Überlegung, dass nicht erst die Teilnahme an einem Zusatzjob, sondern bereits dessen Ankündigung durch die Integrationsfachkraft einen Effekt auf das Arbeitsuchverhalten und den Reservationslohn des jeweiligen Leistungsberechtigten haben könnten. Weiterhin gehen sie davon aus, dass dieser Effekt durchaus gegenläufig ausfallen könnte (vgl. ebd., S. 1). So ist zum einen denkbar, dass die Ankündigung eines Ein-Euro-Jobs für einen Teil der Arbeitsuchenden eher abschreckend wirkt, zum Beispiel wenn die Arbeitsuchenden von ihrer Teilnahme eine negative Signalwirkung an potenzielle Arbeitgeber fürchten oder mit dieser zeitliche Einschränkungen bei der Stellensuche oder der Alltagsgestaltung assoziieren. In einem solchen Fall dürften die Arbeitsuchenden darum bemüht sein, ihre Suchanstrengungen zu intensivieren und/oder ihren Reservationslohn senken, sprich eine Stelle auch bei schlechterer Entlohnung zu akzeptieren. Zum anderen könnte ein Teil der Leistungsberechtigten in der in Aussicht gestellten Förderung eine attraktive Alternative zur Arbeitslosigkeit sehen. Beispielsweise könnten sie sich von einer Teilnahme eine Verbesserung ihrer Beschäftigungsfähigkeit oder aber ihrer allgemeinen Lebenssituation (Erhöhung sozialer Kontakt, Aufwertung des sozialen Status etc.) versprechen. Unter diesen Voraussetzungen dürften die Arbeitsuchenden das Angebot annehmen und an der Maßnahme teilnehmen wollen. Als Folge davon könnten sie ihre Arbeitsuche einschränken und ihren Reservationslohn erhöhen. Welche dieser Wirkungen dominiert, kann dann empirisch nachgewiesen werden.

Wie bereits in ihrer Studie über die Selektivität von Ein-Euro-Jobs (vgl. Hohmeyer/Wolff 2015), nutzen Hohmeyer/Wolff (2016) für ihre Untersuchung der Wirkungen von Ein-Euro-Job-Ankündigungen Daten des Panels „Arbeitsmarkt und soziale Sicherung" (PASS). Konkret verwenden sie eine Stichprobenziehung aus den ersten sieben Wellen des Panels (zu weiteren methodischen Aspekten vgl. ebd., S. 7 ff.). Dabei betrachten sie die Wirkung von Ankündigungen, die in den Jahren 2009 bis 2013 erfolgt sind und zwar zwischen den Interviews zweier aufeinanderfolgender Wellen des PASS. Die Wirkung messen sie jeweils zum Zeitpunkt der zweiten der jeweiligen Wellen. Auf diese Weise ist es möglich, kurzfristige Wirkungen der Ankündigung eines Ein-Euro-Jobs zu ermitteln. Mithilfe eines statistischen Matching-Verfahrens vergleichen sie das Arbeitsuchverhalten und den Reservationslohn von Leistungsbeziehern, denen ein Ein-Euro-Job angekündigt wurde, mit ähnlichen Leistungsbeziehern, die keine solche Ankündigung erhalten haben.

Die Ergebnisse ihrer Analyse zeigen, dass die Ankündigung eines Ein-Euro-Jobs die Suchaktivitäten der Arbeitsuchenden insgesamt signifikant erhöht (Hohmeyer/Wolff 2016, S. 13). Vor dem Hintergrund der angekündigten Maßnahmenteilnahme suchen diese verstärkt in Zeitungen und im Internet nach Stellenanzeigen, fragen vermehrt direkt bei Unternehmen an und erkundigen sich häufiger im Familien- und Freundeskreis nach offenen Stellen. Dabei werden einzelne Suchwege nicht nur häufiger genutzt, sondern die Leistungsberechtigten diversifizieren zugleich die Kanäle, auf denen sie nach einer Beschäftigung suchen (vgl. ebd.). Schließlich bewerben sich die Arbeitsuchenden häufiger auf ausgeschriebene Stellen und schreiben vermehrt Initiativbewerbungen. Die Nutzung der Dienstleistungsangebote, die das Jobcenter zur Stellensuche bereitstellt, bleibt hingegen unverändert. Bemerkenswert ist, dass insbesondere solche Leistungsberechtigte mit verstärkter Stellensuche auf die Ankündigung eines Ein-Euro-Jobs reagieren, die in den vergangenen vier Jahren oder sogar länger keiner Erwerbsarbeit nachgegangen sind. Zudem ist eine Erhöhung der Suchanstrengung insbesondere bei Personen in Ostdeutschland zu beobachten. Von den erhöhten Suchanstrengungen sind jedoch Bewerbungen auf solche Arbeitsstellen generell ausgenommen, die mit einem Pendelweg von mehr als 100 km verbunden wären (vgl. ebd.).

Neben einer Intensivierung der Arbeitsuche konnten Hohmeyer/Wolff (2016) auf die Ankündigung eines Ein-Euro-Jobs hin zudem Zugeständnisse beim Reservationslohn beobachten. Während des Untersuchungszeitraums geben die Arbeitsuchenden als ihren Reservationslohn bereits einen niedrigen Wert an (Stundenlohn von 6,80 Euro). Infolge der Ankündigung eines Ein-Euro-Jobs verringert sich dieser Wert um weitere rund 16 Cent. Allerdings handelt es sich hierbei um einen statistisch nicht signifikanten Effekt (vgl. ebd., S. 14). Bemerkenswert ist, dass Frauen nicht nur einen geringeren Reservationslohn angeben, sondern zudem zu einer größeren Absenkung dieser Lohngrenze bereit sind, als dies bei Männern zu beobachten ist (vgl. ebd., S. 18). So senken Frauen, denen ein Ein-Euro-Job angekündigt wird, ihren Reservationslohn von einem Ausgangsniveau von 6,65 Euro um rund 28 Cent (vgl. ebd.).

Insgesamt lässt sich festhalten, dass die arbeitsuchenden Personen, denen ein Ein-Euro-Job angeboten wurde, auf diese Ankündigung mit verstärkten Suchaktivitäten und verringerten Anspruchslöhnen reagieren. Dies legt den Schluss nahe, dass die Reaktion derjenigen Leistungsberechtigten dominiert, die das Zusatzjobangebot nicht als attraktiv erachten. Andernfalls wäre, den eingangs dargestellten Ausgangsüberlegungen entsprechend, ein gegenteiliges Verhalten zu erwarten gewesen (vgl. Hohmeyer/Wolff 2016, S. 19). Allerdings resultieren aus den im Durchschnitt erhöhten Suchanstrengungen und der größeren Konzessionsbereitschaft keine statistisch nachweisbaren Wirkungen auf die Chancen einer Integration in sozialversicherungspflichtige Beschäftigung oder auf die Beendigung des Leistungsbezugs (vgl. ebd., S. 15). Dieses Ergebnis dürfte darauf zurückzuführen sein, dass die erhöhten Suchanstrengungen und die größere Konzessionsbereitschaft bei dem betrachteten Personenkreis, der größtenteils mehrere Jahre nicht mehr erwerbstätig war, erst zeitlich verzögert die Integrationswirkungen erhöht. Darüber hinaus gilt es in Rechnung zu stellen, dass ein gewisser Teil der Leistungsberechtigten, denen zum Zeitpunkt der Befragung ein Ein-Euro-Job angekündigt wurde, auch tatsächlich an einem solchen teilnehmen. Dies wiederum zieht Lock-In-Effekte nach sich.

4.3.2 Wirkung auf subjektive Indikatoren

Vordingliches Ziel des Einsatzes von Arbeitsgelegenheiten ist die Heranführung der Teilnehmer/Teilnehmerinnen an sowie deren Integration in den allgemeinen Arbeitsmarkt. Darüber hinaus sollen die Ein-Euro-Jobs gerade bei Arbeitslosen mit besonders geringen Beschäftigungschancen auch zur Verbesserung sozialer Teilhabe beitragen. Inwieweit diese Zielsetzung tatsächlich erreicht wird, lässt sich ohne den Blick auf die Geförderten nur unvollständig evaluieren. Während vorliegende Untersuchungen sich vielfach auf die Bewertung der Maßnahme durch die Teilnehmenden konzentrieren (vgl. etwa Christoph/Hohmeyer 2012), existierten bislang hingegen kaum Untersuchungen, die den *kausalen Effekt* der Maßnahmenteilnahme auf subjektive Indikatoren ermittelt haben. Im Rahmen der SGB-II-Forschung des IAB sind nun Analysen entstanden, die den Effekt von Arbeitsgelegenheiten auf die Selbstwirksamkeit (Tisch/Wolff 2015) und die wahrgenommene gesellschaftliche Integration der Teilnehmer/Teilnehmerinnen untersucht haben (Gundert/Hohendanner 2015).

Verbesserung der Selbstwirksamkeit
In dem Beitrag „Active labour market policy and its outcomes – Does workfare programme participation increase self-efficacy in Germany?" präsentieren Anita Tisch und Joachim Wolff (2015) Ergebnisse ihrer Untersuchung der kausal bedingten Veränderung der wahrgenommenen Selbstwirksamkeit von Teilnehmer/Teilnehmerinnen an Arbeitsgelegenheiten (Variante Mehraufwand). Das Konzept der Selbstwirksamkeit beziehungsweise der Selbstwirksamkeitserwartungen wurde in den 1970er Jahren von Albert Bandura entwickelt. Vereinfacht gefasst wird unter Selbstwirksamkeit die individuelle Überzeugung verstanden, auch unerwartet auftretende (Handlungs-)Probleme und Schwierigkeiten selbstständig lösen zu können (vgl. ebd., S. 21 ff.). Die Notwendigkeit, eine psychologische Kategorie wie die der Selbstwirksamkeit in die Arbeitsmarktforschung zu integrieren, begründen Tisch/Wolff vor allem mit Verweis auf die jüngeren Reformen in der Arbeitsmarkt- und Sozialpolitik. Mit ihnen sei die Tendenz verbunden, die Bewältigung von Arbeitsmarkt- und Beschäftigungsrisiken zunehmend der Verantwortung der Einzelnen zu übertragen und Beschäftigungsfähigkeit anstelle von Beschäftigungssicherheit in den Vordergrund der Förderaktivitäten zu stellen, argumentieren sie. Selbstwirksamkeit kann als zentrale Dimension von Beschäftigungsfähigkeit gelten. Entsprechend gewinnt die nicht allein im Bereich der Grundsicherung prominent betonte Übernahme von Eigen- oder Selbstverantwortung auch eine größere Bedeutung für die Arbeitsuche (vgl. ebd., S. 18 ff.). Mit Rückbezug auf theoretische Überlegungen zur Integrationsfunktion von Erwerbsarbeit argumentieren Tisch/Wolff zudem dafür, dass Selbstwirksamkeit eng mit dem Beschäftigungsstatus verknüpft ist; die Überzeugung, zukünftig auftretende Schwierigkeiten bewältigen zu können, also von Erwerbsarbeit entscheidend gestärkt wird beziehungsweise gestärkt werden kann.

Daran anknüpfend beschäftigten sich Tisch/Wolff (2015) mit der Frage, ob und inwieweit auch arbeitsmarktpolitische Instrumente, darunter insbesondere Maßnahmen der öffentlichen Beschäftigungsförderung, einen Beitrag zur Stärkung von Selbstwirksamkeitsüberzeugungen leisten können. Konkret betrachten sie den psychosozialen Effekt der Teilnahme an Arbeitsgelegenheiten auf die wahrgenommene Selbstwirksamkeit – und gehen damit einer Forschungsfrage nach, die ihres Wissens nach im deutschen Forschungskontext bislang nicht untersucht wurde (vgl. ebd., S. 20). Ihre Analyse folgt zwei forschungsleitenden Hypothesen:

- *Erstens* gehen Tisch/Wolff (2015) davon aus, dass es möglich ist, dass die Teilnahme an Ein-Euro-Jobs im Schnitt zu keinen positiven Effekten auf die Selbstwirksamkeit führt. Diese erste Hypothese begründen sie mit Verweis darauf, dass die Teilnehmer/Teilnehmerinnen anstelle der Teilnahme an der Arbeitsgelegenheit mehr Zeit in Arbeitsuche investiert oder auch an einer anderen (eventuell für sie geeigneteren) Maßnahme hätten teilnehmen können, was in beiden Fällen die Selbstwirksamkeitserwartungen in höherem Ausmaß hätte verbessern können (vgl. ebd., S. 24). Das halten sie dann für wahrscheinlich, wenn häufig weniger benachteiligte Arbeitslose gefördert werden.
- *Zweitens* vertreten sie die Hypothese, dass nur solche Leistungsberechtigte von der Maßnahmenteilnahme profitieren könnten, die eine geringe Beschäftigungsfähigkeit aufweisen und lediglich über gering ausgeprägte Selbstwirksamkeitserwartungen verfügen (vgl. Tisch/Wolff 2015, S. 24). In ihrem Fall kämen die sozialintegrativen Funktionen von Erwerbsarbeit zum Tragen und würden so die Selbstwirksamkeit verbessern.

Um diese Hypothesen einer empirischen Überprüfung zugänglich zu machen, haben Tisch/Wolff (2015) ein auf Matching-Verfahren basierendes Vergleichsgruppendesign gewählt und verwenden dafür zum einen Daten der „Integrierten Erwerbsbiografien" (IEB), der Leistungshistorik Grundsicherung (LHG) sowie der ersten vier Erhebungswellen des Panels „Arbeitsmarkt und soziale Sicherung" (PASS) (vgl. ebd., S. 25). Die Maßnahmeteilnehmer/Maßnahmeteilnehmerinnen haben sie auf Basis der IEB-Daten identifiziert – ein Vorgehen, dass zuverlässigere Informationen über die Teilnahmen bietet, als es die PASS-Befragung in dieser Hinsicht ermöglicht (vgl. ebd., S. 24). Begründet ist dieses Vorgehen zugleich darin, dass die IEB-Daten genaueren Aufschluss über den bisherigen Arbeitsmarkterfolg der betrachteten Personen ermöglichen (vgl. ebd.). In die Gruppe der Teilnehmer/Teilnehmerinnen werden Leistungsberechtigte aufgenommen, die den administrativen Daten der Statistik der Bundesagentur für Arbeit zufolge zwischen zwei PASS-Erhebungswellen eine Arbeitsgelegenheit aufgenommen haben (vgl. ebd., S. 25). Dieser Teilnehmergruppe wird eine Kontrollgruppe von Nicht-Teilnehmer/Teilnehmerinnen gegenübergestellt, die den Mitgliedern der ersten Gruppe entlang verfügbarer statistischer Informationen möglichst ähnlich sind und daher die gleiche Wahrscheinlichkeit gehabt hätten, eine Arbeitsgelegenheit im betrachteten Zeitraum aufzunehmen (vgl. ebd.).

Ein Blick auf die Ergebnisse der deskriptiven Auswertungen zeigt zunächst, dass Männer, Leistungsberechtigte aus Ostdeutschland sowie Personen mit deutscher Staatsangehörigkeit in der Teilnehmendengruppe relativ gesehen häufiger vertreten sind als in der Gruppe der potenziellen Vergleichspersonen (vgl. Tisch/

Wolff 2015, S. 25). Die Teilnahmewahrscheinlichkeit war im Beobachtungszeitraum zudem höher für Personen zwischen 45 und 54 Jahren, Singles sowie Personen ohne Kinder. Keine großen Unterschiede zwischen Teilnehmenden und Nicht-Teilnehmenden bestehen hingegen mit Blick auf das Qualifikationsniveau und die Erwerbsbeteiligung des letzten Jahres (vgl. ebd., S. 25 ff.). Hinsichtlich der Selbstwirksamkeitserwartungen konnten Tisch/Wolff auf Basis der deskriptiven Analysen nur sehr geringe Differenzen zwischen Teilnehmenden und Nicht-Teilnehmenden feststellen (vgl. ebd.).

Bestätigt wird diese Einschätzung auch von den Kausalanalysen des Selbstwirksamkeits-Index (vgl. Tisch/Wolff 2015, S. 30 ff.). Tisch/Wolff finden keinen Hinweis auf einen positiven Effekt der Maßnahmenteilnahme und zwar weder für die einzelnen Untersuchungswellen noch für die gepoolte Stichprobe: „We did not find convincing evidence for a beneficial effect of One-Euro-Job participation on self-efficacy for either single waves or for a pooled sample" (ebd., S. 30). In Tabelle 4.1 sind die absoluten Effekte im Detail ausgewiesen. Sie unterstreichen, dass die Teilnahme an der Arbeitsgelegenheit die Selbstwirksamkeitswahrnehmung in den ersten beiden PASS-Wellen sogar verschlechtert – mit Ausnahme der ersten Welle sind die Ergebnisse jedoch nicht signifikant (vgl. ebd., S. 31). In der dritten Welle findet sich hingegen ein positiver Effekt, dessen Stärke aber eher als gering zu bewerten und zudem nicht signifikant ist. An diesem Ergebnis ändert sich auch nur wenig, wenn an Stelle des Selbstwirksamkeits-Index jedes seiner Items einzeln betrachtet wird. Auch die Anwendung der Differenzen-von-Differenzen-Matching-Schätzer, dargestellt im unteren Teil der Tabelle 4.1, zeigt ein ähnliches Bild (vgl. ebd., S. 30). Tisch und Wolff ziehen daraus die Schlussfolgerung, dass die Teilnahme an Arbeitsgelegenheiten im Vergleich zur Nicht-Teilnahme weder positive noch negative Effekte auf die Selbstwirksamkeitserwartungen hat: „we find neither noteworthy beneficial effects nor unfavourable One-Euro-Job participation effects on participants' self-efficacy" (ebd.).

Alles in allem zeigt die Studie von Tisch/Wolff (2015), dass die Teilnahme an Arbeitsgelegenheiten – im Vergleich zu ähnlichen Nicht-Teilnehmer/Teilnehmerinnen – keinen kausalen Effekt auf die Selbstwirksamkeitserwartungen hat. Damit bestätigen die Analyseergebnisse die erste der beiden Hypothesen. Für die zweite Hypothese gilt dies jedoch nicht. Denn im Unterschied zu anderen Studien können Tisch/Wolff keine Effekte für jene Teilnehmer/Teilnehmerinnen ausmachen, die im Vorfeld der Maßnahme eine besonders gering ausgeprägte Selbstwirksamkeitserwartung aufwiesen und bei denen daher Zugewinne noch am ehesten erwartet wurden.

Instrumente und ihre Wirkungen

Tabelle 4.1
Geschätzte Effekte der Teilnahme an Ein-Euro-Jobs auf die Selbstwirksamkeitserwartung

Welle	1		2		3	
	Effekt	t-val.	Effekt	t-val.	Effekt	t-val.
Einfacher-Matching-Schätzer:						
Selbstwirksamkeits-Index	−0,084	−1,85	−0,009	−0,18	0,025	0,44
Für jedes Problem habe ich eine Lösung.	0,008	0,13	0,052	0,75	0,002	0,03
Auch bei überraschenden Ergebnissen glaube ich, dass ich gut damit zurecht kommen werde.	−0,158	−2,66	−0,010	−0,15	−0,028	−0,41
Es bereitet mir keine Schwierigkeiten, meine Ziele zu verwirklichen.	−0,085	−1,31	0,037	0,53	0,147	1,73
In unerwarteten Situationen weiß ich immer, wie ich mich verhalten soll.	−0,086	−1,46	−0,099	−1,48	−0,012	−0,15
Die Lösung schwieriger Probleme gelingt mir immer, wenn ich mich darum bemühe.	−0,098	−1,60	−0,028	−0,41	0,017	0,22
Schätzungen des Differenzen-von-Differenzen-Matching-Verfahrens:						
Selbstwirksamkeits-Index	−0,044	−1,01	0,009	0,19	−0,002	−0,04
Für jedes Problem habe ich eine Lösung.	0,073	1,11	0,093	1,27	−0,034	−0,40
Auch bei überraschenden Ergebnissen glaube ich, dass ich gut damit zurecht kommen werde.	−0,161	−2,42	0,001	0,02	−0,086	−1,10
Es bereitet mir keine Schwierigkeiten, meine Ziele zu verwirklichen.	−0,028	−0,38	0,062	0,78	0,079	0,87
In unerwarteten Situationen weiß ich immer, wie ich mich verhalten soll.	−0,019	−0,28	−0,046	−0,61	−0,031	−0,37
Die Lösung schwieriger Probleme gelingt mir immer, wenn ich mich darum bemühe.	−0,083	−1,23	−0,065	−0,87	0,061	0,73
Anzahl der Teilnehmer/Teilnehmerinnen an Ein-Euro-Jobs	266		177		166	

Hinweise: Schätzungen eines Nearest-Neighbour-Matchings mit Zurücklegen mit fünf Nachbarn (Vergleichspersonen). T-Werte wurden mittels analytischer Standardfehler berechnet. Die Kategorien der einzelnen Items sind folgendermaßen definiert: 4 „Trifft voll und ganz zu"; 3 „Trifft eher zu"; 2 „Trifft eher nicht zu" und 1 „Trifft überhaupt nicht zu". Der Selbstwirksamkeits-Index bildet die Summe der Einzelwerte der verwendeten Items ab.
Quelle: Tisch/Wolff (2015: 31).

Mögliche Gründe für die ermittelten Forschungsergebnisse sind vielfältig. Einmal könnten Arbeitsgelegenheiten nicht als ein legitimes Substitut für Erwerbsarbeit wahrgenommen werden. Ferner argumentieren Tisch/Wolff (2015), dass sich die grundsätzlich geringen Eingliederungschancen und eine geringe Steigerung der Arbeitsmarktchancen, die sich Teilnehmer/Teilnehmerinnen Befragungen zufolge von ihrer Teilnahme an Arbeitsgelegenheiten versprechen, zugleich negative Konsequenzen für die Wahrnehmung des eigenen sozialen Status und der eigenen Identität haben (vgl. ebd., S. 32). Schließlich könnten sehr geringe Steigerungen der Eingliederungschancen aus Sicht der Teilnehmer/Teilnehmerinnen kaum dazu beitragen, dass sie wieder verstärkt ihr Schicksal in die Hand nehmen können. Einige Teilnehmer/Teilnehmerinnen könnten die Maßnahmenteilnahme potenziell als stigmatisiert erleben und daher an Selbstbewusstsein einbüßen (vgl. ebd.), insbesondere wenn sie von unfreiwilligen Zuweisungen betroffen sind oder das Leistungsniveau der Teilnehmer/Teilnehmerinnen nicht dem Anforderungsniveau der Arbeitstätigkeiten entspricht (vgl. ebd., S. 34).

Abschließend diskutieren Tisch/Wolff (2015) praktische Implikationen ihrer Analyse. So geben sie zu bedenken, dass eine Weiterentwicklung der bislang existierenden Förderangebote erforderlich sein könnte, um die Selbstwirksamkeit von arbeitslosen Leistungsberechtigten zu verbessern (vgl. ebd., S. 34). Eine Möglichkeit sehen sie darin, das Angebot an arbeitsmarktpolitischen Programmen stärker mit einer psychologischen Unterstützung und Betreuung der Maßnahmeteilnehmer/Maßnahmeteilnehmerinnen zu kombinieren. Dabei schließen sie keineswegs aus, dass ein solcher Ansatz womöglich auch im Zusammenhang mit Ein-Euro-Jobs bereits zum Einsatz kommt. Allerdings bieten die vorliegenden statistischen Informationen hierüber keinen Aufschluss, sodass weder Aussagen über die Verbreitung dieses Ansatzes getätigt noch diese Information für detaillierte Analysen berücksichtigt werden könnte. Vor diesem Hintergrund empfehlen Tisch/Wolff, dass Forschungsarbeiten diesen Aspekt zukünftig vermehrt berücksichtigen sollten, um auf diese Weise den Einfluss ergänzender psychologischer Unterstützung stärker als bislang abschätzen können (vgl. ebd.).

Effekte auf die wahrgenommene gesellschaftliche Integration
Gundert/Hohendanner (2015; vgl. auch Christoph et al. 2015; Gundert et al. 2016) haben sich mit der Frage beschäftigt, inwieweit die Teilnahme an einer Arbeitsgelegenheit die gesellschaftliche Teilhabe der teilnehmenden Leistungsberechtigten verbessert. Konkret interessieren sie sich für den Effekt der Maßnahmenteilnahme auf die wahrgenommene gesellschaftliche Integration. Ihre Analyse stützt sich auf Daten des Panels „Arbeitsmarkt und soziale Sicherung" (PASS), genutzt werden Informationen der ersten sieben Erhebungswellen (vgl. Gundert/Hohendanner 2015, S. 784). Um den Effekt der Maßnahmenteilnahme zu isolieren, vergleichen Gundert/Hohendanner Teilnehmerinnen und Teilnehmer an einer Arbeitsgelegenheit mit ähnlichen Leistungsberechtigten, die im betrachteten Zeitraum nicht an einer solchen Maßnahme teilgenommen haben (für weitere Informationen zur Datengrundlage und methodischen Umsetzung der Analyse vgl. ebd., S. 784 ff.).

Die Ergebnisse ihrer Analyse bestätigen zunächst, was aus früheren Untersuchungen zum Thema bereits bekannt ist: „unemployment is associated with substantially lower levels of subjective integration than any alternative employment state" (Gundert/Hohendanner 2015, S. 786). Hinsichtlich der von ihnen betrachteten Frage, ob Ein-Euro-Jobs im Vergleich zu der Situation der Arbeitslosigkeit die wahrgenommene soziale Integration verbessern, konnten sie zumindest im Durchschnitt keine signifikant positiven Effekte ausmachen: „Perceived integration does not differ substantially between participants and non-participants" (ebd.). Zusätzlich haben Gundert/Hohendanner (2015) die Teilhabewirkung der Arbeitsgelegenheit für Teilgruppen unter den Teilnehmerinnen und Teilnehmern analysiert. Entgegen der durchschnittlichen Wirkung eines Ein-Euro-Jobs zeigt dieser Analyseschritt, dass die Maßnahmenteilnahme für bestimmte Teilgruppen beziehungsweise unter bestimmten Voraussetzungen sehr wohl die wahrgenommene gesellschaftliche Integration verbessern kann (vgl. ebd., S. 786 ff.).

Zu diesen Voraussetzungen gehört *erstens*, inwieweit sich die betreffenden Leistungsberechtigten von den für sie zuständigen Integrationsfachkräften des Jobcenters unterstützt fühlen. Wenn sich die Teilnehmenden vom Jobcenter nicht unterstützt fühlen, geht die Teilnahme an Ein-Euro-Jobs auch nicht mit einem höheren gesellschaftlichen Integrationsempfinden einher. Bei Teilnehmern hingegen, die den Eindruck haben, dass die Fachkräfte ihnen „wirklich helfen wollen", zeigt sich ein Anstieg des Zugehörigkeitsgefühls. *Zweitens* zeigt sich ein positiver Effekt der Teilnahme auf die wahrgenommene gesellschaftliche Zugehörigkeit, wenn die formelle Ausgestaltung der Maßnahme der ungeförderten Beschäftigung ähnelt. So ist der Effekt auf das Zugehörigkeitsgefühl stärker ausgeprägt, wenn die Maßnahme auf einen längeren Zeitraum angelegt ist und ein Stundenvolumen von mehr als zwanzig Wochenstunden aufweist (vgl. ebd., S. 788). Schließlich konnten die beiden Forschenden *drittens* zeigen, dass die Teilhabewirkung auf das Zugehörigkeitsgefühl von der individuellen Bewertung der Maßnahme selbst abhängt. So konnten sie dann einen signifikant positiven Effekt ermitteln, wenn die Teilnahme freiwillig erfolgt, die übertragenen Aufgaben den Fähigkeiten der Teilnehmer/Teilnehmerinnen entsprechen und von ihnen als sinnvoll wahrgenommenen werden, die Geförderten mit der Teilnahme eine Verbesserung ihrer Beschäftigungschancen und ihrer finanziellen Situation verbinden (vgl. ebd.).

Vor diesem Hintergrund kommen Gundert/Hohendanner (2015) zu dem Schluss, dass das sozialintegrative Potenzial von Ein-Euro-Jobs an verschiedene Voraussetzungen gebunden ist: „a favourable programme design ensuring similarity to regular employment, which is bolstered by supportive and participatory welfare institutions, as well as participants' positive perception thereof" (ebd., S. 790). Damit gibt die Studie von Gundert/Hohendanner wichtige Hinweise, wie Maßnahmen der Beschäftigungsförderung ausgestaltet sein sollten, um das Zugehörigkeitsgefühl von arbeitslosen Personen zu stärken.

4.3.3 Betriebliche Perspektiven auf Arbeitsgelegenheiten

Neben der Wirkung von Arbeitsgelegenheiten auf die Beschäftigungschancen, den Leistungsbezugsstatus sowie die soziale Teilhabe der Geförderten, wird im Rahmen der SGB-II-Forschung des IAB auch der betriebliche Einsatz von Ein-Euro-Jobs untersucht. Ein Schwerpunkt der Analyse bildet dabei die Einschätzung und Bewertung der Maßnahmen und die Eignung ihrer Teilnehmer/Teilnehmerinnen durch die Einsatzbetriebe (vgl. Müller/Rebien 2013; Moczall/Rebien 2015). Darüber hinaus wird der Frage nachgegangen, inwieweit der Einsatz von Ein-Euro-Jobs von Qualifizierungsmaßnahmen der Betriebe flankiert wird und welche Teilnehmer/Teilnehmerinnen davon profitieren (vgl. Uhl et al. 2016). Die Analyse der betrieblichen Perspektive bildet einen zentralen Baustein der Evaluation arbeitsmarktpolitischer Maßnahmen, insofern sie Erklärungsansätze für deren wirkungsanalytisch ermittelte Effekte liefert und damit auch bei der gezielten Weiterentwicklung der Fördermaßnahmen und ihrer Ausgestaltung helfen kann.

Betriebliche Perspektive auf die Leistungsfähigkeit der Teilnehmer und Teilnehmerinnen

Seit ihrer Einführung im Jahr 2005 wird die Beschäftigungswirkung des Einsatzes arbeitsmarktpolitischer Maßnahmen in der Grundsicherung für Arbeitsuchende intensiv beforscht (für einen Überblick vgl. Kupka/Wolff 2009; Wolff/Stephan 2013). Dabei zeigen Befunde des IAB, dass gerade die Arbeitsgelegenheiten – die sogenannten Zusatz- oder Ein-Euro-Jobs – die Eingliederungschancen der Teilnehmenden lediglich geringfügig verbessern (vgl. etwa Hohmeyer 2009; Hohmeyer/Wolff 2012). Diesen Forschungsergebnissen steht ein zweiter, auf den ersten Blick irritierender Befund der IAB-Forschung zu eben diesem Instrument gegenüber: Ein nennenswerter Anteil aller Betriebe in Deutschland, die Leistungsberechtigte im Rahmen von Arbeitsgelegenheiten beschäftigen, gibt an, dass sie diese für Beschäftigungsverhältnisse auf dem allgemeinen Arbeitsmarkt durchaus für geeignet halten (vgl. Bela et al. 2010). Angesichts dessen wären also mehr Arbeitsmarkteintritte von Teilnehmer/Teilnehmerinnen an Arbeitsgelegenheiten zu erwarten, als tatsächlich zustandekommen. Wie sich dieser Widerspruch erklären lässt, haben die IAB-Forscherinnen Anne Müller und Martina Rebien (2013) auf Basis von Betriebsbefragungen näher untersucht.

Konkret haben sich die IAB-Forscherinnen mit der Frage beschäftigt, wie die Betriebe die Leistungsfähigkeit der Teilnehmer/Teilnehmerinnen an Arbeitsgelegenheiten einschätzen und ob sie diese für geeignet halten, eine reguläre Beschäftigung auszuüben (vgl. Müller/Rebien 2013, S. 478). Grundlage der Studie ist eine im Jahr 2011 durchgeführte Zusatzbefragung im Rahmen der IAB-Stellenerhebung, die bis 2013 unter dem Titel „Erhebung des Gesamtwirtschaftlichen Stellenangebots" (EGS) geführt wurde. In Ergänzung zum allgemeinen Erhebungsprogramm rückte die Zusatzbefragung die betriebliche Nutzung von Arbeitsgelegenheiten und die Einschätzung der teilnehmenden Leistungsberechtigten in den Vordergrund. Gefragt wurden die Betriebe vor allem nach der Einschätzung der beruflichen Qualifikation, der Arbeitsmotivation, der Verlässlichkeit, dem (korrekten) Auftreten sowie der Kommunikations- und Teamfähigkeit der Teilnehmer/Teilnehmerinnen. Berücksichtigt wurden ausschließlich Betriebe der Wirtschaftsbereiche öffentliche Verwaltung, Erziehung und Unterricht, Gesundheits- und Sozialwesen und sonstige Dienstleistungen, da sich der Einsatz von Arbeitsgelegenheiten vorwiegend auf diese Bereiche konzentriert (vgl. ebd.). Insgesamt wurden 1.400 Betriebe befragt, von denen 218 die Zusatzbefragung vollständig beantwortet haben. Auf die Angaben dieser Betriebe stützen sich die hier vorgestellten Ergebnisse. Für diese Gruppe von Betrieben gilt, dass sie im Jahr 2011 neben regulären, sozialversicherungspflichtig Beschäftigten zugleich Leistungsempfänger/Leistungsempfängerinnen der Grundsicherung im Rahmen einer Arbeitsgelegenheit beschäftigt haben (für weitere Angaben zur Datengrundlage und methodischen Umsetzung vgl. ebd., S. 481 ff.).

Die Studie der beiden IAB-Forscherinnen verdeutlicht, dass die für die Analyse berücksichtigten Betriebe immerhin zwei Drittel der Teilnehmer/Teilnehmerinnen an Arbeitsgelegenheiten für eine reguläre Beschäftigung geeignet halten (vgl. Müller/Rebien 2013, S. 483). Dabei bestätigen die weiteren Analysen die Ausgangsüberlegungen der beiden IAB-Forscherinnen: Die befragten Betriebe schätzen die Teilnehmer/Teilnehmerinnen besonders dann als geeignet ein, wenn sie die betrieblichen Anforderungen an die sogenannten arbeitsbezogenen soft skills, darunter vor allem Belastbarkeit, Motivation, Zuverlässigkeit und Flexibilität, als erfüllt betrachten (vgl. ebd., S. 485). Dieser signifikante Zusammenhang bleibt über alle von den Autorinnen berechneten statistischen Modellen hinweg bestehen. Entsprechend ist der Kernbefund der Studie, dass die Wahrscheinlichkeit einer positiven Einschätzung in dem Maße zunimmt, in dem die betrieblichen Anforderungen an die soft skills der Mitarbeiterinnen und Mitarbeiter erfüllt werden. Anders formuliert bedeutet dies, dass aus Sicht der Betriebe gerade das Vorhandensein der arbeitsbezogenen soft skills für die Eignung der Teilnehmer/Teilnehmerinnen an Arbeitsgelegenheiten für eine reguläre Anstellung ausschlaggebend ist. Offenkundig knüpfen die Betriebe ihre Eignungseinschätzung also eng an die Bewertung von „Eigenschaften wie Belastbarkeit, Arbeitsmotivation, Zuverlässigkeit und Flexibilität" (ebd., S. 485). Demgegenüber hat die fachliche Qualifikation interessanterweise keinen signifikanten Einfluss auf die Eignungseinschätzung (vgl. ebd.). Auch die sogenannten klassischen soft skills, darunter soziale Kompetenz und Kommunikationsfähigkeit, spielen keine nennenswerte Rolle für die Bewertung der Betriebe.

Ein weiteres bemerkenswertes Ergebnis der Untersuchung ist, dass die Einschätzungen der Betriebe mit den jeweiligen Einsatzbereichen und -feldern der Ein-Euro-Jobber variieren. Einen deutlich positiven Einfluss auf die Einschätzung hat der Einsatz im handwerklichen wie im pflegerischen Bereich (vgl. Müller/Rebien 2013, S. 488). In beiden Tätigkeitsfeldern liegt die Wahrscheinlichkeit einer positiven Einschätzung der Eignung um immerhin 30 Prozentpunkte höher, als dies bei Teilnehmer/Teilnehmerinnen an Ein-Euro-Jobs der Fall ist, die in anderen Bereichen tätig sind. Die Autorinnen führen diesen Befund darauf zurück, „dass es gerade im handwerklichen Bereich eine Reihe von Hilfs- und Anlerntätigkeiten gibt, die schon nach kurzer Zeit erfolgreich bewältigt werden können" (ebd.). Für das Feld der Pflege könnte demgegenüber entscheidend sein, dass hier zentrale arbeitsbezogene soft skills erforderlich sind und dementsprechend bereits Personen mit derartigen Fähigkeiten für die Maßnahme ausgewählt wurden. Dass der Effekt daher Ausdruck einer Selektion entsprechender Teilnehmer/Teilnehmerinnen ist, kann den Autorinnen zufolge nicht ausgeschlossen werden.

Neben diesen positiven Einflüssen konnte die Studie zugleich eine Reihe von negativen Einflussfaktoren auf die Eignungseinschätzung identifizieren. So wirken sich vor allem die Dauer der Arbeitslosigkeit und eine sozialpädagogische Betreuung der Teilnehmer/Teilnehmerinnen während der Maßnahmenteilnahme negativ auf die Eignungseinschätzung des Betriebs aus (vgl. Müller/Rebien 2013, S. 488). Die Wahrscheinlichkeit einer positiven Einschätzung nimmt den Berechnungen der IAB-Forscherinnen zufolge bei einer Arbeitslosigkeitsdauer von mehr als zwei Jahren um rund 20 Prozentpunkte ab. Dies führen sie vor allem darauf zurück, dass die Betriebe die Arbeitslosigkeitsdauer „als ein Signal für eher nachteilige Eigenschaften dieser Personen im Hinblick auf ihr Arbeitsvermögen bewerten" (ebd., S. 485). Ähnlich negativ wirkt sich auch die Betreuung durch einen Sozialpädagogen auf die Eignungseinschätzung der Betriebe aus. Hier ist die Wahrscheinlichkeit einer positiven Einschätzung sogar um 24 Prozentpunkte geringer als dies bei Teilnehmer/Teilnehmerinnen der Fall ist, die während der Maßnahme nicht sozialpädagogisch betreut werden (vgl. ebd., S. 488). Beide Aspekte haben offenkundig eine negative Signalwirkung auf Arbeitgeber, da sie von den Betrieben als Hinweis auf Einschränkungen der Arbeits- und Leistungsfähigkeit der betreffenden Personen gedeutet werden.

Zusammenfassend kann festgehalten werden, dass die befragten Betriebe die Leistungsberechtigten, die sie im Rahmen von Arbeitsgelegenheiten beschäftigten, überwiegend für geeignet halten, auch einer regulären Beschäftigung nachzugehen. Die Untersuchung der beiden IAB-Forscherinnen zeigt weiterhin, dass sich diese mehrheitlich positive Einschätzung der Eignung von Ein-Euro-Jobbern maßgeblich auf die Bewertung der arbeitsbezogenen soft skills stützt. Dagegen spielen berufliche

Qualifikationen für die Eignungseinschätzung nur eine untergeordnete Rolle. Die befragten Betriebe, so die Schlussfolgerung der Autorinnen, scheinen ihr Urteil also „auf Basis von formal schwer nachweisbaren Kriterien [zu fällen], die Betrieben bei der Personensuche in der Regel nicht zur Verfügung stehen" (Müller/Rebien 2013, S. 488). Aufgrund eben dieses Umstands könnte sich erklären, warum die Ein-Euro-Jobber zwar mehrheitlich als geeignet auch für reguläre Beschäftigung eingeschätzt werden, die Beschäftigungswirkung der Arbeitsgelegenheit aber nicht vergleichbar stark ausgeprägt ist. Dass die sogenannten Klebeeffekte der Maßnahmenteilnahme ebenfalls nicht stark ausgeprägt sind, also die Teilnehmer/Teilnehmerinnen an Ein-Euro-Jobs nicht in größerer Zahl von den Einsatzbetrieben übernommen werden, führen die Autorinnen auf primär strukturelle Beschränkungen zurück. So dürften diese Betriebe vielfach nicht über ausreichend hohe Personalmittel verfügen, um die Übernahme in reguläre Beschäftigung finanzieren zu können. Eine weitere Einschränkung der Übernahmechancen sehen Müller und Rebien aber auch darin, dass „die Tätigkeiten, die von Ein-Euro-Jobbern ausgeführt werden, zusätzlich sein sollen und daher nicht einfach auf reguläre Beschäftigungsverhältnisse übertragen werden können" (ebd., S. 489). Um den Zusammenhang von Eignungseinschätzung und Eingliederungserfolg analytisch noch enger aufeinander zu beziehen, gelte es, mit Blick auf zukünftige Forschungsarbeiten diese Dimensionen stärker als bislang miteinander zu verknüpfen.

Betriebliche Einschätzung der Maßnahmen und ihrer Ausrichtung
Auf der gleichen Datenbasis (IAB-Stellenerhebung) sind Moczall/Rebien (2015) der Frage nachgegangen, wie die Einsatzbetriebe die Maßnahme beurteilen und inwieweit sie diese als geeignet betrachten, die mit ihrem Einsatz verfolgten arbeitsmarktpolitischen Zielsetzungen tatsächlich zu erreichen (vgl. ebd., S. 1). In Übereinstimmung mit einer früheren Analyse (vgl. Bela et al. 2010) zeigen ihre Ergebnisse zunächst, dass die befragten Betriebe mehrheitlich die Auffassung vertreten, die Maßnahmenteilnahme würde „die Chancen [der Teilnehmer/Teilnehmerinnen] auf eine Beschäftigung am ersten Arbeitsmarkt erhöhen" (ebd., S. 2). Zumindest aus Sicht der Betriebe ist der Einsatz von Arbeitsgelegenheiten demnach grundsätzlich dazu geeignet, eines der zentralen arbeitsmarktpolitischen Ziele dieses Instruments – nämlich die Heranführung der Geförderten an den ersten Arbeitsmarkt – zu realisieren. Gleichzeitig machen ihre Befragungsergebnisse deutlich, dass immerhin ein Drittel der befragten Betriebe diese Einschätzung jedoch nicht teilt. Hierfür nennen die befragten Betriebe zum einen Gründe, die aus der Person der Teilnehmer/Teilnehmerinnen resultieren (u. a. persönliche Probleme, geringe Qualifikation, Arbeitsmarktferne). Zum anderen sehen die Betriebe die Verantwortlichkeit dafür auch auf Ebene der Maßnahmen und ihrer konkreten Ausgestaltung. So kritisieren sie, dass die Arbeitsanforderungen in der Maßnahme nicht denen von regulären

Beschäftigungsverhältnissen entsprechen und dass den Teilnehmer/Teilnehmerinnen zu wenig zusätzliches Wissen vermittelt wird (vgl. ebd.).

In einem zweiten Schritt haben Moczall/Rebien (2015) geprüft, welche Faktoren die Einschätzung der befragten Betriebe darüber, ob die Teilnahme an einem Ein-Euro-Job die Arbeitsmarktchancen verbessert, beeinflussen (vgl. ebd., S. 3 f.). Die Ergebnisse ihrer multivariaten Regression zeigen, dass „sich die Wahrscheinlichkeit einer positiven Einschätzung signifikant erhöht, wenn Betriebe zuvor Teilnehmer in reguläre Beschäftigung übernommen haben" (ebd., S. 4). Aus Sicht von Moczall/Rebien ist dieser Zusammenhang insofern plausibel, als unter diesen Voraussetzungen die Betriebe über ausreichend Erfahrung verfügen, eine solche Einschätzung tatsächlich tätigen zu können. Keinen Einfluss auf die Einschätzung der Betriebe hat hingegen, ob diese Einfluss auf die Auswahl der Teilnehmer/Teilnehmerinnen geltend machen können (vgl. ebd., S. 3). Auch die Verfügbarkeit an Qualifizierungsmaßnahmen im Betrieb beeinflusst die Eignungseinschätzungen der Arbeitgeberseite nicht signifikant (vgl. ebd.).

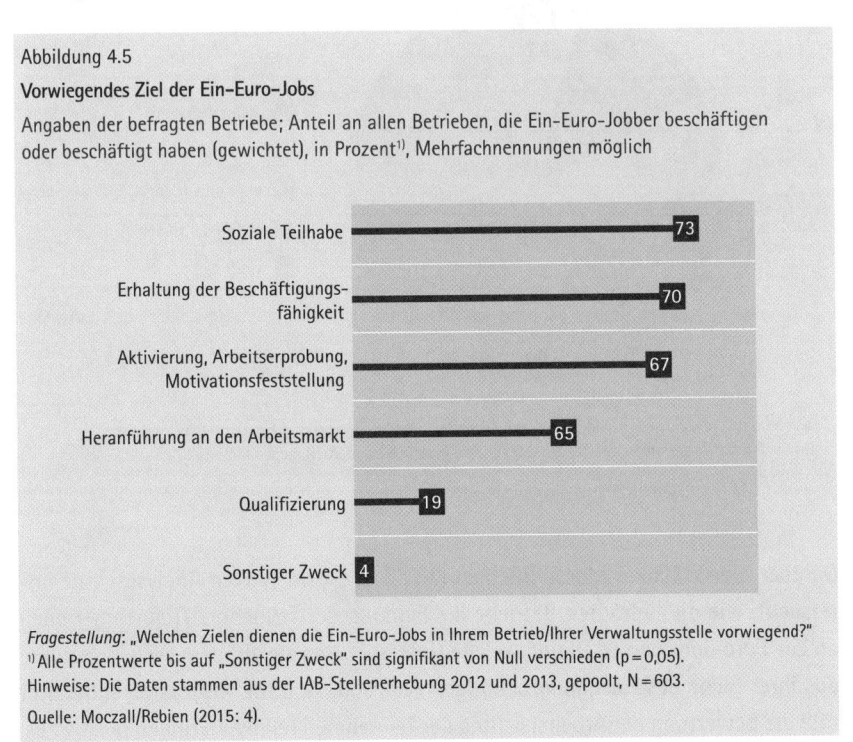

Abbildung 4.5

Vorwiegendes Ziel der Ein-Euro-Jobs

Angaben der befragten Betriebe; Anteil an allen Betrieben, die Ein-Euro-Jobber beschäftigen oder beschäftigt haben (gewichtet), in Prozent[1], Mehrfachnennungen möglich

Ziel	Prozent
Soziale Teilhabe	73
Erhaltung der Beschäftigungsfähigkeit	70
Aktivierung, Arbeitserprobung, Motivationsfeststellung	67
Heranführung an den Arbeitsmarkt	65
Qualifizierung	19
Sonstiger Zweck	4

Fragestellung: „Welchen Zielen dienen die Ein-Euro-Jobs in Ihrem Betrieb/Ihrer Verwaltungsstelle vorwiegend?"
[1] Alle Prozentwerte bis auf „Sonstiger Zweck" sind signifikant von Null verschieden (p = 0,05).
Hinweise: Die Daten stammen aus der IAB-Stellenerhebung 2012 und 2013, gepoolt, N = 603.
Quelle: Moczall/Rebien (2015: 4).

In einem dritten Schritt sind Moczall/Rebien der Frage nachgegangen, ob es einen Zusammenhang zwischen der Zielsetzung des Maßnahmeneinsatzes und der Einschätzung über die Eignung der Teilnehmer/Teilnehmerinnen gibt (vgl. Abbildung 4.5). Dabei zeigt sich, dass die Eignung für eine Beschäftigung auf dem ersten Arbeitsmarkt mit größerer Wahrscheinlichkeit dann als gegeben betrachtet wird, wenn die Maßnahme dezidert der Heranführung der Teilnehmer/Teilnehmerinnen an den ersten Arbeitsmarkt oder ihrer Qualifizierung dient (vgl. Moczall/Rebien 2015, S. 4 f.). Nicht positiv beeinflusst wird die Einschätzung der Eignung erwartungsgemäß dann, wenn die Maßnahme dem Ziel der Teilhabesicherung oder der Leistungserprobung dient. Bemerkenswert ist, dass die befragten Betriebe Ein-Euro-Jobs entgegen der politisch intendierten Zielsetzungen primär zur Verbesserung der sozialen Teilhabe der Teilnehmer/Teilnehmerinnen einsetzen.

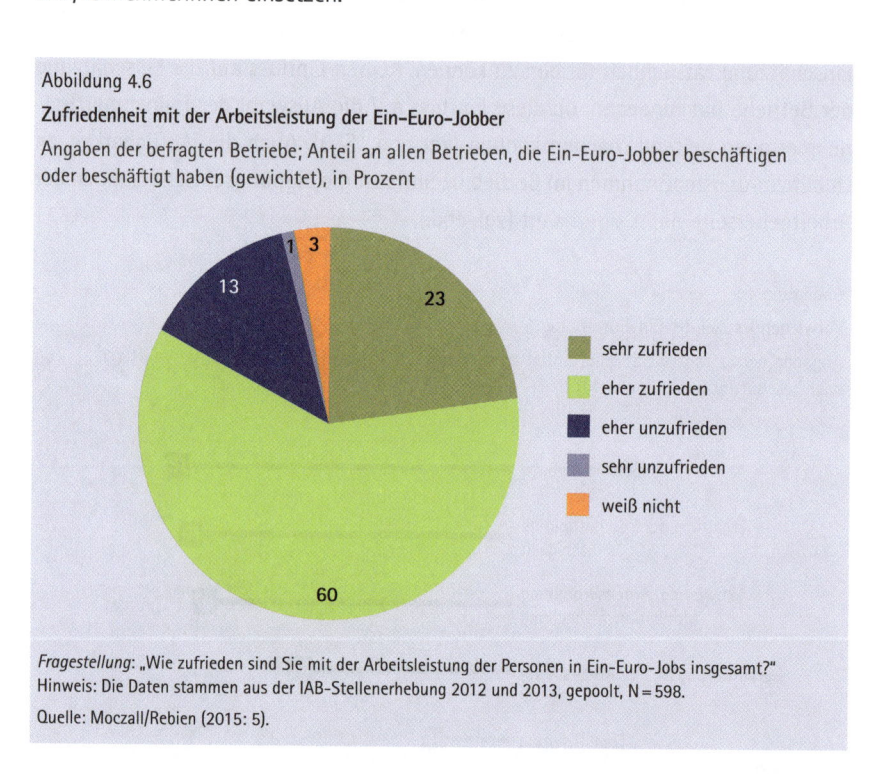

Abbildung 4.6

Zufriedenheit mit der Arbeitsleistung der Ein-Euro-Jobber

Angaben der befragten Betriebe; Anteil an allen Betrieben, die Ein-Euro-Jobber beschäftigen oder beschäftigt haben (gewichtet), in Prozent

- sehr zufrieden: 23
- eher zufrieden: 60
- eher unzufrieden: 13
- sehr unzufrieden: 1
- weiß nicht: 3

Fragestellung: „Wie zufrieden sind Sie mit der Arbeitsleistung der Personen in Ein-Euro-Jobs insgesamt?"
Hinweis: Die Daten stammen aus der IAB-Stellenerhebung 2012 und 2013, gepoolt, N = 598.
Quelle: Moczall/Rebien (2015: 5).

Darüber hinaus haben Moczall/Rebien (2015) in einem vierten Analyseschritt untersucht, wie die befragten Betriebe die Eignung der Teilnehmer/Teilnehmerinnen an Ein-Euro-Jobs bewerten und welche Unterstützung sie auf dem Weg in reguläre aus ihrer Sicht Beschäftigung benötigen (vgl. ebd., S. 5 ff.). Insgesamt betrachtet fällt die Bewertung der Arbeitsleistung der Teilnehmer/Teilnehmerinnen positiv aus. So geben über 80 Prozent der befragten Betriebe an, dass sie „eher" oder sogar „sehr" zufrieden mit dem Arbeitseinsatz der geförderten Leistungsberechtigten sind (vgl. Abbildung 4.6). Unzufrieden mit deren Arbeitsleistung sind dagegen nur 14 Prozent der Betriebe. Als Gründe für ihre Unzufriedenheit gibt diese Gruppe unter den befragten Betrieben an, dass sie aufseiten der Geförderten kein Interesse an der Arbeit erkennen (9 %), die Teilnehmer/Teilnehmerinnen unzuverlässig sind (7 %), über eine unzureichende Qualifikation (6 %) oder zu geringe soziale Kompetenzen verfügen (4 %).

Hinsichtlich der Frage, ob die Teilnehmer/Teilnehmerinnen aus Sicht der Betriebe auch für eine ungeförderte Beschäftigung geeignet wären, bestätigt die Analyse von Moczall/Rebien (2015) frühere Befunde zum Thema (vgl. Müller/Rebien 2013). So geben rund die Hälfte der befragte Betrieb an, dass eine solche Eignung bestehe (vgl. ebd., S. 6). Weitere 23 Prozent der Betriebe geben an, diese Frage zum Befragungszeitpunkt nicht zuverlässig beurteilen zu können. Für immerhin 26 Prozent der Betriebe sind die Teilnehmer/Teilnehmerinnen nicht für eine Tätigkeit auf dem ersten Arbeitsmarkt geeignet. Fehlende Leistungsbereitschaft sowie ein unzureichendes Bildungsniveau sind dafür aus ihrer Sicht die beiden Hauptgründe (vgl. ebd.). Angesichts dessen ist nicht weiter überraschend, dass die Betriebe auf die Frage nach Unterstützungsmöglichkeiten der Geförderten vor allem Qualifizierungsmaßnahmen und Motivationstrainings nennen. Weitere Ansatzpunkte sehen sie in Kommunikationstrainings und der Verbesserung der schulischen Grundbildung. Aus Sicht des Autorenteams bestätigen diese Einsichten die „Wichtigkeit einer Qualifikationskomponente bei der Durchführung des Ein-Euro-Jobs" (ebd., S. 8).

Betriebliche Qualifizierungsmaßnahmen im Rahmen von Ein-Euro-Jobs
Vor dem Hintergrund dieser Befunde beschäftigen sich Uhl et al. (2016) mit der betrieblichen Qualifizierung von Teilnehmern/Teilnehmerinnen an Arbeitsgelegenheiten. Konkret untersuchen sie, „in welchen Betrieben und Tätigkeitsbereichen [...] Qualifizierungsmaßnahmen durchgeführt werden, und welche soziodemografischen Merkmale der Personen Einfluss auf die Teilnahme an einer Maßnahme haben" (ebd., S. 5). Als Datengrundlage fungieren Daten der IAB-Stellenerhebung aus den Jahren 2010 bis 2012 (für weitere Informationen zu Daten und Methoden vgl. ebd., S. 12 ff.).

Die deskriptiven Ergebnisse der Studie zeigen, dass rund ein Viertel der Geförderten (im genannten Zeitraum) während der Teilnahme an der Arbeitsgelegenheit auch qualifiziert wurde (vgl. Uhl et al. 2016, S. 15). Am häufigsten setzen die Betriebe dabei Maßnahmen ein, mit deren Hilfe die soziale Kompetenz der Teilnehmer/Teilnehmerinnen sowie ihre Kommunikationsfähigkeit verbessert werden soll (vgl. ebd.). Ähnlich verbreitet ist die Teilnahme an Maßnahmen, deren Schwerpunkt auf der beruflichen Qualifizierung liegt (vgl. ebd.). Rund die Hälfte aller Qualifizierungsmaßnahmen, die im Rahmen einer Arbeitsgelegenheit eingesetzt werden, sehen unter anderem Bewerbungstrainings vor (vgl. ebd., S. 16). Hieran nehmen vor allem Personen ohne abgeschlossene Berufsausbildung teil (vgl. ebd.).

Weiterhin haben Uhl et al. (2016) untersucht, welche individuellen und betrieblichen Merkmale die Wahrscheinlichkeit beeinflussen, im Rahmen eines Ein-Euro-Jobs an einer Qualifizierungsmaßnahme teilzunehmen. Mit Blick auf die individuellen Merkmale zeigt ihre Analyse, dass vor allem jüngere Teilnehmer/Teilnehmerinnen eine höhere Chance auf die Teilnahme an einer solchen Förderung haben (vgl. ebd., S. 17). Keinen beziehungsweise allenfalls einen geringen Einfluss auf die Teilnahmewahrscheinlichkeit haben die berufliche Qualifikation sowie das Geschlecht der Teilnehmer/Teilnehmerinnen (vgl. ebd., S. 18). Mit Blick auf die betrieblichen Merkmale können Uhl et al. zeigen, dass „die Wahrscheinlichkeit einer Weiterbildung für die Maßnahmeteilnehmer mit zunehmender Zahl der Ein-Euro-Jobber im Betrieb" (ebd.) zunimmt. Einen positiven Effekt auf die Teilnahme an einer Weiterbildung hat zudem der Aufgabenbereich, in dem der Ein-Euro-Job angesiedelt ist. Sowohl im Bereich der Betreuung und Pflege als auch im Bereich von handwerklichen Tätigkeiten ist die Wahrscheinlichkeit höher, dass die Teilnahme an einem Ein-Euro-Job von einer Qualifizierungsmaßnahme begleitet wird (vgl. ebd.).

Alles in allem unterstreicht die Analyse von Uhl et al. (2016), dass es nicht die individuellen Merkmale der Teilnehmer/Teilnehmerinnen sind, die die Entscheidung der Betriebe beeinflussen, ihnen eine Weiterbildung anzubieten oder nicht. Insofern kann das Autorenteam ausschließen, dass es bei der Förderung zu einer „Diskriminierung" (ebd., S. 20) beziehungsweise „Ungleichbehandlung" (ebd., S. 21) von Männern und Frauen oder Personen mit und ohne Berufsabschluss kommt. Anzumerken ist jedoch, dass jüngere Teilnehmer/Teilnehmerinnen mit höherer Wahrscheinlichkeit von einer Weiterbildung profitieren können.

4.4 Maßnahmesequenzen im SGB II

Die Mehrzahl der Wirkungsanalysen arbeitsmarktpolitischer Instrumenten betrachtet allein die Wirkung einzelner Maßnahmen. Dies ist bemerkenswert, nehmen die Leistungsberechtigten der Grundsicherung im Verlauf des Leistungsbezugs doch häufig an mehreren, aufeinanderfolgenden Maßnahmen teil (vgl. Dengler/Hohmeyer 2010). Ein solcher sequenzieller Einsatz von (verschiedenen) Maßnahmen könnte helfen, individuelle Vermittlungshemmnisse zu beseitigen. Insofern könnte er eine zielführende Strategie darstellen, um die Arbeitsmarktchancen von Leistungsberechtigten der Grundsicherung schrittweise zu verbessern. Denkbar ist jedoch auch, dass der Einsatz mehrerer Maßnahmen die Entstehung sogenannter Maßnahmekarrieren, das heißt eine unsystematische und nicht zielgerichtete Abfolge von Maßnahmen, begünstigt, durch die kein messbarer Erfolg auf dem Arbeitsmarkt entsteht. Vor diesem Hintergrund präsentiert der vorliegende Abschnitt die Ergebnisse zweier Untersuchungen, die die Wirkungen von Maßnahmesequenzen auf verschiedene

Arbeitsmarktzielgrößen ermittelt haben. Die erste Studie konzentriert sich auf die Analyse des sequenziellen Einsatzes von Zusatzjobs (Abschnitt 4.4.1). Die zweite Untersuchung betrachtet den Effekt der Teilnahme an Fördersequenzen, die aus nicht betrieblichen Trainingsmaßnahmen bestehen (Abschnitt 4.4.2).

Bei der Evaluation von Fördersequenzen entstehen dynamische Selektionsprobleme. Diese bestehen vor allem darin, dass im Zuge der Teilnahme an einer ersten arbeitsmarktpolitischen Maßnahme neue, intermediäre Informationen, zum Beispiel über die Entwicklung der Beschäftigungsfähigkeit der Geförderten, generiert werden, die die Zuweisung in eine zweite Maßnahme beeinflussen. So ist beispielsweise denkbar, dass geförderte Leistungsberechtigte trotz einer ersten Maßnahmenteilnahme noch nicht ausreichend gute Beschäftigungschancen aufweisen und daher mit einer zweiten Maßnahme gefördert werden. Die beiden Analysen verwenden deswegen ein dynamisches Kausalmodell, das diese intermediären Informationen berücksichtigen kann. Des Weiteren werden umfangreiche, administrative Daten der Bundesagentur für die Analyse verwendet, da diese eine Vielfalt von Informationen bieten. Konkret wurde eine Zugangsstichprobe nicht versicherungspflichtig beschäftigter Leistungsberechtigter im Zeitraum vom 1. Oktober 2005 bis 30. September 2006 gezogen. Der Beobachtungszeitraum reicht bis Oktober 2009, wobei Beschäftigungsinformationen nur bis einschließlich Dezember 2008 berücksichtigt werden konnten.

4.4.1 Zusatzjobs

Die Studie von Dengler (2013, 2015) untersucht die Wirkungen von Zusatzjobsequenzen auf verschiedene Arbeitsmarktzielgrößen. Es wurden die Wirkungen von Fördersequenzen ermittelt, die aus der Teilnahme an einem oder mehreren Zusatzjobs (ZJ) und/oder dem Bezug von Arbeitslosengeld II (ALG II) ohne Zusatzjobförderung bestehen. Der Beginn der ersten Maßnahme liegt zwischen Oktober 2005 und November 2007.

Die Studie von Dengler (2013, 2015) bearbeitet zwei Fragestellungen. Ist es besser an zwei aufeinanderfolgenden Zusatzjobs teilzunehmen oder nur ALG II zu beziehen? Ist es besser einen Zusatzjob direkt nach Eintritt in den ALG-II-Bezug zu starten oder zu warten und einen Zusatzjob in einer späteren, zweiten Periode zu beginnen? Um diesen beiden Forschungsfragen nachzugehen, werden für Teilnehmer/Teilnehmerinnen an einem Zusatzjob in der ersten Periode ähnliche Teilnehmer/Teilnehmerinnen in den jeweiligen Sequenzen verglichen. Mit Blick auf die erste Forschungsfrage wurde dabei untersucht, ob es für Teilnehmer/Teilnehmerinnen an einem Zusatzjob in der ersten Periode besser ist, an zwei Zusatzjobs (Kürzel für diese Sequenz: „ZJ, ZJ") teilzunehmen oder nur ALG II ohne Teilnahme an einem Zusatzjob im gleichen Zeitraum zu beziehen (Kürzel dieser Sequenz: „ALG II, ALG II"). Zur Beantwortung der zweiten Fragestellung wurde hingegen untersucht, ob Teilnehmer/Teilnehmerinnen an einem Zusatzjob in der ersten Periode eher von der Teilnahme an einem Zusatzjob unmittelbar nach Beginn des Leistungsbezugs profitieren (Kürzel dieser Sequenz: „ZJ, ALG II") oder ob hingegen die spätere Teilnahme an einem Zusatzjob eine größere Wirkung entfaltet (Kürzel dieser Sequenz: „ALG II, ZJ"). Alle Effekte wurden nach Beginn der zweiten Maßnahme gemessen.

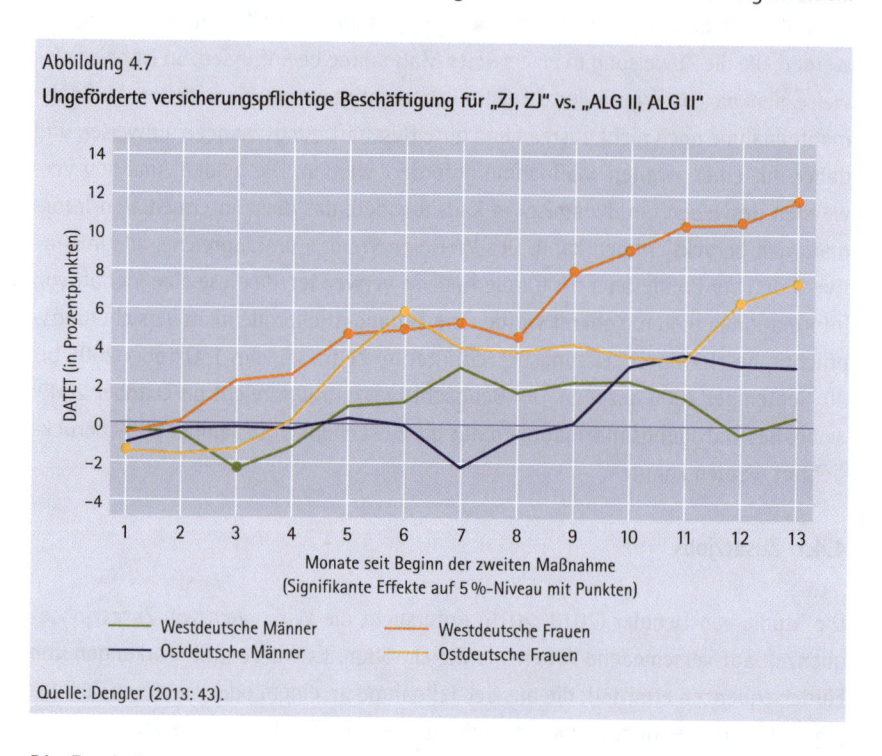

Abbildung 4.7
Ungeförderte versicherungspflichtige Beschäftigung für „ZJ, ZJ" vs. „ALG II, ALG II"

Quelle: Dengler (2013: 43).

Die Ergebnisse zur ersten Fragestellung zeigen positive Effekte auf die Aufnahme ungeförderter versicherungspflichtiger Beschäftigung für Teilnehmerinnen, insbesondere in Westdeutschland, wenn sie an zwei aufeinanderfolgenden Zusatzjobs teilnehmen (Sequenz „ZJ, ZJ") gegenüber zwei Perioden in ALG-II-Bezug (Sequenz „ALG II, ALG II) (vgl. Abbildung 4.7). Ein möglicher Grund für die hohe Effektivität der Zusatzjobsequenzen bei Frauen könnte darin bestehen, dass gerade Teilnehmerinnen, die zum Beispiel aufgrund von elternzeitbedingten Erwerbsunterbrechungen längere Zeit keine Beschäftigung ausgeübt haben, in besonderer Weise von der Heranführung an reguläre Beschäftigung profitieren, die mit dem Zusatzjob verbunden ist. Denkbar ist aber auch, dass die höhere Beschäftigungswirkung bei Frauen darauf zurückzuführen ist, dass die im Rahmen des Zusatzjobs ausgeübten Tätigkeiten nicht nur eher ihren Präferenzen und beruflichen Kenntnissen entsprechen, sondern die Maßnahme zudem in Arbeitsfeldern mit hoher Arbeitsnachfrage angesiedelt ist. So nehmen Frauen im Unterschied zu Männern vermehrt an Zusatzjobs teil, die in der Kinderbetreuung und der Altenpflege und damit in einem Bereich angesiedelt sind, in dem verstärkt nach Arbeitskräften gesucht wird (vgl. Hohmeyer/Kopf 2009).

Da Zusatzjobs nicht in allen Fällen unmittelbar auf die Aufnahme ungeförderter versicherungspflichtiger Beschäftigung zielen, sondern oftmals zunächst die Beschäftigungsfähigkeit der Geförderten verbessern sollen, ist denkbar, dass sich an eine Sequenz weitere Maßnahmenteilnahmen anschließen. Wie eingangs bereits erwähnt, besteht das Risiko eines sequenziellen Einsatzes arbeitsmarktpolitischer Maßnahmen in der Entstehung sogenannter Maßnahmekarrieren. Aus diesem Grund hat Dengler (2013, 2015) zudem die Effekte der Sequenz aus zwei Zusatzjobs (Sequenz „ZJ, ZJ") versus der Sequenz nur ALG-II-Bezug für zwei Perioden (Sequenz „ALG II, ALG II") auf anschließende Zusatzjobs und beschäftigungsschaffende Maßnahmen (darunter Arbeitsbeschaffungsmaßnahmen, Arbeitsgelegenheiten in der Entgeltvariante und Beschäftigungszuschuss) ermittelt. Die Ergebnisse dieses Teils ihrer Analyse unterstreichen, dass westdeutsche Männer und ostdeutsche Frauen, häufiger mit beschäftigungsschaffenden Maßnahmen gefördert werden, wenn sie bereits an zwei aufeinanderfolgenden Zusatzjobs teilgenommen haben (Sequenz „ZJ, ZJ"), als wenn sie zuvor nur ALG II bezogen haben (Sequenz „ALG II, ALG II"). Beschäftigungsschaffende Maßnahmen sind den Zusatzjobs zwar in gewisser Hinsicht ähnlich, weichen jedoch teils voneinander ab. So müssen Teile der geförderten Beschäftigungsmaßnahmen nicht zusätzlich sein und im öffentlichen Interesse liegen (eine Ausnahme bilden bzw. bildeten die Arbeitsbeschaffungsmaßnahmen) und werden zudem entlohnt. Außerdem zielen diese Maßnahmen im Unterschied zu den Zusatzjobs vorrangig auf die Wiedereingliederung in ungeförderte versicherungspflichtige Beschäftigung. Die positiven Effekte auf die beschäftigungsschaffenden Maßnahmen bei westdeutschen Männern und ostdeutschen Frauen können somit als das Ergebnis einer schrittweisen Integration in den Arbeitsmarkt interpretiert werden. Die Effekte für die Ergebnisvariable „Zusatzjobteilnahme" legen hingegen nahe, dass Teilnehmer an einer Zusatzjobsequenz (Sequenz „ZJ, ZJ"), insbesondere in Ostdeutschland, häufiger an einem anschließenden Zusatzjob teilnehmen im Vergleich zu Personen, die nur ALG II beziehen für zwei Perioden (Sequenz „ALG II, ALG II"). Dies könnte ein Hinweis auf Maßnahmekarrieren in Ostdeutschland sein. Aufgrund der im Vergleich zu den alten Bundesländern schlechteren Arbeitsmarktlage in Ostdeutschland, ist der Einsatz von Zusatzjobs dort möglicherweise die einzige Alternative zur Arbeitslosigkeit.

Die Ergebnisse zur zweiten Fragestellung – Teilnahme an einem Zusatzjob direkt nach Beginn des Leistungsbezugs (Sequenz „ZJ, ALG II") versus spätere Teilnahme an einem Zusatzjob (Sequenz „ALG II, ZJ") – zeigen positive Effekte für ungeförderte versicherungspflichtige Beschäftigung bei westdeutschen und ostdeutschen

Männern sowie bei ostdeutschen Frauen (vgl. Abbildung 4.8). Für diese Personengruppen ist es demnach wichtig, direkt nach Eintritt in den Leistungsbezug an einem Zusatzjob teilzunehmen. Somit könnte der sofortige Einsatz eines Zusatzjobs den Verlust von Humankapital begrenzen und somit zu einer schnelleren Arbeitsmarktintegration führen.

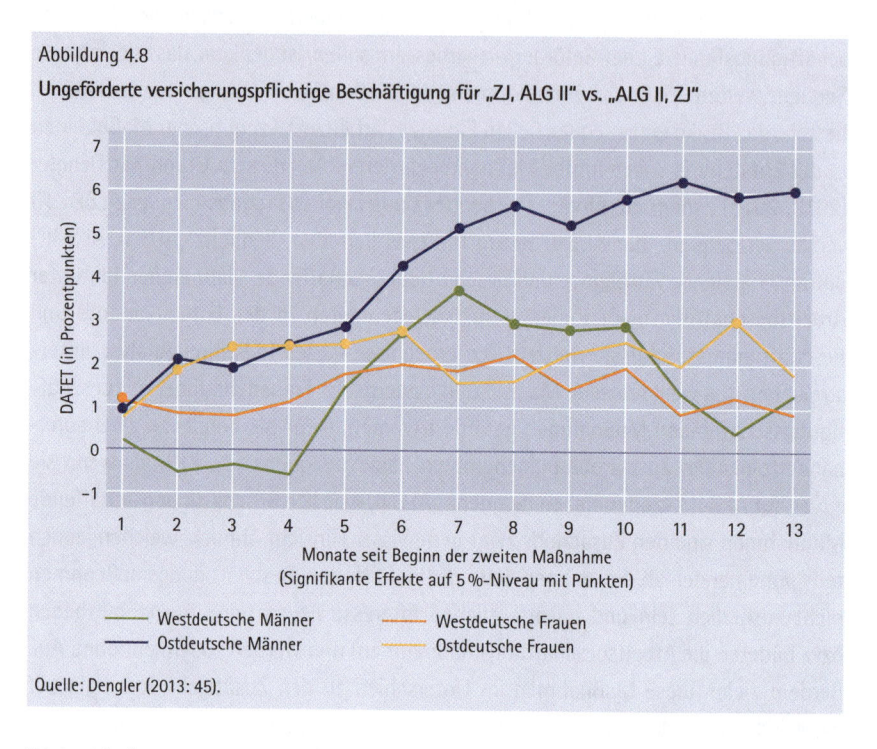

Abbildung 4.8
Ungeförderte versicherungspflichtige Beschäftigung für „ZJ, ALG II" vs. „ALG II, ZJ"

Quelle: Dengler (2013: 45).

Weiterhin konnten positive Effekte auf beschäftigungsschaffende Maßnahmen bei Männern und Frauen in Ostdeutschland ermittelt werden, wenn sie direkt an einem Zusatzjob teilnehmen (Sequenz „ZJ, ALG II") im Vergleich zur späteren Teilnahme (Sequenz „ALG II, ZJ"). Diese positiven Effekte auf die beschäftigungsschaffenden Maßnahmen können somit wiederum als das Ergebnis einer schrittweisen Integration in den Arbeitsmarkt interpretiert werden. Da diese Effekte aber nur für Teilnehmer/Teilnehmerinnen in Ostdeutschland und damit in dem Landesteil mit der vergleichsweise schlechteren Arbeitsmarktlage identifiziert wurden, könnte dies aber auch ein Hinweis auf Maßnahmekarrieren sein.

Zusammenfassend lässt sich festhalten, dass Zusatzjobsequenzen einen positiven Effekt auf die Aufnahme ungeförderter versicherungspflichtiger Beschäftigung haben. Um Maßnahmekarrieren zu vermeiden, sollte beim wiederholten Einsatz von Zusatzjobs darauf geachtet werden, dass der Fokus der Maßnahme auf die Integration in ungeförderte versicherungspflichtige Beschäftigung gerichtet ist. Da jedoch nicht in allen Fällen damit zu rechnen ist, dass dieses Ziel auch tatsächlich zu erreichen ist, kann aus Sicht der IAB-Forscherin gerade für Leistungsberechtigte mit schlechten Arbeitsmarktchancen auch der längerfristige Einsatz von Fördermaßnahmen sinnvoll sein, wie es zum Beispiel das Konzept des sozialen Arbeitsmarkts vorsieht (vgl. Kupka/Wolff 2013).

4.4.2 Nicht betriebliche Trainingsmaßnahmen

Mit den nicht betrieblichen Trainingsmaßnahmen betrachtet die Untersuchung von Katharina Dengler (2016) ein Förderinstrument der Grundsicherung, das insbesondere die Eingliederungschancen der Teilnehmer/Teilnehmerinnen verbessern soll. Inwieweit dies gelingt, wurde in der Vergangenheit zwar bereits im Rahmen mehrerer Studien untersucht (vgl. etwa Wolff/Joswiak 2007; Kopf 2013), diese Untersuchungen haben jedoch nur den Effekt der einzelnen Maßnahmenteilnahme ermittelt. Vor diesem Hintergrund ist die IAB-Forscherin der Frage nachgegangen, welche Wirkungen der sequenzielle Einsatz von nicht betrieblichen Trainingsmaßnahmen auf verschiedene Arbeitsmarktzielgrößen, wie zum Beispiel der Aufnahme einer ungeförderten versicherungspflichtigen Beschäftigung, hat. Ihre Analyse konzentriert sich auf die Förderung von weiblichen wie männlichen Leistungsberechtigten in Westdeutschland. Die erste beobachtete Maßnahmenteilnahme fand zwischen Oktober 2005 und Januar 2007 statt.

Dengler (2016) untersucht vier Fragestellungen. Erstens untersucht sie, welche Wirkungen die Teilnahme an zwei aufeinanderfolgenden nicht betrieblichen Trainingsmaßnahmen gegenüber zwei Perioden in ALG-II-Bezug ohne Maßnahmenteilnahme entfaltet (vgl. ebd., S. 32 f.). Es zeigen sich positive Effekte auf ungeförderte versicherungspflichtige Beschäftigung, insbesondere für Frauen (in Westdeutschland). Eine mögliche Erklärung für diesen geschlechtsspezifischen Unterschied sieht Dengler darin, dass im Zuge der Hartz-Reformen nun auch Frauen aktiviert werden können, wenn ihre Partner den Job verlieren. Interessant ist jedoch, dass die aufgenommenen Beschäftigungsverhältnisse in der Regel nicht mit der Überwindung der Hilfebedürftigkeit einhergehen. Den Grund hierfür vermutet Dengler in nicht ausreichenden Löhnen, mit denen sich der Bedarf des jeweiligen Haushalts offenbar nicht vollständig decken lässt (ebd., S. 33 f.).

Zweitens, schätzt Dengler den Effekt der zeitlichen Anordnung einer Maßnahmenteilnahme. Konkret geht sie der Frage nach, welche Wirkungen die Teilnahme an einer nicht betrieblichen Trainingsmaßnahme direkt nach Eintritt in den Leistungsbezug gegenüber einer Teilnahme in einer späteren Periode entfaltet. Die Ergebnisse zeigen, dass lediglich positive Beschäftigungseffekte in den ersten drei Monaten zu beobachten sind, wenn direkt nach Beginn des Leistungsbezugs eine nicht betriebliche Trainingsmaßnahme gestartet wird und nicht auf eine nicht betriebliche Trainingsmaßnahme gewartet wird. Bemerkenswert ist, dass Dengler aber positive Effekte auf die Beendigung des ALG-II-Bezugs findet. Hierbei kann es sich um sogenannte Work-Test-Effekte handeln, das heißt direkt nach Eintritt in den ALG-II-Bezug kann mit einer nicht betrieblichen Trainingsmaßnahme die tatsächliche Arbeitsbereitschaft überprüft werden.

Drittens, deuten die Effekte für die Teilnahme an zwei aufeinanderfolgenden nicht betrieblichen Trainingsmaßnahmen im Vergleich zur alleinigen Teilnahme an einer nicht betrieblichen Trainingsmaßnahme auf keine signifikanten Effekte hin (vgl. Dengler 2016, S. 37). Viertens, hat Dengler (2016) noch die Effekte für die Teilnahme an einer nicht betrieblichen Trainingsmaßnahme gefolgt von einem Zusatzjob im Vergleich zur Teilnahme an nur einem Zusatzjob analysiert. Auch hier zeigen sich meistens keine signifikanten Effekte.

Zusammenfassend lässt sich festhalten, dass gewisse Maßnahmesequenzen durchaus eine erfolgreiche Aktivierungsstrategie darstellen können, insbesondere für Frauen in Westdeutschland.

4.5 Zwischenfazit zu Kapitel 4

Neben aktivierenden Elementen kommt auch dem Einsatz von Instrumenten aktiver Arbeitsmarktpolitik eine zentrale Bedeutung zu, um die Ziele der Grundsicherung für Arbeitsuchende zu erreichen. Zu diesen gehören insbesondere die Überwindung (bzw. Reduktion) der Hilfebedürftigkeit, in der Regel durch die Aufnahme einer Beschäftigung, sowie die Ermöglichung sozialer Teilhabe. Die vorliegenden Studien beleuchten mit der Förderung beruflicher Weiterbildung, dem Einstiegsgeld sowie den Arbeitsgelegenheiten eine große Bandbreite an Förderinstrumenten. Zudem betrachten sie die Wirkung der Maßnahmen auf die verschiedenen, mit ihrem Einsatz verfolgten Ziele. Neben der Wirkung auf die Arbeitsmarktchancen und die Überwindung des Leistungsbezugs der Teilnehmer/Teilnehmerinnen wird auch untersucht, ob und inwieweit die Maßnahmenteilnahme sich positiv auf ihre Selbstwirksamkeitserwartungen und ihre wahrgenommene gesellschaftliche Integration auswirkt.

Mit Blick auf die berufliche Weiterbildung zeichnen die vorliegenden Befunde ein eindeutiges Bild (Sarah Bernhard 2016a). Die Teilnehmerinnen und Teilnehmer profitieren von einer solchen Förderung, solche mit Migrationshintergrund und einer ausgeprägten Arbeitsmarktferne jedoch in besonderer Weise. So sind die Geförderten häufiger beschäftigt und haben zudem ein höheres Durchschnittserwerbseinkommen als die Vergleichsgruppe. Auch der Anteil an Leistungsempfängern/Leistungsempfängerinnen ist unter den Geförderten niedriger, wenngleich die Wirkung

Zwischenfazit zu Kapitel 4

der beruflichen Weiterbildung auf diesen Indikator etwas später eintritt und zudem schwächer ausgeprägt ist als die Beschäftigungswirkung. Wesentliche Erfolgsfaktoren der Förderung sind deren Dauer sowie das adressierte Berufsfeld. Die Effekte längerer Maßnahmen sind im Vergleich zu kürzeren deutlich höher ausgeprägt und Umschulungen in Gesundheitsberufen weisen die größten Beschäftigungseffekte aus (Kruppe/Lang 2015a). Eine weitere Erfolgsbedingung ist die Weiterbildungsbereitschaft der Teilnehmerinnen und Teilnehmer, die vor allem mit dem erwarteten finanziellen Ertrag der Förderung zusammenhängt (Dietz/Osiander 2014).

Auch die Förderung selbstständiger Beschäftigung, wie sie im Bereich der Grundsicherung mithilfe des Einstiegsgelds erfolgt, unterstützt die Geförderten, die Hilfebedürftigkeit zumindest kurzfristig zu überwinden (Wolff et al. 2016). Ins Auge sticht dabei, dass auch von dieser Maßnahme vor allem jene Teilnehmer/Teilnehmerinnen am meisten profitieren, die wie Migranten/Migrantinnen oder Langzeitarbeitslose zu den Risikogruppen am Arbeitsmarkt zählen. Eine Erklärung hierfür könnte sein, dass die Selbstständigkeit es diesen Gruppen erlaubt, die Hürden zu umgehen, die für sie mit der Suche nach abhängiger Erwerbsarbeit verbunden sind (Pongratz et al. 2013). Hierzu gehören die mitunter problematische Anerkennung von im Ausland erworbenen Berufsabschlüssen sowie sprachliche Schwierigkeiten. Angesichts dessen sehen die IAB-Forscher in der Förderung selbstständiger Beschäftigung für geeignete Leistungsberechtigte eine vielversprechende Alternative zu einer mitunter langen, nur mäßig erfolgreichen Phase der Jobsuche. Insofern könnte die Gründungsförderung aus ihrer Sicht eine vielversprechende Förderstrategie darstellen. Angesichts ihres Potenzials und der sehr niedrigen Förderzahlen bleibt gegenwärtig jedoch festzuhalten, dass die Gründungsförderung eher vernachlässigt wird.

Die Arbeitsgelegenheiten (Variante Mehraufwand), auch als Zusatz- oder Ein-Euro-Job bezeichnet, bilden seit Einführung der Grundsicherung für Arbeitsuchende einen Schwerpunkt der Instrumentenevaluation des IAB (vgl. für einen Überblick Dietz et al. 2013, S. 147 ff.). Ergänzend zur Analyse der Teilnahmewirkungen wurde mittlerweile auch die Ankündigungswirkung von Arbeitsgelegenheiten untersucht (Hohmeyer/Wolff 2016). Dabei zeigt sich, dass arbeitsuchende Personen, denen ein Ein-Euro-Job angeboten wurde, auf diese Ankündigung nicht nur mit der verstärkten Suche nach einer Beschäftigung reagieren, sondern infolge dessen auch zu mehr Zugeständnissen bei der Entlohnung bereit sind. Bemerkenswert ist, dass insbesondere solche Leistungsberechtigte mit verstärkter Stellensuche auf die Ankündigung eines Ein-Euro-Jobs reagieren, die in den vergangenen vier Jahren oder sogar länger keiner Erwerbsarbeit nachgegangen sind. Dies legt die Interpretation nahe, dass die betreffenden Leistungsberechtigten ein solches Angebot nicht als attraktiv erachten.

Ergänzend zu den Wirkungsanalysen wird im Rahmen der SGB-II-Forschung des IAB auch der betriebliche Einsatz von Ein-Euro-Jobs untersucht. Ein Schwerpunkt der Analyse bildet dabei die betriebliche Einschätzung der Teilnehmerinnen und Teilnehmer. So wird im Rahmen der IAB-Stellenerhebung danach gefragt, ob die Einsatzbetriebe die teilnehmenden Leistungsberechtigten für geeignet erachten, eine reguläre, sprich ungeförderte Beschäftigung auszuüben. Die Auswertungen zeigen, dass rund die Hälfte der Einsatzbetriebe die Maßnahmeteilnehmerinnen und -teilnehmer auch für eine Beschäftigung auf dem allgemeinen Arbeitsmarkt für geeignet halten (Müller/Rebien 2013). Immerhin 26 Prozent der Betriebe vertreten jedoch eine gegenteilige Auffassung. Fehlende Leistungsbereitschaft sowie ein unzureichendes Bildungsniveau der Geförderten sind dabei die Hauptgründe für ihre Einschätzung (Moczall/Rebien 2015). Entsprechend betonen diese Betriebe das Erfordernis, die Teilnehmer und Teilnehmerinnen mithilfe von Qualifizierungsmaßnahmen und Motivationstrainings zu fördern. Dass die Beschäftigungswirkung von Arbeitsgelegenheiten trotz der mehrheitlich positiven Einschätzung der Eignung der Geförderten nicht besonders ausgeprägt ist, wird insbesondere auf strukturelle Hemmnisse zurückgeführt. So dürften diese Betriebe vielfach nicht über ausreichende Personalmittel verfügen, um die Übernahme in reguläre Beschäftigung finanzieren zu können. Eine weitere Einschränkung der Übernahmechancen besteht in dem Zusätzlichkeitsgebot, dem die Ein-Euro-Jobs unterliegen. Eine Umwandlung in reguläre Beschäftigungsverhältnisse dürfte daher nicht ohne Weiteres möglich sein.

Während die Beschäftigungswirkung der Ein-Euro-Jobs vergleichsweise gut erforscht ist, gibt es bisher nur vergleichsweise wenige Studien, die sich mit dem Einfluss von Arbeitsgelegenheiten auf subjektive Wohlfahrtsmaße beschäftigen. Hier setzen neuere IAB-Untersuchungen an, welche die Wirkung von Arbeitsgelegenheiten auf die Selbstwirksamkeitserfahrungen der Teilnehmer/Teilnehmerinnen und ihre wahrgenommene gesellschaftliche Integration untersuchen. Angesicht der mit Arbeitslosigkeit einhergehenden materiellen wie sozialen Einschränkungen, gehen die Autorinnen und Autoren gleichermaßen davon aus, dass der Einsatz von geförderter Beschäftigung die Integrationswirkung regulärer Erwerbsarbeit zumindest bis zu einem gewissen Grade kompensieren kann. Wie die Analyse von Tisch/Wolff (2015) zeigt, gilt dies hinsichtlich der Selbstwirksamkeitserwartungen jedoch nicht. Ihren Ergebnissen zufolge wirkt sich die Teilnahme an Arbeitsgelegenheiten – im Vergleich zu ähnlichen Nicht-Teilnehmern/Teilnehmerinnen – nicht kausal auf diesen Indikator aus. Die Gründe dafür dürften vielfältig sein. So ist beispielsweise denkbar, dass die Teilnehmer/Teilnehmerinnen die Arbeitsgelegenheit nicht als Substitut für eine reguläre Beschäftigung wahrnehmen oder die Maßnahmenteilnahme als stigmatisierend erleben und daher an Selbstbewusstsein einbüßen. Dies dürfte etwa dann der Fall sein, wenn die Teilnahme nicht freiwillig erfolgte.

Auch Gundert/Hohendanner (2015) können in ihren Analysen im Durchschnitt keine signifikant positiven Effekte der Teilnahme auf die wahrgenommene soziale Integration ausmachen. Ihre Untersuchung liefert jedoch Hinweise darauf, dass sich unter bestimmten Voraussetzungen positive Effekte ergeben können. Dies ist vor allem dann der Fall, wenn die Arbeitsgelegenheit hinsichtlich ihrer Dauer und ihres wöchentlichen Stundenvolumens regulärer Beschäftigung möglichst ähnlich ist sowie die Teilnahme an der Maßnahme freiwillig erfolgt (zu den Voraussetzungen für eine Verbesserung des Integrationserlebens geförderter Beschäftigter vgl. auch Ramos Lobato 2017).

5 Lebenslagen und soziale Teilhabe

Die Untersuchung von Lebenslagen und sozialer Teilhabe von Personen, die Leistungen nach dem Zweiten Buch Sozialgesetzbuch (SGB II) beziehen, bietet ein breites Spektrum an möglichen Forschungsfragen. Das IAB hat sich im vergangenen Jahr schwerpunktmäßig der materiellen Situation in Bedarfsgemeinschaften gewidmet. Außerdem wurden den Geschlechter- und Familienbeziehungen innerhalb von Bedarfsgemeinschaften und ihr Zusammenhang mit Erwerbstätigkeit und arbeitsmarktpolitischen Maßnahmen in den Blick genommen, gesundheitliche Aspekte rund um den Leistungsbezug untersucht und das Thema Migration und Leistungsbezug betrachtet. Schließlich gab es mehrere Arbeiten, die gesellschaftliche und individuelle Einstellungen und soziale Beziehungen von jugendlichen und erwachsenen Leistungsbeziehern beleuchteten.

5.1 Materielle Situation von Leistungsbeziehenden

Erster Ausdruck der Lebenslage und wesentlicher Teil des Evaluationsauftrags zu den Wirkungen der Grundsicherung ist die materielle Versorgung der Betroffenen. An diese wird der gesetzliche und verfassungsrechtliche Anspruch gerichtet, den Betroffenen ein Leben in Würde zu ermöglichen, das neben der materiellen Existenz auch Mindeststandards an sozialer Teilhabe ermöglicht.

Beste et al. (2014) legen Befunde aus dem Haushaltpanel PASS zu materiellen Einschränkungen, zu Gesundheit, Lebenszufriedenheit und gefühlter gesellschaftlicher Teilhabe vor. Christoph und Lietzmann (2013) untersuchen, wie sich die materielle Lage in Abhängigkeit von der Bezugsdauer von Grundsicherungsleistungen entwickelt. Bernhard Christoph et al. (2014a) und Christoph (2016) folgen dem Deprivationsansatz der Armutsforschung und analysieren Konsummuster von Leistungsempfängern, die einen differenzierteren Einblick in deren soziale Lage und in Armutsrisiken liefern, als dies einkommensbasierte Analysen könnten.

Im Rahmen einer qualitativen Studie untersuchen Andreas Hirseland und Florian Engel (2016) alltägliche Wirtschaftsweisen von Familien im Grundsicherungsbezug. In ihrem Beitrag, der zwei Familien mit unterschiedlichen Strategien kontrastiert, stellen sie die Frage, ob Aspekte nachhaltigen Wirtschaftens in Armutshaushalten eine Rolle spielen können, um Lebensstandard und Teilhabe zu sichern. Kinder und Jugendliche sind besonders von der Abhängigkeit von Grundsicherungsleistungen betroffen. Tophoven, Wenzig und Lietzmann (2015) betrachtet auf der Basis von PASS die Situation von Kindern und ihren Familien im unteren Einkommensbereich genauer. Ergebnisse der ebenfalls auf PASS basierenden IAB-Analysen im Rahmen der Evaluation des Bildungs- und Teilhabepakets (Bartelheimer et al. 2015, 2016) enthält der nächste Abschnitt. Schließlich, und ebenfalls auf der Basis von PASS-Daten, untersucht Christina Wübbeke (2014) das Risiko des Abbruchs privater Altersvorsorge bei ALG-II-Empfängern und Beziehern geringer Einkünfte.

5.1.1 Sozialstruktur und Lebensumstände

Beste et al. (2014) legen neue Befunde zur materiellen und sozialen Situation von ALG-II-Empfängern vor. Dabei spielen materielle Einschränkungen ebenso eine Rolle wie Gesundheit, Lebenszufriedenheit und das Gefühl gesellschaftlicher Teilhabe. Die Analysen beruhen auf der siebten Welle des IAB-Haushaltspanels PASS, die 2013 durchgeführt wurde. Der Bericht enthält damit ebenfalls aktuelle Daten zur Zusammensetzung der Gruppe der ALG-II-Bezieher und -Bezieherinnen, die zunächst dargestellt werden.

Vom Höchststand im Jahr 2006, als nahezu 7,5 Millionen Personen in SGB-II-Bedarfsgemeinschaften lebten, ist der Leistungsbezug im Mai 2013 auf 6,17 Millionen Personen zurückgegangen. Davon waren 4,54 Millionen im erwerbsfähigen Alter. Im Unterschied zur Vergleichsgruppe der ebenfalls in PASS befragten Nicht-Leistungsbezieher/Leistungsbezieherinnen unterscheiden sich die Leistungsbezieher/Leistungsbezieherinnen in wichtigen Dimensionen. Zunächst einmal sind Personen im Leistungsbezug mit 38 Jahren im Durchschnitt drei Jahre jünger. Mehr als die Hälfte ist arbeitslos, während dies nur auf zwei Prozent der Vergleichsgruppe zutrifft. Ein Viertel der Leistungsbezieher/Leistungsbezieherinnen ist geringfügig oder sozialversicherungspflichtig beschäftigt. Sie bilden die Gruppe der Aufstocker, die zusätzlich zum Einkommen Grundsicherungsleistungen beziehen. Vier Prozent sind in Vollzeit erwerbstätig (7 % in Teilzeit) während dies für 47 Prozent der Vergleichsgruppe ohne Leistungsbezug zutrifft (Beste et al. 2014).

Ebenfalls große Unterschiede zeigen sich im Bereich der Qualifikationen: 13 Prozent der Leistungsbeziehenden haben keinen Schulabschluss (Vergleichsgruppe 3 %), ebenfalls 13 Prozent verfügen über die allgemeine oder fachgebundene Hochschulreife (Vergleichsgruppe 33 %). Der Anteil an Personen ohne Berufsabschluss ist bei der Gruppe der Leistungsbezieher mit 42 Prozent doppelt so hoch wie in der Vergleichsgruppe, während der Anteil mit Hochschulabschluss in der Vergleichsgruppe mit 22 Prozent dreimal so häufig ist wie bei den ALG-II-Beziehern und -Bezieherinnen (7 %).

Ein fast doppelt so hoher Anteil (27 %) der Leistungsbezieher/Leistungsbezieherinnen ist aus dem Ausland zugezogen (Vergleichsgruppe 14 %) und gehört damit einer Gruppe an, die besonders schwer in Erwerbsarbeit zu vermitteln ist. Auch die Haushaltstypen unterscheiden sich stark: Single-Haushalte sind unter den Leistungsbeziehern und -bezieherinnen etwa doppelt so häufig wie in der Vergleichsgruppe. Bei Männern ist der Unterschied noch etwas ausgeprägter (23 gegenüber 11 %) als bei Frauen (14 gegenüber 8 %). Auch der Anteil alleinerziehender Frauen ist bei der Gruppe der Leistungsempfänger/Leistungsempfängerinnen deutlich höher. Mit 17 Prozent beträgt er mehr als das Vierfache des Vergleichswerts von vier Prozent. Nicht-Leistungsbezieher/Leistungsbezieherinnen leben zu 70 Prozent in einer Partnerschaft, gegenüber 40 Prozent derjenigen, die Grundsicherungsleistungen beziehen.

Zur Ermittlung der materiellen Situation wird zunächst das Haushaltsnettoeinkommen erhoben. Das bedarfsgewichtete Einkommen erlaubt es, den Anteil von Personen zu errechnen, die armutsgefährdet sind. Nach der gängigen Definition sind dies diejenigen, deren gewichtetes Haushaltseinkommen weniger als 60 Prozent des mittleren Einkommens (Median) beträgt. Dies trifft auf 77 Prozent der ALG-II-Empfänger/Empfängerinnen (12 % der Vergleichsgruppe) zu. Ersparnisse und Vermögenswerte spielen bei Leistungsempfängern und -empfängerinnen nur eine geringfügige Rolle, dagegen ist der Anteil derjenigen, die gar keine Ersparnisse haben, mit 61 Prozent fast fünfmal so hoch wie der der Nicht-Leistungsbezieher/Leistungsbezieherinnen (13 %). Sieben Prozent der Leistungsbezieher/Leistungsbezieherinnen leben in eigenen Wohnungen oder Häusern, während dies auf mehr als die Hälfte der Vergleichsgruppe zutrifft. Insgesamt erreicht die Zufriedenheit mit dem eigenen Lebensstandard auf einer Zehner-Skala einen Wert von 5,5. In der Gruppe der Nicht-Leistungsbezieher/Leistungsbezieherinnen liegt er mit 7,6 deutlich höher. Die Unterschiede bei der Zufriedenheit mit der Wohnung fallen ähnlich aus (6,6 zu 8,0).

Jenseits des Einkommens ist es ein wichtiges Maß für die materielle Lage, was sich Personen leisten können und was nicht. Dies wird in PASS anhand eines Deprivationsindex erhoben, der 23 Güter beziehungsweise Aktivitäten umfasst, die in der Gesellschaft mit Blick auf einen angemessenen Lebensstandard für wichtig gehalten werden. Diese umfassen Güter der Grundversorgung oder technische Geräte (z. B. Bad, Fernseher), die Befriedigung grundlegender Bedürfnisse (z. B. eine tägliche warme Mahlzeit) sowie Freizeitaktivitäten (z. B. Kinobesuche, Urlaub). Erwartungsgemäß zeigen sich bei diesen Dimensionen erhebliche Unterschiede zwischen den Leistungsbeziehern und -bezieherinnen und der Vergleichsgruppe von Personen, die nicht im Leistungsbezug standen. Während bei Letzteren im Mittel 1,4 Güter oder Aktivitäten (von 23) fehlten, waren es bei den Leistungsbeziehern und -bezieherinnen mehr als viermal so viele (6,2). Mehr als 80 Prozent der Empfänger/Empfängerinnen von Grundsicherungsleistungen (gegenüber 20 % der Vergleichsgruppe) können sich drei oder mehr der Güter oder Aktivitäten nicht leisten. Für fünf Prozent der Leistungsbezieher/Leistungsbezieherinnen (aber lediglich 0,3 % der Nicht-Bezieher/Bezieherinnen) reicht es nach eigenen Angaben nicht zu einer täglichen warmen Mahlzeit.

Lebenslagen und soziale Teilhabe

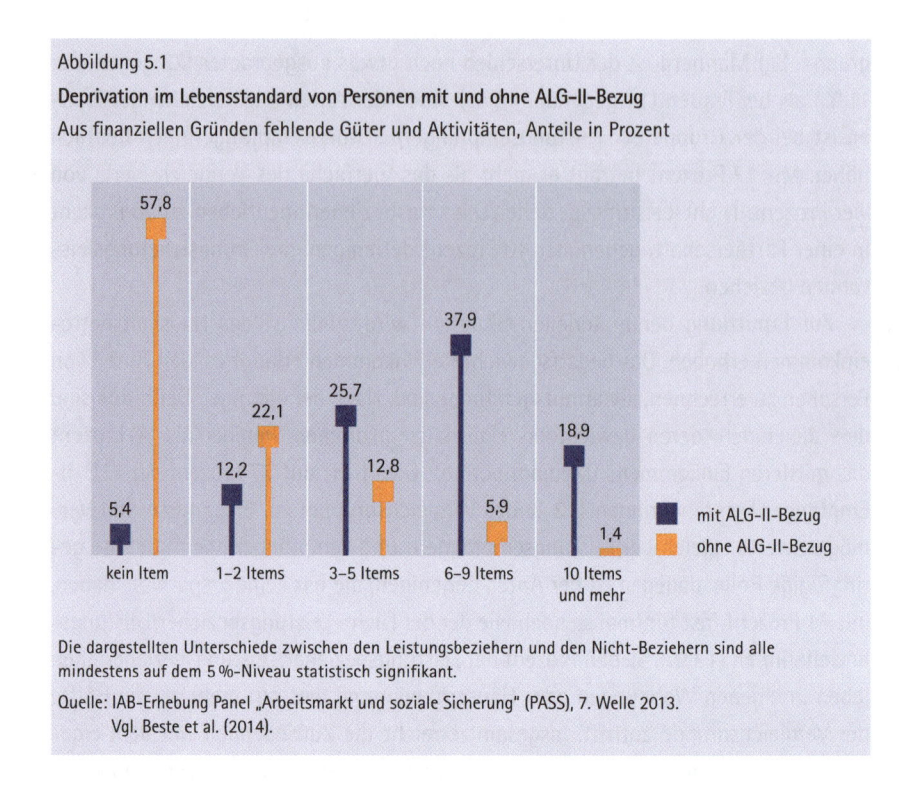

Abbildung 5.1
Deprivation im Lebensstandard von Personen mit und ohne ALG-II-Bezug
Aus finanziellen Gründen fehlende Güter und Aktivitäten, Anteile in Prozent

	kein Item	1–2 Items	3–5 Items	6–9 Items	10 Items und mehr
mit ALG-II-Bezug	5,4	12,2	25,7	37,9	18,9
ohne ALG-II-Bezug	57,8	22,1	12,8	5,9	1,4

Die dargestellten Unterschiede zwischen den Leistungsbeziehern und den Nicht-Beziehern sind alle mindestens auf dem 5%-Niveau statistisch signifikant.
Quelle: IAB-Erhebung Panel „Arbeitsmarkt und soziale Sicherung" (PASS), 7. Welle 2013.
Vgl. Beste et al. (2014).

Unterschiede gibt es auch zwischen den erwerbstätigen und den arbeitslosen Leistungsbeziehern und -bezieherinnen. Das Armutsrisiko der Arbeitslosen liegt noch um über 20 Prozentpunkte höher als das der Aufstocker (84 zu 61 %). Auch die materielle Deprivation fällt bei Letzteren geringer aus. Dies hatten bereits Christoph und Lietzmann (2013) festgestellt. Arbeitslose leben auch im Vergleich zur Gesamtgruppe der Leistungsempfänger/Leistungsempfängerinnen deutlich seltener mit einem Partner/einer Partnerin zusammen (21 zu 40 %).

Schließlich wirkt Arbeitslosigkeit sich nicht nur auf die materielle Situation der Betroffenen aus, sondern auch auf die Gesundheit, die soziale Einbindung und die Lebenszufriedenheit. Diese werden ebenfalls im IAB-Kurzbericht analysiert. Zunächst fällt der relativ schlechte Gesundheitszustand der arbeitslosen Leistungsempfänger/Leistungsempfängerinnen auf (siehe auch Abschnitt 5.3). Fast die Hälfte der Arbeitslosen (gegenüber einem knappen Drittel der Aufstocker) berichtet von einer Behinderung oder schweren gesundheitlichen Einschränkungen. Psychische Probleme wie Angst oder Niedergeschlagenheit berichten mehr als ein Viertel der Arbeitslosen, gegenüber 17 Prozent der Aufstocker.

Bei der Analyse sozialer Aktivitäten zeigt sich der enge Zusammenhang zwischen Erwerbsarbeit und sozialer Teilhabe. Während über die Hälfte aller Erwerbstätigen (54 %) in Vereinen, Gewerkschaften, Kirchengemeinden et cetera aktiv sind, gilt dies nur für ein Viertel der Leistungsempfänger/Leistungsempfängerinnen. Die Frage, wie man sich in die Gesellschaft integriert fühlt, offenbart eine aufsteigende Tendenz je nach Grad der Erwerbsintegration. Arbeitslose fühlen sich am schlechtesten integriert (Durchschnittswert von 6 auf der Zehner-Skala), Aufstocker liegen in der Mitte (Durchschnittswert 7) und Erwerbstätige insgesamt (Durchschnittswert 8) fühlen sich am besten integriert. Letztere fühlen sich auch tendenziell höheren gesellschaftlichen Schichten zugehörig als Arbeitslose, während Aufstocker wiederum eine Mittelposition einnehmen. Auch die Angaben zur allgemeinen Lebenszufriedenheit folgen demselben Muster. Die Autoren betonen daher folgerichtig den „engen Zusammenhang (der Erwerbsarbeit) mit der Gesundheit, der sozialen Einbindung und der Lebenszufriedenheit" (Beste at al. 2014, S. 7).

Zusammenfassend stellen sie fest, dass viele ALG-II-Bezieher und -Bezieherinnen unterhalb der Grenze des Armutsrisikos leben und deutliche Einschränkungen des Lebensstandards in Kauf nehmen müssen. Dies betrifft zum Beispiel den Bereich der Ernährung, Kleidung oder medizinische Leistungen, für die eigene Anteile erbracht werden müssen. Besonders betroffen sind die arbeitslosen ALG-II-Bezieher/Bezieherinnen, die nicht nur schlechtere Chancen auf eine Verbesserung ihres Lebensstandards haben, sondern bei der Gesundheit, der sozialen Integration und der Lebenszufriedenheit nochmals deutlich schlechter abschneiden als die Aufstocker. Über die Wirkungsrichtungen können die vorgelegten Analysen allerdings keine Auskunft geben.

5.1.2 Dauer des Leistungsbezugs und materielle Lebensbedingungen

Eine weitere Studie aus dem IAB befasst sich mit dem Zusammenhang zwischen Leistungsbezugsdauer und der materiellen Lage von Leistungsempfängern/Leistungsempfängerinnen (vgl. Christoph/Lietzmann 2013). Eine bislang nicht erforschte Frage, die gleichwohl hohe sozialpolitische Relevanz hat, lautet, inwiefern der Leistungsbezug im SGB II (ALG II oder Sozialgeld) ausreicht, um einen minimalen Lebensstandard dauerhaft abzusichern. Dies lässt sich nicht mit Einkommensdaten überprüfen, da die Höhe des Einkommens gesetzlich festgelegt und von der Bezugsdauer unabhängig ist. Die Hypothesen der Autoren lauten, dass „mit einem längeren Verbleib im SGB-II-Leistungsbezug eine Verschlechterung der materiellen Lebensbedingungen einhergeht" (vgl. ebd., S. 170). Diese inhaltliche Hypothese geht einher mit der methodischen Hypothese, dass sich eine solche Verschlechterung mit geeigneten Maßen feststellen lässt. Sie diskutieren die in der Armutsforschung üblichen Ansätze zur Erfassung materieller Mangellagen: Der Ressourcenansatz stellt eine indirekte Messung dar und bezieht sich auf das Einkommen beziehungsweise Vermögen. Der Konsumansatz bezieht sich auf die Ausgaben der betrachteten Haushalte. Er bietet zwar eine gute Informationsbasis, ist aber auch sehr aufwendig zu erheben. Der dritte Ansatz schließlich ist der Deprivationsansatz, der als Indikator eine Liste von Gegenständen und Aktivitäten erfasst, mittels derer erhoben wird, ob die Befragten diese besitzen (bzw. daran teilnehmen) oder nicht. Mittels der Items auf der Liste wird ein Gesamtindex (ein sogenannter Deprivationsindex) gebildet, in den die Güter und Aktivitäten eingehen, die dem Haushalt aus finanziellen Gründen fehlen.

Die Studie verwendet die ersten vier Wellen von PASS, wobei die eigentlichen Analysen auf der vierten Welle basieren. Die PASS-Daten enthalten eine detaillierte Erfassung der Güter, die für einen Deprivationsindex erforderlich sind. Für die Untersuchung wird nur die SGB-II-Teilstichprobe von PASS verwendet. Die abhängige Variable, die in der Studie untersucht wird, ist der ungewichtete Deprivationsindex, der 26 Items umfasst. Da sich der Index auf die Zahl der Items bezieht, die den Befragten fehlen, bedeutet ein Wert von „Null", dass diese keinerlei Einschränkungen ihres Lebensstandards hinnehmen müssen. Um die Hypothese zu überprüfen, dass die Höhe des Leistungsbezugs nicht systematisch mit der Leistungsbezugsdauer variiert, wird zusätzlich das Haushaltseinkommen betrachtet. Die inhaltlich zentrale Variable der Studie ist die Dauer des Leistungsbezugs (in Monaten), die sich problemlos aus PASS generieren lässt. Kontrollvariablen beziehen sich auf die Zusammensetzung der Bedarfsgemeinschaft, das Vorhandensein von Erwerbstätigen, die Teilnahme an Arbeitsgelegenheiten, der Bezug von Elterngeld und Mehrbedarfen, vorhergehender ALG-Bezug eines BG-Mitglieds, das Mietniveau des Wohnorts auf Kreisebene, die Größe des sozialen Netzwerks sowie die Region (Ost-/Westdeutschland), Staatsangehörigkeit und der höchste im Haushalt vorhandene Bildungsabschluss.

Die wichtigsten Ergebnisse sind in Tabelle 5.1 zusammengefasst. Die Analysen bestätigen die inhaltliche Hypothese, dass eine längere Dauer des Leistungsbezugs mit einer Reduktion des Lebensstandards einhergeht (vgl. ebd., S. 185 f.). Bezogen auf die durchschnittliche Anzahl fehlender Items von 7,1 im Gesamtindex ergibt sich nach drei Jahren Leistungsbezug eine Steigerung um etwa 1,0, nach vier Jahren um etwa 1,4. Dieser Effekt ist für sich genommen zwar nicht sonderlich hoch, dürfte aber angesichts der ohnehin angespannten materiellen Lage in Leistungsempfängerhaushalten dennoch eine merkliche Einschränkung des Lebensstandards mit sich bringen.

Bei den untersuchten Kovariaten zeigt sich ein deutlicher Effekt der Erwerbstätigkeit. Bereits eine geringfügig erwerbstätige Person im Haushalt reduziert die Anzahl fehlender Güter um 0,85. Bei einer Person in Vollzeiterwerbstätigkeit steigt dieser Wert auf 1,8 an. Ein geringeres Deprivationsniveau wird außerdem durch den Mehrbedarfszuschlag für Alleinerziehende erreicht, was darauf schließen lässt, dass diese Leistung anscheinend wie beabsichtigt funktioniert. Ebenfalls positiv – im Sinne einer geringeren Deprivation – wirken sich private Unterstützungsnetzwerke und höhere Bildungsressourcen aus.

Tabelle 5.1
Multivariate Analysen zum Zusammenhang zwischen Dauer des ALG-II-Leistungsbezugs und Lebensstandard beziehungsweise Haushaltseinkommen

Abhängige Variable	Deprivationsindex, ungew.	Mon. Haushalts-nettoeinkommen
Methode	Negativ-Binominal Regression	OLS-Regression
Konstante	2,020***	474,175***
Dauer des ALG-II-Spells	0,004***	−0,630
Zahl der Personen unter 6 Jahren im Haushalt	−0,009	210,429***
Zahl der Personen von 6 bis 13 Jahren im HH	−0,026	253,759***
Zahl der Personen von 14 bis 17 Jahren im HH	0,104*	283,526***
Zahl der Pers. ab 18 J. im HH (ohne HH- Vorst.)	−0,070*	384,515***
Alleinerziehenden-Haushalt	−0,118**	148,627***
Vollzeiterwerbstätige(r) im Haushalt	−0,292***	231,046***
Teilzeiterwerbstätige(r) im Haushalt	−0,234***	186,362***
Geringfügig Erwerbstätige(r) im Haushalt	−0,128**	59,734**
1-Euro-Jobber(in) im Haushalt	0,071	53,803
Elterngeldbezug	−0,170	204,678***
ALG-Erhalt in den vergangenen 24 Monaten	−0,019	23,495
Mietniveau	0,003	34,536***
Höchster Bildungsab.: Mittl. Abschl. (Ref. Niedr.)	−0,111**	28,802
Höchster Bildungsab.: Hoh. Abschl. (Ref. Niedr.)	−0,157**	79,001**
Westdeutschland	0,029	70,730***
Ausländer(in) im HH	0,054	−80,058*
Netzwerkgröße	−0,007**	−0,734
Alpha (NBR)	0,147	
−2 log likelihood/AIC/BIC (NBR)	4450,920/8941,841/9051,108	−
Pseudo-R^2 (McFadden/Nagelkerke)(NBR)/R^2 (OLS)	0,020/0,098	0,677
N	1.743	1.743

*** = $p < 0,001$; ** = $p < 0,01$; * = $p < 0,05$
Quelle: Christoph/Lietzmann (2013: 187); Datenbasis: PASS, gewichtete Ergebnisse.

Bezogen auf das Einkommen zeigt sich, wie erwartet, dass die Leistungsbezugsdauer bei Berücksichtigung der entsprechenden Kontrollvariablen keinen signifikanten Zusammenhang mit dem Haushaltseinkommen aufweist. Dies kann als Bestätigung der Hypothese angesehen werden, dass der „Zusammenhang zwischen den materiellen Lebensbedingungen und der Dauer des Bezugs bedarfsgeprüfter Leistungen nicht mit einkommensbasierten Maßen untersucht werden kann, wohl aber mit einem alternativen Maß wie dem Deprivationsindex" (ebd., S. 188).

Christoph/Lietzmann (vgl. ebd., S. 189 f.) kommen zu dem Schluss, dass der Deprivationsindex es ermöglicht, das bisher schwer zugängliche Problem des Zusammenhangs zwischen Dauer des Leistungsbezugs und Lebensstandard zu analysieren. Für das Ergebnis, dass die Dauer des Bezugs mit einem geringeren Lebensstandard beziehungsweise einer steigenden Deprivation assoziiert ist, könnten etwa Prozesse des „Entsparens" eine Rolle spielen. Dies bedeutet, dass zu Beginn des Leistungsbezugs vorhandene materielle Ressourcen zunächst zur Aufrechterhaltung des Lebensstandards genutzt werden. Sind diese verbraucht, schlägt das durch den Leistungsbezug geringere Einkommensniveau auf den Lebensstandard durch. In der sozialpolitischen Bewertung ihrer Ergebnisse betonen die Autoren (vgl. ebd., S. 189), dass die von ihnen gefundenen Effekte einerseits von geringer Größe sind und eher langfristig wirken. Somit bedeuten sie keinen unmittelbaren radikalen Einschnitt in den Lebensstandard der Betroffenen. Berücksichtigt man aber andererseits, dass die untersuchte Gruppe eine bedarfsgeprüfte Leistung zur Sicherung des minimalen Lebensstandards erhält, dann kann man ein solches Absinken durchaus als bedenklich bewerten. Dies würde insbesondere dann gelten, wenn die Effekte sich langfristig weiter verstärken und nicht nach einer gewissen Zeit eine Stabilisierung des Lebensstandards auf einem geringeren Niveau eintritt.

5.1.3 Untersuchung der materiellen Lebensbedingungen von SGB-II-Leistungsempfängerinnen und -empfängern mit nicht einkommensbasierten Maßen[12]

Nicht einkommensbasierte Maße auf Basis des Konsum- oder des Deprivationsansatzes weisen zahlreiche Vorteile auf; das macht sie bei vielen Fragestellungen zur geeignete(re)n Alternative von einkommensbasierten Lebensstandard- und Armutsmaßen, wie zum Beispiel Christoph (2015) in einem Überblick über unterschiedliche Methoden zur Erfassung von Armut und materiellen Lebensbedingungen erläutert. So weisen Konsum- wie auch Deprivationsmaße weniger kurzfristige Schwankungen auf als einkommensbasierte Maße (was insbesondere bei Gruppen mit stark schwankenden Einkommen wie z. B. Selbstständigen gilt) und erfassen auch Dinge, die bei Erhebung des Einkommens häufig nicht angegeben werden (z. B. Ausgaben oder Güter, die mit illegalen Einkommen finanziert werden). Da sich die Ausgaben beziehungsweise die betrachteten Güter zudem einzelnen Lebensbereichen (wie beispielsweise Wohnung, Ernährung oder sozialer und kultureller Teilhabe) zuordnen lassen, lässt sich auf Basis dieser Maße in der Regel nicht nur ein Gesamtbild der materiellen Lebensbedingungen gewinnen, sondern

---

12 Diese Zusammenfassung wurde von Bernhard Christoph verfasst.

es lassen sich konkret diejenigen Bereiche benennen, in denen die Versorgung von Haushalten ausreichend oder aber defizitär ist. Speziell bei der Untersuchung der Lebensumstände von SGB-II-Leistungsempfängern kommt hinzu, dass deren Einkommen in weiten Teilen den gesetzlichen Regelungen des SGB-II-Leistungsbezugs unterliegen, weshalb nicht einkommensbasierte Möglichkeiten, den Lebensstandard der Leistungsempfänger zu analysieren, deutlich informativer sein dürften als eine rein einkommensbasierte Betrachtung.

Vor diesem Hintergrund stehen die Beiträge von Christoph et al. (2014b) sowie Christoph (2016). Dabei analysieren Christoph et al. (2014b) im ersten Beitrag den Umfang der Struktur der Konsumausgaben von SGB-II-Leistungsempfängern und vergleichen das Armutsrisiko unterschiedlicher Leistungsempfängergruppen mit dem der übrigen Bevölkerung. Im zweiten Beitrag vergleicht Christoph (2016) Ergebnisse auf Basis der Untersuchung von Konsumausgaben mit solchen auf Basis des Deprivationsansatzes.

Erfassung von Lebensbedingungen mit Konsumdaten
Eine der wenigen Datenquellen in der Bundesrepublik, mit der eine detaillierte Betrachtung von Konsumausgaben möglich ist, ist die Einkommens- und Verbrauchsstichprobe (EVS). In der EVS berichten private Haushalte auf freiwilliger Basis über Einkommen, Verbrauchsgewohnheiten, Wohnsituation, Vermögen und Schulden. Zudem ist die Befragtenzahl in der EVS vergleichsweise hoch – so betrug der Stichprobenumfang der für die Analysen verwendeten EVS 2008 selbst im der vom statistischen Bundesamt als Scientific Use File bereitgestellten 80-Prozent-Stichprobe noch 44.088 Haushalte, was auch Analysen von Teilpopulationen wie den SGB-II-Leistungsempfängern erlaubt.

Deskriptive Analysen zu Einnahmen und Ausgaben von SGB-II-Leistungsempfängern
Sowohl die Studie von Christoph et al. (2014b) als auch die von Christoph (2016) betrachtet die Ausgaben und die Ausgabenstrukturen unterschiedlicher Leistungsempfängergruppen im Vergleich zur übrigen Bevölkerung. Christoph et al. (2014b) betrachten darüber hinaus auch die Einnahmenseite und beziehen die zur Ermittlung der SGB-II-Regelsätze herangezogenen Referenzpopulation in den Vergleich mit ein.

Bei dieser Analyse der Einnahmenseite ist zunächst überraschend, dass die Erwerbseinkommen in der Referenzpopulation (unabhängig davon, wie diese abgegrenzt wurde) deutlich unter einem Viertel der Gesamteinnahmen ausmachen (umgerechnet 23 % bzw. 21 %), während den größten Einnahmeposten dieser Gruppe (über 40 %) öffentliche Transfers – und hier insbesondere Renten und Pensionen – darstellen. Darüber hinaus spielen auch Einnahmen aus Vermögensauflösungen eine wichtige Rolle, die mehr als ein Viertel der gesamten Einnahmen der

Referenzpopulation ausmachen.[13] Während insgesamt betrachtet die materielle Situation der SGB-II-Aufstocker ungefähr mit derjenigen in der Referenzpopulation vergleichbar ist beziehungsweise sich (bei Aufstockern mit Einnahmen über 400 Euro) sogar etwas günstiger darstellt, ergibt sich bei den „reinen" Leistungsbeziehern ein anderes Bild. Denn obwohl auch diese Gruppe zu einem gewissen Teil auf andere Einnahmen als den Transferbezug zurückgreift, haben sie verglichen mit den übrigen Gruppen ein sehr niedriges Einnahmenniveau.

Ähnliches gilt für das Ausgabenniveau, wo sich die nicht aufstockenden SGB-II-Leistungsempfänger/-empfängerinnen ebenfalls vergleichsweise schlecht stehen. Beide Studien zeigen jedoch dass dessen ungeachtet ihre Ausgaben für Güter des Grundbedarfs (Nahrung, Kleidung und Unterkunft) relativ ähnlich ausfallen wie bei den zum Vergleich herangezogenen Referenzpopulationen (nur Christoph et al. 2014b) und Aufstockern (in Christoph et al. 2014b nochmals differenziert nach Höhe der zusätzlichen Einnahmen). Dies gelingt allerdings vor allem deshalb, weil die betroffenen Leistungsempfänger ihre Ausgaben auf diesen Bereich konzentrieren (müssen). Vergleicht man zum Beispiel den Ausgabenanteil der entsprechenden Einpersonenhaushalte,[14] so geben die nicht aufstockenden Leistungsempfänger 68 Prozent ihres Ausgabenbudgets für Grundbedarfsausgaben aus, während der Ausgabenanteil in den Referenzpopulationen um die 61 Prozent liegt (vgl. Christoph et al. 2014b) und bei den Aufstockern insgesamt nur knapp darüber (61,5 %, vgl. Christoph 2016).

Letzten Endes führt diese Ausgabenkonzentration zu deutlichen Einschränkungen in anderen Bereichen, insbesondere bei den Ausgaben für die Teilhabe am sozialen und kulturellen Leben. Hierfür können die Nicht-Aufstocker nur knapp 20 Prozent ihres Budgets aufwenden, während es bei den Aufstockern bereits knapp 27 Prozent und bei den Einpersonenhaushalten außerhalb des Leistungsbezugs sogar knapp 34 Prozent sind (Christoph 2016). Da sich diese ohnehin geringeren Anteilswerte zudem auf ein im Fall der SGB-II-Leistungsempfänger (und hier insbesondere der Nicht-Aufstocker) deutlich niedrigeres Gesamtausgabenniveau beziehen, fallen die absoluten Unterschiede zwischen diesen Gruppen (mit

---

13 Allerdings verteilen sich die Einnahmen aus Vermögensauflösungen keinesfalls gleichmäßig über alle Betroffenen. Vielmehr haben frühere Berechnungen gezeigt, dass sich eine vergleichsweise große Gruppe von etwa zehn Prozent der Referenzpopulation fast ausschließlich über Vermögensauflösungen und nicht öffentliche Transfers finanziert (vgl. Christoph et al. 2014b).

14 Beim Vergleich von Konsumausgaben ist es sinnvoll, nur Haushalte identischer Größe zu vergleichen, da bei verschiedenen Ausgabenpositionen unterschiedlich starke Haushaltsgrößeneffekte auftreten. Während zum Beispiel im Bereich des Grundbedarfs die Haushaltsgrößeneffekte bei den Nahrungsmitteln nur recht schwach ausgeprägt sind (ein Mehrpersonenhaushalt kann zwar oft günstiger einkaufen, aber ceteris paribus verbrauchen zwei Personen auch doppelt so viel Lebensmittel wie eine, d. h. die Lebensmittelausgaben sollten annähernd proportional zur Haushaltsgröße steigen), fallen sie beispielsweise bei den Wohnkosten relativ stark aus (Räume wie Flur, Küche, Bad/WC, Wohnzimmer und bei Paaren auch das Schlafzimmer werden gemeinsam genutzt – das Einsparpotenzial größerer Haushalte ist bei den Wohnungsausgaben also recht groß). Daher kann sich bei steigender Haushaltsgröße nicht nur der Umfang, sondern auch die Struktur der Konsumausgaben z. T. deutlich ändern.

155, 244 beziehungsweise 512 Euro, die für Güter die im Bereich der sozialen und kulturellen Teilhabe ausgegeben werden) sogar nochmals deutlich höher aus.

Struktur und Determinanten von Konsumarmut
Christoph et al. (2014b) ergänzen die eben dargestellten Analysen der Einnahmen und Ausgabenstrukturen der Leistungsempfänger um eine multivariate Analyse der Konsumarmut (definiert als ein Konsumniveau unterhalb 60 % des Mediankonsums). Als zentrale Ergebnisse lassen sich dabei die folgenden Punkte festhalten: Obwohl es naheliegend ist, dass Leistungsempfänger ein höheres Armutsrisiko aufweisen als Personen außerhalb des Leistungsbezugs, war der Umfang, in dem dieses Risiko gerade für Nicht-Aufstocker anstieg (im Vergleich zu den nicht Leistungsempfängern circa 12-fach erhöht) unerwartet stark. Andererseits kann schon eine geringfügige aufstockende Erwerbstätigkeit das Konsumarmutsrisiko deutlich reduzieren. Überraschend war auch, dass selbst innerhalb des Leistungsbezugs die traditionellen Strategien zur Glättung des Ausgabenniveaus – namentlich das Auflösen von Vermögen sowie die Kreditaufnahme – trotz der üblicherweise relativ eingeschränkten Ressourcen der Leistungsempfänger eine wichtige Rolle bei der Vermeidung von Konsumarmut leisten.

Lebensstandard und Deprivation im SGB II
Christoph (2016) kontrastiert die oben dargestellte Erfassung der Lebensbedingung der Leistungsempfänger anhand des Umfangs und der Struktur ihrer Ausgaben mit einer Untersuchung materieller Lebensbedingungen nach dem Lebensstandard- beziehungsweise Deprivationsansatz auf Basis von Daten des Panels „Arbeitsmarkt und soziale Sicherung" (PASS). Hierfür wird anhand einer umfangreichen Liste unterschiedlicher Güter und Aktivitäten[15] erfasst, über welches dieser Güter die Befragten aus finanziellen Gründen nicht verfügen können. Dabei zeigt sich – ähnlich wie bei den konsumbasierten Analysen –, dass die Einschränkungen des Lebensstandards der Leistungsempfänger im Bereich der Grundversorgung (hier definiert als diejenigen Güter, die mindestens zwei Drittel der Befragen als unbedingt notwendig erachten) relativ gering ausfallen, während sie insbesondere im Bereich der sozialen und kulturellen Teilhabe hoch sind.

Zusammenfassung
Insgesamt lassen sich die Ergebnisse so zusammenfassen, dass insbesondere die nicht aufstockenden SGB-II-Leistungsempfänger ihren Konsum deutlich einschränken müssen. Wie Christoph et al. (2014b) zeigen, betrifft dies sowohl den Umfang

---

15 Im Folgenden wird vereinfachend von Gütern gesprochen.

ihrer privaten Konsumausgaben als auch in der Folge das Risiko, konsumarm zu sein. Letzteres gilt nochmals in besonderer Weise, wenn sie auch keinen Zugriff auf sonstige Ressourcen wie Ersparnisse oder Kredite haben.

Besonders hervorzuheben ist außerdem, wie Christoph (2016) zeigt, dass – ungeachtet der deutlichen konzeptionellen Differenzen und trotz einer komplett unterschiedlichen Datenbasis – sowohl im Rahmen der konsumbasierten Analysen als auch auf Basis des Deprivationsansatzes eine inhaltlich vergleichbare Schlussfolgerung gezogen werden konnte: Während die Bedarfe der Leistungsempfänger im Bereich der Grundversorgung relativ gut abgedeckt zu sein scheinen, ist ihre Versorgung in allen darüber hinausgehenden Bereichen zum Teil deutlichen Einschränkungen unterworfen. Die Analysen auf Basis der Konsumausgaben weisen zudem darauf hin, dass die ausreichende Abdeckung des Grundbedarfs letzten Endes aus einer Konzentration der Ausgaben in diesem Bereich resultiert, die aller Wahrscheinlichkeit nach durch einen generellen Mangel an ausgabefähigen Mitteln bedingt sein dürfte. Da diese Konzentration der Ausgaben auf den Grundbedarf mit mehr oder minder deutlichen Einschränkungen in anderen Bereichen einhergeht – und hier insbesondere bei der sozialen und kulturellen Teilhabe –, hat das zunächst eigentlich positiv zu bewertende Ergebnis der ausreichenden Grundbedarfsdeckung durchaus auch seine weniger positiven Seiten. Die sozialpolitische Frage, die aus diesen Analysen resultiert, ist, ob es sich hier um akzeptable Einschränkungen handelt, oder ob es (zumindest mithilfe der Regelbedarfe des SGB II) nicht gelingt, neben dem physischen auch das soziokulturelle Existenzminimum der Leistungsempfänger in ausreichendem Umfang abzusichern.

5.1.4 Nachhaltiges Wirtschaften im Grundsicherungsbezug

Andreas Hirseland und Florian Engel (2016) untersuchen die alltäglichen Wirtschaftsweisen von Familien im Grundsicherungsbezug. Der Bezug auf Nachhaltigkeit liegt dabei nicht unbedingt auf der Hand, da dieses Thema eher mit konsumstarken Mittelschichtshaushalten in Verbindung gebracht wird. Andererseits, so die These der Autoren, könnte es aus der (materiellen) Not geborene Praktiken geben, die denen der Nachhaltigkeitsdebatte ähneln, wie zum Beispiel als nachhaltig angesehene Konsumformen oder Aspekte einer sharing economy. Der gewählte theoretische Ansatz ist ein praxistheoretischer, das heißt „das Soziale" wird weniger aus der Analyse von Strukturen erklärt, sondern aus der alltäglichen, auch körperlichen, Praxis. Die Daten für die Analyse stammen aus einem IAB-Projekt, in dem Lebenszusammenhänge von Haushalten untersucht werden, die im SGB-II-Leistungsbezug stehen. Haushaltmitglieder werden mittels Einzel-, Paar- und Gruppeninterviews befragt. Unterschiedliche Umgangsweisen mit materieller Knappheit werden anhand einer auf der Grounded Theory basierenden kontrastiven Analyse von zwei Haushalten erläutert.

Eine der untersuchten Familien steht für einen Konsumstil, der sich trotz der materiellen Knappheit im Grunde an einem Mittelschichtsideal orientiert. Obwohl sie gerne Markenprodukte kaufen würden, sind sie dennoch gezwungen, die billigsten Produkte – einschließlich reduzierter Ware – im Discounter zu kaufen, den sie wegen der ländlichen Wohnlage nur mit dem Auto erreichen können. Dennoch treten insbesondere zum Monatsende regelmäßig Mangellagen auf, in denen zunächst die Erwachsenen für die Kinder hungern, letztlich aber auch deren Nahrungsaufnahme eingeschränkt werden muss. Die Autoren analysieren, dass diese Familie denselben Handlungsmustern folge wie Durchschnittskonsumenten: Die Versorgung findet über den normalen Handel statt, Einkäufe sind individuell organisiert und die Konsumnormen orientieren sich an Markenware, was zu einer Abwertung alternativer Angebote führt.

Alternative, nachhaltige Strategien zeigen sich dagegen bei einer anderen (Groß-)Familie im Sample, die ebenfalls in einem ländlichen Gebiet wohnt. Sie nutzt die Angebote der ortsansässigen Tafel, über die sie zum Beispiel Obst und Gemüse erhält. Im Gegensatz zur anderen beschriebenen Familie, die dieses Angebot ablehnt, betrachten sie diese Lebensmittel nicht als minderwertig. Auch innerhalb der Familie gehört die restlose Verwertung des Vorhandenen zum Alltagshandeln. Neben dem Verwerten als nachhaltiger Strategie spielt auch die Eigenproduktion eine Rolle. Die Familie sammelt Beeren und Streuobst, was gleichzeitig dem Familienleben und dem Erleben einer sinnvollen Tätigkeit zugutekommt. Darüber deckt sie hierüber ihren Jahresbedarf an Säften. Schließlich nutzt sie Möglichkeiten der Kollaboration, indem Einkaufen nachbarschaftlich organisiert wird und dadurch individuelle Fahrten reduziert werden können. In Summe führen dieses Strategien zu Kostenersparnis, einer besseren Versorgungslage und einer Steigerung der sozialen Integration.

Hirseland und Engel (2016) folgern, dass nachhaltige Praktiken auch geeignet sind, die Versorgung armer Haushalte zu verbessern. Diese seien allerdings an technische und soziale Voraussetzungen gebunden: Ausreichende Kühlmöglichkeiten, die örtliche Tafel, Gemeingüter wie Streuobstwiesen sowie Nachbarn, die die kollaborativen Praktiken mittragen. Schließlich sind persönliche Ressourcen wie Zeit und Einsatzbereitschaft, aber auch spezielles Know-how erforderlich. Andererseits bestehe die Gefahr, dass diesen Praktiken, eben weil sie aus der Not geboren sind, die soziale Anerkennung fehle, was die zweite Familie durchaus auch am eigenen Leib erfahren muss.

Die Studie fügt der etablierten Nachhaltigkeitsforschung somit eine neue Facette hinzu. Auf der einen Seite zeige das bedrückende Beispiel der ersten Familie die materiellen, aber auch sozialen Folgen eines konsumorientierten Lebensstils auf. Auf der anderen Seite zeigen sich auch die notwendigen Voraussetzungen im sozialen und infrastrukturellen Bereich, um nachhaltige Strukturen für arme Haushalte zu implementieren. Eine Perspektive sehen sie in der Unterstützung der gemeinschaftlichen Nutzung von Ressourcen (sogenannte Allmendewirtschaft) und kollaborativer Praktiken wie Einkaufsgenossenschaften. Darin läge auch eine Chance, Exklusionstendenzen vorzubeugen.

5.1.5 Kinder- und Familienarmut

Kinder sind in Deutschland seit Jahren in besonderer Weise von Armut und ihren Folgen betroffen. Jedes vierte Kind lebt in einer Familie, die einkommensarm ist und/oder Leistungen der Grundsicherung für Arbeitsuchende nach dem Zweiten Sozialgesetzbuch (SGB II) bezieht. Die vorliegende Studie von Tophoven, Wenzig und Lietzmann (2015) betrachtet die Situation von Kindern und ihren Familien im unteren Einkommensbereich genauer. Die Untersuchung stellt eine Aktualisierung der Befunde von Lietzmann, Tophoven und Wenzig für das Jahr 2009 dar (Lietzmann et al. 2011).

Zur Identifikation von Kindern im unteren Einkommensbereich werden häufig zwei Armutsgrenzen verwendet, die in der vorliegenden Studie kombiniert wurden. Erstens findet die sozialstaatlich definierte Armutsgrenze Anwendung, nach der Kinder als arm gelten, wenn sie in einem Haushalt leben, der Leistungen nach dem Zweiten Buch Sozialgesetzbuch (SGB II) erhält. Zweitens werden Kinder in relativer Einkommensarmut betrachtet. Dies umfasst Kinder, die in Haushalten leben, deren Einkommen weniger als 60 Prozent des mittleren Einkommens aller Haushalte beträgt. Diese beiden Armutsdefinitionen hängen zwar zusammen, da das Haushaltseinkommen auch durch die Höhe der Sozialleistungen bestimmt wird. Es ergeben sich aber durchaus – teils definitionsgemäße, teils konzeptbedingte – Unterschiede.

Laut der Statistik der Bundesagentur für Arbeit lebten in Deutschland im Dezember 2013 6,04 Millionen Personen in Bedarfsgemeinschaften, die Leistungen nach dem SGB II bezogen. 1,62 Millionen davon waren Kinder unter 15 Jahren; dies entspricht 27 Prozent aller SGB-II-Beziehenden. Setzt man diese Zahl in Relation zur Bevölkerung in dieser Altersgruppe insgesamt, ergibt sich eine SGB-II-Bezugsquote für Kinder unter 15 Jahren von 15 Prozent. Diese Quote liegt deutlich über derjenigen der Gesamtbevölkerung im Alter von 0 bis unter 65 Jahren (9,4 %) (Statistik der Bundesagentur für Arbeit 2014).

Auf Basis des Panels „Arbeitsmarkt und soziale Sicherung" (PASS) können die Armutsgefährdung beziehungsweise der SGB-II-Leistungsbezug von Kindern differenziert betrachtet werden sowie die Lebenssituation von Kindern im unteren Einkommensbereich mit Kindern aus finanziell gesicherten Verhältnissen verglichen werden. Als Untersuchungspopulation für die vorliegende Analyse werden 3.896 Kinder unter 15 Jahren betrachtet, die zum Befragungszeitpunkt der siebten Welle (2013) in den befragten Haushalten lebten.

Insgesamt 20 Prozent der Kinder unter 15 Jahren können im Jahr 2013 in Deutschland als armutsgefährdet angesehen werden, das heißt sie leben in Haushalten, die weniger als 60 Prozent des Medianeinkommens zur Verfügung haben. Hochgerechnet sind somit 2,11 Millionen Kinder von Armut in diesem Sinne betroffen. Nach Angaben des Haushaltsvorstands sind 2013 weiterhin insgesamt 13 Prozent der Kinder bedürftig und beziehen Grundsicherungsleistungen. Die in PASS ermittelte Hilfequote liegt somit etwas unter der administrativen Quote, die die Statistik der Bundesagentur für Arbeit ausweist (15,3 %). Diese Abweichung ist allerdings statistisch nicht signifikant.

Kombiniert man die Angaben zu den beiden Armutskonzepten miteinander, ergibt sich für das Jahr 2013 folgendes Bild: Insgesamt drei Viertel der betrachteten Kinder leben in gesicherten Einkommensverhältnissen (75,8 %), also in Haushalten, die zum Befragungszeitpunkt der siebten Welle weder einen SGB-II-Bezug berichten noch einkommensarmutsgefährdet waren. Dies deckt sich mit den Ergebnissen auf Basis der dritten Welle der PASS-Befragung im Jahr 2009.

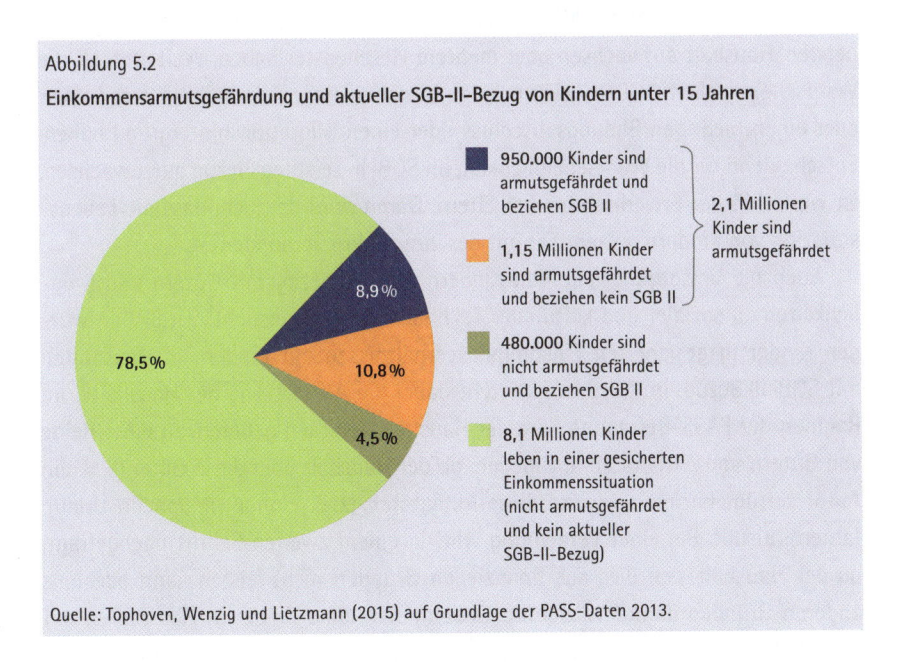

Abbildung 5.2
Einkommensarmutsgefährdung und aktueller SGB-II-Bezug von Kindern unter 15 Jahren

- 950.000 Kinder sind armutsgefährdet und beziehen SGB II
- 1,15 Millionen Kinder sind armutsgefährdet und beziehen kein SGB II
- 2,1 Millionen Kinder sind armutsgefährdet
- 480.000 Kinder sind nicht armutsgefährdet und beziehen SGB II
- 8,1 Millionen Kinder leben in einer gesicherten Einkommenssituation (nicht armutsgefährdet und kein aktueller SGB-II-Bezug)

78,5 % / 8,9 % / 10,8 % / 4,5 %

Quelle: Tophoven, Wenzig und Lietzmann (2015) auf Grundlage der PASS-Daten 2013.

Bei knapp einem Viertel der Kinder sind die Familien zum Interviewzeitpunkt (2013) nach eigenen Angaben zumindest teilweise auf Grundsicherungsleistungen angewiesen und/oder von Einkommensarmut betroffen (vgl. Abbildung 5.2). Dies sind hochgerechnet insgesamt 2,58 Millionen Kinder in Deutschland. Neun Prozent der Kinder wohnen bei Eltern, die SGB-II-Leistungen beziehen und deren Haushaltseinkommen unterhalb der Einkommensarmutsschwelle liegt. Weitere fünf Prozent der Kinder leben teilweise von SGB-II-Leistungen, das verfügbare Haushaltseinkommen liegt aber über der Armutsgefährdungsschwelle. Durch die Zahlung der Grundsicherungsleistungen kann bei dieser Gruppe Einkommensarmut verhindert werden. Weiterhin leben elf Prozent der Kinder in Haushalten, die gemäß den Angaben des Haushaltsvorstands keine SGB-II-Leistungen beziehen, aber nach ihrem Haushaltseinkommen als armutsgefährdet eingestuft werden. Diese Gruppe kann Kinder mit einer sehr unterschiedlichen Einkommenssituation umfassen. Kein SGB-II-Bezug bei gleichzeitiger Einkommensgefährdung kann einerseits bedeuten, dass das Haushaltseinkommen gerade so hoch ist, dass kein Anspruch auf Grundsicherung mehr existiert, gleichzeitig aber die Armutsschwelle unterschritten wird. Andererseits kann es bedeuten, dass diese Kinder in Haushalten leben, die zwar einen Anspruch auf SGB-II-Leistungen haben, diesen aber nicht wahrnehmen. Dadurch verfügen sie über ein Einkommen, das sowohl unter dem gesetzlichen Mindestbedarf als auch unter der Einkommensarmutsschwelle liegt.

Die Studie zeigt, dass Kinder von Einkommensarmut oder SGB-II-Leistungsbezug tendenziell eher betroffen sind, wenn sie jünger sind, in einem Alleinerziehenden-Haushalt aufwachsen oder mehrere Geschwister haben. Weiterhin ist die Wahrscheinlichkeit, SGB-II-Leistungen zu beziehen, höher, wenn ihre Eltern keinen oder einen niedrigen Bildungsabschluss oder einen Migrationshintergrund haben. Entscheidend für die Wahrscheinlichkeit, im SGB-II-Leistungsbezug aufzuwachsen, ist weiterhin der Erwerbsstatus der Eltern. Damit wird deutlich, dass die Lebenssituation von Kindern untrennbar mit der ihrer Eltern verbunden ist.

Auch die Versorgungslage von Kindern im Hilfebezug mit Gütern und Möglichkeiten zu sozialer und kultureller Teilhabe wurde untersucht. Verglichen wurden Kinder in gesicherten Einkommensverhältnissen mit Kindern in Haushalten mit SGB-II-Bezug. Im Mittelpunkt steht dabei die Ausstattung der Haushalte. Im Rahmen der PASS-Befragung wird der Haushaltsvorstand gebeten, zu einer Reihe von Gütern und Aktivitäten anzugeben, ob der Haushalt über diese Güter (z. B. ein Auto) verfügt beziehungsweise diese Aktivitäten (z. B. einmal im Jahr in Urlaub fahren) ausübt. Bei einer Verneinung wird in einem zweiten Schritt nachgefragt, ob der Haushalt sich dies aus finanziellen Gründen nicht leisten kann oder aus anderen Gründen darauf verzichtet. Es zeigt sich, dass Kinder in Haushalten mit SGB-II-Bezug in allen betrachteten Bereichen stärker unterversorgt sind als die Vergleichsgruppe der Kinder in gesicherten Einkommensverhältnissen. Im Bereich der Grundversorgung mit elementaren Gütern treten dabei aber nur leichte Unterschiede auf. In Haushalten mit SGB-II-Bezug gelingt die Versorgung mit Gütern des Grundbedarfs in der überwiegenden Mehrheit der Fälle. Im Bereich der sozialen und kulturellen Teilhabe und bei höherwertigen Konsumgütern ist die Unterversorgungsquote höher und unterscheidet sich auch stärker von der Situation der Kinder, die in Haushalten mit gesicherter Einkommenslage aufwachsen. Besonders deutlich wird, dass finanzielle Rücklagen kaum gebildet und unerwartete Ausgaben nur selten bewältigt werden können. Diese Befunde decken sich mit früheren Analysen zur Unterversorgung von Kindern im SGB II (Lietzmann et al. 2011) und Leistungsempfängern in der Grundsicherung insgesamt (Christoph 2008).

Aus Sicht des Autorenteams bleibt abzuwarten, wie sich zukünftig die Situation von Kindern im unteren Einkommensbereich im Hinblick auf die soziale und kulturelle Teilhabe durch das Bildungs- und Teilhabepaket verändern wird.

5.1.6 Bildungs- und Teilhabepaket

Die Einführung von neuen sozialpolitischen Maßnahmen wirft immer auch die Frage auf, ob die damit verfolgten Ziele erreicht werden. Die im Jahr 2011 eingeführten Bildungs- und Teilhabeleistungen sollen Kindern und Jugendlichen aus Familien mit unzureichendem Einkommen ein Mindestmaß an sozialer und kultureller Teilhabe ermöglichen und den Zugang zu vorhandenen Bildungsangeboten erleichtern. Die Förderleistungen sollen zudem dazu beitragen, die Lern- und Entwicklungsmöglichkeiten zu verbessern, sodass Nachteile gegenüber Heranwachsenden, die nicht auf Sozialleistungen angewiesen sind, verringert werden.

Das IAB führte in den Jahren 2013 bis 2016 in Kooperation mit dem Soziologischen Forschungsinstitut Göttingen (SOFI) und dem Statistischen Bundesamt die Begleitforschung zur Einführung des Bildungs- und Teilhabepakets (BuT) durch. Dabei erstellte das IAB auf Basis des IAB-Haushaltspanels Panel „Arbeitsmarkt und soziale Sicherung" PASS (2012–2014) Analysen zur sozialen Teilhabe von Kindern und Jugendlichen sowie zur Kenntnis und Nutzung der neuen Leistungen. Erste Ergebnisse der Evaluaton wurden in zwei Zwischenberichten dargestellt (vgl. Bartelheimer et al. 2014, 2015). Mittlerweile liegt der Abschlussbericht der Evaluation vor, aus dem nachfolgend die auf PASS beruhenden Ergebnisse berichtet werden (vgl. Bartelheimer et al. 2016).

Ziel der Begleitforschung zur Einführung des Bildungs- und Teilhabepakets auf der Grundlage von PASS war, den Einfluss von individuellen und haushaltsbezogenen Merkmalen besser zu verstehen, die eine Inanspruchnahme dieser Förderleistungen verringern oder erhöhen. Außerdem wurde untersucht, in welchem Ausmaß bei den förderfähigen Aktivitäten Partizipationsunterschiede im Vergleich zu nicht leistungsberechtigten Kindern und Jugendlichen bestehen und wie sich diese seit der Einführung der Förderleistungen entwickelt haben. Dazu wurden die

Veränderungen der Teilnahme an förderfähigen Aktivitäten und die Kenntnis des Bildungs- und Teilhabepakets in der Gesamtbevölkerung sowie die Entwicklung der Inanspruchnahme der Förderleistungen durch grundsätzlich Leistungsberechtigte, ihre Bestimmungsgründe und auch die subjektive Bewertung der Fördermöglichkeiten untersucht. Nachfolgend sollen die wichtigsten Ergebnisse auf Grundlage des Panels „Arbeitsmarkt und soziale Sicherung" zusammengefasst werden.

Soziale Teilhabe von Kindern und Jugendlichen
Bei der Betrachtung der sozialen Teilhabe von Kindern und Jugendlichen stand bei den Analysen des IAB die Frage im Mittelpunkt, inwieweit sich die Teilhabechancen an kulturellen und sozialen Aktivitäten zwischen Kindern und Jugendlichen aus einkommensschwachen Haushalten im Vergleich zu solchen aus finanziell besser gestellten Haushalten unterscheiden. Als relevante Aktivitäten wurden Teilhabeaktivitäten verglichen, die durch die Leistungen für Bildung und Teilhabe (BuT) grundsätzlich finanziell gefördert werden können (gemeinsame Mittagsverpflegung, ein- und mehrtägige Ausflüge, Lernförderung, organisierte Freizeitaktivitäten).

Keine statistisch signifikanten Unterschiede zwischen leistungsberechtigten und nicht leistungsberechtigten Kindern und Jugendlichen ergeben sich bei der Teilhabe an Lernförderung, Mittagsverpflegung (wenn dafür kontrolliert wird, ob das Kind eine Ganztagsschule besucht) und eintägigen Ausflügen (PASS, Befragungsjahr 2012). BuT-Leistungsberechtigte haben dagegen signifikant geringere Chancen, sich an mehrtägigen Klassenfahrten oder an organisierten Freizeitaktivitäten zu beteiligen. Bei den Freizeitaktivitäten ergibt sich eine besonders große Partizipationslücke. Während zwei Drittel der nicht leistungsberechtigten Kinder in einem Verein oder anderen regelmäßigen Gruppen aktiv sind, trifft dies nur auf ein Drittel der Leistungsberechtigten zu.

Beide Gruppen beteiligen sich vor allem an sportlichen Aktivitäten. Die Beteiligungsquote liegt bei potenziell leistungsberechtigten Kindern mit 71 Prozent deutlich und statistisch signifikant unter der Quote von finanziell besser Abgesicherten (87 %) (Bartelheimer et al. 2016, S. 34).

Im Zeitraum 2012 bis 2014 verändern sich die Partizipationsunterschiede der beiden Teilgruppen nur geringfügig. Auch unter Kontrolle weiterer soziodemografischer und (haushalts-)struktureller Merkmale bleiben die Unterschiede zwischen Leistungsberechtigten und Nicht-Leistungsberechtigten bestehen. Die Entwicklung der Aktivitäten der soziokulturellen Teilhabe bildet hier die einzige Ausnahme. Hier zeichnet sich vor allem bei potenziell BuT-leistungsberechtigten Kindern zwischen dem ersten und zweiten Messzeitpunkt eine Steigerung der Teilnahme an angeleiteten, gruppenorientierten Aktivitäten ab, die sich danach aber nicht weiter fortsetzt. Im Jahr 2014 beträgt jedoch der Teilnahmerückstand von grundsätzlich leistungsberechtigten Kindern gegenüber Gleichaltrigen aus finanziell besser abgesicherten Familien immer noch 26 Prozentpunkte.

Kenntnis des Bildungs- und Teilhabepakets
Hinsichtlich des Kenntnisstands zum Bildungs- und Teilhabepaket kann zusammengefasst werden, dass 74 Prozent der leistungsberechtigten Haushalte circa ein Jahr nach der Einführung von den neuen Leistungen gehört haben (gegenüber zwei Drittel der Gesamtbevölkerung). Als Informationsquellen zu den neuen Leistungen dienten primär die Medien, dann Ämter und offizielle Anschreiben, soziale Netzwerke und Schulen beziehungsweise Kindergärten. Bis 2013 stieg der Informationsgrad auf 84 Prozent und stabilisierte sich bis 2014 bei 87 Prozent. Bei einigen Teilgruppen ist es im Zeitverlauf gelungen, die vorhandenen Informationsdefizite abzubauen, zum Beispiel bei Haushalten aus Westdeutschland oder Haushalten mit Sozialhilfebezug. Haushalte mit Schulkindern, Haushalte von Alleinerziehenden und Haushalte aus dem Rechtskreis SGB XII weisen am Ende des Untersuchungszeitraums die höchsten Kenntnisquoten auf. Sie liegen im Jahr 2014 jeweils bei über 90 Prozent (Bartelheimer et al. 2016, S. 35).

Eine deutlich geringere Quote erreichten dagegen Haushalte mit geringen Deutschkenntnissen, Paarhaushalte sowie Haushalte mit Kleinkindern. Im weiteren Verlauf zeigt sich, dass die Informationslücken dieser beiden Gruppen seit Einführung des Bildungs- und Teilhabepakets nicht abgebaut werden konnten. Sie sollten daher verstärkt in den Fokus von Informationskampagnen und Öffentlichkeitsarbeit gerückt werden. Die Bedeutung der Kenntnis als wichtige Voraussetzung der Inanspruchnahme zeigt sich auch bei der Analyse möglicher Motive der Nichtantragstellung aus der Sicht der Leistungsberechtigten. Neben dem fehlenden Bedarf einer finanziellen Förderung durch das Bildungs- und Leistungspaket wird hier vor allem auch die mangelnde Kenntnis darüber genannt, an welche Stelle man sich wenden muss, um einen Antrag zu stellen.

Inanspruchnahme des Bildungs- und Teilhabepakets
Der Anteil der potenziell leistungsberechtigten Kinder und Jugendlichen, für die mindestens eine Bildungs- und Teilhabeleistung beantragt wurde, erreichte bis zum Jahr 2014 einen Wert von 57 Prozent (Bartelheimer et al. 2016), 52 Prozent haben mindestens eine Leistungsart genutzt. Von 2011 bis 2014 nutzten 43 Prozent der grundsätzlich Leistungsberechtigten die Förderung für eine gemeinschaftliche Mittagsverpflegung, jeweils 29 Prozent für ein- oder mehrtätige Ausflüge, jeweils 21 Prozent für soziokulturelle Teilhabe und Schülerbeförderung und acht Prozent für eine Lernförderung. Die Nutzungsquoten im Querschnitt der Jahre 2013 und 2014 weisen auf eine zweigeteilte Entwicklung hin. Während die Nutzungshäu-

figkeit bei eintägigen Ausflügen, mehrtägigen Fahrten und bei der Schülerbeförderung zwischen den beiden Messzeitpunkten moderat zunimmt, bleibt sie bei der gemeinschaftlichen Mittagsverpflegung, bei soziokulturellen Aktivitäten und bei der Lernförderung nahezu konstant (vgl. Bartelheimer et al. 2016, S. 64).

Mit Blick auf die Inanspruchnahme der Förderleistungen zeichnet sich im zeitlichen Ablauf des Weiteren die positive Entwicklung ab, dass eine immer größer werdende Teilgruppe mehrere Leistungsarten in Anspruch nimmt. So war der Anteil der Heranwachsenden, die vier bis sechs verschiedene Leistungsarten beantragen, anfänglich zwar niedrig (4 %), verdoppelte sich jedoch signifikant von Jahr zu Jahr und erreichte bis zum Jahr 2014 einen Anteilswert von 16 Prozent.

Bewertung aus Sicht der Befragten
Das Bildungs- und Teilhabepaket wird aus der Sicht der leistungsberechtigten Haushalte sehr positiv bewertet. Jeweils circa 85 Prozent sehen die zusätzlichen Leistungen als eine gute Unterstützung für Kinder an und sind der Meinung, dass sich der Aufwand lohnt, die Leistungen zu beantragen. Die Leistungsberechtigten sollten im Rahmen der Längsschnittbefragung ebenfalls bewerten, ob die Leistungen zur Bildung und Teilhabe besser als frei verfügbarer Geldbetrag (beispielsweise im Rahmen der Regelsätze) ausbezahlt werden sollten. Von den grundsätzlich leistungsberechtigten Haushalten plädieren circa 25 Prozent für einen frei verfügbaren Geldbetrag, drei Viertel der Haushalte sind eher dagegen.

Haushalte, die das Bildungs- und Teilhabepaket bereits einmal genutzt haben, bewerten es gleichzeitig auch positiver. Haushalte, die bereits Leistungen in Anspruch genommen haben, stimmen bei der Frage nach den Auszahlungsmodalitäten auch häufiger gegen einen frei verfügbaren Geldbetrag. Dieses Muster zeigt sich auch bei den Haushalten mit hohem Bildungsniveau und Haushalten, die Deutsch als Muttersprache sprechen, wenn sie das Bildungs- und Teilhabepaket bereits nutzen. Dagegen stehen Haushalte mit geringem Pro-Kopf-Einkommen dem Bildungs- und Teilhabepaket kritischer gegenüber. Sie bewerten es im Vergleich zu allen anderen Gruppen seltener als gute Unterstützung und äußern auch signifikant häufiger, die zusätzlichen Leistungen sollten besser als frei verfügbarer Geldbetrag ausgezahlt werden.

Diskussion
Insgesamt zeigt sich, dass der Partizipationsrückstand von potenziell leistungsberechtigten Kindern und Jugendlichen aus Haushalten mit unzureichendem Einkommen nicht bei allen prinzipiell förderfähigen Aktivitäten vorhanden ist, dass er unterschiedlich stark ausgeprägt ist und teilweise durch den Besuch von Ganztagseinrichtungen aufgefangen werden kann. Nur bei der Teilnahme an angeleiteten gemeinschaftlichen Aktivitäten der soziokulturellen Teilhabe ist eine tendenziell

zunehmende Beteiligung der Heranwachsenden mit Sozialleistungsbezug festzustellen, wobei hier dennoch ein beträchtlicher Rückstand erhalten bleibt. Dies legt die – auch durch die Forschungsliteratur zur sozialen Partizipation im Kindes- und Jugendalter untermauerte – Schlussfolgerung nahe, dass eine finanzielle Förderung zwar eine notwendige, aber keine hinreichende Bedingung für die Verbesserung der sozialen Teilhabe ist. Hier wirken auch räumlich selektive Angebotsstrukturen und sozial selektive Nachfragestrukturen, die bei der sozial- und bildungspolitischen Ausgestaltung von Teilhabechancen berücksichtigt werden müssten.

Aus sozialpolitischer Perspektive positiv zu bewerten ist das Ergebnis, dass die Förderleistungen in höherem Ausmaß von Zielgruppen in Anspruch genommen werden, die als besonders unterstützungsbedürftig gelten. Dies trifft vor allem auf Leistungsempfänger zu, die ein hohes Risiko haben, über längere Zeiträume auf Sozialleistungen angewiesen zu sein, zum Beispiel Alleinerziehende, Haushalte mit niedrigen Pro-Kopf-Einkommen oder mit niedrigem Bildungshintergrund. Obwohl das Bildungs- und Teilhabepaket von den grundsätzlich Leistungsberechtigten insgesamt sehr positiv wahrgenommen wird, fällt die Bewertung bei diesen Teilgruppen vor dem Hintergrund ihrer Lebenssituation dennoch deutlich kritischer aus.

5.1.7 SGB II und private Altersvorsorge

Die Rentenreformen von 2001 und 2004 haben die Gewichte von der gesetzlichen hin zur freiwilligen privaten Absicherung des Alters verschoben und stärkten die Bedeutung der zusätzlichen Altersvorsorge. Um besonders Personen mit geringer Sparfähigkeit beim Aufbau von Altersvorsorgeansprüchen zu unterstützen, fördert der Staat die ergänzende Vorsorge im Rahmen der Riester-Rente. Darüber hinaus hat der Gesetzgeber die private Altersvorsorge im SGB II unter besonderen Schutz gestellt. So wurde der Altersvorsorge-Freibetrag im Sozialgesetzbuch II (SGB II) im Jahr 2010 von 250 auf 750 Euro pro Lebensjahr des erwerbsfähigen Leistungsberechtigten und seines Partners verdreifacht. Relevant ist dieser Freibetrag dabei nur für die nicht staatlich geförderte Altersvorsorge. Riester- und Rürup-geförderte Ersparnisse sind im SGB II zusätzlich vollständig geschützt und werden bei der Bedürftigkeitsprüfung nicht berücksichtigt.[16]

Wübbeke (2014) untersucht erstmals, inwieweit diese Maßnahmen zur Stabilisierung der privaten Altersvorsorge in den unteren Einkommensgruppen beigetragen haben. Konkret wird gefragt, wie häufig und warum Riester-geförderte im

---

16 Viel rigider verfährt das SGB II hingegen mit dem übrigen Vermögen eines Antragstellers. Für dieses gilt lediglich ein Grundfreibetrag von 150 Euro pro Lebensjahr für jede in der Bedarfsgemeinschaft lebende volljährige Person und deren Partnerin oder Partner, mindestens jedoch jeweils 3.100 Euro (§ 12 Abs. 2 Satz 1 Nr. 1 und Nr. 3 SGB II, Stand: 17. Juni 2013).

Vergleich zu nicht geförderter Altersvorsorge von Arbeitslosengeld-II- und anderen Niedrigeinkommensbeziehern abgebrochen wird und welche Rolle dabei die Bedürftigkeitsprüfung im SGB II spielt. Sie verwendet hierzu Daten aus der dritten Welle 2008/2009 von PASS, in der 40- bis 64-jährige Personen und ihre im Haushalt lebenden Partner ausführlich zu ihrer Altersvorsorge befragt wurden. Für die empirische Analyse wird der Umstand genutzt, dass bei der Beantragung des Arbeitslosengelds II im Beobachtungszeitraum noch die strengeren Altersvorsorge-Obergrenzen von 200 beziehungsweise 250 Euro pro Lebensjahr des erwerbsfähigen Leistungsberechtigten und seines Partners galten. Sollten bereits in diesem Zeitraum nur selten private Vorsorgeprozesse wegen Überschreitens des Freibetrags im SGB II abgebrochen worden sein, wäre dies ein Hinweis darauf, dass die Verdreifachung der Vorsorge-Obergrenze im Jahr 2010 kaum zusätzliche Effekte haben dürfte. Dann läge die Bedeutung dieser Rechtsänderung weniger in der praktischen Relevanz für die von Armut Betroffenen als vielmehr in der Signalwirkung an breite Gesellschaftsschichten, dass niemand um seine Altersvorsorge bangen muss, falls ihn kritische Lebensereignisse unversehens in die Hilfebedürftigkeit führen.

Vor allem für Menschen in der Grundsicherung dürfte bei Überlegungen zur privaten Altersvorsorge häufig der negative Sparanreiz überwiegen: Ihre Erwerbsbiografien sind vergleichsweise unstetig und insbesondere durch längere Phasen der Arbeitslosigkeit und Niedriglohnbeschäftigung geprägt. Ihre gesetzlichen Rentenanwartschaften werden daher vielfach gering ausfallen. Zudem wird der Anspruch auf Arbeitslosengeld II durch die materielle Hilfebedürftigkeit der Bedarfsgemeinschaft begründet, was vermuten lässt, dass individuelle Alterssicherungslücken häufig auch auf Paarebene nicht kompensiert werden können. Angesichts ihres objektiv hohen Altersarmutsrisikos handeln Grundsicherungsbezieher daher wohl ökonomisch rational, wenn sie private Altersvorsorgeverträge gar nicht erst abschließen oder das Sparen abbrechen, sobald sie einen späteren Sozialhilfebezug im Alter für wahrscheinlich halten. Allerdings erscheint es fraglich, ob die hier dargestellten Nutzenerwägungen mit ihrem langfristigen Zeithorizont und den zahlreichen Unwägbarkeiten tatsächlich rational getroffen werden können. Hierzu dürfte auch beitragen, dass viele Niedrigeinkommensbezieher nur unzureichend über die weitgehende Schonung von Altersvorsorgeersparnissen im SGB II informiert sein dürften. Eine Folge könnte sein, dass armutsgefährdete Personen mitunter auch deshalb vom Abschluss entsprechender Verträge absehen, weil sie irrtümlich erwarten, ihre Ersparnisse im Falle ihrer Hilfebedürftigkeit wieder zu verlieren.

Einen ersten Hinweis auf die praktische Bedeutung der Schonregelungen im SGB II vermittelt ein Blick auf die Anteile derjenigen Befragten, die mit dem Aufbau privater Altersrücklagen überhaupt begonnen haben. Demnach hat nur gut jeder dritte ehemalige oder aktuelle Arbeitslosengeld-II-Bezieher schon einmal Beiträge zu einer privaten Altersvorsorge geleistet und kann den Altersvorsorge-Schutz des SGB II potenziell in Anspruch nehmen. Bei den Niedrigeinkommensbeziehern ohne Arbeitslosengeld-II-Bezug seit 2005 hat immerhin jeder zweite bereits einmal einen Vorsorgevertrag abgeschlossen, in der höchsten Einkommensgruppe waren es sogar fast drei von vier Befragten. Auch das Abbruchrisiko variiert deutlich mit der finanziellen Lage: Von der Minderheit der Arbeitslosengeld-II-Bezieher, die überhaupt jemals Beiträge in einen Riester-geförderten oder ungeförderten Altersvorsorgevertrag eingezahlt haben, spart zum Befragungszeitpunkt mehr als ein Viertel nicht mehr in den hier untersuchten Formen. Die Betroffenen haben also entweder längere Zeit vor ihrem Arbeitslosengeld-II-Bezug oder in zeitlichem Zusammenhang damit ihre private Altersvorsorge abgebrochen. Bei Personen in vergleichbaren Einkommensverhältnissen ohne Arbeitslosengeld-II-Erfahrung finden Abbrüche nur halb so häufig statt. In der obersten Einkommensgruppe ist die Abbruchquote mit sechs Prozent erwartungsgemäß am geringsten.

Dabei sind weniger institutionelle Zwänge als vielmehr eine Verringerung der ökonomischen Sparfähigkeit für Abbrüche verantwortlich. So gab zwar knapp ein Fünftel der Befragten mit Arbeitslosengeld-II-Bezugszeiten an, dass sie den zuletzt gekündigten Vertrag ausschließlich oder auch deshalb stornieren mussten, weil sie andernfalls keine Sozialleistungen erhalten hätten (in 70 Prozent der Fälle ging es dabei um das Arbeitslosengeld II); doch viel häufiger wurde der Rückgang ihres Einkommens als Grund für die Vertragskündigung genannt (52 %).[17] Allerdings könnte die Bedürftigkeitsprüfung im Rahmen des SGB II auch bei jenen Personen zu Vorsorgeabbrüchen geführt haben, die niemals Arbeitslosengeld II erhalten haben, zum Beispiel weil sie in der Phase der Vermögensaufzehrung ihre Bedürftigkeit bereits wieder überwunden hatten. Es zeigt sich aber, dass sozialrechtliche Zwänge auch in der Gesamtgruppe der Niedrigeinkommensbezieher nur bei einem Fünftel der Abbrüche eine Rolle spielten. Unklar ist, inwieweit die betreffenden Einkommensrückgänge durch Übergänge in den Arbeitslosengeld-II-Bezug hervorgerufen worden sind und das SGB II damit möglicherweise indirekt Abbruchrisiken verschärft haben könnte. Eine Vielzahl der Abbrüche (42 %) hat allerdings lange vor dem Beginn des Grundsicherungsbezugs stattgefunden. Nur jeweils ein knappes Viertel der Abbrüche fällt in den Zeitraum der ersten Episode des Arbeitslosengeld-II-Bezugs und in den Zeitraum danach. Dagegen brachen nur wenige Betroffene ihre Altersvorsorge im Jahr vor Beginn ihrer ersten Arbeitslosengeld-II-Episode ab, also in dem Zeitraum, in dem die Überschreitung der Altersvorsorge-Freibeträge eine Rolle gespielt haben könnte.

---

17 Bei der Angabe der Gründe waren Mehrfachantworten möglich. Diese wurden nach der folgenden Hierarchie in trennscharfe Kategorien gefasst: 1. Erlangung eines Sozialleistungsanspruchs (schlägt alle anderen Angaben), 2. Einkommensrückgang, 3. Ausgabenanstieg, 4. anderer Grund.

Die Befunde deuten insgesamt darauf hin, dass die Regelungen der Vermögensanrechnung im SGB II für das Abbruchgeschehen im Beobachtungszeitraum als direkte Einflussgröße keine allzu große Rolle gespielt haben. Die meisten Befragten begründeten ihren Ausstieg aus der Privatvorsorge mit der Verschlechterung ihrer materiellen Lage. Diese trat in sehr vielen Fällen bereits lange vor dem Zugang in die Grundsicherung ein. Sowohl die Ausstiege aus der Privatvorsorge als auch der schlussendliche Grundsicherungsbezug stehen demnach im Zusammenhang mit einer Verschlechterung der materiellen Lage – und je schlechter die Lage ist, desto höher die Abbrecherquote.

Die Analyse liefert zudem erste Hinweise darauf, dass die Riester-Förderung den Aufbau privater Altersvorsorgeansprüche in der Vergangenheit stabilisiert hat. Hatten sich Personen für den Abschluss eines Riester-Vertrages entschieden, brachen sie ihre private Altersvorsorge erheblich seltener ab als Personen, die ausschließlich nicht Riester-gefördert vorgesorgt hatten. Die Riester-Förderung scheint zudem gerade jenen Personen dabei geholfen haben, ihre Altersvorsorge weiterzuführen, deren Ersparnisbildung besonders vulnerabel ist. Dieser Befund erscheint auch insofern als sehr plausibel, als die meisten Befragten aus den unteren Einkommensgruppen die Verschlechterung ihrer finanziellen Verhältnisse als Hauptgrund für ihren Vorsorgeabbruch angaben. Die staatlichen Zulagen dürften somit vielen Haushalten dabei geholfen haben, ihre Ersparnisbildung trotz der Widrigkeiten fortzusetzen. Wenn es dennoch zum Vorsorgeabbruch gekommen ist, dann erfolgte er bei Riester-Sparern zudem häufiger in der weniger gravierenden Variante der Beitragsfreistellung.

5.2 Haushaltssituation und Erwerbstätigkeit

Mehrere Arbeiten behandeln die Erwerbsperspektiven von Männern und Frauen im Haushaltskontext. Der aktuellste Beitrag (Lietzmann/Wenzig 2017) stellt dabei auf der Basis des Haushaltspanels PASS die Frage nach Arbeitszeitwünschen von Männern und Frauen und Einstellungen zur Kinderbetreuung. Lietzmann (2016a, 2017) befasst sich mit der Arbeitsmarktintegration von Müttern und analysiert, wie diese zu einer Beendigung des Leistungsbezugs beitragen kann.

Bethmann und Schels (2013) untersuchen das Arbeitsuchverhalten von Männern und Frauen über einen längeren Zeitraum hinweg. Ihre Frage lautet, wie sich Geschlecht und Familienkonstellation auf die Arbeitsuche auswirken, und ob sich bestimmte Risikogruppen herauskristallisieren, bei denen die Suchmotivation über die Zeit nachlässt.

Geschlechterbeziehungen in verschiedenen Haushaltskonstellationen spielen nicht nur eine Rolle für die Erwerbsarbeit, sondern werden bereits im Hinblick auf arbeitsmarktpolitische Maßnahmen wirksam. Die IAB-Forscherinnen Eva Kopf und

Cordula Zabel (2017) untersuchen, inwieweit es sich bei der beobachteten häufigeren Förderung von Männern um eine generell im Bereich der Grundsicherung zu beobachtende Tendenz handelt, die darauf basiert, dass Fachkräfte dazu neigen, tradierte Rollenmodelle und -vorstellungen zu bekräftigen.

5.2.1 Arbeitszeit und Arbeitszeitwünsche von Männern und Frauen

In diesem Kurzbericht gehen Lietzmann und Wenzig (2017) der Frage nach, wie die Arbeitszeiten und -wünsche von Männern und Frauen hinsichtlich ihres Familienkontexts variieren und welche Einstellungen allgemein zur mütterlichen Erwerbstätigkeit und zur externen Kinderbetreuung bestehen. Die Analysen sollen der Frage nachgehen, ob eine unter Umständen gesellschaftlich erwünschte Steigerung der Arbeitszeit von Müttern realistisch ist und ob Maßnahmen zur Vereinbarkeit von Beruf und Familie dieses Ziel unterstützen können. Die Daten für die Analysen stammen aus der fünften Welle des Panels „Arbeitsmarkt und soziale Sicherung" (PASS). Hier wurden im Befragungsjahr 2011 einmalig Fragen nach Arbeitszeitwünschen und Einstellungen zur mütterlichen Erwerbstätigkeit (Ab wann kann eine Mutter nach der Geburt wieder erwerbstätig sein?) und externen Kinderbetreuung (Ab wann kann ein Kind außerhalb der Familie betreut werden?) gestellt.

Die Ergebnisse machen deutlich, dass sowohl die Erwerbsbeteiligung wie auch die tatsächliche Arbeitszeit von Frauen in Abhängigkeit von der Familiensituation schwanken, während dies bei Männern kaum eine Rolle spielt. Auch die Arbeitszeitwünsche von Männern sind weitgehend unabhängig von der Familienkonstellation und dem Alter der Kinder, während sich bei Frauen hier große Unterschiede zeigen. Männer würden im Schnitt gerne um die 35 Stunden pro Woche arbeiten, bei Frauen liegt die gewünschte Arbeitszeit mit 28 Stunden im Durchschnitt etwas niedriger. Jedoch schwankt bei Frauen die ideale Arbeitszeit zwischen 22 Stunden (bei Müttern in Paarhaushalten mit Kindern zwischen 3 und 6 Jahren) und 32 Stunden (bei alleinstehenden Frauen). Alleinerziehende Mütter wünschen sich eine Wochenarbeitszeit von etwa 30 Stunden.

Wenn man das Potenzial zusätzlicher Erwerbstätigkeit von Frauen abschätzen will, muss man die Wünsche nach Erhöhung der Arbeitszeit denen nach einer Reduzierung gegenüberstellen. Vergleicht man also Wunsch und Wirklichkeit, würden 45 Prozent der Frauen gerne ihre wöchentliche Arbeitszeit um mehr als vier Stunden reduzieren; bei den erwerbstätigen Frauen ohne Kinder sind es knapp 50 Prozent. Größere Reduzierungswünsche äußern auch circa zwei Drittel der Männer. Demgegenüber stehen circa ein Viertel der erwerbstätigen Frauen, die ihre Arbeitszeit gerne deutlich erhöhen würden (mehr als vier Stunden/Woche). Bei Müttern – die eine eher geringe Erwerbsbeteiligung und auch eine geringere Wochenarbeitszeiten haben – ist dieser Wunsch noch häufiger anzutreffen. Allerdings wollen auch sie in der Regel nicht Vollzeit arbeiten, sondern streben eine erweiterte Teilzeitarbeit an. Schließlich ist noch zu berücksichtigen, dass – mit Ausnahme der Mütter in Paarhaushalten mit Kindern zwischen drei und sechs Jahren – mindestens 90 Prozent der nicht erwerbstätigen Frauen sich wünschen, einer Erwerbsarbeit nachgehen zu können.

Tabelle 5.2
Tatsächliche und gewünschte Arbeitszeit von Männern und Frauen nach Haushaltskontext

	Ohne Partner/ ohne Kind	Mit Partner/ ohne Kind	Mit Partner/ mit Kind(ern) (unter 3 J.)	Mit Partner/ mit Kind(ern) (ab 3 bis unter 6 J.)	Mit Partner/ mit Kind(ern) (6 J. und älter)	Alleinerz. mit Kind(ern) (unter 6 J.)	Alleinerz. mit Kind(ern) (6 J. und älter)	Insgesamt
Frauen insgesamt (18–60 Jahre)								
Erwerbstätig	62,2%	76,0%	47,3%	62,4%	76,2%	31,2%	71,0%	67,9%
Durchschnittliche gewünschte Arbeitszeit (in Stunden)	32,3	27,8	24,6	22,1	24,2	30,7	30,4	27,8
N	2.134	1.959	438	351	726	364	542	6.514
Erwerbstätige Frauen								
Tatsächliche AZ (in Stunden)	34,3	32,6	26,5	23,1	23,7	28,8	31,5	30,43
Arbeitszeitdifferenz: Wunsch und Wirklichkeit								
Erhöhung	24,7%	22,0%	35,8%	28,0%	33,0%	43,5%	27,9%	26,1%
Passgenau (+/–4 h)	26,2%	28,2%	25,6%	36,0%	34,8%	36,8%	33,5%	29,4%
Reduzierung	49,1%	49,8%	38,6%	36,0%	32,3%	19,7%	38,6%	44,6%
Nicht erwerbstätige Frauen								
Mit AZ-Wunsch > 0 h	97,9%	94,9%	91,9%	83,3%	98,5%	98,9%	99,9%	95,0%
Männer insgesamt (18–60 Jahre)								
Erwerbstätig	62,5%	86,7%	82,0%	84,4%	95,9%	87,4%	86,1%	78,6%
Durchschnittliche gewünschte Arbeitszeit (in Stunden)	35,2	34,7	36,3	35,5	36,1	31,0	33,2	35,3
N	2.591	1.581	410	319	650	16	40	5.607
Erwerbstätige Männer								
Tatsächliche AZ (in Stunden)	36,7	44,6	44,2	43,8	44,8	(a)	(a)	43,1
Arbeitszeitdifferenz: Wunsch und Wirklichkeit								
Erhöhung	17,1%	6,5%	7,0%	7,1%	3,3%	(a)	(a)	9,2%
Passgenau (+/–4 h)	25,6%	25,8%	25,8%	28,6%	28,9%	(a)	(a)	26,3%
Reduzierung	57,4%	67,8%	67,2%	64,2%	67,8%	(a)	(a)	64,5%

(a) Aufgrund zu geringer Fallzahlen werden keine Anteilswerte ausgewiesen.
Quelle: Lietzmann/Wenzig (2017: 2).

Haushaltssituation und Erwerbstätigkeit

Die zweite Frage, der die Studie nachgeht, ist die nach der Einstellung von Frauen zu einer Erwerbstätigkeit nach Geburt eines Kindes sowie nach der Akzeptanz externer Kinderbetreuung. Die 18- bis 60-jährigen Frauen gaben durchschnittlich an, dass das Kind idealerweise bei der Aufnahme einer Teilzeitarbeit gut drei Jahre und bei einer Vollzeitarbeit sieben Jahre alt sein sollte. Wieder zeigte sich, dass die Antworten nach der eigenen Familiensituation variierten. Für einen eher früheren Eintritt in das Erwerbsleben sprechen sich insbesondere Frauen in Paarhaushalten und Alleinerziehende, jeweils mit Kindern unter sechs Jahren, aus. Fast ein Drittel der Frauen in Paarhaushalten mit Kindern unter drei Jahren können sich eine Vollzeiterwerbstätigkeit von Müttern mit Kindern dieser Altersgruppe vorstellen, während der Anteil bei Frauen, die selbst keine Kinder haben, nur halb so groß ist. Dieser Zusammenhang bleibt auch in multivariaten Analysen erhalten. Ebenfalls zeigen die multivariaten Analysen, dass sich Frauen mit und ohne SGB-II-Leistungsbezug in ihren Einstellungen nicht unterscheiden.

Betreuungsmöglichkeiten außerhalb der Familie sind eine entscheidende Bedingung für Frauen, ihre Erwerbswünsche zu realisieren. Damit stellt sich die Frage, ab wann Frauen eine Fremdbetreuung von Kindern befürworten. Die bundesweite Betreuungsquote von Kindern unter drei Jahren lag 2011 durchschnittlich bei 25 Prozent, wobei deutliche Unterschiede zwischen Ostdeutschland (mit einer Quote von 50 %) und Westdeutschland (mit einer Quote von 20 %) erkennbar sind. Dies zeigt sich auch bei der Ganztagsbetreuung (> 7 Stunden) im Vorschulalter: Diese ist in Ostdeutschland mit 70 Prozent die Regel, in Westdeutschland mit 28 Prozent eher die Ausnahme.

Die 18- bis 60-jährigen Frauen sahen durchschnittlich die ideale Altersgrenze für eine stundenweise Betreuung außer Haus bei einem Alter von etwa zweieinhalb Jahren. Hier waren die Schwankungen, die sich aus unterschiedlichen Haushaltskonstellationen ergaben, gering. Die ideale Altersgrenze für eine Ganztagsbetreuung lag mit durchschnittlich knapp fünfeinhalb Jahren deutlich höher, auch streuten die Ergebnisse sehr viel stärker als bei den Einstellungen zur stundenweisen Betreuung. Mütter mit jüngeren Kindern gaben eine Grenze von viereinhalb Jahren an. Mütter mit Kindern über sechs Jahren legten unabhängig davon, ob sie alleinerziehend waren oder einen Partner hatten, den akzeptablen Beginn für eine Ganztagsbetreuung ins Schulalter. Knapp die Hälfte der befragten Frauen kann sich eine stundenweise Betreuung von unter Dreijährigen vorstellen; Frauen mit eigenen Kindern in dieser Altersgruppe können sich eine Betreuung vor dem dritten Geburtstag häufiger vorstellen (59 %). Die tatsächliche Betreuungsquote liegt mit 25 Prozent (siehe oben) somit deutlich darunter.

Lebenslagen und soziale Teilhabe

Tabelle 5.3
Einstellung von Frauen, ab welchem Alter des Kindes eine Mutter wieder (ganztags) erwerbstätig sein sollte

	Ohne Partner/ ohne Kind	Mit Partner/ ohne Kind	Mit Partner/ mit Kind(ern) (unter 3 J.)	Mit Partner/ mit Kind(ern) (ab 3 bis unter 6 J.)	Mit Partner/ mit Kind(ern) (6 J. und älter)	Alleinerz. mit Kind(ern) (unter 6 J.)	Alleinerz. mit Kind(ern) (6 J. und älter)	Insgesamt
Ab welchem Alter des Kindes kann eine Mutter wieder für 15 Stunden erwerbstätig sein?								
Durchschnitt in Jahren und Monaten	3 J, 3 M	3 J, 2 M	2 J, 4 M	2 J, 10 M	3 J, 9 M	3 J, 4 M	3 J, 11 M	3 J, 2 M
Anteil: unter 3 Jahren	45,4 %	41,4 %	58,3 %	49,0 %	34,8 %	43,9 %	34,2 %	43,5 %
Anteil: 3 bis unter 6 Jahre	36,5 %	42,2 %	33,7 %	38,5 %	40,9 %	39,2 %	44,6 %	39,5 %
Anteil: 6 Jahre oder älter	17,9 %	15,6 %	7,9 %	12,3 %	23,1 %	16,9 %	21,3 %	16,5 %
Anteil: gar nicht	0,2 %	0,9 %	0 %	0,2 %	1,2 %	0 %	0 %	0,6 %
Ab welchem Alter des Kindes kann eine Mutter wieder Vollzeit erwerbstätig sein?								
Durchschnitt in Jahren und Monaten	6 J, 8 M	7 J, 1 M	5 J, 9 M	6 J, 7 M	8 J, 4 M	5 J, 11 M	8 J, 8 M	7 J, 0 M
Anteil: unter 3 Jahren	14,1 %	14,8 %	29,4 %	21,0 %	13,5 %	22,1 %	6,9 %	16,2 %
Anteil: 3 bis unter 6 Jahre	27,9 %	25,2 %	20,4 %	27,1 %	17,9 %	30,6 %	19,2 %	24,4 %
Anteil: 6 Jahre oder älter	56,7 %	57,7 %	47,6 %	51,0 %	65,0 %	46,2 %	73,6 %	57,3 %
Anteil: gar nicht	1,3 %	2,3 %	2,7 %	0,9 %	3,6 %	1,1 %	0,4 %	2,1 %

Quelle: Lietzmann/Wenzig (2017: 4).

Die Autoren resümieren, dass – anders als bei den Männern – bei Frauen die tatsächliche und gewünschte Erwerbsbeteiligung wie auch die Einstellungen zur mütterlichen Erwerbstätigkeit und Kinderbetreuung von der Familiensituation beeinflusst wird. Insbesondere bei Müttern mit jüngeren Kindern sehen sie ein noch nicht ausgeschöpftes Arbeitskraftpotenzial, dem aber der teils ebenfalls vorhandene Wunsch nach kürzeren Arbeitszeiten gegenübersteht. Für Mütter mit kleineren Kindern in Paarhaushalten dürfte ein Ausbau der Kinderbetreuung helfen, ihre Erwerbswünsche umzusetzen. Um Humankapitalverluste und die Nachteile zu verringern, die mit längeren familienbedingten Erwerbspausen einhergehen, halten die Wissenschaftler den weiteren Ausbau von Betreuungsmöglichkeiten insbesondere in Westdeutschland für geboten. Für das Instrument der Familienarbeitszeit sehen sie Potenzial, da Frauen grundsätzlich eher eine erweiterte Teilzeitarbeit anstreben und Männer – wenn auch familienunabhängig – die ideale Arbeitszeit bei etwa 35 Wochenstunden sehen.

5.2.2 Individuelles Arbeitsmarktverhalten und Überwindung der Bedürftigkeit von Müttern im SGB II

Der Beitrag von Lietzmann (2016a) fragt danach, inwieweit eine individuelle Arbeitsmarktintegration von Müttern zur Beendigung des SGB-II-Leistungsbezugs beiträgt und erweitert damit die Analysen zu den Determinanten von Arbeitsaufnahmen von Müttern aus dem Leistungsbezug heraus (Lietzmann 2014). Er untersucht, welche Folgen geschlechtsspezifische Aspekte im Hinblick auf Arbeitsteilung im Haushalt, Kinderbetreuung, der Arbeitsmarktpolitik und der Arbeitsmarktstruktur für einen eigenständigen Beitrag von Frauen haben, um die finanzielle Situation der Familie zu verbessern (siehe auch Lietzmann 2017). Die Wahrscheinlichkeit der Aufnahme einer Erwerbstätigkeit von Müttern mit SGB-II-Bezug und die Wahrscheinlichkeit, damit den Grundsicherungsbezug zu beenden, wird als ein zweistufiger Prozess mit möglicherweise unterschiedlichen Determinanten identifiziert. Damit können auch Aussagen darüber getroffen werden, inwieweit der gleichstellungspolitische Auftrag des SGB II greift und wo gegebenenfalls Handlungsbedarfe bestehen.

Die erste Frage, mit der die Studie sich befasst, ist daher die nach dem Beitrag einer Arbeitsmarktintegration von Müttern zur Beendigung des Leistungsbezugs. In einem zweiten Schritt werden die Faktoren analysiert, die eine Arbeitsaufnahme begünstigen und die zu einer Beendigung des Leistungsbezugs führen. Dies geschieht anhand des Administrativen Panels SGB II, einer Zehn-Prozent-Stichprobe aller SGB-II-Bedarfsgemeinschaften auf der Basis von Prozessdaten der Bundesagentur für Arbeit, und den Meldungen zur Sozialversicherung in Phasen der Erwerbstätigkeit aus den Integrierten Erwerbsbiografien (IEB). Der Datensatz für die Analyse umfasst Mütter mit mindestens einem Kind unter 15 Jahren in der Bedarfsgemeinschaft (alleinerziehend oder mit männlichem Partner), die zwischen Februar 2005 und Dezember 2007 erstmals Leistungen der Grundsicherung bezogen haben. Der Beobachtungszeitraum beträgt somit maximal dreieinhalb Jahre.

Der theoretische Rahmen der Studie ist ein sogenannter Rational-Choice-Ansatz: Dieser geht davon aus, dass Individuen Entscheidungen nach Nutzengesichtspunkten treffen und dass dabei Ressourcen und Handlungsrestriktionen in den Entscheidungsprozess einfließen. Erwerbsarbeit ist dabei für Mütter eine Möglichkeit (in Alleinerziehenden-Haushalten die einzige), aus dem Leistungsbezug herauszukommen und Armut zu vermeiden. Typische Handlungsrestriktionen bestehen in der Organisation der Kinderbetreuung und einem geschlechtsspezifisch segmentierten Arbeitsmarkt. Auf der Basis theoretischer Überlegungen formuliert Lietzmann die Hypothesen, dass Arbeitsmarktressourcen wie Bildung, Ausbildung und Arbeitserfahrung sich positiv auf die Arbeitsaufnahme und auf das Verlassen des Leistungsbezugs auswirken sollten. Kinderbetreuungsaufgaben sollten sich negativ auf eine Arbeitsaufnahme auswirken und neutral im Hinblick auf den Leistungsbezug sein. Die Größe der Bedarfsgemeinschaft sollte (abgesehen vom Vorhandensein von Kindern) in Bezug auf eine Arbeitsmarktintegration neutral wirken, aber durch den höheren Bedarf das Verlassen des Leistungsbezugs erschweren.

Tabelle 5.4
Wahrscheinlichkeit, innerhalb von 42 Monaten nach Beginn einer ALG-II-Leistungsbezugsepisode, eine Erwerbstätigkeit begonnen zu haben

	Alleinerziehende	Paare	
	Mütter	Mütter	Partner
Erwerbstätigkeit insgesamt	67 %	55 %	70 %
Vollzeit	19 %	15 %	42 %
Teilzeit 18+ Std./W.	13 %	10 %	4 %
Teilzeit bis 18 Std./W.	2 %	2 %	1 %
Minijob	31 %	27 %	23 %
Ausbildung	3 %	2 %	1 %
N	17.931	21.135	13.816

Quelle: Lietzmann (2016a).

Deskriptive Ergebnisse zeigen, dass innerhalb des Beobachtungszeitraums zwei Drittel der alleinerziehenden und gut die Hälfte der Mütter mit Partner eine Arbeit aufgenommen haben. Darunter sind mit 31 Prozent (Alleinerziehende) beziehungsweise 27 Prozent geringfügige Beschäftigungsverhältnisse am weitesten verbreitet. Diese werden gefolgt von Vollzeitarbeit (19 % bzw. 15 %) und großer Teilzeit (18 Wochenstunden oder mehr, 13 % bzw. 10 %). Übergänge in Ausbildung oder sozialversicherungspflichtige Teilzeit mit geringer Stundenzahl sind selten. Bei den männlichen Partnern in den betrachteten Paarfamilien hat dagegen eine Vollzeiterwerbstätigkeit mit 42 Prozent den größten Anteil. Die Aufnahme von Minijobs durch die Mütter führt erwartungsgemäß nur sehr selten aus dem Leistungsbezug heraus. Aber auch bei Vollzeitstellen ist dies nur bei einem Drittel der Fall. Insgesamt führen Arbeitsaufnahmen von Müttern nur in 20 Prozent der Fälle zu einem Verlassen des Leistungsbezugs.

Tabelle 5.5
Anteile bedarfsdeckender Arbeitsaufnahmen von Müttern mit ALG II nach Arbeitszeit

	Alleinerziehende	Mütter in Paar-Bedarfsgemeinschaft
Insgesamt	19 %	21 %
Vollzeit	34 %	33 %
Teilzeit 18+ Std./W.	30 %	28 %
Teilzeit bis 18 Std./W.	21 %	21 %
Minijob	4 %	11 %
N	7.458	6.631

Quelle: Lietzmann (2016a).

Multivariate Ergebnisse zu den Determinanten einer Arbeitsaufnahme zeigen zunächst, dass Arbeitsmarktressourcen (Humankapital) die Wahrscheinlichkeit einer Arbeitsaufnahme in der vermuteten Weise beeinflussen: Eine abgeschlossene Berufsausbildung, ein Hochschulabschluss und vorherige Arbeitserfahrung wirken sich signifikant positiv aus.

Kinderbetreuungsaufgaben haben besonders dann einen negativen Effekt auf die Arbeitsaufnahme, wenn das jüngste Kind jünger als drei Jahre ist. Kinder zwischen drei und zehn Jahren in der Bedarfsgemeinschaft wirken sich nur bei Alleinerziehenden negativ aus. Mit der Anzahl von Kindern unter 14 Jahren sinkt ebenfalls die Wahrscheinlichkeit, dass Mütter eine Arbeit aufnehmen. Entgegen theoretischer Überlegungen zeigt sich, dass die Erwerbstätigkeit des Partners die Chancen einer Arbeitsaufnahme von Müttern positiv beeinflusst. Dies könnte daran liegen, dass bei einem bereits vorhandenen Einkommen der zusätzliche Verdienst der Mutter die Chance eröffnet, den Leistungsbezug zu verlassen und damit auch den sonstigen Verpflichtungen gegenüber dem Jobcenter zu entgehen. Alternativ wäre es möglich, dass bei bildungsähnlichen Partnerschaften auch ähnliche Vorstellungen über Erwerbsarbeit bestehen: Entweder haben beide eine Arbeitsmarktorientierung oder nicht. Ebenfalls untersucht wurden Rahmenbedingungen, die die erwartete Wirkung zeigen: Eine hohe regionale Arbeitslosenquote senkt die Wahrscheinlichkeit einer Arbeitsaufnahme, gute Angebote für Kinderbetreuung erhöhen sie.

Die Determinanten für das Verlassen des Leistungsbezugs liegen zunächst weniger auf der individuellen Ebene (Humankapitalausstattung), wenn gleichzeitig für Charakteristika der aufgenommenen Beschäftigung kontrolliert wird. Einzig ein abgeschlossenes (Fach-)Hochschulstudium hat durchweg positive Effekte auf die Wahrscheinlichkeit, den Leistungsbezug zu verlassen. Die Charakteristika der Beschäftigung sind insbesondere im Fall der Arbeitszeit von entscheidender Bedeutung: Während bei einem Minijob die Wahrscheinlichkeit, den Leistungsbezug zu beenden, bei drei Prozent liegt, beträgt sie bei Vollzeiterwerbstätigkeit immerhin 27 Prozent (große Teilzeit 22 %, kleine Teilzeit 17 %, Ausbildung 21 %). Auch der ISEI-Berufsindex, der Einkommenschancen erfasst, hat die erwartete Wirkung auf das Verlassen des Leistungsbezugs. Die individuelle Humankapitalausstattung hat einen indirekten Effekt auf die Beendigung des Leistungsbezugs, da eine gute Qualifikation und Arbeitsmarkterfahrung eher zu einer Aufnahme von Vollzeitbeschäftigungen führt.

Das Alter des jüngsten Kindes – als Proxy für Betreuungsverpflichtungen – hat dagegen keinen Einfluss auf die Wahrscheinlichkeit, nach Aufnahme einer Arbeit aus dem Leistungsbezug herauszukommen, aber wie gesehen einen großen Einfluss auf die Wahrscheinlichkeit einer Arbeitsaufnahme. Dies zeigt, dass es bei einer Analyse der Vereinbarkeit von Familie und Beruf sinnvoll ist, zwischen beiden Stufen des Prozesses zu unterscheiden. Die Anzahl der Kinder unter 14 Jahren reduziert dagegen wie erwartet die Chancen, Bedürftigkeit zu überwinden, wirkt also auf beiden Stufen negativ. Liegen zusätzliche Einkünfte in Form von Unterhaltszahlungen vor, erhöht dies die Wahrscheinlichkeit des Verlassens des Leistungsbezugs. Ein höheres regionales Mietniveau wirkt sich dagegen negativ aus.

Eine Analyse der Haushaltskonstellation zeigt, dass die geschätzte Wahrscheinlichkeit der Bedarfsdeckung bei Müttern aus Paarhaushalten mit 16 Prozent etwas höher liegt als bei Alleinerziehenden (13 %). Insbesondere bei Minijobs wird der Unterschied deutlich: Hier liegt die Wahrscheinlichkeit, den Leistungsbezug nach einer Arbeitsaufnahme zu beenden, mit neun Prozent dreimal so hoch wie bei Alleinerziehenden. Hier zeigt sich die Bedeutung des Einkommens des Partners. Bei einer Vollzeitbeschäftigung dagegen verlassen Alleinerziehende mit 27 Prozent etwas häufiger als Mütter in Paarbeziehungen (22 %) den Leistungsbezug. In Paarkonstellationen nehmen Mütter, die einen erwerbstätigen Partner haben, überwiegend eine geringfügige Beschäftigung auf. Bei einem größeren Beschäftigungsumfang der Mütter sind die Partner in der Regel nicht erwerbstätig. Hier übernehmen die Frauen dann die Rolle des Familienernährers. Durch den höheren Bedarf, der durch den zu versorgenden Partner entsteht, können sie den Leistungsbezug seltener verlassen als Alleinerziehende.

Insgesamt arbeitet der Beitrag für Mütter drei wesentliche Hürden für eine Arbeitsaufnahme von Müttern heraus: Fehlende Arbeitsmarktressourcen, Kinderbetreuungsaufgaben und das Vorhandensein eines geschlechtlich segmentierten Arbeitsmarkts. Letzteres bedeutet, dass es in verschiedenen frauentypischen Berufen und Branchen gerade für Mütter mit geringerem Humankapital hauptsächlich geringfügige Beschäftigungsmöglichkeiten gibt. Dies beeinträchtigt die Chancen, dass eine Arbeitsaufnahme zur Beendigung des Leistungsbezugs führt. Hier kommen dann weitere Faktoren ins Spiel wie die Größe der Bedarfsgemeinschaft, weitere Einkommen und das regionale Mietniveau.

Ein geschlechtlich segmentierter Arbeitsmarkt stärkt das Hinzuverdienermodell. Er begünstigt lange Zeiten des Leistungsbezugs insbesondere bei Alleinerziehenden. Bestrebungen, die Vereinbarkeit von Familie und Beruf durch eine verbesserte Betreuungsinfrastruktur für jüngere Kinder zu verbessern, wirken sich hauptsächlich auf die erste Stufe, also die Arbeitsaufnahme, aus und führen alleine nicht oft zum Verlassen des Leistungsbezugs. Dennoch bietet auch eine begrenzte Beschäftigung verbesserte Teilhabechancen.

5.2.3 Arbeitsuche von Männern und Frauen im Leistungsbezug

In modernen Wohlfahrtsstaaten existiert die Sorge, dass Bezieherinnen und Bezieher von Transferleistungen eine Abhängigkeit von diesen Leistungen entwickeln und so ihre Rückkehr in den Arbeitsmarkt vernachlässigen. Bethmann und Schels (2013) greifen dieses Thema auf und untersuchen die Entwicklung der aktiven Arbeitsuche über einen längeren Zeitraum des Leistungsbezugs hinweg. Dabei differenzieren sie nach Geschlecht, Region, Bildung und unterschiedlichen Haushalts-, Partnerschafts- und Elternschaftskonstellationen. Die übergreifende Forschungsfrage lautet, „in which way gender and family influence the job search behavior of welfare recipients and whether declining motivation to invest in job search is characteristic for specific risk groups" (Bethmann und Schels 2013, S. 63).

Die Autoren diskutieren Ansätze der Suchtheorie, die auf kurzfristigen Überlegungen zu vermuteten Erfolgschancen von Bewerbungen basiert. Die materiellen und zeitlichen Ressourcen, die für Bewerbungen erforderlich sind, werden abgewogen gegen die Vorteile einer neuen Beschäftigung, insbesondere das erwartete Einkommen. Im Laufe erfolgloser Bemühungen kann beispielsweise der Reservationslohn gesenkt werden. Wenn unter gegebenen Bedingungen keine akzeptablen Angebote mehr erwartet werden, würde demnach die Jobsuche eingestellt. In diesem Ansatz spielt die Höhe der Transferleistungen die entscheidende Rolle. Sind diese zu großzügig, kommt es vergleichsweise schnell zu einer Einstellung der Jobsuche. Diese Entwicklung ist auch als „Arbeitslosigkeitsfalle" bekannt.

Erwartungstheoretische Ansätze beziehen dagegen ein breiteres Spektrum an Motiven in die Überlegungen ein. Die Ergebniserwartung (outcome expectation) beruht nicht nur auf finanziellen Erwägungen, sondern auch auf nicht monetären Aspekten von Erwerbsarbeit wie der Tagesstruktur, sozialen Kontakten, Anerkennung und dem Gefühl, einen Beitrag für die Gesellschaft zu leisten. Dies kommt etwa im Konzept der latenten Funktionen von Erwerbsarbeit bei Jahoda (1982) zum Ausdruck. Damit geht es auch nicht mehr nur um individuelle Präferenzen, sondern um soziale Normen und Werte. Schließlich können auch externe Faktoren wie der Druck, der zum Beispiel im Rahmen eines Aktivierungskonzepts ausgeübt wird, von Bedeutung sein.

Weiterhin spielt auch die erwartete Selbstwirksamkeit (efficacy expectation) eine Rolle. Menschen suchen nach Arbeit, wenn sie das Gefühl haben, dass ihren Anstrengungen auch realistische Realisierungschancen gegenüberstehen. Ohne Erfolgserwartung sinkt entsprechend die Motivation für die Arbeitsuche. Danach spielen neben individuellen Faktoren wie einem Mindestmaß an Selbstwertschätzung und Selbstwirksamkeit auch externe Faktoren wie das Vorhandensein von passenden Arbeitsplätzen eine Rolle.

Auf der Basis dieser theoretischen Ansätze entwickeln die Forscher verschiedene Hypothesen, die sich auf unterschiedliche Konstellationen von Haushalt, Geschlecht, Region und Qualifikation beziehen. Suchtheoretisch hätten beispielsweise Alleinerziehende einen geringen Lohnanreiz, da sie voraussichtlich nur Teilzeit arbeiten könnten und Probleme hätten, durch Erwerbsarbeit einen Verdienst zu erzielen, der über der Transferleistung liegt (wage distance hypothesis). Dies wäre ein klassisches Beispiel für die Arbeitslosigkeitsfalle. Eine erwartungstheoretische Perspektive würde jedoch auch andere Faktoren einbeziehen, etwa die Frage, ob familiäre Verpflichtungen ihrerseits einen Druck ausüben, nach Arbeit zu suchen. Dies könnte dadurch begründet sein, dass sich elterliche Erwerbstätigkeit bekanntermaßen tendenziell positiv auf Kinder auswirkt oder weil Eltern eine Vorbildfunktion ausüben wollen. Wenn man dies annimmt, hätten Eltern eine höhere Motivation der Arbeitsuche als kinderlose Erwachsene (parental motivation hypothesis). In ähnlicher Weise werden weitere Hypothesen gebildet, die hier nicht im Einzelnen dargestellt werden können. Sie beschreiben unter anderem eine mögliche Spezialisierung in Paarbeziehungen, nach der der besser qualifizierte Partner aktiver sucht, sowie eine Spezialisierung bei Eltern, nach der versucht wird, die erwarteten Gewinne einer Arbeitsuche mit den materiellen und immateriellen Kosten der Kinderbetreuung abzugleichen. Dabei kommen auch gesellschaftliche und individuelle Rollenerwartungen ins Spiel. Bezogen auf Regionen ist es nach wie vor von Bedeutung, ob das Modell des männlichen Hauptenährers dominiert oder ob egalitäre Modelle von Erwerbstätigkeit gesellschaftlich breiter verankert sind.

Die Hypothesen werden von den Autoren anschließend empirisch untersucht. Die Datenbasis für die Analysen von Bethmann und Schels bildet das Panel „Arbeitsmarkt und soziale Sicherung" (PASS). In die Längsschnittanalysen werden die ersten fünf Wellen des Haushaltspanels (2007 bis 2011) einbezogen. Als Analysemethode wird eine spezielle Form der Panelregression verwendet, sogenannte Wachstumskurvenmodelle. Mit deren Hilfe ist es möglich, die Wahrscheinlichkeit zu schätzen, dass die Befragten angeben, innerhalb der letzten vier Wochen nach Arbeit gesucht zu haben. Die Modellierung erlaubt, diese Wahrscheinlichkeit auch in Abhängigkeit der anderen interessierenden Antworten der Befragten zu bestimmen, zum Beispiel der Dauer des Leistungsbezugs, der Haushaltskonstellation, der Region et cetera.

Deskriptive Auswertungen zeigen zunächst, dass Männer eine um elf Prozentpunkte höhere Wahrscheinlichkeit aufweisen, dass sie in den letzten vier Wochen vor der Befragung nach Arbeit gesucht haben, als dies bei Frauen der Fall ist. Außerdem legen die Zahlen einen Rückgang der Suchaktivität mit zunehmender Dauer des Leistungsbezugs nahe. Diese allgemeinen Trends werden mit multivariaten Modellen differenziert analysiert.

Die Konstellation im Hinblick auf Partnerschaft und Kinder wirkt sich insofern auf die Jobsuche aus, als Männer, die in einer Partnerschaft ohne Kinder leben, zu Beginn des Leistungsbezugs intensiver suchen als Frauen. In Single-Bedarfsgemeinschaften lässt sich dagegen kein Unterschied zwischen Männern und Frauen feststellen. Bei Personen ohne Kinder lassen die Suchaktivitäten im Laufe der Zeit deutlich nach, während Eltern auch nach langem Leistungsbezug eher stabile Muster der Arbeitsuche aufweisen: „All groups without children incur a sigificant reduction of job search activity over time while none of the groups with children does" (Bethmann und Scheels 2013, S. 80). Bis dahin wird die auf der Suchtheorie beruhende Lohnabstandshypothese nicht gestützt. Dagegen findet die Hypothese elterlicher Motivation Unterstützung, da generell das Vorhandensein von Kindern die Suchaktivitäten der Eltern steigert.

Geschlechteraspekte spielen ebenfalls eine Rolle: Frauen mit Partner suchen weniger intensiv nach Arbeit als Männer mit Partnerin. Ebenso zeigen Männer mit Partnerin und Kindern ein signifikant stabileres Suchverhalten als Frauen in derselben Situation, was mit hoher Wahrscheinlichkeit auf unterschiedliche Rollenmodelle zurückzuführen ist. Allerdings ist die Verlaufskurve ähnlich, sodass nach längerem Leistungsbezug die Suchaktivitäten bei Männern und Frauen mit Partner/Partnerin und Kindern ansteigen. Alleinerziehende Mütter haben ein deutlich höheres Niveau der Suchaktivitäten als Mütter mit Partner.

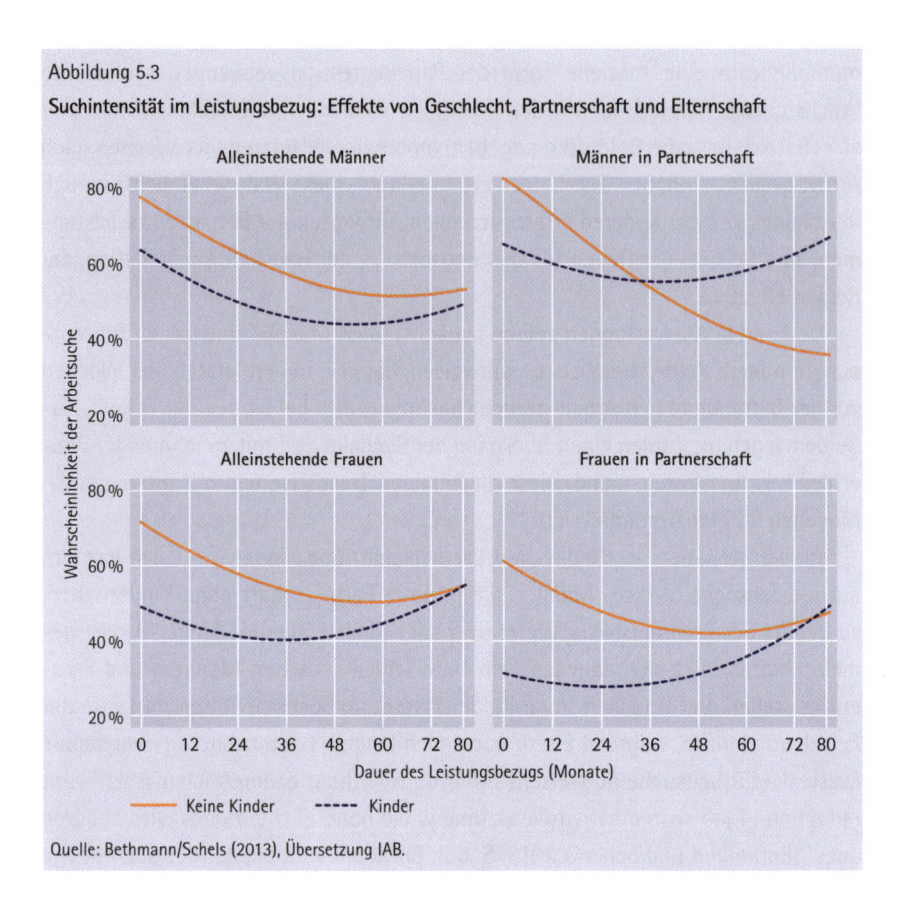

Abbildung 5.3
Suchintensität im Leistungsbezug: Effekte von Geschlecht, Partnerschaft und Elternschaft

[Abbildung: Vier Diagramme zur Wahrscheinlichkeit der Arbeitssuche über die Dauer des Leistungsbezugs (Monate) für Alleinstehende Männer, Männer in Partnerschaft, Alleinstehende Frauen und Frauen in Partnerschaft, jeweils mit und ohne Kinder.]

Quelle: Bethmann/Schels (2013), Übersetzung IAB.

Qualifikationsunterschiede zwischen Partnern machen sich dahingehend bemerkbar, dass bei gleichen oder höheren Qualifikationen des Partners/der Partnerin Männer aktiver Arbeit suchen als Frauen. Frauen, die besser qualifiziert sind als ihr Partner, haben eine größere Wahrscheinlichkeit, nach Arbeit zu suchen, als solche, die gleich oder geringer qualifiziert sind. Kinder haben wiederum einen deutlichen Einfluss auf die Suchaktivitäten von Frauen, die sich auf demselben Bildungsniveau befinden wie ihre Partner. In diesen Fällen liegt die Wahrscheinlichkeit, dass Mütter am Anfang des Leistungsbezugs Arbeit suchen, 23 Prozentpunkte unter der von Frauen ohne Kinder. Dieses geringere Suchniveau wird dann allerdings über die Zeit aufrechterhalten, während das der kinderlosen Frauen im Laufe der Zeit absinkt.

Regionale Analysen zeigen, dass die Suchintensität von Frauen in den neuen Bundesländern höher ist als im Westen. Dies gilt auch für Frauen mit Kindern. Das Vorhandensein von Kindern senkt die Suchanstrengungen von Frauen in Ostdeutschland jedoch im selben Maße wie in den alten Bundesländern. Die Suchanstrengungen von Männern unterscheiden sich dagegen nicht zwischen Ost- und Westdeutschland, unabhängig davon, ob Kinder im Haushalt sind oder nicht.

Bethmann und Schels (2013) schlussfolgern, dass es gewisse Anzeichen für eine Arbeitslosigkeitsfalle gibt, da Mehrpersonen-Bedarfsgemeinschaften von etwas großzügigeren Transferleistungen profitieren als Einzelhaushalte. Gleichzeitig finden sie starke Evidenz für die Position, dass es nicht nur kurzfristige finanzielle Überlegungen sind, die bei der Frage der Aufrechterhaltung der Arbeitsuche eine Rolle spielen, wie dies von der Suchtheorie nahegelegt wird. Vielmehr können sie zeigen, dass internale Motive wie die Sorge für Kinder eine große Bedeutung haben. Väter zeigen kaum nachlassende Anstrengungen bei der Arbeitsuche und versuchen, trotz Leistungsbezugs ihrer Rolle als Familienernährer gerecht zu werden. Ein vergleichbares Muster, wenn auch auf deutlich niedrigerem Niveau, zeigt sich bei Müttern: Sie suchen weniger intensiv, wenn sie einen Partner haben oder der Wohlfahrtsstaat die Ernährer-Rolle übernimmt. Dies trifft etwas stärker in Westdeutschland zu als in den neuen Bundeländern, aber auch dort führen Kinder im selben Umfang zu reduzierten Suchanstrengungen von Frauen.

Insgesamt unterstützt die Studie die Vorstellung, dass ein stabiles Muster der Arbeitsuche eher durch nicht monetäre, sozial verankerte und wertebasierte Entscheidungen gefördert wird. Die Gefahr einer „Wohlfahrtsabhängigkeit" wäre demnach deutlich stärker ausgeprägt für alleinstehende Personen, die keine Anreize haben, aus der Verantwortung für andere heraus, den Leistungsbezug zu verlassen. In sozialpolitischer Perspektive zeigt sich in den Ergebnissen eine Begrenzung der Wirksamkeit von Aktivierungspolitik: Auch wenn Leistungsempfänger und Leistungsempfängerinnen mit Kindern nicht in ihren Suchanstrengungen nachlassen, erhöhen Kinder auf der anderen Seite das Risiko längeren Leistungsbezugs. Um die Einkommenssituation von Eltern zu verbessern und den Austritt aus dem Leistungsbezug zu ermöglichen, müssen der dauerhaften Motivation, nach Arbeit zu suchen, entsprechende Arbeitsangebote gegenüberstehen.

5.2.4 Frauen mit Partner in arbeitsmarktpolitischen Maßnahmen – die Rollenerwartungen der Fachkräfte

Primäre Zielsetzung der Grundsicherung für Arbeitsuchende ist die Überwindung von Hilfebedürftigkeit. Dazu setzt sie insbesondere auf die Arbeitsmarktintegration der erwerbsfähigen Leistungsberechtigten – und zwar der von Männern wie von Frauen gleichermaßen. Die Grundsicherung und die mit ihr verbundene aktivierende Arbeitsmarktpolitik steht damit für die Orientierung am sogenannten „adult worker Modell" der Lebensführung. Das schließt – zumindest auf gesetzlicher Ebene – einen gleichberechtigten Zugang zu arbeitsmarktpolitischer Förderung ein. Die statistischen Angaben zur Maßnahmenteilnahme zeigen jedoch, dass Männer anteilig deutlich häufiger mit arbeitsmarktpolitischen Instrumenten gefördert werden. Qualitative Untersuchungen der Betreuung und Vermittlung von Paaren mit Kindern im Bereich des SGB II führen dies nicht zuletzt darauf zurück, dass die Integrationsfachkräfte der Jobcenter ihre Vermittlungsbemühungen selbst dann am Rollenverständnis der jeweiligen Personen orientieren, wenn diese eher einem traditionellen Modell geschlechtsspezifischer Arbeitsteilung folgen (vgl. Jaehrling 2015). Vor diesem Hintergrund untersuchen die IAB-Forscherinnen Eva Kopf und Cordula Zabel (2017) in ihrem Beitrag „Activation programmes for women with a partner in Germany: Challenge or replication of traditional gender roles", inwieweit es sich dabei um eine generell im Bereich der Grundsicherung zu beobachtende Tendenz handelt, die Fachkräfte also eher dazu tendieren, tradierte Rollenmodelle und -vorstellungen zu bekräftigen, statt diese im Sinne des „adult worker Modells" zu ändern (vgl. ebd., S. 5 f.).

Um dieser Frage nachzugehen, analysieren die Autorinnen die Zugänge weiblicher Leistungsberechtigter in arbeitsmarktpolitische Maßnahmen. Im Einzelnen betrachten sie Zugänge in Arbeitsgelegenheiten (Variante Mehraufwand), schulische und betriebliche Trainingsmaßnahmen, berufliche Weiterbildung sowie Lohnkostenzuschüsse (vgl. ebd., S. 2). Insgesamt untersuchen Kopf und Zabel fünf aus theoretischen Vorüberlegungen sowie dem bisherigen Forschungsstand abgeleitete Hypothesen: So gehen sie erstens davon aus, dass Frauen mit Partner seltener eine der fünf genannten Maßnahmen aufnehmen als alleinstehende Frauen (vgl. ebd., S. 5 f.). Aufgrund unterschiedlicher, historisch bedingter Rollenmodelle gehen sie zweitens davon aus, dass die Unterschiede zwischen den beiden genannten Gruppen von Leistungsberechtigten in den östlichen Bundesländern geringer ausfallen als in den westlichen Landesteilen. Vor dem Hintergrund unterschiedlicher Familien- und Erwerbsmodelle in der Vergangenheit stellen sie drittens die Hypothese auf, dass Frauen aus Haushalten, die vormals dem „male breadwinner-Modell" folgten, niedrigere Zugangsraten aufweisen, als Frauen bei denen dies nicht der Fall war. In der Folge nehmen sie weiterhin an, dass Frauen, die vormals die Haupternährerin (sogenannte „female breadwinner-Haushalte") gewesen sind, öfters eine Maßnahme erhalten als Frauen, die gemeinsam mit ihrem Partner für den Lebensunterhalt gesorgt haben (vgl. ebd., S. 6).

Mit Blick auf die angenommenen Unterschiede in den beiden Landesteilen gehen die IAB-Forscherinnen viertens davon aus, dass das Festhalten am „male breadwinner-Modell" in Westdeutschland auf größere Akzeptanz bei den Integrationsfachkräften stößt als in Ostdeutschland. Schließlich stellen sie fünftens die Hypothese auf, dass die Effektstärken größer sind bei betrieblichen Trainingsmaßnahmen und Lohnkostenzuschüssen als bei den anderen Maßnahmetypen: Dabei bezieht sich Hypothese 5a auf den Vergleich zwischen alleinstehenden Frauen und Frauen in Paarhaushalten insgesamt, und Hypothese 5b auf den Vergleich zwischen den verschiedenen Typen von Paarhaushalten. Die Hintergrundüberlegung dieser Hypothese ist, dass betriebliche Trainingsmaßnahmen und Lohnkostenzuschüsse die größten Beschäftigungseffekte der fünf untersuchten Maßnahmen erzielen, wie vorherige Studien zeigen. Daher besteht die Erwartung, dass Personen, denen eine Ernährerrolle zugeschrieben wird, in besonderem Maße in diese beiden Maßnahmen vermittelt werden (vgl. ebd., S. 6).

Um diese Hypothesen einer empirischen Überprüfung zugänglich zu machen, greifen Kopf und Zabel auf administrative Längsschnittdaten der Bundesagentur für Arbeit zurück. Aus diesen Daten untersuchen sie weibliche Leistungsberechtigte, die in unterschiedlichen Haushaltskonstellationen leben (alleinstehend, alleinerziehend, mit Partner mit und ohne Kindern) und zwischen dem 1. Oktober 2005 und dem 31. Dezember 2007 in den Leistungsbezug eingetreten sind und währenddessen keiner Erwerbsarbeit nachgegangen sind. Die Stichprobe wurde weiterhin auf Leistungsberechtigte im Alter zwischen 30 und 64 Jahren beschränkt, da die Analyse den erwerbsbiografischen Verlauf der letzten zehn Jahre berücksichtigt. Der Beobachtungszeitraum endet im Dezember 2008. Für die fünf betrachteten Förderinstrumente wurden jeweils eigene Modelle berechnet (für weitere Hinweise zur Datengrundlage und methodischen Umsetzung vgl. ebd., S. 6 f.).

Das Ergebnis ihrer Analyse zeigt zunächst, dass die erste der fünf aufgestellten Hypothesen zutreffend ist. So fallen die Förderquoten bei Frauen mit Partnern insgesamt betrachtet niedriger aus als bei alleinstehenden Frauen – und zwar ungeachtet der Tatsache, welcher Arbeitsteilung die Paare vormals gefolgt sind (vgl. ebd., S. 9). So betrug die Zugangsrate der in Partnerschaft lebenden Frauen in Westdeutschland in Zusatzjobs, die vormals beide nicht oder nur mit geringen Einkünften erwerbstätig waren, nur 71 Prozent der Zugangsrate alleinstehender Frauen mit vormals geringen Lohneinkünften. Bei der Vergabe von Lohnkostenzuschüssen fällt dieser Anteil mit 43 Prozent noch niedriger aus. Ein noch deutlicherer Unterschied zeigt der Vergleich von alleinstehenden Frauen und solchen, die vormals in einem am „male breadwinner-Modell" orientierten Haushalt lebten. In ihrem Fall betrug die Zugangsraten in Zusatzjobs im Vergleich zu alleinstehenden Frauen nur 55 Prozent und die in Lohnkostenzuschüsse sogar nur 39 Prozent.

Ein vergleichbares Bild zeigt sich, wenn man statt alleinstehenden Frauen mit geringen Lohneinkünften weibliche Alleinstehende mit höheren Einkünften als Vergleichsgruppe heranzieht und diese dann mit ehemaligen Familienernährerinnen-Haushalten oder ehemaligen Doppelverdiener-Haushalten vergleicht. Auch in Ostdeutschland fallen die Förderquoten von Frauen aus Paarhaushalten niedriger als für alleinstehende Frauen aus. So entsprechen die Zugangsraten von Frauen mit Partner, die vormals in einem Haushalt ohne Ernährer („no breadwinner household") lebten, nur etwa 61 bis 78 Prozent derjenigen von alleinstehenden

Frauen (vgl. ebd., S. 10). Bemerkenswert ist dabei, dass die Zugangsraten dieser Gruppe sogar leicht niedriger ausfallen als die von Frauen, die vormals in einem „male breadwinner-Haushalt" lebten.

Ein anderes Bild als in den westlichen Landesteilen zeigt sich auch mit Blick auf Frauen, die ehemals für den Lebensunterhalt des Haushalts zuständig waren. So ist die Zugangsrate dieser Gruppe niedriger als die von Frauen, die vormals gemeinsam mit ihrem Partner das Haushaltseinkommen erwirtschaftet haben. Alles in allem bestätigen die Ergebnisse die zweite Hypothese, der zufolge in Ostdeutschland die Differenzen zwischen Alleinstehenden und Frauen mit Partner geringer ausfallen als in den westlichen Landesteilen. Gerade in Westdeutschland weisen Frauen, die in einer Partnerschaft leben, geringere Zugangsraten auf. Die Autorinnen interpretieren dies als Hinweis darauf, dass die Integrationsfachkräfte der Jobcenter bei der Betreuung von Paar-Bedarfsgemeinschaften von einem traditionellen Modell der familiären Arbeitsteilung ausgehen, auch wenn dies realiter nicht der Fall ist. Liegt ein solches Modell vor, führt dies zu einer noch deutlich geringeren Zugangsrate in arbeitsmarktpolitische Maßnahmen.

Für Westdeutschland bestätigen die Analyseergebnisse die dritte Hypothese der beiden Autorinnen weitgehend. Es scheint, als würden die Integrationsfachkräfte dort die vormalige Arbeitsteilung innerhalb des Haushalts als Orientierung ihrer Vermittlungsaktivitäten nutzen. Jedenfalls werden Frauen, die vor Eintritt in den Hilfebezug geringere Einkünfte hatten als ihr Partner, seltener arbeitsmarktpolitischen Maßnahmen zugewiesen als Frauen, deren Partner ebenfalls nur Geringverdiener oder nicht beschäftigt waren (vgl. ebd., S. 12). Mit Ausnahme der Lohnkostenzuschüsse sind die Ergebnisse für die vier anderen Maßnahmetypen signifikant und zeigen, dass die Zugangsrate für die erste Gruppe nur 70 bis 86 Prozent der Eintritte der zweiten Gruppe beträgt. Im Osten Deutschlands stellt sich die Situation hingegen anders dar. Dort konnte kein empirischer Beleg für die dritte Hypothese (geringerer Zugang für Frauen aus „male breadwinner-Haushalten") ausgemacht werden. So sind die Eintrittsraten von Frauen aus Haushalten, deren Arbeitsteilung sich vormals am „male breadwinner-Modell" orientierte, in Ostdeutschland nicht geringer als die von Frauen, die wie ihr Partner vormals nur gering oder nicht erwerbstätig waren (vgl. ebd.). Tatsächlich sind die Zugangsraten der ersten Gruppe von Frauen in die meisten Maßnahmen (Ausnahme Förderung der beruflichen Weiterbildung) sogar leicht höher, als die der zweiten Gruppe. Höher sind auch die Zugangsraten von Frauen aus ehemaligen Doppelverdiener-Haushalten, als die von Frauen, die vor Eintritt in den Leistungsbezug allein für den Lebensunterhalt des Haushalts gearbeitet haben. Die Autorinnen sehen darin eine Bestätigung ihrer vierten Hypothese, nämlich dass die vormals etablierte Arbeitsteilung innerhalb des Haushalts in Westdeutschland mehr Berücksichtigung findet als in den östlichen Bundesländern (vgl. ebd., S. 12).

Die Analyseergebnisse stützen Hypothese 5a für Westdeutschland. Dort sind die Unterschiede in den Maßnahmeeintrittsraten zwischen alleinstehenden Frauen und Frauen in Paarhaushalten tatsächlich bei betrieblichen Trainingsmaßnahmen und Lohnkostenzuschüssen am größten. Für Ostdeutschland wird diese Hypothese jedoch nicht durchgehend unterstützt (vgl. ebd., S. 9). Hypothese 5b, die beim Vergleich der Maßnahmeeintrittsraten zwischen den unterschiedlichen Typen von Paarhaushalten ebenfalls größere Effekte für betriebliche Trainingsmaßnahmen und Lohnkostenzuschüsse als für die anderen Maßnahmen vorhersagt, wird nicht unterstützt (vgl. ebd., S. 11).

Insgesamt betrachtet zeigen die Ergebnisse, dass gerade in Westdeutschland die Fachkräfte vermittelt über die Zuweisung in arbeitsmarktpolitische Maßnahmen dazu beitragen, die bisherige Arbeitsteilung des Haushalts aufrechtzuerhalten – selbst wenn diese nicht dem Leitbild des SGB II vom „adult worker" entspricht (vgl. ebd., S. 12). Die Bewertung dieses Ergebnisses fällt dabei ambivalent aus: Auf der einen Seite kann diese Nicht-Einmischung als positiv erachtet werden, insofern sie den Leistungsberechtigten die Freiheit zugesteht, über innerfamiliäre Angelegenheiten weiterhin selbst zu entscheiden. Dem steht gegenüber, dass die geringe Beteiligung von Frauen an arbeitsmarktpolitischen Maßnahmen ebenso als eine Ungleichbehandlung interpretiert werden kann, Frauen also geringere Chancen eingeräumt wird, ihre Erwerbssituation zu verbessern (vgl. ebd., S. 12). In Ostdeutschland sieht das Ergebnis hingegen anders aus. Dort scheinen sich die Integrationsfachkräfte weniger stark an der vormaligen familiären Arbeitsteilung zu orientieren. Zugleich mögen auch die Erwerbsorientierungen von Frauen in den ostdeutschen Bundesländern stärker an einer Erwerbsbeteiligung beider Partner ausgerichtet sein. Hervorzuheben ist weiterhin, dass Frauen in Partnerschaft – und zwar unabhängig von der jeweiligen Arbeitsteilung – geringere Zugangsraten aufweisen als alleinstehende Frauen; und zwar auch dann, wenn die Frauen vormals allein für die Erwirtschaftung des Lebensunterhalts zuständig waren. Die IAB-Forscherinnen interpretieren diesen Befund als Hinweis darauf, dass die Integrationsfachkräfte mitunter selbst dann von einer traditionellen familiären Arbeitsteilung ausgehen, wenn diese in den jeweiligen Bedarfsgemeinschaften nicht vorlag (vgl. ebd.). Alles in allem legen die Befunde von Kopf und Zabel nahe, dass die Integrationsfachkräfte großen Einfluss auf die konkrete Umsetzung gesetzlicher Regelungen haben. Während diese Regelungen explizit die Gleichbehandlung von Frauen und Männern vorsehen, zeigen die Ergebnisse der Autorinnen hingegen ein anderes Bild: „Our findings show, however, that in western Germany, prior household roles are replicated in activation programme participations. The differences that we find between eastern and western Germany reflect the many differences in the labour market, institutional and normative context that persist between the two parts of the country" (ebd., S. 13).

5.3 Gesundheit und Pflege

Das Thema „Gesundheit" im Zusammenhang mit Leistungsbezug hat in den vergangenen Jahren in verschiedenen Studien eine Rolle gespielt. Ein Beitrag von Johannes Eggs (2013) widmet sich den gesundheitlichen Folgen von Arbeitslosigkeit und Leistungsbezug. Eggs et al. (2014) analysieren die gesundheitliche Situation von Leistungsempfängern und -empfängerinnen der Grundsicherung. Besondere Aufmerksamkeit widmen sie dem Zusammenhang des Gesundheitszustands mit der Erwerbssituation. Zwei Arbeiten befassen sich mit Leistungsbeziehenden im SGB II, die psychische Störungen haben und mit ihrer Betreuung in den Jobcentern (Schubert et al. 2013; Oschmiansky et al. 2017). Schließlich kommt die Gesundheitssituation von Angehörigen in den Blick: Hohmeyer und Kopf (2015) untersuchen die Situation von pflegenden Leistungsbeziehern und Leistungsbezieherinnen sowie deren Kontakt zu ihrem Jobcenter.

5.3.1 Leistungsbezug und Gesundheit

Die von Eggs (2013) vorgelegte Studie befasst sich mit einem weiter gehenden Zusammenhang zwischen Arbeitslosengeld II, Arbeitslosigkeit und Gesundheit, der so bisher noch nicht untersucht wurde. Eggs zitiert zunächst eine Vielzahl von Studien, die den Zusammenhang zwischen Arbeitslosigkeit und Gesundheit belegen. Dazu gehören Metastudien, die einen Zusammenhang zwischen Arbeitslosigkeit und erhöhter Mortalität belegen (z. B. Roelfs et al. 2011) und Studien, einen negativen Einfluss von Arbeitslosigkeit auf den (berichteten) Gesundheitszustand nachweisen. Mittlerweile ist in der Forschung etabliert, dass die nachgewiesenen Zusammenhänge sowohl auf Selektion (schlechter Gesundheitszustand führt zu Arbeitslosigkeit) als auch auf Kausalität (Arbeitslosigkeit verursacht Verschlechterung der Gesundheit) basieren können (Kieselbach/Beelmann 2006).

Gründe für kausale Effekte können in den sogenannten latenten Funktionen der Erwerbsarbeit liegen, wie sie zum Beispiel die Sozialforscherin Marie Jahoda („Die Arbeitslosen von Marienthal") bereits in den dreißiger Jahren des 20. Jahrhunderts zusammengefasst hat: Zeitstruktur, Aktivität, soziale Kontakte. Ihr Fehlen führt zu einer Reduzierung von Wohlbefinden und schlechterer Gesundheit (siehe auch Jahoda 1983). Andere Autoren betonen die Anwendung von Fähigkeiten, Kontrolle und sozialer Status (Warr 1987), Verhaltenskontrolle und Selbstregulation (Siegrist 2000). Weitere Studien heben auf problematisches Gesundheitsverhalten ab, das häufig in Zeiten der Arbeitslosigkeit zunimmt, wie Suchtverhalten oder Gewichtszunahme.

Des Weiteren beschäftigt sich Eggs mit Studien, die gesundheitsschädliche Einflüsse von Leistungsbezug beziehungsweise materieller Deprivation untersuchen. So zeigt ein Vergleich von ALG-II-Empfängern mit der Allgemeinbevölkerung, dass Letztere um zehn Prozentpunkte häufiger angaben, ihr Gesundheitszustand sei gut oder sehr gut (Brussig/Knuth 2010). Achatz/Trappmann (2011) berichten, dass fast die Hälfte der arbeitslosen ALG-II-Empfänger ernsthafte Gesundheitsprobleme haben, was gleichzeitig eines der Haupthindernisse für eine Integration in den Arbeitsmarkt darstellt. Neben psychosozialen Faktoren können jedoch auch andere Aspekte materieller Deprivation die Gesundheit beeinträchtigen. So können fehlende materielle Ressourcen selbst die Gesundheit negativ beeinflussen, Leistungsempfänger können sich gegebenenfalls Zuzahlungen zu Medikamenten nicht leisten, das Geld reicht nicht für angemessene Kleidung oder die Wohnsituation ist so schlecht, dass sie sich auf die Gesundheit auswirkt.

In dieser Studie wird auf Daten des Panels „Arbeitsmarkt und soziale Sicherung" zurückgegriffen. Es wurden Angaben von 14.282 Befragten im Alter von 18 bis 65 Jahren benutzt, die bis zu fünf Jahre von 2006 bis 2011 an der Studie teilgenommen haben.

PASS enthält keine objektiven Gesundheitsmessungen. Daher werden Fragen zur subjektiven Gesundheit analysiert, von denen allerdings bekannt ist, dass ihre Aussagekraft nah an die objektiver Gesundheitsindikatoren heranreicht. Die benutzten Gesundheitsfragen lauten: „Wie würden Sie im Allgemeinen Ihren Gesundheitszustand in den letzten vier Wochen beschreiben?" und „Wie zufrieden sind Sie mit Ihrer Gesundheit?". Zusammen mit weiteren Fragen zu Arztbesuchen, Krankenhausaufenthalten oder anerkannten Behinderungen wird eine Gesundheitsskala gebildet, deren Güte mit dem in der Gesundheitsforschung häufig benutzten Instrument „SF 12" vergleichbar ist. Die unabhängigen Variablen sind Arbeitslosigkeit und ALG-II-Bezug. Die Analysen werden mittels „Fixed-Effect"-Modellen durchgeführt.

Die deskriptive Statistik zeigt, dass Individuen, die weder arbeitslos sind noch ALG II beziehen, die höchsten Werte bei der subjektiven Gesundheit haben, diejenigen dagegen, die arbeitslos sind und in Haushalten mit ALG-II-Bezug leben, die niedrigsten. Diejenigen, die nicht arbeitslos sind, aber ALG II beziehen, liegen bei den Gesundheitswerten nur knapp unter denen, die weder arbeitslos sind noch Leistungen beziehen.

Die Regressionsanalysen ergeben, dass bei Frauen ein signifikant negativer Zusammenhang mit Arbeitslosigkeit bei allen drei Indikatoren Gesundheitszustand, Gesundheitszufriedenheit und Gesundheitsindex besteht, bei den Männern dagegen nur für die beiden letzten Indikatoren. Beim ALG-II-Bezug ergibt sich nur ein negativer Zusammenhang bei Männern, und bei diesen für Gesundheitszufriedenheit und Gesundheitsindex. Durchgehende Geschlechterunterschiede zeigten sich bei den Interaktionseffekten: Bei Männern liegt die Interaktion bei null, sodass sich die Effekte von Arbeitslosigkeit und Leistungsbezug addieren. Deren kombinierter negativer Zusammenhang mit der berichteten Gesundheit ist bei Männern damit zumindest doppelt so groß wie bei Frauen, und zwar über alle Messgrößen hinweg.

In einem nächsten Analyseschritt wurden nur Daten von Erwerbspersonen, also Beschäftigten und Arbeitslosen, ausgewertet. Die Unterschiede werden zwar geringer als in den vorherigen Analysen, dennoch bestätigt es sich, dass Arbeitslosigkeit einen negativen, überwiegend signifikanten, Zusammenhang mit verschiedenen subjektiven Gesundheitsmaßen hat. Der Zusammenhang zwischen Arbeitslosengeld-II-Bezug und Gesundheit ist dagegen zwar in der Richtung schwach negativ, wird aber nicht signifikant.

Getrennt nach Geschlecht zeigen sich wiederum verschiedene Muster für die gefundenen Zusammenhänge. Bei den Männern bestätigt sich der additive Effekt von Leistungsbezug und Arbeitslosigkeit. Der Interaktionsterm wird teilweise sogar negativ, was bedeutet, dass sich beide Effekte sogar gegenseitig verstärken. Bei Frauen ist dies nicht der Fall. Hier zeigt sich, dass der Zusammenhang von Arbeitslosigkeit allein und Gesundheit stärker ist als bei Arbeitslosigkeit und gleichzeitigem Arbeitslosengeld-II-Bezug. Für Mediatorvariablen wie Einkommen und Partnerschaft kann kein kohärenter Zusammenhang mit Gesundheit festgestellt werden.

Da sich die gezeigten Zusammenhänge in verschiedenen Modellen und Analyseverfahren bestätigt haben, kann den Ergebnissen eine gewisse Robustheit unterstellt werden. Gleichzeitig ist darauf hinzuweisen, dass die Studie keine kausalen Zusammenhänge feststellt, sondern dass die Ergebnisse sowohl auf die Kausalitäts- als auch die Selektionsannahme zurückzuführen sein können. Zukünftige Forschung könnte hier mit anderen Analysemethoden besser zwischen beiden Effekten unterscheiden.

Die negativen Effekte des ALG-II-Bezugs sind unter Umständen nicht auf den Bezug selbst zurückzuführen, sondern auf Umstände, die mit dem Leistungsbezug zusammenhängen. Koller und Rudolph (2011) weisen darauf hin, dass Aufstocker häufig in prekären Formen von Beschäftigung arbeiten, die selbst einen negativen Einfluss auf die Gesundheit haben können. Andere Effekte wie Stigmatisierung, institutioneller Stress durch das Aktivierungsregime der Jobcenter oder materielle Deprivation kommen als Erklärung infrage. Andere Erklärungen wie ein Zusammenhang mit Langzeitarbeitslosigkeit wurden untersucht, aber wieder verworfen.

Auffällig waren die bei Männern und Frauen unterschiedlich ausgeprägten Interaktionseffekte. Eine mögliche Erklärung für den Effekt, dass der negative Einfluss von Arbeitslosigkeit bei Frauen größer war als der kombinierte Effekt von Arbeitslosigkeit und ALG-II-Bezug, liegt in der Zusammensetzung der Stichprobe. Bei den Frauen in der Stichprobe könnte es sich in größerem Umfang um alleinerziehende Mütter handeln. Diese sind aber in geringerem Umfang stigmatisiert und werden geringeren Obligationen unterworfen als andere Personengruppen im Leistungsbezug. Dies könnte sich dämpfend auf negative Gesundheitsfolgen des Leistungsbezugs wie der Arbeitslosigkeit auswirken.

Es zeigt sich, dass Arbeitslosigkeit und der Bezug von Arbeitslosengeld II als getrennte Faktoren behandelt werden sollten. Das Vorliegen einer Beschäftigung weist einen positiven Zusammenhang mit der Gesundheit auf, selbst wenn das Erwerbseinkommen aus der Beschäftigung nicht zur Sicherung der grundlegenden Bedürfnisse ausreicht und zusätzlich Arbeitslosengeld II bezogen werden muss.

5.3.2 Selbsteinschätzung des gesundheitlichen Zustands von Grundsicherungsempfängerinnen/-empfängern und Erwerbstätigen

Es ist hinlänglich bekannt, dass gesundheitliche Aspekte eine große Rolle für die Integrationschancen Arbeitsloser spielen. Eggs et al. (2014) legen Ergebnisse zur gesundheitlichen Situation von Empfängern von Leistungen der Grundsicherung vor. Sie betrachten dabei Personen, die erwerbstätig, arbeitslos oder in einer arbeitsmarktpolitischen Maßnahme sind. Datengrundlage der Studie ist die sechste Welle des Panels „Arbeitsmarkt und soziale Sicherung" (PASS). Darin werden keine objektiven Gesundheitsdaten erhoben, sondern Selbsteinschätzungen der Betroffenen, die aber nach dem Stand der Forschung eine hohe Übereinstimmung mit objektiven Gesundheitsindikatoren aufweisen. Erhebungsinstrument ist der in der internationalen Gesundheitsforschung bewährte Kurzfragebogen SF12, der Werte zwischen 0 und 100 annehmen kann und für die deutsche Durchschnittsbevölkerung auf einen Wert von 50 normiert ist.

Zunächst analysieren die Autoren die körperliche und mentale Gesundheit im Lebensverlauf. Sie zeigen, dass die körperliche Gesundheit sich generell mit zunehmendem Alter verschlechtert. Während bei den Nicht-Leistungsbeziehern und -bezieherinnen die Kurve nahezu linear abfällt, bleiben Leistungsbeziehende bis zu einem Alter von etwa 35 Jahren nahe dem Durchschnittswert von 50, bevor die Werte deutlich abfallen und im Alter von 50 Jahren die größte Differenz zu den Nicht-Leistungsbeziehern und -bezieherinnen aufweisen. Danach steigen die Werte der Leistungsbeziehenden wieder leicht an, vermutlich dadurch, dass diejenigen mit dem schlechtesten Gesundheitszustand aus dem Leistungsbezug der Grundsicherung herausfallen, zum Beispiel durch Erwerbsunfähigkeit. Die Unterschiede bei der mentalen Gesundheit sind geringer ausgeprägt; hier gibt es auch keinen Abfall der Werte mit zunehmendem Alter.

Ein detaillierterer Vergleich, der auch Geschlechterunterschiede berücksichtigt, zeigt zunächst, dass ein Drittel der Frauen und ein noch etwas höherer Anteil der Männer (37 %) im Leistungsbezug schwerwiegende gesundheitliche Probleme berichten. Zusammen mit den Werten für eine amtlich anerkannte Behinderung (inklusive Antragstellung) steigt der Anteil der Betroffenen bei den Männern auf 45 Prozent und bei den Frauen auf 38 Prozent. Die Angaben beziehen sich überwiegend auf körperliche Probleme, psychische Erkrankungen werden dagegen nur von acht Prozent der Männer beziehungsweise 13 Prozent der Frauen angegeben. Vergleiche verschiedener Personengruppen, die statistisch um das Alter bereinigt wurden, zeigen große Unterschiede des Gesundheitszustands, die mit dem Erwerbsstatus zusammenhängen. Erwerbstätigen ohne Leistungsbezug geht es mit Abstand am besten, gefolgt von Aufstockern. Am schlechtesten schnitten arbeitslose Leistungsbezieher/Leistungsbezieherinnen ab. Allerdings berichtet auch ein Fünftel der Erwerbstätigen von schwerwiegenden Beeinträchtigungen ihrer Gesundheit.

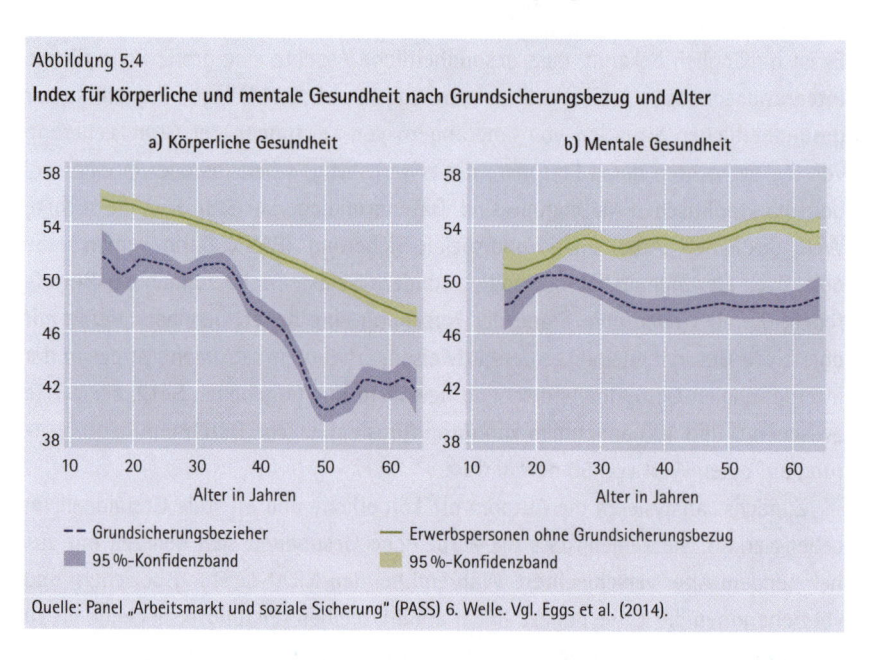

Abbildung 5.4
Index für körperliche und mentale Gesundheit nach Grundsicherungsbezug und Alter

Quelle: Panel „Arbeitsmarkt und soziale Sicherung" (PASS) 6. Welle. Vgl. Eggs et al. (2014).

Die bislang präsentierten Ergebnisse sind deskriptiv, das heißt sie lassen keine Rückschlüsse auf Ursache-Wirkung-Beziehungen zu. Daher untersuchen die Autoren das Gesundheitsverhalten als mögliche moderierende Variable. Die Ergebnisse sind jedoch uneinheitlich. Am deutlichsten sind die Unterschiede beim Rauchen: Doppelt so viele Leistungsbezieher/Leistungsbezieherinnen (66 % Männer, 54 % Frauen) wie Erwerbstätige ohne Leistungsbezug (32 % Männer, 27 % Frauen) geben an, zu rauchen. Alkohol wird dagegen deutlich häufiger von Erwerbstätigen als von Leistungsbeziehern und -bezieherinnen konsumiert. Fast ein Drittel der arbeitslosen Männer und nahezu die Hälfte der arbeitslosen Frauen konsumieren keinen Alkohol (oder seltener als einmal pro Woche). Dies trifft nur auf zwölf (Männer) beziehungsweise 22 (Frauen) Prozent der Erwerbstätigen zu. Übergewicht ist dagegen besonders bei Frauen in der Grundsicherung verbreitet, während es bei den Männern keine Unterschiede gibt. Im Hinblick auf sportliche Aktivität fallen Grundsicherungsempfänger/-empfängerinnen häufig in Extremgruppen: Sie haben sowohl die größten Anteile an Personen, die täglich Sport treiben, als auch an denen, die nie Sport treiben. Die Autoren folgern, dass angesichts der Heterogenität der Ergebnisse das Gesundheitsverhalten nicht zur Erklärung von Gruppenunterschieden herangezogen werden kann.

In der Studie werden auch regionale Unterschiede bei gesundheitlichen Beeinträchtigungen in Abhängigkeit von der regionalen Arbeitslosenquote aufgezeigt. Die physische Gesundheit der ALG-II-Empfänger/Empfängerinnen ist zwar durchgehend schlechter als die von Erwerbstätigen, die Unterschiede sind aber in Gegenden mit hoher Arbeitslosigkeit deutlich geringer (ca. 3 Prozentpunkte) als in Regionen mit niedriger Arbeitslosigkeit, wo die Differenz bis auf sieben Prozentpunkte ansteigt. Bei der psychischen Gesundheit ergibt sich ein ähnliches Bild, wobei die Unterschiede in Regionen mit sehr hoher Arbeitslosigkeit sogar verschwinden. Gerade in Regionen mit geringer Arbeitslosigkeit müssen Integrationsfachkräfte demnach mit einem hohen Anteil von Leistungsbeziehern und -bezieherinnen mit gesundheitlichen Einschränkungen rechnen: „Bei guter Arbeitsmarktlage verbleiben verstärkt diejenigen mit gesundheitlichen Einschränkungen im Leistungsbezug" (Eggs et al. 2014, S. 7).

Die Autoren folgern, dass bei der Vermittlung die Bedürfnisse gesundheitlich eingeschränkter Personen noch stärker berücksichtigt werden sollten. Möglicherweise wären entsprechende Schulungen für einen Teil der Fachkräfte sinnvoll, die sich dann schwerpunktmäßig mit diesem Personenkreis beschäftigen sollten. Wichtig erscheint auch eine Vernetzung mit kommunalen Akteuren im Rahmen der flankierenden Eingliederungsleistungen. Für einen Teil des Personenkreises, der voraussichtlich auf Dauer nicht in ungeförderte Beschäftigung vermittelt werden kann, böte sich geförderte Beschäftigung in Form eines sozialen Arbeitsmarkts an. Die Beschäftigungsverhältnisse müssten an der Arbeitsfähigkeit der Betroffenen ausgerichtet sein.

5.3.3 Psychisch Kranke im SGB II

Im Berichtszeitraum hat das IAB zwei Studien zur Lage psychisch Kranker im SGB II in Auftrag gegeben beziehungsweise durchgeführt. Die Studie „Menschen mit psychischen Störungen im SGB II" wurde beauftragt, um erste Erkenntnisse zum Vorkommen, zur Lage und zur Betreuung psychisch kranker Personen im SGB II zu gewinnen. Sie fragt danach, wie groß die Gruppe psychisch kranker beziehungsweise beeinträchtigter Menschen unter den Leistungsbeziehern nach SGB II ist, welche

Problemlagen und welches Arbeitsvermögen die betroffenen Personen aufweisen, welche institutionellen Handlungsmuster innerhalb der SGB-II-Träger hinsichtlich erwerbsrelevanter Problemlagen sowie einer erfolgreichen Erwerbsintegration dieses Personenkreises existieren und welche Kooperationsstrukturen der unterschiedlichen Institutionen und Dienste des Hilfesystems für psychisch kranke Menschen hinsichtlich der Erwerbsintegration des Personenkreises bestehen (für eine ausführliche Darstellung vgl. Schubert et al. 2013).

Die Untersuchung bestätigt, dass Menschen mit psychischer Beeinträchtigung im SGB II quantitativ und qualitativ eine wichtige Personengruppe darstellen. Mehr als jede/jeder dritte Leistungsberechtigte im SGB II (37 %) weist innerhalb eines Jahres eine ärztlich festgestellte psychiatrische Diagnose auf. Die Daten der Krankenkassen zeigen zudem, dass – neben den im Rahmen dieses Berichts nicht berücksichtigten Suchterkrankungen – sogenannte affektive Störungen (überwiegend Depressionen) mit bis zu einem Fünftel der Leistungsberechtigten sowie neurotische, Belastungs- und somatoforme Störungen mit etwa einem Viertel besonders bedeutsame Erkrankungsgruppen darstellen. Besonders häufig treten in der Praxis auch depressive Störungen und Angststörungen in Kombination auf. Auch wenn sich die Krankenkassendaten nicht ohne Weiteres hochrechnen lassen, ist es plausibel, dass man es bei den wichtigsten Einzeldiagnosen mit jeweils mehreren Hunderttausend Fällen zu tun hat, die je nach Art und Auswirkung der Störung unterschiedliche Anforderungen an Beratung und Betreuung, Unterstützung und Therapie stellen. Befunde der Fachdienste verweisen dabei darauf, dass eine große Zahl arbeitsloser Menschen mit zum Teil chronischer psychischer Erkrankung hinsichtlich ihrer beruflichen Leistungsfähigkeit mehr als drei Stunden pro Tag erwerbstätig sein können und daher im Rechtskreis des SGB II keineswegs fehlplatziert sind. Gleichzeitig sind aber psychische Erkrankungen immer häufiger der Grund eines Erwerbsausstiegs durch gesundheitsbedingte Frühberentung.

Die Studie liefert Hinweise darauf, dass für Menschen mit psychischen Beeinträchtigungen die Arbeitsuche häufig mit einer Vielzahl von Problemen wie Antriebsschwächen, sozialen Kontaktproblemen und weiteren psychosozialen Problemfeldern verknüpft ist. Gleichzeitig fehlt Fachkräften oft die Zeit, um sich mit dieser Klientel hinreichend zu befassen.

Eine Zusammenarbeit der Jobcenter mit dem System der psychosozialen Versorgung fand in den untersuchten Regio nur in geringem Umfang statt. Auch zwischen SGB-II-Trägern und Anbietern psychosozialer Hilfen beziehungsweise sozialer Rehabilitation (betreutes Wohnen) findet sich keine oder eine sehr geringe Zusammenarbeit. Die dort gewonnenen Erkenntnisse zu Kompetenzen und Fähigkeiten der Bewältigung von Anforderungen sowie dem notwendigen Unterstützungsbedarf von Betroffenen für erfolgreiche Eingliederungsleistungen in Arbeit bleiben somit meist ungenutzt. Strenge Datenschutzvorgaben im Hinblick auf Gesundheitsaspekte stehen häufig in Widerspruch zu einer Dokumentation von relevanten Informationen in VerBIS und können Ansätze einer passgenauen Beratung und Vermittlung sowie einer sinnvollen Kommunikation über Institutionsgrenzen hinweg erschweren.

Arbeitsmarktpolitische Instrumente
Optimierungsbedarfe von Leistungen der aktiven Arbeitsmarktpolitik werden von Fachkräften der SGB-II-Träger ebenso gesehen wie von Mitarbeiterinnen und Mitarbeitern des Hilfesystems für Menschen mit psychischer Erkrankung. Eine davon betrifft die von einigen Befragten herausgestellte, kontinuierliche und langfristige Begleitung über die verschiedenen Schnittstellen des Eingliederungsprozesses hinweg, wodurch ein nachhaltiger Integrationserfolg erreicht werden kann. So ist auch aus fachwissenschaftlicher Sicht ein kontinuierlicher Ansprechpartner beziehungsweise eine Ansprechpartnerin notwendig, der/die Betroffene in Phasen der Arbeitslosigkeit, aber auch parallel zu Arbeitsförderungsleistungen sowie nach Arbeitsaufnahme individuell in diesem langwierigen Prozess begleitet (vgl. APK 2010).

Ein relativ neuer Ansatz zur Erwerbsintegration ist das Konzept der unterstützen Beschäftigung, welches durch den § 38a SGB IX umgesetzt werden kann. Hierbei geht es besonders um die spezifische Gestaltung der Rahmenbedingungen von Erwerbstätigkeit. Der Verweis auf fehlende Arbeitsplätze für die Zielgruppe offenbart eine häufige Inkongruenz zwischen Arbeitsplatzanforderungen und individuellen Ressourcen. Unterstützte Beschäftigung setzt daher im betrieblichen Kontext an und nimmt darauf aufbauend Qualifikations- und Unterstützungsbedarfe des/der Einzelnen in den Blick. Zu den Rahmenbedingungen beruflicher Tätigkeit zählen – wie die Befragten deutlich machen – neben dem Aspekt inhaltlicher Passgenauigkeit auch der individuell angepasste Umfang der Beschäftigung sowie die Arbeitszeiten. Einerseits kann eine klare Tagesstruktur mit festen Zeiten günstig sein, andererseits können sich aus der gesundheitlichen Situation Anforderungen an eine flexible Arbeitszeitgestaltung ergeben. Dies ist für Leistungen zur Teilhabe am Arbeitsleben oder der Arbeitsförderung in gleichem Maße relevant.

Handlungsempfehlungen der Studie "Menschen mit psychischen Störungen im SGB II"
Die Ergebnisse dieser Studie zur Situation psychisch kranker Menschen im SGB II bekräftigen den aus der Studie zur Bestandaufnahme „Rehabilitation psychisch Kranker" (vgl. APK 2004) hervorgegangenen Befund, dass es notwendig ist, „den Zugang von Menschen mit psychischen Beeinträchtigungen zu Arbeit und Beschäftigung qualifiziert weiterzuentwickeln und ihren besonderen Bedürfnissen

entsprechend zu gestalten. Im Bereich Betreuung und Fallbearbeitung verweist die Studie darauf, dass gesundheitlichen Aspekten im institutionellen Handeln der SGB-II-Träger wesentliche Bedeutung zugemessen werden muss. Sowohl die dargelegten Befunde als auch relevante Vorarbeiten konkretisieren definierte Problemfelder dieses Auftrags (vgl. Dornette et al. 2008; Rauch et al. 2008; Schubert 2010; Schubert et al. 2007, 2010, 2011). Zunächst einmal ist zu vermeiden, dass die Fallbearbeitung in den Jobcentern bestehende Probleme verschlimmert. Dies kann durch inadäquate Ansprache, falsche Maßnahmenzuweisung oder gar Sanktionen wegen fehlender Mitwirkung, die aber durch psychische Probleme verursacht ist, der Fall sein. Wichtig sind eine adäquate Ansprache, die Einbeziehung gesundheitlicher Fragen in die Beratungsgespräche und die Möglichkeit, Leistungsfragen rasch zu klären.

Hinweise auf mögliche Problemlagen sollten durch Abprache mit Fachdiensten abgeklärt werden. Idealerweise können Behandler aus betreuenden Einrichtungen einbezogen werden. Trainings- und Aktivierungsmaßnahmen können bei entsprechender Ausgestaltung zur Klärung der tatsächlichen Erwerbsfähigkeit genutzt werden. Fallbezogene Kooperationsformen bis hin zu einer gemeinsamen Eingliederungs- beziehungsweise Hilfeplanung zwischen SGB-II-Trägern und dem Hilfesystem für Menschen mit psychischer Erkrankung können ein wesentliches Instrument der Entwicklung passgenauer Unterstützungs- und Integrationsleistungen sein. Denkbar wäre etwa eine stärkere Verzahnung des beschäftigungsorientierten Fallmanagements der Jobcenter mit einem „integrierten Hilfeplanverfahren" der sozialpsychiatrischen Versorgung.

Auf der institutionellen Ebene der Jobcenter erscheint es hilfreich, die personellen Voraussetzungen für eine möglichst adäquate Betreuung von Personen mit psychischen Beeinträchtigungen zu verbessern.

Dies betrifft zunächst die Aufgabe der Integrationsfachkräfte, Auffälligkeiten in Gesprächen zu erkennen. Hierfür könnten entsprechende Qualifizierungsangebote sinnvoll sein. Fluktuationen bei Ansprechpartnerinnen und -partnern sollten dagegen soweit wie möglich vermieden werden. Schließlich gibt es Handlungsmöglichkeiten auf der Ebene des Gesetzgebers oder der Bundesagentur für Arbeit, die die Schaffung beziehungsweise Ausgestaltung von Maßnahmen zum Ziel haben, die der besseren Integration von Personen mit psychischen Beeinträchtigungen dienen können. Dabei gilt, dass die Ausgestaltung von Maßnahmen oder geförderter Beschäftigung dem Leistungsvermögen und der Problemlage der Betroffenen angepasst sein muss (vgl. Koch/Kupka 2007, 2012). Dies betrifft die konkreten Arbeitsanforderungen, die Arbeitszeit und die Gestaltung der Arbeitsumgebung (vgl. auch APK 2010; Storck 2010). Häufig sind chronisch psychisch beeinträchtigte Menschen dem Personenkreis zuzurechnen, für den eine längerfristige geförderte

Beschäftigung (auch bekannt als „sozialer Arbeitsmarkt") infrage kommt. Sofern die Bereitschaft, entsprechende Arbeitsplätze zu schaffen, sich bei privaten Unternehmen als zumindest aktuell nicht ausreichend erweist, wären zunächst Maßnahmen bei kommunalen Arbeitgebern und Wohlfahrtsverbänden auszubauen.

Psychisch Kranke im SGB II: Situation und Betreuung
Ziel der Studie von Oschmiansky et al. (2017) ist es, eine tiefer gehende Analyse der Situation von Personen mit einer psychischen Erkrankung im SGB II zu erstellen und die Perspektive der Betroffenen einzubeziehen. Hierzu wurden zunächst die individuellen Problemlagen der Betroffenen und der institutionelle Umgang mit diesen sowie der zugrunde liegende Orientierungsrahmen der handelnden Akteure beschrieben. Von Interesse war dabei insbesondere die konkrete Fallbearbeitung und Betreuung durch die Jobcenter sowie durch die Einrichtungen des ärztlichen und psychosozialen Versorgungssystems und die Zusammenarbeit beider Seiten.

Die individuelle Ebene, also die Befragung von Leistungsbezieherinnen und -beziehern mit psychischen Beeinträchtigungen unterschiedlicher Art und Schwere, zielte zunächst auf die biografischen Erfahrungen mit ihrer Krankheit und mit Arbeit ab: Wie setzen sie sich mit ihrer Krankheit auseinander und deuten diese? Sehen sie Arbeitslosigkeit als Folge vorher bestehender Probleme oder umgekehrt als Ursache der psychischen Probleme an? Welche Rolle hatte Arbeit bislang im Lebenszusammenhang beziehungsweise könnte sie wieder haben? Weiter wurde danach gefragt, welche Ansprüche die Befragten an eine Unterstützung durch das Jobcenter haben und welche positiven wie negativen Erfahrungen sie bislang gemacht haben.

Auf institutioneller Ebene wurden zunächst die Jobcenter untersucht. Zentrale Frage war hierbei, ob und inwieweit sie auf den Umgang mit dieser Personengruppe vorbereitet sind und wie sie mit ihr umgehen. Wie erkennen die Fachkräfte, dass eine psychische Erkrankung vorliegt? Welche Prozesse werden in Gang gesetzt, wenn sie wissen, dass Kundinnen und Kunden psychische Probleme haben? Gibt es Beispiele von Regelverletzungen, die unter Umständen mit psychischen Problemen der Kundinnen und Kunden zusammenhängen und nicht auf einer Verweigerung der Zusammenarbeit beruhen? Neben Fragen zur direkten Konfrontation beziehungsweise zum Erkennen von Auffälligkeiten ging es um Strategien des Umgangs: Fühlen sich die Fachkräfte hinreichend ausgebildet, um die entsprechenden Personen zu betreuen? Gibt es Möglichkeiten, diese intern weiter zu verweisen? Welche externen Möglichkeiten des Weiterverweisens sind bekannt? Haben die Fachkräfte Kontakt zu Einrichtungen der psychosozialen Versorgung oder wissen sie, wie man diesen herstellen kann? Bieten die Vorgaben zur Betreuung Möglichkeiten des Umgangs mit psychischen Auffälligkeiten? Welche Maßnahmen- und Arbeitsangebote unterbreiten sie?

Erhebung und Methoden

Die Studie wurde an acht Orten durchgeführt. Dabei waren fünf Jobcenter einbezogen, die nach dem Modell „gemeinsame Einrichtung" von Kommunen respektive Landkreisen in Kooperation mit der Bundesagentur für Arbeit betrieben wurden, sowie drei Jobcenter, die als „zugelassener kommunaler Träger" die alleinige Verantwortung für die Betreuung der SGB-II-Bedarfsgemeinschaften hatten. Sechs der Regionen sind Landkreise, zwei sind Städte. Sechs der Regionen kommen aus den „alten", zwei aus den „neuen" Bundesländern. Die Arbeitsmarktlage differierte erheblich zwischen den Fallstudienregionen. Nach der IAB-Typisierung der SGB-II-Träger decken die acht Regionen sieben unterschiedliche Typen ab (vgl. Dauth et al. 2013). Auch die Zahl der erwerbsfähigen Leistungsberechtigten entwickelte sich in den acht Regionen stark unterschiedlich: In sechs Regionen ist die Zahl zwischen 2005 und 2015 gesunken, in einer der Regionen sogar um fast 40 Prozent. In zwei Regionen kam es dagegen zu einer Zunahme von bis zu 20 Prozent.

Das Erhebungsprogramm umfasste folgende Gruppen:
- Klientinnen und Klienten: Leistungsempfängerinnen und -empfänger, die in einer Einrichtung der psychosozialen Versorgung betreut wurden (z. B. sozialpsychiatrischer Dienst, Tagesklinik, betreutes Wohnen). Sie umfassten folgende Diagnosegruppen der Internationalen Klassifikation der Krankheiten (ICD-10) der Weltgesundheitsorganisation (vgl. WHO 2010): affektive Störungen (ICD-10: F30-F39), neurotische, Belastungs- und somatoforme Störungen (ICD-10: F40-F48), Persönlichkeits- oder Verhaltensstörungen (ICD-10: F60-F69) oder Schizophrenie, schizotype und wahnhafte Störungen (ICD-10: F20-F29).
- Behandlerinnen und Behandler: Medizinisches, psychologisches oder pädagogisches Fachpersonal, die in der Betreuung der ersten Gruppe aktiv waren.
- Jobcenter Führungskräfte: Geschäftsführung oder Teamleitung.
- Jobcenter Fachkräfte: Fallmanagerinnen und Fallmanager, persönliche Ansprechpartnerinnen und -partner und Reha-Fallmanagerinnen und -Fallmanager.
- Ärztlicher Dienst/Gesundheitsamt.
- Berufspsychologischer Service.

Die Erhebungen wurden in zwei Wellen im Laufe des Jahres 2015 nach der Methode des „problemzentrierten Interviews" (Witzel und Reiter 2012) durchgeführt. Der Großteil der Interviews wurde Face-to-Face vor Ort durchgeführt. Ausnahmen hiervon waren ein Interview mit dem Berufspsychologischen Service sowie 39 Interviews mit Behandlerinnen und Behandlern. Insgesamt wurden 134 Interviews geführt, transkribiert und mithilfe der Software MAXQDA ausgewertet. Die größten Befragtengruppen waren Betreuungspersonen in psychiatrischen Einrichtungen (44 Befragte), Klientinnen und Klienten (43) und Fachkräfte in Jobcentern (25). Im Zentrum der

Auswertung standen der Ansatz der dokumentarischen Methode (Bohnsack 1983, 2014 sowie Nohl 2009) sowie inhaltliche „Querauswertungen" mit der Methode der qualitativen Inhaltsanalyse (Mayring 2010). Die folgenden Abschnitte werfen ein Schlaglicht auf die Ergebnisse der Studie (vgl. ausführlicher Oschmiansky et al. 2017).

Stellenwert von Arbeit
Expertinnen und Experten der psychosozialen Versorgung betonten, dass das Thema Arbeit in Fachkreisen zwar eine hohe Bedeutung habe, im Behandlungsalltag jedoch bislang eher eine Randstellung einnehme. In der Untersuchung gab es aber eine größere Gruppe von Behandlerinnen und Behandlern, die das Thema in den Blick nehmen. Die Spannbreite reichte dabei von der bloßen Frage zum Arbeitsstatus über eine konkretere Besprechung persönlicher Ziele bis hin zur Ermunterung zur Beschäftigungsaufnahme und der gezielten Unterstützung. In Einrichtungen der beruflichen Rehabilitation wird Arbeit per Definition zum Ziel gemacht. Das Thema Arbeit wurde aber auch in multiprofessionellen Behandlungssettings wie in psychiatrischen Institutsambulanzen oder Tageskliniken angesprochen, zum Beispiel im Rahmen von Ergotherapie oder Sozialarbeit.

Für die Mehrheit der 43 befragten psychisch Kranken hat Arbeit und Beschäftigung einen zentralen Stellenwert. Der Wunsch nach einer bezahlten und sicheren Tätigkeit zum Zeitpunkt der Befragung war groß. Damit verbunden war der Wunsch nach einer sinnvollen und strukturgebenden Tätigkeit, nach einem Verdienst, von dem sich nicht nur der Lebensunterhalt, sondern auch Hobbys, Freizeit und materielle Wünsche bezahlen lassen, nach Anerkennung und Bestätigung und nach dem Gefühl, nützlich und sozial eingebunden zu sein. Gleichzeitig wurden mit beruflichen Tätigkeiten auch negative Erfahrungen, Ängste und Unsicherheiten assoziiert. Viele Betroffene gaben an, gern in Teilzeit arbeiten zu wollen, um so einer Überforderung vorzubeugen.

Neben der stabilisierenden Wirkung von Arbeit wurde die gesundheitlich destabilisierende Wirkung von Arbeitslosigkeit thematisiert, wie das Fehlen einer Tagesstruktur, von sinnvoller Beschäftigung, sozialen Kontakten und finanziellen Spielräumen. Die Betroffenen fühlten sich entsprechend abhängig und minderwertig. Die Situation verschlechtere sich nach ihrer Auskunft mit zunehmender Dauer der Arbeitslosigkeit. Einige wenige Befragte sahen in der Arbeitslosigkeit auch positive Aspekte, zum Beispiel Zeit zu haben, um sich „um sich selbst zu kümmern" und gesund zu werden.

Betreuung psychisch Kranker in den Jobcentern
Nach Auskunft der Fach- und Führungskräfte in den befragten Jobcentern stellen psychisch Kranke eine relevante und wachsende Gruppe unter den Leistungsbe-

rechtigten im SGB II dar. Sehr häufig haben sie psychische Erkrankungen im Zusammenhang mit weiteren Problemlagen wie Sucht, Schulden sowie schwierigen Wohnverhältnissen genannt und auf multidimensionale Problemlagen verwiesen. Bei dieser Personengruppe stehe eine Integration in den Arbeitsmarkt nicht primär im Fokus der Bemühungen, sondern zunächst die gesundheitliche Stabilisierung. Als besondere Herausforderung beschrieben die Fachkräfte das Erkennen von psychischen Erkrankungen. Eine Gruppe von Fachkräften verlässt sich beim Erkennen von psychischen Beeinträchtigungen auf ihr „Bauchgefühl" und beschreibt das Vorgehen zur Abklärung von psychischen Erkrankungen eher unpräzise und diffus. Andere Fachkräfte greifen auf eine Art „Instrumentenkoffer" zurück und gehen wesentlich strukturierter vor. Häufig wurden in diesem Zusammenhang das Stellen von (zum Teil selbst entwickelten) Gesundheitsfragen im Rahmen des Profilings, das Hinzuziehen von Dritten oder auch die schnelle Abklärung über die Fachdienste der Agenturen für Arbeit beziehungsweise das Gesundheitsamt genannt.

Die Fachkräfte in den Jobcentern können zur Abklärung der gesundheitlichen Situation ihrer Klientinnen und Klienten die Fachdienste der Agenturen für Arbeit beziehungsweise die Gesundheitsämter einschalten. Die Fachkräfte nutzen bei Hinweisen beziehungsweise bei Vorliegen von psychischen Krankheiten den Ärztlichen Dienst beziehungsweise die Gesundheitsämter, insbesondere zur Beurteilung der Arbeits- beziehungsweise Erwerbsfähigkeit sowie zur Abklärung eines Rehabilitationsbedarfs. Die Gutachten des Ärztlichen Diensts beziehungsweise der Gesundheitsämter wurden häufig als zu allgemein gehalten wahrgenommen. Der Berufspsychologische Service wird seitens der Fachkräfte der gemeinsamen Einrichtungen insbesondere dann eingeschaltet, wenn Fragen nach der Belastbarkeit der Leistungsberechtigten sowie deren Leistungsfähigkeit eine große Rolle spielen. Insbesondere die häufig in Anspruch genommene psychologische Begutachtung enthält nach Auskunft der befragten Fachkräfte relevante Hintergrundinformationen über die Leistungsberechtigten, die ihnen häufig noch nicht bewusst seien.

Die Fachkräfte benannten einige zentrale Herausforderungen, mit denen sie häufig konfrontiert sind. Dazu gehört zum einen die Betreuung von psychisch kranken Leistungsberechtigten ohne Krankheitseinsicht. Einige Fachkräfte versuchen, die Betroffenen über allgemeine Leistungen der Arbeitsförderung „auszutesten" oder durch Sanktionierung bei entsprechend vorliegenden „Verfehlungen" eine Einsicht bei den Leistungsberechtigten zu erwirken. Schlägt dies fehl, lässt sich häufig Resignation und eine Strategie des Verwaltens erkennen. So wurde an einigen Standorten explizit darauf hingewiesen, dass manche Personen nach Jahren erfolgloser Bemühungen zu „Zahlfällen" gemacht würden. Des Weiteren thematisierten einige der Fachkräfte unter anderem Aspekte des Datenschutzes, die sie als

Herausforderung bei der Betreuung empfanden. So gäbe es insbesondere Unsicherheiten hinsichtlich der Frage, welche Informationen in der EDV (nicht) hinterlegt werden dürften.

Umgekehrt beklagten viele Klientinnen und Klienten den häufigen Wechsel von Ansprechpartnern. Häufig wurde das Fehlen eines respektvollen und verständnisvollen Umgangs moniert (von dieser Kritik ausgenommen wurde die Betreuung im Fallmanagement). Weiterhin kritisierten die Betroffenen die Vergabe oft unpassender Arbeitsfördermaßnahmen und das völlige Fehlen von Arbeitsangeboten. Die Hälfte der befragten Klientinnen und Klienten hatten laut eigener Aussage bereits Konflikte mit dem Jobcenter. Obwohl sich viele Klientinnen und Klienten durchaus kritisch über ihr Verhältnis zur betreuenden Integrationsfachkraft äußerten, stand dieses per se selten im Fokus von Konflikten. Die Behandlerinnen und Behandler betonten, dass die Regularien und Prozessabläufe im SGB II unklar, komplex und uneinheitlich seien und für Außenstehende kaum zu durchdringen. Dies führt auch häufig zu Sanktionierungen oder zur Nichtbeantragung von Leistungen, da die psychisch Kranken vor der Komplexität kapitulieren.

Grundlagen des SGB II
Neben dem Fördern gehört das Fordern zu den Grundprinzipien des SGB II. Die grundsätzliche Sinnhaftigkeit, „Fördern" und „Fordern" zu koppeln, wird dabei von kaum einer Fachkraft bestritten. Der Umgang mit Sanktionen war dabei sehr heterogen. Während es Fachkräfte gibt, die Sanktionen für die Gruppe der psychisch Kranken nahezu ausschlossen, wenden andere Sanktionen bei psychisch Kranken kaum anders an als bei gesunden Leistungsberechtigten. In zwei Jobcentern zeigte sich insgesamt ein sehr offensives Anwenden von Sanktionen. Seitens der Behandlerinnen und Behandler wird „Fördern und Fordern" ebenfalls mehrheitlich gutgeheißen. Gleichzeitig machten sie aber auch deutlich, dass bei psychisch kranken Leistungsberechtigten Fordern schnell zur Überforderung führen kann und daher sehr verantwortungsvoll gehandhabt werden müsse. Das Verhängen von Sanktionen gegen psychisch kranke Leistungsberechtigte lehnten die Behandlerinnen und Behandler einhellig ab, da hiermit schwerwiegende negative Folgen für den weiteren Krankheitsverlauf verbunden sein können.

Eher kritisch fiel der Blick der befragten psychisch kranken Leistungsberechtigten auf das SGB II aus. Einige Befragte ordnen die Betreuung durch das Jobcenter, erhaltene Unterstützungsangebote sowie die finanziellen Leistungen zur Sicherung des Lebensunterhalts als positiv ein. Die Mehrheit verbindet mit dem SGB-II-Leistungsbezug jedoch finanzielle Einschränkungen, Schikane durch die Mitarbeiterinnen und Mitarbeiter der Jobcenter, Scham sowie gesellschaftliche Stigmatisierung. Ähnlich kritisch äußerten sich die befragten Behandlerinnen und Behandler.

Als wesentliche Herausforderung bei der Beratung und Betreuung von psychisch kranken Leistungsberechtigten wurde die Regelung zur Erwerbsfähigkeit genannt. Aus Sicht der Fachkräfte befinden sich unter der Zielgruppe auch Personen, denen sie die Leistungsfähigkeit für eine Beschäftigung absprechen, die aber vom Ärztlichen Dienst der Bundesagentur oder von der Deutschen Rentenversicherung als erwerbsfähig eingestuft werden. Psychische Einschränkungen würden nach Auffassung einiger Fachkräfte bei der Beurteilung der Erwerbsfähigkeit zu wenig berücksichtigt. Dadurch würden Klientinnen und Klienten in der Betreuung verbleiben, die sie nach eigener Einschätzung nicht in den Arbeitsmarkt – und zum Teil auch nicht in arbeitsmarktpolitische Fördermaßnahmen – integrieren könnten.

Kooperationen
Kooperationen zwischen Mitarbeiterinnen und Mitarbeitern der Jobcenter und denen in psychosozialen Einrichtungen sind bislang nur sehr vereinzelt vorzufinden, was von beiden Seiten beklagt wird. Als Hauptgrund für die geringere Kooperation nennen beide Akteursgruppen jeweils die Verweigerungshaltung des jeweils anderen. Die Behandlerinnen und Behandler betonen die schwierige Erreichbarkeit der Fachkräfte in den Jobcentern aufgrund vorgelagerter Callcenter. Beide Seiten äußern mehrheitlich den Wunsch nach mehr und besserer Kooperation. Auch die Klientinnen und Klienten wünschen sich mehrheitlich eine engere Kooperation zwischen Jobcenter und Behandlerinnen und Behandlern. Notwendigen Schweigepflichtentbindungen würden sie mehrheitlich zustimmen. Sie erhoffen sich hierdurch eine gezieltere Unterstützung und Beratung. Ein Drittel der befragten Klientinnen und Klienten würde allerdings keinen Mehrwert in einer engeren Kooperation erkennen.

Arbeitsmarktintegration
Die Mehrheit der befragten Fachkräfte definiert die (Re-)Integration in Arbeit für psychisch kranke Leistungsberechtigte eher als langfristiges Ziel und stellt zunächst die Stabilisierung der Gesundheit der Betroffenen in den Vordergrund. Die von den Fachkräften dargelegten Fallbeispiele zeigen, dass die Ausgangsbedingungen und Herausforderungen der psychisch kranken Leistungsberechtigten ebenso wie die gewählten Herangehensweisen der Fachkräfte sehr heterogen waren. Oftmals wurde aber die (Re-)Integration in Arbeit erst nach vielen anderen Schritten angegangen.

Sofern arbeitsmarktpolitische Maßnahmen genutzt werden, handelt es sich um Arbeitsgelegenheiten, die psychosoziale Betreuung im Rahmen der kommunalen Eingliederungsleistungen sowie Maßnahmen zur Aktivierung und beruflichen Eingliederung nach § 45 SGB III. Als besonders geeignete Maßnahmen für die Zielgruppe beschreiben die Fachkräfte niedrigschwellige Angebote wie beispielsweise

Coachingmaßnahmen oder auch spezielle Arbeitsgelegenheiten sowie langfristige Angebote mit einer langsamen zeitlichen Heranführung. Fast alle Mitarbeiterinnen und Mitarbeiter der Fachdienste beziehungsweise Gesundheitsämter sowie Behandlerinnen und Behandler wiesen auf Reha-Maßnahmen als wichtiges Element der Förderung des Personenkreises hin. Seitens der befragten Experten aus dem psychosozialen Versorgungsbereich wird „Unterstützte Beschäftigung" als wirksamster Maßnahmenansatz für psychisch Kranke bezeichnet. Dagegen ist dieses Instrument in den Jobcentern bislang nahezu bedeutungslos.

In den Interviews mit den Fachkräften der Jobcenter, den Behandlerinnen und Behandlern aus dem psychiatrischen und psychosozialen Versorgungssystem sowie den Betroffenen selbst konnten zudem sowohl individuelle als auch strukturelle Barrieren bei der Reintegration psychisch Kranker in den ersten Arbeitsmarkt identifiziert werden. Als strukturelles Hemmnis wurde sowohl von den Behandlerinnen und Behandlern als auch den befragten Leistungsberechtigten am häufigsten eine unzureichende Förderung durch das Jobcenter genannt. Die Fachkräfte in den Jobcentern seien im Hinblick auf psychische Erkrankungen nicht ausreichend geschult und zeigten zu wenig Verständnis und Einfühlungsvermögen für die Zielgruppe. Erteilte Maßnahmen und Förderangebote des Jobcenters seien häufig nicht zielführend und bedarfsgerecht. Individuelle Bedürfnisse und Wünsche der Betroffenen würden kaum berücksichtigt. Darüber hinaus wurden die mangelnde Förderung psychisch Kranker durch das Jobcenter, fehlende Anschlussperspektiven nach Beendigung von Maßnahmen sowie der Mangel an Angeboten zur unterstützten Beschäftigung kritisiert.

5.3.4 Pflegende in Arbeitslosengeld-II-Haushalten[18]

Die Zahl der Pflegebedürftigen in Deutschland steigt. Viele Menschen pflegen Angehörige und müssen dies mit ihrer Erwerbstätigkeit vereinbaren. Auch Bezieherinnen und Bezieher von Arbeitslosengeld II, die ihre Angehörigen pflegen, stehen im Spannungsfeld zwischen der Pflegearbeit und ihrer Pflicht zur Arbeitsuche. Mithilfe von Befragungsdaten des Panels „Arbeitsmarkt und soziale Sicherung" (PASS) aus dem Zeitraum 2006 bis 2012 untersuchen Hohmeyer und Kopf (2015) die Situation von pflegenden Leistungsbezieherinnen und -beziehern sowie deren Kontakt zu ihrem Jobcenter. Sie erforschen dabei die Pflegetätigkeiten von jenen Personen, die in einem Arbeitslosengeld-II-Haushalt leben und im erwerbsfähigen Alter zwischen 15 und 64 Jahren sind.

---

18 Dieser Text enthält Passagen aus dem IAB-Kurzbericht 5/2015 von Hohmeyer und Kopf.

Tabelle 5.6
Pflegetätigkeiten von Arbeitslosengeld-II-Empfängerinnen und -Empfänger

		Gesamt	Männer	Frauen
Hochgerechnete Gesamtzahl der Pflegenden		284.088	115.712	168.376
Zahl der gepflegten Personen				
1 Person	%	83,5	85,1	82,3
2 Personen		13,5	11,8	14,7
3 Personen oder mehr		2,9	2,9	2,9
Keine Angabe, weiß nicht		0,2	0,2	0,1
Zahl der Beobachtungen	abs.	2.043	749	1.294
Wöchentlicher Pflegeaufwand				
Unter 5 Stunden	%	20,0	20,6	19,5
5 bis 9 Stunden		20,0	21,7	18,7
10 bis 19 Stunden		21,7	23,5	20,6
20 Stunden und mehr		33,2	29,2	35,9
Keine Angabe, weiß nicht		5,2	5,0	5,3
Zahl der Beobachtungen[1]	abs.	2.038	747	1.291
Übernommene Tätigkeiten (Mehrfachnennungen möglich)				
Besorgungen und Erledigungen außer Haus	%	90,8	93,0	89,1
Haushaltsführung/Versorgung mit Mahlzeiten und Getränken		75,5	80,9	78,3
Einfache Pflegetätigkeiten, z. B. Hilfe beim An- und Auskleiden		59,0	48,7	66,4
Schwierigere Pflegetätigkeiten, z. B. Hilfe beim Umbetten		22,1	20,5	23,2
Andere Tätigkeiten		16,2	17,8	15,0
Zahl der Beobachtungen [2]	abs.	899	345	554

[1] nur Beobachtungen mit gültiger Angabe zur Zahl der gepflegten Personen
[2] nur Wellen 4 bis 6
Quelle: PASS, Wellen 1 bis 6, Beobachtungen mit Pflegetätigkeit in Haushalten mit ALG-II-Bezug, eigene Berechnungen, gewichtet. Vgl. Hohmeyer/Kopf (2015: 2).

Im Jahr 2011 waren 2,5 Millionen Menschen in Deutschland pflegebedürftig. 70 Prozent der Pflegebedürftigen werden zu Hause von Angehörigen gepflegt. Im Jahr 2012 beteiligten sich hierzulande insgesamt 5,6 Prozent der Personen im erwerbsfähigen Alter an der Versorgung Pflegebedürftiger. In Haushalten, die Arbeitslosengeld II beziehen, ist der Anteil der Pflegenden mit 7,2 Prozent noch etwas höher. Der Anteil der pflegenden Frauen ist dabei mit fast neun Prozent höher als der der Männer.

Über 80 Prozent der Pflegenden mit Leistungsbezug betreuen jeweils einen Angehörigen/eine Angehörige, gut 16 Prozent pflegen jedoch zwei oder mehr Personen (vgl. Tabelle 5.6). Mehrheitlich übernehmen die Pflegenden Besorgungen und Erledigungen außer Haus (über 90 %) sowie Aufgaben der Haushaltsführung und der Versorgung mit Mahlzeiten und Getränken (gut 75 %). Insgesamt 59 Prozent der Befragten (49 % der Männer und 66 % der Frauen) erledigen einfache Pflegetätigkeiten, wie beispielsweise Hilfe beim Ankleiden. Gut 22 Prozent geben an, auch schwierigere Pflegetätigkeiten durchzuführen, wie etwa Helfen beim Umbetten.

Pflegende Arbeitslosengeld-II-Bezieherinnen und -bezieher sind keine homogene Gruppe. Wie bereits dargestellt, ist der Anteil der Pflegenden unter den Frauen in Haushalten mit Arbeitslosengeld-II-Bezug höher als unter den Männern. Pflegende sind tendenziell älter als nicht pflegende Personen in den Arbeitslosengeld-II-Haushalten. In Arbeitslosengeld-II-Haushalten haben pflegende Personen tendenziell eine höhere Bildung als nicht pflegende. Bei Personen in Haushalten ohne Leistungsbezug gibt es hingegen keine signifikanten Bildungsunterschiede zwischen Pflegenden und Nicht-Pflegenden.

Pflegende Arbeitslosengeld-II-Bezieherinnen und -bezieher leiden mit 28 Prozent häufiger unter seelischen Problemen als nicht pflegende (21 %). Ihren Gesundheitszustand hingegen beurteilen sie ähnlich häufig als „weniger gut" oder „schlecht". Keine Unterschiede bestehen außerdem in der durchschnittlichen Lebenszufriedenheit zwischen pflegenden und nicht pflegenden Arbeitslosengeld-II-Beziehenden.

Arbeitslosengeld-II-Beziehende sollen dem Arbeitsmarkt zur Verfügung stehen und selbst zur Beendigung oder Reduzierung ihrer Hilfebedürftigkeit beitragen (§ 2 Abs. 1 SGB II). Von diesem Grundsatz kann jedoch abgewichen werden, wenn die Arbeit mit der Pflege eines Angehörigen nicht vereinbar ist und die Pflege nicht anders organisiert werden kann (§ 10 Abs. 1 Satz 4 SGB II).

Insgesamt ist die Erwerbssituation der pflegenden und nicht pflegenden Arbeitslosengeld-II-Beziehenden sehr ähnlich. Der Anteil der Erwerbstätigen mit einer sozialversicherungspflichtigen Beschäftigung ist unter den pflegenden Leistungsbezieherinnen und -beziehern ähnlich hoch wie unter den nicht pflegenden (10 % und 12 %, der Unterschied ist statistisch nicht signifikant). Ebenso üben sie ähnlich häufig einen Minijob aus (18 % und 16 %, vgl. Tabelle 5.7). Bei den nicht erwerbstätigen Personen liegt die letzte Erwerbstätigkeit unter den Pflegenden öfter länger als fünf Jahre zurück als unter den Nicht-Pflegenden (44 % versus 36 %), aber Pflegende waren ähnlich häufig wie Nicht-Pflegende niemals zuvor erwerbstätig (10 % und 11 %). In der Dauer des Arbeitslosengeld-II-Bezugs ihres Haushalts unterscheiden sich pflegende Leistungsbeziehende nicht von den nicht pflegenden. Fast die Hälfte beider Gruppen lebt in einem Haushalt, der bereits länger als drei Jahre Arbeitslosengeld II bezieht.

Lebenslagen und soziale Teilhabe

Tabelle 5.7
Erwerbssituation von pflegenden und nicht pflegenden Arbeitslosengeld-II-Bezieherinnen und -Beziehern

Anteile in Prozent		Pflegende	Nicht-Pflegende
Minijob	ja	18,3	15,8
	nein	81,6	84,0
	fehlende Angabe	0,1	0,2
Erwerbstätig > 400 €	ja	9,7	11,8
	nein	90,0	87,7
	fehlende Angabe	0,3	0,5
Falls nein: Zeit seit letzter Beschäftigung mit einem Einkommen > 400 €	niemals erwerbstätig gewesen	10,3	10,8
	bis zu 1 Jahr	6,4	8,8
	> 1 bis 2 Jahre	6,2	7,4
	> 2 bis 3 Jahre	6,0	7,4
	> 3 bis 4 Jahre	6,6	7,0
	> 4 bis 5 Jahre	5,8	5,6
	über 5 Jahre	43,8*	35,6
	fehlende Angabe	14,7	17,4
Haushalt bezieht ununterbrochen ALG II seit ...	bis zu 1 Jahr	11,0	13,1
	> 1 bis 2 Jahre	13,9	16,3
	> 2 bis 3 Jahre	22,5	20,8
	über 3 Jahre	47,7	44,3
	fehlende Angabe	4,9	5,6
Arbeit in den letzten 4 Wochen gesucht[1]	ja	51,1	50,7
	nein	43,6	44,3
	fehlende Angabe	5,3	5,0
Umfang gewünschte Erwerbstätigkeit[2]	Vollzeit	55,6*	63,5
	mindestens halbtags	29,1*	23,6
	weniger als halbtags	4,4	3,0
	fehlende Angabe	10,9	10,0

[1] N = 24.759, keine Studenten
[2] N = 11.505, nur Personen, die nach Arbeit suchen
* Werte unterscheiden sich signifikant auf dem 5%-Niveau.
Quelle: PASS, Wellen 1 bis 6, Beobachtungen in Haushalten mit ALG-II-Bezug, eigene Berechnungen, gewichtet; N = 25.407. Vgl. Hohmeyer/Kopf (2015: 4).

Gut die Hälfte der Pflegenden wie der Nicht-Pflegenden hat in den letzten vier Wochen nach Arbeit gesucht. Sie unterscheiden sich jedoch deutlich im Umfang der gewünschten Erwerbstätigkeit: Pflegende suchen nicht so oft eine Vollzeit-Erwerbstätigkeit wie nicht pflegende Arbeitslosengeld-II-Beziehende (56 % versus 64 %), und zu einem leicht höheren Anteil mindestens eine Halbtagsbeschäftigung (29 % versus

Gesundheit und Pflege

24 %). Vor allem für Leistungsberechtigte, die viel Zeit für Pflege aufwenden (mindestens 20 Stunden pro Woche), ist die Aufnahme einer Erwerbstätigkeit schwierig.

Wie bereits angesprochen, sind nicht alle Leistungsbeziehenden zur Arbeitsuche verpflichtet. Für pflegende Arbeitslosengeld-II-Bezieherinnen und -bezieher, die nicht zur Arbeitsuche verpflichtet sind, ist die Pflege mit 28 Prozent der häufigste Grund hierfür. Das heißt aber auch, dass in über 70 Prozent dieser Fälle die Pflegetätigkeit nicht der Grund ist, was mitunter auch am geringen Stundenumfang der Pflegetätigkeit liegt. Pflegende sind von der Arbeitsuche nur dann ausgenommen, wenn ihre Pflegetätigkeit einen bestimmten Stundenumfang – als Richtwert gelten fünf Stunden täglich beziehungsweise Pflegestufe III der Gepflegten – übersteigt. Weitere Gründe, die pflegende Leistungsbezieher von der Pflicht zur Arbeitsuche befreien können (vgl. Abbildung 5.5), sind gesundheitliche Einschränkungen (26 %), Kinderbetreuung (20 %) und ein Alter von über 58 Jahren (19 %; diese Regelung wurde allerdings für Neufälle ab 2008 abgeschafft). Dies zeigt, dass Pflegetätigkeiten häufig nicht das einzige Hindernis für die Arbeitsuche von Pflegenden sind. Das bedeutet, es könnten sich auch Personen, die aus anderen Gründen nicht erwerbstätig sind, für die Pflege eines Angehörigen entscheiden.

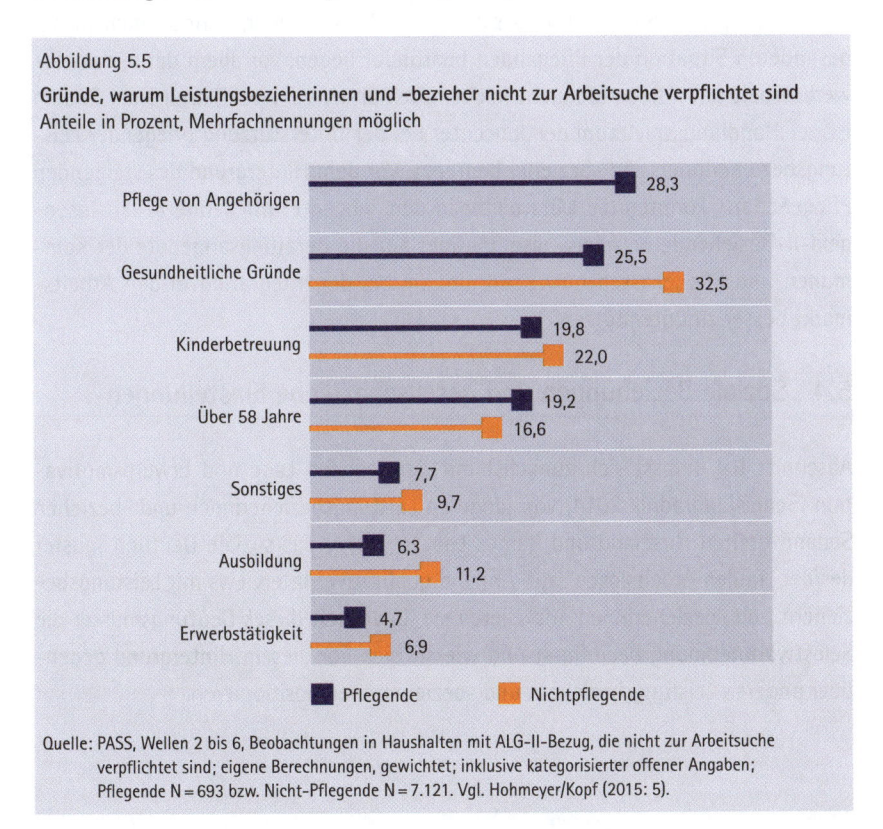

Abbildung 5.5
Gründe, warum Leistungsbezieherinnen und -bezieher nicht zur Arbeitsuche verpflichtet sind
Anteile in Prozent, Mehrfachnennungen möglich

Grund	Pflegende	Nichtpflegende
Pflege von Angehörigen	28,3	
Gesundheitliche Gründe	25,5	32,5
Kinderbetreuung	19,8	22,0
Über 58 Jahre	19,2	16,6
Sonstiges	7,7	9,7
Ausbildung	6,3	11,2
Erwerbstätigkeit	4,7	6,9

Quelle: PASS, Wellen 2 bis 6, Beobachtungen in Haushalten mit ALG-II-Bezug, die nicht zur Arbeitsuche verpflichtet sind; eigene Berechnungen, gewichtet; inklusive kategorisierter offener Angaben; Pflegende N = 693 bzw. Nicht-Pflegende N = 7.121. Vgl. Hohmeyer/Kopf (2015: 5).

Jobcenter sollen Leistungsberechtigten im Sinne des „Fördern und Fordern" dabei helfen, wieder in Arbeit zu kommen. Die Jobcenter können pflegende Leistungsbeziehende unterstützen, indem sie auf kommunale Leistungen hinweisen (§ 16a Abs. 1 SGB II). So kann Pflegenden beispielsweise bei der Suche nach Betreuungspersonal und damit bei der Integration in den Arbeitsmarkt geholfen werden. Nach eigenen Angaben haben gut zwei Prozent der Pflegenden vom Jobcenter Hilfe bei der Suche nach Pflegepersonal erhalten. Für gut ein Drittel der befragten Pflegenden, die noch keine Unterstützung erhalten haben, wäre eine solche Hilfe jedoch wichtig gewesen. Diese Unterstützung selbst zu erbringen, ist allerdings nicht Aufgabe der Vermittlerinnen und Vermittler in den Jobcentern, sondern Teil der kommunalen Leistungen. Außerdem bieten die Pflegekassen Beratungen an für Personen, die Leistungen nach dem SGB XI erhalten.

Pflegende wie nicht pflegende Leistungsbeziehende halten die Mitarbeiterinnen und Mitarbeiter der Jobcenter im Allgemeinen für freundlich und hilfsbereit. Die Berücksichtigung der eigenen Vorstellungen, die Unterstützung, Beratung und Hilfsbereitschaft in den Jobcentern werden von den pflegenden Leistungsbeziehenden etwas skeptischer betrachtet. Signifikant skeptischer sind Pflegende, ob die Beratung ihre Situation verbessert. Diese Einschätzung könnte auch in der besonderen Situation der Pflegenden begründet liegen, vor allem darin, dass Erwerbsarbeit und Pflege oft nicht leicht miteinander zu vereinbaren sind. Zudem ist der Handlungsspielraum der Jobcenter bei der Unterstützung pflegender Leistungsbezieherinnen und -bezieher begrenzt. Vor dem Hintergrund des steigenden Pflegebedarfs könnten die Mitarbeiter in den Jobcenter pflegende Arbeitslosengeld-II-Beziehende beispielsweise häufiger auf die Beratungsangebote der Kommunen und Pflegekassen hinweisen, um sie bei der Integration in den Arbeitsmarkt besser zu unterstützen.

5.4 Soziale Beziehungen und gesellschaftliche Einstellungen

Abschnitt 5.4 befasst sich zunächst mit der sozialen Lage und Erwerbsmotivation (Schels/Zahradnik 2014) von jüngeren Leistungsbezieherinnen und -bezieher. Sodann greifen Hirseland und Ramos Lobato (2014) das soziale Deutungsmuster des/der „faulen Arbeitslosen" auf. Anhand qualitativer Interviews mit Leistungsbeziehern und -bezieherinnen analysieren sie, inwieweit dieses Deutungsmuster die Selbstwahrnehmung beeinflusst und wie sie sich vor diesem Hintergrund gegenüber anderen Leistungsbeziehern und -bezieherinnen positionieren.

5.4.1 Soziale Lage, Bezugsdauer und Erwerbsmotivation junger Leistungsempfängerinnen und -empfänger

In ihrem Beitrag *Junge Erwachsene und „Hartz IV"* beschäftigen sich Schels und Zahradnik (2014) mit der sozialen Lage, den Arbeitsmarktchancen und der Erwerbsmotivation von jungen Leistungsberechtigten zwischen 18 und 24 Jahren. Ziel ihres Beitrags ist es, das in der öffentlichen Diskussion verbreitete, nicht selten „vorurteilsbehaftete [...] Bild" (ebd., S. 119) dieser Teilgruppe der Leistungsempfängerinnen und -empfänger anhand empirischer Erkenntnisse zu überprüfen und kritisch zu hinterfragen. Dazu greifen sie auf verschiedene – quantitative wie qualitative – (Befragungs-) Daten zurück (für weiter gehende methodische Hinweise vgl. ebd., S. 124 f.).

Für die Analyse der *sozialen Lage* der jungen Erwachsenen verwenden Schels und Zahradnik Daten des IAB-Haushaltspanels „Arbeitsmarkt und soziale Sicherung" (PASS) aus der zweiten und vierten Welle der Jahre 2007/2008 sowie 2009/2010 (vgl. ebd., S. 125). Mit Blick auf den Erwerbsstatus zeigt ihre Auswertung, dass sich mit 33 beziehungsweise 35 Prozent (in den Wellen 4 bzw. 2) ein erheblicher Teil der betrachteten Gruppe (noch) in Schule und Ausbildung befindet (vgl. Tabelle 5.8). Allerdings ist der mit Abstand größte Teil der jungen Erwachsenen zu beiden Zeitpunkten arbeitslos – in Welle 2 beträgt er 48 Prozent, in Welle 4 liegt er bei 49 Prozent. Aus Sicht von Schels und Zahradnik stellt die fehlende Erwerbsintegration denn auch „das zentrale Problem" (ebd., S. 127) dieser Gruppe von Leistungsberechtigten dar. Die Betrachtung des Bildungsstatus macht weiterhin deutlich, dass viele der jungen Grundsicherungsempfängerinnen und -empfänger nur über ein geringes formales Qualifikationsniveau verfügen. So haben immerhin 13 Prozent (in beiden Wellen) der jungen Leistungsberechtigten keinen Schulabschluss erreicht, weitere 40 Prozent verfügen lediglich über einen Hauptschulabschluss. Ein ähnliches Bild zeigt auch der Blick auf die Berufsausbildung der jungen Erwachsenen: So haben 65 Prozent aller Grundsicherungsempfängerinnen und -empfänger zwischen 18 und 24 Jahren, die nicht mehr zur Schule gehen, zum Zeitpunkt der Befragung (noch) keinen Berufsabschluss erwerben können – ein Umstand, der mit Blick auf die Arbeitsmarktchancen der jungen Erwachsenen von wesentlicher Bedeutung ist. Neben ihrer sozialen Lage und ihres Bildungsstatus zeigen sich Unterschiede mit Blick auf die soziale Herkunft. So ergab die Analyse von Schels/Zahradnik, dass in 14 Prozent der Fälle die Eltern über keinen Berufsabschluss verfügen. Dem stehen 68 Prozent der jungen Hilfeempfängerinnen und -empfänger gegenüber, deren Eltern einen fachlichen Berufsabschluss realisiert haben. Die Analysen der sozialen Lagen zeigen damit insgesamt, dass die soziale Zusammensetzung der Gruppe der jungen Arbeitslosengeld-II-Empfängerinnen und -Empfänger weit heterogener ist als verbreitete Annahmen zu arbeitslosen, gering qualifizierten jungen Menschen aus unteren sozialen Schichten nahelegen (vgl. ebd., S. 127).

Lebenslagen und soziale Teilhabe

Tabelle 5.8
Soziale Lage 18- bis 24-jähriger Empfängerinnen und Empfänger von Arbeitslosengeld II

	Bestand 2007/2008[1]	Bestand 2009/2010[2]	Eintritts-kohorte Januar 2005[3]
Erwerbsstatus			
in Schule oder Berufsausbildung	35	33	40
arbeitslos	48	49	35
erwerbstätig	6	6	9
zu Hause/Elternzeit	6	8	6
sonstiges	5	5	10
N	512	446	674
Höchster Schulabschluss (ohne Schülerinnen/Schüler)			
ohne Schulabschluss	13	13	11
Hauptschulabschluss	44	43	44
mittlere Reife	33	33	35
(Fach-)Abitur	11	11	10
N	470	415	553
Ohne Ausbildungsabschluss (ohne Schülerinnen/Schüler und Auszubildende)	66	65	64
N	304	271	420
Haushaltszusammensetzung			
alleinlebend	25	25	20
mit Eltern	39	36	55
mit Partner	6	6	10
mit Partner und Kindern	20	24	11
mit Kindern, ohne Partner	11	9	4
N	512	446	674
Höchster Ausbildungsabschluss der Eltern			
ohne Abschluss	14	14	–
mit (Fach-)Berufsausbildung	68	66	–
(Fach-)Hochschulabschluss	10	10	–
keine Information zu Eltern	8	9	–
N	512	446	
Höchste Berufsposition der Eltern (als befragte Person 15 Jahre alt)			
in qualifizierter Beschäftigung	–	–	47
in unqualifizierter/einfacher Beschäftigung	–	–	22
arbeitslos/nicht erwerbstätig	–	–	18
keine Information zu Eltern	–	–	13
N			674

[1] 2. Welle PASS
[2] 4. Welle PASS
[3] Befragung „Lebenssituation und Soziale Sicherung 2005" (LSS05), Anteile in Prozent, Prozentangaben gewichtet
Quelle: Schels/Zahradnik (2014: 126).

Neben der sozialen Lage haben Schels/Zahradnik die Verweildauer im Leistungsbezug näher untersucht. Konkret haben sie dazu die Verbleibsdauer jugendlicher Leistungsberechtigter betrachtet, die im Januar 2005 in den Grundsicherungsbezug zugegangen sind (vgl. ebd., S. 125). Der Beobachtungszeitraum ihrer Analyse ist Januar 2005 bis Dezember 2010. Im Fokus dieses Teils ihres Beitrags steht die Frage, „unter welchen Bedingungen ein Verstetigungsrisiko im Grundsicherungsbezug besteht" (ebd., S. 128). Für ihre Analysen haben Schels/Zahradnik Daten der standardisierten Befragung „Lebenssituation und Soziale Sicherung 2005" (LSS05) verwendet. Da 58 Prozent der betrachteten Eintrittskohorte von Leistungsberechtigten im Beobachtungszeitraum mehrere Bezugsepisoden von Arbeitslosengeld II aufweisen, betrachten Schels und Zahradnik kumuliert „alle beobachteten Bezugsepisoden pro Person" (ebd.).

Dabei zeigt sich, dass „die Hälfte der 18- bis 24-Jährigen insgesamt 36 Monate oder länger im Leistungsbezug war, etwa ein Zehntel hat die Leistungen im Beobachtungszeitraum durchgängig bezogen" (ebd.). Mit Blick auf die Abgangschancen machen die Analysen der beiden IAB-Forschenden deutlich, dass junge Erwachsene, die über eine abgeschlossene Berufsausbildung verfügen, bessere Abgangschancen aufweisen als Leistungsberechtigte ohne Berufsausbildung (vgl. ebd., S. 129). Als „Risikogruppen" (ebd., S. 130) beschreiben Schels und Zahradnik hingegen junge Familien und Alleinerziehende, da sie aufgrund eines höheren Bedarfs sowie von betreuungsbedingten Einschränkungen bei der Arbeitsaufnahme größere Schwierigkeiten haben, den Leistungsbezug zu verlassen. Darüber hinaus konnte das Autorenteam den „soziökonomische[n] Hintergrund der Herkunftsfamilie" (ebd.) als weiteren wichtigen Einflussfaktor identifizieren. So zeigen ihre Analysen deutlich, dass „junge Grundsicherungsempfänger, die mit elterlicher Arbeitslosigkeit aufgewachsen sind oder deren Eltern in einfacher Beschäftigung waren, [...] signifikant länger im Bezug [verbleiben] als Leistungsbezieher mit Eltern in qualifizierter Beschäftigung" (ebd., S. 131).

Schließlich haben Schels und Zahradnik die Erwerbsmotivation der jungen Leistungsberechtigten näher betrachtet. Bisherige Analysen zu dieser Frage konnten keine Hinweise darauf finden, dass es dieser Teilgruppe der Leistungsberechtigten des SGB II „insgesamt an Erwerbsmotivation mangelt" (ebd.; vgl. beispielsweise Schels 2012, S. 131 ff.). In eine ähnliche Richtung weisen auch die in Schels/Zahradnik (2014) präsentierten Ergebnisse. Sie unterstreichen, dass die jungen Grundsicherungsempfängerinnen und -empfänger – wie die erwerbsfähigen Leistungsberechtigten insgesamt (vgl. Beste et al. 2010) – eine „hohe Erwerbsbereitschaft" (Schels/Zahradnik 2014, S. 131) aufweisen. Dies zeigt sich nicht zuletzt daran, dass die jungen Erwachsenen auch dann Erwerbsarbeit aufnehmen, wenn der erzielte Verdienst nicht zur Überwindung des Bezugs von Arbeitslosengeld II führt. Bestätigt wird ihre Einschätzung auch von qualitativen Befragungen. So geht aus den Interviews mit jungen Leistungsberechtigten deutlich hervor, dass ihr „Wunsch nach Arbeit stark ausgeprägt" (ebd., S. 135) ist und sie auch trotz vieler negativer Erfahrungen in bisherigen Beschäftigungsverhältnissen weiterhin „an einer Erwerbsorientierung grundsätzlich" (ebd.) festhalten.

Vor dem Hintergrund der präsentierten Forschungsergebnisse bewerten Schels und Zahradnik die öffentliche Diskussion um die Arbeitsmotivation von jungen Leistungsberechtigten der Grundsicherung als „überzogen" (ebd.). Zwar sei nicht von der Hand zu weisen, dass Arbeitslosigkeit ebenso wie das Qualifikationsniveau für diese Gruppe eine „zentrale Problemlage" (ebd.) darstellt, die beobachteten Schwierigkeiten beim Übergang in Beschäftigung beziehungsweise Ausbildung jedoch nur einer von mehreren, in diesem Zusammenhang maßgeblichen Aspekten sind. So heben die beiden IAB-Forschenden hervor, dass viele der jungen Erwachsenen auch in Phasen der Ausbildung oder Familiengründung mitunter längerfristig auf Leistungen der Grundsicherung angewiesen sind (vgl. ebd.). Vor diesem Hintergrund vertreten sie die Einschätzung, dass die ausgeprägte Arbeitsmarktorientierung der Grundsicherung „somit nicht der Lebenslage von vielen Grundsicherungsempfängern" (ebd., S. 136) entspricht.

5.4.2 Das Deutungsmuster des „faulen Arbeitslosen" in der Selbstwahrnehmung von Betroffenen

Mit der Einführung der Grundsicherung für Arbeitsuchende wurde nicht nur die Architektur der sozialen Sicherungssysteme tiefgreifend verändert. Das Konzept der „Aktivierung" impliziert darüber hinaus eine stärker individualisierende Deutung von Arbeitslosigkeit und Leistungsbezug. Sie werden verstärkt als Ergebnis individueller (Verhaltens-)Defizite betrachtet und erscheinen als Ausdruck mangelnder individueller Anpassungsbereitschaft an Marktgegebenheiten. Dies hat seinen Niederschlag auch in wirkmächtigen öffentlichen Debatten um den „faulen Arbeitslosen" gefunden, der sich vermeintlich freiwillig im Leistungsbezug eingerichtet und das Ziel einer eigenständigen Unterhaltssicherung weitgehend aufgegeben hat. Der Beitrag von Hirseland und Ramos Lobato (2014) ist der Frage nachgegangen, wie die Betroffenen selbst mit dem diskursiv erzeugten Bild des faulen Hilfeempfängers deutend umgehen (eine englischsprachige Version des Beitrags ist als Fohrbeck et al. 2014 erschienen). Um den Einfluss der öffentlichen Faulheitsdebatte auf die Empfängerinnen und Empfänger von Leistungen der Grundsicherung zu untersuchen, wurden Interviewdaten der qualitativen Panelbefragung „Armutsdynamik und Arbeitsmarkt" (Hirseland 2013) verwendet (zum methodischen Vorgehen vgl. Hirseland und Ramos Lobato 2014, S. 187 f.).

Ein zentrales Ergebnis des Beitrags ist zunächst, dass das Deutungsmuster von Arbeitslosigkeit als einem selbstverschuldeten Zustand sich im Erleben der Betroffenen niederschlägt. Es bildet einen maßgeblichen Bezugspunkt der Selbstwahrnehmung und Selbstdefinition der befragten Hilfeempfängerinnen und -empfänger. Die moralischen Implikationen der Aktivierungsdebatte bestimmen somit nicht allein das (öffentliche) Reden anderer über Hilfebeziehende, sondern gerade auch das Reden und Reflektieren der Hilfebeziehenden über sich selbst. Dies zeigt beispielhaft die nachfolgend zitierte Äußerung eines Befragten, den der Diskurs über angeblich faule Arbeitslose trifft:

„Weil das beziehe ich dann schon direkt auf mich. Und ich denke dann, dass Leute, die mich kennen und wissen, dass ich Hartz IV kriege, so eine Meinung von mir haben" (Hirseland und Ramos Lobato 2014, S. 189).

Offensichtlich kommt er nicht umhin, sich selbst als Teil eines „Wir", nämlich der Gruppe der Hartz-IV-Empfänger, zu definieren. Weil die getroffenen Zuschreibungen die Form eines sozialen Deutungsmusters haben, das heißt übersituative Geltung beanspruchen, sind sie Bestandteil eines allgemeinen Fürwahr-Haltens. Daher können soziale Klassifikationen wie „Faulheit" oder „Schmarotzertum" aus dem öffentlichen Diskurs in die Sphäre der alltäglichen Beziehungen diffundieren.

Weiterhin stellen die Autoren fest, dass eine gemeinsame Betroffenheit keineswegs zwingend zu einem solidarisierenden Blick auf die anderen Hilfeempfängerinnen und -empfänger führt. Stattdessen nimmt zumindest ein Teil der Befragten ihre eigenen Erfahrungen lediglich als je individuelle wahr, nicht jedoch als solche von Hilfeempfängerinnen und -empfängern überhaupt. So zollen sie dem vorherrschenden Deutungsmuster Tribut und konzedieren folglich das Vorhandensein des Typus des faulen Hilfebeziehers, der in der Figur des „schwarzen Schafs" auftaucht, das die anderen, „die arbeiten wollen und wirklich da drauf angewiesen sind, auf diese Hilfe" (Hirseland und Ramos Lobato 2014, S. 190), in Misskredit bringt. Interessanterweise wird in den Interviews diesbezüglich kaum auf persönliche Kenntnisse zurückgegriffen, wenn es gilt, diese Überzeugung zu untermauern, sondern lediglich auf jenes als allgemeingültig unterstellte Allgemeinwissen verwiesen.

Manchen der Befragten reicht es dabei nicht aus, auf die Besonderheit der eigenen Lage und damit auf die Differenz zu den „schwarzen Schafen" zu verweisen. Vielmehr wird in einigen Fällen zusätzlich eine Solidarisierung mit der öffentlichen Meinung erkennbar. Dies kann zu einer Übernahme der Perspektive der betreuenden Institution führen, die so zum eigentlich Leidtragenden wird, und einer Rechtfertigung von Disziplinarmaßnahmen:

„Also ich wüsste auch nicht, wenn ich das Arbeitsamt wäre, was ich mit diesen Arbeitslosen machen soll. Vor allem: Es gibt ja wirklich so ne Schmarotzer und so ne ekligen Menschen, die einfach sagen: Ich habe keinen Bock zu arbeiten. Zahl' da für mich ein, solange du willst. ... Diese Menschen, da muss mal komplett alles gezogen werden, damit der sieht, dass der auch nichts hat, wenn der das Amt nicht mehr hat ..." (Hirseland und Ramos Lobato 2014, S. 193).

Die Übernahme der „Amtsperspektive" stellt in der Sicht der Autoren den Versuch einer vollständigen Gegenpositionierung zum Typus des Hilfebeziehenden dar, gewissermaßen eine extreme Ausprägung des Bemühens um „moralische Rehabilitation". Diese Strategie führt jedoch paradoxerweise dazu, dass sie die Annahmen, die dem Deutungsmuster zugrunde liegen, weiter verstärkt. Auch individuell befreit diese Strategie die Betroffenen nicht vom so empfundenen Stigma des Hilfebezugs, der einen andauernden schmerzlichen Ausnahmezustand darstellt. Aus der im Deutungsmuster angelegten Gleichsetzung von Hilfebezug und Faulheit kommen sie nicht heraus.

Einigen Hilfebeziehern ist diese Problematik durchaus bewusst. So wird nachfolgend das dem Deutungsmuster unterlegte polarisierende Gesellschaftsbild – auf der einen Seite jene „Fleißigen", die arbeiten, auf der anderen Seite die „Faulen", die von den Früchten der Arbeit anderer leben – kritisch in den Blick genommen.

„Die wollen ja ein bestimmtes Bild vermitteln von Hartz-IV-Empfängern, damit die, die arbeiten gehen, sich dann auch noch bestätigt fühlen, dass die ja alle faul sind und gar nichts machen wollen. Weil weiter denkt ja keiner. Es macht sich ja keiner Gedanken, dass es vielleicht Menschen gibt, die wirklich arbeiten wollen und leben wollen wie normale Menschen" (Hirseland und Ramos Lobato 2014, S. 196).

Die Funktion des Deutungsmusters besteht folglich auch darin, ein systemisches Problem des Arbeitsmarkts auf die Ebene derjenigen zu verlagern, die dort keinen Platz finden. Schließlich befindet sich der überwiegende Teil der Betroffenen deswegen im Hilfebezug, weil sie, obwohl sie arbeiten wollen, nicht arbeiten können oder nicht ausreichend verdienen, um ihren Lebensunterhalt eigenständig zu sichern (vgl. Beste et al. 2010). Und weil sie dies nicht können, können sie auch nicht wie „normale Menschen" leben.

Zusammengenommen, so die Autoren, macht die Analyse deutlich, dass das Bild des „faulen Arbeitslosen" äußerst wirkmächtig ist. Es diffundiert aus dem öffentlichen Diskurs in das tägliche Leben und wird dort zum Bezugspunkt einer von den so etikettierten Betroffenen selbst vollzogenen Identitätsarbeit. Viele der Interviewten haben genau jene Denk- und Beurteilungsschemata inkorporiert und sich damit zu eigen gemacht, die für ihre missliche Positionierung mit verantwortlich sind. Sie nehmen sich selbst gegenüber den herrschenden Standpunkt ein und sind somit sowohl Ausübende als auch Opfer dessen, was der französische Soziologe Pierre Bourdieu (2005, S. 202) als „symbolische Herrschaft oder Gewalt" bezeichnet hat. Indem sie sogar in ihren Distanzierungs- und Rechtfertigungsversuchen das Bild des faulen Arbeitslosen reproduzieren (müssen), verstärken sie dessen Wirkmächtigkeit. Die Hilfeempfängerinnen und -empfänger werden somit Ko-Konstrukteurinnen und -Konstrukteure der vielfältigen und subtilen Prozesse sozialer Ausgrenzung und der (Neu-)Ordnung sozialer Ungleichheit, denen sie unterliegen – und sind dennoch diesbezüglich weder „eigenverantwortlich" noch „schuld".

5.5 Zwischenfazit zu Kapitel 5

Die vorliegenden Arbeiten zu Lebenslagen und sozialer Teilhabe umfassen eine relativ große Bandbreite, die von der materiellen Situation über haushaltsabhängige Aspekte der Erwerbstätigkeit und Maßnahmenteilnahme, Migration und Gesundheit bis hin zu gesellschaftlichen Wahrnehmungen reicht.

Materielle Situation von Leistungsbeziehern
Die Analysen zur materiellen Lage und Teilhabe von (Nicht-)Leistungsempfängern und -empfängerinnen im SGB II (Beste et al. 2014) zeigen, dass sich bei den Leistungsbeziehenden häufiger geringe Qualifikationen, ein höherer Anteil an Migranten/Migranteninnen und mehr Single-Haushalte finden. Sie sind häufiger armutsgefährdet und berichten häufiger von materiellen Mängeln. Arbeitslose Leistungsempfänger/Leistungsempfängerinnen sind im Vergleich zu Aufstockern stärker von Gesundheitsproblemen sowie psychischen Einschränkungen betroffen, fühlen sich schlechter gesellschaftlich integriert und sind mit ihrem Leben unzufrieden.

Die materiellen Lebensbedingungen verschlechtern sich mit der Dauer des Leistungsbezugs (Christoph/Lietzmann 2013). Eine wichtige Rolle spielt dabei das Aufbrauchen vorhandener Ressourcen („entsparen"). Bei Personen, die ausschließlich SGB-II-Leistungen beziehen, müssen etwa zwei Drittel als „konsumarm" bezeichnet werden (Christoph et al. 2014a). Nahrung, Kleidung oder Wohnen sind in der Regel hinreichend abgesichert, aber Ausgaben zur sozialen und kulturellen Teilhabe sind deutlich eingeschränkt. Die Untersuchung von Christoph (2016) bestätigt, dass sich die Ausgaben von Leistungsbeziehenden auf materielle Grundbedürfnisse konzentrieren und weckt Zweifel an einer hinreichenden Abdeckung des soziokulturellen Existenzminimums im Rahmen der Grundsicherung.

Auch die qualitative Studie von Hirseland und Engel (2016) liefert Hinweise darauf, wie unterschiedlich materielle Mangelsituationen bearbeitet werden können. Dem bedrückenden Beispiel der Familie, bei der nicht nur soziale Teilhabe leidet, sondern auch materielle Notlagen bis hin zur Einschränkung der Nahrungsaufnahme auftreten, stellen sie die Ausübung nachhaltiger Praktiken in einer anderen Familie gegenüber. Diese sind aber, wie die Autoren betonen, an infrastrukturelle, soziale und individuelle Voraussetzungen geknüpft, die nicht überall vorausgesetzt werden können.

Insgesamt 2,7 Millionen Kinder (24 Prozent) in Deutschland wachsen in einem Haushalt auf, der einkommensarm ist und/oder SGB-II-Leistungen erhält (Tophoven et al. 2015). Dies ist häufiger der Fall, wenn sie jünger sind, in einem Alleinerziehenden-Haushalt aufwachsen oder mehrere Geschwister haben. Die

Wahrscheinlichkeit, dass Kinder SGB-II-Leistungen beziehen, ist höher, wenn die Eltern keinen oder einen niedrigen Bildungsabschluss oder einen Migrationshintergrund haben.

Die Analysen im Rahmen der Evaluation des Bildungs- und Teilhabepakets (BuT) zeigen, dass BuT-Leistungsberechtigte gegenüber anderen Kindern geringere Chancen haben, sich an organisierten Freizeitaktivitäten zu beteiligen. Für 40 Prozent der leistungsberechtigten Kinder und Jugendlichen wurde bis zum Jahr 2012 mindestens ein Antrag gestellt; etwa ein Drittel nahm tatsächlich Leistungen in Anspruch. Trotz bestehender Informations- und Teilnahmelücken wird das „Bildungspaket" durch leistungsberechtigte Haushalte sehr positiv bewertet. Aus sozialpolitischer Perspektive ist es positiv, dass die Förderleistungen in höherem Ausmaß von Zielgruppen in Anspruch genommen werden, die als besonders unterstützungsbedürftig gelten.

Haushaltssituation und Erwerbstätigkeit
Lietzmann und Wenzig (2017) gehen der Frage nach, wie die Arbeitszeiten und -wünsche von Männern und Frauen variieren und welche Einstellungen allgemein zur mütterlichen Erwerbstätigkeit und zur externen Kinderbetreuung bestehen. Sie kommen zu dem Ergebnis, dass bei Frauen Erwerbsbeteiligung und Arbeitszeit in Abhängigkeit von der Familiensituation variieren. Perspektiven einer Ausweitung des Arbeitsangebots durch bessere Kinderbetreuung sehen sie hauptsächlich in Paarhaushalten mit kleinen Kindern. Grundsätzlich käme das Instrument einer Familienarbeitszeit den Erwerbswünschen von Männern und Frauen durchaus entgegen.

Lietzmann und Wenzig (2017) stellen fest, dass Zusammenhänge zwischen Kinderbetreuung und Erwerbstätigkeitsarrangements den theoretischen Überlegungen entsprechen: Gut gebildete Mütter und solche mit egalitären Rollenvorstellungen sind eher erwerbstätig und nutzen Kinderbetreuungsangebote. Bei Müttern, die älter sind, geringer gebildet oder einen Migrationshintergrund haben, ist Erwerbstätigkeit seltener. Bei guter Betreuungsinfrastruktur sind Müttererwerbstätigkeit und Nutzung der Kinderbetreuung höher. Eine weitere Studie (Lietzmann 2016a) befasst sich mit der Frage, inwieweit eine Arbeitsmarktintegration von Müttern zur Beendigung des Leistungsbezugs beiträgt. Innerhalb des Beobachtungszeitraums nehmen zwei Drittel der Alleinerziehenden und die Hälfte der Mütter mit Partner eine Arbeit auf. Am häufigsten ist dabei geringfügige Beschäftigung, die nur sehr selten aus dem Leistungsbezug herausführt. Humanressourcen beeinflussen die Wahrscheinlichkeit einer Arbeitsaufnahme positiv. Das Verlassen des Leistungsbezugs wird von der Arbeitszeit, aber auch vom ausgeübten Beruf beeinflusst. Wesentliche Hürden für eine Arbeitsaufnahme von Müttern sind fehlende Arbeitsmarktressourcen, Kinderbetreuungsaufgaben und das Vorhandensein eines geschlechtlich segmentierten Arbeitsmarkts.

Mit aktiver Arbeitsuche über einen längeren Zeitraum des Leistungsbezugs hinweg befassen sich Bethmann und Schels (2013). Der wichtigste Einfluss auf das Suchverhalten ist die Anwesenheit von Kindern: Bei Personen ohne Kinder lassen die Suchaktivitäten im Laufe der Zeit deutlich nach, während Eltern auch nach langem Leistungsbezug eher stabile Muster der Arbeitsuche aufweisen. Unterschiedliche Rollenmodelle wirken sowohl in Paarhaushalten ohne Kinder als auch bei Eltern: Männer mit Partnerin und Kindern zeigen ein stabileres Suchverhalten als vergleichbare Frauen. Einkommenserwartungen haben dagegen insgesamt einen geringen Einfluss auf das Suchverhalten.

Kopf und Zabel (2017) untersuchen die Frage, ob Fachkräfte im SGB II Maßnahmenzuweisungen eher nach einem egalitären „adult worker model" vornehmen oder ob Vorstellungen des männlichen Familienernährers maßgeblich sind. Förderquoten sind bei Frauen mit Partnern niedriger als bei Alleinstehenden. Frauen, die vor dem Hilfebezug geringere Einkünfte hatten als ihr Partner, kommen seltener in Maßnahmen als solche, bei denen der Partner vorher ebenfalls wenig verdient hat oder erwerbslos war. In Ostdeutschland orientieren sich die Fachkräfte dagegen weniger an der vormaligen familiären Arbeitsteilung.

Gesundheit und Pflege
Auf der Basis von PASS-Daten untersucht Eggs (2013) Zusammenhänge zwischen Arbeitslosigkeit und Gesundheit sowie Leistungsbezug und Gesundheit. Arbeitslosigkeit wirkt sich durchgehend negativ auf Gesundheit aus, während Leistungsbezug nur bei Männern mit schlechterer Gesundheit assoziiert ist. Die Interaktionseffekte legen nahe, dass sich bei Männern der Einfluss beider Faktoren addiert, während bei Frauen der Einfluss von Arbeitslosigkeit allein größer ist als der kombinierte Einfluss von Arbeitslosigkeit und Leistungsbezug. Arbeitslosigkeit und Leistungsbezug wirken also unterschiedlich und sollten getrennt diskutiert werden.

Ausführliche Analysen zum Gesundheitszustand von Empfängern und Empfängerinnen von Grundsicherungsleistungen bieten Eggs et al. (2014) auf der Basis des Haushaltspanels PASS an. Fast die Hälfte der Männer und nahezu 40 Prozent der Frauen berichten von schwerwiegenden gesundheitlichen Einschränkungen. Gruppenvergleiche zeigen einen starken Zusammenhang zwischen dem Gesundheitszustand und dem Erwerbsstatus. Die besten Werte weisen Erwerbstätige ohne Leistungsbezug auf, gefolgt von Aufstockern. Arbeitslose Leistungsbeziehende schätzen ihren Gesundheitszustand als besonders schlecht ein. Die Autoren schlagen einen sozialen Arbeitsmarkt für Personen vor, die auf Dauer nicht in ungeförderte Beschäftigung zu vermitteln sind.

In einer explorativen Studie untersuchen Schubert et al. (2013) die Häufigkeit von psychischen Erkrankungen bei erwerbsfähigen Leistungsberechtigten und geben Hinweise für den Umgang mit dieser Gruppe. Die weiterführende Studie zur Situation psychisch Kranker im SGB II (Oschmiansky et al. 2017) untersucht deren Fallbearbeitung und Betreuung durch die Jobcenter sowie durch die Einrichtungen des ärztlichen und psychosozialen Versorgungssystems. Psychisch Kranke streben überwiegend eine Integration in Erwerbsarbeit an, die aber Bedingungen erfüllen muss wie zum Beispiel Möglichkeiten der Belastungsregulation. Jobcenter tun sich oft schwer bei der Betreuung des Personenkreises, von dem Erkennen von Problemlagen bis hin zu einem adäquaten Umgang mit Betroffenen. Das Personal in Betreuungseinrichtungen sieht zwar die Bedeutung von Arbeit für die Betroffenen, weiß aber wiederum zu wenig über die Angebote des SGB II. Kooperationen zwischen beiden Seiten fanden in den untersuchten Jobcentern praktisch nicht statt.

Gut sieben Prozent der 15- bis 64-jährigen Personen in Arbeitslosengeld-II-Haushalten pflegen Angehörige und das teilweise mit erheblichem zeitlichem Aufwand (Hohmeyer/Kopf 2015). Dies erschwert in einigen Fällen die Beendigung des Leistungsbezugs. Die Erwerbssituation der pflegenden und der nicht pflegenden Leistungsbeziehenden ist ähnlich. Ein Drittel der pflegenden Leistungsbeziehenden wendet für die Pflege von Angehörigen wöchentlich 20 Stunden und mehr auf. Wenn Pflegende nach einer Arbeit suchen, streben sie daher seltener eine Vollzeitbeschäftigung an. Neben eigenen gesundheitlichen Einschränkungen und Kinderbetreuungspflichten ist die Pflegetätigkeit der häufigste Grund dafür, dass man dem Arbeitsmarkt nicht zur Verfügung stehen muss.

Soziale Beziehungen und gesellschaftliche Einstellungen
Die Heterogenität junger Menschen mit Blick auf die soziale Lage, den Bildungsstatus und die soziale Herkunft verdeutlicht eine Untersuchung von Schels und Zahradnik (2014). Etwa die Hälfte der betrachteten Personen war im Zeitraum zwischen 2005 und Ende 2010 kumuliert 36 Monate oder länger im Leistungsbezug. Besonders hohe Verbleibsrisiken weisen junge Familien und Alleinerziehende auf. Arbeitslosigkeit im Elternhaus oder einfache Beschäftigung der Eltern sind assoziiert mit längerem Leistungsbezug. Junge Grundsicherungsempfänger weisen eine hohe Erwerbsmotivation auf. Viele von ihnen werden aber auch in den Phasen der Ausbildung oder Familiengründung längerfristig auf die Grundsicherung angewiesen sein.

Hirseland und Ramos Lobato (2014) befassen sich mit der Frage, wie Arbeitslose ihre Situation verarbeiten und welche Rolle dabei gesellschaftlich verbreitete Denkmuster wie die These von den „faulen Arbeitslosen" spielen. Die Autoren stellen fest, dass das Deutungsmuster von Arbeitslosigkeit als einem selbstverschuldeten Zustand sich im Erleben der Betroffenen niederschlägt und einen wichtigen

Bezugspunkt ihrer Selbstreflektion bildet. Teilweise konzedieren sie das Vorhandensein des Typus des faulen Hilfebeziehers, der in der Form des „schwarzen Schafs" aufgegriffen wird. Manche übernehmen dabei die Perspektive des „Amts" und fordern Strafen für entsprechende Personen. Einige reflektieren zumindest rudimentär die gesellschaftliche Funktion des Deutungsmusters. Diejenigen, die sich das Denkschema zu eigen machen und sogar in ihren Distanzierungs- und Rechtfertigungsversuchen das Bild des faulen Arbeitslosen reproduzieren, verstärken dessen Wirkmächtigkeit und wirken damit ungewollt an der sozialen Ausgrenzung von Arbeitslosen mit.

6 Gesamtwirtschaftliche Analysen

Der deutsche Arbeitsmarkt zeigt sich in den vergangenen Jahren weiterhin in einer sehr positiven Verfassung. Die Erwerbstätigkeit sowie die sozialversicherungspflichtige Beschäftigung haben neue Höchstwerte erreicht und die Arbeitslosigkeit sinkt weiter. Sie liegt 2016 mit 2,69 Millionen um knapp 260.000 unter dem Wert von 2013. Der Rückgang vollzieht sich mit knapp 150.000 zwar etwas stärker im Rechtskreis SGB III, kommt aber mit gut 110.000 auch in der Grundsicherung zum Tragen. Trotzdem zeigen sich weiterhin fundamentale Unterschiede zwischen den Rechtskreisen. Diese werden vor allem in den jeweiligen Übergangswahrscheinlichkeiten aus Arbeitslosigkeit in Beschäftigung deutlich. Diese liegt in der Arbeitslosenversicherung mit 14,7 Prozent mehr als viermal so hoch wie in der Grundsicherung (3,3 %).

Das IAB erwartet, dass sich die positive Arbeitsmarktentwicklung weiter fortsetzt (siehe Fuchs et al. 2016). Eine gewisse Unsicherheit besteht jedoch angesichts der hohen Fluchtmigration der vergangenen Jahre und der noch offenen Frage, inwiefern bei dieser Personengruppe eine erfolgreiche Integration in Beschäftigung gelingt.

Im Folgenden wird zunächst betrachtet, inwiefern neben den bereits aufgeführten relativ positiven Veränderungen von Bestandsgrößen auch Veränderungen der Arbeitsmarktdynamik oder der Qualität von Beschäftigung zu beobachten sind – hierbei sind insbesondere die Entlohnung und die Stabilität von Beschäftigungsverhältnissen nach Beendigung der Arbeitslosigkeit angesprochen (Abschnitt 6.1).

Ein Übergang in Beschäftigung setzt die Bereitschaft der Betriebe voraus, Neueinstellungen aus der Arbeitslosigkeit vorzunehmen. Die geringen Übergangsraten deuten darauf hin, dass es bestimmte Vorbehalte gegenüber Arbeitslosen aus der Grundsicherung gibt. Abschnitt 6.2 stellt die Sicht der Betriebe auf die Problemgruppe der Langzeitarbeitslosen dar.

Abschnitt 6.3 widmet sich der Frage, inwiefern die vorliegenden Daten zu den Bezieherinnen und Beziehern von bedürftigkeitsgeprüften Sozialleistungen ein realistisches Abbild der Problemlagen in der Bevölkerung geben. Es geht dabei im Wesentlichen darum, ob Ansprüche auf Grundsicherungsleistungen, auf Wohngeld und den Kinderzuschlag auch tatsächlich realisiert werden.

In Abschnitt 6.4 wird die regionale Dimension in den Blick genommen. Die Arbeitsmarktlage und die Herausforderungen für die Jobcenter fallen regional zum Teil sehr unterschiedlich aus. Das IAB stellt über eine Typisierung eine Vergleichbarkeit zwischen den Jobcentern her.

In Abschnitt 6.5 wird der Blick auf die Wirkung arbeitsmarktpolitischer Instrumente erweitert, indem man nicht nur auf die Teilnehmenden abstellt. So werden die Effekte für Arbeitsgelegenheiten in der Mehraufwandsvariante auf die Beschäftigung in den Einsatzbetrieben analysiert.

Schließlich bietet Abschnitt 6.6 einen Blick über Deutschland hinaus und ordnet Ausmaß und Struktur von Langzeiterwerbslosigkeit sowie Strategien zur Integration arbeitsmarktferner Menschen in einen breiteren internationalen Kontext ein. Abschnitt 6.7 schließt mit einem Zwischenfazit zu Kapitel 6.

6.1 Arbeitsmarktdynamik und Ungleichheit

In den vergangenen Jahren wurde intensiv diskutiert, welchen Anteil die Hartz-Reformen an der positiven Arbeitsmarktentwicklung beanspruchen können. Dabei zeigte sich, dass die Wirkmechanismen vielschichtig sind und mögliche Effekte der Hartz-Reformen nur schwer von konjunkturellen Effekten oder den positiven Wirkungen einer lang andauernden Lohnzurückhaltung zu trennen sind. Eine zusätzliche Information bieten in diesem Zusammenhang Analysen von Stromgrößen, beispielsweise zu der Frage, inwiefern ein Zusammenhang zwischen steigenden Beschäftigungszahlen und sinkender Arbeitslosigkeit besteht (siehe Abschnitt 6.1.1). Weitere Arbeiten befassen sich mit möglichen „unerwünschten Nebeneffekten" der Reformen in Gestalt geringer Beschäftigungsstabilität oder niedriger Einstiegslöhne, die einen Schatten auf die positive Gesamtentwicklung werfen könnten (siehe Abschnitt 6.1.2 und 6.1.3).

6.1.1 Zum Zusammenhang zwischen Beschäftigungsaufbau und Abbau der Arbeitslosigkeit

Thomas Rothe und Klaus Wälde widmen sich der Frage, inwiefern ein Zusammenhang zwischen den steigenden Beschäftigungszahlen und der sinkenden Arbeitslosigkeit besteht (Rothe/Wälde 2017). Hierzu gehen sie über die Betrachtung der Bestandsgrößen hinaus und analysieren die Zu- und Abgänge in und aus Arbeitslosigkeit in den Jahren 2005 bis 2009. In welchem Umfang geht der Rückgang des Arbeitslosenbestands in diesen Jahren also auf Integrationen in Beschäftigung zurück? Welche Rolle spielen andere Übergänge, beispielsweise der Rückzug aus dem Erwerbsleben? Die Autoren sehen in der Antwort auf die Frage, was aus den Arbeitslosen des Jahres 2005 wurde, eine Basisvoraussetzung für die Beurteilung der Arbeitsmarktreformen. Denn eine positive Bewertung setze zunächst voraus, dass einem relevanten Anteil der Arbeitslosen der Übergang in Beschäftigung überhaupt gelungen sei.

Für ihre Analysen nutzen sie mit dem Sozio-oekonomischen Panel (SOEP) und den Integrierten Erwerbsbiografien (IEB) zwei große repräsentative Individualdatensätze. Die IEB bilden detaillierte Informationen über Erwerbsverläufe inklusive Perioden der Arbeitslosigkeit, der Beschäftigung oder der Maßnahmenteilnahme ab. Sie können jedoch keinen Aufschluss über Selbstständigkeit oder Übergänge in Nicht-Erwerbstätigkeit, wie den Wechsel in die Stille Reserve oder in den Ruhestand geben. Hierfür wird das SOEP eingesetzt.

Ein erster Blick auf die Daten bestätigt zunächst das bekannte Bild, dass der Rückgang der Arbeitslosigkeit von einem Anstieg der Beschäftigung begleitet wurde. Da beide Bestandsgrößen den Arbeitsmarkt nicht vollständig abbilden, kann hieraus jedoch nicht abgeleitet werden, dass sich der Rückgang der Arbeitslosigkeit direkt in den Beschäftigungsanstieg übersetzt hat. Letzterer kann beispielsweise auch durch eine erhöhte Erwerbsbeteiligung, durch Zuwanderung oder mehr Übergänge aus dem Schul- und Ausbildungssystem entstehen, während der Rückgang der Arbeitslosigkeit auch auf Übergänge in den Ruhestand oder Maßnahmenteilnahmen zurückzuführen sein könnte.

Zu- und Abflüsse in und aus Arbeitslosigkeit
In ihrer Analyse bilanzieren die Autoren nun die Zu- und Abflüsse in und aus Arbeitslosigkeit. Anhand der IEB zeigen sie, dass sich knapp die Hälfte der Nettoabgänge aus Arbeitslosigkeit aus Übergängen in Erwerbstätigkeit ergibt. Geringfügige Beschäftigung (14,7 %) und öffentlich geförderte Beschäftigung (20,9 %) haben dabei einen höheren Stellenwert als ungeförderte sozialversicherungspflichtige Beschäftigung. Bei den Nettoabgängen spielt weiterhin geförderte Weiterbildung mit 21,7 Prozent eine wichtige Rolle. Da knapp 28 Prozent der Nettoabgänge nicht mit der IEB zu erklären sind, setzen die Autoren ergänzend auf eine Analyse mit den Daten des SOEP. Diese zeichnen mit gut 60 Prozent der Nettoabgänge aus Arbeitslosigkeit ein etwas optimistischeres Bild von Übergängen in Beschäftigung, geben jedoch keine Auskunft darüber, welche Rolle dabei geförderte Beschäftigung spielt. Es wird zudem ersichtlich, dass Abgänge aus Arbeitslosigkeit in den Ruhestand etwa ein Drittel der Nettoabgänge ausmachen.

Erwerbsverläufe der Arbeitslosen-Kohorte aus dem Februar 2005
Ergänzend zur Analyse der Stromgrößen untersuchen die Autoren die Erwerbsverläufe der Personen, die im Februar 2005 arbeitslos waren – und damit im Monat, der den Höchststand der Arbeitslosigkeit markiert. Bei dieser Vorgehensweise ist die betrachtete Gruppe klar fixiert, sodass eine Analyse von Bestandsgrößen vorgenommen werden kann. Im Folgenden werden die Befunde auf der Basis des SOEP dargestellt, da hiermit eine differenziertere Auswertung der Rückzüge aus dem Erwerbsleben möglich ist.

Gesamtwirtschaftliche Analysen

Abbildung 6.1 zeigt für den Zeitraum Februar 2005 bis Ende 2009 den Verbleib der Arbeitslosenkohorte in Arbeitslosigkeit, unterschiedlichen Formen von Beschäftigung, Schule, Ausbildung, Weiterbildung, aber auch die Austritte aus dem Erwerbsleben.

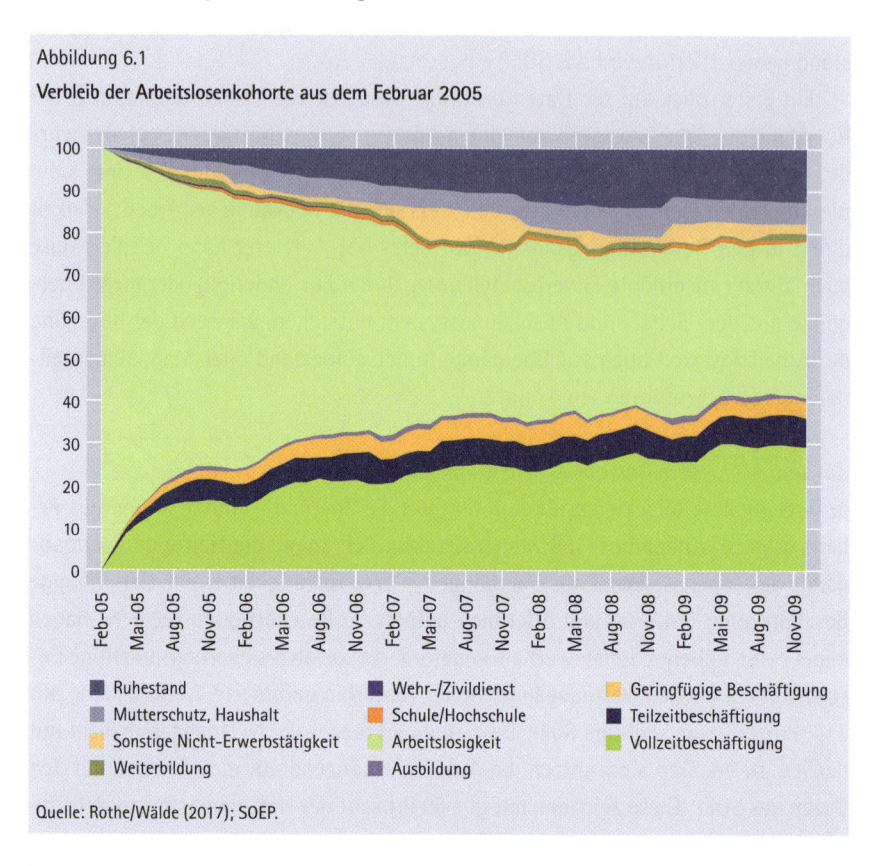

Abbildung 6.1
Verbleib der Arbeitslosenkohorte aus dem Februar 2005

Ruhestand | Wehr-/Zivildienst | Geringfügige Beschäftigung
Mutterschutz, Haushalt | Schule/Hochschule | Teilzeitbeschäftigung
Sonstige Nicht-Erwerbstätigkeit | Arbeitslosigkeit | Vollzeitbeschäftigung
Weiterbildung | Ausbildung

Quelle: Rothe/Wälde (2017); SOEP.

Betrachtet man die Bestände nach vier Jahren, so zeigt sich zunächst, dass knapp 40 Prozent der Ausgangsgruppe weiterhin oder erneut arbeitslos sind (vgl. Tabelle 6.1). Gut ein Sechstel hat den Arbeitsmarkt durch Übergänge in den Ruhestand oder Mutterschutzzeiten (vorübergehend) verlassen. Immerhin befindet sich auch ein gutes Drittel in Beschäftigung: gut ein Viertel in Vollzeit, knapp zehn Prozent in Teilzeit oder geringfügiger Beschäftigung sowie 1,6 Prozent in Ausbildung.

Bei der Beurteilung der Arbeitsmarktentwicklung nach den Hartz-Reformen lohnt also ein differenzierter Blick über die Bestandsgrößen hinaus. Einerseits zeigen sich Übergänge aus Arbeitslosigkeit in Beschäftigung in einem nicht unwesentlichen Umfang. Andererseits zeigt sich, dass der potenzielle Wirkungsgrad der Reformen beschränkter ist, als der Blick auf den Rückgang der Arbeitslosenzahlen suggeriert, da dieser eben nur zu einem Teil durch Integrationen in (Vollzeit-)Beschäftigung zu erklären ist.

Tabelle 6.1
Status der Arbeitslosenkohorte aus dem Februar 2005 im Februar 2009

Status	Anteil	Status	Anteil
Vollzeitbeschäftigung	25,8 %	Ruhestand	11,3 %
Teilzeitbeschäftigung	6,0 %	Mutterschutz, Haushalt	6,4 %
Geringfügige Beschäftigung	3,3 %	Schule/Hochschule	0,8 %
Ausbildung	1,6 %	Weiterbildung	0,5 %
Weiterhin oder erneut arbeitslos	39,9 %	Sonstige Nicht-Erwerbstätigkeit	4,4 %

Quelle: Rothe/Wälde (2017); SOEP.

6.1.2 Beschäftigungsstabilität und Entlohnung nach Arbeitslosigkeit

Giannelli et al. (2013, 2016) widmen sich der Frage, inwiefern die Hartz-Reformen mit einer zunehmenden Ungleichheit am Arbeitsmarkt einhergingen. So kann vermutet werden, dass der sinkende Labour Turnover zum Teil auf die Hartz-Reformen und eine zunehmende Furcht vor Arbeitslosigkeit zurückgeführt werden kann. Niedrigere Einstiegslöhne, eine schlechtere Matching-Qualität und kürzere Beschäftigungsdauern könnten Folgen einer aufgrund des Aktivierungsparadigmas zunehmenden Konzessionsbereitschaft sein. Dabei wäre zu erwarten, dass sich die steigenden Flexibilitätsanforderungen der ersten Hartz-Reform vor allem auf die Beschäftigungsdauern auswirken, während die Hartz-IV-Reform über zunehmende Konzessionsbereitschaft zu mehr Lohndruck führen könnte.

Die Autoren untersuchen auf der Basis der Integrierten Erwerbsbiografien (IEB) Qualitätsmerkmale neu begonnener Beschäftigungsverhältnisse zwischen 1998 und 2010 in Westdeutschland. Konkret handelt es sich um die Dauer der Arbeitsverhältnisse und die Entlohnung von unterschiedlichen Arbeitnehmergruppen. Dabei werden Arbeitsaufnahmen von Personen in einem anderen Unternehmen als zuvor betrachtet, oder wenn die Beschäftigung im selben Betrieb mindestens drei Monate zurückliegt. Die Lohnanalysen beziehen sich ausschließlich auf Vollzeitbeschäftigte, da in den Daten keine Informationen über die genaue Stundenzahl vorliegen, sodass Stundenlöhne von Teilzeitbeschäftigten nicht genau ermittelt werden können.

Die Analysen zeigen insgesamt stabile Beschäftigungsdauern (vgl. Abbildung 6.2). Die Wahrscheinlichkeit einer ununterbrochenen Beschäftigungsdauer von zwölf Monaten liegt bei Männern zwischen 50 und 60 Prozent – bei Frauen sogar leicht darüber. Im Zeitverlauf sind die Beschäftigungsdauern recht stabil und weisen bei Frauen sogar einen leichten Anstieg auf. Es deutet zudem nichts darauf hin, dass sich Risiken innerhalb der Gruppen der Männer und Frauen umverteilt hätten. Auch eine Differenzierung nach Altersgruppen und Ausbildungsniveau zeigt keine steigende Ungleichheit mit Blick auf die Beschäftigungsdauern.

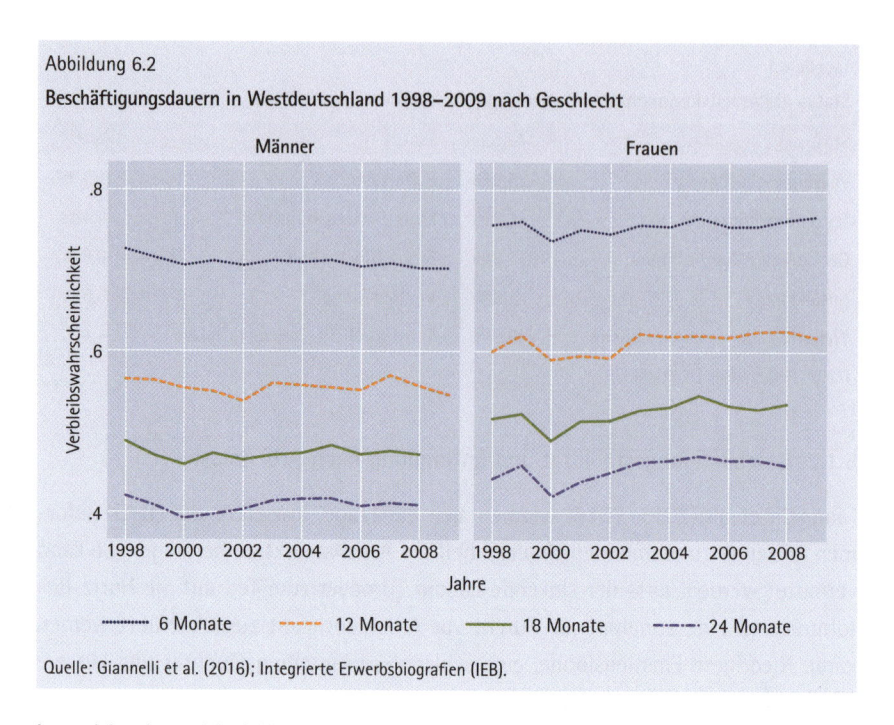

Abbildung 6.2
Beschäftigungsdauern in Westdeutschland 1998–2009 nach Geschlecht

[Diagramm: Verbleibswahrscheinlichkeit für Männer und Frauen, 1998–2008, nach 6, 12, 18 und 24 Monaten]

Quelle: Giannelli et al. (2016); Integrierte Erwerbsbiografien (IEB).

In multivariaten Modellen analysieren die Autoren die Entwicklung der Beschäftigungsdauern sowie der Löhne getrennt für Männer und Frauen und berücksichtigen die Entwicklung in drei Zeiträumen: 1998 bis 2002 (vor der Reform), 2003 bis 2005 (Reformperiode) sowie 2006 bis 2008/2009 (nach der Reform). Die Untersuchungen der Beschäftigungsdauern bestätigen, dass diese ceteris paribus nicht gesunken sind. Für Frauen in und nach der Reformperiode sind sie sogar signifikant länger als in den Jahren 1998 bis 2002. Für Männer gilt dieser Effekt zumindest für die Reformperiode, in den Jahren nach den Reformen ist er jedoch nicht mehr signifikant. Ein positiver Effekt auf die Beschäftigungsdauer geht zudem von der Betriebsgröße aus: Die Dauer steigt für Frauen und Männer monoton mit der Größe des einstellenden Betriebs. Dagegen weisen Zeitarbeitnehmer, Jüngere und Personen mit Migrationshintergrund ebenso vergleichsweise kurze Beschäftigungsdauern auf wie Geringqualifizierte und Personen, die aus Arbeitslosigkeit in die neue Tätigkeit einmünden.

Die Lohnanalysen für Vollzeitarbeitnehmer weisen zunächst abnehmende Reallöhne seit dem Jahr 2001 aus, wobei die Abnahme im unteren und mittleren Bereich der Lohnverteilung am stärksten ausfällt (vgl. Abbildung 6.3). Die Reallohnsenkungen haben demnach bereits vor den Hartz-Reformen eingesetzt und sind also nicht durch diese ausgelöst worden. Eine differenzierte Analyse macht deutlich, dass die Lohnabschläge für Risikogruppen am Arbeitsmarkt überproportional ausfallen und die Lohnspreizung insgesamt steigt.

Im Vergleich zur Referenzperiode vor der Reform sind die Reallöhne anschließend gesunken. Der Effekt ist im Zeitraum der Wirtschaftskrise nach den Reformen noch größer und fällt bei Frauen während der Hartz-Reformen etwas stärker aus als bei den Männern. Auch die formale Ausbildung wirkt in der erwarteten Richtung, wogegen die (potenzielle) Arbeitserfahrung nur bei Männern einen positiven Effekt hat. Die Löhne von Ausländerinnen fallen gegenüber deutschen Frauen acht Prozent niedriger aus, bei nicht deutschen Männern sind es sogar 15 Prozent weniger als bei deutschen Männern. Der Arbeitsmarktstatus vor Aufnahme einer Beschäftigung hat wesentlichen Einfluss auf die Entlohnung. Die Löhne bei Arbeitsaufnahme aus Arbeitslosigkeit liegen zwischen 27 und 38 Prozent unter den Löhnen von Job-to-Job-Wechslern. Zudem weisen Arbeitsaufnahmen in Großbetrieben nicht nur längere Beschäftigungsdauern auf, sie werden auch wesentlich besser entlohnt. Auch hier gilt, dass benachteiligte Gruppen starke Lohneinbußen in Kauf nehmen mussten. Betroffen sind insbesondere Geringqualifizierte in beiden Vergleichsperioden und Personen, die aus der Arbeitslosigkeit in Beschäftigung übergehen, im Vergleich zwischen Reformperiode und dem Zeitraum danach.

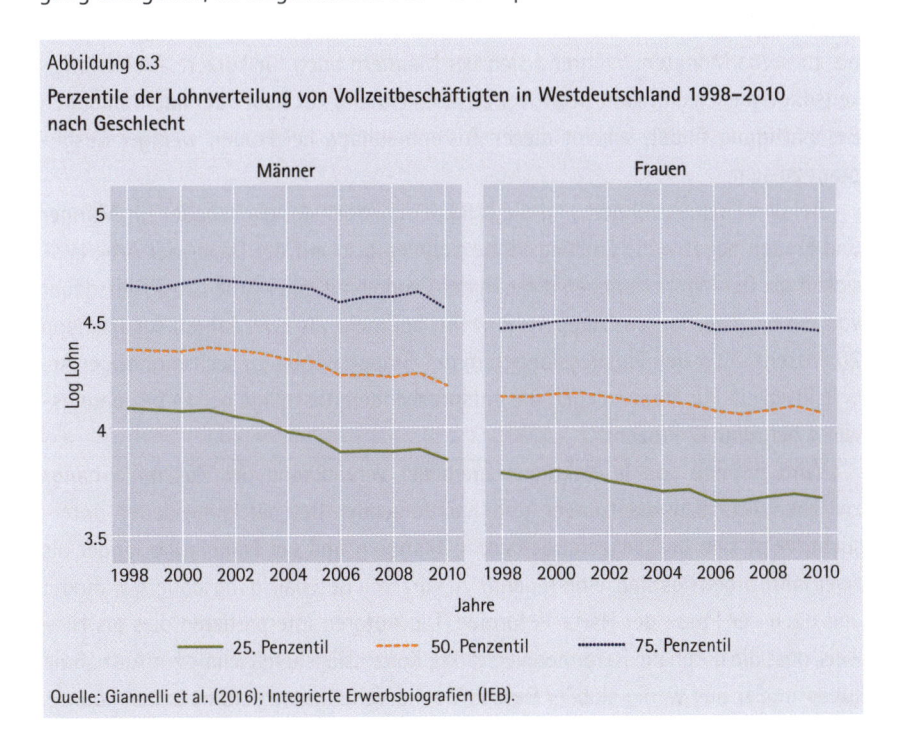

Abbildung 6.3
Perzentile der Lohnverteilung von Vollzeitbeschäftigten in Westdeutschland 1998–2010 nach Geschlecht

Quelle: Giannelli et al. (2016); Integrierte Erwerbsbiografien (IEB).

Alles in allem deuten die Ergebnisse darauf hin, dass die Reformen kaum einen negativen Einfluss auf die Beschäftigungsdauer hatten. Allerdings lassen sich die beobachteten längeren Dauern auch so interpretieren, dass Personen angesichts der veränderten Rahmenbedingungen weniger geneigt sind, nach dem Übergang in Arbeit einen weiteren Arbeitsplatzwechsel ins Auge zu fassen. Hierzu mögen wiederum geringere Lohnerwartungen und weniger großzügige Transfersysteme ihren Beitrag leisten. Mit Blick auf die Löhne haben die Hartz-Reformen eine bereits zuvor einsetzende Entwicklung sinkender Löhne und steigender Lohnungleichheit weiter verstärkt.[19] Von dieser Entwicklung waren Personen am unteren Ende der Lohnverteilung besonders betroffen.

6.1.3 Beschäftigungsstabilität und Lohnhöhe in Abhängigkeit der Arbeitslosigkeitsdauer

Ursula Jaenichen und Thomas Rothe (2014) erweitern die Analysen von Giannelli et al. (2013, 2016) auf derselben Datenbasis um den Aspekt, welchen Einfluss die bisherige Dauer der Arbeitslosigkeit auf die Beschäftigungsstabilität und die Höhe des Einstiegslohns hat. Dabei zeigt sich, dass insbesondere Personen mit Arbeitslosigkeitsdauern von mehr als zwei Jahren eine deutlich und signifikant geringere Beschäftigungsstabilität aufweisen als Personen mit einer Arbeitslosigkeitsdauer bis zu sechs Monaten. Während sich bei Männern auch für kürzere Arbeitslosigkeitsdauern ein signifikant negativer Zusammenhang zur Dauer der nachfolgenden Beschäftigung findet, scheint dieser Zusammenhang bei Frauen weniger ausgeprägt zu sein.

Bei den Einstiegslöhnen sind die Effekte der Arbeitslosigkeitsdauer für Männer und Frauen negativ, die Einstiegslöhne nehmen also mit der Dauer der Arbeitslosigkeit ab. Bei Männern liegen diese in der Gruppe mit einer Arbeitslosigkeitsdauer von ein bis zwei Jahren knapp 13 Prozent, bei mehr als zwei Jahren sogar knapp 20 Prozent unter den Einstiegslöhnen in der Gruppe mit bis zu sechsmonatiger Arbeitslosigkeit. Für Frauen liegen die entsprechenden Abschläge bei 14 beziehungsweise bei rund 17 Prozent.

Wird mithilfe von Interaktionstermen die Veränderung des Zusammenhangs zwischen Arbeitslosigkeitsdauer und nachfolgender Beschäftigungsdauer untersucht, zeigt sich bei langzeitarbeitslosen Männern und bei Frauen, die länger als zwei Jahre arbeitslos sind, eine Tendenz zu kürzeren Beschäftigungsdauern während und nach der Phase der Hartz-Reformen. Die Autoren interpretieren dies als Hinweis, dass die durch die Reformen verstärkte Konzessionsbereitschaft zur Aufnahme suboptimaler und wenig stabiler Beschäftigungsverhältnisse geführt haben könnte.

---

[19] Dies passt zu den Befunden von Rhein (2013), der die Entwicklung der Niedriglohnbeschäftigung im internationalen Vergleich untersucht. Er weist darauf hin, dass das Wachstum der Niedriglohnbeschäftigung bereits in der zweiten Hälfte der 1990er Jahre begann, sich aber nach den Reformen trotz des einsetzenden Aufschwungs am Arbeitsmarkt weiter fortsetzte.

Plausibel ist, dass die Hartz-Reformen für Arbeitslose den Druck erhöht haben, auch Arbeitsverhältnisse mit einer geringeren Qualität der Beschäftigung anzunehmen. Allerdings ist auch darauf hinzuweisen, dass der Trend zu geringeren Reallöhnen bereits vor den Hartz-Reformen eingesetzt hat. Die insgesamt eher stabilen Beschäftigungsdauern könnten schließlich auch damit zusammenhängen, dass Beschäftigte auch bei suboptimalen Beschäftigungskonditionen wegen der damit verbundenen Unsicherheit auf einen Jobwechsel verzichten.

6.2 Integration von (Langzeit-)Arbeitslosen aus betrieblicher Sicht

Die geringen Abgangsraten aus der Grundsicherung in Arbeit deuten darauf hin, dass die Beschäftigungsfähigkeit von Grundsicherungsbeziehenden nur eingeschränkt gegeben ist und/oder das Problem in einer fehlenden Passung zu den betrieblichen Anforderungen liegt. Martina Rebien (2016) befasst sich in ihrem Beitrag mit den Beschäftigungschancen von Langzeitarbeitslosen und setzt dabei den Fokus auf die betriebliche Seite. Sind Arbeitgeber bereit, Langzeitarbeitslose bei der Besetzung offener Stellen zu berücksichtigen? Welche Eigenschaften sprechen die Betriebe Langzeitarbeitslosen zu und welche Einstellungshindernisse sind zu beobachten? Welche Schlussfolgerungen ergeben sich daraus für die Arbeit der Jobcenter? Die Analysen beziehen sich auf die Wellen 2011 bis 2015 der IAB-Stellenerhebung, einer jährlichen Befragung von zwischen 13.000 und 15.000 Betrieben und Verwaltungen.

In einem ersten Schritt zeigt die Autorin, dass 42 Prozent der Betriebe grundsätzlich bereit sind, Langzeitarbeitslose bei der Stellenbesetzung zu berücksichtigen. Dagegen kommen Langzeitarbeitslose für etwa die Hälfte der Betriebe bei der Rekrutierung nicht infrage (vgl. Abbildung 6.4).

Bei den größeren Betrieben mit mehr als 250 Beschäftigten fällt der Anteil mit 65 Prozent höher aus als bei den Kleinstbetrieben mit bis zu neun Beschäftigten (40 %). Dies dürfte auch damit zusammenhängen, dass die Anforderungen in Kleinstbetrieben weniger homogen und etwas komplexer sind als in Großbetrieben, die zudem über mehr Kapazitäten für eine eventuell intensive Einarbeitungsphase verfügen.

In einem weiteren Schritt wurden die Betriebe gebeten, die Qualifikationen und Kompetenzen von Langzeitarbeitslosen einzuschätzen (vgl. Abbildung 6.5). Besonders starke Bedenken äußern die Betriebe beim Punkt Belastbarkeit, etwa die Hälfte der Betriebe schreiben dem Personenkreis dagegen positive Eigenschaften wie Teamfähigkeit und soziale Kompetenz zu. Im Mittelfeld der Bewertungen liegen neben der fachlichen Qualifikation auch die Eigenschaften Arbeitsmotivation, Flexibilität und Disziplin. Betriebe, die in den vergangenen drei Jahren mit Langzeitarbeitslosen gearbeitet haben, bewerten die Eigenschaften etwas kritischer als Betriebe ohne entsprechende Vorerfahrungen.

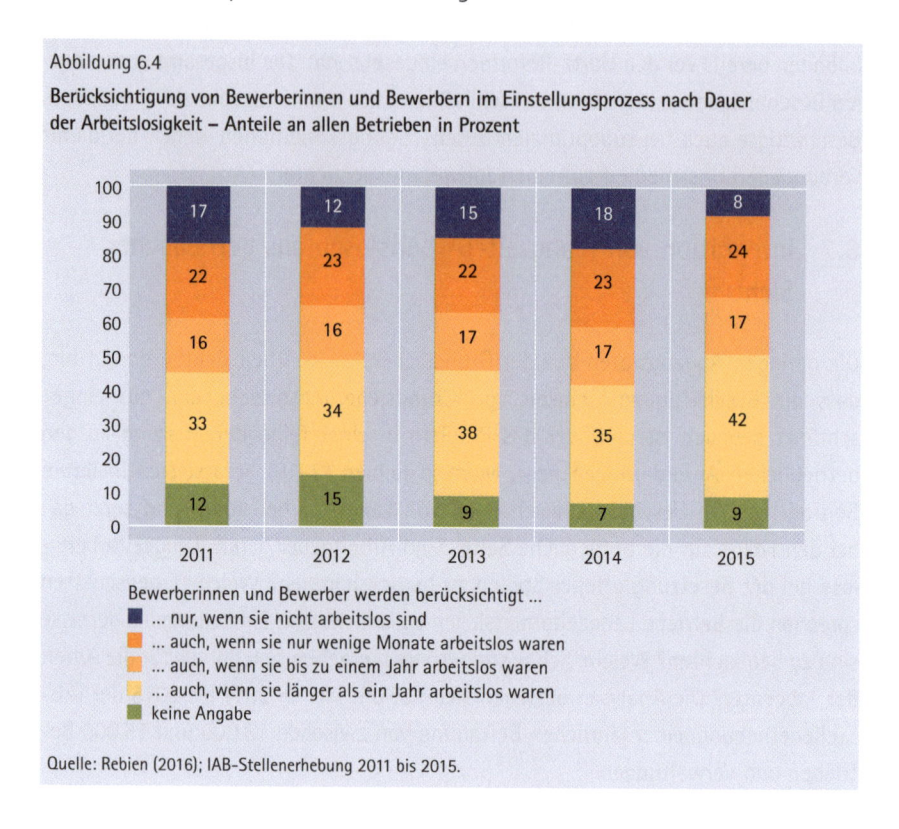

Abbildung 6.4
Berücksichtigung von Bewerberinnen und Bewerbern im Einstellungsprozess nach Dauer der Arbeitslosigkeit – Anteile an allen Betrieben in Prozent

	2011	2012	2013	2014	2015
… nur, wenn sie nicht arbeitslos sind	17	12	15	18	8
… auch, wenn sie nur wenige Monate arbeitslos waren	22	23	22	23	24
… auch, wenn sie bis zu einem Jahr arbeitslos waren	16	16	17	17	17
… auch, wenn sie länger als ein Jahr arbeitslos waren	33	34	38	35	42
keine Angabe	12	15	9	7	9

Bewerberinnen und Bewerber werden berücksichtigt …
- … nur, wenn sie nicht arbeitslos sind
- … auch, wenn sie nur wenige Monate arbeitslos waren
- … auch, wenn sie bis zu einem Jahr arbeitslos waren
- … auch, wenn sie länger als ein Jahr arbeitslos waren
- keine Angabe

Quelle: Rebien (2016); IAB-Stellenerhebung 2011 bis 2015.

Auch wenn die Einstellungsbereitschaft über die Jahre etwas gewachsen zu sein scheint, sind die Betriebe noch immer verhalten, was potenzielle Bewerber aus der Langzeitarbeitslosigkeit angeht. Dies zeigt sich auch, wenn man einen Blick auf die tatsächlichen Neueinstellungen aus Langzeitarbeitslosigkeit wirft. Im Jahr 2015 entfielen lediglich vier Prozent aller Neueinstellungen in sozialversicherungspflichtige Beschäftigung auf diesen Personenkreis – im Jahr 2011 waren es noch acht Prozent.

Betriebe, die langzeitarbeitslose Bewerber im Rekrutierungsprozess berücksichtigen, bewerten deren arbeitsrelevanten Eigenschaften deutlich positiver als solche, die eine Einstellung dieser Personen ausschließen. Besonders gering schätzen Letztere die Belastbarkeit (17 %), die Arbeitsmotivation (25 %), die Disziplin (25 %) sowie das Engagement (26 %) der Langzeitarbeitslosen ein. Allerdings gibt es auch in der Gruppe ohne Einstellungsbereitschaft Betriebe, die bestimmte Eigenschaften durchaus positiv bewerten. Zwei Drittel dieser Betriebe würden sich überzeugen lassen, Langzeitarbeitslose zu berücksichtigen, wenn die Bewerbung auf eine persönliche Empfehlung hin erfolgte. Auch – oder gegebenenfalls sogar gerade – für diese spezielle Gruppe gilt also, dass soziale Netzwerke eine zentrale Rolle bei der Jobsuche spielen. Häufig fehlen allerdings gerade Langzeitarbeitslosen die Netzwerke, die für die Jobsuche erfolgsrelevant sind. Lohnkostenzuschüsse (22 % der Betriebe) und Lohnzugeständnisse der Bewerber (9 % der Betriebe) spielen dagegen eine untergeordnete Rolle. Eine fehlende Passung zum Anforderungsprofil oder Zweifel an den „soft skills" der Bewerber lassen sich also kaum durch finanzielle Argumente heilen.

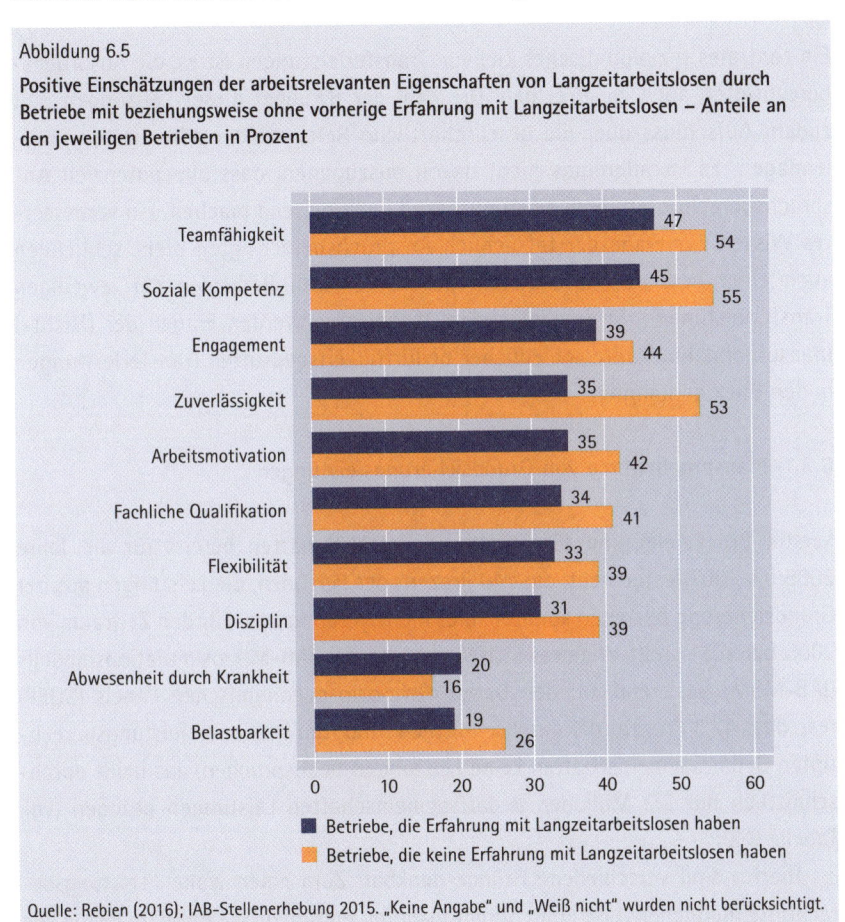

Abbildung 6.5
Positive Einschätzungen der arbeitsrelevanten Eigenschaften von Langzeitarbeitslosen durch Betriebe mit beziehungsweise ohne vorherige Erfahrung mit Langzeitarbeitslosen – Anteile an den jeweiligen Betrieben in Prozent

Eigenschaft	Betriebe mit Erfahrung	Betriebe ohne Erfahrung
Teamfähigkeit	47	54
Soziale Kompetenz	45	55
Engagement	39	44
Zuverlässigkeit	35	53
Arbeitsmotivation	35	42
Fachliche Qualifikation	34	41
Flexibilität	33	39
Disziplin	31	39
Abwesenheit durch Krankheit	20	16
Belastbarkeit	19	26

Quelle: Rebien (2016); IAB-Stellenerhebung 2015. „Keine Angabe" und „Weiß nicht" wurden nicht berücksichtigt.

Die Autorin folgert daher, dass die Arbeitsmarktpolitik an den von den Betrieben genannten Defiziten ansetzen und dazu Instrumente zur formalen Qualifikation ebenso wie Maßnahmen zur Stärkung von sozialen Kompetenzen einsetzen sollte. Beschäftigung schaffende Maßnahmen könnten geeignet sein, beide Elemente miteinander zu verbinden. Auch die Verbesserung sozialer Netzwerke könnte eine Erfolg versprechende Möglichkeit sein – hier ginge es vor allem darum, Kontakte zwischen Langzeitarbeitslosen und Betrieben herzustellen, beispielsweise über

Mentorenprogramme. Der gegenseitige Austausch und das individuelle Kennenlernen der jeweils anderen Seite könnten Betriebe dazu bewegen, Langzeitarbeitslosen in Einzelfällen eine Chance zu geben, obwohl man gewisse Vorbehalte gegenüber der Gruppe insgesamt hat.

6.3 Inanspruchnahme von Sozialleistungen

Ein zentrales sozialpolitisches Ziel von Transferleistungen ist es, die Anspruchsberechtigten auch zu erreichen. Die Zahl der Bezieher dieser Leistungen gibt zudem Aufschluss über die gesellschaftliche Relevanz der adressierten Problemlagen. Es ist allerdings nicht davon auszugehen, dass alle potenziell Anspruchsberechtigten ihren Leistungsbezug auch geltend machen. Ein verbessertes Wissen zur Frage der tatsächlich Anspruchsberechtigten dient schließlich auch einer besseren Abschätzung der Kosten von Reformen der jeweiligen Transferleistungen. In den folgenden Abschnitten werden Fragen der (Nicht-)Inanspruchnahme unterschiedlicher bedürftigkeitsgeprüfter Transferleistungen in den Blick genommen.

6.3.1 Inanspruchnahme von Grundsicherungsleistungen

Kerstin Bruckmeier und Jürgen Wiemers (2012) hatten bereits für die Jahre 2005 bis 2007 festgestellt, dass 40 Prozent der Personen, die Leistungen aus der Grundsicherung beziehen könnten, dies nicht getan haben. Für den Zeitraum von 2005 bis 2011 stellt Wiemers (2015) mithilfe des IAB-Mikrosimulationsmodells (IAB-MSM) basierend auf den Daten des Sozio-oekonomischen Panels (SOEP) fest, dass 42,3 Prozent der durchschnittlich rund fünf Millionen leistungsberechtigten Bedarfsgemeinschaften keine Leistungen beanspruchen, das heißt durchschnittlich nur 3,3 Millionen Bedarfsgemeinschaften Leistungen bezogen (vgl. Tabelle 6.2).

Hierfür sind verschiedene Gründe denkbar: Zum einen wollen Leistungsberechtigte möglicherweise einer Stigmatisierung entgehen, die mit dem Bezug von Grundsicherungsleistungen einhergehen kann. Zum anderen wird von einigen Leistungsberechtigten der Aufwand, der mit der Informationsbeschaffung und dem Beantragen von Leistungen verbunden ist, als so hoch eingeschätzt, dass es sich für sie nicht lohnt, diesen Aufwand zu betreiben. Dies ist insbesondere dann der Fall, wenn den potenziell Leistungsberechtigten unklar ist, ob sie tatsächlich Leistungen erhalten können und wenn die Höhe der erwarteten Grundsicherungsleistungen eher gering ist.

Tabelle 6.2
Gewichtete Quoten der Nicht-Inanspruchnahme von Grundsicherungsleistungen, 2005–2011 (in Prozent)

	Quote der Nicht-Inanspruchnahme	95 %-Konfidenzintervall
2005	47,8	[43,4–52,3]
2006	42,4	[38,4–46,4]
2007	40,6	[36,5–44,7]
2008	45,2	[40,5–49,9]
2009	38,4	[33,6–43,1]
2010	39,2	[33,9–44,5]
2011	42,8	[37,8–47,8]
gepoolt	42,3	[40,6–44,1]

Quelle: Wiemers (2015).

Wiemers (2015) untersucht weiter, wie die Tatsache, dass nicht alle Leistungsberechtigten ihre Ansprüche geltend machen, bei der Analyse von Änderungen der Grundsicherungsleistungen berücksichtigt werden kann. Dazu verknüpft er das IAB-MSM mit einem Modell zum individuellen Inanspruchnahmeverhalten. Anhand von zwei Modellrechnungen verdeutlicht Wiemers, wie groß die Effekte sind, wenn das Inanspruchnahmeverhalten bei der Analyse nicht berücksichtigt wird. In der ersten Modellrechnung wird der Bedarfssatz im SGB II um 100 Euro erhöht, in der zweiten um 100 Euro verringert. Wird die Tatsache, dass ein Teil der Leistungsberechtigten keine Leistungen in Anspruch nehmen, nicht berücksichtigt, muss nach Wiemers Modellrechnung davon ausgegangen werden, dass bei einer Erhöhung um 100 Euro 1,2 Millionen Haushalte zusätzlich Grundsicherungsleistungen beziehen werden (d. h. insgesamt 6,2 Millionen Haushalte). Bei einer Reduktion des Bedarfssatzes muss von 1,2 Millionen Haushalten weniger ausgegangen werden (d. h. insgesamt 3,8 Millionen Haushalte), die Grundsicherung in Anspruch nehmen. Wird hingegen einkalkuliert, dass ein Teil der Leistungsberechtigten die Leistungen nicht in Anspruch nehmen, zeigt sich ein anderes Bild. Die Zahl der zusätzlichen Haushalte, die Leistungen nach einer Erhöhung beziehen würden, steigt im Verhältnis deutlich weniger als die der Leistungsberechtigten. Dementsprechend würde eine Erhöhung der Bedarfssätze mit geringeren Kosten einhergehen, wenn das Inanspruchnahmeverhalten berücksichtigt würde. Umgekehrt sinkt die Zahl der leistungsbeziehenden Haushalte im Verhältnis in geringerem Umfang als die der Leistungsberechtigten. Berechnungen zu potenziellen Einsparungen einer Regelsatzsenkung würden also zu hoch ausfallen, wenn man diese Effekte nicht berücksichtigt.

Wiemers geht davon aus, dass die Zahl an zusätzlich anspruchsberechtigten Haushalten aufgrund einer Regelsatzerhöhung beziehungsweise die Zahl an weniger anspruchsberechtigten Haushalten bei einer Regelsatzkürzung jeweils um den Faktor von etwa zwei überschätzt wird. Er weist jedoch darauf hin, dass die Unterschiede bei der Simulation der fiskalischen Effekte im Vergleich zur Bestimmung der Haushalte geringer ausfallen, da es überwiegend Haushalte mit geringen Ansprüchen sind, die Leistungen nicht in Anspruch nehmen. Insgesamt zeigt die Analyse, dass durch die Berücksichtigung des Inanspruchnahmeverhaltens der Haushalte die Genauigkeit von Simulationsanalysen zur Abschätzung der Folgen sozialpolitischer Reformen deutlich erhöht wird.

6.3.2 Untererfassung von Leistungsberechtigten in Befragungen

Eine weitere Unsicherheit bei der wissenschaftlichen Befassung mit der Inanspruchnahme von Leistungen und der Dynamik in der Grundsicherung zeigt sich bei Befragungsdaten. Analysen, die auf einer Selbstauskunft der Befragten basieren, beinhalten häufig ein Risiko: Die Zahl der Leistungsbezieher und -bezieherinnen wird untererfasst, da Haushalte ihren Leistungsbezug nicht angeben.

Studien in den USA haben gezeigt, dass 30 bis 50 Prozent der Beziehenden von Leistungen aus dem Essensmarken-Programm in Befragungen angeben, dass sie keine Leistungen erhalten. Bruckmeier et al. (2014) sind der Frage nachgegangen, wie hoch der Anteil der Personen ist, die Leistungen nach dem SGB II erhalten, dies in Befragungen aber nicht angeben. Untersucht wurde auch, welche Personengruppen bei Befragungen am ehesten Leistungen nicht angeben.

Grundsätzlich lassen sich Unterschiede zwischen tatsächlichem Leistungsbezug und dem Antwortverhalten von Befragten nur ermitteln, wenn die Daten der befragten Personen mit nicht aggregierten Statistiken zur Leistungsvergabe in Beziehung gesetzt werden können. Im Falle der Grundsicherungsleistungen ist dies durch einen Abgleich der Daten des Panels „Arbeitsmarkt und soziale Sicherung" (PASS, fünfte Welle in 2011) und der BA-Statistik zum Grundsicherungsleistungsbezug möglich. Das Autorenteam stellt fest, dass 10,5 Prozent der Befragten nicht angegeben haben, Leistungen nach dem SGB II zu erhalten. Die Untersuchung legt zudem nahe, dass der Leistungsbezug am ehesten von jungen, kinderlosen und arbeitsmarktnahen Befragten nicht angegeben wird, vor allem dann, wenn sie eher geringe Leistungen beziehen. Leistungsbezieher und Leistungsbezieherinnen mit eher ungünstiger Arbeitsmarktprognose, zum Beispiel aufgrund fortgeschrittenen Alters oder Kindern im Haushalt, haben hingegen eine höhere Wahrscheinlichkeit, den Bezug in der Befragung anzugeben. Insgesamt zeigen die Ergebnisse der Analyse, dass ein relevanter Teil der Leistungsbeziehenden den Bezug verschweigt und dass sich dieses Antwortverhalten durch bestimmte persönliche Merkmale erklären lässt. In weiteren Analysen soll untersucht werden, welchen Effekt dies auf die in Befragungsdaten abgebildete Dynamik im Leistungsbezug und ihre Erklärung hat.

6.3.3 Unterschiede zwischen Migrantinnen/Migranten und Einheimischen bei der Realisierung von Leistungsansprüchen

Im Rahmen einer Studie mit dem IAB-Mikrosimulationsmodell (IAB-MSM) untersuchen Kerstin Bruckmeier und Jürgen Wiemers (2016) Unterschiede bei der Realisierung von wohlfahrtsstaatlichen Leistungsansprüchen zwischen einheimischen Leistungsberechtigten und Migrantinnen/Migranten. Ausgangspunkt ist die Beobachtung, dass Migrantinnen und Migranten innerhalb des Sozialleistungsbezugs relativ zu ihrem Bevölkerungsanteil deutlich überrepräsentiert sind. Die beobachtete höhere Abhängigkeit von Leistungen könnte sich durch ein höheres Bezugsrisiko von Migrantinnen und Migranten, zum Beispiel aufgrund eines häufig nur geringen Bildungsabschlusses oder Sprachproblemen, erklären. Daraus ergibt sich die Frage, ob die zu beobachtende höhere Wohlfahrtsabhängigkeit von Migrantinnen und Migranten sich in einer statistischen Analyse immer noch zeigt, wenn für individuelle Merkmale kontrolliert wird. Die Ergebnisse, die in der relevanten Literatur hierzu berichtet werden, sind uneinheitlich. Die für Deutschland vorhandene Evidenz deutet darauf hin, dass Migrantinnen und Migranten, unter Berücksichtigung beobachtbarer Charakteristika, ein deutlich höheres Risiko des Leistungsbezugs haben als Einheimische, aber dass es nach Kontrolle individueller Charakteristika keinen „Migrationseffekt" des Leistungsbezugs gibt. Unklar bleibt in der relevanten Literatur jedoch, ob Migrantinnen/Migranten eher als Einheimische dazu neigen, vorhandene Ansprüche auch tatsächlich zu nutzen. Ein häufiger zu beobachtender Sozialleistungsbezug unter Migrantinnen und Migranten könnte sich nicht nur aus dem persönlichen (Einkommens-)Risiko, sondern auch dadurch erklären, dass Migrantinnen/Migranten unter sonst gleichen Bedingungen Leistungen häufiger in Anspruch nehmen als Einheimische. Im Zentrum der Studie steht daher die Frage, ob sich die höhere Abhängigkeit von Migrantinnen und Migranten von Sozialleistungen dadurch erklären lässt, dass sie Leistungen unter sonst gleichen Umständen intensiver nutzen als Einheimische.

Diese Frage ist politikrelevant, weil sie je nach ihrer Beantwortung zu unterschiedlichen Schlussfolgerungen führt: Wenn beobachtbare Kriterien zu höherer Abhängigkeit von Leistungen führen, dann wäre es unter gegebenen makroökonomischen Bedingungen und gegebener Einwanderungspolitik sinnvoll, sich auf die Verbesserung der Arbeitsmarktchancen von Migrantinnen und Migranten zu konzentrieren. Wenn die Ursache für Leistungsabhängigkeit jedoch in einer systematisch höheren Ausschöpfung von Ansprüchen liegt, dann könnten sich daraus Konsequenzen für die Gestaltung der Anspruchsvoraussetzungen ergeben.

Kerstin Bruckmeier und Jürgen Wiemers (2016) konzentrieren sich auf den Aspekt der Ausschöpfung von Ansprüchen im Zeitraum nach den Hartz-Reformen. Hierzu nutzen sie ein komplexes Mikrosimulationsmodell (IAB-MSM), das das komplette Steuer- und Transfersystem der Bundesrepublik abbildet. Die Simulation ergibt über sieben Panelwellen hinweg etwa fünf Millionen leistungsberechtigte Haushalte im SGB II und SGB XII, davon sind etwa 90 Prozent im SGB II. Der Anteil von Migrantinnen und Migranten ist in den leistungsberechtigten Haushalten mit 31 Prozent höher als ihr Gesamtanteil, der 22 Prozent beträgt. Wenn man Migrantinnen und Migranten nach unterschiedlichen Gruppen differenziert (EU-Bürger, Nicht-EU-Bürger und Aussiedler) dann zeigt sich, dass die Aussiedler mit 19 Prozent die mit Abstand größte Gruppe der leistungsberechtigten Haushalte stellen (vgl. Tabelle 6.3).

Tabelle 6.3
Nicht-Ausschöpfungsquoten von Sozialleistungen, 2005–2011

	Anteil aller Haushalte	Anteil aller leistungsberechtigter Haushalte in Untergruppe	Anteil leistungsberechtigter Haushalte in Untergruppe	Nicht-Ausschöpfungsquote in Untergruppe
Alle	100,0	100,0	12,6	42,4
			(0,397)	(1,409)
Einheimische	81,1	68,6	10,7	43,7
			(0,404)	(1,660)
EU-Bürger	2,1	2,4	15,9*	47,0
			(2,682)	(7,705)
Nicht-EU-Bürger	3,7	10,0	33,7***	37,0
			(2,964)	(4,670)
Aussiedler	13,1	19,0	18,1***	39,9
			(1,290)	(3,436)

Alle Quoten gewichtet und in Prozent. Cluster robuste Standardfehler in runden Klammern. Sterne zeigen Zurückweisung der Null-Hypothese „gleiche Anteile leistungsberechtigter Haushalte in Untergruppen" im Vergleich zur Gruppe der Einheimischen (Spalte 4) und die Zurückweisung der Null-Hypothese „gleiche Ausschöpfungsquoten" im Vergleich zur Gruppe der Einheimischen (Spalte 5) auf Basis von *** = p < 0,001, ** = p < 0,01, * = p < 0,05, + = p < 0,10.
Quelle: Bruckmeier/Wiemers (2016).

Die deskriptiven Ergebnisse zeigen große und statistisch signifikante Unterschiede zwischen den Teilgruppen hinsichtlich der Wahrscheinlichkeit, leistungsberechtigt zu sein: Während etwa zehn Prozent der Inländer leistungsberechtigt sind, trifft dies auf 16 Prozent der EU-Bürger, mehr als ein Drittel der Nicht-EU-Bürger und über 18 Prozent der Aussiedler zu. Die Nicht-Ausschöpfungsquoten schwanken zwischen 37 und 47 Prozent (Durchschnitt 42,4 %), allerdings werden die Unterschiede statistisch nicht signifikant.

Weitere Analysen befassen sich mit der Frage, ob der Migrationshintergrund einen Einfluss auf den Ausschöpfungsgrad hat, wenn für beobachtete und nicht beobachtete Heterogenität kontrolliert wird. Die Variable „Migrationsstatus" weist aus, dass die Ausschöpfungswahrscheinlichkeit um zwölf Prozent sinkt, wenn der Haushaltsvorstand EU-Bürger ist. Dieser Unterschied erweist sich allerdings als nicht robust über verschiedene statistische Spezifikationen. Bruckmeier und Wiemers kommen zu dem Ergebnis, dass die Ausschöpfungswahrscheinlichkeit von Ansprüchen auf Sozialleistungen nicht mit dem Migrationsstatus per se zusammenhängt. Nach Kontrolle anderer Faktoren haben Migrantinnen und Migranten aller Subgruppen keine höhere Wahrscheinlichkeit, Leistungsansprüche abzurufen als Inländer. Die Variable der Leistungshöhe zeigt das erwartete Ergebnis: Eine um 100 Euro höhere Leistung erhöht die Wahrscheinlichkeit einer Inanspruchnahme um etwa sieben Prozent, was dem in der Literatur berichteten Stand entspricht.

Die Befunde zeigen somit, dass Migrantinnen und Migranten nicht in höherem Umfang Ansprüche auf Sozialleistungen ausschöpfen als Einheimische. Die höhere Wahrscheinlichkeit des Leistungsbezugs ist damit hauptsächlich auf das aufgrund der persönlichen und leistungsrelevanten Haushaltsmerkmale größere Risiko einer Abhängigkeit von Sozialleistungen zurückzuführen. Damit liefern die Ergebnisse der Studie keine Begründung dafür, die Leistungsvoraussetzungen für Migrantinnen und Migranten oder die Kosten der Inanspruchnahme unter Anreizaspekten zu verschärfen. Vielmehr käme es darauf an, Maßnahmen zu ergreifen, um die Arbeitsmarktchancen dieser Personengruppe zu verbessern.

6.3.4 Auswirkungen der Wohngeldreform auf Grundsicherungsbezieherinnen und und -bezieher

Kerstin Bruckmeier und Jürgen Wiemers (2015a, c) untersuchen den Einfluss, den die Wohngeldreform 2016 auf die Bezieher und Bezieherinnen von Grundsicherungsleistungen haben wird. Seit 2005 existieren mit der Grundsicherung für Arbeitsuchende und dem Wohngeld zwei Leistungssysteme, die einkommensschwache Haushalte hinsichtlich der Wohnungskosten unterstützen. Häufig wurde die fehlende Abstimmung zwischen beiden Systemen beklagt. Diese Schnittstellenproblematik wird durch den Kinderzuschlag noch verstärkt. Bruckmeier und Wiemers verweisen auf die unterschiedlichen Zielsetzungen der Systeme: Während das Wohngeld lediglich einen angemessenen Wohnbedarf sichern soll und davon ausgeht, dass der Haushalt seinen Lebensunterhalt aus eigener Kraft bestreiten kann, sichert das SGB II das soziokulturelle Existenzminimum des Haushalts. Allerdings verfügen auch viele SGB-II-Haushalte über Einkommen neben der Grundsicherung. Von diesen Haushalten dürften sich jedoch nur die wenigsten in der Nähe eines Wohngeldanspruchs befinden.

Für die Betrachtung der Schnittstellenproblematik stellen Bruckmeier/Wiemers die Frage, welche Wohngeldhaushalte grundsätzlich auch Leistungen der Grundsicherung beziehen könnten. Das SGB II öffnet einen Wahlbereich, innerhalb dessen die Betroffen das – allerdings niedrigere – Wohngeld dem Bezug von Grundsicherungsleistungen vorziehen können. Befragungsergebnisse legen nahe, dass ein relevanter Anteil von Haushalten mit Wohngeldanspruch auch Anspruch auf SGB-II-Leistungen hätte, diesen aber nicht realisieren.

Im Folgenden schätzen Bruckmeier und Wiemers die Effekte der Wohngeldreform 2016 mit dem IAB-Mikrosimulationsmodell (IAB-MSM). Dabei wird berücksichtigt, dass Haushalte mit geringen Ansprüchen diese häufig nicht geltend machen. Die Ergebnisse der Simulation zeigen beispielhaft für verschiedene Haushaltstypen die Reformeffekte. Für Alleinstehende sind keine Reformeffekte erkennbar. Bei Alleinerziehenden mit zwei Kindern ergeben sich dagegen innerhalb eines Einkommensbereichs zwischen 1.250 und 2.300 Euro Erhöhungen des Nettoeinkommens abhängig von der Miethöhe und der Mietstufe der Gemeinde bis zu 150 Euro/Monat. Dies ist eine deutliche Änderung im Vergleich zum Zustand vor der Reform, da es bislang keinen Einkommensbereich gab, in dem Alleinerziehende durch das Wohngeld besser gestellt waren als durch die Grundsicherung. Gleiches gilt für den Kinderzuschlag. Somit könnte durch die Reform der Leistungsbezug im SGB II in einigen Fällen überwunden werden.

Tabelle 6.4

Reformeffekte auf die Zahl der Transferbezieherhaushalte

	Differenz zum Status Quo (in Tausend)
ALG II	–4
Kosten der Unterkunft	–16
Wohngeld	442
Kinderzuschlag	47
Sozialhilfe (SGB XII)	–24

Quelle: Bruckmeier/Wiemers (2015c: 445).

Paarhaushalte mit zwei Kindern und einem erwerbstätigen Partner profitieren ebenfalls. Sie würden ab einem Bruttoeinkommen von etwa 1.700 Euro/Monat den Leistungsbezug in der Grundsicherung verlassen (vorher 1.800 Euro/Monat) und stattdessen Wohngeld und Kinderzuschlag erhalten. Infolge dieser Veränderungen wird die Zahl der Haushalte mit SGB-II-Leistungsbezug um circa 16.000 sinken, von denen drei Viertel vor der Reform ausschließlich Leistungen für die Kosten der Unterkunft (KdU) erhalten haben (vgl. Tabelle 6.4). Hinzu kommen 24.000 Haushalte, die vorher Leistungen nach dem SGB XII bezogen haben. Dagegen wird die Zahl der Empfängerhaushalte von Wohngeld um 440.000 steigen; der Kinderzuschlag wird nach der Reform zu einem Anwachsen von Empfängerhaushalten um 47.000 führen.

Fiskalisch ergeben sich im SGB II Einsparungen von 81 Millionen Euro, davon 78 Millionen für KdU, sowie im SGB XII um 41 Millionen Euro. Dem stehen Mehrausgaben von 773 Millionen Euro beim Wohngeld und 120 Millionen Euro beim Kinderzuschlag entgegen (vgl. Tabelle 6.5).

Tabelle 6.5
Reformeffekte auf die öffentlichen Haushalte

	Differenz zum Status Quo (in Millionen Euro)
ALG II	−3
Kosten der Unterkunft	−78
Wohngeld	773
Kinderzuschlag	120
Sozialhilfe (SGB XII)	−41
Gesamtkosten	772

Quelle: Bruckmeier/Wiemers (2015c: 445).

Insgesamt schätzen Bruckmeier/Wiemers die Auswirkungen der Reform auf die Grundsicherung als gering ein. Zusätzlich werden sie im Zeitverlauf durch die Anpassungen der Regelleistung weiter abgeschwächt. Das Ziel, das Wohngeld gegenüber der Grundsicherung als vorrangige Leistung zu stärken, wird somit nur bedingt erreicht. Der größte Teil der 440.000 Haushalte, die zusätzlich Wohngeld erhalten werden, hat vor der Reform keine Leistungen bezogen. Ein Wechsel aus Grundsicherungsleistungen in den Bezug von Wohngeld und Kinderzuschlag wird eher selten stattfinden und nur Haushalte mit Kindern betreffen. Ungelöst bleibt auch nach der Reform das Problem hoher Grenzbelastungen von teilweise über 100 Prozent bei kombiniertem Bezug von Wohngeld und Kinderzuschlag. So existieren weiterhin breite Einkommensbereiche, innerhalb derer sich die Bezieher/Bezieherinnen durch jeden zusätzlich hinzuverdienten Euro aufgrund der Abgaben und Anrechnungsregeln finanziell im Nettoeinkommen schlechterstellen.

Gesamtwirtschaftliche Analysen

6.4 Die regionale Dimension in der Grundsicherung

Die Arbeitsmarktlage in Deutschland ist nicht homogen, sondern unterscheidet sich regional stark. Dies gilt auch für den Grundsicherungsbezug. Damit sehen sich Jobcenter ganz unterschiedlichen Rahmenbedingungen und daraus erwachsenen Herausforderungen gegenüber. Um die Aufgabenerfüllung der Jobcenter mit Blick auf ihren Vermittlungsauftrag beurteilen zu können, ist es notwendig, eine gewisse Vergleichbarkeit herzustellen. Dies wird über die IAB-Typisierung der Jobcenter erreicht.

Die regionale Arbeitsmarktlage setzt sowohl für die Arbeitsmarktpolitik als auch für die Steuerung der lokalen Jobcenter und Arbeitsagenturen maßgebliche Rahmenbedingungen. Zur zusammenfassenden Charakterisierung dieser Bedingungen erstellt das IAB seit 2006 Vergleichstypen im Rechtskreis des SGB II. Im Jahr 2013 wurde nach intensiven Diskussionen mit Vertretern der „Bund-Länder-Arbeitsgruppe Steuerung SGB II" (BLAG) eine Neukonzeption vorgelegt (Dauth et al. 2013)[20]. Ziel war es unter anderem, neben der bisher vorherrschenden, arbeitsmarktorientierten Zieldimension der Integration in Erwerbstätigkeit auch die eher sozialpolitischen Komponenten des SGB II in angemessener Form zu berücksichtigen.

Dazu wurde jede der drei folgenden Zieldimensionen operationalisiert und in den Berechnungen zu gleichen Gewichten berücksichtigt:
- Ziel 1 – Verringerung der Hilfebedürftigkeit: Durchschnittliche Abgangsrate der erwerbsfähigen Leistungsberechtigten (eLb) ohne erneuten Zugang innerhalb der folgenden drei Monate.
- Ziel 2 – Verbesserung der Integration in Erwerbstätigkeit: Integrationsquote.
- Ziel 3 – Vermeidung von langfristigem Leistungsbezug: Verhältnis von Zugängen in den Langzeitleistungsbezug (erweitert um altersbedingte Zugänge von nicht erwerbsfähigen Leistungsberechtigten) zu den Abgängen aus Langzeitleistungsbezug.

Außerdem wurde der Katalog an potenziellen Typisierungsvariablen um Größen erweitert, die die spezifischen Struktur und Problemlagen des SGB II widerspiegeln.

Die Bildung der Vergleichstypen folgt einem zweistufigen Verfahren nach Blien et al. (2004). Zunächst wird anhand einer Regressionsanalyse untersucht, welche regionalen Rahmenbedingungen in einem Zusammenhang mit der Zielerreichung der Jobcenter stehen. Nur solche Rahmenbedingungen werden für die Typenbildung herangezogen, deren Zusammenhang mit den im SGB II formulierten Zielen der Jobcenter statistisch nachweisbar ist. Den Kern des Verfahrens bildet dann eine

---

20 Teilabschnitte zu den einzelnen Vergleichstypen wurden direkt aus Dauth et al. (2013) übernommen.

Clusteranalyse, durch welche Jobcenter mit möglichst ähnlichen Rahmenbedingungen in möglichst homogene Vergleichstypen eingeteilt werden.

Insgesamt ergibt sich nach der Modellauswahl ein Set von 17 Typisierungsvariablen, das die Basis für eine mehrstufige Clusteranalyse bildet. An deren Ende steht die Typisierung der Jobcenter im SGB II nach 15 Vergleichstypen.[21] Betrachtet man die eLb-Quote als allgemeinen Indikator der Hilfebedürftigkeit, so lassen sich die Vergleichstypen in die Gruppen I, II und III zusammenfassen. Innerhalb der Gruppen weisen die Typen entsprechend ihrer übrigen Rahmenbedingungen jedoch deutliche Unterschiede auf (vgl. Abbildung 6.6).

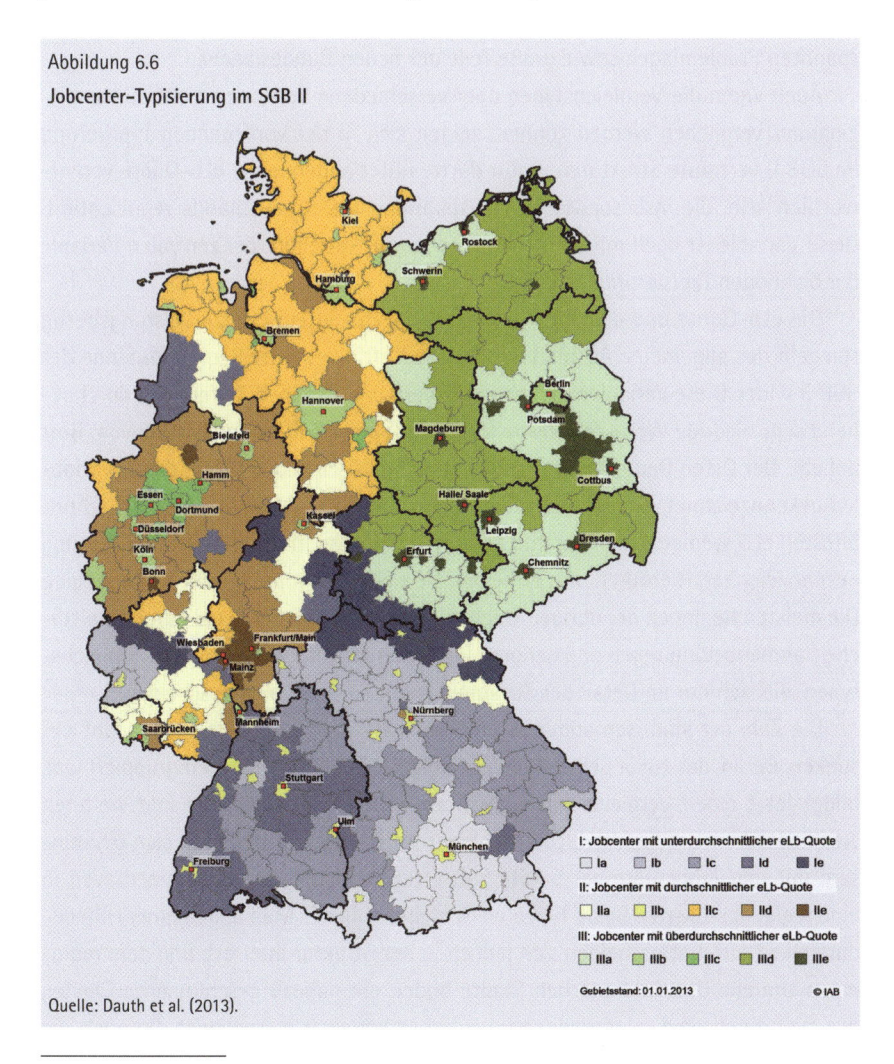

Abbildung 6.6
Jobcenter-Typisierung im SGB II

I: Jobcenter mit unterdurchschnittlicher eLb-Quote
☐ Ia ☐ Ib ☐ Ic ☐ Id ☐ Ie

II: Jobcenter mit durchschnittlicher eLb-Quote
☐ IIa ☐ IIb ☐ IIc ☐ IId ☐ IIe

III: Jobcenter mit überdurchschnittlicher eLb-Quote
☐ IIIa ☐ IIIb ☐ IIIc ☐ IIId ☐ IIIe

Gebietsstand: 01.01.2013   © IAB

Quelle: Dauth et al. (2013).

---

21   Dauth et al. (2013) bieten eine ausführliche Übersicht der 17 Typisierungsvariablen nach Vergleichstypen sowie eine detaillierte Charakterisierung der Typen.

Die Jobcenter der Typen Ia bis Ie befinden sich größtenteils in Süddeutschland und zeichnen sich durch unterdurchschnittliche eLb-Quoten und meist gewerblich geprägte Arbeitsmärkte aus.

Die eLb-Quoten der Vergleichstypen IIa bis IIe bewegen sich weitestgehend um den bundesdeutschen Mittelwert. Hier gibt es einerseits die eher ländlich geprägten Typen IIa, IIc und IId, aber auch Städte und hochverdichtete Landkreise (IIb und IIe). Diese haben zwar insgesamt durchschnittliche eLb-Quoten, liegen jedoch deutlich unter dem Niveau anderer ähnlich verdichteter Räume.

In den Typen IIIa bis IIIe befinden sich Jobcenter mit überdurchschnittlichen eLb-Quoten, unter anderem zahlreiche westdeutsche Städte mit insgesamt angespannten Problemlagen sowie große Teile der neuen Bundesländer.

Auch wenn die Vergleichstypen über verschiedene Versionen nicht direkt miteinander verglichen werden können, zeigen sich in der vorliegenden Typisierung im SGB II vertraute Strukturen. Dafür dürfte unter anderem die eLb-Quote verantwortlich sein, die insbesondere die Anspannung des Arbeitsmarkts repräsentiert. Diese Variable ist hoch mit der Arbeitslosenquote korreliert, der zentralen Variable der bisherigen Typisierung im SGB II.

Die eLb-Quote und der Anteil an eLb mit verfestigtem Langzeitleistungsbezug spiegeln das allgemeine Ausmaß der Hilfebedürftigkeit einer Region im Sinne des SGB II wider. Diese Variablen nehmen in Bayern und Baden-Württemberg durchgehend sehr niedrige Werte an, weshalb sich der Süden Deutschlands stark vom Rest abhebt. Der Osten Deutschlands ist dagegen durch sehr hohe Werte dieser Variablen gekennzeichnet. Zudem sind die dortigen Jobcenter durch die im Durchschnitt ältesten eLb, wenige Ausländer und geringe Leistungen für Unterkunft und Heizung gekennzeichnet. Hierdurch unterscheiden sie sich stark vom übrigen Bundesgebiet. Die meisten Regionen der übrigen Flächenländer haben in der Regel durchschnittliche Rahmenbedingungen und gehören weiterhin zu relativ homogenen Vergleichstypen, die sich nur im Detail der Zusammensetzung der eLb unterscheiden.

Die Zahl der städtisch dominierten Vergleichstypen ist von sechs auf fünf gesunken. Berlin, das zuvor gemeinsam mit Städten des Ruhrgebiets eingruppiert war, bildet jetzt einen Vergleichstyp gemeinsam mit den Stadtstaaten und weiteren westdeutschen Großstädten. Die Jobcenter im Ruhrgebiet befinden sich gemeinsam mit den Jobcentern der Städte Salzgitter, Delmenhorst und Bremerhaven in einem eigenen Cluster. Beide Typen weisen ein ähnliches Maß allgemeiner Hilfebedürftigkeit auf, unterscheiden sich jedoch in der Struktur ihrer eLb und dem regionalen Umfeld. Die süddeutschen Städte bilden ein nahezu geschlossenes Cluster, das sich durch eine relativ geringere Hilfebedürftigkeit auszeichnet. Da auch die Hilfebedürftigkeit im Umland vergleichsweise gering ist, entsteht kein zusätzlicher Druck durch Pendler aus benachbarten Regionen.

Die Rahmenbedingungen in den Jobcentern sind ebenfalls Veränderungen unterworfen, sodass regelmäßig eine Neufassung der Typisierung geprüft wird. Insbesondere die jüngsten Flüchtlingsbewegungen dürften regionalspezifische Veränderungen mit sich bringen. Das IAB befasst sich daher mit der Frage, inwiefern die SGB-II-Typisierung angepasst werden sollte, um den Einfluss von Flucht- und Arbeitsmigration auf die zugrunde liegenden Zielvariablen adäquat abbilden zu können. Dabei ist auch zu prüfen, inwieweit eine Anpassung mit den verfügbaren Daten überhaupt zu leisten ist.

6.5 Beschäftigungseffekte von Arbeitsgelegenheiten in den Einsatzbetrieben

Die Wirkung arbeitsmarktpolitischer Instrumente geht über die individuellen Effekte auf die Beschäftigungswahrscheinlichkeit oder den Verbleib im Leistungsbezug hinaus. Sandra Dummert und Christian Hohendanner (2016) untersuchen Wirkungen von Arbeitsgelegenheiten in der Mehraufwandsvariante. Diese sogenannten Ein-Euro-Jobs sollen (Langzeit-)Arbeitslose im SGB II über gemeinnützige Tätigkeiten an den Arbeitsmarkt heranführen. Der Fokus der Analyse liegt dabei nicht auf den individuellen Wirkungen des Instruments, sondern auf den Beschäftigungswirkungen in den jeweiligen Einsatzbetrieben. Die Untersuchung stützt sich auf das IAB-Betriebspanel, und zwar auf die Wellen 2005 bis 2015.

Obwohl diese sogenannten Ein-Euro-Jobs formal das Kriterium der Zusätzlichkeit erfüllen müssen, wird immer wieder der Verdacht geäußert, dass öffentliche Aufgaben über den Einsatz von Ein-Euro-Jobs erledigt werden und damit ungeförderte Beschäftigte in den überwiegend öffentlichen und gemeinnützigen Einsatzbetrieben substituiert werden. Da Maßnahmeteilnehmende eher im Segment der einfachen Tätigkeiten angesiedelt sind, dürfte sich auch eine etwaige Substitution eher in diesem Segment zeigen. Die Betreuung von Maßnahmeteilnehmerinnen und -teilnehmern erfordert hingegen eher eine berufsfachliche oder universitäre Ausbildung, weshalb hier von einem positiven Beschäftigungseffekt auszugehen ist. Aufgrund dieser zwei gegenläufigen Annahmen wird der Einfluss von Ein-Euro-Jobs auf die Beschäftigungsentwicklung getrennt nach Qualifikationsgruppen betrachtet. Zudem werden die Effekte auf die Beschäftigung „an den Rändern" – von freien Mitarbeiterinnen/Mitarbeitern und geringfügig Beschäftigten – untersucht. Auch hier sind unterschiedliche Effekte vorstellbar: Qualifizierungen werden auch von freien Mitarbeiterinnen und Mitarbeitern durchgeführt. Mit der Zahl der Ein-Euro-Jobs könnte demnach auch der Bedarf an freien Mitarbeiterinnen und Mitarbeitern steigen. Geringfügig Beschäftigte könnten dagegen durch Ein-Euro-Jobber ersetzt werden, da beide Beschäftigungsformen in ähnlichen Segmenten angesiedelt sein dürften.

Gesamtwirtschaftliche Analysen

Angesichts des Rückbaus der Arbeitsgelegenheiten in der Mehraufwandsvariante in den Jahren seit 2009 würde sich die Substitutionshypothese dann bestätigen, wenn ein gewisser Anstieg bei ungeförderten Beschäftigungsformen in den Einsatzbetrieben vorliegt – unter der Annahme, dass sich die öffentlichen Dienstleistungen in Quantität und Qualität nicht wesentlich verändern. Zudem wird vermutet, dass die lokale Arbeitsmarktlage sowie die kommunale Finanzlage einen gewissen Einfluss auf die Einsatzintensität der Ein-Euro-Jobs ausüben und damit auch die Stärke des Substitutionseffekts mit bestimmen. Um diese Fragestellung zu beantworten, werden die Betriebspaneldaten mit entsprechenden Regionaldaten verknüpft.

Abbildung 6.7 zeigt, dass neben dem Rückgang der absoluten Zahl der Ein-Euro-Jobber auch der Anteil der Betriebe mit Ein-Euro-Jobs zwischen 2005 und 2015 deutlich gesunken ist.

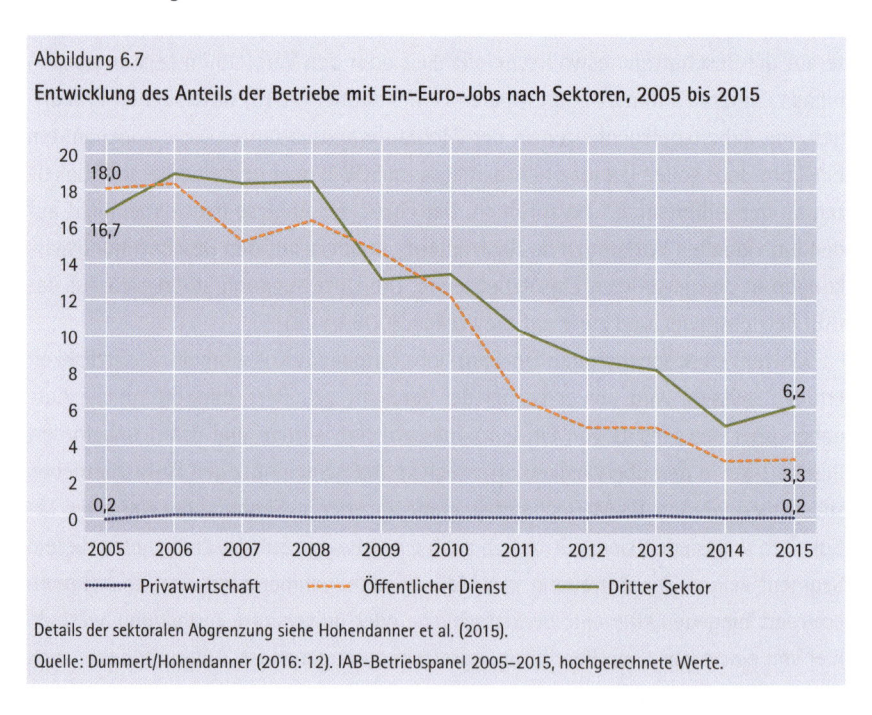

Abbildung 6.7
Entwicklung des Anteils der Betriebe mit Ein-Euro-Jobs nach Sektoren, 2005 bis 2015

[Liniendiagramm: Privatwirtschaft (gepunktet) von 0,2 (2005) bis 0,2 (2015); Öffentlicher Dienst (gestrichelt) von 18,0 (2005) auf 3,3 (2015); Dritter Sektor (durchgezogen) von 16,7 (2005) auf 6,2 (2015)]

Details der sektoralen Abgrenzung siehe Hohendanner et al. (2015).
Quelle: Dummert/Hohendanner (2016: 12). IAB-Betriebspanel 2005–2015, hochgerechnete Werte.

Die größten Anteile von Betrieben mit Ein-Euro-Jobs sind in der öffentlichen Verwaltung, in Organisationen ohne Erwerbscharakter sowie im Bereich „Erziehung und Unterricht" zu beobachten (vgl. Tabelle 6.6).

In einer ersten deskriptiven Analyse werden strukturelle Unterschiede zwischen Einsatzbetrieben und Betrieben ohne Ein-Euro-Jobs deutlich. Erstere zeichnen sich durch ein geringeres Lohnniveau, höhere Anteile an Gering- und niedrigere Anteile an Hochqualifizierten aus. Die Analyse der regionalen Faktoren liefert hingegen nicht die vermuteten Hinweise auf eine substitutive Beziehung zwischen dem Anteil öffentlich Beschäftigter in einer Region und den dort eingesetzten Ein-Euro-Jobs. Auch finden sich keine Indizien für den Einfluss der Finanzlage auf den Einsatz des Instruments, der für eine stärkere Verrichtung kommunaler Aufgaben über eine Maßnahmenteilnahme bei finanzschwachen Kommunen sprechen würde.

Tabelle 6.6
Anteil der Betriebe mit Ein-Euro-Jobs nach Branche, 2015

	Anteil der Betriebe mit Ein-Euro-Jobs in %
Öffentliche Verwaltung	5,6
Organisationen ohne Erwerbscharakter	5,0
Erziehung und Unterricht	3,4
Gesundheits- und Sozialwesen	1,5
Sonstige Dienstleistungen	0,5
Restliche Wirtschaftszweige	0,2
Gesamt	0,6

Quelle: Dummert/Hohendanner (2016: 12). IAB-Betriebspanel 2015, hochgerechnete Werte.

In einem zweiten Schritt untersuchen Dummert/Hohendanner im Rahmen von dynamischen Panelmodellen, inwiefern sich durch Ein-Euro-Jobs unmittelbare Beschäftigungseffekte in den Betrieben zeigen. Betrachtet man die Beschäftigung im Betrieb insgesamt, so ist der Effekt klein und zudem nicht signifikant. Dies bestätigen frühere Untersuchungen von Hohendanner (2011). In einem weiteren Schritt nehmen Dummert/Hohendanner eine Unterscheidung nach Qualifikationsgruppen vor. Hierdurch stellt sich das Bild differenzierter dar – es zeigen sich zwei gegenläufige Effekte. Einerseits besteht ein zwar kleiner, aber signifikant negativer Substitutionseffekt zwischen Beschäftigten mit einfachen Tätigkeiten und Ein-Euro-Jobs. Dies bestätigt die Verdrängungshypothese für den Personenkreis, für den am ehesten eine Konkurrenzbeziehung zu den Maßnahmeteilnehmenden zu erwarten ist. Anders sieht es bei dem Zusammenhang zwischen Ein-Euro-Jobs und Beschäftigungsverhältnissen mit hohen Qualifikationsanforderungen aus. Hier findet sich ein zwar ebenfalls kleiner, aber signifikant positiver Effekt. Ein Aufwuchs bei den Ein-Euro-Jobs geht demnach mit einem Zuwachs von höherqualifizierten Beschäftigungsverhältnissen in den Einsatzbetrieben einher. Dies erklären Dummert/Hohendanner damit, dass für die Maßnahmenadministration, die Durchführung, Anleitung und Betreuung der Teilnehmenden häufig Personal mit entsprechend höherer Qualifikation nötig ist. Keine Beschäftigungseffekte zeigen sich hingegen bei den „randständigen" Beschäftigungsverhältnissen – den freien Mitarbeiterinnen/Mitarbeitern und geringfügig Beschäftigten.

Die Beschäftigungseffekte des Rückbaus der Arbeitsgelegenheiten in der Mehraufwandsvariante in den vergangenen Jahren sind daher differenziert zu betrachten. Sie sind mit einem Rückgang von Beschäftigungsverhältnissen im eher höherqualifizierten Segment der Einsatzbetriebe verbunden, da dort weniger Personal für die Umsetzung der Maßnahmen benötigt wurde. Hingegen dürfte der Wegfall der Ein-Euro-Jobs zumindest in geringem Maße durch einen Aufbau von Beschäftigung im gering qualifizierten Segment der Einsatzbetriebe kompensiert worden sein. Ob sich hierdurch möglicherweise auch Integrationsmöglichkeiten für ehemalige Maßnahmeteilnehmerinnen und -teilnehmer ergaben, kann im Rahmen der vorliegenden Studie jedoch nicht beantwortet werden.

6.6 Internationaler Vergleich

Obwohl Deutschland im internationalen Vergleich relativ hohe Werte bei der Langzeitarbeitslosigkeit aufweist, sehen sich andere Länder ähnlichen Problemen gegenüber. Die nachfolgenden Abschnitte analysieren zunächst die verfestigte Nicht-Erwerbstätigkeit im internationalen Vergleich und befassen sich anschließend mit der Frage, ob man Lehren aus der Erfahrung mit Integrationsstrategien anderer Länder ziehen kann.

6.6.1 Verfestigte Nicht-Erwerbstätigkeit im internationalen Vergleich

Langzeiterwerbslosigkeit ist weiterhin eines der größten Probleme auf dem deutschen Arbeitsmarkt. Konle-Seidl et al. (2014) gehen der Frage nach, ob es anderen Ländern besser gelingt, strukturelle und verfestigte Erwerbslosigkeit zu vermeiden. Dabei nehmen sie auch unterschiedliche Formen der statistischen Erfassung von Erwerbslosen in den Blick und beziehen als alternative Formen der Nicht-Erwerbstätigkeit neben der Erwerbslosigkeit auch die Erwerbsunfähigkeit beziehungsweise langfristige Krankheit sowie die Frühverrentung ein. Vergleichend werden neben Deutschland auch Dänemark, Schweden, die Niederlande, Großbritannien sowie Spanien berücksichtigt. Spanien war besonders stark von der Finanz- und Wirtschaftskrise betroffen und hatte einen dramatischen Beschäftigungsrückgang und einen starken Anstieg der Erwerbslosigkeit zu verzeichnen. Die anderen Länder galten bis zur Wirtschafts- und Finanzkrise 2008/2009 als arbeitsmarktpolitisch besonders erfolgreich und weisen einen relativ hohen Beschäftigungsstand auf.

Alternativen zur Erwerbslosigkeit ergeben sich unter anderem durch landesspezifische sozialrechtliche Regelungen. So definieren Großbritannien, Dänemark, Niederlande oder Schweden den Status der Erwerbsunfähigkeit relativ breit und bemessen dafür Sozialleistungen bei Krankheit oder Erwerbsminderung relativ großzügig. Hieraus resultiert ein relativ hoher Anteil von Erwerbsunfähigen. Diesen Ländern ist es im Untersuchungszeitraum nicht gelungen, die Zahl der Langzeit-Nicht-Erwerbstätigen aufgrund von Erwerbsminderung deutlich zu senken (vgl. Tabelle 6.7).

Tabelle 6.7
Anteile einzelner Gruppen von Langzeit-Nicht-Erwerbstätigen an der Gesamtbevölkerung im Alter von 25–64 Jahren, 2008 und 2012

	Erwerbslosigkeit		Erwerbsunfähigkeit/ Krankheit		(Vor-)Ruhestand		Summe	
	2008	2012	2008	2012	2008	2012	2008	2012
Deutschland	3,8	2,6	2,2	3,0	5,8	4,2	11,8	9,8
Dänemark	0,9	2,8	6,5	7,6	5,2	3,8	12,6	14,2
Spanien	2,5	9,3	5,1	5,0	1,7	1,7	9,3	15,9
Niederlande	1,4	2,3	6,3	6,8	3,2	3,3	10,9	12,4
Schweden	1,6	2,7	7,0	5,4	1,7	1,3	10,2	9,4
Großbritannien	1,7	2,7	6,1	5,8	4,5	4,1	12,3	12,6

Hinweis: Langzeit = seit mehr als einem Jahr nicht erwerbstätig.
Quelle: Konle-Seidl et al. (2014) auf Basis des European Labour Force Survey, 2008 und 2012.

Es lassen sich grob drei Ländergruppen unterscheiden.
1. In Spanien dominiert der Anteil der Langzeit-Erwerbslosen, der sich seit 2008 fast vervierfacht hat. Insgesamt ergibt sich hier ein Anteil an Langzeit-Nicht-Erwerbstätigen von 15,9 Prozent. Dabei gibt diese Zahl die tatsächliche Lage noch unvollkommen wieder. Denn Personen unter 25 Jahren sind nicht berücksichtigt, und gerade junge Menschen sind vom Beschäftigungseinbruch in Spanien besonders betroffen.
2. In Dänemark, den Niederlanden, Großbritannien und Schweden sind die Anteile der Langzeit-Erwerbsunfähigen (bzw. -kranken) am höchsten. In Dänemark und den Niederlanden ist die Tendenz noch immer steigend, dagegen ist in Schweden seit 2008 ein deutlicher Rückgang zu beobachten. Zwar zeigen die Reformbemühungen in den Niederlanden, Großbritannien und Schweden durchaus Erfolge im Hinblick auf Zugänge in die Erwerbsunfähigkeit. Dennoch bleiben ihre Anteile relativ hoch. Krisenbedingt sind in allen vier Ländern auch die Anteile der Langzeiterwerbslosen angestiegen, besonders deutlich in Dänemark. Dagegen liegt der Anteil der Vorruheständler auf einem mittleren Niveau. Insgesamt lagen die Anteilswerte der drei Kategorien von Langzeit-

Nicht-Erwerbstätigen in Dänemark bei 14,2, in den Niederlanden bei 12,4 und in Schweden bei 9,4 Prozent.
3. Hatte Deutschland 2008 mit 3,8 Prozent noch den höchsten Anteilswert bei den Langzeiterwerbslosen, ging dieser auf 2,6 Prozent zurück. Damit liegt er auf einem Niveau, das mit demjenigen von Dänemark, den Niederlanden, Schweden und Großbritannien vergleichbar ist. Längerfristige Erwerbsunfähigkeit spielt in Deutschland noch immer eine geringe Rolle. Die dominierende Form der Langzeit-Nicht-Erwerbstätigkeit ist nach wie vor der Vorruhestand. Trotz eines deutlichen Rückgangs um 1,6 Prozentpunkte lag der Anteil mit 4,2 Prozent noch höher als in den Vergleichsländern.

Wenn man andere Formen der Langzeit-Nicht-Erwerbstätigkeit einbezieht, so relativiert sich das Bild von einer im internationalen Vergleich hohen Langzeit-Erwerbslosigkeit in Deutschland. Die summierten Anteilswerte sind hier um zwei Prozentpunkte auf 9,8 Prozent zurückgegangen. Im Ländervergleich war 2012 das Ausmaß der Verfestigung von Nicht-Erwerbstätigkeit nur noch in Schweden niedriger als in Deutschland. Allerdings zeigen weiter gehende Analysen der individuellen Determinanten von Nicht-Erwerbstätigkeit auch Schattenseiten: So sind Geringqualifizierte und Ältere, verglichen mit anderen Ländern, besonders stark von Langzeit-Nicht-Erwerbstätigkeit betroffen.

6.6.2 Integration arbeitsmarktferner Personen im internationalen Vergleich

Regina Konle-Seidl (2016) widmet sich der Frage, wie europäische Länder mit der Aufgabe der Integration arbeitsmarktferner Personen umgehen. Neben Deutschland bezieht sie Dänemark, Schweden, die Niederlande, Großbritannien und Österreich in ihre Analysen ein. Angesichts der Unterschiedlichkeit der Problemlagen und der bisherigen Praxis im Umgang mit arbeitsmarktfernen Personen lassen sich ihrer Meinung nach aus den Erfahrungen anderer Länder jedoch keine Patentrezepte für die deutsche Situation ableiten.

Ein Blick auf die international harmonisierten Erwerbslosenquoten bestätigt zunächst die Analysen auf der Basis nationaler Daten: Die Situation hat sich in Deutschland in den Jahren seit 2006 deutlich verbessert, auch wenn die Zahl der Langzeiterwerbslosen seit 2011 kaum noch sinkt. Tritt Langzeiterwerbslosigkeit zudem erst einmal ein, so sind Übergänge in Beschäftigung in Deutschland weiterhin sehr unwahrscheinlich. Abbildung 6.8 verdeutlicht, dass der prozentuale Anteil der Langzeiterwerbslosen in Deutschland trotz der positiven Arbeitsmarktentwicklung noch immer vergleichsweise hoch liegt. Das hängt jedoch auch mit der weiten Definition der Erwerbsfähigkeit hierzulande zusammen. Hierdurch werden auch

Personen mit gesundheitlichen Einschränkungen in die Berechnungen einbezogen, die in anderen Ländern nicht als erwerbsfähig gelten. So ist in den skandinavischen Ländern und den Niederlanden erst in letzter Zeit ein Umschwenken auf die Strategie „Arbeitsmarktintegration vor Erwerbsminderungsrente" zu beobachten.

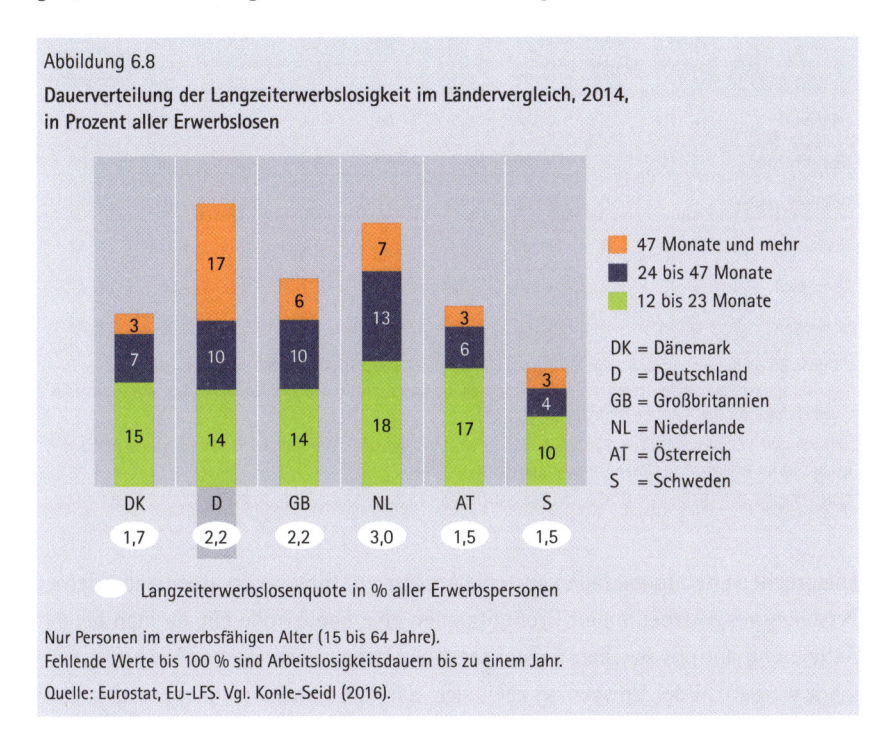

Abbildung 6.8
Dauerverteilung der Langzeiterwerbslosigkeit im Ländervergleich, 2014, in Prozent aller Erwerbslosen

Land	12 bis 23 Monate	24 bis 47 Monate	47 Monate und mehr	Langzeiterwerbslosenquote in % aller Erwerbspersonen
DK	15	7	3	1,7
D	14	10	17	2,2
GB	14	10	6	2,2
NL	18	13	7	3,0
AT	17	6	3	1,5
S	10	4	3	1,5

DK = Dänemark
D = Deutschland
GB = Großbritannien
NL = Niederlande
AT = Österreich
S = Schweden

Nur Personen im erwerbsfähigen Alter (15 bis 64 Jahre).
Fehlende Werte bis 100 % sind Arbeitslosigkeitsdauern bis zu einem Jahr.
Quelle: Eurostat, EU-LFS. Vgl. Konle-Seidl (2016).

Berechnungen auf der Grundlage der Europäischen Arbeitskräfteerhebung zeigen, dass Menschen mit gesundheitlichen Beeinträchtigungen in Deutschland ein besonders hohes Risiko der Langzeiterwerbslosigkeit aufweisen (vgl. Tabelle 6.8). Weitere Risikofaktoren stellen – auch in den Vergleichsländern – eine geringe Qualifikation und ein hohes Alter dar.

Für die Abgrenzung arbeitsmarktferner Personen existiert kein international einheitliches Konzept, sodass in den betrachteten Ländern unterschiedlich vorgegangen wird. In Dänemark und Deutschland orientiert man sich vor allem an der Frage, wie unwahrscheinlich ein Übergang in ungeförderte Beschäftigung ist. In Österreich liegt der Schwerpunkt auf älteren, gesundheitlich eingeschränkten Langzeitarbeitslosen und orientiert sich damit auch an Kriterien, nach denen die Abgrenzung in Deutschland und Dänemark vorgenommen wird. In den Niederlanden fokussiert man sich vor allem auf Personen mit Behinderungen, in Großbritannien leitet sich die intensive Betreuung des „Work Programme" nicht allein durch das Kriterium der Langzeitarbeitslosigkeit, sondern auch durch die Art des Leistungsbezugs ab.

Tabelle 6.8
Einflussfaktoren auf die Wahrscheinlichkeit, langzeiterwerbslos zu sein, bei 25- bis 64-jährigen Personen, 2013, Abweichung von der durchschnittlichen Wahrscheinlichkeit, langzeiterwerbslos zu sein, in Prozent (Simulationen basierend auf Probit-Schätzungen)

	Nationalität		Qualifikation			Altersgruppen in Jahren			Gesundheitliche Beeinträchtigung[1]
	Ausländer	Inländer	niedrig	mittel	hoch	25 bis 34	35 bis 49	50 bis 64	
Dänemark	+ 110	– 5	+ 150	– 7	– 50	– 4	– 16	+ 24	+ 19
Deutschland	+ 10	– 1	+ 168	– 2	– 60	– 36	– 23	+ 58	+ 60
Großbritannien	– 1	0	+ 126	– 10	– 57	– 22	– 13	+ 40	+ 20
Niederlande	+ 114	– 3	+ 99	– 4	– 53	– 24	– 18	+ 37	+ 42
Österreich	+ 13	– 2	+ 129	– 12	– 60	– 50	– 42	+ 96	+ 47
Schweden	+ 114	– 7	+ 163	– 4	– 55	– 13	– 14	+ 35	k. A.

[1] Eigene Berechnungen auf Grundlage der Zusatz-Erhebung zum EU-LFS 2011; die Daten für Schweden wurden wegen zu starker Stichprobenverzerrung nicht berücksichtigt; anders als bei den anderen Merkmalen wurde nicht für den Einfluss anderer Faktoren kontrolliert.

Lesehilfe: Die Wahrscheinlichkeit, dass ein Ausländer/eine Ausländerin in Deutschland zu den Langzeiterwerbslosen gehört, ist im Vergleich zur Gesamtbevölkerung um 10 % höher.

Quelle: Eigene Berechnungen auf Basis der Europäischen Arbeitskräfteerhebung (EU-LFS). Vgl. Konle-Seidl (2016).

Entsprechend heterogen fallen auch die Ansätze zur Integration arbeitsmarktferner Personen aus. Hierbei nimmt Großbritannien eine Sonderrolle ein, da man bei der Aktivierung auf private Dienstleister setzt, die streng nach Integrationserfolg entlohnt werden. In der Umsetzung zeigt sich, dass die Mindesteingliederungsquoten von 25 Prozent zwar bei den relativ arbeitsmarktnahen Bezieherinnen und Beziehern von Arbeitslosengeld erreicht werden können, nicht jedoch bei den gesundheitlich eingeschränkten Bezieherinnen/Beziehern der Employment and Support Allowance (ESA), die als arbeitsmarktfern einzustufen sind. In den Niederlanden und den beiden skandinavischen Ländern setzt man auf öffentlich geförderte Beschäftigung und adressiert damit explizit die arbeitsmarktferne Zielgruppe. Auch Deutschland und Österreich verfügen über entsprechende Programme. Alles in allem konnten die Förderprogramme in den Vergleichsländern bislang jedoch kaum die Hoffnungen auf eine nennenswerte Zahl von Integrationen in ungeförderte Beschäftigung erfüllen. Regina Konle-Seidl sieht daher weder in dem britischen Sonderweg noch in den Varianten der öffentlich geförderten Beschäftigung Blaupausen, die für Deutschland übernommen werden könnten. Sie betont jedoch auch, dass eine Integration auf dem ersten Arbeitsmarkt bei bestimmten Zielgruppen allenfalls ein Fernziel sein könne. Dies zeigt sich ihrer Ansicht nach auch daran, dass sich in Deutschland an der verfestigten Arbeitslosigkeit trotz der sehr positiven Beschäftigungsentwicklung der letzten Jahre kaum etwas geändert hat. Ein ausschließlich aktivierender Ansatz könne „die Probleme verfestigter Arbeitslosigkeit bzw. verfestigten Leistungsbezugs daher nicht lösen" (Konle-Seidl 2016, S. 7). Um eine Perspektive für arbeitsmarktferne Personen mit gesundheitlichen Problemen und geringer Beschäftigungsfähigkeit zu eröffnen, plädiert sie daher für eine Öffnung des für Rehabilitanden und behinderte Menschen geltenden Förderinstrumentariums im SGB IX. Dieser Weg sei einem stärkeren Einsatz von Erwerbsminderungsrenten oder einem großflächigen Ausbau eines geschützten zweiten Arbeitsmarkts für Langzeitarbeitslose vorzuziehen.

6.7 Zwischenfazit zu Kapitel 6

Der deutsche Arbeitsmarkt zeigt sich in den vergangenen Jahren in ausgesprochen robuster Verfassung. So wurde der Rückgang der Arbeitslosigkeit von weiter steigenden Beschäftigungszahlen begleitet. Neben diesen Größen spielt bei der Bewertung der gesamtwirtschaftlichen Arbeitsmarktlage auch die Qualität der Beschäftigung eine wichtige Rolle. Aufgrund des stärker in den Mittelpunkt gerückten Aktivierungsparadigmas und der höheren Flexibilisierungsanforderungen könnten die Hartz-Reformen zu kürzeren Beschäftigungsdauern und geringen Einstiegslöhnen geführt haben. Die Befunde von Giannelli et al. (2013, 2016) sowie von Jaenichen und Rothe (2014) deuten aber darauf hin, dass die Reformen kaum negativen Einfluss auf Beschäftigungsdauern hatten. Allerdings zeigt sich, dass ehemals Langzeitarbeitslose eine signifikant geringere Beschäftigungsstabilität aufweisen als Kurzzeitarbeitslose. Dagegen verstärkt sich nach den Hartz-Reformen die bereits zuvor einsetzende Entwicklung sinkender Löhne und steigender Lohnungleichheit. Hiervon waren Personen am unteren Ende der Lohnverteilung besonders betroffen. Die Einstiegslöhne nehmen zudem mit der Dauer der Arbeitslosigkeit ab. Dies kann ein Hinweis darauf sein, dass die im Rahmen der Reformen verstärkte Konzessionsbereitschaft insbesondere bei Langzeitarbeitslosen zur Aufnahme wenig stabiler und gering entlohnter Beschäftigungsverhältnisse beigetragen hat.

Ein Übergang in Beschäftigung setzt die Bereitschaft der Arbeitgeberinnen und Arbeitgeber voraus, Arbeitslose einzustellen. Diese ist bei deutschen Betrieben insbesondere mit Blick auf Langzeitarbeitslose nur eingeschränkt vorhanden (Rebien 2016). Besonders kritisch bewerten die Betriebe die Belastbarkeit von Langzeitarbeitslosen, während sie dem Personenkreis durchaus Eigenschaften wie Teamfähigkeit und soziale Kompetenz zuschreiben. Soziale Netzwerke spielen auch für Langzeitarbeitslose (wie für Arbeitsuchende allgemein) eine zentrale Rolle bei der Jobsuche. Betriebe, die dem Personenkreis kritisch gegenüberstehen, wären gegebenenfalls bereit, Langzeitarbeitslose einstellen, wenn deren Bewerbung auf eine persönliche Empfehlung hin erfolgt. Häufig fehlen allerdings gerade Langzeitarbeitslosen die Netzwerke, die für die Jobsuche erfolgsrelevant sind. Als arbeitsmarktpolitische Maßnahme wäre es daher sinnvoll, neben der formalen Qualifikation auch die sozialen Netzwerke zu stärken – zum Beispiel indem man über Mentorenprogramme Kontakte zwischen Langzeitarbeitslosen und Betrieben herstellt.

Die Daten zu Sozialleistungsbezieherinnen und -beziehern liefern häufig nur ein ungenaues Abbild der Realität und bilden die bestehenden Bedarfe nur unvollkommen ab. So zeigt sich, dass etwa 40 Prozent der leistungsberechtigen Haushalte Leistungen der Grundsicherung nicht in Anspruch nehmen (Wiemers 2015). Dies liegt unter anderem daran, dass in Deutschland mit dem Wohngeld, dem Kinderzuschlag und der Grundsicherung drei bedürftigkeitsgeprüfte Leistungen nebeneinander bestehen. Dabei zeigt sich beim Inanspruchnahmeverhalten von Grundsicherungsleistungen kein Unterschied zwischen Einheimischen und Zugewanderten (Bruckmeier/Wiemers 2016). Die höhere Wahrscheinlichkeit des Leistungsbezugs von Migrantinnen und Migranten ist damit hauptsächlich auf persönliche und leistungsrelevante Haushaltsmerkmale zurückzuführen. Zentraler Ansatzpunkt für das Verlassen des Leistungsbezugs ist daher die Stärkung der Arbeitsmarktchancen dieser Personengruppe.

Weiterführende Untersuchungen zu den Arbeitsgelegenheiten in der Mehraufwandsvariante zeigen, dass deren Beschäftigungseffekte in den Einsatzbetrieben differenziert zu betrachten sind (Dummert/Hohendanner 2016). So ist ein positiver Effekt auf Beschäftigungsverhältnisse im höherqualifizierten Segment festzustellen, da mit einem Mehreinsatz der Arbeitsgelegenheiten ein Mehrbedarf an schulendem und umsetzendem Personal verbunden ist. Dagegen findet sich ein negativer Substitutionseffekt des Einsatzes mit Beschäftigung im gering qualifizierten Segment der Einsatzbetriebe.

Der Blick über die Landesgrenzen hinweg verdeutlicht schließlich, dass Langzeiterwerbslosigkeit auch in anderen europäischen Ländern ein großes Problem darstellt (Konle-Seidl et al. 2014). Zwar weist Deutschland ein vergleichsweise hohes Maß an Langzeiterwerbslosigkeit auf – das Bild relativiert sich aber, wenn man Formen der Langzeit-Nicht-Erwerbstätigkeit in anderen sozialen Sicherungssystemen mit betrachtet. Entsprechend heterogen fallen die Ansätze zur Integration arbeitsmarktferner Personen im europäischen Vergleich aus. Die unterschiedlichen Förderprogramme haben jedoch eins gemein: Sie haben bislang kaum zu einer nennenswerten Zahl von Integrationen in ungeförderte Beschäftigung geführt (Konle-Seidl 2016). Dies verdeutlicht, dass für diesen Personenkreis die Integration in den Arbeitsmarkt häufig allenfalls ein Fernziel sein kann.

7 Zusammenfassung und Fazit

Der deutsche Arbeitsmarkt verzeichnet in den vergangenen Jahren eine sehr positive Entwicklung mit einem starken Aufwuchs sozialversicherungspflichtiger Beschäftigung und einer Abnahme der Arbeitslosigkeit. Hiervon profitierte vor allem der Bereich der Arbeitslosenversicherung, während der Rückgang der Arbeitslosigkeit in der Grundsicherung relativ geringer ausfiel. Trotz der anhaltend guten Situation auf dem Arbeitsmarkt zeigen sich hier nur noch geringe Bestandsveränderungen. Im Jahresdurchschnitt erhielten 2015 rund 6,3 Millionen Menschen Leistungen der Grundsicherung, davon waren 4,4 Millionen erwerbsfähig.

Heterogenität im Leistungsbezug

Die Grundsicherung ist durch lange Bezugszeiten gekennzeichnet. Seit 2011 liegt der Anteil der Langzeitleistungsbezieherinnen und -bezieher relativ unverändert knapp über 75 Prozent, über 60 Prozent erhalten mindestens zwei Jahre ununterbrochen Leistungen. Das lässt allerdings nicht den Schluss zu, dass die Leistungsberechtigten inaktiv sind. Ein beträchtlicher Anteil der Transferbeziehenden ist erwerbstätig oder hat während des Leistungsbezugs an einer arbeitsmarktpolitischen Maßnahme teilgenommen. Auch von den Langzeitleistungsbeziehenden ist ein gewisser Teil immer wieder – zumindest vorübergehend – erwerbstätig und weist damit eine Passung zu betrieblichen Stellenanforderungen nach. Vielfach sind diese sogenannten Aufstockerinnen und Aufstocker jedoch nur in geringem Umfang und zu niedrigen Löhnen beschäftigt. Viele von ihnen äußern den Wunsch, eine andere Tätigkeit mit einer höheren Arbeitszeit und einer besseren Entlohnung zu finden. Dies scheitert jedoch häufig an strukturellen Gegebenheiten, wie mangelnden Kinderbetreuungsmöglichkeiten, an gesundheitlichen Problemen oder persönlichen Umständen, wie entmutigenden Erfahrungen bei der Jobsuche. Bei dieser Personengruppe der (relativ) arbeitsmarktnahen Leistungsbeziehenden geht es darum, die individuellen Arbeitsmarktpotenziale zu stärken und gleichzeitig die relevanten Hemmnisse zu identifizieren, um durch deren Abbau eine weitergehende Integration in Arbeit zu erreichen.

Langzeitarbeitslosigkeit und materielle Lebensbedingungen

Im Unterschied zu dieser Personengruppe ist eine ebenfalls relevante Zahl an erwerbsfähigen Leistungsbeziehenden weit von einer ungeförderten Beschäftigung entfernt. Knapp eine Million Menschen waren 2015 seit mehr als einem Jahr ohne Arbeit, mehr als die Hälfte davon schon länger als zwei Jahre. Langzeitarbeitslose unterscheiden sich durch verschiedene Merkmale von Kurzzeitarbeitslosen – hier sind vor allem fehlende Schul- oder Berufsabschlüsse, gesundheitliche Probleme oder ein höheres Lebensalter zu nennen. Mit der Dauer der Arbeitslosigkeit geht auch eine Verschlechterung der materiellen Lebensbedingungen einher. Eine wichtige Rolle spielt dabei das Aufbrauchen vorhandener Ressourcen („entsparen"). Bei Personen, die ausschließlich SGB-II-Leistungen beziehen, müssen etwa zwei Drittel als „konsumarm" bezeichnet werden. Nahrung, Kleidung oder Wohnen sind in der Regel hinreichend abgesichert, aber Ausgaben zur sozialen und kulturellen Teilhabe sind deutlich eingeschränkt.

Betriebliche Einstellungsbereitschaft von Langzeitarbeitslosen

Insbesondere bei der Gruppe der langzeitarbeitslosen Grundsicherungsbezieherinnen und -bezieher zeigt sich, dass Erwerbsfähigkeit und Beschäftigungsfähigkeit sehr unterschiedliche Konstrukte sind. Selbst wenn formale Kriterien der Erwerbsfähigkeit erfüllt sind, werden viele Leistungsbeziehende den Anforderungen der Stellenprofile nicht gerecht. Sie stehen dem Arbeitsmarkt also nach dem Wortlaut des Gesetzes zur Verfügung, werden von Unternehmen aber faktisch als nicht beschäftigungsfähig eingestuft. Betriebsbefragungen zeigen, dass Arbeitgeber insbesondere die Belastbarkeit von Langzeitarbeitslosen in Zweifel ziehen. Dagegen sprechen sie dem Personenkreis durchaus Eigenschaften wie Teamfähigkeit und soziale Kompetenzen zu. Zudem fehlen Langzeitarbeitslosen häufig soziale Netzwerke, die wichtig sind, um Türen für eine erfolgreiche Stellensuche zu öffnen. So wären auch Betriebe, die dem Personenkreis kritisch gegenüberstehen, bereit, Langzeitarbeitslose einzustellen, wenn deren Bewerbung auf eine persönliche Empfehlung hin erfolgt. Neben Maßnahmen zur Erhöhung der Beschäftigungsfähigkeit können daher auch Ansätze helfen, die die sozialen Netzwerke von Langzeitarbeitslosen stärken – zum Beispiel indem man über Mentorenprogramme Kontakte zwischen Langzeitarbeitslosen und Beschäftigten oder Betrieben herstellt.

Stabilisierung von Integrationen

Gelingen Integrationen aus Langzeitarbeitslosigkeit, so zeichnen sich diese durch mit zunehmender Arbeitslosigkeit sinkende Einstiegslöhne und eine relativ geringe Beschäftigungsstabilität aus. Gründe für die geringe Beschäftigungsstabilität können sowohl Probleme bei der fachlichen Einarbeitung, fehlendes Grundlagenwissen, beispielsweise im IT-Bereich, oder Probleme bei der Gewöhnung an betriebliche Arbeitsabläufe sein. Eine Beratung und Betreuung von Betrieben und Beschäftigten durch Coaches kann daher geeignet sein, um Probleme zu identifizieren, Lösungsvorschläge zu entwickeln und auf diese Weise Integrationen zu stabilisieren. Die Möglichkeit einer nachgehenden Betreuung wurde 2017 in das SGB II aufgenommen. Ihre Handhabung in den Jobcentern soll in den kommenden Jahren analysiert werden.

Hürden bei der Integration in Arbeit

Im Vergleich zur Gruppe der arbeitsmarktnahen Leistungsbezieherinnen und -bezieher sind die individuellen Beschäftigungspotenziale der Langzeitarbeitslosen in der Regel geringer. Ansatzpunkte sind daher zunächst die Erhöhung der Beschäftigungsfähigkeit oder die Steigerung der sozialen Teilhabe. Ein wesentliches Hemmnis bei diesem Personenkreis sind gesundheitliche Einschränkungen. In vielen Fällen ist die Heranführung an Erwerbsarbeit nur behutsam und parallel zu einer physischen oder psychischen Stabilisierung sinnvoll. Da die Problemlagen sehr heterogen sind, ist eine intensive Beratung und Betreuung durch die Jobcenter und spezialisierte Träger vonnöten.

Neben einem längeren Zeitraum der Arbeitslosigkeit, gesundheitlichen Einschränkungen, einem geringen Bildungsstand, einem höheren Lebensalter und geringen Deutschkenntnissen sind die Betreuungsaufgaben von Kindern in Bedarfsgemeinschaften ein wichtiger Faktor, der einer Überwindung der Bedürftigkeit entgegensteht. Dabei stellt vor allem eine stärkere Arbeitsmarktintegration der Mütter eine Herausforderung dar. Besondere Probleme bestehen für die knapp 20 Prozent der Alleinerziehenden-Bedarfsgemeinschaften, in denen die Vereinbarkeit von Erwerbsarbeit und Kinderbetreuung insbesondere im Kleinkindalter die größten Probleme aufwirft. In Paar-Bedarfsgemeinschaften gelingt es hingegen durchaus vielen Müttern, eine Erwerbstätigkeit aufzunehmen – allerdings häufig in Teilzeit und damit in der Rolle der Zweitverdienerin. Neben dem Alter des jüngsten Kindes haben auch das Qualifikationsniveau der Mütter und die regionale Arbeitsmarktlage Einfluss darauf, wann und wie schnell Mütter erwerbstätig werden. Grundsätzlich müssen diese drei wesentliche Hürden für eine Arbeitsaufnahme und die Beendigung des Leistungsbezugs nehmen: Ihnen fehlen nach Zeiten der Arbeitslosigkeit Arbeitsmarktressourcen, die Kinderbetreuung ist nicht gesichert und der Arbeitsmarkt ist geschlechtsspezifisch segmentiert. Gerade Müttern mit geringerem Bildungsgrad stehen häufig nur „frauentypische" Berufe und Branchen mit einem hohen Anteil geringfügiger Beschäftigungsmöglichkeiten offen. Für die Beratung und Vermittlung in den Jobcentern stellt sich die Frage, ob man die Integration von Müttern genügend im Fokus hat und entsprechende Maßnahmen entwickelt, die geschlechtsspezifischen Ungleichheiten entgegenwirken. Zu diesen Fragen wird die Forschung in den kommenden Jahren Antworten geben. Klar ist je-

Zusammenfassung und Fazit

doch bereits gegenwärtig, dass auch nicht arbeitsmarktpolitische Maßnahmen wie die Förderung familienfreundlicher Beschäftigungsverhältnisse und der Ausbau von Betreuungsmöglichkeiten bei der Integration von Müttern wichtige Rollen spielen. Durch vermehrte Übergänge von Müttern in Beschäftigung könnte zugleich ein wichtiger Beitrag zur Bekämpfung der Kinderarmut geleistet werden, denn insgesamt 2,7 Millionen Kinder wachsen in Deutschland in einem Haushalt auf, der einkommensarm ist und/oder SGB-II-Leistungen erhält. Die Wahrscheinlichkeit, dass Kinder SGB-II-Leistungen beziehen, ist höher, wenn die Eltern keinen oder einen niedrigen Bildungsabschluss oder einen Migrationshintergrund haben. Auch dies zeigt, dass die Herausforderungen zwar kurzfristig im Bereich der Arbeitsmarktpolitik liegen, langfristig jedoch bildungs- und gesellschaftspolitischer Natur sind.

Die Rolle der aktiven Arbeitsmarktpolitik

Der aktiven Arbeitsmarktpolitik kommt eine zentrale Bedeutung zu, um die Ziele der Grundsicherung für Arbeitsuchende zu erreichen. Hier ist neben der Überwindung (bzw. Reduktion) der Hilfebedürftigkeit, in der Regel durch die Aufnahme einer Erwerbstätigkeit, auch die Ermöglichung sozialer Teilhabe zu nennen. Die in den vergangenen Jahren durch das IAB vorgelegten Studien beleuchten mit der Förderung beruflicher Weiterbildung, dem Einstiegsgeld sowie den Arbeitsgelegenheiten unterschiedliche arbeitsmarktpolitische Instrumente. Sie zeigen, dass berufliche Weiterbildung und die Förderung selbstständiger Beschäftigung durch das Einstiegsgeld positive Beschäftigungseffekte aufweisen, die insbesondere bei Problemgruppen am Arbeitsmarkt, wie Langzeitarbeitslosen oder Personen mit Migrationshintergrund, zum Tragen kommen. Beim Einstiegsgeld lässt sich die positive Wirkung dadurch erklären, dass die Selbstständigkeit es erlaubt, bestimmte Hürden bei der Suche nach abhängiger Erwerbsarbeit zu umgehen. Hierzu gehören bei Zugewanderten die mitunter problematische Anerkennung von im Ausland erworbenen Berufsabschlüssen, sprachliche Schwierigkeiten sowie eine mögliche Diskriminierung im Bewerbungsverfahren. Angesichts der positiven Evaluationsbefunde und der Fluchtmigration der vergangenen Jahre könnte eine Ausweitung des Einstiegsgelds eine vielversprechende Alternative zu einer mitunter langen und nur mäßig erfolgreichen Jobsuche sein.

Beim Einsatz von Arbeitsgelegenheiten wurden auch Aspekte der Selbstwirksamkeitserwartung (also dem Gefühl, sein Schicksal in den eigenen Händen zu haben) und der gesellschaftlichen Integration betrachtet. Dabei zeigte sich kein kausaler Effekt auf die Selbstwirksamkeitserwartung. Die Gründe dafür dürften vielfältig sein. So ist beispielsweise denkbar, dass die Teilnehmenden die Arbeitsgelegenheit nicht als Substitut für eine reguläre Beschäftigung wahrnehmen oder die

Maßnahmenteilnahme als stigmatisierend erleben und daher an Selbstbewusstsein einbüßen. Um ein positives Integrationserleben bei den Teilnehmenden zu erzeugen, sollten Maßnahmen freiwillig sein und sich hinsichtlich ihrer Dauer und ihres wöchentlichen Stundenvolumens möglichst nah an einer regulären Beschäftigung bewegen. In den vergangenen Jahren ist der Beitrag des SGB II zur Teilhabesicherung durch den verminderten Einsatz von Arbeitsgelegenheiten stark zurückgegangen. Ein nicht unerheblicher Teil der Förderaktivitäten erfolgte in Gestalt von zusätzlichen Bundes- und Landesprogrammen und damit außerhalb der Wirkungsforschung nach § 55 SGB II. Nun hat die Große Koalition aus CDU, CSU und SPD ein neues Regelinstrument „Teilhabe am Arbeitsmarkt für alle" angekündigt, mit dem bis zu 150.000 Menschen gefördert werden sollen. Die Ausgestaltung dieser Maßnahme wird eine wichtige politische Aufgabe in der laufenden Legislaturperiode sein, ihre konkrete Umsetzung eine Herausforderung für die Jobcenter.

Herausforderungen für Beratung und Vermittlung

Die Vielfalt der individuellen Lebenslagen sowie die zahlreichen Schnittstellen zu nicht arbeitsmarktpolitischen Aktionsfeldern verdeutlichen die Komplexität der Beratungs- und Vermittlungsaufgaben für die Mitarbeiterinnen und Mitarbeiter in den Jobcentern. Sie sind einerseits für die möglichst zügige Vermittlung arbeitsmarktnaher Leistungsbezieherinnen und -bezieher zuständig, andererseits aber auch für die persönliche Stabilisierung und das behutsame Heranführen an Erwerbsarbeit. Diese sehr unterschiedlichen Aufgaben spiegeln sich auch im Selbstverständnis der Vermittlungsfachkräfte wider. Besteht noch relative Einigkeit beim grundsätzlichen Ziel einer nachhaltigen Vermittlung, so sehen sich die Vermittlungsfachkräfte in den Jobcentern in etwa zu gleichen Teilen einerseits als Dienstleisterinnen und Dienstleister im Sinne der Integration in Arbeit und andererseits als Sozialarbeiterinnen und Sozialarbeiter. Jobcenter sind also ebenso Einrichtungen der Sozialen Arbeit wie Einrichtungen der Arbeitsvermittlung.

Die unterschiedlichen Zielsetzungen in der Grundsicherung stehen sich jedoch nicht unversöhnlich gegenüber. So zeigt die Evaluation des Bundesprogramms „Perspektive 50plus" für ältere Langzeitarbeitslose, dass die Förderung der sozialen Teilhabe und die Integration in den Arbeitsmarkt komplementäre Ziele sein können. In jenen Jobcentern, in denen die Förderung der Beschäftigungsfähigkeit, der sozialen Stabilisierung und der gesellschaftlichen Teilhabe in den Vordergrund gestellt wurden, fällt die Integrationswahrscheinlichkeit höher aus als in den Grundsicherungsstellen, die sich vornehmlich auf die Erwerbsintegration konzentrieren. Für die spezifische Gruppe der langzeitarbeitslosen Älteren zahlte sich also eine sozialintegrative Strategie aus, die von einer Fokussierung auf eine schnelle Vermittlung absieht. Einen ähnlich abgestuften Prozess gibt es bei Maßnahmen der „Sozialen Aktivierung" von sehr arbeitsmarktfernen Personen, die beispielsweise auf die Förderung von Alltagskompetenzen zielen. Solche Maßnahmen leisten keine schnelle Integration in Arbeit, können jedoch die Voraussetzung für eine zukünftige Arbeitsaufnahme schaffen.

Individualisierte Beratung

Diese Beispiele machen deutlich, dass bei den kurzfristig schwer in Arbeit zu integrierenden Leistungsbezieherinnen und -beziehern eine sehr individuelle und damit zeitintensive Herangehensweise gewählt werden muss, um die Beendigung der Bedürftigkeit zumindest auf mittlere Sicht erreichen zu können. Standardisierte Ansätze und Prozesse wie ein computergestütztes Vorschlagsverfahren der Jobcenter auf der Basis betrieblicher Anforderungsprofile können für Kurzzeitarbeitslose mit guten Vermittlungschancen geeignet sein, werden aber den spezifischen Anforderungen an die Arbeitsvermittlung von Langzeitarbeitslosen nicht gerecht. Hier sind individualisierte Ansätze nötig, die bei den Betrieben die Bereitschaft wecken, auch Personen einzustellen, die den Erwartungen nicht zu 100 Prozent entsprechen, die aber motiviert sind und sich – gegebenenfalls durch geeignete Fördermaßnahmen der Jobcenter – auf das gewünschte Niveau bringen lassen.

Um eher arbeitsmarktfernen Personen Jobperspektiven zu eröffnen, ist eine engere Zusammenarbeit zwischen den spezialisierten Teams der arbeitnehmer- und der arbeitgeberorientierten Vermittlung nötig. Der Arbeitgeber-Service muss umfassende Kenntnisse von Arbeitsuchenden haben, die für eine Stelle infrage kommen könnten. Umgekehrt müssen auch diejenigen Vermittlungsfachkräfte, die die Arbeitsuchenden beraten, über die konkreten Arbeitsbedingungen und die Anforderungen von Betrieben informiert sein. Dieses Wissen lässt sich nicht über den Standardprozess eines computergestützten Informationsaustauschs generieren. Auch die Übermittlung von Besetzungsvorschlägen an die Betriebe reicht nicht aus. Hier muss im eigentlichen Sinne des Wortes „vermittelt" werden, und zwar individuell über einen persönlichen Kontakt zwischen Jobcenter, Arbeitsuchenden und Betrieb. Die Vermittlungsfachkräfte übernehmen die Aufgabe, den Betrieb von den Kandidatinnen und Kandidaten zu überzeugen und bereiten ihre Arbeitsuchenden gezielt auf den persönlichen Kontakt vor. Damit dieses Modell erfolgreich sein kann, müssen die Betriebe den Jobcentern vertrauen, dass Vermittlungsvorschläge auf der Ebene der persönlichen Eignung von hoher Qualität sind. Langfristige Beziehungen, die Kenntnis beider Marktseiten und eine individuelle Betreuung der Betriebe erhöhen also die Chancen, auch formal weniger geeigneten Bewerberinnen und Bewerbern den beruflichen (Wieder-)Einstieg zu ermöglichen. In der Vermittlungspraxis zeigen sich immer wieder Beispiele, in denen die organisatorischen Grenzen zwischen arbeitgeber- und arbeitnehmerorientierter Vermittlung im Sinne einer individualisierten Beratung aufgeweicht werden.

Abschließendes Fazit

Alles in allem verdeutlichen die Entwicklungen der letzten Jahre, dass es sich bei den Leistungsbeziehenden in der Grundsicherung um eine sehr heterogene Gruppe mit ganz unterschiedlichen Bedürfnissen handelt. Während einige Personen zum Teil schon einige Zeit in Arbeit sind und weiter Leistungen beziehen, sind andere weit von einem Job entfernt. Die Überwindung der Bedürftigkeit durch Erwerbstätigkeit steht als übergeordnetes Ziel im Vordergrund, bedarf aber je nach individueller Lage vollkommen unterschiedlicher Herangehensweisen. Diese können flankierend (z. B. beim Angebot von Betreuungsmöglichkeiten für Kinder oder pflegebedürftige Angehörige), vorbereitend (Qualifizierungsmaßnahmen, Erwerb von Sprachkenntnissen) oder aber sehr grundlegender Natur sein (persönliche und gesundheitliche Stabilisierung, Erlernen von Alltagsstrukturen). In vielen Fällen erfordert schon die Identifikation der Hemmnisse und die Wahl einer geeigneten Handlungsstrategie einige Zeit, insbesondere da in der Grundsicherung anders als in der Arbeitslosenversicherung immer auch der Haushaltskontext mit zu beachten ist.

Die klassischen arbeitsmarktpolitischen Maßnahmen stehen den Jobcentern als Regelinstrumente zur Verfügung. Auch wenn der Einsatz mittlerweile einige Jahre erprobt ist, deuten die Evaluationsergebnisse darauf hin, dass noch weiteres Potenzial bei den Personengruppen bestehen könnte, die relativ weit vom Arbeitsmarkt entfernt sind. Gerade bei Weiterbildungsmaßnahmen ist jedoch die Befähigung zur Maßnahmenteilnahme im Einzelfall zu prüfen. Zum Teil werden die Motivation oder die kognitiven Voraussetzungen für eine längerfristige Qualifizierung fehlen, beispielsweise wegen schlechter Bildungserfahrungen in der Vergangenheit oder weil die Person das Lernen nicht mehr gewohnt ist. Eine eingehende Beschäftigung mit den Menschen ist daher auch hier der Schlüssel für eine passgenaue Beratung und die Entwicklung individueller Strategien. Welche Hemmnisse bestehen und welche Ansätze können helfen, diese Hemmnisse zu beseitigen oder geschickt zu umgehen, beispielsweise durch die Nutzung des Einstiegsgelds zur Förderung der Selbstständigkeit von Migrantinnen und Migranten?

Die Komplexität der Beratungs- und Vermittlungsarbeit nimmt also weiter zu, insbesondere wenn es Handlungsbedarf in Feldern gibt, die relativ weit von den Kernthemen der aktiven Arbeitsmarktpolitik entfernt sind. Dies zeigt sich beispielsweise bei Gesundheitsthemen wie den psychischen Erkrankungen. Hier tun sich Jobcenter häufig schwer, die Problemlage richtig zu erkennen und einen adäquaten

Zusammenfassung und Fazit

Umgang mit den Betroffenen zu finden. Einerseits werden Erwerbspotenziale so nicht erkannt, andererseits werden unter Umständen Sanktionen für nicht schuldhafte Pflichtverletzungen verhängt. In diesen Fällen ist mehr Expertise in den Jobcentern gefragt, aber auch der Auf- und Ausbau von Kooperationen mit einschlägigen Betreuungseinrichtungen.

Bei manchen Langzeitarbeitslosen scheint der Weg, über eine Erwerbstätigkeit aus der Bedürftigkeit zu gelangen, trotz formal bestehender Erwerbsfähigkeit unerreichbar zu sein. Die Entscheidung für ein Regelinstrument zur Sicherung der gesellschaftlichen Teilhabe ist daher der richtige Weg. Sie stellt den Gesetzgeber bei der konkreten Ausgestaltung aber vor neue Aufgaben. Erfahrungen mit ähnlichen Ansätzen deuten darauf hin, dass die Förderung langfristig angelegt, die Tätigkeiten dynamisch an die individuelle Leistungsfähigkeit angepasst und die Zielgruppe eng definiert sein sollte. Um keine Fehlsteuerungen oder Enttäuschungen zu produzieren, sollten Integrationsquoten bei diesen Maßnahmen kein Erfolgskriterium darstellen.

Je marktferner die Leistungsbeziehenden in der Grundsicherung sind, desto wichtiger ist es, die Beratung und Betreuung in den Jobcentern umfassend anzulegen und die Betroffenen stärker an die Hand zu nehmen. Dies setzt Personal in ausreichender Zahl und mit geeigneter Qualifikation voraus. Es stellt zudem eine zu enge Fokussierung auf Integrationsquoten infrage, legt aber zumindest nahe, die weiteren Ziele der Grundsicherung wie zum Beispiel soziale Teilhabe in die Bewertung der Leistungsfähigkeit der Jobcenter einzubeziehen. Um das weite Tätigkeitsfeld der Jobcenter sinnvoll bearbeiten zu können, sollten externe Experten verstärkt bei der Diagnose und der Bearbeitung von Integrationshemmnissen einbezogen werden. Die Schnittstelle zu kommunalen Dienstleisterinnen und Dienstleistern wird daher ein Aspekt der SGB-II-Forschung des IAB in den kommenden Jahren sein.

Weiterer Handlungsbedarf auf unbekanntem Terrain ergibt sich für die Jobcenter durch die zeitweilig hohe Zahl an Geflüchteten, die in den Jahren 2015 und 2016 nach Deutschland kamen und mit der Anerkennung des Asylantrags Leistungen der Grundsicherung empfangen können. Die (mangelnde) Vergleichbarkeit von Qualifikationen, der Umgang mit traumatisierenden Erfahrungen aus Krieg und Flucht sowie das gemeinsame Überwinden sprachlicher und kultureller Barrieren stellen neue Herausforderungen für die Jobcenter und die Ausgestaltung geeigneter arbeitsmarktpolitischer Instrumente dar. Daher wird auch die Integration der Geflüchteten in Arbeit ein wichtiges Themenfeld im SGB II und für die Wirkungsforschung des IAB in den kommenden Jahren sein.

Literatur

Achatz, Juliane; Gundert, Stefanie (2017): Arbeitsqualität und Jobsuche von erwerbstätigen Grundsicherungsbeziehern. IAB-Forschungsbericht, 10/2017, Nürnberg.

Achatz, Juliane; Hirseland, Andreas; Lietzmann, Torsten; Zabel, Cordula (2013): Alleinerziehende Mütter im Bereich des SGB II. Eine Synopse empirischer Befunde aus der IAB-Forschung. IAB-Forschungsbericht, 08/2013, Nürnberg.

Achatz, Juliane; Trappmann, Mark (2009): Befragung von Arbeitslosengeld-II-Beziehern: Wege aus der Grundsicherung. IAB-Kurzbericht, 28/2009, Nürnberg.

Achatz, Juliane; Trappmann, Mark (2011): Arbeitsmarktvermittelte Abgänge aus der Grundsicherung – der Einfluss von personen- und haushaltsgebundenen Barrieren. IAB-Discussion Paper, 02/2011, Nürnberg.

Andersen, Signe H. (2013): Common Genes or Exogenous Shock? Disentangling the Causal Effect of Paternal Unemployment on Children's Schooling Efforts. In: European Sociological Review, 29. Jg., Nr. 3, S. 477–88.

Andreß, Hans-Jürgen; Christoph, Bernhard; Lietzmann, Torsten (2010): Lebensstandard und Deprivation in Ost- und Westdeutschland. In: Krause, Peter; Ostner, Ilona (Hrsg.): Leben in Ost- und Westdeutschland. Eine sozialwissenschaftliche Bilanz der deutschen Einheit 1990–2010, Frankfurt am Main: Campus, S. 513–540.

Antel, John J. (1992): The Intergenerational Transfer of Welfare Dependency: Some Statistical Evidence. In: The Review of Economics and Statistics, 74. Jg., Nr. 3, S. 467–73.

APK, Aktion Psychisch Kranke (Hrsg.) (2004): Individuelle Wege ins Arbeitsleben. Bonn, Psychiatrie-Verlag.

APK, Aktion Psychisch Kranke (Hrsg.) (2006): Personenzentrierte Hilfen zu Arbeit und Beschäftigung. Bonn, Psychiatrie-Verlag.

APK, Aktion Psychisch Kranke (Hrsg.) (2010): Teilhabe an Arbeit und Beschäftigung für psychisch Kranke. Bonn. http://www.apkev.de/publikationen/TAB%20SW%20Teil%20I.pdf. Stand 26.05.2013.

Baethge-Kinsky, Volker; Bartelheimer, Peter; Henke, Jutta; Land, Rainer; Willisch, Andreas; Wolf, Andreas; Kupka, Peter (2007): Neue soziale Dienstleistungen nach SGB II. IAB-Forschungsbericht, 15/2007, Nürnberg.

Bagnoli, Anna (2009): Beyond the standard interview: the use of graphic elicitation and arts-based methods. In: Qualitative Research, 9. Jg., Nr. 5, S. 547–570.

Bartelheimer, Peter; Henke, Jutta; Kaps, Petra; Kotlenga, Sandra; Marquardsen, Kai; Nägele, Barbara; Pagels, Nils; Steckbauer, Jana; Thürling, Marlen; Wagner, Alexandra; Achatz, Juliane; Wenzig, Claudia (2015): Evaluation der bundesweiten Inanspruchnahme und Umsetzung der Leistungen für Bildung und Teilhabe. Zweiter Zwischenbericht Juli 2015. Soziologisches Forschungsinstitut, Göttingen (Hrsg.); Institut für Arbeitsmarkt- und Berufsforschung, Nürnberg (Hrsg.); Statistisches Bundesamt (Hrsg.).

Bartelheimer, Peter; Henke, Jutta; Kaps, Petra; Kotlenga, Sandra; Marquardsen, Kai; Nägele, Barbara; Wagner, Alexandra; Söhn, Nina; Achatz, Juliane; Wenzig, Claudia (2016): Evaluation der bundesweiten Inanspruchnahme und Umsetzung der Leistungen für Bildung und Teilhabe. Schlussbericht. Bundesministerium für Arbeit und Soziales (Hrsg.), Göttingen.

Bartelheimer, Peter; Henke, Jutta; Marquardsen, Kai (2014): Qualitative Studie Arbeitgeberservice der Bundesagentur für Arbeit. Endbericht. Soziologisches Forschungsinstitut Göttingen an der Georg-August-Universität. Online verfügbar unter http://www.sofi-goettingen.de/fileadmin/Textarchiv/SOFI_AG-S_Endbericht_02092014.pdf.

Bartelheimer, Peter; Kaps, Petra; Kotlenga, Sandra; Marquardsen, Kai; Pagels, Nils; Achatz, Juliane; Becher, Inna; Wenzig, Claudia; Heinen, Julia; Brinkwerth, Stefanie; Gonsior, Annegret; Wulf, Helmut; Baumgärtner, Luisa (2014): Evaluation der bundesweiten Inanspruchnahme und Umsetzung der Leistungen für Bildung und Teilhabe. Erster Zwischenbericht 28.2.2014. Soziologisches Forschungsinstitut, Göttingen (Hrsg.); Institut für Arbeitsmarkt- und Berufsforschung, Nürnberg (Hrsg.); Statistisches Bundesamt (Hrsg.).

Bela, Daniel; Kettner, Anja; Rebien, Martina (2010): Ein-Euro-Jobber aus Sicht der Betriebe: Viele sind fit für den Arbeitsmarkt. IAB-Kurzbericht, 05/2010, Nürnberg, 8 S.

Bergdolt, Robert; Hartmann, Michael; Hofmann, Bernd; Pospech, Ivonne (2013): Verweildauern von Leistungsberechtigten in der Grundsicherung für Arbeitsuchende, Methodenbericht, Statistik der Bundesagentur für Arbeit (Hrsg.), Nürnberg.

Bernhard, Sarah (2016a): Berufliche Weiterbildung von Arbeitslosengeld-II-Empfängern. Langfristige Wirkungsanalysen. In: Sozialer Fortschritt, 65. Jg., Nr. 7, S. 153–161.

Bernhard, Sarah (2016b): Der Quasi-Markt für Arbeitsvermittlung in Deutschland. Welche Rolle spielen Vertrags- und Trägermerkmale bei ausgeschriebenen Vermittlungsdienstleistungen? In: Zeitschrift für Sozialreform, 62. Jg., Nr. 3, S. 271–300.

Bernhard, Sarah; Gartner, Hermann; Stephan, Gesine (2008): Wage subsidies for needy job-seekers and their effect on individual labour market outcomes after the German reforms. IAB-Discussion Paper, 21/2008, Nürnberg.

Bernhard, Sarah; Kopf, Eva (2014): Courses or individual counselling. Does job search assistance work? In: Applied Economics, 46. Jg., Nr. 27, S. 3261–3273.

Bernhard, Sarah; Kruppe, Thomas (2012): Effectiveness of further vocational training in Germany. Empirical findings for persons receiving means-tested unemployment benefits. In: Schmollers Jahrbuch, Jg. 132, H. 4, S. 501-526.

Bernhard, Sarah; Wolff, Joachim (2008a): Arbeitslosengeld-II-Empfänger: Nur Wenige profitieren von der privaten Arbeitsvermittlung. IAB-Kurzbericht, 05/2008, Nürnberg.

Bernhard, Sarah; Wolff, Joachim (2008b): Contracting out placement services in Germany. Is assignment to private providers effective for needy job-seekers? IAB-Discussion Paper, 05/2008, Nürnberg.

Bernhard, Stefan (2014): Identitätskonstruktionen in narrativen Interviews. Ein Operationalisierungsvorschlag im Anschluss an die relationale Netzwerktheorie. In: Forum Qualitative Sozialforschung, 15. Jg., Nr. 3, S. 26.

Bernhard, Stefan (2016a): Märkte, Biografien, Storytelling: Gelingen und Scheitern beim Aufbau von Marktidentitäten. In: Forum Qualitative Sozialforschung, 17. Jg., Nr. 2, S. 26.

Bernhard, Stefan (2016b): At the crossroads: The embedding work of market participants in and around markets. In: Sociological research online, 21. Jg., Nr. 2, S. 7.

Bernhard, Stefan; Pongratz, Hans J. (2014): Routinen der Gründungsförderung in der Grundsicherung. In: WSI-Mitteilungen, 67. Jg., Nr. 3, S. 218–226.

Bernhard, Stefan; Pongratz, Hans; Wolff, Joachim (2013): Einstiegsgeld im SGB II: Wie Jobcenter Gründungen fördern. IAB-Kurzbericht, 27/2013, Nürnberg.

Beste, Jonas; Bethmann, Arne; Gundert, Stefanie (2014): Sozialstruktur und Lebensumstände: Materielle und soziale Lage der ALG-II-Empfänger. IAB-Kurzbericht, 24/2014, Nürnberg.

Beste, Jonas; Bethmann, Arne; Trappmann, Mark (2010): Arbeitsmotivation und Konzessionsbereitschaft: ALG-II-Bezug ist nur selten ein Ruhekissen. IAB-Kurzbericht, 15/2010, Nürnberg.

Beste, Jonas; Lietzmann, Torsten (2012): Grundsicherung und Arbeitsmotivation. Single-Mutter sucht passenden Job. IAB-Forum, Nr. 1, S. 46–51.

Beste, Jonas; Trappmann, Mark (2016): Erwerbsbedingte Abgänge aus der Grundsicherung: Der Abbau von Hemmnissen macht's möglich. IAB-Kurzbericht, 21/2016, Nürnberg.

Literatur

Bethmann, Arne (2013): Occupational change and status mobility. The detrimental effects of un-employment and the loss of occupation specific human capital. In: Journal for Labour Market Research, 46. Jg., Nr. 4, S. 307–319.

Bethmann, Arne; Schels, Brigitte (2013): Job search of men and women in welfare benefit receipt. In: Bethmann, Arne: Aspekte von Beruf und Familie unter ökonomischer Unsicherheit. Dissertation. Nürnberg.

Beyersdorf, Joanna (2015): Aktywizacja zawodowa osób z niepełnosprawnością w Niemczech na przykładzie młodych osób rehabilitowanych przez Federalną Agencję Pracy. In: Studia Oeconomica Posnaniensia, 3. Jg., H. 10, S. 44–63.

Beyersdorf, Joanna (2016a): Eingliederung junger Menschen mit Behinderungen in nachhaltige Beschäftigung nach erfolgreichem Abschluss arbeitsmarktpolitischer Maßnahmen. In Deutsche Rentenversicherung Bund (Hrsg.): Gesundheitssystem im Wandel – Perspektiven der Rehabilitation. 25. Rehabilitationswissenschaftliches Kolloquium Deutscher Kongress für Rehabilitationsforschung vom 29. Februar bis 2. März 2016 in Aachen. Tagungsband, (DRV-Schriften, 109), Berlin, S. 262–263.

Beyersdorf, Joanna (2016b): Langzeitarbeitslosigkeit und wiederholte Arbeitslosigkeit bei jungen Rehabilitanden: Beschäftigungsrisiken sind ungleich verteilt. In: IAB-Forum, Nr. 1, S. 78–85.

Beyersdorf, Joanna; Rauch, Angela (2012): Junge Rehabilitanden zwischen Schule und Erwerbsleben. Maßnahmen der beruflichen Ersteingliederung anhand empirischer Befunde aus der IAB-Panelbefragung der Rehabilitanden 2007 und 2008. IAB-Forschungsbericht, 14/2012, Nürnberg.

Blien, Uwe; Hirschenauer, Franziska; Arendt, Manfred; Braun, Hans Jürgen; Gunst, Dieter-Michael; Kilcioglu, Sibel; Kleinschmidt, Helmut; Musati, Martina; Roß, Hermann; Vollkommer, Dieter; Wein, Jochen (2004): Typisierung von Bezirken der Agenturen für Arbeit. In: Zeitschrift für ArbeitsmarktForschung, 37. Jg., Nr. 2, S. 146–175.

Bohnsack, Ralf (1983): Alltagsinterpretation und soziologische Rekonstruktion; Opladen.

Bohnsack, Ralf (2014): Rekonstruktive Sozialforschung: Einführung in qualitative Methoden; Opladen.

Boockmann, Bernhard; Osiander, Christopher; Stops, Michael (2014): Vermittlerstrategien und Arbeitsmarkterfolg. Evidenz aus kombinierten Prozess- und Befragungsdaten. In: Journal of Labour Market Research, 47. Jg., Nr. 4, S. 341–360.

Boockmann, Bernhard; Osiander, Christopher; Stops, Michael; Verbeek, Hans (2013): Effekte von Vermittlerhandeln und Vermittlerstrategien im SGB II und SGB III (Pilotstudie). Abschlussbericht an das IAB durch das Institut für Angewandte Wirtschaftsforschung e. V. (IAW), Tübingen. IAB-Forschungsbericht, 07/2013, Nürnberg.

Bourdieu, Pierre (2005): Die männliche Herrschaft. Frankfurt a. M.

Brieger, Peter; Watzke, Stefan; Galvao, Anja; Hühne, Michael; Gawlik, Berthold (2006): Wie wirkt berufliche Rehabilitation und Integration psychisch kranker Menschen? Ergebnisse einer kontrollierten Studie. Bonn, Psychiatrie-Verlag.

Brücker, Herbert; Bartsch, Simone; Eisnecker, Philipp; Kroh, Martin; Liebau, Elisabeth; Romiti, Agnese; Schupp, Jürgen; Trübswetter, Parvati; Tucci, Ingrid; Vallizadeh, Ehsan (2014): Die IAB-SOEP-Migrationsstichprobe: Leben, lernen, arbeiten – wie es Migranten in Deutschland geht. IAB-Kurzbericht, 21/2014, Nürnberg.

Bruckmeier, Kerstin; Eggs, Johannes; Himsel, Carina; Trappmann, Mark; Walwei, Ulrich (2013): Aufstocker im SGB II: Steinig und lang – der Weg aus dem Leistungsbezug. IAB-Kurzbericht, 14/2013, Nürnberg.

Bruckmeier, Kerstin; Eggs, Johannes; Sperber, Carina; Trappmann, Mark; Walwei, Ulrich (2015a): Arbeitsmarktsituation von Aufstockern: Vor allem Minijobber suchen nach einer anderen Arbeit. IAB-Kurzbericht, 19/2015, Nürnberg.

Bruckmeier, Kerstin; Heining, Jörg; Hofmann, Barbara; Jahn, Elke; Lietzmann, Torsten; Moczall, Andreas; Penninger, Marion; Promberger, Markus; Schreyer, Franziska; Stephan, Gesine; Trappmann, Mark; Trenkle, Simon; Weber, Enzo; Wiemers, Jürgen; Wolff, Joachim; vom Berge, Philipp (2015b): Sanktionen im SGB II und die Situation von Leistungsbeziehern nach den Hartz-Reformen. Öffentliche Anhörung von Sachverständigen vor dem Ausschuss für Arbeit und Soziales des Deutschen Bundestags am 29. Juni 2015. IAB-Stellungnahme, 02/2015, Nürnberg.

Bruckmeier, Kerstin; Lietzmann, Torsten; Rothe, Thomas; Saile, Anna-Theresa (2015c): Grundsicherung für Arbeitsuchende nach SGB II: Langer Leistungsbezug ist nicht gleich Langzeitarbeitslosigkeit. IAB-Kurzbericht, 20/2015, Nürnberg.

Bruckmeier, Kerstin; Lietzmann, Torsten; Rothe, Thomas; Saile, Anna-Theresa (2016): Langzeitleistungsbezieher im Profil: Nur jeder Vierte ist auch langzeitarbeitslos. In: IAB-Forum, Nr. 1, S. 4–9.

Bruckmeier, Kerstin; Lietzmann, Torsten; Saile, Anna Theresa (2017): Paths through Social Assistance. Unveröffentlichtes Manuskript.

Bruckmeier, Kerstin; Müller, Gerrit; Riphahn, Regina T. (2014): Who misreports welfare receipt in surveys? In: Applied Economics Letters, 21. Jg., Nr. 12, S. 812–816.

Bruckmeier, Kerstin; Wiemers, Jürgen (2012): A new targeting – a new take-up? Non-take-up of social assistance in Germany after social policy reforms. In: Empirical Economics, 43. Jg., Nr. 2, S. 565–580.

Bruckmeier, Kerstin; Wiemers, Jürgen (2014): Begrenzte Reichweite: Die meisten Aufstocker bleiben trotz Mindestlohn bedürftig. IAB-Kurzbericht, 07/2014, Nürnberg.

Bruckmeier, Kerstin; Wiemers, Jürgen (2015a): Effekte der Wohngeldreform 2016 auf Grundsicherungsbezieher. Aktuelle Berichte des IAB, 11/2015, Nürnberg.

Bruckmeier, Kerstin; Wiemers, Jürgen (2015b): Trotz Mindestlohn: Viele bedürftig. In: Wirtschaftsdienst, 95. Jg., Nr. 7.

Bruckmeier, Kerstin; Wiemers, Jürgen (2015c): Wohngeldreform 2016: Auswirkungen auf Grundsicherungsbezieher. In: Soziale Sicherheit, 64. Jg., Nr. 12, S. 442–445.

Bruckmeier, Kerstin; Wiemers, Jürgen (2016): Differences in welfare take-up between immigrants and natives. A microsimulation study. IAB-Discussion Paper, 08/2016, Nürnberg.

Brussig, Martin; Knuth, Matthias (2010): Rise up and Work! Workless People with Impaired Health under Germany's New Activation Regime. In: Social Policy and Society, 9. Jg., Nr. 3, S. 311–323.

Brussig, Martin; Stegmann, Tim; Zink, Lina (2014): Aktivierung von älteren ALG-II-Beziehenden mit mehrfachen Vermittlungshemmnissen – der Einfluss lokaler Umsetzungsstrategien. IAB-Forschungsbericht, 12/2014, Nürnberg.

Buckley, Charles A.; Waring, Michael J. (2013): Using diagrams to support the research process: examples from grounded theory. In: Qualitative Research, 13. Jg., Nr. 2, S. 148–172.

Buhr, Petra; Lietzmann, Torsten; Voges, Wolfgang (2010): Lange Wege aus Hartz IV? Zur Dynamik von Mindestsicherung unter dem Bundessozialhilfegesetz und dem SGB II. In: ZeS Report. 15. Jg., Nr. 1, S. 1–6.

Bundesagentur für Arbeit (2012): SGB II – Fachliche Hinweise Arbeitsgelegenheiten (AGH) nach § 16d SGB II, Stand April 2012.

Caliendo, Marco; Kopeinig, Sabine (2008): Some Practical Guidance for the Implementation of Propensity Score Matching. In: Journal of Economic Surveys, 22. Jg., Nr. 1, S. 31–72.

Calmfors, Lars (1994): Active Labour Market Policy and Unemployment – a Framework for the Analysis of Crucial Design Features. OECD Economic Studies 22.

Christoph, Bernhard (2008): Was fehlt bei Hartz IV? Zum Lebensstandard der Empfänger von Leistungen nach SGB II. In: Informationsdienst Soziale Indikatoren, H. 40, S. 7-10.

Christoph, Bernhard (2015): Empirische Maße zur Erfassung von Armut und materiellen Lebensbedingungen. Ansätze und Konzepte im Überblick. IAB-Discussion Paper, 25/2015, Nürnberg.

Christoph, Bernhard (2016): Materielle Lebensbedingungen im Grundsicherungsbezug. In: WSI-Mitteilungen, 69. Jg., Nr. 5, S. 344–352.

Christoph, Bernhard (2017): Untersuchung der materiellen Lebensbedingungen von SGB-II-Leistungsempfängern mit nicht-einkommensbasierten Maßen. Zulieferung zum SGB-II-Bericht März 2017.

Christoph, Bernhard; Gundert, Stefanie; Hirseland, Andreas; Hohendanner, Christian; Hohmeyer, Katrin; Ramos Lobato, Philipp (2015): Ein-Euro-Jobs und Beschäftigungszuschuss: Mehr soziale Teilhabe durch geförderte Beschäftigung? IAB-Kurzbericht, 03/2015, Nürnberg.

Christoph, Bernhard; Hohmeyer, Katrin (2012): Ein-Euro-Jobs aus Sicht der Betroffenen. Zur Binnenwahrnehmung eines kontroversen Instruments. In: Sozialer Fortschritt, 61. Jg., Nr. 6, S. 118–126.

Christoph, Bernhard; Lietzmann, Torsten (2013): Je länger, je weniger? Zum Zusammenhang zwischen der Dauer des ALG-II-Leistungsbezugs und den materiellen Lebensbedingungen der Betroffenen. In: Zeitschrift für Sozialreform, Jg. 59, H. 2, S. 167–196.

Christoph, Bernhard; Pauser, Johannes; Wiemers, Jürgen (2014a): Konsummuster und Konsumarmut von SGB-II-Leistungsempfängern. Eine Untersuchung auf Basis der Einkommens- und Verbrauchsstichprobe. IAB-Discussion Paper, 09/2014, Nürnberg.

Christoph, Bernhard; Pauser, Johannes; Wiemers, Jürgen (2014b): Konsummuster und Konsumarmut von SGB-II-Leistungsempfängern. Eine Untersuchung auf Basis der Einkommens- und Verbrauchsstichprobe. In: Schmollers Jahrbuch. Zeitschrift für Wirtschafts- und Sozialwissenschaften, 134. Jg., Nr. 4, S. 415–450.

Corak, Miles, Björn Gustafsson, and Torun Österberg (2000): Intergenerational Influences on the Receipt of Unemployment Insurance in Canada and Sweden. IZA Discussion Paper, No. 184. Bonn.

Crilly, Nathan; Blackwell, Alan F.; Clarkson, P. John (2006): Graphic elicitation: using research dia-grams as interview stimuli. In: Qualitative Research, 6. Jg., Nr. 3, S. 341–366.

Dauth, Wolfgang; Dorner, Matthias; Blien, Uwe (2013): Neukonzeption der Typisierung im SGB-II-Bereich. Vorgehensweise und Ergebnisse. IAB-Forschungsbericht, 11/2013, Nürnberg.

Dengler, Katharina (2013): Effectiveness of sequences of One-Euro-Jobs. Is it better to do more One-Euro-Jobs or to wait? IAB-Discussion Paper, 16/2013, Nürnberg.

Dengler, Katharina (2015): Effectiveness of sequences of One-Euro-Jobs for welfare recipients in Germany. In: Applied Economics, 47. Jg., Nr. 57, S. 6170–6190.

Dengler, Katharina (2016): Effectiveness of sequences of classroom training for welfare recipients. What works best in West Germany? IAB-Discussion Paper, 24/2016, Nürnberg.

Dengler, Katharina; Hohmeyer, Katrin (2010): Maßnahmesequenzen im SGB II. Eine deskriptive Analyse. IAB-Forschungsbericht, 08/2010, Nürnberg.

Literatur

Dietz, Martin; Kupka, Peter; Ramos Lobato, Philipp (2013): Acht Jahre Grundsicherung für Arbeitsuchende. Strukturen – Prozesse – Wirkungen. IAB-Bibliothek 347, Bielefeld: Bertelsmann.

Dietz, Martin; Osiander, Christopher (2014): Weiterbildung bei Arbeitslosen: Finanzelle Aspekte sind nicht zu unterschätzen. IAB-Kurzbericht, 14/2014, Nürnberg.

Dornette, Johanna; Rauch, Angela; Schubert, Michael; Behrens, Johann; Höhne, Anke; Zimmermann, Markus (2008): Auswirkungen der Einführung des Sozialgesetzbuches II auf erwerbsfähige hilfebedürftige Personen mit gesundheitlichen Beeinträchtigungen. In: Zeitschrift für Sozialreform, 54. Jg., Nr. 1, S. 79–96.

Dummert, Sandra; Hohendanner, Christian (2016): Beschäftigungseffekte von Ein-Euro-Jobs in den Einsatzbetrieben. IAB-Discussion Paper, 38/2016, Nürnberg.

Eggs, Johannes (2013): Unemployment benefit II, unemployment and health. IAB-Discussion Paper, 12/2013, Nürnberg.

Eggs, Johannes; Trappmann, Mark; Unger, Stefanie (2014): Grundsicherungsempfänger und Erwerbstätige im Vergleich: ALG-II-Bezieher schätzen ihre Gesundheit schlechter ein. IAB-Kurzbericht, 23/2014, Nürnberg.

Ekhaugen, Tyra (2009): Extracting the Causal Component from the Intergenerational Correlation in Unemployment. In: Journal of Population Economics, 22. Jg., Nr. 1, S. 97–113.

Elkeles, Thomas; Seifert, Wolfgang (1993): Arbeitslose und ihre Gesundheit – Langzeitanalysen für die Bundesrepublik Deutschland. In: Sozial- und Präventivmedizin, 38. Jg., Nr. 2, S. 148–155.

Fitzenberger, Bernd; Osikominu, Aderonke; Völter, Robert (2006): Get training or wait? Long-run employment effects of training programs for the unemployed in West Germany.

Fitzenberger, Bernd; Völter, Robert (2007): Long-run effects of training programs for the unemployed in East Germany. In: Labour Economics, 14. Jg., Nr. 4, S. 730–755.

Flick, Uwe; Hans, Benjamin; Hirseland, Andreas; Rasche, Sarah; Röhnsch, Gundula (2017): Migration, unemployment, and lifeworld. Challenges for a new critical qualitative inquiry in migration. In: Qualitative Inquiry, 23. Jg., Nr. 1, S. 77–88.

Fohrbeck, Anna; Hirseland, Andreas; Ramos Lobato, Philipp (2014): How benefits recipients perceive them-selves through the lens of the mass media. Some observations from Germany. In: Sociological research online, 19. Jg., Nr. 4.

Freier, Carolin (2016): Soziale Aktivierung von Arbeitslosen? Praktiken und Deutungen eines neuen Arbeitsmarktinstrumentes. Bielefeld: Transcript.

Fuchs, Benjamin (2012): Gründe für den Arbeitslosengeld-II-Bezug: Wege in die Grundsicherung. IAB-Kurzbericht, 25/2012, Nürnberg.

Fuchs, Benjamin (2017): Risk factors of social assistance transitions. A Case-Control-Study for Germany. International Journal of Sociology and Social Policy, 37 (13/14), 714–728.

Fuchs, Johann; Gehrke, Britta; Hummel, Markus; Hutter, Christian; Wanger, Susanne; Weber, Enzo; Weigand, Roland; Zika, Gerd (2016): IAB-Prognose 2016/2017: Arbeitslosigkeit sinkt weiter. IAB-Kurzbericht, 20/2016, Nürnberg.

Giannelli, Gianna C.; Jaenichen, Ursula; Rothe, Thomas (2013): Doing well in reforming the labour market? Recent trends in job stability and wages in Germany. IZA discussion paper, Nr. 7580, Bonn.

Giannelli, Gianna C.; Jaenichen, Ursula; Rothe, Thomas (2016): The evolution of job stability and wages after the implementation of the Hartz reforms. In: Journal for Labour Market Research, 49. Jg., Nr. 3, S. 269-294.

Giddens, Anthony (1979): Die Klassenstruktur fortgeschrittener Gesellschaften, Frankfurt/Main: Suhrkamp (englisches Original 1973).

Grimm, Natalie; Hirseland, Andreas; Vogel, Berthold (2013): Die Ausweitung der Zwischenzone. Erwerbsarbeit im Zeichen der neuen Arbeitsmarktpolitik. In: Soziale Welt, 64. Jg., Nr. 3, S. 249–268.

Grohmann, Petra (2010): Hilfe- und Teilhabeplanung im Bereich Arbeit. In: Mecklenburg, Hermann; Storck, Joachim (Hrsg.): Handbuch berufliche Integration und Rehabilitation. Wie psychisch kranke Menschen in Arbeit kommen und bleiben. Bonn, Psychiatrie-Verlag, S. 140–149.

Gruber, Stefan; Rauch, Angela; Reims, Nancy (2016): Wiedereingliederung von Rehabilitanden der Bundesagentur für Arbeit – Zeitpunkt, Nachhaltigkeit und Einflussfaktoren für den Wiedereinstieg. In: Zoyke, Andrea; Vollmer, Kirsten (Hrsg.): Inklusion in der Berufsbildung. Befunde – Konzepte – Diskussionen, Berichte zur beruflichen Bildung, Bielefeld: Bertelsmann, S. 143–160.

Grüttner, Michael; Moczall, Andreas; Wolff, Joachim (2016): Sanktionen im aktivierenden Arbeitsmarktregime und soziale Exklusion. Eine quantitative Analyse. In: Soziale Welt, 67. Jg., Nr. 1, S. 67–90.

Gundert, Stefanie; Hohendanner, Christian (2015): Active labour market policies and social integration in Germany. Do 'one-euro-jobs' improve individuals' sense of social integration? In: European sociological review, 31. Jg., Nr. 6, S. 780–797.

Gundert, Stefanie; Hohmeyer, Katrin; Ramos Lobato, Philipp; Christoph, Bernhard; Hirseland, Andreas; Hohendanner, Christian (2016): Soziale Teilhabe durch geförderte Beschäftigung: Dabei sein und dazugehören. In: IAB-Forum, Nr. 1, S. 48–53.

Hancioglu, Mine; Hartmann, Bastian (2012): What Makes Single Mothers Expand or Reduce Employment? SOEPpapers Nr. 446.

Hirseland, Andreas (2013): Qualitatives Panel „Armutsdynamik und Arbeitsmarkt – Entstehung, Verfestigung und Überwindung von Hilfebedürftigkeit bei Erwerbsfähigen" (Anhang B5). In: Dietz, Martin; Kupka, Peter; Ramos Lobato, Philipp. Acht Jahre Grundsicherung für Arbeitsuchende. Strukturen – Prozesse – Wirkungen, IAB-Bibliothek Nr. 347, Bielefeld: Bertelsmann, 371–377.

Hirseland, Andreas; Engel, Florian (2016): Ich meine, das reicht hinten und vorne nicht. Ansätze nachhaltigen Wirtschaftens bei Hartz IV-Beziehenden. In: Vierteljahrshefte zur Wirtschaftsforschung, Jg. 85, H. 3, S. 69–79.

Hirseland, Andreas; Promberger, Markus; Wenzel, Ulrich (2007): Armutsdynamik und Arbeitsmarkt: Qualitative Beobachtungen und Befragungen im Feld von Arbeitsmarkt und sozialer Sicherung. In: Promberger, Markus (Hrsg.): Neue Daten für die Sozialstaatsforschung. Zur Konzeption der IAB-Panelerhebung „Arbeitsmarkt und Soziale Sicherung". IAB-Forschungsbericht, 12/2007, Nürnberg, S. 102–130.

Hirseland, Andreas; Ramos Lobato, Philipp (2010): Armutsdynamik und Arbeitsmarkt. Entstehung, Verfestigung und Überwindung von Hilfebedürftigkeit bei Erwerbsfähigen. IAB-Forschungsbericht, 03/2010, Nürnberg.

Hirseland, Andreas; Ramos Lobato, Philipp; (2012): Zwischen „Hartz IV" und geförderter Beschäftigung. Positionierung und Teilhabeerleben im reformierten Sozialstaat. In: Bereswill, Mechthild; Figlestahler, Carmen; Haller, Lisa Yashodhara; Perels, Marko; Zahradnik, Franz (Hrsg.): Wechselverhältnisse im Wohlfahrtstaat. Dynamiken gesellschaftlicher Justierungsprozesse, Münster: Westfälisches Dampfboot, S. 273–291.

Hirseland, Andreas; Ramos Lobato, Philipp (2014): „Die wollen ja ein bestimmtes Bild vermitteln". Zur Neupositionierung von Hilfempfängern im aktivierenden Sozialstaat. In: SWS-Rundschau, 54. Jg., Nr. 2, S. 181–200.

Hohendanner, Christian (2011): Ein-Euro-Jobs und reguläre Beschäftigung. Eine Analyse potenzieller Substitutionseffekte auf Basis des IAB-Betriebspanels. In: Jahrbücher für Nationalökonomie und Statistik, 231. Jg., Nr. 2, S. 210–246.

Hohendanner, Christian; Ostmeier, Esther; Ramos Lobato, Philipp (2015): Befristete Beschäftigung im öffentlichen Dienst. Entwicklung, Motive und rechtliche Umsetzung. In: IAB-Forschungsbericht 12/2015, Nürnberg.

Hohmeyer, Katrin (2009): Effectiveness of One-Euro-Jobs: Do programme characteristics matter? IAB-Discussion Paper, 20/2009, Nürnberg.

Hohmeyer, Katrin; Kopf, Eva (2009): Who is Targeted by One-Euro-Jobs? A Selectivity Analysis. In: Schmollers Jahrbuch, 129. Jg., Nr. 4, S. 597–636.

Hohmeyer, Katrin; Kopf, Eva (2015): Pflegende in Arbeitslosengeld-II-Haushalten: Wie Leistungsbezieher Pflege und Arbeitsuche vereinbaren. IAB-Kurzbericht, 05/2015, Nürnberg.

Hohmeyer, Katrin; Moczall, Andreas (2016): Wirkung von Maßnahmen auf die Arbeitsmarktchancen von Lang-zeiterwerbslosen: Oft ein Schritt in die richtige Richtung. In: IAB-Forum, Nr. 1, S. 40–47.

Hohmeyer, Katrin; Wolff, Joachim (2012): A fistful of Euros: Is the German one-euro job workfare scheme effective for participants? In: International Journal of Social Welfare, 21. Jg., Nr. 2, S. 174–185.

Hohmeyer, Katrin; Wolff, Joachim (2015): Selektivität von Ein-Euro-Job-Ankündigungen. IAB-Forschungsbericht, 02/2015, Nürnberg.

Hohmeyer, Katrin; Wolff, Joachim (2016): Of carrots and sticks: The effect of workfare announcements on the job search behaviour and reservation wage of welfare recipients. LASER Discussion Papers. Erlangen/Nürnberg.

IAB 2010: Leitlinien guter wissenschaftlicher Politikberatung für das IAB. Nürnberg (mailto:http://doku.iab.de/politikberatung/leitlinien_politikberatung.pdf).

Jaehrling, Karen (2015): Does the new managerialism stabilise gender asymmetries in street-level interactions? The case of Germany after 'Hartz IV'. In: Social Work & Society, 13. Jg., Nr. 1, S. 1–17.

Jaenichen, Ursula; Rothe, Thomas (2014): Hartz sei Dank? Stabilität und Entlohnung neuer Jobs nach Arbeitslosigkeit. In: WSI-Mitteilungen, 67. Jg., Nr. 3, S. 227–235.

Jahoda, Marie (1981): Work, employment, and unemployment: Values, theories, and approaches in social research. In: American psychologist, 36. Jg., Nr. 2, S. 184.

Jahoda, Marie (1982): Employment and Unemployment: A social-psychological Analysis: Cambridge: Cambridge University Press.

Jahoda, Marie (1983): Wieviel Arbeit braucht der Mensch? Weinheim: Beltz.

Jozwiak, Eva; Wolff, Joachim (2007): Wirkungsanalyse: Kurz und bündig – Trainingsmaßnahmen im SGB II. IAB-Kurzbericht, 24/2007, Nürnberg.

Karasek, Robert; Theorell, Töres (1990): Healthy Work. Stress, Productivity and the Reconstruction of Working Life. New York.

Kemper, Thomas; Weishaupt, Horst (2011): Region und soziale Ungleichheit. In: Reinders, H. (Hrsg): Empirische Bildungsforschung. Wiesbaden: VS Verlag, S. 209–219.

Kieselbach, Thomas; Beelmann, Gert (2006): Arbeitslosigkeit und Gesundheit: Stand der Forschung. In: Hollederer, Alfons; Brand, Helmut (Hrsg.): Arbeitslosigkeit, Gesundheit und Krankheit, Bern: Verlag Hans Huber, S. 13–31.

Klingert, Isabell; Lenhart, Julia (2017): Jobcenter-Strategien zur Arbeitsmarktintegration von Langzeitarbeitslosen, IAB-Forschungsbericht, 03/2017, Nürnberg.

Koch, Susanne; Kupka, Peter (2007): Geförderte Beschäftigung für leistungsgeminderte Langzeitarbeitslose? Expertise. WISO Diskurs, Berlin.

Koch, Susanne; Kupka, Peter (2012): Öffentlich geförderte Beschäftigung. Integration und Teilhabe für Langzeitarbeitslose. WISO Diskurs, Bonn.

Koch, Susanne, Kupka, Peter; Steinke, Joß (2009): Aktivierung, Erwerbstätigkeit und Teilhabe: Vier Jahre Grundsicherung für Arbeitsuchende, IAB-Bibliothek 315, Bielefeld: Bertelsmann.

Koller, Lena; Rudolph, Helmut (2011): Arbeitsaufnahmen von SGB-II-Leistungsempfängern: Viele Jobs von kurzer Dauer. IAB-Kurzbericht, 14/2011, Nürnberg.

Konle-Seidl, Regina (2016): Integration arbeitsmarktferner Personen im Ländervergleich: Kein Patentrezept in Sicht. IAB-Kurzbericht, 01/2016, Nürnberg.

Konle-Seidl, Regina; Rhein, Thomas; Trübswetter, Parvati (2014): Arbeitsmärkte im europäischen Vergleich: Erwerbslose und Inaktive in verschiedenen Sozialsystemen. IAB-Kurzbericht, 08/2014, Nürnberg.

Kopf, Eva (2013): Short training for welfare recipients in Germany: which types work? In: International Journal of Manpower, 34. Jg., Nr. 5, S. 486–516.

Kopf, Eva; Zabel, Cordula (2017): Activation programmes for women with a partner in Germany. Challenge or replication of traditional gender roles. In: International Journal of Social Welfare, 26. Jg. S. 239-253.

Kroll, Lars (2011): Konstruktion und Validierung eines allgemeinen Index für die Arbeitsbelastung in beruflichen Tätigkeiten auf Basis von ISCO-88 und KldB-92. In: Methoden, Daten, Analysen (mda), 5. Jg., Nr. 1, S. 63–90.

Kruckenberg, Peter (2008): Assessment zur Teilhabe an Arbeit und Beschäftigung für psychisch beeinträchtigte Menschen. In: Aktion Psychisch Kranke (Hrsg.): Personenzentrierte Hilfen zu Arbeit und Beschäftigung. Bonn, S. 70-82.

Kruppe, Thomas (2009): Bildungsgutscheine in der aktiven Arbeitsmarktpolitik. In: Sozialer Fortschritt, 58. Jg., Nr. 1, S. 9–19.

Kruppe, Thomas; Lang, Julia (2014): Labour market effects of retraining for the unemployed. The role of occupations. IAB-Discussion Paper, 20/2014, Nürnberg.

Kruppe, Thomas; Lang, Julia (2015a): Weiterbildungen mit Berufsabschluss: Arbeitslose profitieren von Qualifizierungen. IAB-Kurzbericht, 22/2015, Nürnberg.

Kruppe, Thomas; Lang, Julia (2015b): Arbeitsmarkteffekte von Umschulungen im Bereich der Altenpflege. Institut für Arbeitsmarkt- und Berufsforschung. Aktuelle Berichte, 19/2015, Nürnberg.

Kupka, Peter; Wolff, Joachim (2009): Darf's noch etwas mehr sein? Geförderte Beschäftigung in der Wirtschaftskrise. In: Sozialer Fortschritt, Jg. 58, H. 11, S. 249-257.

Kupka, Peter; Wolff, Joachim (2013): Sozialer Arbeitsmarkt: Ein Gerüst, das gesellschaftliche Teilhabe ermöglicht? In: IAB-Forum, Nr. 2, S. 70–75.

Lechner, Michael; Miquel, Ruth; Wunsch, Conny (2007): The Curse and Blessing of Training the Unemployed in a Changing Economy: The Case of East Germany after Unification. In: German Economic Review, 8. Jg., Nr. 4, S. 468–507.

Lechner, Michael; Miquel, Ruth; Wunsch, Conny (2011): Long-Run Effects of Public Sector Sponsored Training in West Germany. In: Journal of the European Economic Association, 9. Jg., Nr. 4, S. 742–784.

Lepsius, Rainer M. (1979): Soziale Ungleichheit und Klassenstrukturen in der Bundesrepublik Deutschland. In: Wehler, Hans-Ulrich (Hrsg.): Klassen in der europäischen Sozialgeschichte, Göttingen: Vandenhoeck und Ruprecht, S. 166–209.

Lietzmann, Torsten (2014): After recent policy reforms in Germany: Probability and determinants of labour market integration of lone mothers and mothers with a partner who receive welfare benefits. In: Social Politics, 21. Jg., Nr. 4, S. 585–616.

Lietzmann, Torsten (2016a): Vereinbarkeit von Familie und Erwerbsarbeit im Bereich prekärer Einkommen. IAB-Bibliothek, 357, Bielefeld: Bertelsmann.

Lietzmann, Torsten (2016b): Langzeitleistungsbezug und Langzeitarbeitslosigkeit: Definitionen, Quantitäten, Strukturen. In: WSI-Mitteilungen, 69. Jg., Nr. 5, S. 334–343.

Lietzmann, Torsten (2017): The contribution of mothers' employment on their family's chances of ending welfare benefit receipt in Germany. Analysis of a two-stage process. In: Sociological research online, Vol. 22, No. 2.

Lietzmann, Torsten; Hohmeyer, Katrin (2016): Langzeitleistungsbezug und -arbeitslosigkeit: Struktur, Entwicklung und Wirkung arbeitsmarktpolitischer Maßnahmen. Institut für Arbeitsmarkt- und Berufsforschung. Aktuelle Berichte, 08/2016, Nürnberg.

Lietzmann, Torsten; Tophoven, Silke; Wenzig, Claudia (2011): Grundsicherung und Einkommensarmut: Bedürftige Kinder und ihre Lebensumstände. IAB-Kurzbericht, 06/2011, Nürnberg.

Lietzmann, Torsten; Wenzig, Claudia (2017): Arbeitszeitwünsche und Erwerbstätigkeit von Müttern: Welche Vorstellungen über die Vereinbarkeit von Beruf und Familie bestehen. IAB-Kurzbericht, 10/2017, Nürnberg.

Lorentzen, Thomas; Espen, Dahl; Ivan, Harsløf (2012): Welfare Risks in Early Adulthood: A Longitudinal Analysis of Social Assistance Transitions in Norway. In: International Journal of Social Welfare, 21. Jg., Nr. 4, S. 408–21.

Luthe, Ernst-Wilhelm (2011): § 18 Örtliche Zusammenarbeit. In: Hauck, Karl; Noftz, Wolfgang; Voelzke, Thomas (Hrsg.): Sozialgesetzbuch (SGB) II: Grundsicherung für Arbeitsuchende. Kommentar. Berlin, Erich Schmidt.

Mayer, Susan E. (2002): The Influence of Parental Income on Children's Outcomes. Knowledge Management Group, Ministry of Social Development, Te Manatu Whakahiato Ora. Wellington.

Mayring, Philipp (2010): Qualitative Inhaltsanalyse. In: Mey, Günter; Mruck, Katja (Hrsg.): Handbuch Qualitative Forschung in der Psychologie (S. 601–613). Wiesbaden: VS Verlag für Sozialwissenschaften.

McKee-Ryan, Frances M. Song, Zhaoli Wanberg, Connie R.; Kinicki, Angelo J. (2005): Psychological and physical well-being during unemployment: a meta-analytic study. In: Journal of applied psychology, 90. Jg., Nr. 1, S. 53.

Moczall, Andreas; Rebien, Martina (2015): Einschätzung der Ein-Euro-Jobs durch die Einsatzbetriebe: Auf den Zweck kommt es an. IAB-Kurzbericht, 23/2015, Nürnberg.

Mohr, Katrin (2007): Soziale Exklusion im Wohlfahrtsstaat: Arbeitslosensicherung und Sozialhilfe in Großbritannien und Deutschland, Wiesbaden: VS Verlag für Sozialwissenschaften.

Müller, Anne; Rebien, Martina (2013): Zuverlässig, flexibel, motiviert? Ein-Euro-Jobber aus Sicht der Betriebe. In: Zeitschrift für Sozialreform, 59. Jg., Nr. 4, S. 477–492.

Nohl, Arnd-Michael (2009): Interview und dokumentarische Methode. Anleitung für die Forschungspraxis; Wiesbaden.

Oschmiansky, Frank (2003): Faule Arbeitslose? Zur Debatte über Arbeitsunwilligkeit und Leistungsmissbrauch. In: Aus Politik und Zeitgeschichte, Nr. 6–7, S. 10–16.

Oschmiansky, Frank; Grebe, Tim; Popp, Sandra; Otto, Kristin; Sommer, Jörn; Wielage, Nina (2014): Kompetenz-Dienstleistungen im Vermittlungs- und Integrationsprozess. Eine qualitative Studie. IAB-Forschungsbericht, 07/2014, Nürnberg.

Oschmiansky, Frank; Popp, Sandra; Riedel-Heller, Steffi; Schwarzbach, Michaela; Gühne, Uta; Kupka, Peter (2017): Psychisch Kranke im SGB II: Situation und Betreuung. IAB-Forschungsbericht, 14/2017, Nürnberg.

Osiander, Christopher; Dietz, Martin (2015): What could all the money do? Ergebnisse eines faktoriellen Surveys zur Bedeutung von Opportunitätskosten bei Weiterbildungsentscheidungen. IAB-Discussion Paper 04/2015, Nürnberg.

Osiander, Christopher; Dietz, Martin (2016): Determinanten der Weiterbildungsbereitschaft: Ergebnisse eines faktoriellen Surveys unter Arbeitslosen. In: Journal for Labour Market Research, 49. Jg., Nr. 1, S. 59–76.

Ossowski, Stanislaw (1963): Class Structure In The Social Consciousness: Class, Race And Social Structure. New York: Taylor & Francis US.

Paul, Karsten; Moser, Klaus (2001): Negatives psychisches Befinden als Wirkung und als Ursache von Arbeitslosigkeit. Erwerbslosigkeit: Ursachen, Auswirkungen und Interventionen. J. Zempel, J. Bacher and K. Moser. Opladen, Leske & Budrich: 83–110.

Paul, Karsten; Moser, Klaus (2009): Unemployment impairs mental health: Meta-analyses. In: Journal of Vocational behavior, 74. Jg., Nr. 3, S. 264–282.

Pfeffer, Simone (2010): Krankheit und Biographie. Bewältigung von chronischer Krankheit und Lebensorientierung. Wiesbaden: VS Verlag für Sozialwissenschaften.

Pongratz, Hans J.; Bernhard, Stefan; Abbenhardt, Lisa (2014): Fiktion und Substanz. Praktiken der Bewältigung zukunftsbezogener Ungewissheit wirtschaftlichen Handelns am Beispiel der Gründungsförderung. In: Berliner Journal für Soziologie, 24. Jg., Nr. 3, S. 397–423.

Pongratz, Hans J.; Bernhard, Stefan; Wolff, Joachim; Promberger, Markus (2013): Selbständig statt leistungsberechtigt: Eine Implementationsstudie zur Handhabung des Einstiegsgeldes in den Jobcentern. IAB-Forschungsbericht, 03/2013, Nürnberg.

Popitz, Heinrich; Bahrdt, Hans-Paul; Jüres, Ernst August; Kesting, Hanno (1961): Das Gesellschaftsbild des Arbeiters. Tübingen: Mohr.

Promberger, Markus; Hieber, Simone; Hirseland, Andreas (2014): Wendepunkte in Armutsbiografien. Zulieferung zum SGB-II-Bericht März 2014.

Ramos Lobato, Philipp (2017): Geförderte Beschäftigung für Langzeitarbeitslose. Integrationserleben am Rande der Arbeitsgesellschaft. Wiesbaden: VS Verlag für Sozialwissenschaften.

Rauch, Angela; Dornette, Johanna; Schubert, Michael; Behrens, Johann (2008): Arbeitsmarktintegration: Berufliche Rehabilitation in Zeiten des SGB II. IAB-Kurzbericht 25/2008, Nürnberg.

Rebien, Martina (2016): Langzeitarbeitslose aus Sicht der Betriebe: Fit genug für den Arbeitsmarkt? In: IAB-Forum, Nr. 1, S. 18–25.

Reims, Nancy (2016): Erwerbsstatus und subjektive Gesundheit bei Jugendlichen mit Behinderung in der beruflichen Ersteingliederung in den Arbeitsmarkt. In: Sozialer Fortschritt, 65. Jg., Nr. 6, S. 127–135.

Reims, Nancy; Bauer, Ulrike (2015): Labour market status and well-being in the context of return to work after vocational rehabilitation in Germany. In: Journal of Occupational Rehabilitation, 25. Jg., Nr. 3, S. 543–556.

Reims, Nancy; Gruber, Stefan (2014): Junge Rehabilitanden in der Ausbildung am Übergang in den Arbeitsmarkt. In: Die Rehabilitation, 53. Jg., Nr. 6, S. 376–383.

Reims, Nancy; Gruber, Stefan (2016): Übergang junger Rehabilitanden von der Ausbildung in den Arbeitsmarkt. In: Berufliche Rehabilitation, 30. Jg., Nr. 1, S. 10–23.

Reims, Nancy; Tisch, Anita; Tophoven, Silke (2016): Junge Menschen mit Behinderung: Reha-Verfahren helfen beim Berufseinstieg. IAB-Kurzbericht, 07/2016 Nürnberg, 8 S.

Rhein, Thomas (2013): Erwerbseinkommen: Deutsche Geringverdiener im europäischen Vergleich. IAB-Kurzbericht, 15/2013, Nürnberg.

Roelfs, David J; Shor, Eran; Davidson, Karina W.; Schwartz, Joseph E. (2011): Losing life and livelihood: a systematic review and meta-analysis of unemployment and all-cause mortality. In: Social Science and Medicine, Vol. 72, No. 6, p. 840–854, URL http://dx.doi.org/10.1016/j.socscimed.2011.01.005.

Literatur

Romiti, Agnese; Trübswetter, Parvati; Vallizadeh, Ehsan (2015): Lohnanpassungen von Migranten: Das soziale Umfeld gibt die Richtung vor. IAB-Kurzbericht, 25/2015, Nürnberg.

Roodman, David (2009): How to do xtabond2: An introduction to difference and system gmm in stata. In: Stata Journal, 9. Jg., Nr. 1, S. 86–136.

Rothe, Thomas; Wälde, Klaus (2017): Where did all the unemployed go? Non-standard work in Germany after the Hartz reforms. IAB-Discussion Paper, 18/2017, Nürnberg.

Rudolph, Helmut (2014): „Aufstocker": Folge der Arbeitsmarktreformen? WSI Mitteilungen, Nr. 3/2014, S. 207–217.

Schels, Brigitte (2013): Zwischen Überbrückung und Verstetigung. Leistungsbezugs- und Erwerbssequenzen junger Arbeitslosengeld-II-Empfänger. In: WSI-Mitteilungen, 66. Jg., Nr. 8, S. 562–570.

Schels, Brigitte (2012): Arbeitslosengeld-II-Bezug im Übergang in das Erwerbsleben. Lebenslagen, Beschäftigungs- und Ausbildungsbeteiligung junger Erwachsener am Existenzminimum (Dissertation). Wiesbaden: Springer VS.

Schels, Brigitte; Zahradnik, Franz (2014): Junge Erwachsene und „Hartz IV". Geringqualifiziert, arbeitslos und schlecht motiviert? In: Groenemeyer, Axel; Hoffmann, Dagmar (Hrsg.): Jugend als soziales Problem – soziale Probleme der Jugend? Diagnosen, Diskurse und Herausforderungen (Jugendforschung), Weinheim und Basel: Beltz Juventa, S. 118–139.

Schelsky, Helmut (1953): Wandlungen der deutschen Familie in der Gegenwart. Dortmund: Ardey Verlag.

Scherer, Stefanie (2005): Patterns of Labour Market Entry – Long wait or career instability? An empirical comparison of Italy, Great Britain and West Germany. In: European Sociological Review. 21. Jg., Nr. 5, S. 427–440.

Schmitz, Hendrik (2011): Why are the unemployed in worse health? The causal effect of unemployment on health. In: Labour Economics, 18. Jg., Nr. 1, S. 71–78.

Schreyer, Franziska; Zahradnik, Franz; Götz, Susanne (2012): Lebensbedingungen und Teilhabe von jungen sanktionierten Arbeitslosen im SGB II. In: Sozialer Fortschritt, 61. Jg., Nr. 9, S. 213–220.

Schubert, Michael (2010): Berufliche Rehabilitation für Menschen mit Behinderung: Wer bekommt sie, wer nicht? Strukturen und Prozesse des Zugangs zu Leistungen zur Teilhabe am Arbeitsleben für erwerbsfähige hilfebedürftige Menschen. Halle/Saale.

Schubert, Michael; Behrens, Johann; Hauger, Marlies; Hippmann, Cornelia; Hobler, Dietmar; Höhne, Anke; Schneider, Edina; Zimmermann, Markus (2007): Struktur und Prozessänderungen in der beruflichen Rehabilitation nach der Einführung des SGB II. In: Dornette, Johanna; Rauch, Angela (Hrsg.): Berufliche Rehabilitation im Kontext des SGB II. Band 309, S. 7–87.

Schubert, Michael; Bretschneider, Kristin; Schmidt, Stephanie; Behrens, Johann (2010): Stellenwert gesundheitlicher und rehabilitativer Aspekte bei der Betreuung Arbeitsloser als krankheits- und erwerbsbezogene Risikofaktoren DRV-Schriften. Band 88, S. 177–179.

Schubert, Michael; Bretschneider, Kristin; Schmidt, Stephanie; Behrens, Johann (2011): Ansatzpunkte und Vernetzungsmöglichkeiten bei der Identifikation und Ansprache von potenziell rehabilitationsbedürftigen arbeitslosen Personen in den Arbeitsverwaltungen. DRV-Schriften. Band 93, S. 267–269.

Schubert, Michael; Parthier, Katrin; Kupka, Peter; Krüger, Ulrich; Holke, Jörg; Fuchs, Philipp (2013): Menschen mit psychischen Störungen im SGB II. IAB-Forschungsbericht, 12/2013, Nürnberg.

Schuring, Merel; Mackenbach, Johan T.; Voorham, Toon Aj; Burdorf, Alex (2011): The effect of re-employment on perceived health. In: Journal of Epidemiology and Community Health, 65. Jg., Nr. 7, S. 639–644.

Seibert, Holger; Wurdack, Anja; Bruckmeier, Kerstin; Graf, Tobias; Lietzmann, Torsten (2017): Typische Verlaufsmuster beim Grundsicherungsbezug: Für einige Dauerzustand, für andere nur eine Episode. IAB-Kurzbericht, 04/2017, Nürnberg.

Siedler, Thomas (2004): Is the Receipt of Social Assistance Transmitted from Parents to Children?: Evidence from German Panel Data. Institute for Social and Economic Research, University of Essex.

Siegrist, Johannes (2000): Place, social exchange and health: proposed sociological framework. In: Social Science and Medicine, 51. Jg., Nr. 9, S. 1283–1293.

Siegrist, Johannes; Dragano, Nico (2006): Berufliche Belastungen und Gesundheit. In: Wendt, Claus; Wolf, Christof (Hrsg.): Soziologie der Gesundheit. Wiesbaden. S. 109–124.

Soziologisches Forschungsinstitut Göttingen, Forschungsteam Internationaler Arbeitsmarkt, Institut Arbeit und Qualifikation (2013): Beratungskonzeption SGB II – Pilotierung – Evaluationsbericht. Göttingen, Berlin, Duisburg. Online verfügbar unter http://www.sofi-goettingen.de/fileadmin/Publikationen/BeKo_II_Evaluationsbericht.pdf.

Statistik der Bundesagentur für Arbeit (2008): Sozialversicherungspflichtig Beschäftigte nach der Klassifikation der Wirtschaftszweige (Link (24.08.2016): https://statistik.arbeitsagentur.de/Statistikdaten/Detail/200812/iiia6/sozbe-beg-bee/beg-bee-d-0-xls.xls).

Statistik der Bundesagentur für Arbeit (2013a): Sozialversicherungspflichtig Beschäftigte nach der Klassifikation der Wirtschaftszweige (Link (24.08.2016): https://statistik.arbeitsagentur.de/Statistikdaten/Detail/201312/iiia6/sozbe-beg-bee/beg-bee-d-0-xls.xls).

Statistik der Bundesagentur für Arbeit (2013b): Sozialversicherungspflichtig Beschäftigte nach ausgeübter Tätigkeit. Link (24.08.2016): https://statistik.arbeitsagentur.de/Statistikdaten/Detail/201312/iiia6/beschaeftigung-sozbe-bo-heft/bo-heft-d-0-201312-xlsx.xlsx

Statistik der Bundesagentur für Arbeit (2014): Analyse der Grundsicherung für Arbeitsuchende, April 2014.

Statistik der Bundesagentur für Arbeit (2016): Analyse der Grundsicherung für Arbeitsuchende, September 2016.

Statistik der Bundesagentur für Arbeit (2017): Analyse der Grundsicherung für Arbeitsuchende, Januar 2017.

Stenberg, Sten-Åke (2000): Inheritance of Welfare Recipiency: An Intergenerational Study of Social Assistance Recipiency in Postwar Sweden. In: Journal of Marriage and Family, 62. Jg., Nr.1, S. 228–39.

Storck, Joachim (2010): Neue Möglichkeiten für Rehabilitation, Arbeit und Beschäftigung. In: Mecklenburg, Hermann; Storck, Joachim (Hrsg.): Handbuch berufliche Integration und Rehabilitation. Wie psychisch kranke Menschen in Arbeit kommen und bleiben. Bonn, Psychiatrie-Verlag, S. 306–317.

Tisch, Anita; Wolff, Joachim (2015): Active labour market policy and its outcomes – Does workfare programme participation increase self-efficacy in Germany? In: The International Journal of Sociology and Social Policy, 35. Jg., Nr. 1/2, S. 18–46.

Tophoven, Silke; Wenzig, Claudia; Lietzmann, Torsten (2015): Kinder- und Familienarmut. Lebensumstände von Kindern in der Grundsicherung. Bertelsmann-Stiftung (Hrsg.), Gütersloh.

Uhl, Maria; Rebien, Martina; Abraham, Martin (2016): Welche Ein-Euro-Jobber werden qualifiziert? Qualifizierungsmaßnahmen im Rahmen von Arbeitsgelegenheiten mit Mehraufwandsentschädigung für Arbeitslosengeld-II-Empfänger. IAB-Discussion Paper, 33/2016, Nürnberg.

van den Berg, Gerard; Uhlendorff, Arne; Wolff, Joachim (2014): Sanctions for young welfare recipients. In: Nordic Economic Policy Review (1), S. 177–208.

van den Berg, Gerard; Uhlendorff, Arne; Wolff, Joachim (2015): Under heavy pressure. Intense monitoring and accumulation of sanctions for young welfare recipients in Germany. IAB-Discussion Paper, 34/2015, Nürnberg.

von dem Knesebeck, Olav; Vonneilich, Nico (2009): Gesundheitliche Ungleichheit im Alter. In: Zeitschrift für Gerontologie und Geriatrie, 42. Jg., Nr. 6, S. 459–464.

Wapler, Rüdiger; Werner, Daniel; Wolf, Katja (2014): Active labour-market policies in Germany. Do regional labour markets benefit? IAB Discussion Paper, 28/2014, Nürnberg.

Warr, Peter (1987): Work, Unemployment and mental health. Oxford: Oxford University Press.

Weber, M. (1985): Wirtschaft und Gesellschaft. 5. Aufl., Tübingen: Mohr.

Welti, Felix (2010): § 12 Zusammenwirken der Leistungen. In: Lachwitz, Klaus; Schellhorn, Walter; Welti, Felix (Hrsg.): Handkommentar zum Sozialgesetzbuch IX. Köln, Luchterhand. S. 123–129.

WHO (2010): ICD-10 Version: 2010. http://apps.who.int/classifications/icd10/browse/2010/en (Zugriff erfolgt am 20.3.2017).

Wiemers, Jürgen (2015): Endogenizing take-up of social assistance in a microsimulation model. A case study for Germany. IAB-Discussion Paper, 20/2015, Nürnberg.

Witzel, Andreas; Reiter, Herwig (2012): The Problem-centred Interview. London: SAGE.

Wolff, Joachim; Hohmeyer, Katrin (2008): Wirkungen von Ein-Euro-Jobs: Für ein paar Euro mehr. IAB-Kurzbericht, 02/2008, Nürnberg.

Wolff, Joachim; Jozwiak, Eva (2007): Does short-term training activate means-tested unemployment benefit recipients in Germany? IAB-Discussion Paper 29/2007, Nürnberg.

Wolff, Joachim; Nivorozhkin, Anton (2008): Start me up: The effectiveness of a self-employment programme for needy unemployed people in Germany. IAB-Discussion Paper, 20/2008, Nürnberg.

Wolff, Joachim; Nivorozhkin, Anton (2012): Start me up: The effectiveness of a self-employment programme for needy unemployed people in Germany. In: Journal of small business and entrepreneurship, 25. Jg., Nr. 4, S. 499–518.

Wolff, Joachim; Nivorozhkin, Anton; Bernhard, Stefan (2013): You can go your own way! The long-term effectiveness of a self-employment programme for German welfare recipients. Unveröffentliches Manuskript.

Wolff, Joachim; Nivorozhkin, Anton; Bernhard, Stefan (2016): You can go your own way! The long-term effectiveness of a self-employment programme for welfare recipients in Germany. In: International Journal of Social Welfare, 25. Jg., Nr. 2, S. 136–148.

Wolff, Joachim; Stephan, Gesine (2013): Subsidized work before and after the German Hartz reforms. Design of major schemes, evaluation results and lessons learnt. In: IZA Journal of Labor Policy, Vol. 2, 24 S.

Wübbeke, Christina (2014): Sparen, wenn das Geld gerade so zum Leben reicht. Das Risiko des Abbruchs privater Altersvorsorge unter den Rahmenbedingungen von Riester-Förderung und Sozialgesetzbuch II. In: Schmollers Jahrbuch. Zeitschrift für Wirtschafts- und Sozialwissenschaften, Jg. 134, H. 3, S. 341–370.

Wübbeke, Christina; Deutscher Sozialgerichtstag e.V. (Hrsg.) (2013): Private Altersvorsorge im Niedrigeinkommensbereich. In: Sozialrecht – Tradition und Zukunft: 4. Deutscher Sozialgerichtstag, 15. und 16. November 2012 in Potsdam, Stuttgart: Boorberg, S. 211–220.

Wuppinger, Johanna, Rauch Angela (2010): Wiedereingliederung in den Arbeitsmarkt im Rahmen beruflicher Rehabilitation: Maßnahmeteilnahme, Beschäftigungschancen und Arbeitslosigkeitsrisiko. IAB-Forschungsbericht, 01/2010, Nürnberg.

Zabel, Cordula (2012): Adult workers in theory or practice? Lone mothers' participation in active labour market programmes in Germany. In: Journal of Comparative Social Work, Nr. 2, S. 1–21.

Zabel, Cordula (2016): Erwerbseintritte im Zeitverlauf bei Müttern junger Kinder im SGB II. IAB-Forschungsbericht, 05/2016, Nürnberg.

Zahradnik, Franz (2014): Die Sanktionierung junger Arbeitsloser im SGB II. In: Archiv für Wissenschaft und Praxis der sozialen Arbeit, 45. Jg., Nr.4, S. 44–54.

Zahradnik, Franz; Schreyer, Franziska; Götz, Susanne; Mansel, Jürgen; Speck, Karsten (Hrsg.) (2012): „Und dann haben sie mir alles gesperrt". Sanktionierender Wohlfahrtsstaat und Lebensverläufe junger Arbeitsloser. In: Jugend und Arbeit. Empirische Bestandsaufnahmen und Analysen (Jugendforschung), Beltz Juventa, S. 157–191.

Zahradnik, Franz; Schreyer, Franziska; Moczall, Andreas; Gschwind, Lutz; Trappmann, Mark (2016): Wenig gebildet, viel sanktioniert? Zur Selektivität von Sanktionen in der Grundsicherung des SGB II. In: Zeitschrift für Sozialreform, 62. Jg., Nr. 2, S. 141–179.

Anhang A: Zentrale Gesetzesänderungen der Grundsicherung

Anhang A1
Chronik der Arbeitsmarktpolitik 2013 bis 2016
Judith Bendel-Claus

Inhalt

Gesetz zur Änderung des Zweiten Buches Sozialgesetzbuch und
anderer Gesetze – Leistungen für Bildung und Teilhabe 319

BMAS-Konzept zum Abbau der Langzeitarbeitslosigkeit:
„Chancen eröffnen – soziale Teilhabe sichern" 323

Achtes Gesetz zur Änderung des Zweiten Buches Sozialgesetzbuch
– Ergänzung personalrechtlicher Bestimmungen 332

Mindestlohngesetz – Ausnahmen für Langzeitarbeitslose 334

Fünftes Gesetz zur Änderung des Vierten Buches Sozialgesetzbuch
und anderer Gesetze – Assistierte Ausbildung 338

Gesetz zur Stärkung der beruflichen Weiterbildung und
des Versicherungsschutzes in der Arbeitslosenversicherung 342

Integrationsgesetz 345

Neuntes Gesetz zur Änderung des Zweiten Buches Sozialgesetzbuch
– Rechtsvereinfachung 350

Gesetz zur Ermittlung von Regelbedarfen sowie zur Änderung
des Zweiten und des Zwölften Buches Sozialgesetzbuch 357

Gesetz zur Änderung des Zweiten Buches Sozialgesetzbuch und anderer Gesetze – Leistungen für Bildung und Teilhabe

Inkrafttreten: 01.08.2013

> Inhalt des Gesetzes:
> Änderungen bei der Erbringung der Leistungen für Bildung und Teilhabe („Bildungspaket"):
> - Pauschale bei Eigenbeteiligung für Schülerbeförderung
> - Verwendung der Leistungen zur Teilhabe am sozialen und kulturellen Leben auch für Ausrüstung und Ähnliches
> - Erbringung der Leistungen für Schulausflüge und Klassenfahrten auch als Geldleistung
> - Rückzahlungsanspruch auf vom Leistungsberechtigten erbrachte Vorleistung
> - Rückwirkung des Antrags auf den Beginn des Bewilligungszeitraums, das heißt Handhabung der Teilhabeleistung als „Budget"

Ziel des Gesetzes ist es, laut Gesetzesbegründung, die Regelungen für die Erbringung der Leistungen für Bildung- und Teilhabe im SGB II zu vereinfachen und zu optimieren.

Seit 2011 ist mit dem Regelbedarfs-Ermittlungsgesetz in § 28 SGB II geregelt, welche Leistungen für Bildung und Teilhabe am sozialen und kulturellen Leben (sog. „Bildungspaket") für Kinder, Jugendliche und junge Erwachsene unter 25 Jahren zusätzlich zum Regelbedarf erbracht werden können. Grundsätzlich werden diese Leistungen je nach individuellem Bedarf und in der Regel in Höhe der angemessenen tatsächlichen Kosten gewährt. Sie sind bis auf die Schulbedarfspauschalen gesondert zu beantragen. Kosten für Klassenfahrten und Ausflüge, Schülerfahrkarten, Mittagsverpflegung, Lernförderung, Sport- und Musikunterricht können durch Geldleistung beziehungsweise ein Gutscheinsystem oder Direktabrechnung mit dem jeweiligen Anbieter übernommen werden. Die konkrete Umsetzung des Bildungspakets liegt in der Verantwortung der Länder und der kommunalen Ebene.

Die Erfahrungen der Praxis hatten gezeigt, dass die Regelungen an einigen Punkten zu hohem Verwaltungsaufwand führten und die Inanspruchnahme ungewollt erschwerten. Bund, Länder und kommunale Spitzenverbände haben daraufhin in mehreren runden Tischen und in der Arbeitsgruppe „Bildung und Teilhabe" des Bund-Länder-Ausschusses Änderungsvorschläge erarbeitet, die in das Gesetz einmündeten.

Anhang A: Zentrale Gesetzesänderungen der Grundsicherung

Die Änderungen im Einzelnen:

Da sich der Verwaltungsaufwand für die Ermittlung des von den Schülerinnen und Schülern zumutbar zu tragenden Eigenanteils an der Schülerbeförderung als kompliziert erwiesen hatte, gilt nun eine Pauschale von 5 Euro monatlich für Schülerfahrkarten, die auch privat nutzbar sind, als zumutbar.

Bedarfe für die Teilhabe am sozialen und kulturellen Leben konnten vor der Gesetzesänderung nur durch die Übernahme von Mitgliedsbeiträgen, zum Beispiel für Sportvereine oder für Musikunterricht gedeckt werden. Eine Ergänzung erlaubt nun in begründeten Fällen und, wenn die Finanzierung nicht aus dem Regelbedarf zumutbar ist, auch die Berücksichtigung von weiteren Bedarfen wie Sportausrüstung oder Musikinstrumente.

In der Praxis hat sich die Vorgabe, Kostenerstattungen für Klassenfahrten und Ausflüge direkt mit dem Anbieter abzuwickeln, als kompliziert und zum Teil sogar kontraproduktiv erwiesen. Um eine Vereinfachung herbeizuführen, wird den kommunalen Trägern nun die Möglichkeit eingeräumt, diese Bedarfe nach Ermessen durch Geldleistungen zu decken.

Eingefügt wurde ein Passus zur „Berechtigten Selbsthilfe", in dem geregelt ist, dass leistungsberechtigte Personen ausnahmsweise durch Zahlung an einen Anbieter in Vorleistung gehen können und die Träger zur nachträglichen Übernahme der Aufwendungen verpflichtet sind.

Mit der Gesetzesänderung wird zudem ermöglicht, dass die Teilhabeleistungen als „Budget" gehandhabt werden können und flexibel auch für größere Beträge (z. B. für eine Jahreszahlung für Mitgliedschaften) eingesetzt werden können.

Das Bundesministerium für Arbeit und Soziales (BMAS) beauftragte von 2013 bis 2016 die Evaluation der Inanspruchnahme und der kommunalen Umsetzung des Bildungs- und Teilhabepakets. Das Gesamtforschungsvorhaben bestand aus drei eigenständigen Teilprojekten:

- Eine qualitative Implementationsstudie unter Leitung des Soziologischen Forschungsinstituts Göttingen (SOFI) untersuchte die unterschiedlichen kommunalen Lösungen zur Leistungserbringung, die Gestaltung des Dreiecksverhältnisses zwischen Kommunen, Anbietern und Leistungsberechtigten sowie die Bedingungen, unter denen letztere ihre Leistungsansprüche geltend machen.
- Das Statistische Bundesamt (StBA) fragte danach, welcher Erfüllungsaufwand

(Zeit- und Kostenaufwand) den Leistungsberechtigten, Leistungsanbietern, Leistungsstellen sowie Schul- und Kitaverwaltungen bei der Umsetzung der Bildungs- und Teilhabe-Leistungen typischerweise entsteht.

- Das Institut für Arbeitsmarkt- und Berufsforschung der Bundesagentur für Arbeit (IAB) nutzte seine Längsschnitterhebung Panel „Arbeitsmarkt und soziale Sicherung" (PASS), um in den Befragungsjahren 2012 bis 2014 Informationen zur sozialen Teilhabe von Kindern und Jugendlichen sowie zu Kenntnis, Antragstellung, Nutzung und Bewertung des Bildungs- und Teilhabepakets aus Sicht der Leistungsberechtigten zu generieren.[22]

Parlamentaria

Beschlussempfehlung und Bericht des Ausschusses für Arbeit und Soziales zum Entwurf eines Gesetzes zur Änderung des Zweiten Buches Sozialgesetzbuch und anderer Gesetze. Bundestagsdrucksache 17/12412 vom 20.02.2013 (http://dipbt.bundestag.de/dip21/btd/17/124/1712412.pdf).

Entwurf eines Gesetzes zur Änderung des Zweiten Buches Sozialgesetzbuch (SGB II) und anderer Gesetze. Bundestagsdrucksache 17/12036 vom 09.01.2013 (http://dipbt.bundestag.de/dip21/btd/17/120/1712036.pdf).

Gesetz zur Änderung des Zweiten Buches Sozialgesetzbuch und anderer Gesetze vom 07.05.2013. In: Bundesgesetzblatt 2013 Teil I, Nr. 23, S. 1167 ff.

Verwaltungsaufwand für das Bildungs- und Teilhabepaket. Antwort der Bundesregierung auf die Kleine Anfrage der Abgeordneten und der Fraktion Bündnis 90/Die Grünen. Bundestagsdrucksache 17/11789 vom 07.12.2012 (http://doku.iab.de/externe/2013/k130109r02.pdf).

IAB-Literatur

Achatz, Juliane; Wenzig, Claudia (2016): Längsschnittbefragung von Leistungsberechtigten und Wohnbevölkerung (PASS). In: Bartelheimer, Peter; Henke, Jutta; Kaps, Petra; Kotlenga, Sandra; Marquardsen, Kai; Nägele, Barbara; Wagner, Alexandra; Söhn, Nina; Achatz, Juliane; Wenzig, Claudia (2016): Evaluation der bundesweiten Inanspruchnahme und Umsetzung der Leistungen für Bildung und Teilhabe. Schlussbericht, S. 34–86 (http://doku.iab.de/externe/2016/k160630r04.pdf).

Tophoven, Silke; Wenzig, Claudia; Lietzmann, Torsten (2016): Kinder in Armutslagen – Konzepte, aktuelle Zahlen und Forschungsstand. IAB-Forschungsbericht, 11/2016 (http://doku.iab.de/forschungsbericht/2016/fb1116.pdf).

---

22 Siehe hierzu ausführlich Abschnitt 5.1.6.

Anhang A: Zentrale Gesetzesänderungen der Grundsicherung

Statistik

Statistik der Bundesagentur für Arbeit: Grundsicherung für Arbeitsuchende nach dem SGB II. Bildung und Teilhabe – Daten nach einer Wartezeit von 3 Monaten, November 2016[23] (https://statistik.arbeitsagentur.de/Navigation/Statistik/Statistik-nach-Themen/Grundsicherung-fuer-Arbeitsuchende-SGB-II/Leistungen-Einkommen-Bedarfe-Wohnkosten/Leistungen-Einkommen-Bedarfe-Wohnkosten-Nav.html).

Externe Literatur

Bartelheimer, Peter; Henke, Jutta; Kaps, Petra; Kotlenga, Sandra; Marquardsen, Kai; Nägele, Barbara; Wagner, Alexandra; Söhn, Nina; Achatz, Juliane; Wenzig, Claudia (2016): Evaluation der bundesweiten Inanspruchnahme und Umsetzung der Leistungen für Bildung und Teilhabe. Schlussbericht. Göttingen; Nürnberg (http://doku.iab.de/externe/2016/k160630r04.pdf).

Bartelheimer, Peter; Henke, Jutta; Kaps, Petra; Kotlenga, Sandra; Marquardsen, Kai; Nägele, Barbara; Pagels, Nils; Steckbauer, Jana; Thürling, Marleen; Wagner, Alexandra; Achatz, Juliane; Wenzig, Claudia; Wulf, Helmut; Gonsior, Annegret; Schrankel, Fabienne; Baumgärtner, Luisa; Bitz, Ansgar (2015): Evaluation der bundesweiten Inanspruchnahme und Umsetzung der Leistungen für Bildung und Teilhabe. Zweiter Zwischenbericht Juli 2015. Göttingen; Nürnberg; Bonn (http://doku.iab.de/externe/2015/k151021307.pdf).

Bartelheimer, Peter; Kaps, Petra; Kotlenga, Sandra; Marquardsen, Kai; Pagels, Nils; Tobsch, Verena (Mitarb.); Achatz, Juliane; Becher, Inna; Wenzig, Claudia; Barg, Annelie (Mitarb.); Klawitter, Maren (Mitarb.); Heinen, Julia; Brinkwerth, Stefanie; Gonsior, Annegret; Wulf, Helmut; Baumgärtner, Luisa (2014): Evaluation der bundesweiten Inanspruchnahme und Umsetzung der Leistungen für Bildung und Teilhabe. Erster Zwischenbericht 28.2.2014. Göttingen; Nürnberg; Bonn (http://doku.iab.de/externe/2014/k140422r01.pdf).

---

23 Seit April 2015 werden von der Bundesagentur für Arbeit statistische Auswertungen zu Leistungsberechtigten mit Anspruch auf Bildungs- und Teilhabe-Leistungen fortgeschrieben.

BMAS-Konzept zum Abbau der Langzeitarbeitslosigkeit: „Chancen eröffnen – soziale Teilhabe sichern"

Bekanntmachung: 05.11.2014

> Bestandteile des BMAS-Konzepts:
> - Einrichtung von Aktivierungszentren
>   Auftaktveranstaltung: 10./11.04.2016
> - ESF-Programm zur Eingliederung langzeitarbeitsloser Leistungsberechtigter
>   Laufzeit: 01.05.2015–23.12.2020
> - Bundesprogramm Soziale Teilhabe am Arbeitsmarkt
>   Laufzeit: 07.05.2015–31.12.2018

Bundesarbeitsministerin Andrea Nahles stellte im November 2014 dem Arbeits- und Sozialausschuss des Bundestages ein Konzept zum Abbau der Langzeitarbeitslosigkeit vor (siehe Bundesministerium für Arbeit und Soziales 2014a). Durch individuell zugeschnittene und ganzheitliche Angebote soll die heterogene Gruppe von Langzeitarbeitslosen, deren Chancen auf Arbeitsmarktintegration trotz des allgemeinen Beschäftigungszuwachses nicht zunehmen, besser betreut und gefördert werden.

Das Konzept sah die Verstetigung beziehungsweise Einrichtung von Aktivierungszentren (später Netzwerke Aktivierung, Beratung und Chancen genannt), ein ESF-Programm zur Eingliederung langzeitarbeitsloser Leistungsberechtigter und ein Bundesprogramm zur Sozialen Teilhabe am Arbeitsmarkt vor.

Aktivierungszentren – Netzwerke für Aktivierung, Beratung und Chancen

Mit der Initiative „Netzwerke für Aktivierung, Beratung und Chancen" will die Bundesregierung unter anderem positive Erfahrungen aus dem Bundesprogramm zur Integration über 50-jähriger Langzeitarbeitsloser in den ersten Arbeitsmarkt, dem sogenannten Programm „Perspektive 50plus", nutzen.

Eine hohe Betreuungsintensität und die Bündelung aller notwendigen Unterstützungsleistungen unter Einbindung aller beteiligten Akteure (z. B. Kommunen, Betreuungs- und Beratungseinrichtungen, Krankenkassen, Rehabilitationsträger) kennzeichnen den neuen Betreuungs- und Aktivierungsansatz, der ab 2016 auf freiwilliger Basis im Regelgeschäft der Jobcenter umgesetzt wird. Dafür wurden die in zahlreichen Jobcentern schon bestehenden sogenannten Aktivierungszentren als „Netzwerke für Aktivierung, Beratung und Chancen" im Lauf des Jahres 2015 verstetigt und neue eingerichtet. Eine Auftaktveranstaltung der Netzwerke fand im April 2016 in Kassel statt.

Das Konzept zielt darauf ab, „u. a. durch bessere Betreuungsrelationen in den Jobcentern die nötige Zeit und das Know-how für die Vermittlung bereit zu stellen, um die Menschen mit ihren individuellen Problemlagen, Stärken und Schwächen besser einschätzen zu können (Profiling) und so geeignete, möglichst passgenaue Angebote machen zu können."[24] Die Jobcenter sollen beim Aufbau ihrer Netzwerke mit den Kooperationspartnern große Gestaltungsfreiheit haben, um an die regionalen Gegebenheiten angepasste Angebote „aus einer Hand" machen zu können. Hierbei sollen neben bewährten Ansätzen auch alternative Integrationskonzepte erprobt werden, um Erfolge bei der Vermeidung und Reduzierung der Langzeitarbeitslosigkeit zu erreichen. Auch durch die Verzahnung von Leistungen des Jobcenters mit Angeboten der Gesundheitsförderung sollen die Netzwerke einen Beitrag zur Verbesserung der Arbeitsmarktintegration von Langzeitarbeitslosen leisten. Die Netzwerke sollen durch Fachveranstaltungen und eine Plattform zum Wissenstransfer[25] gestärkt werden.

IAB-Stellungnahme

„Durch den Umstand, dass 1.000 Vermittler aus dem Bundesprogramm [„Perspektive 50plus", Anm. d. Red.] erhalten bleiben, wird eine Verbesserung der Betreuungssituation im SGB II erreicht. Diese Mittel sollten allerdings möglichst nicht aus dem in anderer Hinsicht benötigten Eingliederungstitel kommen, sondern über den Verwaltungshaushalt finanziert werden.

Ebenfalls positiv zu bewerten ist die Stärkung einer Rechtskreis übergreifenden Sichtweise auf die Probleme von Langzeitarbeitslosen, wie sie durch den Bezug auf Reha und Gesundheitsförderung der Krankenkassen angedeutet wird.

Eine Herausforderung für die Jobcenter könnte die anspruchsvolle Konzeptentwicklung zur Betreuung Langzeitarbeitsloser werden. Die Gefahr besteht, dass Konzepte zur Betreuung einer bestimmten Gruppe von Langzeitarbeitslosen, die nicht mit entsprechenden Ressourcen ausgestattet sind, zu Lasten anderer Gruppen gehen. Insofern ist das Konzept ein fachlich nachvollziehbarer Vorschlag, der aber eine intensivere Beratung und Vermittlung durch einen besseren Betreuungsschlüssel nicht ersetzen kann."

(Hohmeyer et al. 2015, S. 23)

---

[24] Vgl. Deutscher Bundestag (2015): Bundestagsdrucksache 18/7031, S. 3.
[25] Siehe www.sgb2.info.

ESF-Bundesprogramm zur Eingliederung langzeitarbeitsloser Leistungsberechtigter

Die Förderrichtlinie zum Bundesprogramm zur Eingliederung langzeitarbeitsloser Leistungsberechtigter wurde am 01.12.2014 veröffentlicht und im Februar 2016 und Januar 2017 ergänzt, um den Teilnehmerkreis auszuweiten. Das Programm trägt mit seiner Ausgestaltung dem Umstand Rechnung, dass die Mehrheit der Arbeitgeber Langzeitarbeitslose im Einstellungsprozess nicht berücksichtigt (vgl. Moertel/Rebien 2013). Es sieht gezielte Arbeitgeberakquise der Jobcenter, Qualifizierungsmaßnahmen der Teilnehmenden sowie Lohnkostenzuschüsse für Arbeitgeber vor. Gefördert wird das Programm aus dem Europäischen Sozialfonds (ESF).

Laut Planung der 333 teilnehmenden Jobcenter sollen rund 23.000 Teilnehmerinnen und Teilnehmer gefördert werden. Zielgruppe sind Menschen über 35 Jahre, die seit mindestens zwei Jahren ohne Unterbrechung arbeitslos sind, keinen oder keinen verwertbaren Berufsabschluss haben und nicht auf eine andere Weise in den allgemeinen Arbeitsmarkt eingegliedert werden können. Betriebsakquisiteure sollen Arbeitgeber für die Einstellung von Personen der Programm-Zielgruppe gewinnen und bei der Schaffung und Ausgestaltung solcher Arbeitsplätze beratend tätig sein. Eventuelle Minderleistungen der Arbeitnehmer sollen durch Lohnkostenzuschüsse für den Arbeitgeber ausgeglichen werden. Hier sind 75 Prozent in den ersten sechs Monaten (Einstiegsphase), 50 Prozent in den folgenden neun Monaten (Stabilisierungsphase) und 25 Prozent in den folgenden drei Monaten (Leistungsphase) möglich. Es schließt sich eine sechsmonatige Nachbeschäftigungspflicht ohne Lohnkostenzuschuss an.

Um das Beschäftigungsverhältnis zu stabilisieren, werden die Teilnehmenden außerdem durch einen Coach unterstützt. Seine Aufgaben sind unter anderem die soziale Aktivierung und die Förderung von Schlüsselkompetenzen für den Arbeitsalltag. Dabei soll die Intensität des Coachings im Förderverlauf abnehmen, um die Selbstorganisation und Problemlösungskompetenz zu fördern. Außerdem können arbeitsplatzbezogene berufliche Qualifizierungen, Qualifizierungen zur Verbesserung von Grundkompetenzen und die Mobilität der Teilnehmenden (z. B. Übernahme der Wegkosten) nach Bedarf gefördert werden.

Neben der oben beschriebenen, sogenannten Normalförderung ist im Programm auch eine länger andauernde Intensivförderung von Personen vorgesehen, die fünf Jahre arbeitslos waren und mindestens ein weiteres, in der Person liegendes Vermittlungshemmnis (z. B. über 50 Jahre, gesundheitliche Einschränkung, mangelnde deutsche Sprachkenntnisse) haben. Diese Personen können für die Dauer von bis zu 36 Monaten durch Coaching und Lohnkostenzuschüsse gefördert werden. Eine Nachbeschäftigungspflicht ist für sie nicht gegeben.

Änderungen der Förderrichtlinie im Februar 2016 führten zu einer Ausweitung der förderfähigen Zielgruppe durch Hinzurechnung von Unterbrechungszeiten (z. B. durch Krankheit, Betreuung pflegebedürftiger Angehöriger, Teilnahme an kurzen Weiterbildungen oder einer nach § 16f SGB II geförderten Maßnahme) als Zeiten der Arbeitslosigkeit. Auch die Ausübung einer Beschäftigung oder selbstständigen Tätigkeit mit einer wöchentlichen Arbeitszeit von unter 15 Stunden kann nun zur Arbeitslosigkeitszeit hinzugerechnet werden. Klargestellt wurden außerdem die Aufgaben, Tätigkeiten und Qualifikationsanforderungen des für das Programm eingestellten Personals, die Betriebsakquisiteure und Coaches. Die Anforderungen an das Qualifikationsniveau eines Coaches werden einheitlich auf mindestens Fachhochschul- oder Bachelorabschluss festgelegt. Vorgaben zu bestimmten Studienrichtungen werden aufgehoben, um den Jobcentern die Personalbeschaffung zu erleichtern.

Im Februar 2017 erfolgte eine zweite Anpassung der Förderrichtlinie, mit der erneut die Zielgruppe ausgeweitet wurde. Der Anteil teilnehmender Frauen soll dadurch erhöht werden, dass Kinderbetreuungszeiten, Zeiten eines Beschäftigungsverbots nach Mutterschutzgesetz und Erziehungszeiten den Zeiten der Arbeitslosigkeit gleichgestellt werden. Der zeitliche Rahmen für Eintritte in die geförderte Beschäftigung wird von Ende Juli bis Ende Dezember 2017 verlängert. Flexibilisiert wird die zeitliche Einsatzmöglichkeit des Teilnehmercoachings.

IAB-Stellungnahme

„Insgesamt sollte das ESF-Bundesprogramm dazu beitragen, die Beschäftigungsfähigkeit besonders benachteiligter Personengruppen zu erhöhen. Durch die Ausübung einer Erwerbsarbeit selbst können Vermittlungshemmnisse abgebaut werden. Sie könnte eine Eingliederung im Förderbetrieb ermöglichen und die Erfolgschancen bei einer weiteren Arbeitsuche erhöhen. Ebenso könnten das Coaching durch den Aufbau von Schlüsselkompetenzen der Teilnehmenden, weitere Hilfen wie bei Behördengängen oder dem Umgang mit Geld und der individuelle Förderplan die Effektivität des Programms steigern. (...)

In der Praxis sollte sichergestellt werden, dass es bei der Teilnehmerauswahl nicht zu Creaming kommt, also keine Zuweisung von Personen mit vergleichsweise guten Aussichten auf eine reguläre Beschäftigung erfolgt. Selbst bei den restriktiven

Auswahlkriterien für eine Förderung durch die „JobPerspektive" lagen Creaming-Tendenzen vor. (...) Das gilt es bei der Implementation des ESF-Bundesprogramms zu vermeiden, nicht zuletzt, weil über die Jahre 2015 bis 2019 nur bis zu 33.000 Teilnehmerinnen und Teilnehmer gefördert werden können."
(Hohmeyer et al. 2015, S. 24–25)

Bundesprogramm Soziale Teilhabe am Arbeitsmarkt

Mit dem Bundesprogramm Soziale Teilhabe am Arbeitsmarkt legt das BMAS ein Programm zur öffentlich geförderten Beschäftigung für besonders arbeitsmarktferne Langzeitarbeitslose auf, die seit mindestens vier Jahren im SGB II-Leistungsbezug sind und währenddessen nicht oder nur kurze Zeit selbstständig oder abhängig beschäftigt waren. Das Programm fokussiert sich auf zwei Zielgruppen: Zum einen auf Leistungsberechtigte, die wegen gesundheitlicher Einschränkungen keine direkte Chance auf dem allgemeinen Arbeitsmarkt haben und besonderer Förderung bedürfen. Zum anderen auf Personen, die mit minderjährigen Kindern in einer Bedarfsgemeinschaft leben. Die Förderung soll hier nicht nur die Langzeitleistungsbezieher, sondern auch die im Haushalt lebenden Kinder erreichen. Ziel ist die Vermeidung von Sozialhilfekarrieren durch Vorleben von Struktur und Perspektive im Alltag.

Durch Zuschüsse an Arbeitgeber von bis zu 100 Prozent sollen rund 20.000 sozialversicherungspflichtige Arbeitsverhältnisse gefördert werden, die zusätzlich und wettbewerbsneutral sind und im öffentlichen Interesse liegen. Seit dem Programmstart 2015 nehmen 105 Jobcenter an der Umsetzung des Programms teil. Zum Jahreswechsel 2016/2017 wurde das Programm durch Hinzunahme weiterer 90 Jobcenter ausgeweitet.

Jobcenter und weitere Akteure (auch die Arbeitgeber) sollen die Beschäftigungsverhältnisse durch beschäftigungsvorbereitende oder -begleitende Maßnahmen flankieren. Dies können zum Beispiel Aktivitäten zur Entwicklung oder Wiedergewinnung einer Tagesstruktur oder Angebote zur Gesundheitsförderung sein. Auch die stufenweise Erhöhung der Arbeitszeit beim Eintritt in eine Beschäftigung soll möglich sein.

Das Programm hat eine Laufzeit von Mai 2015 bis Dezember 2018. Es hat einen modellhaften Charakter. Es sollen Erkenntnisse über eine zielführende Ausgestaltung von Ansätzen zur sozialen Teilhabe am Arbeitsmarkt gewonnen werden.[26]

---

26 Zur begleitenden Evaluation siehe Brussig et al. (2016).

IAB-Stellungnahme

"Bisherige Forschungsergebnisse am Beispiel des Beschäftigungszuschusses zeigen, dass öffentlich geförderte Beschäftigung das Teilhabeempfinden von Langzeiterwerbslosen verbessern kann. (...)

Besonders wichtig ist die strikte Ausrichtung auf Personen ohne reelle Chancen auf dem regulären Arbeitsmarkt. Um Lock-In-Effekte zu vermeiden, ist bei öffentlich geförderter Beschäftigung die Einhaltung der – eng zu definierenden – Zielgruppe von großer Bedeutung. (...)

Neben Leistungsberechtigten mit gesundheitlichen Einschränkungen werden vom BMAS als zweite Zielgruppe Menschen, die mit Kindern in einer Bedarfsgemeinschaft leben, genannt. Langzeiterwerbslose Eltern generell als besonders arbeitsmarktfern zu klassifizieren, ist jedoch problematisch. Sind geeignete Kinderbetreuungsmöglichkeiten vorhanden, können diese durchaus einer Erwerbstätigkeit nachgehen. Väter in Paarfamilien und alleinerziehende Mütter gehören aber auch zu den Gruppen, die häufig trotz Erwerbstätigkeit auf Leistungen der Grundsicherung angewiesen sind (...).

Unabhängig davon ist eine arbeitsmarktpolitische Förderung langzeiterwerbsloser Eltern dennoch von Bedeutung. Auf Grundlage der internationalen Literatur zur intergenerationalen Übertragbarkeit von Arbeitslosigkeitsrisiken ist tatsächlich zu vermuten, dass Kinder von der Arbeitsmarktintegration ihrer Eltern auch im Hinblick auf ihre eigenen späteren Arbeitsmarktchancen profitieren können. Als Alternative zur öffentlich geförderten Beschäftigung kommen hier aber auch Maßnahmen wie Eingliederungszuschüsse oder die Förderung der beruflichen Weiterbildung zur Eingliederung der Eltern in reguläre Beschäftigung in Betracht. Analysen des IAB haben beispielsweise gezeigt, dass Eintritte von alleinerziehenden Müttern sowie Müttern aus Paarfamilien in sozialversicherungspflichtige Beschäftigung durch Teilnahmen an der Förderung beruflicher Weiterbildung deutlich steigen. Dies gilt sowohl für Mütter mit jüngeren wie für Mütter mit älteren Kindern.

Eine Förderung der regulären Beschäftigung von Eltern durch Maßnahmen der aktiven Arbeitsmarktpolitik kann daher möglicherweise auch langfristige positive Effekte auf die Arbeitsmarktintegration der nächsten Generation hervorbringen. Die Förderung der Eltern muss also nicht unbedingt durch öffentlich geförderte Beschäftigung geschehen, denn fehlende Kinderbetreuung rechtfertigt an sich noch keine Aufnahme in den sozialen Arbeitsmarkt. Eine Förderung von Eltern durch

Maßnahmen, die der Intention eines sozialen Arbeitsmarktes entsprechen, kann vor dem Hintergrund der intergenerationalen Wirkungen jedoch dennoch sinnvoll sein. Dies gilt aber nur dann, wenn weitere Vermittlungseinschränkungen vorliegen wie eine sehr lange Nicht-Erwerbstätigkeit und gesundheitliche Einschränkungen, die einer Integration in den allgemeinen Arbeitsmarkt entgegenstehen. (...)

Wichtig ist zudem die Ausgestaltung des sozialen Arbeitsmarktes. Ein wesentlicher Aspekt ist die Dauer der Förderung. (...) Bisherige Studien zur öffentlich geförderten Beschäftigung weisen darauf hin, dass die angestrebte Teilhabeverbesserung erst bei einer längerfristigen Förderung erreicht werden kann (...) Bedenkt man zudem, dass eine dauerhafte Stigmatisierung, im Sinne einer Nicht-Beschäftigungsfähigkeit, nicht erwünscht sein kann, dann erscheint zwar eine längerfristige Förderung als sinnvoll, nicht aber die von der Fraktion Die Linke angeregte unbefristete Förderung von Leistungsbeziehern. Vielmehr sollte die Integration in den Arbeitsmarkt mittelfristig nicht aus den Augen verloren werden."

(Hohmeyer et al. 2015, S. 19–22)

Parlamentaria

Bundesministerium für Arbeit und Soziales (2014a): Chancen eröffnen – soziale Teilhabe sichern. Konzept zum Abbau der Langzeitarbeitslosigkeit. Berlin, 05.11.2014 (http://www.bmas.de/SharedDocs/Downloads/DE/PDF-Meldungen/konzeptpapier-chancen-oeffnen-teilhabe-sichern.pdf?__blob=publicationFile&v=2).

Bundesministerium für Arbeit und Soziales (2014b): Langzeitleistungsbeziehende im SGB II – Handlungsansätze zur Unterstützung und Förderung. Ausgewählte Beispiele zur Verringerung von Langzeitleistungsbezug. Bonn (http://www.bmas.de/SharedDocs/Downloads/DE/PDF-Publikationen/a866-langzeitleistungsbezug.pdf?__blob=publicationFile).

Zusammenstellung der schriftlichen Stellungnahmen zur öffentlichen Anhörung von Sachverständigen am 18. Mai 2015. Ausschussdrucksache 18(11)369neu vom 12.05.2015 (http://doku.iab.de/externe/2015/k150520r03.pdf).

IAB-Literatur

Hohmeyer, Katrin; Kupka, Peter; Lietzmann, Torsten; Osiander, Christopher; Wolff, Joachim; Zabel, Cordula (2015): Verringerung von Langzeitarbeitslosigkeit. Öffentliche Anhörung von Sachverständigen vor dem Ausschuss für Arbeit und Soziales des Deutschen Bundestags am 18. Mai 2015. IAB-Stellungnahme, 01/2015 (http://doku.iab.de/stellungnahme/2015/SN0115.pdf).

Anhang A: Zentrale Gesetzesänderungen der Grundsicherung

Externe Literatur

Netzwerke für Aktivierung, Beratung und Chancen

Bundesministerium für Arbeit und Soziales (2015): Leitbild für einen optimierten Betreuungs- und Aktivierungsansatz im Rahmen der „Netzwerke für Aktivierung, Beratung und Chancen" zur Umsetzung des Ziels des Abbaus der Langzeitarbeitslosigkeit, 12.06.2015 (http://www.sgb2.info/SharedDocs/Downloads/DE/Themen/abc-leitbild.pdf?__blob=publicationFile&tv=1).

Deutscher Bundestag (2015): Bessere Betreuung im Aktivierungszentrum – Antwort der Bundesregierung auf die Kleine Anfrage der Fraktion Bündnis 90/Die Grünen, Bundestagsdrucksache 18/7031 vom 15.12.2015

ESF-Programm zur Eingliederung langzeitarbeitsloser Leistungsberechtigter

Bundesministerium für Arbeit und Soziales (2017): Evaluation des ESF-Bundesprogramms zur Eingliederung langzeitarbeitsloser Leistungsberechtigter nach dem SGB II auf dem allgemeinen Arbeitsmarkt – Zwischenbericht 2017. BMAS-Forschungsbericht 485 (http://www.bmas.de/SharedDocs/Downloads/DE/PDF-Publikationen/Forschungsberichte/fb485-evaluation-esf-bundesprogramm.pdf;jsessionid=A5699AF42A2C01106C67B15F33401763?__blob=publicationFile&tv=1).

Bundesministerium für Arbeit und Soziales (2017): Förderrichtlinie zum ESF-Bundesprogramm zur Eingliederung langzeitarbeitsloser Leistungsberechtigter nach dem Zweiten Buch Sozialgesetzbuch (SGB II) auf dem allgemeinen Arbeitsmarkt vom 25. Januar 2017, in: BAnz AT 31.01.2017 B1 (http://www.bmas.de/SharedDocs/Downloads/DE/Thema-Arbeitsmarkt/esf-programm-abbau-langzeitarbeitslosigkeit-foerderrichtlinie.pdf?__blob=publicationFile).

Bundesministerium für Arbeit und Soziales (2016): Förderrichtlinie zum ESF-Bundesprogramm zur Eingliederung langzeitarbeitsloser Leistungsberechtigter nach dem Zweiten Buch Sozialgesetzbuch (SGB II) auf dem allgemeinen Arbeitsmarkt vom 23. Februar 2016, in: BAnz AT 29.02.2016 B3 (http://www.bmas.de/SharedDocs/Downloads/DE/Thema-Arbeitsmarkt/esf-programm-abbau-langzeitarbeitslosigkeit-foerderrichtlinie.pdf?__blob=publicationFile).

Bundesministerium für Arbeit und Soziales: Faktenpapier zu der Förderrichtlinie des ESF-Bundesprogramms zur Eingliederung langzeitarbeitsloser Leistungsberechtigter nach dem SGB II auf dem allgemeinen Arbeitsmarkt. Stand 12.10.2016 (http://www.bmas.de/SharedDocs/Downloads/DE/Thema-Arbeitsmarkt/esf-programm-abbau-langzeitarbeitslosigkeit-faq.pdf?__blob=publicationFile&tv=4).

Bundesministerium für Arbeit und Soziales (2014): Förderrichtlinie zum ESF-Bundesprogramm zur Eingliederung langzeitarbeitsloser Leistungsberechtigter nach dem Zweiten Buch Sozialgesetzbuch (SGB II) auf dem allgemeinen Arbeitsmarkt vom 19. November 2014. In: BAnz AT 01.12.2014 B1 (http://www.esf.de/portal/SharedDocs/PDFs/DE/Richtlinien/fr-lza.pdf?__blob=publicationFile).

ESF-Bundesprogramm zur Eingliederung langzeitarbeitsloser Leistungsberechtigter – Antwort der Bundesregierung auf die Kleine Anfrage der Fraktion Bündnis 90/Die Grünen, Bundestagsdrucksache 18/8844 vom 21.06.2016 (http://dipbt.bundestag.de/dip21/btd/18/088/1808844.pdf).

Moertel, Julia; Rebien, Martina (2013): Personalauswahl: Wie Langzeitarbeitslose bei den Betrieben ankommen. IAB-Kurzbericht, 09/2013. Nürnberg (http://doku.iab.de/kurzber/2013/kb0913.pdf).

Bundesprogramm Soziale Teilhabe am Arbeitsmarkt

Brussig, Martin et al. (2016): Evaluation des Bundesprogramms „Soziale Teilhabe am Arbeitsmarkt" – Erster Zwischenbericht. BMAS Forschungsbericht 479, 113 S. (http://www.bmas.de/SharedDocs/Downloads/DE/PDF-Publikationen/Forschungsberichte/fb-479-soziale-teilhabe-arbeitsmarkt.pdf?__blob=publicationFile&v=3).

Bundesministerium für Arbeit und Soziales (2015): Förderrichtlinie für das Bundesprogramm „Soziale Teilhabe am Arbeitsmarkt" in: BAnz AT 07.05.2015 B2.

Anhang A: Zentrale Gesetzesänderungen der Grundsicherung

Achtes Gesetz zur Änderung des Zweiten Buches Sozialgesetzbuch – Ergänzung personalrechtlicher Bestimmungen

Inkrafttreten: 01.01.2015

> Ausgewählte Inhalte des Gesetzes:
> - Verstetigung des Personaleinsatzes in den sogenannten Gemeinsamen Einrichtungen
> - Neufassung der Erstattungsregeln bei doppelt geleisteten Zahlungen

Mit dem „Gesetz zur Weiterentwicklung der Organisation der Grundsicherung für Arbeitsuchende" wurde 2010 die Weiterführung der gemeinsamen Aufgabenwahrnehmung durch Kommunen und Bundesagentur für Arbeit im Bereich der Grundsicherung für Arbeit in sogenannten Gemeinsamen Einrichtungen als Nachfolger der Arbeitsgemeinschaften (ARGEn) festgeschrieben. Um zu gewährleisten, dass den Gemeinsamen Einrichtungen das Fachpersonal zur Verfügung steht, das auch zuvor die Aufgaben nach dem SGB II ausgeführt hat, wurden dem Personal der ARGEn mit Wirkung zum 01.01.2011 Tätigkeiten in den Gemeinsamen Einrichtungen zugewiesen. Diese Regelung war befristet für fünf Jahre. Um die Funktionsfähigkeit der Gemeinsamen Einrichtungen nachhaltig abzusichern und den Personaleinsatz über diesen Zeitraum hinaus zu verstetigen, kann mit dem Achten Gesetz zur Änderung des SGB II die Zuweisung von Tätigkeiten auch auf unbestimmte Dauer erfolgen.

Außerdem wird mit dem Gesetz ein 2014 zwischen Bund und Ländern konsentierter Vorschlag aus der von der Arbeits- und Sozialministerkonferenz eingerichteten Arbeitsgruppe Rechtsvereinfachung[27] umgesetzt. Es wird ein Erstattungsanspruch zugunsten der Träger der Grundsicherung für Arbeitsuchende für die Fälle eingeführt, in denen SGB-II-Leistungsempfängerinnen und -empfänger für den gleichen Zeitraum eine andere Sozialleistung zuerkannt wird.

---

27 Zur Arbeit der AG Rechtsvereinfachung vgl. Abschnitt „Neuntes Gesetz zur Änderung des Zweiten Buches Sozialgesetzbuch – Rechtsvereinfachung".

Parlamentaria

Achtes Gesetz zur Änderung des Zweiten Buches Sozialgesetzbuch – Ergänzung personalrechtlicher Bestimmungen (8. SGB-IIÄndG) vom 28.07.2014. Bundesgesetzblatt Teil I, Nr. 37, S. 1306.

Beschlussempfehlung und Bericht des Ausschusses für Arbeit und Soziales (11. Ausschuss) zum Gesetzentwurf der Bundesregierung. Bundestagsdrucksache 18/1651 vom 04.06.2014 (http://dipbt.bundestag.de/dip21/btd/18/016/1801651.pdf).

Entwurf eines Achten Gesetzes zur Änderung des Zweiten Buches Sozialgesetzbuch. Bundestagsdrucksache 18/1311 vom 05.05.2014 (http://dipbt.bundestag.de/dip21/btd/18/013/1801311.pdf).

Mindestlohngesetz – Ausnahmen für Langzeitarbeitslose

Inkrafttreten: 01.01.2015

> Ausgewählte Inhalte des Gesetzes:
> - Bundesweiter gesetzlicher Mindestlohn
> - Ausnahme vom gesetzlichen Mindestlohn für Langzeitarbeitslose in den ersten sechs Monaten nach Aufnahme einer Beschäftigung

Seit Januar 2015 gilt ein bundesweiter gesetzlicher Mindestlohn von 8,50 Euro je Zeitstunde[28] grundsätzlich für alle Branchen und Regionen. Dies ist festgelegt im Mindestlohngesetz, das als Artikel 1 im Gesetz zur Stärkung der Tarifautonomie geregelt ist. Es sieht außerdem vor, dass für Arbeitsverhältnisse von Arbeitnehmerinnen und Arbeitnehmern, die unmittelbar vor Beginn der Beschäftigung langzeitarbeitslos waren, der Mindestlohn in den ersten sechs Monaten der Beschäftigung nicht gilt. Auch für Auszubildende, Jugendliche unter 18 Jahren ohne abgeschlossene Berufsausbildung und ehrenamtlich Tätige gelten Ausnahmen.

Am 30.06.2014 fand eine öffentliche Anhörung im Ausschuss für Arbeit und Soziales im Deutschen Bundestag statt, bei der das IAB eine Stellungnahme zur Ausgestaltung des Mindestlohngesetzes abgegeben hat:

IAB-Stellungnahme

„Ein Mindestlohn in Höhe von 8,50 Euro pro Stunde könnte den Abgang von Langzeitarbeitslosen in eine nicht-geförderte Beschäftigung erschweren. Die geplante Ausnahmeregelung erkennt an, dass das Leistungspotential bestimmter Langzeitarbeitsloser so niedrig sein kann, dass sich eine Einstellung zum Mindestlohn für die Arbeitgeber nicht rechnet. Allerdings werden von dieser Problematik auch Arbeitslose betroffen sein, die noch nicht langzeitarbeitslos sind, insbesondere gering qualifizierte Arbeitslose.

Auswertungen einer Haushaltsbefragung zeigen, dass der Einstiegslohn in rund der Hälfte der Arbeitsaufnahmen aus Langzeitarbeitslosigkeit die Höhe des geplanten gesetzlichen Mindestlohns unterschritt. Der durchschnittliche Bruttolohn lag in diesem Segment bei gut 5,90 Euro (Angaben für 2011 und 2012). Niedrige Einstiegs-

---

28 Angehoben auf 8,84 € ab 01.01.2017 durch die Verordnung zur Anpassung der Höhe des Mindestlohns (Mindestlohnanpassungsverordnung) vom 15.11.2016 BGBl. I S. 2530 (Nr. 54).

löhne von Langzeitarbeitslosen fanden sich vor allem in den neuen Bundesländern und bei der Aufnahme von geringfügiger Beschäftigung. Hier hätte also ein Risiko bestanden, dass durch die Einführung eines gesetzlichen Mindestlohns von 8,50 Euro die Hürden für den Einstieg in den Arbeitsmarkt besonders erhöht worden wären. Auch Langzeitarbeitslose, die keinen Berufsabschluss haben, jünger als 40 Jahre alt oder seit mehr als drei Jahren arbeitslos sind, erzielen bisher eher geringere Einstiegslöhne. Die geplante Regelung nach § 22 Absatz 4 MiLoG wirkt diesem Risiko tendenziell entgegen.

Durch § 22 (4) MiLoG erhalten Arbeitgeber einen Anreiz, im Niedriglohnbereich langzeitarbeitslose Bewerber bevorzugt einzustellen. Dadurch könnten sie die Möglichkeit nutzen, unterhalb des Mindestlohns zu entlohnen. Wenn Betriebe eine längere Beschäftigungsdauer anstreben und gleichzeitig antizipieren, dass sie eine Förderung mit Eingliederungszuschüssen nur vor Beschäftigungsbeginn beantragen können, dürfte die Nachfrage nach Eingliederungszuschüssen bereits bei der Einstellung Langzeitarbeitsloser steigen. Betriebe könnten aber auch einen Anreiz haben, diese Personen nach Ablauf von sechs Monaten wieder zu entlassen und durch andere bisher Langzeitarbeitslose zu ersetzen."
(Bruckmeier et al. 2014, S. 22)

Im Vorfeld war kontrovers diskutiert worden, ob durch die Einführung eines Mindestlohns ein weiteres Integrationshemmnis für Langzeitarbeitslose entsteht, deren Einstiegslöhne häufig relativ niedrig sind. Der Gesetzgeber hat daher geregelt, dass die Bundesregierung zum Juni 2016 darüber zu berichten hat, inwieweit die Regelung die Wiedereingliederung von Langzeitarbeitslosen in den Arbeitsmarkt gefördert hat, und eine Einschätzung darüber abzugeben hat, ob die Regelung fortbestehen soll.

Die Ausnahmeregelung wurde daher mit einem Evaluationsauftrag versehen, dessen Ergebnisse 2016 vorlagen:

Auszug aus dem IAB-Kurzbericht 23/2016

„Diese Ausnahmeregelung findet bisher jedoch wenig Anwendung. Viele Langzeitarbeitslose kennen die Regelung nicht und nur ein sehr geringer Teil der Langzeitarbeitslosen fragt bei den Jobcentern eine Bescheinigung ihrer Arbeitslosigkeitsdauer nach. Die Ausnahmeregelung spielt im Vermittlungsalltag der befragten Jobcenter kaum eine Rolle. Statistische Analysen zeigen, dass bislang keine messbaren Lohn- und Beschäftigungseffekte der Ausnahmeregelung nachweisbar sind.

Die Gründe für die geringe Nutzung der Ausnahmeregelung sind vielfältig: Die Ausnahme ist z. B. nicht auf alle Arbeitsverhältnisse anwendbar. Nach Einschätzung der befragten Jobcenter-Mitarbeiter sei außerdem die Attraktivität der Nutzung für alle beteiligten Akteure gering und bereits vorhandene Förderinstrumente wären besser geeignet. Vor diesem Hintergrund ist derzeit nicht zu erwarten, dass die Ausnahmeregelung wesentlich an Bedeutung gewinnt."
(vom Berge et al. 2016b, S. 8)

Die Bundesregierung hat Anfang Februar 2017 auf der Grundlage der Evaluation durch das IAB einen Bericht zur Mindestlohn-Regelung für Langzeitarbeitslose beschlossen (vgl. Bundesregierung 2017). Die Evaluation zeige, dass die Sonderregelung nur in wenigen Fällen genutzt wurde und keine nachweisbare Wirkung entfalte. Daher gebe es weder zwingende Gründe für eine Beibehaltung noch für eine Abschaffung der Regelung. Angesichts der Unsicherheiten der weiteren Entwicklung der Wirtschaft und des Arbeitsmarkts in den kommenden Jahren empfiehlt die Bundesregierung dem Deutschen Bundestag, die Regelung zum jetzigen Zeitpunkt beizubehalten.

Parlamentaria

Beschlussempfehlung und Bericht des Ausschusses für Arbeit und Soziales (11. Ausschuss) zum Entwurf eines Gesetzes zur Stärkung der Tarifautonomie (Tarifautonomiestärkungsgesetz). Bundestagsdrucksache 18/2010 (neu) vom 02.07.2014 (http://doku.iab.de/externe/2014/k141022r02.pdf).

Bundesregierung (2017): Unterrichtung durch die Bundesregierung – Bericht und Einschätzung der Bundesregierung zur Regelung für Langzeitarbeitslose nach § 22 Absatz 4 Satz 2 des Mindestlohngesetzes. Bundestagsdrucksache 18/11118 vom 09.02.2017 (http://dip21.bundestag.de/dip21/btd/18/111/1811118.pdf).

Entwurf eines Gesetzes zur Stärkung der Tarifautonomie (Tarifautonomiestärkungsgesetz). Bundestagsdrucksache 18/1558 vom 28.05.2014 (http://dip21.bundestag.de/dip21/btd/18/015/1801558.pdf).

Gesetz zur Regelung eines allgemeinen Mindestlohns (Mindestlohngesetz – MiLoG) vom 11.08.2014 BGBl. I Nr. 39, S. 1348.

Mindestlohn für die Beschäftigung von Langzeiterwerbslosen. Antrag der Fraktion DIE LINKE. Bundestagsdrucksache 18/8864 vom 21.06.2016 (http://dipbt.bundestag.de/dip21/btd/18/088/1808864.pdf).

IAB-Literatur

Bruckmeier, Kerstin; Dietrich, Hans; Kruppe, Thomas; Möller, Joachim; Stephan, Gesine; Stops, Michael; Weber, Enzo; Wiemers, Jürgen; Wolff, Joachim; Zapf, Ines (2014): Zur Stärkung der Tarifautonomie und Einführung eines allgemeinen gesetzlichen Mindestlohnes. Öffentliche Anhörung von Sachverständigen vor dem Ausschuss für Arbeit und Soziales des Deutschen Bundestags am 30. Juni 2014. IAB-Stellungnahme, 03/2014, Nürnberg, 28 S. (http://doku.iab.de/stellungnahme/2014/SN0314.pdf).

vom Berge, Philipp; Klingert, Isabell; Becker, Sebastian; Lenhart, Julia; Trenkle, Simon; Umkehrer, Matthias (2016a): Mindestlohnbegleitforschung – Überprüfung der Ausnahmeregelung für Langzeitarbeitslose. IAB-Forschungsbericht Nr. 8, Nürnberg (http://doku.iab.de/forschungsbericht/2016/fb0816.pdf).

vom Berge, Philipp; Klingert, Isabell; Becker, Sebastian; Lenhart, Julia; Trenkle, Simon; Umkehrer, Matthias (2016b): Mindestlohnausnahme für Langzeitarbeitslose: Wenig wirksam und kaum genutzt. IAB-Kurzbericht, 23/2016, Nürnberg, 8 S. (http://doku.iab.de/kurzber/2016/kb2316.pdf).

vom Berge, Philipp; Bossler, Mario; Möller, Joachim; (2016c): Erkenntnisse aus der Mindestlohnforschung des IAB. IAB-Stellungnahme, 03/2016, Nürnberg, 11 S. (http://doku.iab.de/stellungnahme/2016/sn0316.pdf).

Externe Literatur

Fischer-Lescano, Andreas (2014): Verfassungs-, völker- und europarechtlicher Rahmen für die Gestaltung von Mindestlohnausnahmen. Rechtsgutachten im Auftrag des Wirtschafts- und Sozialwissenschaftlichen Instituts in der Hans-Böckler-Stiftung (WSI) und des Deutschen Gewerkschaftsbundes (DGB), Bremen, 40 S. (http://www.dgb.de/presse/++co++17a16d34-ae94-11e3-bfc1-52540023ef1a).

Mindestlohnkommission (2016): Erster Bericht zu den Auswirkungen gesetzlichen Mindestlohns. Bericht der Mindestlohnkommission an die Bundesregierung nach § 9 Abs. 4 Mindestlohngesetz. Berlin, 161 S. (http://www.mindestlohn-kommission.de/DE/Bericht/pdf/Bericht2016.pdf?__blob=publicationFile&v=4).

Anhang A: Zentrale Gesetzesänderungen der Grundsicherung

Fünftes Gesetz zur Änderung des Vierten Buches Sozialgesetzbuch und anderer Gesetze – Assistierte Ausbildung

Inkrafttreten: 01.01.2016, „Assistierte Ausbildung" 01.05.2015

> Ausgewählter Inhalt des Gesetzes:
> - bis Ende 2018 befristete Einführung der Förderleistung „Assistierte Ausbildung"

Das Fünfte Gesetz zur Änderung des Vierten Buches Sozialgesetzbuch und anderer Gesetze enthält als sogenanntes Omnibus-Gesetz unter anderem eine Vielzahl von Regelungen zur Verbesserung der technischen und organisatorischen Abläufe in den Meldeverfahren der sozialen Sicherung, Änderungen im Waisenrentenrecht und die Schaffung einer Rechtsgrundlage zum Betrieb einer Stellenbörse für versicherungspflichtige Beschäftigungsverhältnisse in Privathaushalten durch die Deutsche Rentenversicherung Knappschaft-Bahn-See.

Im Gesetzentwurf war die Einführung der Förderleistung „Assistierte Ausbildung" noch nicht enthalten. Nach einer Beschlussempfehlung des Ausschusses für Arbeit und Soziales wurde sie jedoch in den Leistungskatalog des SGB III aufgenommen und gilt durch zeitgleiche Änderung des § 16 SGB II gleichermaßen für junge Menschen aus dem Bereich der Grundsicherung für Arbeitsuchende.

Die „Allianz für Aus- und Weiterbildung", der im Dezember 2014 um den Deutschen Gewerkschaftsbund erweiterte Partnerkreis des bisherigen Nationalen Paktes für Ausbildung und Fachkräftenachwuchs („Ausbildungspakt"), und die Initiative „Betriebliche Ausbildung hat Vorfahrt" des Verwaltungsrats der Bundesagentur für Arbeit beförderten die Gesetzesinitiative.

Mit dem im Gesetz verankerten Instrument sollen benachteiligten jungen Menschen verbesserte Chancen auf eine betriebliche Berufsausbildung eröffnet werden. Das unter anderem in Baden-Württemberg langjährig erprobte und bewährte Konzept[29] flankiert eine reguläre betriebliche Berufsausbildung auf dem allgemeinen Ausbildungsmarkt mit umfassenden Vorbereitungs- und Unterstützungsangeboten.

Auszubildende und Betriebe sollen individuell und kontinuierlich während einer betrieblichen Berufsausbildung begleitet werden, schwierige Ausbildungsver-

---

29 Vgl. Projekt „carpo – wir machen Ausbildung möglich" (http://www.carpo-esf.de/).

hältnisse stabilisiert und neue Betriebe für die Ausbildung benachteiligter junger Menschen gewonnen werden. Durch die gezielte Einbeziehung der Betriebe sollen Ausbildungsmöglichkeiten für die Jugendlichen erschlossen werden, für die eine Förderung mit ausbildungsbegleitenden Hilfen nicht ausreichend ist und die bislang nur in außerbetrieblichen Einrichtungen Chancen auf Ausbildung hatten. Die Förderung richtet sich an junge Menschen, die lernbeeinträchtigt oder sozial benachteiligt, ohne berufliche Erstausbildung und unter 25 Jahre alt sind.

Das Instrument gliedert sich in zwei Phasen: In der ersten (fakultativen) Phase der Ausbildungsvorbereitung werden schwerpunktmäßig vermittlungsunterstützende Maßnahmen, wie Berufsorientierung, Bewerbungstrainings, Maßnahmen zur Stärkung von sozialer Interaktion und auf die Belange der/des Teilnehmenden zugeschnittene Ausbildungsstellenakquise durchgeführt. Die Förderung darf bis zu sechs Monate umfassen (Verlängerung um zwei Monate ist möglich) und es muss sich die zweite Phase der Ausbildungsbegleitung anschließen. Die Förderung der Ausbildungsbegleitung ist über den gesamten Zeitraum möglich und endet spätestens mit dem erfolgreichen Abschluss der Ausbildungsmaßnahme. In dieser Phase können Maßnahmen gefördert werden, die aufseiten des Auszubildenden zum Abbau von Sprach- und Bildungsdefiziten, zur Förderung fachtheoretischer Fähigkeiten und allgemein zur Stabilisierung des Berufsausbildungsverhältnisses beitragen. Betriebe können administrativ und organisatorisch unterstützt werden.

Das Instrument ist insgesamt flexibel ausgestaltet. Es erlaubt unter bestimmten Voraussetzungen die Ausweitung der Zielgruppe über lernbeeinträchtigte und sozial benachteiligte junge Menschen hinaus. Einbezogen werden können junge Menschen, bei denen besondere Lebensumstände dazu geführt haben, dass Beginn, Fortsetzung oder erfolgreiche Beendigung einer Berufsausbildung erschwert ist. Bei diesem Personenkreis muss die Förderung jedoch von einem Dritten (z. B. Land oder Kommunen) zu 50 Prozent kofinanziert werden.

Die Vereinbarung der Allianz für Aus- und Weiterbildung[30] strebte für das Ausbildungsjahr 2015/2016 bis zu 10.000 Plätze für eine Assistierte Ausbildung an[31]. Die Maßnahme soll in vier Jahrgangskohorten von 2015 bis 2018 erprobt werden. Die Laufzeit der Assistierten Ausbildung ist an die Laufzeit der Allianz für Aus-

---

30 Siehe Allianz für Aus- und Weiterbildung 2015–2018, Vereinbarung S. 5.
31 Laut gemeinsamer Pressemitteilung der Allianz für Aus- und Weiterbildung vom 23.03.2017 haben 2016 rund 11.600 junge Menschen und deren Ausbildungsbetriebe die Assistierte Ausbildung in Anspruch genommen (http://www.bmwi.de/Redaktion/DE/Pressemitteilungen/2017/20170323-allianz-fuer-aus-und-weiterbildung-duale-ausbildung.html).

und Weiterbildung bis Ende 2018 gekoppelt. Auf Basis von Evaluationsergebnissen durch die Allianz-Partner soll frühzeitig über die Fortführung entschieden werden.[32]

Parlamentaria

Beschlussempfehlung und Bericht des Ausschusses für Arbeit und Soziales (11. Ausschuss) zu dem Gesetzentwurf der Bundesregierung. Bundestagsdrucksache 18/4114 vom 25.02.2015 (http://dip21.bundestag.de/dip21/btd/18/041/1804114.pdf).

Fünftes Gesetz zur Änderung des Vierten Buches Sozialgesetzbuch und anderer Gesetze (5. SGB IV-ÄndG) vom 15.04.2015 BGBl. I S. 583, 1008 (Nr. 15).

Umsetzung der assistierten Ausbildung im Rahmen der Allianz für Aus- und Weiterbildung für die Jahre 2015 bis 2018 – Antwort der Bundesregierung auf die Kleine Anfrage der Fraktion DIE LINKE. Bundestagsdrucksache 18/5111 vom 10.06.2015.

Zusammenstellung der schriftlichen Stellungnahmen zur öffentlichen Anhörung von Sachverständigen am 2. Februar 2015 zum Gesetzentwurf der Bundesregierung. Ausschussdrucksache 18(11)298 vom 30. Januar 2015 (http://doku.iab.de/externe/2015/k150312r02.pdf).

Externe Literatur

Adamy, Wilhelm (2014): BA-Verwaltungsrat startet Initiative für benachteiligte Jugendliche, Neue Brücken für eine betriebliche und betriebsnahe Ausbildung. In: Soziale Sicherheit, Jg. 63, H. 8–9, S. 320–324.

Allianz für Aus- und Weiterbildung 2015–2018. Vereinbarung der Allianzpartner. Berlin, 8 S. (http://www.aus-und-weiterbildungsallianz.de/AAW/Redaktion/DE/Downloads/allianz-fuer-aus-und-weiterbildung.pdf?__blob=publicationFile&v=2).

Busemeyer, Marius R. (2015): Aufbruch oder Stillstand in der Berufsbildungspolitik? Die neue Allianz für Aus- und Weiterbildung, WISO direkt Juli 2015 (http://library.fes.de/pdf-files/wiso/11517.pdf).

Kooperationsverbund Jugendsozialarbeit (2017): Assistierte Ausbildung – ein neues Instrument auf dem Prüfstand. Einsichten aus der Praxis und Konsequenzen für die weitere Entwicklung. Berlin, 55 S. (http://www.jugendsozialarbeit.de/media/raw/KV_Reader_Assistierte_Ausbildung_BAG_KJS.pdf).

Korten, Berndt; Nuglisch, Ralf (2013): „Was soll aus mir werden?" Assistierte Ausbildung in Baden-Württemberg – Das Projekt carpo – Ideen, Erfahrungen, Chancen. In: bwp@ Spezial 6 – Hochschultage Berufliche Bildung 2013, Workshop 12, hrsg. v. Pingel, A.; Hestermann, U., 1–17 (Online: http://www.bwpat.de/ht2013/ws12/korten_nuglisch_ws12-ht2013.pdf).

---

32 Siehe hierzu Bundestagsdrucksache 18/5111, S. 13.

Nuglisch, Ralf (2015): Mehr Chancen auf Teilhabe – Assistierte Ausbildung als Instrument zur Förderung einer inklusiven Berufsbildung. In: Berufsbildung in Wissenschaft und Praxis, Jg. 44, H. 2, S. 24–25.

Schimank, Cindy (2016): Assistierte Ausbildung für junge Menschen mit Behinderung. Teil 1 – Ausgangspunkt und rechtliche Grundlagen. Beitrag D25-2016 unter www.reha-recht.de; 13.07.2016.

Schimank, Cindy (2016): Assistierte Ausbildung für junge Menschen mit Behinderung. Teil 2 – Aufbau und Ausgestaltung. Beitrag D26-2016 unter www.reha-recht.de; 15.07.2016.

Anhang A: Zentrale Gesetzesänderungen der Grundsicherung

Gesetz zur Stärkung der beruflichen Weiterbildung und des Versicherungsschutzes in der Arbeitslosenversicherung

Inkrafttreten: 01.08.2016

> Ausgewählte Inhalte des Gesetzes:
> - Einbeziehung von Grundkompetenzen in die Weiterbildungsförderung
> - Einführung einer Weiterbildungsprämie
> - Erweiterte Fördermöglichkeiten bei Maßnahmen zur Aktivierung und beruflichen Eingliederung von Langzeitarbeitslosen

Neben der Stärkung des Versicherungsschutzes bei Arbeitslosigkeit in Übergangsprozessen am Arbeitsmarkt ist es Ziel des Arbeitslosenversicherungsschutz- und Weiterbildungsstärkungsgesetzes, den Zugang zu beruflicher Weiterbildung insbesondere für gering qualifizierte beziehungsweise ältere Arbeitnehmerinnen und Arbeitnehmer sowie Langzeitarbeitslose zu verbessern. Die Anreize für eine erfolgreiche Nachqualifizierung sollen erhöht werden und auch Grundkompetenzen, wie Lesen und Schreiben, sollen gefördert werden können. Über den Verweis in § 16 SGB II können die Neuregelungen im SGB III auch in der Grundsicherung für Arbeitsuchende angewendet werden.

Nach den Ergebnisse der deutschen PIAAC-Studie[33] zur Untersuchung von Alltagsfertigkeiten Erwachsener erreichen in Deutschland vor allem Langzeitarbeitslose, Ältere und Geringqualifizierte nur unterdurchschnittliche Kompetenzwerte in den Grundkompetenzen, wie Lesen und Schreiben. Dies erschwert den Zugang zu beruflichen Weiterbildungsangeboten. Um diese Personengruppe besser auf eine abschlussbezogene berufliche Weiterbildung vorbereiten zu können, können nun auch Maßnahmen zum Erwerb dieser Grundkompetenzen in den Bereichen Lesen, Schreiben, Mathematik und Informations- und Kommunikationstechnologien gefördert werden.

Die Einführung einer Weiterbildungsprämie nach Bestehen der Zwischen- beziehungsweise Abschlussprüfung soll Lernbereitschaft und Durchhaltevermögen der Teilnehmenden stärken.[34] Arbeitslose mit schwerwiegenden Vermittlungshemmnissen können künftig bis zu zwölf Wochen (statt bisher sechs Wochen) gefördert werden, wenn sie an Maßnahmen oder Maßnahmeteilen zur Aktivierung und

---

33 Für einen Überblick zur PIAAC-Studie siehe http://www.gesis.org/piaac/piaac-home/.
34 Zu Weiterbildungshemmnissen bei Arbeitslosen und insbesondere zur Rolle finanzieller Einschränkungen siehe Dietz/Osiander (2014) sowie Osiander/Dietz (2016).

beruflichen Eingliederung bei einem Arbeitgeber teilnehmen. Hiermit wird dem Umstand Rechnung getragen, dass bei dieser Personengruppe häufig vorab Kenntnisse, Fertigkeiten und Fähigkeiten geklärt werden müssen, um das Bildungsziel zu bestimmen.

Mit der Änderung wird eine bereits im SGB II existierende Ausnahmeregelung für Langzeitarbeitslose und unter 25-Jährige mit schwerwiegenden Vermittlungshemmnissen ins Regelinstrumentarium des SGB III übernommen und auf über 25-Jährige erweitert.

IAB-Untersuchungen zur Wirkung beruflicher Weiterbildung auf Arbeitslosengeld-II-Empfängerinnen und -Empfänger in einer Langfrist-Perspektive haben gezeigt, dass sich die Beschäftigungs- und Verdienstchancen der Teilnehmenden nachhaltig und deutlich erhöhen (vgl. Bernhard 2016).

Das IAB hat sich am 18.05.2015 in einer öffentlichen Anhörung zum Thema Abbau der Langzeitarbeitslosigkeit zu den Wirkungen von Maßnahmen zur Förderung beruflicher Weiterbildung geäußert.

IAB-Stellungnahme

„Jüngere Befunde der Arbeitsmarktforschung zur Förderung beruflicher Weiterbildung (FbW) zeigen, dass Qualifizierungsmaßnahmen die Beschäftigungschancen mittel- und langfristig im Durchschnitt verbessern können und dazu beitragen, den Leistungsbezug zu verringern oder zu überwinden. (...)

Bei Weiterbildungsmaßnahmen sind – stärker als in anderen Bereichen der aktiven Arbeitsmarktpolitik – das Einverständnis und die Kooperation der potenziellen Geförderten zentrale Bedingungen, damit die Maßnahmen ihren Zweck erfüllen können. Der Eintritt, die Teilnahme und der erfolgreiche Abschluss hängen auch von der individuellen Weiterbildungsbereitschaft und möglichen Hindernissen ab. (...)

Finanzielle Anreize wie monatliche Zuzahlungen und erfolgsabhängige Prämien beeinflussen zudem die von den Befragten angegebene Wahrscheinlichkeit, an einer Maßnahme teilnehmen zu wollen.
(Hohmeyer et al. 2015, S. 16 ff.)

Parlamentaria

Beschlussempfehlung und Bericht des Ausschusses für Arbeit und Soziales zum Gesetzentwurf und weiteren Anträgen. Bundestagsdrucksache 18/8647 vom 01.06.2016 (http://dipbt.bundestag.de/dip21/btd/18/086/1808647.pdf).

Entwurf eines Gesetzes zur Stärkung der beruflichen Weiterbildung und des Versicherungsschutzes in der Arbeitslosenversicherung. Bundestagsdrucksache 18/8042 vom 06.04.2016 (http://dipbt.bundestag.de/dip21/btd/18/080/1808042.pdf).

Gesetz zur Stärkung der beruflichen Weiterbildung und des Versicherungsschutzes in der Arbeitslosenversicherung vom 18.07.2016 – BGBl Teil I 2016 Nr. 35 vom 22.07.2016 S. 1710.

Stellenwert der beruflichen Weiterbildung in der Arbeitsförderung. Antwort der Bundesregierung auf die Kleine Anfrage der Fraktion DIE LINKE. Bundestagsdrucksache 18/5537 vom 08.07.2015 (http://dip21.bundestag.de/dip21/btd/18/055/1805537.pdf).

Zusammenstellung der schriftlichen Stellungnahmen zur öffentlichen Anhörung von Sachverständigen am 09. Mai 2016 zum Entwurf eines Gesetzes zur Stärkung der beruflichen Weiterbildung und des Versicherungsschutzes in der Arbeitslosenversicherung (Arbeitslosenversicherungsschutz- und Weiterbildungsstärkungsgesetz – AWStG) Ausschussdrucksache 18(11)620 vom 04. Mai 2016 (http://doku.iab.de/externe/2016/k161027r20.pdf).

IAB-Literatur

Bernhard, Sarah (2016): Berufliche Weiterbildung von Arbeitslosengeld-II-Empfängern – Langfristige Wirkungsanalysen. In: Sozialer Fortschritt, Jg. 65, H. 7, S. 153–161. doi: 10.3790/sfo.65.7.153.

Dietz, Martin; Osiander, Christopher (2014): Weiterbildung bei Arbeitslosen: Finanzelle Aspekte sind nicht zu unterschätzen. IAB-Kurzbericht, 14/2014, Nürnberg, 8 S. (http://doku.iab.de/kurzber/2014/kb1414.pdf).

Hohmeyer, Katrin; Kupka, Peter; Lietzmann, Torsten; Osiander, Christopher; Wolff, Joachim; Zabel, Cordula (2015): Verringerung von Langzeitarbeitslosigkeit. Öffentliche Anhörung von Sachverständigen vor dem Ausschuss für Arbeit und Soziales des Deutschen Bundestags am 18. Mai 2015. IAB-Stellungnahme, 01/2015, Nürnberg, 33 S. (http://doku.iab.de/stellungnahme/2015/SN0115.pdf).

Osiander, Christopher; Dietz, Martin (2016): Determinanten der Weiterbildungsbereitschaft: Ergebnisse eines faktoriellen Surveys unter Arbeitslosen. In: Journal for Labour Market Research, Vol. 49, No. 1, S. 59–76.

Integrationsgesetz

Inkrafttreten: 06.08.2016

> Ausgewählte Inhalte des Gesetzes:
> - Vorübergehendes Aussetzen der Vorrangprüfung
> - „Ausbildungsduldung" für die Gesamtdauer einer Berufsausbildung
> - Förderung der Berufsausbildung
> - Förderprogramm Flüchtlingsintegrationsmaßnahmen (FIM) Laufzeit 08/2016–12/2020
> - Zugang zu Leistungen nach SGB II

Das im Juli 2016 verabschiedete Integrationsgesetz enthält Festlegungen in den Bereichen Integration, Arbeits- und Sozialrecht sowie im Aufenthalts- und Asylrecht.

Die sogenannte Vorrangprüfung durch die Bundesagentur für Arbeit, die erfolgen musste, wenn Asylsuchende oder Geduldete eine Arbeitserlaubnis beantragten, wird für drei Jahre in den meisten Arbeitsagenturbezirken – abhängig vom regionalen Arbeitsmarkt – ausgesetzt. Auch der Zugang zu Leiharbeit wird für diese Personengruppen geöffnet. Unabhängig vom Alter erhalten Auszubildende in einer qualifizierten Berufsausbildung künftig eine sogenannte Ausbildungsduldung für die Gesamtdauer der Ausbildung und eine Aufenthaltserlaubnis zur Berufsausübung, wenn sie nach erfolgreichem Ausbildungsabschluss in eine Stelle münden, die der erworbenen beruflichen Qualifikation entspricht. Durch Änderungen im SGB III kann Berufsausbildung durch Ausbildungsbegleitende Hilfen, Assistierte Ausbildung und berufsvorbereitende Bildungsmaßnahmen gefördert werden. Das Gesetz regelt außerdem den Zugang und die Verpflichtung zur Teilnahme an Integrationskursen und führt vorübergehend eine Wohnsitzzuweisung ein.

Eines der Ziele des Gesetzes ist es laut Gesetzesbegründung, Fluchtmigrantinnen und -migranten mit guter Bleibeperspektive, passende Maßnahmen und Leistungen anzubieten, um eine schnelle und nachhaltige Integration in den deutschen Arbeitsmarkt zu ermöglichen.

Daher sollen für Leistungsberechtigte nach dem Asylbewerberleistungsgesetz (AsylbLG) 100.000 zusätzliche Arbeitsgelegenheiten aus Bundesmitteln (sogenannte „Flüchtlingsintegrationsmaßnahmen") geschaffen werden.[35] Ziel ist eine niedrig-

---

35 Im April 2017 wurde die Richtlinie für das Arbeitsmarktprogramm „Flüchtlingsintegrationsmaßnahmen" geändert: Die Zielvorgabe von jährlich 100.000 Förderungen wurde gestrichen.

schwellige Heranführung an den deutschen Arbeitsmarkt und die Ermöglichung einer sinnvollen und gemeinnützigen Tätigkeit während des Asylverfahrens. Hierbei wird unterschieden in „interne" Arbeiten innerhalb von Aufnahmeeinrichtungen und Gemeinschaftsunterkünften und „externe" Arbeitsgelegenheiten bei staatlichen, kommunalen oder gemeinnützigen Trägern. Es handelt sich nicht um versicherungspflichtige Beschäftigung oder Arbeitsverhältnisse, sondern um Arbeitsgelegenheiten mit Mehraufwandsentschädigung („Ein-Euro-Jobs"). Die Teilnehmenden erhalten eine pauschalierte Mehraufwandsentschädigung von 80 Cent je Stunde. Weiterführende Integrationsmaßnahmen, wie die Teilnahme an einem Sprach- oder Integrationskurs, Maßnahmen der Arbeitsförderung oder Aufnahme einer sozialversicherungspflichtigen Beschäftigung, einer Ausbildung oder eines Studiums haben Vorrang vor einer Zuweisung in eine Flüchtlingsintegrationsmaßnahme. Durch Einführung einer Verpflichtung zur Wahrnehmung einer zugewiesenen Maßnahme im AsylbLG können bei Nichtantritt Leistungen eingeschränkt werden.

Das IAB hat sich bei einer öffentlichen Anhörung von Sachverständigen vor dem Ausschuss für Arbeit und Soziales des Deutschen Bundestags am 20.06.2016 zum Thema Integration von Flüchtlingen geäußert:

IAB-Stellungnahme

„Die 100.000 zusätzlichen Arbeitsgelegenheiten für arbeitsfähige, nicht erwerbstätige Leistungsberechtigte nach dem Asylbewerberleistungsgesetz richten sich an Personen in einer grundsätzlich anderen Problemlage, als die durch AGH [Arbeitsgelegenheiten, Anm. d. Red.] nach § 16d SGB II Geförderten. Es geht nicht um Personen, denen eine Integration in den deutschen Arbeitsmarkt durch eigene Arbeitsuche und Unterstützung durch ihr Jobcenter oder ihre Arbeitsagentur nicht gelungen ist, sondern es geht im Regelfall um Personen, die erstmals in Deutschland eine Arbeit aufnehmen müssen. Ebenso geht es vermutlich weit häufiger um Personen, die hochmotiviert nach Arbeit suchen und nicht durch eine lange erfolglose Arbeitsuche demotiviert sind.

Das spricht dafür, dass die Arbeitsgelegenheiten grundsätzlich inhaltlich anders ausgestaltet sein sollten als die bisherigen Arbeitsgelegenheiten im SGB II. Sie sollten so ausgestaltet sein, dass die Teilnehmenden ihre Kompetenzen erweitern können, damit die Aufnahme einer regulären Erwerbstätigkeit erleichtert wird. Daher sollten in den meisten Fällen beispielsweise Sprachkenntnisse vermittelt/ verbessert werden, die im beruflichen Alltag Verwendung finden. Es sollte aber auch viel weniger als bei AGH nach dem SGB II um die Ausübung zusätzlicher und/oder rein gemeinnütziger Tätigkeiten gehen, als um eine Arbeitsumgebung, in der Berufserfahrung erworben werden kann, die die Chancen einer Aufnahme einer regulären Tätigkeit erhöhen. Daher sollte bei der Auswahl der Träger darauf geachtet werden, dass sie Arbeitsgelegenheiten so gestalten, dass arbeitsfähige, nicht erwerbstätige Leistungsberechtigte nach dem Asylbewerberleistungsgesetz infolge der Teilnahme mit erhöhten Eingliederungschancen am allgemeinen Arbeitsmarkt rechnen können.

Zur Förderung der Erwerbsintegration ist sicherzustellen, dass die Arbeitsgelegenheiten so geregelt sind, dass die Teilnehmenden, falls sie eine Erwerbsarbeit gefunden haben, ihre Teilnahme ohne Verzögerung aufkündigen können, um die Arbeit anzutreten. Da es sich um Personen handelt, die nicht unbedingt arbeitsmarktfern sind, sollte alles dafür getan werden, dass sie nicht in Arbeitsgelegenheiten gebunden sind, sondern ihre Chancen am deutschen Arbeitsmarkt nutzen können. Deswegen sollte dafür Sorge getragen werden, dass sie auch während der Maßnahme weiter nach Arbeit suchen beziehungsweise eine Unterstützung bei ihrer Arbeitsuche durch Agenturen für Arbeit erhalten, um eine möglichst zügige Integration in den Arbeitsmarkt zu gewährleisten. Der Umfang der Wochenarbeitszeit in Arbeitsgelegenheiten sollte daher so gestaltet sein, dass eine weitere aktive Arbeitsuche möglich ist.

Die Verpflichtung zu Arbeitsgelegenheiten sollte, auch wegen der ambivalenten Wirkungen des Instruments, nur als Ultima Ratio eingesetzt werden.

Bei der Absenkung der Aufwandsentschädigung von 1,05 EURO auf 80 Cent je Stunde müsste unseres Erachtens unter Gleichbehandlungsgründen nachgewiesen werden, dass der Mehraufwand tatsächlich geringer ist. Nur weil ein Teil der Leistungen in Erstaufnahmeeinrichtungen oder Sammelunterkünften erbracht wird, ist dies noch nicht per se der Fall. Viele Flüchtlinge sind dezentral untergebracht, zudem entsteht auch in Sammelunterkünften ein Mehraufwand. Eine solche Prüfung würde aber einen unverhältnismäßigen bürokratischen Aufwand erfordern. Das gilt auch für die vom Gesetzentwurf vorgesehene Prüfung des Mehraufwands im Einzelfall. Der Gesetzgeber hat sich deshalb aus guten Gründen im Falle anderer Arbeitsgelegenheiten für einen Pauschalbetrag entschieden. Diesen jetzt für eine bestimmte Gruppe abzusenken, ist fragwürdig. Aus verhaltensökonomischer Perspektive spielt bei den Anreizwirkungen von Entlohnungssystemen Fairness eine große Rolle. Wenn die Absenkung auf 80 Cent als Diskriminierung einer Gruppe empfunden wird, dürfte dies die Integrationsanreize senken."

(Brücker et al. 2016, S. 16–17)

Mit dem Gesetz wird außerdem klargestellt, dass unter anderem Zeiten der Teilnahme an einem Integrationskurs, einer berufsbezogenen Deutschsprachförderung oder einer Maßnahme, die für die Feststellung der Gleichwertigkeit der im Ausland erworbenen Berufsqualifikation mit einer inländischen Berufsqualifikation, für die Erteilung der Befugnis zur Berufsausübung oder für die Erteilung der Erlaubnis zum Führen der Berufsbezeichnung erforderlich ist, wie Zeiten einer Maßnahme der aktiven Arbeitsförderung nach dem SGB III oder zur Eingliederung in Arbeit nach dem SGB II als unschädliche Unterbrechungen der Arbeitslosigkeit gelten. Durch diese Änderung wird den Teilnehmenden an den genannten Maßnahmen der Zugang zu Leistungen der aktiven Arbeitsförderung nach dem SGB III oder zur Eingliederung in Arbeit nach dem SGB II, die Langzeitarbeitslosigkeit voraussetzen, erleichtert. Hierzu zählen unter anderem die Förderung von Arbeitsverhältnissen oder Leistungen der Freien Förderung.

IAB-Stellungnahme

„Der Entwurf des Integrationsgesetzes erweitert den Zugang von Geflüchteten zu Leistungen für Langzeitarbeitslose, indem es die Zeiten der Teilnahme an Integrationskursen, berufsbezogener Deutschsprachförderung oder Maßnahmen zur Feststellung der Gleichwertigkeit der im Ausland erworbenen Berufsqualifikation, für die eine Erteilung der Befugnis zur Berufsausübung oder die Erteilung der Erlaubnis zum Führen der Berufsbezeichnung erforderlich ist, analog zu Maßnahmen nach dem SGB III und SGB II als unschädliche Unterbrechungen der Arbeitslosigkeit behandelt.

Diese Erweiterung trägt den besonderen Lebensbedingungen der Geflüchteten Rechnung und ist integrationspolitisch zu begrüßen."

(Brücker et al. 2016, S. 17–18)

Parlamentaria

Beschlussempfehlung und Bericht des Ausschusses für Arbeit und Soziales zum Gesetzentwurf und weiteren Anträgen. Bundestagsdrucksache 18/9090 vom 06.07.2016 (http://dipbt.bundestag.de/dip21/btd/18/090/1809090.pdf).

Bundesministerium für Arbeit und Soziales: Richtlinie für das Arbeitsmarktprogramm „Flüchtlingsintegrationsmaßnahmen" vom 20.07.2016. In: Bundesanzeiger AT 27.07.2016 B2 (http://www.bmas.de/SharedDocs/Downloads/DE/Thema-Arbeitsmarkt/richtlinie-fluechtlingsintegrationsmassnahmen.pdf?__blob=publicationFile&v=2).

Entwurf eines Integrationsgesetzes – Gesetzentwurf der Bundesregierung. Bundestagsdrucksache 18/8829 vom 20.06.2016 (http://dipbt.bundestag.de/dip21/btd/18/088/1808829.pdf).

Erfahrungen beim Arbeitsmarktzugang und der Arbeitsförderung von Asylsuchenden und Flüchtlingen – Arbeitsmarktzugang und rechtliche Rahmenbedingungen. Antwort der Bundesregierung auf die Kleine Anfrage der Fraktion DIE LINKE. Bundestagsdrucksache 18/6267 vom 07.10.2015 (http://dipbt.bundestag.de/dip21/btd/18/062/1806267.pdf).

Flüchtlingsintegrationsmaßnahmen – Aktueller Stand, Probleme, Perspektiven – Antwort der Antwort der Bundesregierung auf die Anfrage der Fraktion Bündnis 90/Die Grünen. Bundestagsdrucksache 18/11039 vom 30.01.2017 (http://dipbt.bundestag.de/dip21/btd/18/110/1811039.pdf).

Integrationsgesetz vom 31.07.2016. In: BGBl Teil I Nr. 39 vom 05.08.2016, S. 1939.

IAB-Literatur

Büschel, Ulrike; Daumann, Volker; Dietz, Martin; Dony, Elke; Knapp, Barbara; Strien, Karsten (2015): Abschlussbericht Modellprojekt Early Intervention – Frühzeitige Arbeitsmarktintegration von Asylbewerbern und Asylbewerberinnen. Ergebnisse der qualitativen Begleitforschung durch das IAB. IAB-Forschungsbericht, 10/2015 (http://doku.iab.de/forschungsbericht/2015/fb1015.pdf).

Brücker, Herbert; Möller, Joachim; Wolff, Joachim (2016): Integration von Geflüchteten – Öffentliche Anhörung von Sachverständigen vor dem Ausschuss für Arbeit und Soziales des Deutschen Bundestags am 20. Juni 2016. IAB-Stellungnahme, 04/2016 (http://doku.iab.de/stellungnahme/2016/sn0416.pdf).

Brücker, Herbert (2016): Integrationsgesetz: Das Vertrauen in den Markt fehlt. In: Wirtschaftsdienst, Jg. 96, H. 6, S. 380.

Externe Literatur

Lehrian, Melina; Mantel, Johanna (2016): Neuerungen durch das Integrationsgesetz. In: Asylmagazin, H. 9, S. 290–294 (http://www.iab.de/764/section.aspx/Publikation/k160929b09).

Anhang A: Zentrale Gesetzesänderungen der Grundsicherung

Neuntes Gesetz zur Änderung des Zweiten Buches Sozialgesetzbuch – Rechtsvereinfachung

Inkrafttreten: 01.08.2016 bzw. 01.01.2017

> Ausgewählte Inhalte des Gesetzes:
> - Einführung einer Beratungspflicht der Grundsicherungsträger
> - Ergänzung der Eingliederungsvereinbarung um eine Potenzialanalyse
> - Regelmäßige gemeinsame Überprüfung und Fortschreibung der Eingliederungsvereinbarung
> - Verlängerung der Zuweisungszeit für Arbeitsgelegenheiten (Ein-Euro-Jobs) auf 36 Monate (bisher 24 Monate) innerhalb von fünf Jahren
> - Übernahme der Kosten von Eingliederungsmaßnahmen bis zu sechs Monate nach Wegfall der Hilfebedürftigkeit
> - Neufassung der Förderung sogenannter „schwer erreichbarer junger Menschen"
> - Aufnahme von Auszubildenden in den Kreis der Anspruchsberechtigten im SGB II
> - Verlagerung der Zuständigkeit für die Leistungen der aktiven Arbeitsmarktpolitik für sogenannte Arbeitslosengeld-Aufstocker
> - Ausweitung des regelhaften Bewilligungszeitraums von sechs auf zwölf Monate

Mit dem Gesetz zur Rechtsvereinfachung im SGB II soll laut Gesetzesbegründung eine höhere Transparenz über Bestehen und Umfang von Rechtsansprüchen der leistungsberechtigten Personen, eine Optimierung von Verwaltungsabläufen und eine Entlastung von Verwaltung und Sozialgerichten geschaffen werden. Das in der Koalitionsvereinbarung beschlossene Vorhaben zur vereinfachten und effektiveren Ausgestaltung des SGB II soll umgesetzt werden. Das Gesetz greift zahlreiche zwischen 2013 und 2014 in der sogenannten „Arbeitsgruppe Rechtsvereinfachung im SGB II"[36] erarbeitete Vorschläge zur Weiterentwicklung des passiven Leistungsrechts sowie des Verfahrensrechts auf. Die von der Arbeits- und Sozialministerkonferenz (AMSK) eingerichtete Arbeitsgruppe bestand aus Vertretern des Bundesarbeitsministeriums, der Länder, der Bundesagentur für Arbeit, kommunaler Spitzenverbände und des Deutschen Vereins für öffentliche und private Fürsorge.

Die Änderungen betreffen unter anderem die Leistungen zur Eingliederung in Arbeit und Rechtsanpassungen wie die Entschärfung der Schnittstelle zwischen Aus-

---

[36] „Bund-Länder-Arbeitsgruppe zur Vereinfachung des passiven Leistungsrechts – einschließlich des Verfahrensrechts – im SGB II".

bildungsförderung und Grundsicherung für Arbeitsuchende, die Verlagerung der Zuständigkeit für die Leistungen der aktiven Arbeitsmarktpolitik für sogenannte Arbeitslosengeld-Aufstocker auf die Agenturen für Arbeit und die Verlängerung des Regelbewilligungszeitraums von sechs auf zwölf Monate.

Das Änderungsgesetz ergänzt unter anderem den Leistungsumfang der Grundsicherung für Arbeitsuchende um Leistungen zur Beratung und führt eine Beratungspflicht des Jobcenters ein. Aufgabe der Beratung leistungsberechtigter Personen ist die Erteilung von Auskunft und Rat zu Selbsthilfeobliegenheiten und Mitwirkungspflichten, zur Berechnung der Leistungen zur Sicherung des Lebensunterhalts und zur Auswahl der Leistungen im Rahmen des Eingliederungsprozesses je nach Beratungsbedarf der Person.

Hervorgehoben wird außerdem, dass neben Eingliederung in Arbeit auch Eingliederung in Ausbildung zu den durch Leistungen zu fördernden Zielen der Grundsicherung für Arbeitsuchende gehört.

Die zwischen Agentur für Arbeit und leistungsberechtigter Person zu erstellende Eingliederungsvereinbarung wird um den Aspekt des aus dem Arbeitsförderungsrecht bekannten Instruments der Potenzialanalyse erweitert. Neben der Vereinbarung über Rechte und Pflichten sollen künftig persönliche Merkmale, berufliche Fähigkeiten, Eignung, aber auch Merkmale, die voraussichtlich die Eingliederung erschweren, festgehalten werden. In der Vereinbarung kann insbesondere formuliert werden, in welche Tätigkeiten oder Tätigkeitsbereiche die leistungsberechtigte Person vermittelt werden soll.

Bisher galt, dass nach einer Laufzeit von sechs Monaten eine neue Eingliederungsvereinbarung formuliert werden musste. Künftig soll sie regelmäßig (spätestens nach sechs Monaten) gemeinsam überprüft und fortgeschrieben werden. Aufgrund der Erfahrungen und des Verlaufs der bisherigen Leistungen zur Eingliederung sollen Anpassungen des Eingliederungsprozesses erfolgen, die auch dokumentiert werden.

Die bisherige Regelung, nach der eine Förderung von Arbeitsgelegenheiten (AGH) maximal für 24 Monate in fünf Jahren erfolgen durfte, wird ergänzt um die Option auf eine Verlängerung um zwölf Monate, da, so die Gesetzesbegründung, insbesondere für langzeitarbeitslose Betroffene kaum andere angemessene Fördermöglichkeiten verfügbar seien. Der Gesetzentwurf hatte eine komplette Streichung der zeitlichen Beschränkung der Förderfähigkeit von Arbeitsgelegenheiten vorgesehen, da sie integrationspolitisch kontraproduktiv sei und ein „inflationärer" Einsatz des Instruments nicht gegeben sei.

Die Kosten von Eingliederungsmaßnahmen können künftig auch noch bis zu sechs Monate nach Beschäftigungsaufnahme übernommen werden, wenn die Teilnehmenden die Maßnahme voraussichtlich erfolgreich abschließen werden. Bisher mussten diese Kosten von den Teilnehmenden nach Wegfallen ihrer Hilfebedürftigkeit aufgrund des dann zu berücksichtigenden Einkommens selbst übernommen werden, beziehungsweise wurde nur ein Darlehen gewährt. Dies soll Maßnahmeabbrüche vermeiden helfen und zur Betreuungskontinuität beitragen.

In der Gesetzesbegründung ist formuliert, dass es trotz eines ausdifferenzierten Angebots an Förder- und Unterstützungsleistungen eine Gruppe junger Menschen gibt, die von diesen Angeboten mindestens zeitweise nicht erreicht wird. Die Förderung sogenannter „schwer erreichbarer junger Menschen" wird daher neu gefasst. Die Agentur für Arbeit kann jungen Leistungsberechtigten unter 25 Jahren in schwierigen Lebenslagen künftig mit zusätzlichen Betreuungs- und Unterstützungsleistungen dabei helfen, eine schulische, ausbildungsbezogene oder berufliche Qualifikation abzuschließen, ins Arbeitsleben einzumünden oder Sozialleistungen zu beantragen oder anzunehmen. Hierbei ist es ausreichend, wenn die Voraussetzungen der Leistungsberechtigung mit hinreichender Wahrscheinlichkeit vorliegen oder zu erwarten sind.

Mit der Änderung des § 7 „Leistungsberechtigte" werden auch Auszubildende, die eine nach dem BAföG förderungsfähige Ausbildung absolvieren und die Ausbildungsförderung nach dem BAföG tatsächlich erhalten, weitgehend in den Kreis der Anspruchsberechtigten aufgenommen und können dadurch „aufstockende" Leistungen zum Lebensunterhalt nach SGB II erhalten. Damit wird das Ziel verfolgt, durch finanzielle Absicherung die Aufnahme und das Absolvieren einer Ausbildung zu erleichtern, die geeignet sein kann, Hilfebedürftigkeit zu beseitigen oder zu vermindern.

Personen, die neben Arbeitslosengeld auch Leistungen der Grundsicherung für Arbeitsuchende beziehen (sogenannte Arbeitslosengeld-Aufstocker), erhalten künftig die Leistungen der aktiven Arbeitsmarktpolitik von den Agenturen für Arbeit. Dies trägt dem Versicherungsgedanken des SGB III stärker Rechnung. Zwar ist diesem Personenkreis zukünftig der Zugang zu spezifischen Eingliederungsleistungen des SGB II – wie zum Beispiel Arbeitsgelegenheiten – verwehrt. Es ist aber laut Gesetzesbegründung davon auszugehen, dass dies für Aufstocker kaum Bedeutung erfahren wird, da sie in der Regel nicht als arbeitsmarktfern anzusehen seien.[37]

---

37 Vgl. Gesetzentwurf, S. 102.

Obwohl die Grundsicherung für Arbeitsuchende laut Gesetzesbegründung auf einen möglichst zeitlich begrenzten Leistungsbezug ausgelegt ist, wird mit der Gesetzesänderung der regelhafte Bewilligungszeitraum von sechs auf zwölf Monate ausgeweitet. Die Bewilligung für ein Jahr konnte zuvor nur in den Fällen gegeben werden, in denen eine Veränderung der Verhältnisse in diesem Zeitraum nicht zu erwarten war. Das Verfahren der Weiterbewilligung im Sechsmonatsrhythmus habe sich als kosten- und personalintensiv und häufig unnötig erwiesen, da in den überwiegenden Fällen keine leistungsrechtlich relevanten Änderungen eingetreten seien. Die neue Regelung sieht aber Fälle vor, in denen der Bewilligungszeitraum auf sechs Monate verkürzt werden soll: Wenn über den Leistungsanspruch vorläufig entschieden wurde (zum Beispiel bei Einkommen aus selbstständiger Erwerbstätigkeit) oder wenn unangemessene Aufwendungen für die Unterkunft und Heizung eine Überprüfung des Anspruchs bereits nach sechs Monaten erforderlich machen.

Im Abschlussbericht zu den Ergebnissen der AG Rechtsvereinfachung sind unter den konsentierten Vorschlägen auch Empfehlungen enthalten, die die Sanktionen im SGB II betreffen.[38] Empfohlen wird unter anderem, die bisher geltenden (verschärften) Sanktionsregelungen für unter 25-Jährige aufzugeben und die gestuften Minderungen des ALG II bei wiederholten Pflichtverletzungen durch eine einheitliche Minderungsregelung zu ersetzen. Der Gesetzentwurf wurde ohne Änderungen bei den Sanktionsregelungen beschlossen, da in der Bundesregierung keine Einigung erreicht werden konnte.[39]

Das Institut für Arbeitsmarkt- und Berufsforschung hat bei der öffentlichen Anhörung von Sachverständigen vor dem Ausschuss für Arbeit und Soziales des Deutschen Bundestags am 29. Juni 2015 zu Anträgen der parlamentarischen Opposition zur Abschaffung der Sanktionierung im SGB II auf Basis empirischer Studien zur materiellen und sozialen Lage und zu Wirkungen von Sanktionen im SGB II auf Leistungsberechtigte Stellung genommen.

IAB-Stellungnahme

„(...) die hier diskutierten wissenschaftlichen Befunde weisen auf teils erhebliche Einschränkungen der Lebensbedingungen der Sanktionierten hin. Sehr hohe Sanktionen können sich zudem kontraproduktiv auf die Chancen einer Erwerbsintegration der von der Leistungsminderung Betroffenen auswirken, wenn dadurch einige er-

---

[38] Vgl. Bundesministerium für Arbeit und Soziales; Arbeits- und Sozialministerkonferenz ASMK (2014), S. 14 f.
[39] Vgl. Bundesregierung (2017), S. 6.

werbsfähige Leistungsberechtigte in Situationen wie Obdachlosigkeit geraten oder den Kontakt zum Jobcenter abbrechen.

In der Summe sprechen die Ergebnisse nicht für eine Aussetzung oder Abschaffung der Sanktionen im ALG-II-Bezug. Aus den Ergebnissen ließe sich ableiten, dass es darum gehen sollte, eine Anreizwirkung der Sanktionen im Blick zu behalten und gleichzeitig sehr starke Einschränkungen der Lebensbedingungen durch Sanktionen zu vermeiden und deswegen die Sanktionen zu entschärfen. Folglich sollte die Sanktionierung nicht zu hoch ausfallen, was insbesondere gegen die Sonderregelungen für unter 25-Jährige und gegen den Wegfall des Arbeitslosengeldes II bei wiederholten Pflichtverletzungen spräche. Zudem könnte eine angemessene monatliche Obergrenze für die Summe aller Leistungsminderungen festgelegt werden, von denen eine sanktionierte Person betroffen ist. Diese Obergrenze könnte so gewählt werden, dass im Regelfall besonders schwerwiegende Folgen einer Sanktionierung, wie der Verlust der Wohnung, vermieden werden.

Das Ausmaß der Sanktion könnte stärker von der Art des Verstoßes abhängig gemacht werden. Es könnte daran gedacht werden, dann vergleichsweise hohe Sanktionen vorzusehen, wenn eine Pflichtverletzung dazu führt, dass beispielsweise wegen einer abgelehnten Arbeitsaufnahme eine deutliche Reduzierung der Hilfebedürftigkeit oder gar ein Ausscheiden aus dem Leistungsbezug unterbleibt. In anderen Fällen, in denen eine deutliche Reduzierung der Hilfebedürftigkeit durch das Nachkommen einer Pflicht allenfalls längerfristig und nicht mit Sicherheit möglich ist, könnten im Falle einer Pflichtverletzung hingegen geringere Leistungsminderungen vorgesehen werden. Denkbar wäre zusätzlich, dass härtere Sanktionen bei wiederholten Pflichtverletzungen innerhalb eines Jahres nicht durch einen (viel) höheren Sanktionsbetrag, sondern durch eine längere Dauer der Sanktion im Vergleich zur Sanktion wegen der ersten Pflichtverletzung gewährleistet werden. Beispielsweise könnte die Sanktion wegen einer ersten Pflichtverletzung weiter bei 30 Prozent des maßgebenden Regelbedarfs für drei Monate liegen. Bei einer zweiten gleichartigen Pflichtverletzung innerhalb eines Jahres könnte dagegen die Leistungsminderung statt 60 Prozent des maßgebenden Regelbedarfs für drei Monate weiterhin bei 30 Prozent des maßgebenden Regelbedarfs für fünf Monate oder bei 40 Prozent des maßgebenden Regelbedarfs für vier Monate liegen. Dadurch bliebe der Anreiz erhalten, die Pflichtverletzung nicht zu wiederholen, auch wenn pro Monat die Leistungen bei weitem nicht so stark gekürzt würden."

(Bruckmeier et al. 2015, S. 34 f.)

Anhang A1: Chronik der Arbeitsmarktpolitik 2013 bis 2016

Parlamentaria

Beschlussempfehlung und Bericht des Ausschusses für Arbeit und Soziales zu dem Gesetzentwurf der Bundesregierung. Bundestagsdrucksache 18/8909 vom 22.06.2016 (http://dipbt.bundestag.de/dip21/btd/18/089/1808909.pdf).

Bundesministerium für Arbeit und Soziales; Arbeits- und Sozialministerkonferenz ASMK (2014): Bericht über die Ergebnisse der Bund-Länder-Arbeitsgruppe zur Vereinfachung des passiven Leistungsrechts – einschließlich Verfahrensrechts – im SGB II (AG Rechtsvereinfachung im SGB II) vom 2. Juli 2014 (http://www.portal-sozialpolitik.de/uploads/sopo/pdf/2014/2014-07-02_ASMK_AG_Rechtsvereinfachung_SGB_II.pdf).

Bundesregierung (2017): Umsetzung und erste Erfahrungen mit dem sogenannten SGB-II-Rechtsvereinfachungsgesetz. Antwort der Bundesregierung auf die Kleine Anfrage der Fraktion DIE LINKE. Bundestagsdrucksache 18/11154 vom 14.02.2017 (http://dipbt.bundestag.de/dip21/btd/18/111/1811154.pdf).

Entwurf eines Neunten Gesetzes zur Änderung des Zweiten Buches Sozialgesetzbuch – Rechtsvereinfachung. Bundestagsdrucksache 18/8041 vom 06.04.2016 (http://dipbt.bundestag.de/dip21/btd/18/080/1808041.pdf).

Materialien zur öffentlichen Anhörung von Sachverständigen in Berlin am 29. Juni 2015 zum Thema Sanktionen im SGB II. Zusammenstellung der schriftlichen Stellungnahmen. Bundestagsdrucksache 18(11)406 vom 26. Juni 2015 (http://www.bundestag.de/blob/375514/55e99144060489dd14ce74c37854f505/stellungnahmen-data.pdf).

Neuntes Gesetz zur Änderung des Zweiten Buches Sozialgesetzbuch – Rechtsvereinfachung. BGBl. 2016 Teil I, Nr. 37, S. 1824 ff.

Zusammenstellung der schriftlichen Stellungnahmen zur öffentlichen Anhörung von Sachverständigen in Berlin am 30.05.2016. Ausschussdrucksache 18(11)649 vom 27.05.2016 (http://doku.iab.de/externe/2016/k160818r01.pdf).

IAB-Literatur

Bruckmeier, Kerstin; Heining, Jörg; Hofmann, Barbara; Jahn, Elke; Lietzmann, Torsten; Moczall, Andreas; Penninger, Marion; Promberger, Markus; Schreyer, Franziska; Stephan, Gesine; Trappmann, Mark; Trenkle, Simon; Weber, Enzo; Wiemers, Jürgen; Wolff, Joachim; vom Berge, Philipp (2015): Sanktionen im SGB II und die Situation von Leistungsbeziehern nach den Hartz-Reformen. Öffentliche Anhörung von Sachverständigen vor dem Ausschuss für Arbeit und Soziales des Deutschen Bundestags am 29. Juni 2015. IAB-Stellungnahme, 02/2015, Nürnberg, 66 S. (http://doku.iab.de/stellungnahme/2015/SN0215.pdf).

Externe Literatur

Groth, Andy; Siebel-Huffmann, Heiko (2016): Das SGB-II-Änderungsgesetz – Rechtsvereinfachung? In: Neue Juristische Wochenschrift, NJW 2016 Heft 47, 3404–3409.

Kolf, Ingo (2015): Arbeit: Rechtsvereinfachung im SGB II? Zu schwierig für die Große Koalition? Die Vorschläge der Bund-Länder-Arbeitsgruppe und des DGB. In: Soziale Sicherheit, Jg. 64, H. 7, S. 261–269.

Gesetz zur Ermittlung von Regelbedarfen sowie zur Änderung des Zweiten und des Zwölften Buches Sozialgesetzbuch

Inkrafttreten: 01.01.2017

> Ausgewählte Inhalte des Gesetzes:
> - Neuberechnung der Regelbedarfe im SGB XII und SGB II
> - Neuregelung der Regelbedarfsstufe 1

Das Regelbedarfs-Ermittlungsgesetz (RBEG) regelt die Höhe der Regelbedarfe nach dem SGB XII für Nicht-Erwerbsfähige, Menschen mit Behinderungen und Bezieher der Grundsicherung im Alter und nach dem SGB II für Erwerbsfähige. Da die Ergebnisse der neuen Einkommens- und Verbrauchsstichprobe (EVS) 2013 und deren Auswertungen im Herbst 2015 vorlagen, war der Gesetzgeber verpflichtet, die Höhe der Regelbedarfe neu zu ermitteln. Das für das Gesetz 2017 gewählte und umgesetzte Ermittlungsverfahren entspricht demjenigen des RBEG 2011. In seiner Entscheidung von 2014 hat das Bundesverfassungsgericht die Regelbedarfsermittlung zum 01. Januar 2011 als verfassungsgemäß bestätigt, jedoch ergänzt: „Soweit die tatsächliche Deckung existenzieller Bedarfe in Einzelpunkten zweifelhaft ist, hat der Gesetzgeber eine tragfähige Bemessung der Regelbedarfe bei ihrer anstehenden Neuermittlung auf der Grundlage der Einkommens- und Verbrauchsstichprobe 2013 sicherzustellen."[40]

Nach der Neuberechnung werden die Regelbedarfsstufen 1 bis 6 zum Januar 2017 wie folgt festgesetzt:

Stufe 1: von 404 Euro auf 409 Euro (+5 Euro),
Stufe 2: von 364 Euro auf 368 Euro (+4 Euro),
Stufe 3: von 324 Euro auf 327 Euro (+3 Euro),
Stufe 4: von 306 Euro auf 311 Euro (+5 Euro),
Stufe 5: von 270 Euro auf 291 Euro (+21 Euro),
Stufe 6: weiterhin 237 Euro.

Mit der Neudefinition der Regelbedarfsstufen setzt der Gesetzgeber eine Entscheidung des Bundessozialgerichts von 2014 um. Dies hatte bestimmt, dass erwachsene Personen, die einen Haushalt gemeinsam führen, ohne Partner/Partnerin zu sein, je-

---

[40] Siehe Sozialrechtliche Regelbedarfsleistungen derzeit noch verfassungsgemäß, Bundesverfassungsgericht Pressemitteilung Nr. 76/2014 vom 9. September 2014, Beschluss vom 23. Juli 2014 1 BvL 10/12, 1 BvL 12/12, 1 BvR 1691/13.

weils der Regelbedarf der Regelbedarfsstufe 1 zusteht.[41] Abgesehen von Erwachsenen, die als Ehegatten, Lebenspartner, in eheähnlicher oder in lebenspartnerschaftsähnlicher Gemeinschaft zusammenleben, sowie von jungen Erwachsenen, die mit ihren Eltern in Bedarfsgemeinschaft leben, werden daher künftig alle Erwachsenen der Regelbedarfsstufe 1 (100 %) zugeordnet. Die Regelbedarfsstufe 3 soll künftig nur noch für Personen gelten, die in stationären Einrichtungen leben. Ab 2020 sollen auf der Grundlage des ab 01.01.2018 geltenden Bundesteilhabegesetzes Menschen mit Behinderungen jedoch nicht mehr stationär untergebracht werden, sondern die passende betreute Wohnform auswählen können. Für sie gilt dann die Regelbedarfsstufe 2.

Das IAB hat sich am 29. Juni 2015 bei einer öffentlichen Anhörung des Bundestagsausschusses für Arbeit und Soziales zu Fragen der Referenzgruppe zur Ermittlung der Regelsatzhöhe im SGB II geäußert.

IAB-Stellungnahme

„Das Bundesverfassungsgericht urteilte im Jahr 2010, dass die Regelleistungen nach dem SGB II ermittelt nach der Regelsatzverordnung nicht verfassungsgemäß waren. Es forderte den Gesetzgeber auf, alle existenznotwendigen Aufwendungen in einem transparenten und sachgerechten Verfahren zu bemessen (Pressemitteilung des BVerfG, Nr. 5/2010, vom 9. Februar 2010). Insbesondere sollten Haushalte, die ihren Leistungsanspruch nicht ausüben (sogenannte verdeckt arme Haushalte) aus der Referenzgruppe zur Ermittlung der Regelsatzhöhe entfernt werden. Als Reaktion auf das Urteil wurde das Regelbedarfsermittlungsgesetz (RBEG) verabschiedet. Zugleich wurde das Bundesministerium für Arbeit und Soziales (BMAS) durch § 10 RBEG verpflichtet, dem Deutschen Bundestag einen Bericht über die Weiterentwicklung der Methodik zur Ermittlung von Regelbedarfen vorzulegen.

Auf Basis einer Untersuchung des IAB (Bruckmeier et al. 2013) zur Methodik der Regelsatzberechnung kommt das BMAS in seinem Bericht zu dem Ergebnis, dass verdeckt arme Haushalte anhand statistischer Methoden nicht hinreichend genau erfasst werden können. Daher kann man sie nicht aus der Referenzgruppe ausschließen (BMAS 2013). Die vom BMAS gezogenen Schlussfolgerungen werden von Teilen der Wissenschaft angezweifelt. In einem Projekt, das von der Hans-Böckler-Stiftung gefördert wird, wird die Berechnungsmethode im Statistikmodell erneut analysiert (Becker 2015). Die Studie zeigt, dass der Regelsatz 2015 um 45 Euro höher liegen

---

41 Siehe Sozialhilfe für volljährige behinderte Menschen, die bei ihren Eltern oder in einer Wohngemeinschaft leben, nach Regelbedarfsstufe 1 (100 %), Bundessozialgericht Medieninformation Nr. 20/14 vom 23.07.2014.

würde, wenn verdeckt arme Haushalte aus der Referenzgruppe entfernt und die mit dem RBEG vorgenommenen Berechnungsänderungen zurückgenommen würden."
(Bruckmeier et al. 2015, S. 35–36)

Parlamentaria

Beschlussempfehlung und Bericht des Ausschusses für Arbeit und Soziales (11. Ausschuss) zu dem Gesetzentwurf der Bundesregierung. Bundestagsdrucksache 18/10519 vom 30.11.2016 (http://dipbt.bundestag.de/dip21/btd/18/105/1810519.pdf).

Entwurf eines Gesetzes zur Ermittlung von Regelbedarfen sowie zur Änderung des Zweiten und des Zwölften Buches Sozialgesetzbuch. Bundestagsdrucksache 18/9984 vom 17.10.2016 (http://dipbt.bundestag.de/dip21/btd/18/099/1809984.pdf).

Gesetz zur Ermittlung der Regelbedarfe nach § 28 des Zwölften Buches Sozialgesetzbuch (Regelbedarfs-Ermittlungsgesetz – RBEG) vom 22.12.2016 BGBl. I S. 3159 (Nr. 65).

Materialien zur öffentlichen Anhörung von Sachverständigen in Berlin am 28. November 2016 zum Gesetzentwurf der Bundesregierung. Bundestagsdrucksache 18(11)849 vom 25. November 2016 (http://doku.iab.de/externe/2016/k161205r01.pdf).

IAB-Literatur

Bruckmeier, Kerstin; Heining, Jörg; Hofmann, Barbara; Jahn, Elke; Lietzmann, Torsten; Moczall, Andreas; Penninger, Marion; Promberger, Markus; Schreyer, Franziska; Stephan, Gesine; Trappmann, Mark; Trenkle, Simon; Weber, Enzo; Wiemers, Jürgen; Wolff, Joachim; vom Berge, Philipp (2015): Sanktionen im SGB II und die Situation von Leistungsbeziehern nach den Hartz-Reformen. Öffentliche Anhörung von Sachverständigen vor dem Ausschuss für Arbeit und Soziales des Deutschen Bundestags am 29. Juni 2015. IAB-Stellungnahme, 02/2015 (http://doku.iab.de/stellungnahme/2015/SN0215.pdf).

Bruckmeier, Kerstin; Pauser, Johannes; Walwei, Ulrich; Wiemers, Jürgen (2013): Simulationsrechnungen zum Ausmaß der Nicht-Inanspruchnahme von Leistungen der Grundsicherung. Studie im Auftrag des Bundesministeriums für Arbeit und Soziales zur Abgrenzung und Struktur von Referenzgruppen für die Ermittlung von Regelbedarfen auf Basis der Einkommens- und Verbrauchsstichprobe 2008. IAB-Forschungsbericht, 05/2013 (http://doku.iab.de/forschungsbericht/2013/fb0513.pdf).

Externe Literatur

Becker, Irene (2015): Der Einfluss verdeckter Armut auf das Grundsicherungsniveau. Hans-Böckler-Stiftung. Arbeitspapier, 309. Düsseldorf (http://www.boeckler.de/pdf/p_arbp_309.pdf).

Bundesministerium für Arbeit und Soziales (BMAS) (Hrsg.) (2013): Bericht des Bundesministeriums für Arbeit und Soziales nach § 10 Regelbedarfs-Ermittlungsgesetz (RBEG) über die Weiterentwicklung der für die Ermittlung von Regelbedarfen anzuwendenden Methodik. Berlin (http://doku.iab.de/externe/2013/k130704r08.pdf).

Anhang B: Zentrale Datengrundlagen der SGB-II-Forschung des IAB

Anhang B1
SGB-II-Prozessdatenbasis 2013–2016

Martina Oertel, Ulrich Thomsen

Die Evaluationsforschung im Bereich des SGB II ist ohne die in den Jobcentern entstehenden Prozessdaten kaum denkbar. Auf unterschiedliche Art und Weise haben die meisten Untersuchungen direkte oder indirekte Berührungspunkte zu den Prozessdaten. Daher war es eine zentrale Herausforderung für die SGB-II-Forschung der ersten Jahre, evaluationsgeeignete längsschnittorientierte Prozessdaten aufzubauen (Brinkmann et al. 2005). Aufgrund der komplexen institutionellen und IT-technischen Prozesse des SGB II sind erst seit 2009 flächendeckende Datensätze zu den drei Themen Geld- und Sachleistungen, Arbeitsvermittlung und Fördermaßnahmen verfügbar. Die Herausforderungen an die Entwicklung und Pflege der Datenbasis im Berichtszeitraum werden nach einer Übersicht über die aktuelle SGB-II-Prozessdatenlandschaft und der Zugangsmöglichkeiten beispielhaft dargestellt.

Vielfach integriertes und vielfältiges Datenangebot

Die SGB-II-Prozessdatenbasis des IAB speist sich aus mehreren administrativen Prozessen der unterschiedlichen Träger der Grundsicherung und der von ihnen eingesetzten IT-Systeme (Oertel/Thomsen 2008) und umfasst die Grundgesamtheit aller SGB-II-Leistungsberechtigten. Basis für die forschungsspezifische Datenaufbereitung des IAB ist dabei das Datawarehouse (DWH) der Statistik der Bundesagentur für Arbeit (BA), in dem monatlich grundlegende Konsolidierungen durchgeführt werden (Statistik der Bundesagentur für Arbeit 2009a, b und 2011a) und das damit dem IAB die Basis für eine forschungsspezifische Datenaufbereitung liefert. Die Anhangabbildung B1.1 gibt hierzu einen Überblick.

In der Übersicht wird die Vielfalt und Komplexität der SGB-II-Datenbasis deutlich. Die unterschiedlichen Träger der Grundsicherung (gemeinsame Einrichtungen – früher: Arbeitsgemeinschaften und Träger in geteilter Aufgabenwahrnehmung, zugelassene kommunale Träger) nutzen jeweils unterschiedliche IT-Systeme für ihre Verwaltungsprozesse. Dies sind die Berechnung und Zahlung des ALG II und des Sozialgeldes, die Arbeitsvermittlung sowie die Verwaltung der Maßnahmen der aktiven Arbeitsmarktpolitik und der Leistungen für Bildung und Teilhabe.

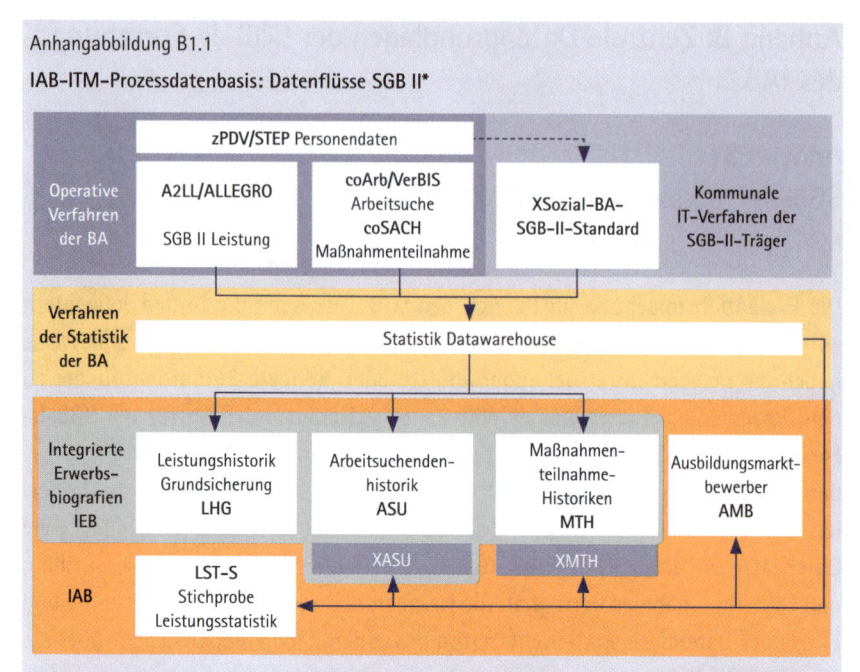

Anhang B: Zentrale Datengrundlagen der SGB-II-Forschung des IAB

Anhangabbildung B1.1
IAB-ITM-Prozessdatenbasis: Datenflüsse SGB II*

Operative Verfahren der BA				Kommunale IT-Verfahren der SGB-II-Träger
	zPDV/STEP Personendaten			
	A2LL/ALLEGRO SGB II Leistung	coArb/VerBIS Arbeitsuche coSACH Maßnahmenteilnahme	XSozial-BA-SGB-II-Standard	

Verfahren der Statistik der BA	Statistik Datawarehouse

Integrierte Erwerbs-biografien IEB	Leistungshistorik Grundsicherung LHG	Arbeitsuchenden-historik ASU	Maßnahmen-teilnahme-Historiken MTH	Ausbildungsmarkt-bewerber AMB
		XASU	XMTH	
IAB	LST-S Stichprobe Leistungsstatistik			

* Alle Datensätze, die mit einem „X" beginnen, beruhen auf dem XSozial-Standard und bilden die kommunalen Gegenstücke von entsprechenden Datensätzen der gemeinsamen Einrichtungen.

Zu welchem Rechtskreis die Arbeitsvermittlung gehört, ist zunächst nicht in jedem Fall völlig klar: Bis die Hilfebedürftigkeit belegt und abschließend berechnet ist, kann es erfahrungsgemäß einige Wochen dauern. Die Statistik der BA wartet daher drei Monate bis ihre amtliche Leistungsstatistik festgeschrieben wird. SGB-II-Daten sind dabei zunächst von SGB-II-Trägern gemeldete Informationen. Manchmal können sie aber wegen der letztlich fehlenden Leistungsberechtigung auch den SGB-III-Daten zugerechnet werden.[42] In umgekehrter Richtung gilt Gleiches für Fördermaßnahmen, die während des ALG-Bezugs begonnen werden und noch nach dem Übergang in den ALG-II-Bezug andauern.[43]

Diese Beispiele zeigen, dass eine rein nach den einzelnen Datenquellen oder Rechtskreisen getrennte Darstellung der Informationen oft nicht sinnvoll ist. Eine gemeinsame Betrachtung wird mit den Integrierten Erwerbsbiografien (IEB) möglich, die sich unter anderem aus drei in Anhangabbildung B1.1 skizzierten Datentöpfen speist.

Das in den Daten verfügbare Merkmalsspektrum ist in § 51b SGB II gesetzlich festgelegt. Die übermittelten Informationen werden mit berechneten Attributen

---

42 Weitere Details und einen Überblick über die Größenordnungen siehe Statistik der BA (2010), S. 16 ff.
43 Die Statistik orientiert sich bei der Zuordnung zum Rechtskreis an der Kostenträgerschaft.

Anhang B1: SGB-II-Prozessdatenbasis 2013–2016

und technischen Merkmalen ergänzt, zum Beispiel mit pseudonymisierten Identifikatoren und Qualitätskennzeichen. Die wesentlichen inhaltlichen Variablen, die quellenübergreifend verfügbar sind, werden in Anhangtabelle B1.1 dargestellt.

Anhangtabelle B1.1
Quellenübergreifend verfügbare Merkmale für die SGB-II-Forschung

	LHG LST-S	(X)ASU	(X)MTH
Soziodemografische Merkmale			
• Geburtsdatum, Geschlecht	X	X	X
• Familienstand	X	X	X
• Behinderung – Status und Grad,		X	X
• Gesundheitliche Einschränkungen – Auswirkungen auf Vermittlung		X	X
• Staatsangehörigkeit	X	X	X
• Einreisestatus		X	X
• Aufenthaltsstatus/Aufenthaltsstatus – Flüchtling		X	X
• Wohnort (Gemeinde, Agentur für Arbeit)	X	X	X
Grundsicherung			
• Beginn-/Enddatum	X		
• Grundsicherungsträger: Nummer und Art	X		
• SGB-II-Status/Personengruppe	X		
• Rolle in der BG/Bevollmächtigte Person	X		
• Ausschlussgrund	X		
• Sanktion	X		
• Beendigungsgrund	X		
• Anzahl zeitgleicher Bedarfsgemeinschaftszugehörigkeit	X		
• Anzahl Kinder unter 15 Jahren in der Bedarfsgemeinschaft	X	X	
• Geburtstag jüngstes Kind in der Bedarfsgemeinschaft		X	
• Anzahl und Struktur der Bedarfsgemeinschaftsmitglieder hinsichtlich Erwerbsfähigkeit und Altersgruppen	X		
• Anzahl Haushaltsmitglieder	X		
• BG-Typ IAB/BG Typ (Leistungsstatistik)	X		
• Finanzdaten pro Kalendermonat zu – Bedarfen – Einkommen – Leistungs- und Zahlungsansprüchen – Sanktionen	X		
Arbeitsuche			
• Beginn-/Enddatum Arbeitsuche		X	
• Arbeitsuchestatus		X	
• Verfügbarkeit nach §§ 10, 65 SGB II		X	
• Abmeldegrund		X	
• Meldender Träger: Nummer und Art		X	
• Schulbildung		X	X
• Letzte abgeschlossene Ausbildung – Art und Kennziffer		X	X
• Erwerbsstatus vor Arbeitsuche – Art und Dauer		X	
• Letzte Tätigkeit – Kennziffer, Arbeitszeit und Wirtschaftsgruppe		X	
• Berufsrückkehr		X	
• Beginn-/Enddatum Eingliederungsvereinbarung		X	
• Art der Suche		X	
• gesuchte Tätigkeit – Kennziffer		X	
Maßnahmenteilnahme			
• Beginn-/Enddatum			X
• Maßnahmeart			X
• Kennzeichen Sonderprogramme			X
• Maßnahmeträger: Nummer und Art			X
• Weitere maßnahmespezifische Merkmale			X

Die geschilderte SGB-II-Prozessdatenbasis wurde und wird für viele IAB-Forschungsvorhaben direkt genutzt, ist Basis für die „Stichprobe Integrierte Grundsicherungsbiografien" (SIG) (siehe Anhang B2) oder dient der Stichprobenziehung für zusätzliche Befragungen, wie zum Beispiel dem IAB-Panel „Arbeitsmarkt und soziale Sicherung" (PASS) (siehe Anhang B3).

Daneben arbeiten Projekte im Auftrag des Bundesministerium für Arbeit und Soziales mit der SGB-II-Prozessdatenbasis. Im Berichtszeitraum waren dies beispielsweise die Evaluationen des Bundesprogramms „Soziale Teilhabe am Arbeitsmarkt" (Brussig et al. 2016), des ESF-Bundesprogramms zur Eingliederung langzeitarbeitsloser Leistungsberechtigter auf dem allgemeinen Arbeitsmarkt (Boockmann et al. 2017), der Modellprojekte Bürgerarbeit (IAW und ISG 2015), und des „Programms zur berufsbezogenen Sprachförderung für Personen mit Migrationshintergrund im Bereich des Bundes" (ESF-BAMF-Programm) (Bonin et al. 2014).

Wichtig für eine breite Verwendung der Daten in der Forschungslandschaft ist die weitere Verarbeitung der Daten im Forschungsdatenzentrum der BA im IAB (FDZ). Auf Basis der Integrierten Erwerbsbiografien wird die „Stichprobe der Integrierten Arbeitsmarktbiografien (SIAB)" erstellt, eine Zwei-Prozent-Stichprobe aus den Integrierten Erwerbsbiografien, die über das FDZ bezogen werden kann (http://fdz.iab.de/de/FDZ_Individual_Data/integrated_labour_market_biographies.aspx). Der Fokus liegt auf den Erwerbsverläufen. Da nicht alle Bedarfsgemeinschaftsmitglieder enthalten sind (Kinder unter 15 Jahren fehlen beispielsweise) und Strukturmerkmale von Bedarfsgemeinschaften fehlen, ist die FDZ-Stichprobe nur eingeschränkt für Fragestellungen rund um das SGB II geeignet. Daher stellt das FDZ für solche Zwecke das Panel „Arbeitsmarkt und soziale Sicherung" (PASS) als Scientific Use File zur Verfügung.

Entwicklung und Pflege: Konstante Änderung

Die Geschichte des SGB II hat gezeigt, dass nur eines gleich bleibt, nämlich der ständige Wandel. Bei der Aufbereitung der SGB-II-Prozessdaten existiert daher die große Konstante: „Laufende Änderungen". Die mindestens jährlich aktualisierten Datensätze wie die Leistungshistorik Grundsicherung oder die Integrierten Erwerbsbiografien sollen auch über mehrere Versionen hinweg stabil und in annähernd gleicher Struktur und Qualität der Forschung zur Verfügung gestellt werden können. Daher müssen Änderungen und Anpassungen bereits beim Aufbau der SGB-II-Prozessdatenbasis so berücksichtigt werden, dass sie möglichst k(l)eine Auswirkungen auf die Datensätze haben. Entsprechend ist die zentrale Aufgabe des Geschäftsbereichs Daten- und IT-Management (DIM), die Datenprodukte so stabil zu halten, dass Änderungen „unter der Haube" für die Forschungsprojekte keine Beeinträchtigung darstellen.

Wandel durch Gesetze und Rechtsprechung

Die für die Datenversorgung gravierendste Gesetzesänderung war sicherlich das Gesetz zur Weiterentwicklung der Organisation der Grundsicherungsträger vom 3. August 2010, das in den Folgejahren die SGB-II-Grundsicherungsträgerlandschaft verwandelt hat. So finden sich nun die gemeinsamen Einrichtungen dort, wo vorher Arbeitsgemeinschaften (ARGE) und Träger in getrennter Aufgabenwahrnehmung zu finden waren; zusätzlich wurde die Zahl der zugelassenen kommunalen Träger auf über 100 deutlich ausgeweitet.

Im Ergebnis werden seit 2012 bundesweit knapp ein Viertel der SGB-II-Leistungsberechtigten von den zugelassenen kommunalen Trägern betreut, wobei der Anteil von Bundesland zu Bundesland schwankt. Für die SGB-II-Forschung nimmt also die Bedeutung der über den XSozial-SGB-II-Standard gelieferten Prozessdatenmeldungen der kommunalen Träger weiter zu. Damit verbunden ist auch der Transfer der operativen Daten in neue IT-Systeme, der trotz sorgfältiger Vorbereitungen Spuren und Korrekturbedarf in den Datensätzen hinterließ.

Neben diesem Einschnitt kam es in den vergangenen Jahren zu einer Vielzahl weiterer gesetzlicher Änderungen und Ergänzungen bis hin zur Neufassung des SGB II im Jahr 2011. Diese Änderungen führten jeweils zu Anpassungen in der administrativen Umsetzung und hinterließen weitere Datenspuren. Beispielsweise wurden neue Mehrbedarfe oder Zuschüsse zu Versicherungsleistungen eingeführt oder mit dem Bildungs- und Teilhabepaket auf die verfassungsgerichtliche Aufforderung zur Berücksichtigung des soziokulturellen Existenzminimums von Kindern und Jugendlichen reagiert. Für die Datensätze bedeutet das: Anpassung der Aufbereitungsroutinen und viele neue Merkmale, die nicht nur zu generieren, sondern auch zu beschreiben sind. Das Gesetz zur Rechtsvereinfachung im SGB II vom Juli 2016 wird zwar erst 2017 in den Datenprodukten relevant, allerdings waren bereits im Berichtszeitraum konzeptionelle Vorarbeiten zu leisten.

Weitere Änderungen der Datenbasis wurden durch rechtliche Änderungen außerhalb des SGB II ausgelöst, wie etwa die Anpassung der Altersrentengrenze, die zu einer modifizierten Definition von Erwerbsfähigkeit führte und in den Datensätzen nachvollzogen werden muss. Auch die 2009 und 2012 in Kraft getretenen Gesetze zur Neuausrichtung beziehungsweise Verbesserung der arbeitsmarktpolitischen Instrumente gehören zu den datentechnisch bedeutsamen Neuheiten im Berichtszeitraum. So erfordert zum Beispiel die größere Verbreitung des Gutschein-Prinzips neue Konzepte für die Datenhaltung, die 2013 für die Gutscheindaten zur Aktivierung und beruflichen Eingliederung nach § 45 SGB III umgesetzt wurden.

Anhang B: Zentrale Datengrundlagen der SGB-II-Forschung des IAB

Wechsel und Versionierung von Quellverfahren
Eine weitere wichtige Quelle für umfassende Änderungen und den entsprechenden Anpassungsbedarf sind immer wieder Modifikationen in den die Prozessdaten generierenden IT-Verfahren. Sowohl im Bereich der IT-Systeme der Arbeitsgemeinschaften beziehungsweise der gemeinsamen Einrichtungen als auch im Bereich der zugelassenen kommunalen Träger herrscht nach wie vor Dynamik.

Das von ARGEn/Trägern mit Getrennter Aufgabenwahrnehmung genutzte A2LL wurde kontinuierlich weiterentwickelt und nach Möglichkeit verbessert. Seit 2009 wurde die Ablösung von A2LL durch die IT-Verfahren ALLEGRO und zPDV vorbereitet. Dazu gehört auch die Neuorganisation der anschließenden Datenaufbereitung im Statistik-DWH und dem IAB, die 2015 abgeschlossen werden konnte.

Die Daten der zugelassenen kommunalen Träger stellen teilweise noch komplexere Herausforderungen dar. Bei den Trägern sind unterschiedliche Softwarepakete im Einsatz,[44] die Meldungen über den Datenlieferstandard XSozial-BA-SGB-II an die BA generieren. Sowohl die Software als auch der Datenübermittlungsstandard werden laufend neu versioniert. Daran anschließend erfolgen Modifikationen der Weiterverarbeitung für die BA-Statistik, der Forschung und seit 2010 auch der Kennzahlenvergleiche nach § 48 SGB II. Auf allen Ebenen finden also laufend Anpassungen und Optimierungen statt.

Wechsel und Neuversionierung von Software sind darüber hinaus Quelle für Datenqualitätsprobleme, da die Migration der Daten vor Ort mitunter nicht reibungslos funktioniert oder „Kinderkrankheiten" der Programme erst mit nachfolgenden Versionen behoben werden. Sie lösen sowohl im Statistik-DWH als auch im IAB rege Problembeschreibungen und -analysen aus, gefolgt von teils sehr aufwendigen Korrekturen. Dabei reagieren die Forschungsdaten im Vergleich zu statistischen Eckwerten sensibler auf Datenlücken oder Fehler, da eine ersatzweise Hochrechnung für tagesgenaue Zeitrauminformationen sehr viel anspruchsvoller ist als für Bestandsaggregate. Imputationen oder Schätzungen können daher nur in den Forschungsprojekten in Abhängigkeit von Fragestellung und Untersuchungsgesamtheit definiert werden.

Änderungen der Datenaufbereitungsroutinen
Verfolgt man nun den Weg der Informationen zu den Grundsicherungsfällen entlang des Datenverarbeitungsprozesses weiter, folgt nach der Erfassung und Speicherung in den Quellverfahren eine erste Grundkonsolidierungsstufe im Statistik-DWH der BA. Hier erfolgen erste ganz grundsätzliche Datenaufbereitung und -zusammenfassungen, die eine Weiterverarbeitung als Forschungsdaten erst ermöglichen. So ent-

---

44 Einige Hintergrundinformationen dazu finden sich in den Ergebnisberichten des Forschungsverbundes zur Evaluation der Optionsklausel (ISR et al. 2007 und ISR et al. 2008).

stehen zum Beispiel mithilfe eines Personenidentifikators[45] in sich konsolidierte und pseudonymisierte Konten.[46] In diesen ersten Datenaufbereitungsschritten führen die wechselnden Datenerfassungssysteme zu sich verändernden Datenstrukturen, sodass diese Datengrundlage der Forschungsdaten einem steten Wandel unterliegt.

Die Datenaufbereitungsarbeiten des IAB nutzen diese grundkonsolidierte Datenbasis und bauen daraus die forschungsorientierten SGB-II-Prozessdatensätze auf. Demzufolge müssen diese Prozessdatensätze an die sich verändernde Datenbasis angepasst werden. Konkret wird dies an der Leistungshistorik Grundsicherung (LHG), die schrittweise ausgebaut wurde. Durch die Nutzung des im Statistik-DWH integrierten Leistungskontos, das die Meldungen der gemeinsamen Einrichtungen wie der zugelassenen kommunalen Träger überschneidungsfrei enthält, konnte 2013 eine neue integrierte Version der LHG die bis dahin getrennten Datensätze LHG aus BA-Daten und XLHG aus XSozial-Daten ablösen.

Nur drei Jahre später erforderte die Revision der Leistungsstatistik neue Anpassungen: Bis dahin nicht vollständig in den Daten abgebildete Sondergruppen im SGB II sind mittlerweile ebenfalls verfügbar.[47] Da die Revision die Gelegenheit für eine neue Architektur der Statistikdaten bot, musste das erst 2014 im IAB eingeführte Verfahren „Leistungsstatistik SGB II – Stichprobenziehung des IAB" schon zwei Jahre später sehr aufwendig auf die neuen Datenstrukturen umgestellt werden.

Ein weiteres Beispiel zeigt, dass sich manchmal an der Oberfläche scheinbar wenig tut, während im Untergrund viele Ressourcen investiert werden: Um dem gesetzlichen Auftrag einer zeitnahen Wirkungsforschung gerecht werden zu können, wurden früher die Informationen zu Förderungen vom IAB in einer eigenen Datenbank gepflegt. Zwischenzeitlich erfolgte im Statistik-DWH eine Neuorganisation der Maßnahmedaten, wodurch die Datenversorgung in der alten Form nicht mehr gewährleistet war. Zur Umstellung auf die neuen Formate sind aktuell laufende, umfangreiche Programmierarbeiten erforderlich.

Technische und konzeptionelle (Weiter-)Entwicklungen der IAB-Produkte
Seit 2012 wurden alle in Anhangabbildung B1.1 dargestellten Forschungsdatenprodukte nicht nur den Veränderungen in der Datengrundlage angepasst, sondern auch fachlich-konzeptionell neu- oder weiterentwickelt.

Eine wichtige konzeptionelle Neuerung im Berichtszeitraum stellt die Integration von trägerspezifischen Lieferprofilen in die Leistungshistorik Grundsicherung

---

[45] Zur Zentralität eines übergreifenden Personenidentifikators für den Aufbau einer integrierten Datenbasis siehe Köhler und Thomsen (2009).
[46] Siehe Methodenberichte der Statistik der Bundesagentur für Arbeit (2011b) und (2011c).
[47] Siehe Methodenberichte der Statistik der Bundesagentur für Arbeit (2015) und (2016b) sowie Statistik der Bundesagentur für Arbeit (2016a).

(LHG) dar. Dadurch sind die Zeiträume der Meldelücke im Datensatz nachvollziehbar, wenn sich eine Meldelücke des Trägers an eine Leistungsepisode anschließt. Analysen über lange Zeiträume können nun sehr viel mehr Datensätze einbeziehen, weil nicht mehr pauschal nach Träger gefiltert werden muss, sondern lückenhafte Konten auf Individualebene aussortiert werden können. Regionale Lücken sind transparenter und können leichter auf ihre Bedeutung für die konkrete Forschungsfrage untersucht werden.

Die grundlegenden Änderungen in der Leistungshistorik Grundsicherung wurden oben bereits angesprochen (quellenübergreifende Daten ab 2013, Umstellung auf neues Quellsystem ALLEGRO 2015, neue Personengruppen und Integration der Information zu trägerspezifischen Meldelücken 2016). 2014 ersetzte das LST-S-Verfahren die LHG-Zusatzprodukte. Mit erweitertem Merkmalsumfang und verbesserter Qualität sind kalendermonatliche Finanzdaten der Bedarfe, Einkommen, Leistungs- und Zahlungsansprüche von SGB-II-Leistungsberechtigten verfügbar. Seit 2015 ergänzen Informationen zu Sanktionen das Angebot. 2016 sind Daten zu Bildung und Teilhabe neuer Bestandteil des Verfahrens.

Das Adminstrative Panel wurde 2015 eingestellt und durch die neu konzipierte „Stichprobe Integrierte Grundsicherungsbiografien" (SIG) abgelöst.

Als konzeptionelle und programmiertechnische Herausforderung gestaltete sich die Weiterentwicklung der Arbeitsuchendenhistorik aus XSozial-BA-SGB II (XASU), in der nun alle von den kommunalen Trägern gemeldeten erwerbsfähigen Personen mit ihrem Arbeitsuchestatus abgebildet sind. Im Gegensatz zu den Daten aus dem von den gemeinsamen Einrichtungen genutzten VerBIS, bei dem ein Status-Assistent zu weitgehend konsistenten Statusbestimmungen führt, kommen die Statusinformationen der von den zugelassenen kommunalen Trägern (zkT) betreuten Personen aus verschiedenen XSozial-Modulen, die sich nicht nur in Einzelfällen widersprechen. Die Inkonsistenzen sind konsolidiert und werden gleichzeitig im 2016 erstmals verfügbaren Datensatz weitgehend transparent dargestellt. Der neue XASU-Status wird in der quellenübergreifenden Berechnung der Dauer der Arbeitslosigkeit in den IEB verwendet und verbessert damit die Qualität dieser Information.

Für gemeldete erwerbsfähige Personen in den Arbeitsuchendenhistoriken aus beiden Quellsystemen sind seit 2014 zum Thema „Eingliederungsvereinbarungen" weitere Datensätze verfügbar.

Ebenfalls ergänzend wurde 2016 das Feld der Ausbildungssuche für die Forschung erschlossen. Die Ausbildungsmarkt-Bewerber-Daten (AMB) dokumentieren alle Ausbildungssuchenden, die ab Oktober 2008 von Agenturen für Arbeit (AA), gemeinsamen Einrichtungen (gE) oder zugelassenen kommunalen Trägern (zkT) betreut wurden. Die AMB basieren auf der Ausbildungsstellenmarkt-Statistik der

BA und beinhalten personenbezogen Zeiträume für Personen, die eine Ausbildung nach dem Berufsbildungsgesetz (BBiG) beziehungsweise der Handwerksordnung (HwO) suchen und vom BBiG-Vermittler als ausbildungsreif eingeschätzt werden (Bewerber).

Zwar ist der Einschaltungsgrad (gemeldete Ausbildungsstellen und gemeldete Bewerber gemessen an Gesamtangebot und Gesamtnachfrage) eher hoch, allerdings gibt es einen nicht quantifizierbaren Teil von suchenden Jugendlichen und Ausbildungsstellen, die nicht enthalten sind. Daher sind direkte Rückschlüsse auf die absoluten Zahlen von Gesamtangebot und Gesamtnachfrage aus dieser Datenbasis heraus nicht möglich.[48]

Alle diese Arbeiten wurden fachlich von themenspezifischen Arbeitsgruppen begleitet, in denen der Geschäftsbereich Daten- und IT-Management (DIM) mit den Forschungsbereichen und dem Forschungsdatenzentrum der BA im IAB (FDZ) das Design, die Fehlerbehandlungsalgorithmen und weitere Maßnahmen zur Qualitätssicherung abstimmte.

Ausblick

Die weitere Entwicklung der Gesetzgebung bleibt abzuwarten. Große Veränderungen der BA-IT-Systeme werden aktuell nicht erwartet. Es ist davon auszugehen, dass die Träger laufend ihre IT-Landschaft optimieren und dies auch künftig zu Softwarewechseln führt. Diese anhaltenden Änderungen in der IT-Landschaft sorgen weiterhin für kontinuierlichen Weiterentwicklungs- und Pflegeaufwand in der Forschungsdatenbasis.

Aufgrund des 9. Änderungsgesetzes muss mit den SGB-III-Leistungsdaten eine weitere Datenquelle in die Aufbereitung der XASU integriert werden, da sonst der Status der ALG-I-Aufstockenden nicht korrekt bestimmt werden kann.

Wegen der gestiegenen Bedeutung der kommunalen Träger soll 2017 geprüft werden, ob von zugelassenen kommunalen Trägern gemeldete Maßnahmen (XMTH) rückwirkend ab 2010 in die IEB integriert werden können, da sich abzeichnet, dass die Qualität der Daten in diesen Zeitraum für eine Integration ausreicht.

Auch die Instrumente der aktiven Arbeitsmarktpolitik werden kontinuierlich weiterentwickelt, sodass nach wie vor die Pflege alter und die Erschließung neuer Maßnahmeinformationen nötig ist.

---

48 Siehe Statistik der Bundesagentur für Arbeit (2012), S. 25.

Literatur

Bonin, Holger; Butschek, Sebastian; Knerr, Petra; Schröder, Helmut; Schütz, Holger; Steinwede, Jacob; Thomsen, Stephan Lothar; Walter, Thomas (2014): Evaluation „Programm zur berufsbezogenen Sprachförderung des Bundes für Personen mit Migrationshintergrund im Bereich des Bundes", Abschlussbericht, Bundesministerium für Arbeit und Soziales, Berlin.

Boockmann, Bernhard; Brändle, Tobias; Fervers, Lukas; Klee, Günther; Sippli, Khira; Apel, Helmut; Fuchs, Philipp; Bundesministerium für Arbeit und Soziales (Hrsg.) (2017): Evaluation des ESF-Bundesprogramms zur Eingliederung langzeitarbeitsloser Leistungsberechtigter nach dem SGB II auf dem allgemeinen Arbeitsmarkt – Zwischenbericht (Bundesministerium für Arbeit und Soziales, Forschungsbericht 485).

Brinkmann, Christian; Passenberger, Jürgen; Rudolph, Helmut; Spitznagel, Eugen; Stephan, Gesine; Thomsen, Ulrich; Roß, Hermann (2005): SGB II: Neue Herausforderungen an Statistik und Forschung. IAB-Forschungsbericht, 10/2005, Nürnberg.

Brussig, Martin; Aurich-Beerheide, Patrizia; Kirsch, Johannes; Knuth, Matthias; Pfeiffer, Friedhelm; Pohlan, Laura; Nolte, André; Bonin, Holger; Pagel, Nils; Gabler, Andrea; Nägele, Barbara; Puhe, Henry; Kleinemeier, Rita (2016): Evaluation des Bundesprogrammes Soziale Teilhabe am Arbeitsmarkt, Bundesministerium für Arbeit und Soziales, Duisburg.

IAW und ISG (2015): Evaluation der Modellprojekte „Bürgerarbeit". Endbericht.

ISR, IAJ, infas, Simma & Partner und WZB (2007): Evaluation der Experimentierklausel nach § 6c SGB II – Untersuchungsfeld 2: Implementations- und Governanceanalyse. Zwischenbericht 2007.

ISR, IAJ, infas, Simma & Partner und WZB (2008): Evaluation der Experimentierklausel nach § 6c SGB II – Untersuchungsfeld 2: Implementations- und Governanceanalyse. Abschlussbericht 2008.

Köhler, Markus; Thomsen, Ulrich (2009): Data integration and consolidation of administrative data from various sources. The case of Germans' employment histories. In: Historical social research, Vol. 34, No. 3, S. 215–229.

Oertel, Martina; Thomsen, Ulrich (2008): Process generated Research Data from the Basic Income Support System. Insights into the IAB Development Process (http://fdz.iab.de/en/FDZ_Events/NUKO2008/Program.aspx).

Statistik der Bundesagentur für Arbeit (Hg.) (2009a): Statistik der Arbeitslosen und Arbeitsuchenden. Qualitätsbericht, Nürnberg Juli 2009.

Statistik der Bundesagentur für Arbeit (Hg.) (2009b): Statistik der Grundsicherung für Arbeitsuchende nach dem SGB II. Qualitätsbericht, Nürnberg Dezember 2009.

Statistik der Bundesagentur für Arbeit (Hg.) (2010): Gemeldete erwerbsfähige Personen. Methodenbericht, Nürnberg Oktober 2010.

Statistik der Bundesagentur für Arbeit (Hg.) (2011a): Statistik zu Maßnahmen und Teilnehmenden an Maßnahmen der Arbeitsförderung. Qualitätsbericht, Nürnberg Oktober 2011.

Statistik der Bundesagentur für Arbeit (Hg.) (2011b): Integrierte Arbeitslosen-Statistik. Methodenbericht, Nürnberg März 2011.

Statistik der Bundesagentur für Arbeit (Hg.) (2011c): Integrierte Statistik zur Grundsicherung für Arbeitsuchende. Methodenbericht, Nürnberg April 2011.

Statistik der Bundesagentur für Arbeit (Hg.) (2012): Bewerber und Berufsausbildungsstellen. Reihe: Arbeitsmarkt in Zahlen – Ausbildungsstellenmarkt, Nürnberg, September 2012.

Statistik der Bundesagentur für Arbeit (Hg.) (2015): Revision der Statistik zur Grundsicherung für Arbeitsuchende nach dem SGB II. Erweitertes Zähl- und Gültigkeitskonzept. Methodenbericht, Nürnberg Juli 2015.

Statistik der Bundesagentur für Arbeit (Hg.) (2016a): Grundsicherung für Arbeitsuchende. Handbuch XSozial-BA-SGB II Version 3.0, Nürnberg April 2016.

Statistik der Bundesagentur für Arbeit (Hg.) (2016b): Revision der Statistik zur Grundsicherung für Arbeitsuchende nach dem SGB II. Revisionseffekte. Methodenbericht, Nürnberg Juli 2016.

Anhang B2
Das Administrative Panel SGB II (AdminP)/
Die Stichprobe Integrierte Grundsicherungsbiografien (SIG)

Kerstin Bruckmeier, Tobias Graf, Thorsten Lietzmann

Das Administrative Panel SGB II (AdminP) des IAB ist eine Individualdatenbasis für die Forschung zur Struktur und zum Verlauf des Leistungsbezugs in der Grundsicherung nach SGB II. Das AdminP ist das erste bundesweite Haushaltspanel aus Verwaltungsdaten in Deutschland, in dem Merkmale von SGB-II-Bedarfsgemeinschaften und ihren Mitgliedern gemeinsam analysiert werden können. Es besteht aus einer Zehn-Prozent-Zufallsstichprobe aller Bedarfsgemeinschaften mit Leistungsbezug in der Grundsicherung nach SGB II seit 2005 bis zum jeweils aktuellen Rand. Das AdminP ergänzt die vorhandenen Prozessdatenprodukte um Informationen zu allen Mitgliedern einer Bedarfsgemeinschaft und deren Erwerbsbiografien, die insbesondere für Fragestellungen zur Dynamik und Überwindung von Bedürftigkeit relevant sind. Damit erfüllt das AdminP wichtige Voraussetzungen für die SGB-II-Forschung: (1) Der Prozesscharakter von Arbeitsmarktintegration und Überwindung der Bedürftigkeit kann längsschnittbezogen herausgearbeitet werden, (2) der Zusammenhang von Leistungsbezug, Erwerbstätigkeit und Maßnahmenteilnahme kann in einer Verlaufsanalyse analysiert werden und (3) die Rolle des Haushaltskontextes für Bedürftigkeit und deren Überwindung kann untersucht werden.

Die Daten des AdminP stammen aus den Fachverfahren der Träger der Grundsicherung zur Leistungsgewährung nach SGB II, das heißt dem von der Bundesagentur für Arbeit (BA) verwendeten Verfahren A2LL sowie aus den von den zugelassenen kommunalen Trägern über den Datenstandard XSozial-BA-SGB II übermittelten Angaben. Diese Angaben wurden am IAB projektbezogen um weitere Informationen aus den Integrierten Erwerbsbiografien (IEB) oder der Arbeitsuchendenhistorik (ASU) verknüpft. Das AdminP diente im Berichtszeitraum als Forschungsgrundlage unter anderem für Analysen zu den Brückeneffekten von Minijobs im Leistungsbezug (Lietzmann et al. 2017), Bestand und Turnover in der Grundsicherung (Koller-Bösel et al. 2014) und zu Lebenslagen und Bedürftigkeit von Familien im SGB II (Rudolph et al. 2014).

Die Stichprobenziehung des AdminP beruht auf der Leistungshistorik Grundsicherung (LHG). Die grundlegenden Änderungen in der LHG, die mit der Umstellung auf das neue Quellsystem ALLEGRO im Jahr 2014 verbunden waren (siehe Anhang B1 Abschnitte „Wechsel und Versionierung von Quellverfahren" und „Technische und konzeptionelle (Weiter-)Entwicklungen der IAB-Produkte") führten zu einem Strukturbruch in der Ziehungsgrundlage des Administrativen Panels, den

Bedarfsgemeinschaftsnummern, sodass eine Fortführung nicht mehr möglich war. Das Administrative Panel wurde daher im Jahr 2015 eingestellt.

Im Berichtszeitraum wurde ein Nachfolgeprodukt, die „Stichprobe Integrierte Grundsicherungsbiografien" (SIG), konzipiert, welches eine Stichprobenziehung auf Personenebene vorsieht. Ermittelt werden zehn Prozent aller Personen, die im Beobachtungszeitraum jemals in einer Bedarfsgemeinschaft waren. Das Merkmalsspektrum bleibt bei der SIG weitgehend unverändert und beinhaltet bedarfsgemeinschaftsbezogene Informationen sowie Personeninformationen aller Stichprobenpersonen und der mit ihnen in einer Bedarfsgemeinschaft lebenden Personen, entnommen aus der LHG. Zusätzlich wird das neue Datenprodukt standardmäßig um die Erwerbs- und Arbeitsmarktinformationen aller Personen aus den Prozessdatenprodukten (X)ASU, (X)MTH und IEB ergänzt (siehe Anhang B1 Abschnitt „Vielfach integriertes und vielfältiges Datenangebot").

Das Nachfolgeprodukt dient ebenso wie das Administrative Panel als Grundlage vieler Projekte in der SGB-II-Wirkungsforschung des IAB. Darüber hinaus ist es geplant, eine anonymisierte Stichprobe der SIG über das Forschungsdatenzentrum externen Wissenschaftlerinnen und Wissenschaftlern zugängig zu machen.

Literatur

Koller-Bösel, Lena; Lietzmann, Torsten; Rudolph, Helmut (2014): Bestand und Turnover in der Grundsicherung. In: WSI-Mitteilungen, Jg. 67, H. 6, S. 450–458.

Lietzmann, Torsten; Schmelzer, Paul; Wiemers, Jürgen (2017): Marginal employment for welfare recipients: stepping stone or obstacle? In: Labour, Vol. 31, No. 4, S. 394-414.

Rudolph, Helmut; Koller, Lena; Lietzmann, Torsten; Makrinius, Doreen (Mitarb.); Gerullis, Maria (Mitarb.); Tanis, Kerstin (Mitarb.) (2014): Lebenslagen von Familien und Bedarfsgemeinschaften im Leistungsbezug SGB II. Beitrag zur Lebenslagenberichterstattung in Hamburg. In: B. f. A. S. F. u. I. Hamburg (Hrsg.): Sozialbericht der Freien und Hansestadt Hamburg, Hamburg, 91 S.

Anhang B3
Das Panel „Arbeitsmarkt und soziale Sicherung" (PASS)
Mark Trappmann

Ziel von PASS ist es, Forscherinnen und Forschern am IAB ebenso wie externen Wissenschaftlerinnen und Wissenschaftlern eine Datenbasis zur Verfügung zu stellen, mit der sich zentrale Fragestellungen der SGB-II-Forschung beantworten lassen. Die forschungsleitenden Fragen sind (vgl. Achatz et al. 2007):
1. Welche Wege führen aus dem Bezug von Arbeitslosengeld II?
2. Wie verändert sich die soziale Lage betroffener Haushalte im Leistungsbezug?
3. Wie verändern sich Einstellungen (z. B. Konzessionsbereitschaft) und Handlungsweisen (z. B. Suchintensität und Suchstrategien) betroffener Personen?
4. Wie gestalten sich Interaktionen zwischen Grundsicherungsempfängerinnen und -empfängern und Trägern der Grundsicherung? Welche Auswirkungen haben sie auf die Abgangschancen?
5. Welche Erwerbsverlaufsmuster oder Haushaltsdynamiken führen in den Bezug von Arbeitslosengeld II?

Das IAB hat in Kooperation mit Rainer Schnell (Universität Duisburg-Essen) ein Erhebungsdesign entwickelt, das aufgrund des komplexen Stichprobendesigns nicht nur eine hervorragende Datenbasis für die Beantwortung der eingangs genannten zentralen Fragen schafft, sondern darüber hinaus eine wichtige empirische Grundlage für die Arbeitsmarkt-, Armuts- und Sozialstaatsforschung in Deutschland darstellt (Schnell 2007; Rudolph/Trappmann 2007).

Da es sich bei der Grundsicherung für Arbeitsuchende um eine haushalts- (bzw. bedarfsgemeinschafts-)bezogene Sozialleistung handelt, müssen die Haushaltskontexte von Leistungsempfängerinnen und Leistungsempfängern berücksichtigt werden, um die individuellen und sozialen Folgen der Reform adäquat untersuchen zu können. Zudem erfordern die Forschungsfragen die Untersuchung individueller Längsschnitte. Das PASS ist daher als Haushaltspanel mit jährlichem Erhebungsrhythmus konzipiert.

Befragungsinhalte

Bei der Erhebung wird zunächst der Haushaltsvorstand zu Themen befragt, die den gesamten Haushalt betreffen (z. B. Haushaltszusammensetzung, Wohnen, Konsumgüterausstattung, Kinderbetreuung). Im Anschluss geben alle Haushaltsmitglieder ab 15 Jahren in Personeninterviews Auskunft über ihre persönliche Lebenssituation (z. B. Erwerbsstatus, Einkommen, Gesundheit, soziale Netzwerke) sowie über Einstellungen (z. B. Lebenszufriedenheit, Konzessionsbereitschaft) und Verhaltensweisen

Anhang B3: Das Panel „Arbeitsmarkt und soziale Sicherung" (PASS)

(z. B. bei der Arbeitsuche). Eine zentrale Rolle spielen bei Befragten mit Grundsicherungsbezug Fragen zur subjektiven Einschätzung ihrer Kontakte zu den Trägern dieser Leistung sowie Fragen zu Maßnahmenteilnahmen oder Sanktionen. Das jährlich erhobene Standardprogramm wird in jedem Jahr um Schwerpunktthemen ergänzt. Die bisherigen Schwerpunktthemen waren Altersvorsorge (Welle 3), soziale Beziehungsnetze (Welle 3, 5 und 9), Gesundheit (Welle 3, 6 und 9), Stellenannahme- und Mobilitätsbereitschaft (Welle 5), Persönlichkeitsmerkmale (Welle 5), Vereinbarkeit von Beruf und Familie (Welle 5 und 9), Gerechtigkeitserfahrungen (Welle 6) soziale Teilhabe von Kindern sowie das Bildungs- und Teilhabepaket für Kinder und Jugendliche (Wellen 6–10), sportliche Aktivitäten (Welle 6–8), Qualität der Beschäftigung (Wellen 7–10), Financial Literacy (Welle 7), Stigmatisierung (Welle 7), subjektive Einstellung zu Arbeitsmarktchancen (Welle 8–9), Mindestlohn (Welle 9–10) sowie Migration und Sprache (Welle 10). Einen Überblick über das Befragungsprogramm der ersten zehn Wellen gibt Anhangabbildung B3.1:

Anhangabbildung B3.1
Befragungsprogramm des Panels „Arbeitsmarkt und soziale Sicherung" (PASS)
(Stand: Welle 10, 2016)

Soziodemografie	Ökonomische Situation	Soziale Situation	Arbeitslosigkeit und Leistungsbezug	Einstellungen und Persönlichkeit
Haushaltsebene				
Größe und Zusammensetzung des Haushalts	Haushaltseinkommen	Wohnumfeld und Wohnkosten	ALG II (Beginn/Ende, Bezugsgründe ...)	
	Ersparnisse	Soziale Teilhabe von Kindern und Jugendlichen (Welle 6–10)	Bildungs- und Teilhabepaket (Welle 6–10)	
	Schulden	Kinderbetreuung	Weitere Leistungen der Grundsicherung	
	Lebensstandard (Deprivation)			
Personenebene				
Schul- und Berufsausbildung	Erwerbsbiografie	Gesundheit	ALG I	Lebenszufriedenheit
Derzeitiger Erwerbsstatus	Aktuelle Minijobs	Pflegetätigkeiten	Trägerkontakte	Arbeitsorientierung
Migrationshintergrund und Sprache	Erwerbseinkommen	Soziale Netzwerke	Teilnahme an Maßnahmen (z. B. Ein-Euro-Jobs)	Vereinbarkeit von Familie und Beruf, Geschlechterrollen (Welle 5, 8, 9, 10)
	Renten, Pensionen			
Soziale Herkunft	Altersvorsorge (Welle 3)	Soziale Teilhabe	Arbeitsuche	Einstellungen zum Mindestlohn (Welle 9–10)
	Qualität der Beschäftigung (Wellen 7–10)	Sportliche Aktivitäten (Welle 6–8)	Gerechtigkeitserfahrungen (Welle 6)	Persönlichkeit: Selbstwirksamkeit, Big Five (Welle 5), Impulsivität (Welle 10)
	Financial Literacy (Welle 7)	Social Media (Welle 6–8)	Stigmatisierung (Welle 7)	Reziprozität (Welle 9–10)
				Subjektive Arbeitsmarktchancen (Welle 8–9)

Stichproben- und Erhebungsdesign

Die Ausgangsstichprobe des PASS setzt sich aus zwei Teilstichproben zusammen. Dabei handelt es sich zum einen um eine Stichtagsstichprobe von Haushalten mit mindestens einer SGB-II-Bedarfsgemeinschaft, die aus Prozessdaten der Bundesagentur für Arbeit gezogen wird, zum anderen um eine Stichprobe der Wohnbevölkerung in Deutschland. Es steht somit eine bevölkerungsrepräsentative Vergleichsgruppe für die Leistungsempfängerinnen und -empfänger zur Verfügung, für die dieselben Konstrukte in derselben Erhebung gemessen werden. Da die Inklusionswahrscheinlichkeiten für alle Elemente der Grundgesamtheit bekannt sind, kann mithilfe von Hochrechnungsfaktoren sowohl jede Stichprobe einzeln auf die jeweilige Grundgesamtheit als auch die Gesamtstichprobe auf alle Haushalte der Wohnbevölkerung hochgerechnet werden (vgl. Rudolph/Trappmann 2007).

Die zum ersten Stichtag gezogene SGB-II-Stichprobe verliert im Zeitverlauf an Aktualität und Relevanz, da sie nach der ersten Welle nicht mehr auf die Gesamtheit aller aktuellen Grundsicherungsempfängerinnen und Grundsicherungsempfänger hochgerechnet werden kann. Daher wird diese jährlich um Neuzugänge zum Grundsicherungsbezug aufgefrischt, die zum Stichtag der aktuellen Welle, aber zu keinem der Stichtage der vorangehenden Wellen, Leistungen bezogen haben. Somit lassen sich alle Befragten, die (weiterhin) Grundsicherungsleistungen beziehen, auf alle aktuellen Grundsicherungsbeziehenden in Deutschland hochrechnen. Zudem können die Zugangsstichproben verwendet werden, um die Einflussfaktoren auf Zugänge zum Grundsicherungsbezug zu analysieren (vgl. Trappmann et al. 2010; Trappmann et al. 2013). In Welle 10 im Jahr 2016 wurden in der Zugangsstichprobe Neuzugänge zur Grundsicherung mit syrischer und irakischer Nationalität mit höherer Wahrscheinlichkeit in die Stichprobe einbezogen. Dieses Oversampling ermöglicht separate Analysen für diese Teilgruppe.

Feldarbeit und Fallzahlen

Die Erhebung wird in einer flexiblen Mischung aus persönlich-mündlicher (CAPI) und telefonischer (CATI) Befragung durchgeführt. Damit wird eine Optimierung von Erreichbarkeit und Kooperationsbereitschaft unter Budgetrestriktionen angestrebt. Aufgrund der für Befragungen schwierigen Stichprobe mit erhöhten Anteilen gering qualifizierter Personen sowie Migrantinnen und Migranten wurde eine Reihe von Maßnahmen implementiert, die eine möglichst hohe Teilnahmequote garantieren sollen. Dazu gehören studienspezifische Interviewertrainings zur Einwandbehandlung ebenso wie monetäre Incentives für Befragte, fremdsprachige Interviews (russisch und türkisch, ab Welle 10 arabisch) und intensive Recherchen und Panelpflegemaßnahmen vor und zwischen den Wellen (vgl. Trappmann et al. 2013). Seit 2012 kommt zudem ein adaptives Design der Feldarbeit zum Einsatz, in dessen Rahmen Interventionen experimentell erprobt und in späteren Phasen der Feldarbeit bis dahin unterrepräsentierte Gruppen gezielt mit erhöhtem Aufwand bearbeitet werden (vgl. Trappmann/Müller 2015).

Seit 2007 wird PASS jährlich mit anfänglich mehr als 12.000 Haushalten nach diesem Design erhoben. Die Feldarbeit der ersten drei Wellen wurde an TNS Infratest vergeben. Im Rahmen einer Neuausschreibung kam ab 2010 infas als neuer Partner für die Feldarbeit zum Zuge.

In Panelstudien gelingt es nie, alle Haushalte im Folgejahr erneut zu befragen. Ein Teil der Vorjahresbefragten fällt durch Tod oder Fortzüge ins Ausland (sogenannte neutrale Ausfälle) oder durch Nichterreichbarkeit oder Verweigerung der Teilnahme (systematische Ausfälle) aus. Trotz großer Bemühungen können durchschnittlich 15 bis 20 Prozent der Haushalte in der Folgewelle nicht wiederbefragt werden. Zwar kehren etwa 20 bis 25 Prozent dieser Haushalte in der übernächsten Welle zurück, dennoch führt dies auf Dauer zu einer deutlichen Abnahme der Stichprobengröße. Um dem damit einhergehenden Verlust statistischer Aussagekraft entgegenzuwirken, wurden vor Welle 5 und 11 die Bevölkerungsstichprobe und vor Welle 5 die Prozessdatenstichprobe aufgestockt (vgl. Berg et al. 2012, Kapitel 6.1). Da sie für die Arbeitsmarkt- und Grundsicherungsforschung nur von begrenztem Interesse sind, wurde eine zufällig ausgewählte Hälfte (n = 454) aller reinen Seniorenhaushalte (alle Haushaltsmitglieder sind älter als 67 Jahre) in Welle 9 letztmalig befragt. Zuletzt wurden in Welle 11 13.703 Personen in 9.420 Haushalten befragt, darunter 772 Haushalte mit einem Haushaltsvorstand mit syrischer oder irakischer Nationalität.

Anhangabbildung B3.2 zeigt die Entwicklung der Fallzahlen in den ersten neun Wellen auf Haushaltsebene.

Anhang B: Zentrale Datengrundlagen der SGB-II-Forschung des IAB

Anhangabbildung B3.2
Entwicklung der Fallzahlen des PASS bis Welle 9

Anzahl befragter Haushalte pro Welle

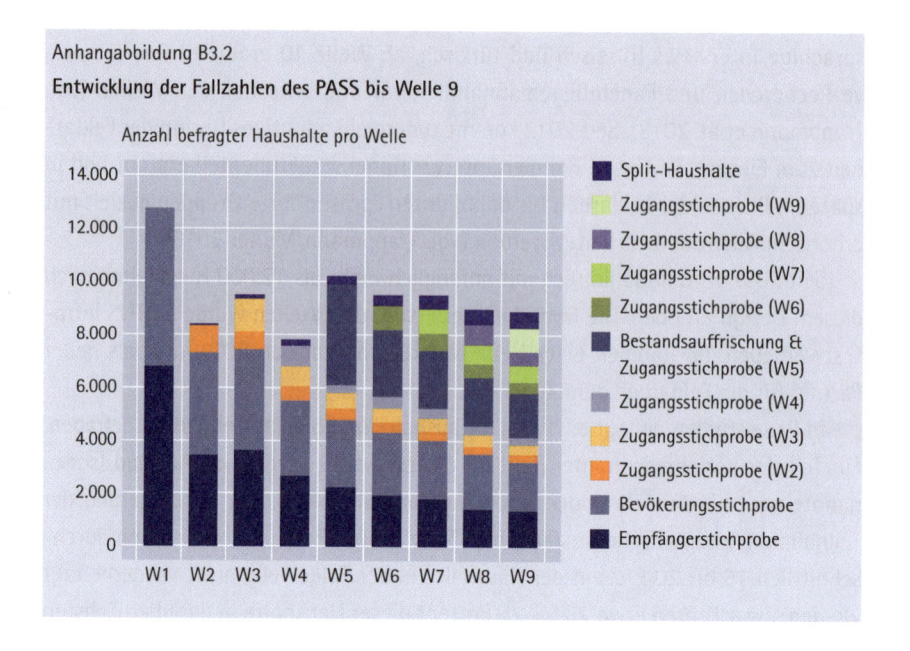

- Split-Haushalte
- Zugangsstichprobe (W9)
- Zugangsstichprobe (W8)
- Zugangsstichprobe (W7)
- Zugangsstichprobe (W6)
- Bestandsauffrischung & Zugangsstichprobe (W5)
- Zugangsstichprobe (W4)
- Zugangsstichprobe (W3)
- Zugangsstichprobe (W2)
- Bevökerungsstichprobe
- Empfängerstichprobe

Im Rahmen der Erhebung wird die Zustimmung zur Verknüpfung der individuellen Befragungsdaten mit Prozessdaten der Bundesagentur für Arbeit eingeholt: Die Zustimmungsquote lag nach der elften Welle bei 89,0 Prozent der befragten Personen unter 65 Jahren (ohne Schüler). Für einen Großteil der Befragten kann daher das Analysepotenzial durch die gemeinsame Verwendung von Prozess- und Befragungsdaten deutlich erhöht werden.

Datenzugang und Dokumentation

Derzeit sind die ersten zehn Wellen des PASS als Scientific Use File über das Forschungsdatenzentrum der BA im IAB verfügbar. Auf der Website des FDZ (https://fdz.iab.de/en/FDZ_Individual_Data/PASS.aspx) steht ausführliches Dokumentationsmaterial zur Verfügung. Interessierten wird insbesondere der User Guide (Bethmann et al. 2013) und der wellenspezifische Datenreport empfohlen (für Welle 10: Berg et al. 2017). Die Feldarbeit der elften Welle wurde im September 2017 beendet. Der zugehörige Scientific Use File wird im Lauf des Jahres 2018 veröffentlicht.

Seit 2014 steht mit PASS-ADIAB zudem auch externen Nutzerinnen und Nutzern ein standardisiertes Datenprodukt zur Verfügung, in dem die Befragungsdaten von PASS mit administrativen Daten der Bundesagentur für Arbeit verknüpft sind (Antoni et al. 2017; Antoni/Bethmann 2018).

Methodische Begleitforschung

In den vergangenen Jahren wurde die intensive methodische Begleitforschung zu PASS fortgesetzt, die Datenqualität und Fehlerquellen in PASS umfassend untersucht. Dabei waren insbesondere Nonresponse (Trappmann et al. 2015; Felderer et al. 2018) und dessen Reduzierung durch ein adaptives Design der Feldarbeit (Kreuter/Müller 2015; Trappmann/Müller 2015) sowie Möglichkeiten zur Nonresponse-Korrektur (West et al. 2014; Sinibaldi et al. 2014), Messfehler (Eggs/Jäckle 2015; Eggs 2016), der Zusammenhang zwischen Nonresponse und Messfehlern (Kreuter et al. 2014), Panel Conditioning (Bach/Eckman 2018) und Interviewereffekte (West et al. 2013; Josten/Trappmann 2016) Gegenstand der Forschung.

Literatur

Achatz, Juliane; Hirseland, Andreas; Promberger, Markus (2007): Rahmenkonzept für das IAB-Panel „Arbeitsmarkt und Soziale Sicherung". In: M. Promberger (Hrsg.): Neue Daten für die Sozialstaatsforschung. Zur Konzeption der IAB-Panelerhebung „Arbeitsmarkt und Soziale Sicherung", IAB-Forschungsbericht, 12/2007, Nürnberg, S. 11–32.

Antoni, Manfred; Bethmann, Arne (2018): PASS-ADIAB – linked survey and administrative data for research on unemployment and poverty. In: Jahrbücher für Nationalökonomie und Statistik, online first, 10 S.

Antoni, Manfred; Dummert, Sandra; Trenkle, Simon (2017): PASS-Befragungsdaten verknüpft mit administrativen Daten des IAB (PASS-ADIAB) 1975–2015. FDZ-Datenreport, 06/2017 (de), Nürnberg, 91 S.

Bach, Ruben L.; Eckman, Stephanie (2018): Participating in a panel survey changes respondents' labour market behaviour. Journal of the Royal Statistical Society: Series A (Statistics in Society), online first.

Berg, Marco; Cramer, Ralph; Dickmann, Christian; Gilberg, Reiner; Jesske, Birgit; Kleudgen, Martin; Bethmann, Arne; Fuchs, Benjamin; Trappmann, Mark; Wurdack, Anja (2012): Codebuch und Dokumentation des „Panel Arbeitsmarkt und soziale Sicherung" (PASS). Datenreport Welle 5. FDZ-Datenreport, 06/2012 (de), Nürnberg, 192 S.

Berg, Marco; Cramer, Ralph; Dickmann, Christian; Gilberg, Reiner; Jesske, Birgit; Kleudgen, Martin; Beste, Jonas; Dummert, Sandra; Frodermann, Corinna; Fuchs, Benjamin; Schwarz, Stefan; Trappmann, Mark; Trenkle, Simon (2017): Codebuch und Dokumentation des Panel „Arbeitsmarkt und soziale Sicherung" (PASS). Datenreport Welle 10. FDZ-Datenreport, 07/2017 (de), Nürnberg, 285 S.

Bethmann, Arne; Fuchs, Benjamin; Wurdack, Anja (Hrsg.) (2013): User guide „Panel Study Labour Market and Social Security" (PASS) – wave 6. FDZ-Datenreport, 07/2013 (en), Nürnberg, 112 S.

Eggs, Johannes (2016): Patterns and impact of longitudinal measurement error for welfare receipt. IAB-Bibliothek 362, Bielefeld: Bertelsmann, 136 S.

Eggs, Johannes; Jäckle, Annette (2015): Dependent interviewing and sub-optimal responding. In: Survey Research Methods, Vol. 9, No. 1, S. 15–29.

Felderer, Barbara; Müller, Gerrit; Kreuter, Frauke; Winter, Joachim (2018): The effect of differential incentives on attrition bias – evidence from the PASS Wave 3 incentive experiment. In: Field methods, Vol. 30, No. 1, S. 56–69.

Josten, Michael; Trappmann, Mark (2016): Interviewer effects on a network size filter question. In: Journal of Official Statistics, Vol. 32, No. 2, S. 349–373.

Kreuter, Frauke; Müller, Gerrit (2015): A note on improving process efficiency in panel surveys with paradata. In: Field methods, Vol. 27, No. 1, S. 55–65.

Kreuter, Frauke; Müller, Gerrit; Trappmann, Mark (2014): A note on mechanisms leading to lower data quality of late or reluctant respondents. In: Sociological Methods and Research, Vol. 43, No. 3, S. 452–464.

Rudolph, Helmut; Trappmann, Mark (2007): Design und Stichprobe des Panels „Arbeitsmarkt und Soziale Sicherung" (PASS). In: M. Promberger (Hrsg.): Neue Daten für die Sozialstaatsforschung. Zur Konzeption der IAB-Panelerhebung „Arbeitsmarkt und Soziale Sicherung", IAB-Forschungsbericht, 12/2007, Nürnberg, S. 60–101.

Schnell, Rainer (2007): Alternative Verfahren zur Stichprobengewinnung für ein Haushaltspanelsurvey mit Schwerpunkt im Niedrigeinkommens- und Transferleistungsbezug. In: M. Promberger (Ed.): Neue Daten für die Sozialstaatsforschung. Zur Konzeption der IAB-Panelerhebung „Arbeitsmarkt und Soziale Sicherung". IAB-Forschungsbericht, 12/2007, Nürnberg, S. 33–59.

Sinibaldi, Jennifer; Trappmann, Mark; Kreuter, Frauke (2014): Which is the better investment for nonresponse adjustment – purchasing commercial auxiliary data or collecting interviewer observations? In: Public Opinion Quarterly, Vol. 78, No. 2, S. 440–473.

Trappmann, Mark (2013): Anhang B3: Das Panel „Arbeitsmarkt und soziale Sicherung" (PASS). In: M. Dietz; P. Kupka; P. Ramos Lobato: Acht Jahre Grundsicherung für Arbeitsuchende. Strukturen – Prozesse – Wirkungen, IAB-Bibliothek 347, Bielefeld: Bertelsmann, S. 359–365.

Trappmann, Mark; Beste, Jonas; Bethmann, Arne; Müller, Gerrit (2013): The PASS panel survey after six waves. In: Journal for Labour Market Research, Vol. 46, No. 4, S. 275–281.

Trappmann, Mark; Gramlich, Tobias; Mosthaf, Alexander (2015): The effect of events between waves on panel attrition. In: Survey Research Methods, Vol. 9, No. 1, S. 31–43.

Trappmann, Mark; Gundert, Stefanie; Wenzig, Claudia; Gebhardt, Daniel (2010): PASS: a household panel survey for research on unemployment and poverty. In: Schmollers Jahrbuch, Jg. 130, H. 4, S. 609–622.

Trappmann, Mark; Müller, Gerrit (2015): Introducing Adaptive Design Elements in the Panel Study „Labour Market and Social Security" (PASS). In: Statistics Canada (Hrsg.): Beyond traditional survey taking: adapting to a changing world. Proceedings of Statistics Canada Symposium 2014, Quebec, 7 S.

Trappmann, Mark; Müller, Gerrit; Bethmann, Arne (2013): Design of the study. In: A. Bethmann; B. Fuchs; A. Wurdack (Hrsg.): User Guide „Panel Study Labour Market and Social Security" (PASS). Wave 6, FDZ-Datenreport, 07/2013 (en), Nürnberg, S. 13–22.

West, Brady T.; Kreuter, Frauke; Jaenichen, Ursula (2013): „Interviewer" effects in face-to-face surveys – a function of sampling, measurement error or non-reponse? In: Journal of Official Statistics, Vol. 29, No. 2, S. 277–297.

West, Brady T.; Kreuter, Frauke; Trappmann, Mark (2014): Is the collection of interviewer observations worthwhile in an economic panel survey? – new evidence from the German Labor Market and Social Security (PASS) Study. In: Journal of Survey Statistics and Methodology, Vol. 2, No. 2, S. 159–181.

Anhang B4
Die IAB-Stellenerhebung

Alexander Kubis, Andreas Moczall, Martina Rebien

Mit der IAB-Stellenerhebung werden Informationen über den Umfang und die Struktur der Arbeitskräftenachfrage in Deutschland und den Verlauf von Stellenbesetzungen gewonnen. Sie stellt eine einzigartige Datenquelle zur jährlichen Analyse des Verlaufs von Stellenbesetzungsprozessen dar. Sie ist eine quartalsweise durchgeführte Betriebsbefragung, die repräsentativ das gesamtwirtschaftliche Stellenangebot in Deutschland abbildet. Sie ermittelt die Gesamtzahl aller offenen Stellen am Arbeitsmarkt, einschließlich jener Stellen, die nicht der Bundesagentur für Arbeit (BA) gemeldet werden. Die Meldequote, also der Anteil der BA-gemeldeten an allen offenen Stellen, unterliegt im Zeitverlauf starken Schwankungen und unterscheidet sich systematisch zwischen Wirtschaftszweigen, Regionen und Berufen. Daher erlaubt allein die IAB-Stellenerhebung valide und unverzerrte Aussagen über die gesamtwirtschaftliche Arbeitsnachfrage.

Der Hauptfragebogen enthält Informationen zur Zahl und Struktur offener Stellen, zum erwarteten künftigen Arbeitskräftebedarf, zur wirtschaftlichen Lage und zur Entwicklung der befragten Betriebe in den vergangenen zwölf Monaten. Der Zusatzfragebogen enthält Fragen zum letzten Fall einer Neueinstellung und zum letzten Fall eines gescheiterten Rekrutierungsversuchs. Der Sonderfragebogen enthält wechselnde Themenblöcke und fragt zum Beispiel nach der betrieblichen Einschätzung und Nutzung aktueller arbeitsmarktpolitischer Instrumente oder nach den betrieblichen Einstellungsprozessen bei Langzeitarbeitslosen. Die IAB-Stellenerhebung ermöglicht sowohl aktuelle Analysen zum Arbeitsmarkt aus betrieblicher Sicht als auch die Beobachtung von Veränderungen im Zeitverlauf.

Geschichte und Charakter der Studie

Die IAB-Stellenerhebung ist eine Betriebsbefragung, die repräsentativ das gesamtwirtschaftliche Stellenangebot in Deutschland abbildet.
Das IAB verfolgt mit der schriftlichen Erhebung vier wesentliche Ziele:
- Bestimmung von Zahl und Struktur des gesamtwirtschaftlichen Stellenangebots unter Einschluss von Informationen zur wirtschaftlichen Lage und Entwicklung der befragten Betriebe,
- Untersuchung des Verlaufs von Stellenbesetzungsprozessen anhand detaillierter betrieblicher Angaben zum letzten Fall einer erfolgreichen Neueinstellung,

Anhang B4: Die IAB-Stellenerhebung

- Untersuchung der betrieblichen Einschätzung und Nutzung aktueller arbeitsmarktpolitischer Instrumente sowie
- Untersuchung des Umfangs, der Ursachen und der betrieblichen Auswirkungen von abgebrochenen Rekrutierungsversuchen.

Die Erhebung wird seit 1989 im vierten Quartal jedes Jahres schriftlich mit einem mehrteiligen Fragebogen durchgeführt. Seit 2002 können Betriebe an der Befragung auch online über Internet teilnehmen. Dieser Webfragebogen ist mit dem schriftlichen Fragebogen identisch. Neben dem Hauptfragebogen mit Fragen zu offenen Stellen, Arbeitskräftebedarf und zur wirtschaftlichen Lage gibt es einen Zusatz- und einen Sonderfragebogen. Der Zusatzfragebogen wird nur von Betrieben beantwortet, die im letzten Jahr Mitarbeiter neu eingestellt oder dies versucht haben. Er liefert Informationen zu Merkmalen der zuletzt besetzten Stelle, der eingestellten Person, zu Such- und Besetzungswegen einschließlich des Einschaltungsgrades der Arbeitsvermittlung, zu Such- und Besetzungszeiten, Bewerberzahlen, Besetzungsschwierigkeiten sowie über gemachte Kompromisse. Die regelmäßige und detaillierte Abbildung von Stellenbesetzungsprozessen ist weltweit ein Alleinstellungsmerkmal der IAB-Stellenerhebung.

Die in einer Zufallsstichprobe ausgewählten Betriebe bekommen zu Beginn des vierten Quartals einen mehrseitigen Fragebogen zugesandt. Die Feldzeit reicht bis Ende Dezember. Haupt- und Zusatzfragebogen sind von Welle zu Welle im Wesentlichen gleich, abgesehen von redaktionellen Änderungen und der Verlagerung von Schwerpunkten. Der Sonderfragebogen ändert sich hingegen mit jeder Befragungswelle. Im Sonderfragebogen wird seit 2000 die betriebliche Einschätzung und Nutzung aktueller arbeitsmarktpolitischer Instrumente erfragt. Seit dem Jahr 2005 enthält dieser Fragen von besonderem Interesse für die SGB-II-Forschung, insbesondere zu den Beschäftigungschancen langzeitarbeitsloser Personen, sowie von 2005 bis 2013 zur betrieblichen Nutzung und Einschätzung von Ein-Euro-Jobs. Eine erweiterte achtseitige Fassung des Fragebogens mit diesen Fragen ging in diesem Zeitraum deshalb an die Wirtschaftszweige im öffentlichen Sektor, in welchen die überwiegende Zahl der Ein-Euro-Jobs angeboten und durchgeführt wurde; alle anderen Betriebe erhielten die sechsseitige Fassung ohne die Fragen zu Ein-Euro-Jobs. Seit dem Jahr 2014 werden sämtliche SGB-II-relevanten Sonderfragen an alle angeschriebenen Betriebe versendet.

In der jüngeren Vergangenheit konnten so Fragen zu den Arbeitsgelegenheiten in der Mehraufwandsvariante (2005–2013), zu den Beschäftigungschancen arbeitsloser Personen (2011–2016), zur sozialen Vielfalt (2014), zu Beschäftigungschancen von Personen ab 50 Jahren (2013–2014) sowie deren Tätigkeitsinhalten (2014–2015), oder zu Übergängen in den Ruhestand (2015) gestellt werden. Im

Jahr 2016 wurden Fragen zu „arbeitsrelevanten Erfahrungen mit Geflüchteten" in den Sonderfragebogen mit aufgenommen.

Um das weite Feld dieser SGB-II-relevanten Aspekte abdecken zu können, werden die entsprechenden Fragen variiert und Anpassungen in der Fragestellung nahezu jährlich vorgenommen.

Seit 2005 finden im ersten, zweiten und dritten Quartal des jeweiligen Folgejahres einer schriftlichen Befragungswelle kurze telefonische Nachbefragungen zu den Kernfragen unter den Teilnehmenden der Hauptbefragung statt. Diese telefonischen Quartalsbefragungen ergänzen die schriftliche Hauptbefragung im jeweils vierten Quartal. Erfragt und aktualisiert werden die wichtigsten Eckdaten aus dem Hauptfragebogen. Hierunter fällt unter anderem die Zahl der Beschäftigten eines Betriebes, seine Einschätzung der Beschäftigungsentwicklung und die Zahl der offenen Stellen. Auch hier sind jeweils SGB-II-spezifische Sonderfragen enthalten.

Der SGB-II-Finanzierungsanteil liegt im schriftlichen Fragebogen der IAB-Stellenerhebung bei 15,2 Prozent und in den telefonischen Nacherhebungen bei 14,6 Prozent.

Grundgesamtheit und Stichprobenziehung der Hauptbefragung

Grundgesamtheit der Befragung im vierten Quartal eines jeweiligen Jahres sind sämtliche Betriebe mit mindestens einem sozialversicherungspflichtig Beschäftigten im Juni (bis Welle 2004) beziehungsweise Dezember (ab Welle 2005) des *Vorjahres* unter Ausschluss der Privathaushalte. „Betrieb" bezieht sich dabei auf eine wirtschaftliche Einheit nach dem Betriebsnummernkonzept des Betriebsnummern-Service der Bundesagentur für Arbeit (Bundesagentur für Arbeit 2013). Die für die Stichprobenziehung genutzte Grundgesamtheit der IAB-Stellenerhebung entstammt dem jeweils aktuell verfügbaren Adressenbestand der Beschäftigtenstatistik der Bundesagentur für Arbeit. In der Regel ist dieser zum Zeitpunkt der Stichprobenziehung rund acht Monate alt.

Aus dieser Grundgesamtheit wird jedes Jahr erneut eine disproportional geschichtete Zufallsbruttostichprobe gezogen. Geschichtet wird nach der Region, Betriebsgrößenklasse sowie nach Wirtschaftszweig, sodass eine dreidimensionale Stichprobenmatrix entsteht. In den Wellen 2005 bis 2013 wurde darüber hinaus eine Ergänzungsstichprobe im öffentlichen Sektor für die Erhebung der Ein-Euro-Jobs nach gleichem Schema gezogen. Nur in der Welle 2005 wurde außerdem aufgrund des geringen Rücklaufs nach Beginn der Feldphase eine weitere Ergänzungsstichprobe zur Erhöhung der Fallzahlen gezogen. In beiden Fällen wurden vor der Ziehung der Ergänzungsstichproben die bereits gezogenen Betriebe aus der Ziehungsgesamtheit entfernt. Aus dieser Bruttostichprobe werden all jene Betriebe ausgeschlossen, die bei vergangenen Befragungen des IAB geäußert haben, nicht mehr zur Teilnahme aufgefordert werden zu wollen, um zur bereinigten Versandstichprobe zu gelangen.

Sämtliche Betriebe der Versandstichprobe werden Anfang Oktober schriftlich per Post kontaktiert und zur Teilnahme aufgefordert. Die Sendung umfasst ein Anschreiben, eine Datenschutzerklärung, den Fragebogen sowie ein Blatt mit Ausfüllhinweisen und Antworten auf häufig gestellte Fragen. Wenige Wochen später wird eine zweite Postsendung versandt, deren Anschreiben an die Teilnahme erinnert und ansonsten den gleichen Umfang und Inhalt hat. Weiterhin ist auf den Anschreiben vermerkt, telefonische Rückfragen an eine ganztägig besetzte Hotline richten zu können. Die Feldphase dauert in der Regel bis Anfang Januar, wobei das Gros des Rücklaufes Mitte Oktober/Anfang November beziehungsweise Mitte November/Anfang Dezember erfolgt.

Repräsentativität

Einzelheiten und Hintergründe zum verwendeten Hochrechnungsverfahren liefert der IAB-Forschungsbericht Nr. 4/2016 (Brenzel et al. 2016). Zur Berechnung der Betriebsgewichte werden folgende Schritte durchgeführt:

1. Berechnung der Designgewichte für jede Zelle der Stichprobenmatrix als Inverse des jeweiligen Auswahlsatzes.
2. Multiplikation der Designgewichte mit dem Gewicht aus einer Non-Response-Modellierung. Dies erfolgt auf Basis eines logistischen Regressionsmodells, bei dem die Betriebsgrößenklasse, der Wirtschaftszweig, das durchschnittliche Tagesentgelt sowie das Durchschnittsalter der Beschäftigten den administrativen Daten der Bundesagentur für Arbeit entnommen und als Hilfsvariablen verwendet werden. Das Non-Response-Gewicht ist die Inverse der geschätzten Antwortwahrscheinlichkeit.
3. Kalibrierung der Designgewichte als Startgewichte eines generalisierten Regressionsschätzers (GREG) mit dem Ziel, Eckwerte der Ankervariablen „Zahl der Betriebe" und „Anzahl der sozialversicherungspflichtigen Beschäftigten" in allen Zellen der Stichprobenmatrix exakt zu erreichen.

In den schriftlichen Befragungen im vierten Quartal werden jeweils etwa 3,9 Prozent der deutschen Betriebe mit sozialversicherungspflichtigen Beschäftigten angeschrieben. So wurden im vierten Quartal 2016 rund 85.000 Betriebsstätten angeschrieben. Der endgültige Rücklauf nach Versendung eines Erinnerungsschreibens beläuft sich im vierten Quartal auf zwischen 11.500 und 15.100 auswertbare Fragebögen, was einer Rücklaufquote (Zahl der verwertbaren Fragebogen im Verhältnis zur bereinigten Versandstichprobe) von 15 bis 20 Prozent entspricht.

Für die telefonischen Quartalsbefragungen werden aus den Teilnehmenden an der schriftlichen Hauptbefragung im vierten Quartal zufällig Betriebe für eine kurze telefonische Nachbefragung in den drei Folgequartalen gezogen, bis in jedem der drei nachfolgenden Quartale mindestens 9.000 Betriebe vorliegen. Die Nettostichprobe der schriftlichen Hauptbefragung stellt damit die Bruttostichprobe für die telefonischen Nachbefragungen dar. Für jedes der Folgequartale wird ein eigenes Betriebsgewicht berechnet, welches sich aus dem Betriebsgewicht der Hauptbefragung im vierten Quartal des Ursprungsjahres und dem Ergebnis einer weiteren Non-Response-Modellierung für das jeweilige Folgequartal zusammensetzt.

Fazit

Die IAB-Stellenerhebung ermöglicht repräsentative Aussagen zu betrieblichen Einstellungsprozessen. Insbesondere durch die im Sonderfragebogenteil detailliert abgefragten SGB-II-Themenkomplexe stehen Informationen über betriebliche Einschätzungen zu Langzeitarbeitslosen und von Langzeitarbeitslosigkeit Bedrohten zur Verfügung. Sie gewährleistet hierdurch die Bearbeitung verschiedener SGB-II-Forschungsthemen des IAB, welche im Rahmen der SGB-II-Zielvereinbarungsgespräche mit dem Bundesministerium für Arbeit und Soziales regelmäßig abgestimmt und konkretisiert werden.

Literatur

Bundesagentur für Arbeit (2013): Betriebsnummernvergabe (https://www3.arbeitsagentur.de/web/wcm/idc/groups/public/documents/webdatei/mdaw/mtax/~edisp/l6019022dstbai391187.pdf [14.12.2016]).

Brenzel, Hanna; Czepek, Judith; Kiesl, Hans; Kriechel, Ben; Kubis, Alexander; Moczall, Andreas; Rebien, Martina; Röttger, Christof; Szameitat, Jörg; Warning, Anja; Weber, Enzo (2016): Revision der IAB-Stellenerhebung. Hintergründe, Methode und Ergebnisse. IAB-Forschungsbericht, 04/2016, Nürnberg.

Anhang B5
Qualitatives Panel „Armutsdynamik und Arbeitsmarkt – Entstehung, Verfestigung und Überwindung von Hilfebedürftigkeit bei Erwerbsfähigen" mit den Ergänzungsmodulen *Modul 1* „Lebenszusammenhänge in Mehrpersonenbedarfsgemeinschaften" und *Modul 2* „Integrationsprobleme von Leistungsbeziehenden mit Migrationshintergrund"

Andreas Hirseland

Einleitende Bemerkungen zum Forschungskontext

Das zwischen 2006 und 2012 durchgeführte qualitative Panel „Armutsdynamik" hat exemplarische Fälle von Leistungsbeziehenden über lange Zeit verfolgt und rekonstruiert. Das Panel zielte darauf ab, Prozesse der Überwindung wie auch der Verstetigung und Verfestigung von Hilfebedürftigkeit im Kontext der Aktivierungspolitik des SGB II zu beobachten. Besonderes Augenmerk lag dabei auf der Entwicklung von (sozialer) Teilhabe im Langzeitbezug.[49] Da es sich bei dem Forschungsdesign um eine Individualbefragung handelte, die zudem aufgrund der eingesetzten narrativ-themenzentrierten Interviewverfahren ausschließlich Studienteilnehmende mit muttersprachlichen oder sehr guten Deutschkenntnissen einbezog,[50] ergaben sich Forschungslücken, die in den Jahren 2013 bis 2016 durch zwei Ergänzungsmodule geschlossen wurden.

Das erste Ergänzungsmodul untersucht Mehrpersonenbedarfsgemeinschaften, die im Panel nur auf Ebene einzelner Bedarfsgemeinschaftsmitglieder vertreten waren. Im zweiten Ergänzungsmodul wurden Leistungsbeziehende mit Migrationshintergrund beforscht, insbesondere wenn diese die deutsche Sprache nur eingeschränkt beherrschen. Mit Blick auf beide Gruppen ergeben sich Fragen der Wechselwirkungen zwischen Grundsicherung und Aktivierungsstrategien auf der einen und lebensweltlichen Strukturen und Handlungsmustern auf der anderen Seite. Diese Wechselwirkungen werden durch intensive qualitative Beforschung näher exploriert.

---

[49] Vgl. Hirseland, Andreas; Ramos Lobato, Philipp (2010): Armutsdynamik und Arbeitsmarkt – Entstehung, Verfestigung und Überwindung von Hilfebedürftigkeit bei Erwerbsfähigen. Nürnberg: IAB-Forschungsbericht 3/2010.

[50] Zu Design und Datensatz siehe Hirseland, Andreas (2013): Qualitatives Panel „Armutsdynamik und Arbeitsmarkt – Entstehung, Verfestigung und Überwindung von Hilfebedürftigkeit bei Erwerbsfähigen". In: Dietz, Martin; Kupka, Peter; Ramos Lobato, Philipp: Acht Jahre Grundsicherung für Arbeitsuchende. Strukturen – Prozesse – Wirkungen. IAB-Bibliothek 347, Bielefeld: Bertelsmann, 379 S.

Modul 1 „Lebenszusammenhänge in Mehrpersonenbedarfsgemeinschaften"

Mehrpersonenbedarfsgemeinschaften – zum Beispiel Familien – sind durch eine hohe Interdependenz individueller Handlungsmuster und biografischer Entwicklungen gekennzeichnet. Ihre Stabilität beruht auf geteilten Annahmen über die Gestaltung des Alltagslebens ebenso wie auf geteilten biografischen Plänen, Norm, Werte- und Relevanzhorizonten. Deswegen kann die Überwindung von Hilfebedürftigkeit in Lebensgemeinschaften nur unzureichend als ein rein individuelles biografisches Projekt verstanden und beforscht werden. Dies trifft besonders zu, wenn die Lebensgemeinschaften wie im Falle von Familien mehrere Generationen umfassen. Die Überwindung von Hilfebedürftigkeit betrifft schließlich alle in diesen Lebenszusammenhängen lebenden Personen – nicht nur hinsichtlich der Folgen des Leistungsbezugs, sondern ebenso mit Blick auf die Wege und Schritte zur Überwindung bestehender Hilfebedürftigkeit.

Auch knüpfen sich an die Zugehörigkeit zu einer Mehrpersonenbedarfsgemeinschaft eine Reihe institutionalisierter, zum Teil verrechtlichter Erwartungen beziehungsweise Verpflichtungen, wie etwa gegenseitige Einstands-, Versorgungs- und Aufsichtspflichten. Dabei gelten Mitglieder von Bedarfsgemeinschaften sozialrechtlich als erwerbsfähige Leistungsbeziehende im Sinne des SGB II, soweit sie zwischen 15 und 65 Jahre alt sowie in der Lage sind, mindestens drei Stunden täglich zu arbeiten. Aufgrund dieses sozialrechtlichen Status bilden sie den Bezugspunkt gesetzlich vorgeschriebener und sanktionsfähiger Aktivierungsstrategien (Fördern und Fordern), die sich nicht an die Bedarfsgemeinschaft als Ganzes, sondern individualisierend an ihre einzelnen Mitglieder richten. Zudem werden Mitglieder von Mehrpersonenbedarfsgemeinschaften bei der Gewährung sogenannter „passiver" Grundsicherungsleistungen unterschiedlich behandelt, da ihnen nach dem Regelbedarfs-Ermittlungsgesetz unterschiedlich hohe Geldleistungen zustehen.

Vor diesem Hintergrund kann sich eine Reihe von Problemkonstellationen ergeben, die im Ergänzungsmodul „Mehrpersonenbedarfsgemeinschaften" vertiefend untersucht wurden. In erster Linie wurden Familien mit im Haushalt lebenden Kindern befragt und mehrere Problemfelder untersucht:

- Alltägliches Wirtschaften, Verteilung und materielle Teilhabe
- Erwerbsrollenverständnisse und familialer Zusammenhalt
- Sozialisationsbedingungen und Bildungsaspirationen.

Die genannten Problemfelder lassen sich lediglich analytisch trennen. Einerseits sind sie in den familialen Alltag und dessen Praxisstrukturen eingebettet. Andererseits sind sie durch ihre im- und expliziten Bezüge auf die jeweiligen Aktivierungsstrategien und mögliche Interventionen der für Beratung, Vermittlung und Leistungsgewährung zuständigen Jobcenter untrennbar miteinander verknüpft. Entsprechend zielt das Projekt darauf, mit Verfahren der qualitativen, lebensweltorientierten Sozialforschung die Interdependenz von *inneren Strukturen* der Bedarfsgemeinschaften (Rollenbilder; Machtverhältnisse; materielle Verteilungsstrukturen; Erwerbsorientierungen und -chancen), *Sozialintegration* (soziale Vernetzung und deren Bedeutung) und Betreuung durch die zuständigen *Jobcenter* unter Berücksichtigung unterschiedlicher regionaler Kontexte zu rekonstruieren. Die Erhebung erfolgte daher, wie im bisherigen Panel „Armutsdynamik", in sieben kontrastiven Regionen bundesweit (relevante Kontrastmerkmale sind unter anderem Arbeitsmarktlage, Stadt/Land, Ost/West), wobei auch die Fallauswahl der Bedarfsgemeinschaften nach Kontrastkriterien wie Zusammensetzung und berufliche Qualifikation vorgenommen wurde. Aus erhebungs- und auswertungstechnischen Überlegungen stellte zudem die hinreichende Beherrschung der deutschen Sprache ein weiteres Samplekriterium dar.

Wegen der zu untersuchenden Interdependenzen – eben des „Lebenszusammenhanges" – sind die Untersuchungseinheiten dieses Ergänzungsmoduls nicht Einzelpersonen, sondern familiale *Bedarfsgemeinschaften*. Um die komplexen inneren Strukturen der Bedarfsgemeinschaften zu erfassen, wurde davon ausgegangen, dass sich die jeweilige Familienkultur nicht nur „erfragen" lässt, sondern vor allem im situationsbezogenen Zusammenwirken der Bedarfsgemeinschaftsmitglieder zum Vorschein kommt. Aus diesem Grunde kamen bei der Erhebung *kollektive Interviewformen* wie Paar- und/oder Familieninterviews zum Einsatz. Die besondere Situation der einzelnen Bedarfsgemeinschaftsmitglieder innerhalb ihrer jeweiligen Familie wurde zudem durch *Einzelinterviews* erhoben. Dabei wurden die Einzelinterviews auf die Besonderheiten der jeweiligen Familienmitglieder abgestellt. So konnten Erwachsene und ältere Jugendliche mit narrativ-themenzentrierten Interviewtechniken befragt werden, bei den Interviews mit Kindern hingegen wurden sogenannte „subjektive Landkarten" als Erzählstimulus eingesetzt. Die Interviews wurden transkribiert und durch Genogramme, die Erfassung soziodemografischer Daten in Sozialstatistikbögen und protokollierte Vor-Ort-Beobachtungen ergänzt.

Die folgenden Anhangtabellen geben einen kondensierten Überblick über die Samplezusammensetzung und den erhobenen Datensatz.

Anhangtabelle B5.1
Samplezusammensetzung Ergänzungsmodul 1

Anzahl Bedarfsgemeinschaften	36
Darunter Alleinerziehende	11
Personen insgesamt	140
Größe der Bedarfsgemeinschaften	2–8 Personen; ⌀ 4 Personen

Anhang B: Zentrale Datengrundlagen der SGB-II-Forschung des IAB

Anhangtabelle B5.2
Datensatz Ergänzungsmodul 1

Datensorte	Anzahl	Dauer (range) in Std. und Min.	Dauer (∅) in Std. und Min.
Familieninterviews	27	0:18 bis 2:30	1:23
Paarinterviews	11	0:48 bis 3:01	1:36
Einzelinterviews (Erwachsene)	60	0:30 bis 2:14	0:53
Jugendinterviews	22	0:13 bis 1:04	0:30
Kinderinterviews	12	0:12 bis 0:47	0:25
Interviews gesamt	132		
Genogramme	30		
Sozialstatistikbögen	36		

Modul 2 „Integrationsprobleme von Leistungsbeziehenden mit Migrationshintergrund"

Mit dem Modul „Integrationsprobleme von Leistungsbeziehenden mit Migrationshintergrund" wurde eine Lücke im bisherigen Panel „Armutsdynamik" geschlossen, die darauf beruhte, dass Grundsicherungsbeziehende mit Migrationshintergrund im bisherigen Sample unterrepräsentiert waren. Nicht zuletzt wegen bestehender Sprachprobleme konnten viele in der ersten Erhebungsphase (2006 bis 2012) nicht interviewt werden. Zudem war das Erhebungsprogramm des Panels „Armutsdynamik" nicht an den spezifischen Problemen migrantischer Leistungsbeziehender ausgerichtet. Leistungsbeziehende mit Migrationshintergrund werden vielfach mit Blick auf Beratung und Vermittlung in Erwerbstätigkeit als besonders schwierige Zielgruppe gesehen. Zudem wird von Teilen der Öffentlichkeit unterstellt, dass gerade bei dieser Gruppe Hilfebedürftigkeit auf mangelnder Integrationsbereitschaft und -fähigkeit beziehungsweise auf Abschottungstendenzen gegenüber der Mehrheitsgesellschaft beruht.

Entsprechend hatte das Ergänzungsmodul das Ziel, diese Datenlücke zu schließen, um der These besonderer Integrationsprobleme dieser Zielgruppe explorativ nachzugehen. Im Mittelpunkt stand dabei die Innenperspektive beziehungsweise Problemwahrnehmung von und seitens Grundsicherungsbeziehender mit Migrationshintergrund. Zentrales Auswahlkriterium war der Langzeitbezug von Grundsicherungsleistungen, da dies erwarten ließ, dass sich hier extern attribuierte und subjektiv empfundene Integrationsprobleme überschneiden. Da das Merkmal „Migrationshintergrund" für sich genommen eine Sammelkategorie für Menschen mit höchst disparater Herkunft und differenten Biografien ist, beschränkte sich das Ergänzungsmodul auf Untersuchungen in den beiden im

Anhang B5: Qualitatives Panel „Armutsdynamik und Arbeitsmarkt"

Grundsicherungsbezug zahlenmäßig am stärksten vertretenen Migrantengruppen: türkeistämmige Leistungsbeziehende und Leistungsbeziehende aus dem Gebiet der früheren Sowjetunion (FSU), unter letzteren auch Kontingentflüchtlinge und Deutschrussen. Über diese formalen Relevanzkriterien hinaus ist ein aus diesen beiden Gruppen zusammengesetztes Sample auch in anderer Hinsicht hochgradig fallkontrastiv: Die Befragten stammen aus kulturell, gesellschaftlich und politisch unterschiedlichen Herkunftsländern und -kontexten und haben zudem unterschiedliche Aufenthaltsstatus (z. B. weil Zugewanderte mit deutschrussischem Hintergrund bei Zuzug automatisch die deutsche Staatsbürgerschaft erhalten). Diesen Überlegungen folgend, besteht das im Ergänzungsmodul realisierte Sample aus je 20 Fällen mit türkischem beziehungsweise FSU-Hintergrund. Die Erhebung fand – in Abweichung vom sonstigen Vorgehen im Panel „Armutsdynamik" – ausschließlich in ein und derselben deutschen Großstadt statt. Damit lagen für beide Gruppen vergleichbare regionale Randbedingungen vor, was eine höhere Binnenvariation innerhalb der jeweiligen Subsamples ermöglichte. Da Jobcenter einen wesentlichen Kontext der erhobenen Fälle (Fallgeschichten und Fallverläufe) darstellen, wurden zudem Hintergrundgespräche mit Fachkräften der zuständigen Jobcenter geführt (N = 19), um Aufschluss über behördliche Problemwahrnehmungen und zielgruppenspezifische Integrationsstrategien zu gewinnen. Die aussagekräftigsten Experteninterviews wurden transkribiert (N = 12). Einen Überblick über wichtige Merkmale des FSU- und des türkeistämmigen Subsamples gibt Anhangtabelle B5.3.

Das Ziel des Ergänzungsmoduls bestand darin, die Perspektive einer aus Sicht der Arbeitsbehörden oftmals als problematisch beziehungsweise nur schwer in den Arbeitsmarkt integrierbar beschriebenen Gruppe von Grundsicherungsbeziehenden zu explorieren. Die Integration in den Arbeitsmarkt hängt dabei stets auch mit allgemeineren Fragen der sozialen und kulturellen Integration, mit institutionellen Hürden sowie mit Fragen der alltagsweltlichen Lebensgestaltung und persönlichen Aspirationen zusammen. Entsprechend standen drei Problemhorizonte im Mittelpunkt der qualitativen Erhebungen:
- Die Wahrnehmung von Jobcentern und Aktivierungsstrategien (Beratung und Vermittlung)
- Fragen der Sozialintegration und Alltagsbewältigung
- Biografische Horizonte und Zukunftsvorstellungen.

Anhang B: Zentrale Datengrundlagen der SGB-II-Forschung des IAB

Anhangtabelle B5.3
Samplebeschreibung Ergänzungsmodul 2

Merkmal	Subsample FSU	Subsample Türkei	gesamt
Geschlecht			
männlich	11	9	20
weiblich	11	13	24
Alter			
bis 29 Jahre	3	3	6
30–39 Jahre	6	5	11
40–49 Jahre	4	7	11
50–59 Jahre	8	7	15
60–69 Jahre	1	–	1
Alter ∅	44,7	42,4	
∅ Aufenthaltsdauer in Deutschland	16,3	29,7	
Staatsangehörigkeit			
deutsch	14	6	
Herkunftsland	8	16	
Berufsbezogene Bildungsabschlüsse			
ohne (kein Schul-/Ausbildungsabschluss)	–	2	2
gering (Schulabschluss ohne Berufsausbildung/Studium)	2	12	15
mittel (Schulabschluss und Berufsausbildung)	12	6	17
hoch (Schulabschluss und akademische Ausbildung (Studium))	8	1	9
Bildungsabschluss im Herkunftsland			
gering			
mittel	12	3	
hoch	7	–	

Exemplarisch rekonstruierbar gemacht wurden fallbezogene Zusammenhänge zwischen sozialer Einbettung, (erwerbs-)biografischen Perspektiven und der Rolle des Grundsicherungsbezugs einschließlich damit einhergehender Aktivierungsbeziehungsweise Betreuungsmaßnahmen durch Jobcenter. Da die Fragestellung mehrdimensional angelegt ist, wurden für das Ergänzungsmodul Daten durch verschiedene methodische Zugänge erhoben und miteinander in Beziehung gesetzt (Triangulation):

- *Leitfadengestützte episodische Interviews* zu individueller Migrationsgeschichte, Bildungsverlauf, Bedeutung von Arbeit, Arbeitslosigkeit/Leistungsbezug, Erwerbsorientierung, Erfahrung mit Jobcentern, dem Lebensgefühl in Deutschland und biografischen Plänen/persönlichen Zukunftserwartungen. Diese Interviews konnten wahlweise auf Deutsch, konsekutiv gedolmetscht oder ausschließlich in der jeweiligen Muttersprache geführt werden.

- Mit Blick auf Fragen unterschiedlicher Modi der Sozialintegration wurden mittels *Netzwerkkarten* persönliche Netzwerke erhoben sowie durch *protokollierte Sozialraumbegehungen* Formen unterschiedlicher subjektiver Verortungen und sozialer Teilhabe dokumentiert.
- Durch *Gruppendiskussionen* jeweils mit Teilnehmern und Teilnehmerinnen aus dem türkeistämmigen beziehungsweise FSU-Subsample wurde exploriert, ob und gegebenenfalls inwieweit der jeweilige Migrationshintergrund einen gemeinsamen Erfahrungsraum konstituiert, insbesondere mit Blick auf Arbeitsmarktteilhabe und das Verhältnis zu den Jobcentern.
- Mittels *Sozialstatistikbögen* wurden die objektiven soziodemografischen Daten der Teilnehmenden dokumentiert.

Die Anhangtabelle B5.4 gibt näheren Aufschluss über den entsprechenden Datensatz.

Anhangtabelle B5.4
Datensatz Ergänzungsmodul 2

Datensorte	Subsample FSU	Subsample Türkei
Interviews		
Zahl	22	22
Dauer (range)	1:14 bis 2:29	1:04 bis 3:15
Dauer ⌀	1:53	2:01
Sprache/Form		
deutsch	10	9
gedolmetscht (konsekutiv)	7	10
muttersprachlich	5	3
Netzwerkkarten	22	22
Sozialraumbegehungen (Protokolle)	5	6
Gruppendiskussionen		
Teilnehmer	4	5
Dauer	00:48	1:43
Sozialstatistikbögen	22	22

Kurzfassung

Mehr als eine Dekade nach Einführung der Grundsicherung für Arbeitsuchende im Jahr 2005 zieht das IAB erneut Bilanz. Der vorliegende Band bündelt die Forschungsergebnisse der Wirkungsforschung zur Grundsicherung für Arbeitsuchende aus den Jahren 2013 bis 2016 und bietet somit eine Gesamtschau der in diesem Zeitraum gewonnenen Erkenntnisse. Die Basis bilden zahlreiche Veröffentlichungen der Wissenschaftlerinnen und Wissenschaftler des IAB, die im Rahmen des gesetzlichen Auftrags die Wirkungen der Leistungen zur Eingliederung und zur Sicherung des Lebensunterhalts nach dem Zweiten Sozialgesetzbuch untersuchen. Verteilt auf fünf Kapitel präsentiert der Band die gesammelten Forschungsbefunde des IAB zur Struktur und Dynamik im Leistungsbezug, zum Prozess der Beratung und Vermittlung in den Jobcentern, zu den Wirkungen arbeitsmarktpolitischer Maßnahmen sowie zur Lebenslage und sozialen Teilhabe der Leistungsberechtigten. Das abschließende Kapitel befasst sich mit gesamtwirtschaftlichen Perspektiven auf die Grundsicherung, zu denen Veränderungen der Arbeitsmarktdynamik ebenso gehören wie die betriebliche Integration von Langzeitarbeitslosen. Vor dem Hintergrund dieser Befunde reflektieren die Autoren die bisherige Entwicklung der Grundsicherung für Arbeitsuchende und verweisen auf zukünftige Herausforderungen.

Messung und Analyse von Armutsverhältnissen

- Studie zu Messung und Erscheinungsformen von Armut
- Verschiedene Konzepte – mehrere Datenquellen

Die Armutsforschung arbeitet mit verschiedenen Messkonzepten und Datenquellen. Jonas Beste beleuchtet die am häufigsten verwendeten Ansätze auf Grundlage des Panels „Arbeitsmarkt und soziale Sicherung" im Vergleich zu anderen Paneldaten. Er benennt Gemeinsamkeiten und Unterschiede bei der Messung von Armut und beschreibt die verschiedenen Erscheinungsformen von Armut. Damit gewährt er Einblick in folgende Zusammenhänge:

Welchen Einfluss hat die verwendete Datenbasis auf das Ergebnis von Armutsanalysen?

Wie lässt sich Deprivation im Lebensstandard bestimmen?

Wie unterscheidet sich die Armutsdynamik nach verschiedenen Armutskonzepten?

Welche Faktoren beeinflussen eine Veränderung des Lebensstandards?

Wie erfolgt die Umwandlung von Ressourcen in Lebensstandard und welche Rolle spielen die finanzielle Situation eines Haushalts (Erwerbstätigkeit), individuelle Merkmale einer Person oder regionale Unterschiede?

Jonas Beste
Armut im Lebensverlauf
Messkonzepte in der Armutsforschung

IAB-Bibliothek (Dissertationen), 366
2017, 252 S., 29,90 € (D)
ISBN 978-3-7639-4118-6
Als E-Book bei wbv.de

„Armut im Lebensverlauf von Jonas Beste ist ein guter Einstieg in eine indikatorenbasierte Armutsforschung und gibt einen Überblick über zentrale Messkonzepte der Disziplin."

Max Keck. Rezension, socialnet.de, 14.06.2018

wbv Media GmbH & Co. KG · Bielefeld
Geschäftsbereich wbv Publikation
Telefon 0521 91101-0 · E-Mail service@wbv.de · Website wbv.de

Auswirkungen junger Alterskohorten auf die Arbeitsmarktergebnisse

■ Mikroökonometrische Methoden

Welche Auswirkungen hat die Größe junger Alterskohorten auf die Arbeitsmarktergebnisse dieser Gruppen? In vier Essays untersucht Duncan Roth diesen Zusammenhang auf regionaler Ebene mittels verschiedener mikroökonometrischer Methoden. Betrachtet werden die Löhne, die Höhe von Beschäftigung und Arbeitslosigkeit sowie die Dauer bis zur ersten Beschäftigung nach dem Eintritt in den Arbeitsmarkt. Die einzelnen Komponenten der Arbeit bauen auf dem aktuellen Stand der Literatur auf und behandeln verschiedene Aspekte, die aus Sicht des Autors bisher nicht ausreichend adressiert worden sind.

Duncan Roth
Cohort size and labour-market outcomes

IAB-Bibliothek (Dissertationen), 367
2018, 208 S., 29,90 € (D)
ISBN 978-3-7639-4120-9
Als E-Book bei wbv.de

wbv Media GmbH & Co. KG · Bielefeld
Geschäftsbereich wbv Publikation
Telefon 0521 91101-0 · E-Mail service@wbv.de · Website wbv.de

Veränderungen in regionalen und urbanen Arbeitsmärkten

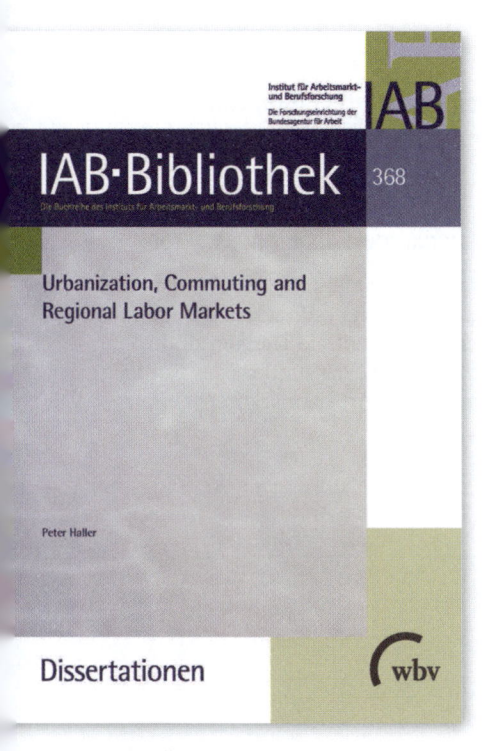

- Interaktionen zwischen regionalen Arbeitsmärkten
- Mobilitätsverhalten

Deutschland ist durch seine regionale Struktur – mit vielen Zentren intensiver wirtschaftlicher Aktivität – besonders interessant für Analysen zu räumlichen Mechanismen von Städten und zu Wechselwirkungen zwischen Regionen. Mit steigender Bevölkerungszahl in den Städten dient das Pendeln zwischen Wohn- und Arbeitsort als räumlicher Ausgleichsmechanismus und führt zu Interaktionen zwischen regionalen Arbeitsmärkten.

Der Autor untersucht, wie lokale Arbeitsmärkte interagieren, wie stark besiedelte Märkte bei der Suche nach einem neuen Arbeitsplatz helfen und wie Beschäftigte auf Änderungen ihrer Pendlerdistanzen reagieren. Die verschiedenen Blickwinkel und die Verwendung von mikro- und georeferenzierten Daten bieten neue empirische Erkenntnisse über die Interaktion zwischen regionalen Arbeitsmärkten und das Mobilitätsverhalten in Deutschland.

Peter Haller
Urbanization, Commuting and Regional Labor Markets

IAB-Bibliothek (Dissertationen), 368
2018, 124 S., 24,90 € (D)
ISBN 978-3-7639-4122-3
Als E-Book bei wbv.de

„*Erkenntnisse, von denen besonders Arbeitsmarktökonomen und -soziologen, Geografen sowie Regional- und Stadtplaner profitieren können.*"

Gert Holle, glaubeaktuell.net, Journal Wirtschaft, 20.04.2018

wbv Media GmbH & Co. KG · Bielefeld
Geschäftsbereich wbv Publikation
Telefon 0521 91101-0 · E-Mail service@wbv.de · Website wbv.de

Ökonomische Integration von Migrant:innen in Deutschland

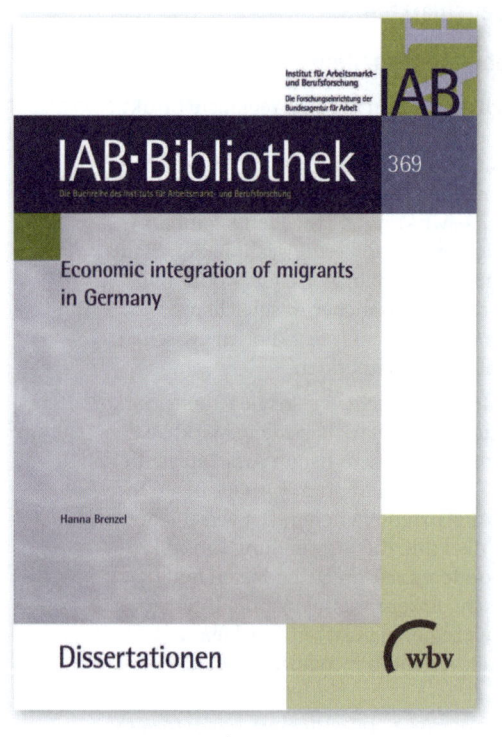

- Arbeitsmarktintegration von Migrant:innen
- Lohnunterschiede
- Familienkontext als Einflussfaktor

Die Dissertation untersucht die ökonomische Integration von Migrantinnen und Migranten in Deutschland. Zentrale Themen sind Lohnunterschiede sowie der Einfluss des Familienkontextes auf die Arbeitsmarktintegration.

Hanna Brenzel
Economic integration of migrants in Germany

IAB-Bibliothek (Dissertationen), 369
2018, 160 S., 24,90 € (D)
ISBN 978-3-7639-4124-7
Als E-Book bei wbv.de

wbv Media GmbH & Co. KG · Bielefeld
Geschäftsbereich wbv Publikation
Telefon 0521 91101-0 · E-Mail service@wbv.de · Website wbv.de